KÄTE AHLMANN

Eine Biographie

Felicitas Glade

KÄTE AHLMANN

Eine Biographie

Wachholtz

ISBN 978-3-529-06138-7

© 2. Auflage 2011

Wachholtz Verlag, Neumünster
www.wachholtz.de

INHALTSVERZEICHNIS

ANNÄHERUNG

„Unser Geist ist ein Fortwirkendes von Ewigkeit zu Ewigkeit". Unter dieser Inschrift ruht Käte Ahlmann mit ihrem Mann und zwei Kindern auf dem Büdelsdorfer Friedhof. Die Worte sind ein Zitat aus den Gesprächen Goethes mit Eckermann.[1] Grabinschriften nehmen Bezug auf die Verstorbenen, sind Kennzeichnungen und lassen Deutungen zu. Goethes Gedanken, in denen er den Geist des Menschen für unzerstörbar erklärt, vermitteln an dieser Stätte Annäherungen an eine ungewöhnliche Frau.

Die Unternehmerin Käte Ahlmann geborene Braun (1890-1963) war Inhaberin und Leiterin mehrerer, auch von ihr selbst gegründeter Firmen. Das Hauptobjekt ihres Besitzes stellte die traditionsreiche Ahlmann-Carlshütte in Büdelsdorf bei Rendsburg dar, der erste große Industriebetrieb in Schleswig-Holstein, der seit 1827 die Wirtschaftsstruktur einer weiten Region dominierte. Die geschäftsführende Gesellschafterin lenkte das Werk in eine bedeutende Aufwärtsentwicklung, bei der neue Fabrikationszweige bewährte Produkte ergänzten und einen weltweiten Absatzmarkt hatten.

Unter ihren vielen persönlichen Engagements und Initiativen, die Käte Ahlmann weit über die Grenzen ihres Landes hinaus bekannt machten, ragt Gründung und Präsidentschaft der „Vereinigung von Unternehmerinnen" heraus und die damit verbundene Vorstandstätigkeit im internationalen Verband „Femmes Chefs d'Entreprises Mondiales". Käte Ahlmann war neben anderen Ehrungen Trägerin des Großen Bundesverdienstkreuzes und Ehrenbürgerin von Büdelsdorf. Ihr beständiger Einsatz für soziale und kulturelle Anliegen erfuhr dabei besondere Würdigung.

Diese Fülle herausragender Leistungen und Verdienste ist aber dennoch keine schlüssige Erklärung für den großen Nimbus, der die Person Käte Ahlmann noch immer umgibt. Sie wird als Herrscherin geschildert, als eine überdimensionale Gestalt, die alles überragte, und die sich durch ihr imposantes Format vor dem Hintergrund ihres engen wie auch des weiter gespannten Umfeldes umso deutlicher abhob.

Tatsächlich besaß Käte Ahlmann Macht und Einfluss über Tausende von Menschen, die sich in Abhängigkeit von ihr befanden. Allein aufgrund ihres wirtschaftlichen Potentials konnte sie politische Entscheidungen beeinflussen, Gestaltungen vornehmen und Entwicklungen steuern, und das nicht nur in ihrer unmittelbaren Region, in der sie die Zügel straff in Händen hielt. Der Status an der Spitze der sozialen Pyramide beruhte auch auf ihrem Zuschnitt weltläufigen höheren Bürgertums und der Zugehörigkeit zu einer der wichtigsten Unternehmerfamilien des Landes Schleswig-Holstein.

Doch die Herrschaft Käte Ahlmanns basierte nicht nur auf ihrer Substanz im materiellen Bereich, wiewohl dieser Aspekt natürlich große Bedeutung besaß, sondern hatte komplexere Zusammenhänge. Ausschlaggebend für ihre überlegende Machtposition war das von ihr ausgehende Charisma souveräner Autorität.[2] Sie setzte diese Ausstrahlung ganz bewusst ein und erhob innerhalb ihres Wirkungskreises in eigenem Selbstverständnis unbedingten Anspruch auf Fügsamkeit und Gehorsam. Gleichzeitig sorgte Käte Ahlmann für das Wohl der vielen Menschen, die unter ihrer Verantwortung standen, nahm teil an dem Geschehen in den Familien und festigte durch zahlreiche Stränge die Bindungen an die Carlshütte, die zu ihrer Zeit allein sie verkörperte.

„Moder Ahlmann" hieß sie bei ihren einfacheren Betriebsangehörigen, die untereinander Plattdeutsch redeten. Die Führungsspitze des Unternehmens sprach von ihr wesentlich distanzierter als „Gnädige Frau". Dazwischen liegen Welten, die Käte Ahlmann aber leicht überbrücken konnte. Überhaupt entsteht der Eindruck einer gewissen Vielfältigkeit ihrer Person, wenn es um Benennungen und Namen geht, die zentral die Identität des Menschen kennzeichnen.[3]

Von frühester Kindheit an war sie „Käte" und bestand auf der Schreibweise des Namens ohne „h". Die Eltern hatten ihr den Rufnamen „Catharine" gegeben,[4] der von seiner Trägerin jedoch so gut wie nie benutzt wurde. Wie groß der innere Abstand zu ihrem eigentlichen Namen mit der Zeit geworden war, zeigt sich an der Unterschrift auf Dokumenten und Beurkundungen aus den späteren Jahren. Ihr Namenszug steht dort ausschließlich mit einem „K" geschrieben: „Katharine Ahlmann".

Einen weiteren Namen gab sie sich selbst. Im Geschäftsleben hieß sie „Frau Julius Ahlmann". Nach dem frühen Tod ihres Mannes im Jahr 1931 hatte sich Käte Ahlmann entschlossen, das Werk in seinem Sinn fortzuführen, um es später den Söhnen übergeben zu können, die dann in direkter Linie als dritte Generation die Carlshütte leiten würden. Ihr Schwiegervater Johannes Ahlmann war schon Direktor des Unternehmens gewesen, von dem die Familie die Aktienmehrheit besaß. Mit dem Führen des vollständigen Namens ihres Mannes machte seine Witwe demonstrativ deutlich, woher sie das Anrecht bezog, von nun an selbst in der Leitung des Betriebes mitzuwirken. Der Name „Frau Julius Ahlmann" war Programm, er war ihr „nom de guerre".

Natürlich hatte Käte Ahlmann eine kämpferische Natur. Ohne Mut, Angriffskraft und Durchsetzungsvermögen, und alle diese Eigenschaften in reichlichem Maß, wäre sie nie in ihre Machtposition gekommen. Dass Männer sie bei ihrem Aufstieg zu diesen Höhen in entscheidenden Phasen unterstützten, nahm sie zwar gerne an, war auch dankbar, wies ihnen jedoch nachgeordnete Plätze zu. Bemerkenswert ist, dass die 1937 erfolgte Umwandlung, mit der Käte Ahlmann die Carlshütte in ihren Besitz brachte, sowie ihre dann einsetzende autokratische Herrschaft in einer Zeit stattfanden, in der die politische Ideologie den Frauen nur untergeordnete, passive Rollen zubilligte.

Doch für Käte Ahlmann galt diese Doktrin nicht, vielmehr war sie Handelnde und nutzte geschickt die sich ihr bietenden Möglichkeiten. Diese pragmatische Einstellung hatte sie auch zum Nationalsozialismus und zeigte sich durchaus angepasst an die staatlichen Verhältnisse. Allerdings verfügte sie als Leiterin eines großen Industrieunternehmens, das zudem ab 1939 Rüstungsbetrieb war, kaum über Bewegungsspielraum. Der kriegsbedingte Einsatz von Zwangsarbeitern ist ein dunkles Kapitel in der Geschichte der Ahlmann-Carlshütte.

Die schwierige Phase nach Kriegsende, als Internierung drohte, Demontage und Sozialisierung, das Entnazifizierungsverfahren fast zum Schauprozess wurde, überwand Käte Ahlmann mit einer erstaunlichen Energieleistung, aus der ihr neue Kräfte zuwuchsen. Wieder verstand sie es, wirtschaftliche und politische Möglichkeiten der Zeitumstände zu nutzen. Durch die Gründung mehrerer Firmen weitete sich das Unternehmen in die Nähe eines Konzerns aus. Auf diesem Höhepunkt erlitt Käte Ahlmann durch den Unfalltod ihres ältesten Sohnes einen Schicksalsschlag, der andere hätte zerbrechen lassen. Sie ließ drei Monate später das 125-jährige Jubiläum der Carlshütte mit einer Großveranstaltung feiern. Die Geburt eines Enkels, fünf Tage zuvor, der nach dem Vater den Namen Hans-Julius erhielt, erschien als ein staunenswertes Geschenk. Und es öffneten sich neue Perspektiven.

Eine davon war die Gründung der Vereinigung von Unternehmerinnen (VvU) im Jahr 1954. Käte Ahlmann, obwohl selbst autark, sah die Notwendigkeit, den Witwen oder Erbinnen, die nach dem Tod der Ehemänner oder Väter ohne Vorbereitung größere Firmen übernahmen, Möglichkeiten zu Kontakten, Erfahrungsaustausch und Fortbildung zu schaffen. Was sie anfangs mehr als Pflicht auf sich nahm, eine wichtige aber belastende Aufgabe, entwickelte sich bald zu einem Arbeitsgebiet, das ihr viel Freude gab, die Bereicherung um tiefe Freundschaften und große, auch internationale Anerkennung als Grande Dame der deutschen Unternehmerinnen.

Auf der Carlshütte führte sie ein kultiviertes Haus, umgeben von einem Stab von Vertrauten und Angestellten. Käte Ahlmann brauchte Menschen um sich, die in enger Beziehung um sie als Mittelpunkt kreisten. Freunde und Familienangehörige zentrierten sich in unterschiedlicher Entfernung ebenfalls auf diese Hauptperson.

Haus und Garten Käte Ahlmanns

In direkter Nähe wirkte der Einfluss naturgemäß besonders stark, sicher vor allem emotional bedingt. Wer Anstalten machte, die Umlaufbahn zu verlassen oder sich vielleicht sogar ihr entgegen zu stellen, musste mit Repressalien rechnen. Käte Ahlmann hatte einen sehr harten Kern und nahm kompromisslos radikale Einschnitte vor.

Sie war gelernte Gärtnerin, ein zu ihrer Zeit anerkannter Berufsweg für eine sogenannte „höhere Tochter". Die mit einer Prüfung abschließende Ausbildung an der Gartenbaufachschule in Leutesdorf am Rhein hatte umfassende Kenntnisse vermittelt, die Käte Ahlmann auf dem eigenen weitläufigen Grundstück mit großem Engagement in die Praxis umsetzte. Ihr Fachwissen gab sie ebenso gerne weiter wie die geernteten Früchte.

Gartenarbeit ist von hohem Rang. In der Bibel wird gesagt, dass Gott einen Garten in Eden pflanzte und den Menschen hineinsetzte, ihn zu bebauen und zu bewahren.[5] Ihm vertraut Gott seine Schöpfung an, die Natur, die geordnet und gestaltet werden soll. Der Gärtner ist demnach im allerhöchsten Auftrag tätig, ihm ist Verantwortung und Macht übertragen. Der Garten muss gepflegt und bearbeitet werden. Im eigenen Ermessen liegt es, was und wo gepflanzt wird. Dann sind die Gewächse unter Kontrolle zu halten, damit sie nicht wild wuchern und anderen Luft und Wachstum nehmen. Zurückschnitte werden nötig oder gegebenenfalls das Ausreißen des Störenden. Schließlich will der Gärtner seine eigenen Vorstellungen von Ordnung, Nutzen und Schönheit durchsetzen.[6]

Wie tief Käte Ahlmann gedanklich mit dieser Welt verbunden war, lassen Worte des Dichters Friedrich Wilhelm Weber erkennen, die für sie in einer schwierigen Zeit ihres Lebens sehr wichtig und stärkend waren,[7] und die zu einer weiteren Annäherung führen:

„Freiheit sei der Zweck des Zwanges,
Wie man eine Rebe bindet,
Daß sie, statt im Staub zu kriechen,
Froh sich in die Lüfte windet."

KÄTE BRAUN 1890–1913

Köln-Braunsfeld

Zu ihrer Geburtsstadt, die im ersten Drittel ihres Lebens ihre Heimat war, besaß Käte Ahlmann eine tief eingeprägte, unverkennbare Verbundenheit. Selbst nach fünfzig Jahren im Norden Deutschlands sprach sie noch immer mit leichtem Anklang der Kölner Mundart. Käte Ahlmann war stolz darauf, aus der uralten Rheinmetropole zu stammen, die zur Römerzeit schon Stadt war, seit Beginn des Mittelalters das berühmte „Heilige Köln" und von jeher der größte Handelsplatz in Westdeutschland mit Verbindungen zu den Zentren Europas. Die einst reichsfreie Stadt, auf deren zusätzliche geistige Bedeutung die frühe Gründung der Universität im Jahr 1388 verweist, stand auch auf kulturellem Gebiet an führender Stelle. Kunst gehörte zum Alltag. Wahrscheinlich bezogen die Kölner aus diesen reichen Traditionen das gelassene Selbstbewusstsein, das ihnen ebenso zugeschrieben wurde wie ein gewisser Fatalismus und zuzeiten eine ungebremste Fröhlichkeit.[1] Alle diese Wesenszüge waren auch Käte Ahlmann zu eigen.

Als sie am 5. Dezember 1890 zur Welt kam, befand sich Köln in einer enormen Aufschwungphase, deren Anfang eigentlich bis 1794 zurück reichte, als Franzosen die Stadt besetzten. Ihre Herrschaft dauerte zwanzig Jahre und brachte neue Rechte und Freiheiten für die Bürger, öffnete Raum für Handel, Wirtschaft und die beginnende Industrialisierung. 1815 wurde Köln preußisch und ein Teil der Rheinprovinz.[2] Zwar fanden sich die damals fast ausschließlich katholischen Einwohner mit der Eingliederung in den protestantischen Staat anfangs nur schwer ab, spürten dann jedoch auch die Vorteile. Neben der sich immer mehr beschleunigenden Wirtschaftsentwicklung, bei der das neue Verkehrsmittel Eisenbahn eine große Rolle spielte, war es vor allem die 1842 durch König Friedrich Wilhelm IV. eingeleitete Vollendung des Kölner Doms, die Ressentiments abbauen half.[3]

Bis 1881 schnürte die gewaltige mittelalterliche Stadtmauer Köln ein, während andere Großstädte wie Wien oder Paris sich der lästigen Wälle schon längst entledigt hatten. Die enge Innenstadt war restlos übervölkert und der gesamte Verkehr musste die schmalen Tordurchlässe benutzen. Vor den Mauern gab es inzwischen zahlreiche Industrieanlagen in wachsenden Vororten, die wegen dieser Behinderungen nur schwer erreicht werden konnten. Mit Sprengung und Abriss der alten

Mauer bekam Köln Luft. Es entstand die Neustadt und an Stelle der Befestigungs-anlagen umspannten nun die „Ringe" das erweiterte Köln, Prachtboulevards mit ab-wechslungsreichen Grünanlagen, an denen sich die wohlhabenden Bürger nieder-ließen.[4] In dieser vornehmen Wohngegend, parallel zum Kaiser-Wilhelm-Ring, lag die ruhige Von-Werth-Straße, in der das Geburtshaus von Käte Ahlmann stand.

Mit einer weitgreifenden Eingemeindung hauptsächlich linksrheinischer Vor-orte, aber auch von Gebieten rechts des Stroms, vergrößerte sich im Jahr 1888 das Areal der Kölner Stadt um das Elffache.[5] Bei dieser Gelegenheit wurde auch der kleine Ort Braunsfeld integriert, benannt nach dem Großvater väterlicherseits von Käte Ahlmann. Er lag an der alten Heerstraße nach Westen, auf der die deutschen Könige zur Krönung nach Aachen gezogen waren. Die Gegend war sehr ländlich und noch wenig bebaut. Der Grund dafür bestand vor allem in der Nähe des großen Zentralfriedhofs Melaten, weswegen größere Industrieansiedlungen untersagt blie-ben. Außerdem gehörte das Gebiet zum Rayon der Festung Köln, auf dem wegen des freien Schussfeldes keine größeren festen Gebäude stehen durften.[6] Trotzdem wurde das Gelände von Braunsfeld, nach dem heutigen Stand eine Fläche von 1,66 Quadratkilometern, durch ein wirtschaftliches Unternehmen aufgeschlossen. 1862 hatte Ferdinand Leopold Braun dort auf eigenem Land eine Ziegelei gegründet und Werkswohnungen für seine Arbeiter errichtet.[7]

Obwohl im Zusammenhang mit der Benennung der kleinen Siedlung später stets der Volksmund als Quelle genannt wurde, hat die Namensgebung einen an-deren Sachverhalt. Braun selbst stellte schon im Frühjahr 1864 beim zuständigen Bürgermeister in der Gemeinde Efferen den Antrag auf die offizielle Bezeichnung „Braunsfeld". Sein Ansprechpartner wies in der warmen Befürwortung den Landrat darauf hin, dass in der Siedlung schon zehn Häuser bewohnt seien, sechs weitere vor der Fertigstellung ständen und außerdem an einer Dampfmühle gebaut werde. Die Genehmigung erfolgte am 27. April 1864. Der Bürgermeister merkte noch an, dass nun eine Ortstafel zu beschaffen sei.[8] Der Antragsteller, „Kaufmann Ferdinand Braun von Cöln", war 59 Jahre alt, als er sich auf diese Weise selbstbewusst noch zu Lebzeiten einen bleibenden Namen setzte.

Dabei hatte der Sohn eines Aachener Bäckers laut familiärer Überlieferung nur Pferd und Sattel besessen, als er um 1830 nach Köln kam. Wie erhofft, machte der junge Mann dort in kurzer Zeit tatsächlich sein Glück, indem er 1835 die acht Jahre jüngere Maria Theresia Nakatenus heiratete. Ihr Vater Antonius Nakatenus besaß eine große Fuhrhalterei dicht am Kölner Dom und bediente die Postlinie nach Koblenz, was die Vorhaltung von Wagen und Gespannen sowie die Verpflegung der Reisenden bedeutete.[9] Im katholischen Köln hatte der Name Nakatenus seit lan-gem einen guten Klang. Das „Himmlisch Palmgärtlein" von Wilhelm Nakatenus, ein erbauliches Gebetbuch, war seit dem 17. Jahrhundert in immer neuen Auflagen

Blick auf Köln 1911. Druck nach einem Gemälde von E.H. Compton

erschienen. Der jesuitische Priester und Schriftsteller hatte außerdem als Hofprediger beim Kölner Kurfürsten Maximilian Heinrich von Bayern gewirkt und dort in hohem Ansehen gestanden.[10]

Als sein Schwiegervater Antonius Nakatenus im Jahr 1840 starb, wusste Ferdinand Braun, dass mit dem Aufkommen der Eisenbahnen die Postkutschenzeit endgültig vorbei war und er sich nach anderen Erwerbsmöglichkeiten umsehen musste. Das gelang ihm mit großem Erfolg. Seine unternehmerischen Qualitäten stellte er durch die Koppelung von Gewerbezweigen unter Beweis, die ineinander griffen. Das Fuhrgeschäft behielt Braun bei, verkaufte aber das große Anwesen am Dom, das später zum Hotel „Belgischer Hof" wurde, zog in den Westen der Stadt und investierte die Mittel aus dem Nakatenus-Erbe in den Kauf von Land und den Aufbau von Ziegeleien. Da der Transport der Produktion in eigener Regie erfolgte, vergrößerte sich der Gewinn. Die Phase der geschäftlichen Umorientierung war sehr kurz. Bereits seit 1841 firmierte Ferdinand Braun als „Fuhrunternehmer und Ziegelfabrikant", dann zusätzlich auch als „Sandgrubenbesitzer".[11]

Köln erlebte Ende der fünfziger bis Mitte der sechziger Jahre des 19. Jahrhunderts durch das rapide Wachstum der Bevölkerung einen enormen Bauboom, da Wohnraum geschaffen werden musste. Wegen des durch die Festungsmauer begrenzten Platzes schossen die Grundstückspreise ebenso in die Höhe wie die Zahl der mehrstöckigen Häuser zunahm.[12] Baumaterial war also sehr gefragt und die

Ziegelherstellung ein lukratives Geschäft, zumal es große Vorkommen des dafür notwendigen Lehms direkt vor den Toren der Stadt gab. Während dieser Hochkonjunktur im Baugewerbe reihte sich dort eine Ziegelei an die andere.[13] Es herrschte daher großer Bedarf an Facharbeitern. Braun löste das Problem, indem er sie auf damals schon lange übliche Unternehmerpraxis an sich band, allerdings auf generöse Art: Braun stellte seinen Arbeitern nicht nur Werkswohnungen zur Verfügung, sondern schenkte ihnen die kleinen Häuser.[14]

Ferdinand Braun

Ferdinand Braun selbst lebte seit 1844 mit seiner wachsenden Familie in einem stattlichen dreigeschossigen Gebäude in der Benesisstraße, in kurzer Entfernung zum gewaltigen mittelalterlichen Hahnentor, dem westlichen Zugang zur Stadt Köln. Nach dem Passieren der schmalen Durchfahrt gelangte er auf die Aachener Straße, um zu seinen ausgedehnten Liegenschaften nach Braunsfeld und bei Müngersdorf zu fahren. Das war sicherlich der ausschlaggebende Grund für die Wohnsitzwahl gewesen. Unmittelbar in der Nähe der Benesisstraße lag St. Aposteln. In einer der großen romanischen Kirchen Kölns konnten Ferdinand Braun und seine Frau Maria Theresia auf namentlich gekennzeichnetem Gestühl Platz nehmen, was den gesellschaftlichen Rang des Ehepaares kennzeichnete. Mit seinem katholischen Glauben war es Ferdinand Braun aber zweifellos ernst. Er gehörte im Rang eines Meisters einer geistlichen Bruderschaft an, die sich der Wohltätigkeit verschrieben hatte.[15] Dass seine Erben dann in Braunsfeld das Grundstück für den Bau der am 30. Dezember 1906 geweihten St. Joseph-Kirche schenkten, war mit Sicherheit in seinem Sinn. In dieser Gemeinde wirkte übrigens von 1924 bis 1937 der spätere Kölner Kardinal Dr. Josef Frings als Pfarrer.[16]

Der erfolgreiche Geschäftsmann Ferdinand Braun war in der Erinnerung seiner Familienangehörigen ein sehr fröhlicher Mensch, der viel sang. Er besaß ausgeprägte musikalische Neigungen, ging mindestens zweimal in der Woche in die Oper oder besuchte Konzerte und konnte anschließend ganze Arien und Passagen aus dem Gedächtnis nachsingen. Auch das Theater schätzte Braun sehr. Allerdings gehörte die Pflege kultureller Interessen zu den gesellschaftlichen Attributen der Kölner Unternehmer in jener Zeit der Frühindustrialisierung.[17] Seinen Status machte Ferdinand Braun auch durch seine äußere Erscheinung deutlich. Noch im hohen Alter fiel er durch gepflegte, modische Kleidung auf, die ihm sehr wichtig war. Seine Frau Maria Theresia, als tüchtige Hauswirtschafterin, liebevolle Mutter und gute Katholikin geschildert, verblasste neben dieser vitalen, lebensfrohen Persönlichkeit. Sie hatte zwar Mutterwitz, doch ausgeprägter waren ihr weiches Gemüt und tiefes Mitempfinden für den Kummer anderer Menschen.[18]

Im Haus in der Benesisstraße 4 wuchsen fünf Geschwister heran. Von den drei Töchtern heiratete nur Charlotte, die Frau von Theodor Hewel wurde, dem Inhaber einer Holzgroßhandlung in Köln und einer Sägerei in Bayern. Die beiden Schwestern Helene und Katharine blieben ledig. Der älteste Sohn Heinrich Braun wurde Kaufmann, trat in das Ziegeleiunternehmen seines Vaters Ferdinand ein und war später langjährig als Direktor des Rheinischen Ziegelei-Syndikats tätig. Der zweite Sohn des Ehepaares Maria Theresia und Ferdinand Braun war am 6. November 1849 zur Welt gekommen und hatte den Rufnamen Josef erhalten, dazu Anton und Ferdinand als weitere Vornamen.[19] Das Leben Josef Brauns ist von seinen Töchtern in liebevollen Darstellungen geschildert worden, die Fakten einer bemerkenswerten Laufbahn ergänzten.

Wahrscheinlich ging es auf den Wunsch der Mutter zurück, ebenso wohl auf den Einfluss ihres Bruders, der als Oberlandesgerichtsrat tätig war und sich viel mit dem Jungen beschäftigte, dass Josef Braun die akademische Laufbahn einschlagen und wie sein Onkel Jurist werden sollte.[20] Die geistigen Anlagen besaß er zweifellos. Ohne Probleme wechselte der Zehnjährige 1860 von der Elementarschule auf das anspruchsvolle Apostelngymnasium, das er glatt absolvierte. Dicht an der Pfarrkirche gelegen, waren beides katholische Lehranstalten, die drei Jahrzehnte später auch Konrad Adenauer und seine Brüder durchliefen.[21] Das humanistische Gymnasium schuf nicht nur die Voraussetzung zum Universitätsstudium, seine Schüler hoben sich auch durch ihren hohen sozialen Status weit von der Masse ab. Als Josef Braun im Herbst 1868 die Reifeprüfung ablegte, gehörte er damit zur gebildeten Elite des Kölner Bürgertums. Am 24. Oktober 1868 schrieb sich der fast Zwanzigjährige an der nahen Rheinischen Friedrich-Wilhelms-Universität in Bonn als Student der Rechtswissenschaft in das Immatrikulationsregister ein. Nach damals üblicher Praxis, mehrfach die Universität zu wechseln und damit den Gesichtskreis zu erweitern,[22] verbrachte Josef Braun das folgende Sommersemester im romantischen Heidelberg und ging dann für den Winter in die preußische Hauptstadt Berlin. Im Sommer 1870 befand er sich in den Hörsälen der Universität München, als am 19. Juli der Krieg mit Frankreich ausbrach.[23]

Maria Theresa Braun geb. Nakatenus

Josef Braun eilte sofort zu den Fahnen und trat als Einjährig-Freiwilliger in das Rheinische Kürassier-Regiment No. 8 ein, das in Deutz auf dem rechten Flussufer gegenüber Köln in Garnison stand. Die Kavallerie war die angesehenste Waffengattung in der preußischen Armee und der wohlhabende Ferdinand Braun sorgte dafür, dass sein Sohn das beste verfügbare Pferd erhielt. Nach kurzer Ausbildung rückte Josef Braun im Oktober 1870 ins Feld. Sein Regiment gehörte zu den vor der Festung Metz stehenden Belagerungstruppen. In seinem Lebenslauf, den er vor der Referendarsprüfung einreichte, schrieb der Rechtskandidat: „...war es mir dann vergönnt, an dem bald darauf beginnenden Feldzuge im nördlichen Frankreich Theil zu nehmen und auch an den blutigen Tagen von Amiens, Quessieux, Bapaume und St. Quentin."[24]

Ohne Kriegsverletzungen und wohlbehalten kehrte Josef Braun erst zwei Monate nach Friedensschluss im Juli 1871 aus Frankreich zurück. Er war inzwischen Unteroffizier. In den folgenden Jahren nahm er periodisch an mehrwöchigen Übungen bei den Deutzer Kürassieren teil, erreichte den Rang eines Premier-Lieutenants der Reserve und erhielt im März 1884 auf eigenen Wunsch den Abschied, da er sich nun ausschließlich Beruf und Familie widmen wollte. Seinem ehemaligen Regiment blieb Josef Braun verbunden. Am 4. Januar 1896 feierte er mit Offizierskameraden den 25. Jahrestag ihrer Reiterattacke von Sapignies. Bei dieser Gelegenheit wurde eine Gruppenaufnahme gemacht, die ihn mit bemerkenswert schlanker Gestalt im Kreis wohlbeleibter Herren zeigt.[25]

Anfang November 1871 nahm Josef Braun sein unterbrochenes Jurastudium an der Berliner Universität wieder auf und kehrte dann für das letzte Semester an die Universität Bonn zurück. Dort bestand er im Herbst 1872 die Referendarsprüfung mit „gut", die gleiche Note erreichte er bei der Großen Juristischen Staatsprüfung im Frühjahr 1877.[26] Während des langen Vorbereitungsdienstes bei verschiedenen Gerichten sowie Kanzleien von Notaren und Rechtsanwälten war der Kölner nicht aus seiner Heimatstadt herausgekommen, das sollte sich für den Assessor ändern. Schon Mitte Mai 1877 schickte ihn das Justizministerium in Berlin tief in den Süden, zur Vertretung des Staatsanwalts beim Kreisgericht in Hechingen am Fuß der Burg Hohenzollern. Und bereits Anfang September ging es dann in den Osten nach Bromberg, wieder an die dortige Staatsanwaltschaft.[27] Diese sechs Monate in Westpreußen mit Besuchen auf großen Gütern und Schlittschuhlaufen auf zugefrorenen Flüssen blieben Josef Braun als glückliche Zeit in Erinnerung.[28]

Nach anderthalb Jahren Aushilfstätigkeit beim Landgericht Köln erhielt der Gerichtsassessor Braun schließlich die Ernennung zum Amtsrichter und die Zuweisung ab 1. Oktober 1879 an das Amtsgericht in Trarbach an der Mosel, das zum Bezirk des Oberlandesgerichts in Koblenz gehörte. Es war seine erste feste und besoldete Anstellung, und er betrat nicht nur in dieser Beziehung Neuland. Selbst nach der Eingliederung der Rheinprovinz in den preußischen Staat hatten dort auf der Ebene der unteren Ge-richtsbarkeit weiter Friedensrichter amtiert, die keine Volljuristen zu sein brauchten. Diese Rechtsordnung war nach der Besetzung durch die Franzosen im Jahr 1798 eingeführt worden und bestehen geblieben,[29] bis durch das Gerichtsverfassungsgesetz vom 27. Januar 1877 eine einheitliche Regelung für das neue Deutsche Reich erfolgte. Der knapp 30-jährige Josef Braun war daher der erste Amtsrichter überhaupt in Trarbach.

Josef Braun als Offizier

Der Beginn gestaltete sich etwas schwierig. Denn obwohl sich die Stadt verpflichtet hatte, einen Neu-bau fristgerecht zu erstellen, brachten es Verzögerungen mit sich, dass Braun seine Dienstgeschäfte im ersten Jahr in einem Zimmer des Trarbacher Rathauses erledigen musste. Immerhin führte er sein Amt „in befriedigender Weise", wie sein Vorgesetzter in Koblenz dem Oberlandesgerichtspräsidenten in Köln berichtete.[30] Trotzdem war er an seinem Wirkungsort nicht zufrieden. Vielleicht hatten sich in Zusammenhang mit dem Provisorium örtliche Komplikationen ergeben, denn schon nach einem Jahr Tätig-keit stellte der neue Amtsrichter das erste Versetzungsgesuch, dem mehrere weitere in kurzen Abständen folgten. Das letzte in dieser Kette reichte er Anfang September 1882 ein.[31] Doch dann lag Josef Braun plötzlich nichts mehr an einer Ortsverän-derung. Er hatte die 18-jährige Aline Langguth kennen gelernt.

Der Name Langguth war ein Begriff, weit über die Grenzen des engen Moseltales hinaus. Carl Wilhelm Langguth, der Vater von Aline, zählte zu den bedeutendsten Weingroßhändlern der Region mit einem weit gespannten Absatzmarkt, besaß Weinberge, Häuser und das große Gut Niederreidenbacher Hof an der Nahe. Der sehr vermögende Mann nahm auch Einfluss auf das politische Leben und bemühte sich besonders um Verbesserungen der Infrastruktur für die abgelegene Region. Darin zeigte er sich ebenso versiert und erfolgreich wie bei seinen geschäftlichen Unternehmungen. Die Eisenbahnanbindung der Region hatte lebenswichtige Bedeutung, denn nur durch den Anschluss an das Netz des Schienenverkehrs vermochten Weinhandel und Weinbau an der Mittelmosel gegenüber anderen Gebieten wettbewerbsfähig zu sein.[32] Der natürliche Transportweg Fluss war im Winter zugefroren und sonst behinderten Sandbänke und Untiefen die Schifffahrt. Die Bahnlinie Koblenz–Trier führte jedoch an Traben und Trarbach vorbei, damals noch zwei Orte, die erst 1904 zur Doppelstadt vereinigt wurden. Langguth erreichte im Bund mit Gleichgesinnten, dass schon 1883 ein Zubringer in Betrieb genommen werden konnte, die „Moselwein-Bahn".[33]

Das Haus Langguth am Trabener Moselufer

Seine Charaktereigenschaften, weitsichtiges Handeln, Hartnäckigkeit und Durchsetzungsvermögen, vererbte Carl Wilhelm Langguth an etliche seiner vielen Nachkommen. Unzweifelhaft waren sie bei der Enkelin Käte Ahlmann vorhanden, die sich an den Großvater mütterlicherseits als alternden, aber noch sehr machtvollen Patriarchen gut erinnern konnte und ihn in einem kurzen, anschaulichen Porträt aus ihrer Kindersicht beschrieben hat. Doch nicht nur sie empfand das Bedürfnis, Eindrücke von dieser auch äußerlich großformatigen Persönlichkeit festzuhalten. Aufzeichnungen verschiedener Familienangehöriger brachten Carl Wilhelm Langguth einen in den folgenden Generationen anhaltenden Nachruhm.[34]

Der erste Langguth an der Mosel, der Jurist Johann Matthias (1639-1707), war in Trarbach am Sitz der Hinteren Grafschaft Sponheim als Verwaltungsbeamter mit dem Titel Kammerrat tätig gewesen.[35] Das kleine Territorium hatte sich im 14. Jahrhundert erfolgreich gegen die Eingliederungsbestrebungen des mächtigen Trierer Erzbischofs Balduin von Luxemburg behauptet. Nach dem Aussterben der Sponheimer Grafen ging das Gebiet 1437 an Baden und Pfalz-Zweibrücken als Erben, die es bis 1776 gemeinschaftlich verwalten ließen.[36] Kurfürst Friedrich der Fromme von Pfalz-Simmern, der nach den Grundsätzen des Augsburger Religionsfriedens von 1555 – „cuius regio, eius religio" – als Landesherr über die Konfession seiner Untertanen bestimmen konnte, führte im Jahr 1557 die Reformation in der Hinteren Grafschaft Sponheim ein. An der Mittelmosel entstand damit eine evangelische Enklave, umschlossen von den großen, bis an den Rhein reichenden katholischen Ländereien des Erzstiftes Trier.[37]

Die Ausübung der Religion erfuhr durch die Zeitläufte manche Einschränkungen. Im Dreißigjährigen Krieg etwa untersagten die spanischen Besetzer von 1629 bis 1632 den Lutheranern die Abhaltung von Gottesdiensten in der Trarbacher Kirche, die ausschließlich katholischen Messen vorbehalten blieb.[38] Was sonst noch unter der Herrschaft der fremden Soldateska in der kleinen Stadt an der Mosel geschah, unterschied sich vermutlich nur örtlich von den Schrecken und Gräueln, die der thüringische Pfarrer Johannes Langguth während dieses Krieges erlebte und niederschrieb, eine „ergreifende Schilderung von Leiden und Armut", wie der Herausgeber der Handschrift befand.[39] Der Verfasser dieser sehr realistischen Autobiografie war ein Onkel von Johann Matthias Langguth.

Der gräfliche Kammerrat erlebte dann in Trarbach als unmittelbarer Augenzeuge, wie ab 1687 auf dem gegenüber liegenden Gipfel oberhalb von Traben die gewaltige Festung „Mont Royal" errichtet wurde.[40] Der französische König Ludwig XIV. wollte mit dieser von dem berühmten Sébastien le Prestre de Vauban gebauten Anlage das mittlere Rheinland strategisch beherrschen. Allerdings musste die Festung aufgrund der Bestimmungen des Friedens von Rijswijk schon 1698 dem Erdboden gleich gemacht werden.[41] Mehr sichtbare Überreste gab es vom alten Sitz der Sponheimer Grafen, der „Grevenburg" in Trarbach. Unterhalb der malerischen Ruine, in der Schottstraße, betrieb der Urenkel des Kammerrats, Franz Wilhelm Langguth, eine 1789 von ihm als gerade Zwanzigjährigem gegründete Weinhandelsfirma, der ein Kolonialwarengeschäft angeschlossen war.

Carl Wilhelm Langguth

Im Weinhandel hatte sich schon sein Vater Franz Adolph betätigt und war in diesen Angelegenheiten unterwegs gewesen, als er im April 1775 bei einem Unfall in der Mosel ertrank.[42] Der Sohn hatte von Anfang an mit äußeren Schwierigkeiten zu kämpfen, die vorwiegend in Kriegen bestanden und fremder Besetzung. 1794 geriet das Moseltal für zwanzig Jahre wieder unter französische Herrschaft, bis es durch die Neuordnung auf dem Wiener Kongress preußisch wurde. Am 15. Mai 1815 leisteten die Trarbacher Bürger den Huldigungseid auf König Friedrich Wilhelm III.[43] Drei Monate vorher war Franz Wilhelm Langguth und seiner Frau Juliane Maria, beide immerhin schon 47 Jahre alt, am 20. Februar ein Nachkömmling geboren worden, der Sohn Carl Wilhelm.

Während der Vater bald darauf kränkelte, übernahm die als sehr tatkräftig und willensstark geschilderte Mutter die Führung des Geschäfts und der Familie Langguth. Die geistig rege, lebhafte und energische Frau sorgte dafür, dass der Sohn die Trarbacher Lateinschule besuchte und regelte für ihn die Lehre bei ihrem Schwiegersohn Justus Wilhelm Garkoch in Frankfurt am Main, Inhaber einer großen Kolonialwarenfirma, der mit ihrer ältesten Tochter Eleonore verheiratet war. Auch den anschließenden Militärdienst in Saarbrücken verbrachte Carl Wilhelm Langguth unter schwesterlichen Fittichen. Dort lebte inzwischen die jüngere Johanna als Ehefrau des Rechnungsrates Doll.[44]

Für sein weiteres Leben ganz entscheidende Erfahrungen und Kenntnisse nahm der junge Mann von der Mosel in der großen Handelsstadt Antwerpen auf, wo er einige Jahre in der Firma W. Born & Co. tätig war, einem der führenden Kaffee-Importhäuser am Ort. In späteren Jahren sprach Carl Wilhelm Langguth oft davon, wie sich durch den Aufenthalt in dieser weltläufigen Metropole mit den Verbindungen nach Übersee seine kaufmännischen Fähigkeiten entwickelt und sein Wissenshorizont erweitert hätten. Das Erlebnis Antwerpen war für ihn auch so bedeutsam, weil es das einzige dieser Art blieb. Ende 1839 starb sein Vater, und der einzige Sohn ging nach Trarbach zurück, um in die Firma in der Schottstraße einzutreten.

Die Mutter gab wohl erst allmählich die Zügel aus der Hand, und es blieb daher Zeit zum Eingewöhnen, freundschaftliche Beziehungen sowie Geselligkeit zu pflegen und in Verbindung damit das Geschäft um andere Zweige auszuweiten. Ideen und Unternehmungen Carl Wilhelm Langguths erschienen vielversprechend, so dass von befreundeter Seite beträchtliches Kapital investiert wurde, doch nicht alles verlief nach Plan. So schlug beispielsweise der Versuch fehl, mit einem Dampfschiff den Verkehr auf der Mosel aufzunehmen. Zu den enttäuschten Aktionären gehörte auch Langguth. Seine Heiratspläne richteten sich deshalb auf eine gute Partie, die ihm dann die Schwester Johanna vermittelte und die ihn zum vermögenden Mann machte.[45]

Magdalene Jacoby, bei der Hochzeit am 7. September 1847 im 22. Lebensjahr, war die einzige Tochter des sehr begüterten Peter Jacoby aus Kirn an der Nahe. Er stammte aus einer Landwirtschaft und Weinbau treibenden Familie in Meckenbach, einem unweit davon gelegenen Ort. Als Witwer hatte Jacoby im Mai 1825 in zweiter Ehe Johannetta Wilhelmine Andres geheiratet und noch im Verlauf des Jahres den ehemals fürstlich Salmschen Amtssitz, die „Kellerei", in Kirn erworben sowie Ende Dezember 1825 den Niederreidenbacher Hof.[46] Oberhalb der Nahe auf einem Felskopf gelegen, hatte der Adelssitz eine wechselvolle Geschichte gehabt. Seit dem 13. Jahrhundert war das große Gut durch die Hände vieler Familien gegangen. Unter Peter Jacoby als Eigentümer wurden die Baulichkeiten erheblich erweitert. Es entstanden an der Schauseite zum Fluss das Herrenhaus, Wohngebäude, dazu Stallungen und Wirtschaftsanlagen sowie eine Mühle und eine Branntweinbrennerei. Vor allem die letztgenannten Einrichtungen brachten gute Erträge.[47]

Magdalene Langguth hing sehr an ihrem Vater, der sich von seinem einzigen Kind wohl auch nicht trennen konnte. Peter Jacoby hatte seine Frau Johannetta im Jahr vor der Hochzeit der Tochter verloren. Wahrscheinlich gab es aber auch andere Gründe, weshalb die junge Frau es vorzog, noch für längere Zeit in der vertrauten Kirner Umgebung zu bleiben. Dort kamen in den ersten fünf Jahren ihrer Ehe fünf Kinder zur Welt. Carl Wilhelm Langguth ritt zu Pferde von Trarbach über den Hunsrück, um nach seiner wachsenden Familie zu sehen. Mit zwei Todesfällen, der kleinen Tochter Johanna im Januar und ihres Vaters Peter Jacoby nur einen Monat darauf, brachte das Jahr 1853 einen tragischen Einschnitt. Zugleich bedeutete es für Magdalene Langguth die endgültige Übersiedlung an die Mosel. Immerhin wohnte sie dort nicht unter einem Dach mit ihrer Schwiegermutter, die weiter in der Schottstraße bestimmte. Außerdem kam als Beistand ihre resolute Cousine Johanna Doll mit, die ein dauerhaftes Mitglied im Langguthschen Hausstand wurde, eine Ergänzung zu der als still, sanft und von großer Herzensgüte erinnerten Mutter von schließlich zehn Kindern, von denen aber nur sechs das Erwachsenenalter erreichten.[49]

Mit dem Tod von Peter Jacoby war das große Vermögen seiner Tochter Magdalene und damit ihrem Mann Carl Wilhelm Langguth zugefallen, zumindest war er rechtlich befugt, es zu verwalten,[50] und seine Frau schien ihm völlig freie Hand gegeben zu haben. Die zur Verfügung stehenden Gelder vergrößerten sich noch erheblich, als die 1860 in Betrieb genommene Nahebahn gebaut wurde und die Trassenführung die geerbten Ländereien durchschnitt. Neben durchaus schlüssigen Investitionen, wie etwa dem Erwerb von Weinbergen und weiteren Immobilien sowie der Modernisierung des landwirtschaftlichen Betriebes auf dem Niederreidenbacher Hof, nutzte Carl Wilhelm Langguth die reichlich vorhandenen Mittel auch dazu, um sich einen Traum zu erfüllen, den er wohl seit den Antwerpener Jugendtagen gehegt hatte. Laut familiärer Überlieferung kaufte er zwei Schiffe, um einen Warenhandel zwischen Holland oder Belgien und der nordafrikanischen Küste zu betreiben.

Im Jahr 1857 zerstörte ein verheerender Brand den Stadtkern von Trarbach nahezu vollständig. Carl Wilhelm Langguth erwarb nun in Traben ein direkt am Moselufer liegendes großes, geräumiges Wohnhaus und den dazu gehörenden Grundbesitz auf der gegenüber liegenden Seite der Riesbacher Straße, wo er seine Kellerei und die Geschäftsräume errichtete.[51] In diesem Haus in Traben wurden dem Ehepaar Langguth am 1. März 1864 als letzte Kinder die Töchter Aline und Ida geboren. Es waren sehr unterschiedliche Zwillingsmädchen, die eine ganz dunkel, die andere blond mit blauen Augen.[52]

Aline Langguth

Die Mutter Magdalene, die vier Kinder früh verloren hatte, war um die Zwillinge natürlich sehr besorgt und ließ sogar einen Facharzt aus Frankfurt am Main kommen, um die beiden Mädchen zu begutachten und Ratschläge für die bestmögliche Betreuung zu geben. Der Mediziner empfahl viel Sonnenlicht, und so wurden die Babys, je nach Tageszeit, von einem Fenster zum anderen getragen. Neben der Mutter kümmerte sich „Tante Hannchen" Doll mit viel Liebe um die Kleinen. Besonders Aline hing sehr an ihr, die dem „hässlichen jungen Entlein" eine Zukunft als stolzer Schwan prophezeite, was Auftreten und Haltung der erwachsenen Frau dann durchaus bestätigten.

Die Zwillinge wuchsen unbelastet auf. Aline zeigte früh gute musikalische Anlagen, zur großen Freude ihres Vaters, von dem sie diese Begabung geerbt hatte. Von Kindheit an war sie sehr pflichtbewusst, ganz im Gegensatz zu ihrer Schwester Ida, die alles viel leichter nahm, vielleicht weil ihr wegen des hübschen Aussehens mehr nachgesehen wurde. Außerdem profitierte Ida von der Gewissenhaftigkeit Alines. Schon während der Trabener Dorfschulzeit machte die eine Schwester für beide die schriftlichen Hausaufgaben, indessen die andere ruhig schlief. Jedenfalls war das die Darstellung der aktiven Hälfte des Zwillingspaares.

Auf die Erziehung seiner Kinder legte Carl Wilhelm Langguth großen Wert. Die Söhne schickte er, nachdem sie die Lehrzeit bei ihm im Geschäft absolviert hatten, nach eigenem Vorbild ins Ausland. Franz, der Älteste, ging nach Bordeaux, der Weine wegen, und Richard blieb sogar mehrere Jahre in England, erst in Liverpool und anschließend in London. Am 15. Januar 1880, im Alter von fast 65 Jahren, schloss der Vater mit den beiden Söhnen einen Vertrag, in dem er ihnen die unter der Firma „Franz Wilhelm Langguth" geführte Weinhandlung zum 30. Juni 1879 rückwirkend übertrug.[53] Er selbst widmete sich dann nur noch der Verwaltung seines Vermögens und dem Niederreidenbacher Hof.

Eine gute Ausbildung seiner Töchter war dem Vater ebenfalls sehr wichtig. Schließlich sollten sie gemäß seinem Status als wohlhabender und einflussreicher Mann entsprechende Ehen schließen. Sie kamen daher in Pensionate und Höhere Töchterschulen, die eine gute Allgemeinbildung vermittelten: fremdsprachliche Grundlagen, das Wissenswerte über die Führung einer Hauswirtschaft der gehobenen Stände, gute Umgangsformen und sicheres Auftreten, sowie Kenntnisse in Kunst, Musik und feinen Handarbeiten.[54] Während eine der älteren Schwestern sogar nach Brüssel gehen durfte, wurden Aline und Ida nach der Konfirmation im Höheren Töchterinstitut von Mathilde Krebs in der Krögerstraße in Frankfurt am Main untergebracht.[55] Auch dort erwies sich Aline als die arbeitsame und pflichtbewusste Zwillingsschwester.

Im Anschluss an die Schule verlebten die Mädchen eine sorglose Zeit. Sie gingen zu Tanzveranstaltungen, spielten Theater, besuchten Gesangsaufführungen und Konzerte, liefen Schlittschuh auf den überschwemmten Wiesen, machten Ausflüge und fuhren zu Gesellschaften bei den Verwandten in Saarbrücken. Aline war inzwischen zu einer auffallenden Erscheinung herangewachsen, gepaart mit sprühendem Temperament. Natürlich fing sie die sofortige Aufmerksamkeit des Amtsrichters Josef Braun ein, als er dieses junge Geschöpf zum ersten Mal sah. Die Begegnung fand nach der Überlieferung an der „Ponte" statt, der Moselfähre zwischen Traben und Trarbach. Erst 1898/99 wurde nach dem Plan des bekannten Jugendstil-Architekten Bruno Möhring, dessen Bauten dann die Stadt Traben-Trarbach prägten, eine Brücke mit imposantem Torbau errichtet.[56]

Zwischen dem vierzehn Jahre älteren, schon etwas würdevollen Mann und dem jungen Mädchen entwickelte sich in kurzer Zeit eine tiefe Liebe und es stand für beide schon Anfang Januar 1883 fest, dass sie das Leben miteinander teilen wollten. Doch es gab massiven Widerstand gegen dieses Vorhaben. Der entschiedene Protestant Carl Wilhelm Langguth wollte es nicht dulden, dass seine Tochter einen Katholiken heiratete. Ferdinand Braun in Köln erwies sich trotz seiner Einbindung in die Laienbruderschaft als wesentlich toleranter, vielleicht war diese Einstellung aber auf die Milde seiner fast achtzig Jahre zurückzuführen. Weitere Hindernisse sah Langguth im unterschiedlichen Lebensalter, sicher aber im Beamtenstatus von Josef Braun, der von ihm mit „Hungerleider" gleichgesetzt wurde.[57] Den gut situierten Kölner Hintergrund nahm er wohl absichtlich nicht zur Kenntnis. Immerhin untersagte der Vater nicht gänzlich die Verbindung, sondern legte dem Paar eine einjährige Prüfungszeit auf, in dem es sich privat nicht begegnen durfte.

Abgesehen davon, dass sich die beiden in den zwei kleinen, überschaubaren Orten Traben und Trarbach, die jeweils um die 1.700 Einwohner hatten,[58] bei öffentlichen und gesellschaftlichen Veranstaltungen trotzdem sahen, wenn auch keiner mit dem anderen sprechen konnte, und sie wegen der allgemein bekannten Anweisung des alten Langguth eigentlich immer unter Beobachtung standen, fanden die heimlich Verlobten Mittel und Wege, in engem Kontakt zu bleiben. Aus ihren „Brautbriefen", veröffentlicht von einem Enkel des Paares, gehen zwar die vielen Schwierigkeiten, Enttäuschungen, Ärgernisse und Ängste hervor, letztlich aber vor allem die Botschaft, dass Liebe eben doch alles besiegen und auch das harte Herz eines autoritären Vaters erweichen kann. Noch vor Ablauf der Jahresfrist gab Carl Wilhelm Langguth nach. Allerdings kapitulierte er zu seinen Bedingungen. Die Verlobungsanzeige ließ er ohne das Wissen des Brautpaares Ende Oktober 1883 in die „Trarbacher Zeitung" setzen.[59]

Nach diesen Erfahrungen hielt es Josef Braun für geboten, sein Eheleben in größerer räumlicher Distanz zum Einflussbereich seines zukünftigen Schwiegervaters zu beginnen. Sein Glück hielt an, denn das Gesuch um eine frei gewordene Stelle beim Amtsgericht in Köln hatte dieses Mal Erfolg und brachte die Zusage mit dem Antrittstermin am 1. März 1884.[60] Eine geräumige Wohnung wurde am neuen Hohenzollernring gefunden, an dem noch die letzten Pflasterungsarbeiten stattfanden, und Aline stellte nach eingehender Besichtigung die Zimmereinrichtung zusammen. Die zu erwartenden Hochzeitsgeschenke, wie etwa ein Kronleuchter von den Schwestern, wurden in die Planungen mit einbezogen. Sie bekam als Mitgift außer den Sachwerten noch 30.000 Mark. Im Vergleich dazu bezog der Bräutigam als Amtsrichter ein Jahresgehalt von genau 3.300 Mark, das sich in den nächsten drei Jahren auch nicht erhöhen sollte.[61] Inzwischen hatte Josef Braun den erforderlichen Heiratskonsens von seinem Vorgesetzten erhalten, um dessen Genehmigung er einkommen musste, und am 17. April 1884 fand in Traben die Trauung statt.

Nach der Rückkehr von der dreiwöchigen Hochzeitsreise, die nach Italien geführt hatte, nahm Amtsrichter Braun seine Dienstgeschäfte am 12. Mai wieder auf, wie er ordnungsgemäß seinem Vorgesetzten meldete. Seine junge Frau hatte anfangs Probleme, sich in die neuen Lebensumstände einzufinden. Anscheinend war daheim verabsäumt worden, sie mit dem alltäglichen Kochen vertraut zu machen. Nun bemühte sie sich, ihrem älteren Hausmädchen über die Schulter zu sehen. Auch die Einteilung des Haushaltsgeldes fiel ihr zuerst schwer, und da das Wort vom „Beamtenelend" haften geblieben war, wagte sie nicht, ihren Mann um mehr zu bitten. Gegen Monatsende ging Aline Braun viel spazieren, damit sie nicht zu Hause war, wenn Rechnungen kamen. Um die Grundversorgung brauchte sie sich keine Gedanken zu machen, denn jeden Tag traf ein Paket von der Mutter aus Traben ein.[62]

Magdalene Langguth hatte schon lange an einer schweren Herzkrankheit gelitten. Sie starb in Traben am selben Tag, am 6. Januar 1886, an dem in Köln ihre Tochter Aline das erste Kind bekam. Es war ein Mädchen, das den Namen der Verstorbenen erhielt. Um die Wöchnerin zu schonen, wurde ihr der Tod der Mutter verschwiegen und Josef Braun las auf Rat des Arztes eine Woche lang fingierte Briefe vor, die eine Krankheit vorspiegelten, bis sich die Täuschung nicht mehr aufrecht erhalten ließ. Es war der erste große Schmerz für die 22-jährige. Aber das Jahr 1886 brachte noch mehr Prüfungen. Nur einen Monat später, am 11. Februar, starb Maria Theresia Braun im Alter von 73 Jahren. Ihren jüngsten Sohn belasteten diese zwei kurz aufeinander folgenden Todesfälle derart, dass er aus diesem Grund um einen zweiwöchigen Urlaub bat. Die seelischen Erschütterungen waren anscheinend sehr tief gehend.[63]

Nur wenige Wochen danach, Ende März 1886, erkrankte Josef Braun lebensgefährlich an einer Hirnhautentzündung, damals Genickstarre genannt. Es stand sehr kritisch um ihn. Seine Kölner Familie sandte einen Priester, um ihn mit der Letzten Ölung zu versehen, doch der Schwerkranke besaß noch soviel Kraft, ihn mit energischen Worten aus dem Zimmer zu weisen. Bis zur vollständigen Genesung dauerte es dann aber noch ein halbes Jahr.[64] Ein weiteres tragisches Ereignis für die junge Familie bedeutete der Tod des einjährigen Töchterchens Ida, die sehr zart gewesen war und kurz vor der Geburt des dritten Kindes von Aline und Josef Braun starb. Luise kam am 13. September 1888 zur Welt. Sie wurde schon im eigenen Haus in der Von-Werth-Straße 31 geboren.

Das Schönste an dem schmalen, vier Stockwerke hohen Haus, dicht in die Reihe der Nachbargebäude gefügt, war wohl die Lage. Aus den großen Fenster ging der Blick auf die nahe Kirche St. Gereon mit ihrem grandiosen Kuppelbau aus der Spätantike, hinter der etwas versetzt die markanten Türme des Doms aufragten. Es handelte sich um eine gute und ruhige Wohngegend an den Ringen, wenige Schritte vom Stadtgarten entfernt, und dann war es auch nicht weit zu den Gerichtsgebäuden am Appellhofplatz, wie überhaupt die Kölner Innenstadt von der Von-Werth-Straße aus leicht zu Fuß erreicht werden konnte. Bequemer ging es allerdings mit der städtischen Pferdebahn, die ein dichtes Verkehrsnetz hatte.[65] Hinter dem Haus befand sich ein kleiner ummauerter Garten mit Laube, Springbrunnen, Schaukel und einem Sandkasten für die heranwachsenden Töchter.[66]

Es waren insgesamt vier. Nach Magdalene und Luise kam am 5. Dezember 1890 „Catharine Aline" dazu, immer nur „Käte" genannt. Die Hebamme versuchte, wegen der Ankunft einer vierten Tochter statt des sehnlich erhofften Sohnes die Mut-

Das schmale, hochgeschossige Elternhaus von Käte Ahlmann in der Kölner Von-Werth-Straße

ter zu trösten: „Diesmal braucht es Ihnen nicht leid zu tun, Frau Rat, denn es ist ein hübsches Dingelchen!"[67] Ein erneuter, dann aber letzter Versuch brachte drei Jahre später das gleiche Ergebnis. „Linu", eigentlich „Aline", beschloss mit ihrer Ankunft am 18. Dezember 1893 den Töchterreigen im Haus Braun und vervollständigte das Kleeblatt. Josef Braun war sehr stolz auf seine Mädchen. Die Mutter warf ihnen das „Nur-Tochter-Sein" zwar manchmal vor, doch nur im Zuge von temperamentvollen Auseinandersetzungen. Ansonsten wussten sich die Vier von ihr sehr warmherzig geliebt.

Ferdinand Braun hatte noch das erste Jahr seiner Enkelin Käte miterlebt, die ihm als junge Frau dann so ähnlich sehen sollte. Er starb am 5. Januar 1892 im 88. Lebensjahr, „gestärkt durch die Heilmittel der Katholischen Kirche", wie es in der Traueranzeige hieß.[68] Der leidtragende Sohn Josef Braun hatte als „Landgerichtsrat" unterzeichnet, wozu er am ersten Tag des neuen Jahres befördert worden war. Sein Gehalt stieg damit auf jährlich 4.800 Mark, doch darauf war er durch das Erbe seines Vaters nicht mehr angewiesen. In einer dienstlichen Bewertung durch den Kölner Landgerichtspräsidenten im Jahr 1894 wurde Josef Braun als „vermögend" eingestuft. Gleichzeitig bescheinigte ihm der Vorgesetzte sehr gute Befähigung, umfassende Kenntnisse und musterhaften Fleiß. Er arbeite ebenso schnell und gewandt wie gründlich und sei daher für eine Stelle am Oberlandesgericht Köln „vorzüglich geeignet". Die Ernennung erfolgte zum 1. März 1895.[69]

An seinem Wirkungsort, dem 1893 neu errichteten Justizgebäude am Appellhofplatz, traf Josef Braun auf den Kanzleirat Johann Konrad Adenauer, der erster Gerichtsschreiber am Oberlandesgericht war, die höchste Position, die ein Beamter im Mittleren Justizdienst erreichen konnte. Er galt als überaus pflichtgetreu und gewissenhaft.[70] Sein jüngster Sohn Konrad hatte um diese Zeit gerade das Jurastudium aufgenommen. Fast genau fünfzig Jahre danach, im März 1947, bat die Tochter Josef Brauns, unterschriftlich als „Frau Julius Ahlmann", den schleswig-holsteinischen Ministerpräsidenten Theodor Steltzer um eine freundliche Empfehlung an Herrn Adenauer auf dem bevorstehenden Treffen der beiden führenden CDU-Politiker. Sein Vater sei ein geschätzter Mitarbeiter ihres Vaters gewesen.[71]

Die ersten Jahre Josef Brauns am Kölner Oberlandesgericht waren überschattet von häufigen Krankheiten. Ihm machte vor allem ein nervöses Magenleiden zu schaffen, das fachärztliche Behandlung und wiederholt Kuraufenthalte notwendig werden ließ. Die Symptome traten meistens im Herbst auf, kurz nach den langen Gerichtsferien. Vielleicht mutete sich Braun dann wieder zuviel Arbeit zu, denn außer seiner dienstlichen Tätigkeit am höchsten Gericht der Rheinprovinz fungierte er noch als Geschäftsführer der „Erben F. Braun GmbH.", an der auch seine Geschwister und deren Kinder Anteile hielten. Die Gesellschaft erschloss zusammen mit der Kommune die Ländereien im Stadtteil Braunsfeld und baute dort mehrere große Häuser. Das alles kostete Josef Braun viel Zeit und Kraft. Ab 1901 schien sich seine Gesundheit aber zu stabilisieren.[72]

Wahrscheinlich war dem Fünfzigjährigen wegen seiner beruflichen und privaten Doppelbelastung auch der häusliche Trubel manchmal zu anstrengend. Vier quirlige kleine Mädchen, eine temperamentvolle und energische, sehr vitale junge Frau und drei Hausmädchen stellten eine geballte und lautstarke Weiblichkeit dar. Zwar verfügte Josef Braun in der ersten Etage über ein Arbeitszimmer, in dem er an einem Stehpult schrieb, und alle im Haus waren währenddessen zur Ruhe verpflichtet, auch Aline Braun bemühte sich, ihren Mann nicht zu stören, doch ganz ließen sich Geräusche bei der lebhaften Kinderschar nicht vermeiden. Gerade in Abwesenheit der Mutter kam es oft zu ohrenbetäubenden Turbulenzen, die der sanfte und nachsichtige Vater nur mit Mühe dämpfen konnte.[73]

Zwischen der Ältesten und der Jüngsten gab es einen Abstand von nur sieben Jahren und natürlich Konkurrenz untereinander und um die Liebe und Aufmerksamkeit der Eltern. Während Magdalene stets vorbildlich gewissenhaft und brav war, hatte sich Käte als „mittleres Kind" vor allem gegenüber der zwei Jahre älteren, intelligenten und auch körperlich starken Luise zu behaupten.[74] Das gelang ihr nicht nur bei Handgreiflichkeiten im Kinderzimmer, wenn sie einen Stuhl als Waffe gegen ihre kräftige Schwester einsetzte. Der Beiname „Kröte" kam sicher nicht von ungefähr. Die kleine Linu, zärtlich „Alinula" genannt, war der Liebling aller. Besondere Zuwendung, die das ganze Leben anhielt, erfuhr sie von ihrer nächst älteren Schwester. Käte las der Kleinen jeden Tag ein Märchen vor, wenn sie aus der Schule zurückkam.[75]

Die Töchter von Aline und Josef Braun wurden evangelisch getauft und erzogen. Bei der katholischen Verwandtschaft in Köln hießen sie, nur zum Teil scherzhaft gemeint, die „Ketzerkinder". Doch bis auf eine Ausnahme, Helene Braun, die aus diesem Grund sogar die Nichten enterbte, herrschte in der Familie gegenseitige Toleranz in Glaubensfragen und Rücksichtnahme. So reichte Aline Braun bei der gemeinsamen Feier am Weihnachtsabend als festliches Essen stets Fisch. Für den großen Personenkreis kam ein voluminöser Kabeljau auf die Tafel. Nach Mitternacht, dem offiziellen Ende der adventlichen Fastenzeit, in der Katholiken Fleisch untersagt war, gab es dann, ebenfalls der familiären Tradition gemäß, Platten mit Schinkenbrötchen.[76]

Jahrhunderte hatten Protestanten in Köln keine Gottesdienste feiern dürfen, wenngleich es in der Stadt „heimliche Gemeinden" gab. Erst unter französischer Herrschaft wurde dieses Verbot außer Kraft gesetzt und 1802 erhielten die Evangelischen ihre erste Kirche, die aus dem 14. Jahrhundert stammende, vorher dem aufgelösten Orden gehörende Antoniterkirche in der Schildergasse.[77] 1827 gründete die evangelische Gemeinde Köln, zu der sich erst im Jahr zuvor Lutheraner und Reformierte zusammen geschlossen hatten und die nun zweitausend Mitglieder umfasste, eine Mädchenschule, die auf dem Antoniterpfarrhof untergebracht wurde. Die Töchter sollten dort eine über die Volksschule hinaus gehende Bildung erhalten und „im Geist des lauteren Evangeliums" erzogen werden, wie Philipp Beck, Leiter der Schule von 1876 bis 1910, in einem seiner Jahresberichte schrieb.[78]

Die evangelische Töchterschule in der Antoniterstraße hatte einen sehr guten Ruf und wurde auch von Schülerinnen katholischen und jüdischen Glaubens besucht. Sie nahm die Kinder mit sechs Jahren auf und führte über zehn Klassen. Nach einer Übersicht aus dem Jahr 1902 besuchten die „Beck'sche Schule", wie sie nach dem Direktor allgemein hieß, insgesamt 572 Mädchen, die in achtzehn Klassen von zwanzig Lehrerinnen und einem Lehrer unterrichtet wurden.[79] Beck legte großen Wert auf die Pflege der Fremdsprachen, Französisch und Englisch, doch auch sonst erhielten die Schülerinnen ein solides Wissen. Festigkeit und Strenge sollten sie zur steten Arbeitsamkeit führen, die nach der Auffassung von Direktor Beck die beste Garantie für Lebensfreude und wahres Glück bieten würde.[80]

Diese Grundsätze teilte Aline Braun in konsequenter Überzeugung. Käte Ahlmann hielt ihre Mutter in schulischen Angelegenheiten für „fast zu streng". Wenn die Töchter einen Tadel erhielten, wagten sie kaum, nach Hause zu gehen. Was die Mädchen dort erwartete, davon hatten sogar schon die Lehrerinnen gehört: „Mit Mutter Braun ist nicht gut Kirschen zu essen". Manchmal erließen sie aus Mitleid den Tadel, doch Käte und Luise bekamen mehrere Male das häusliche Donner-

Auf dem Schulweg hatten kleine Mädchen wie Käte einen Hut zu tragen

wetter zu spüren und die folgenden, nicht weniger gefürchteten Maßregelungen.[81] Die Schularbeiten wurden von den Töchtern sowieso unter sorgfältiger Aufsicht der Mutter nach Tisch im Kinderzimmer gemacht. Das war die einzige Stunde am Tag, in der Aline Braun etwas ruhte.

„Als Hausfrau gab es gewiß niemanden, der froher und energischer schaffen und anspannen konnte. Und damals war noch viel verbaut in dem engen, hohen Köln. Die Centralheizung war ein Problem für sich, mit Reinigen und allem. Das Röhrensystem, die Waschküche, der Weinkeller mit den abzuziehenden Fässchen Wein, die Flaschenspülerei, das entsetzliche Spannen von Gardinen in leeren Räumen, die überhohen Fenster, die hohen Leitern beim Hausputz, das ständige Bewegen des vielen Weizenmehls in der Bodenkammer, das der Großvater Langguth schicken ließ, die Lamperien für Delfter Porzellan, die Polstermöbel überall, es war viel schwierigere Haushaltung als heutzutage", beschrieb Käte Ahlmann fünfzig Jahre später ihr arbeitsintensives Elternhaus und die Mühe, die ihre Mutter damit hatte.[82] Allerdings bezweifelte die Tochter, selbst unendlich arbeitsam, die Richtigkeit des rigorosen mütterlichen Leistungsprinzips. Danach sollte jeder täglich bis an das Ende seiner Kräfte gehen. Und ein weibliches Wesen müsse sich schämen, wenn Weihnachten nicht Arme und Beine vor Überanstrengung schmerzten.

Trotz des dreiköpfigen Personals war es für Aline Braun selbstverständlich, die Töchter von Kindheit an in die hauswirtschaftlichen Arbeiten einzubinden, ganz in Gegensatz zu ihrer eigenen Jugend. Bei den Mädchen duldete sie kein Stillsitzen ohne „ernsthafte" Beschäftigungen, wie etwa Nähen und Handarbeiten. Selbst vorangegangene Anstrengungen galten nicht als mildernde Umstände, für die ausnahmsweise eine Ruhepause bewilligt worden wäre. Nicht gerade erfreut reagierten die Töchter, wenn sie die Mutter zum Einkaufen in die Stadt begleiten sollten. Aline Braun prüfte in mehreren Geschäften, die meistens weit auseinanderlagen, mit großer Sorgfalt Qualität und Preise, bevor sie sich zum Kauf entschied. Wenn den Mädchen diese Prozedur zuviel wurde, erhielten sie wegen ihres Jammerns einen scharfen Verweis. Schließlich sollten sie für das Leben „gestählt" werden.

Die Mädchen Linu, Käte, Luise, Magdalene (v. l.)

Körperliche Ertüchtigung geschah aber nicht nur schnellen Schritts auf dem harten Pflaster der Kölner Innenstadt. Abgesehen vom Turnunterricht, auf den allerdings in der „Beck'schen Schule" nicht viel Wert gelegt wurde,[83] übten sich die Mädchen Braun in verschiedenen Sportarten. Es ist wahrscheinlich, dass der Vater, der in den warmen Sommerwochen frühmorgens vor dem Dienst ein Bad im Rhein nahm, die lebenslange Vorliebe der Tochter Käte für das Schwimmen prägte. Lange Spaziergänge durch den Stadtgarten und bis in das weit entfernte Braunsfeld gehörten zum festen Familienprogramm. Radfahren konnte auch Aline Braun, und natürlich war es in diesen Jahren unerlässlich, dass die „höheren Töchter" Tennis spielten, indes weniger der sportlichen Betätigung wegen, sondern aus Gründen der Geselligkeit. Magdalene lernte in diesen Zirkeln ihren späteren Mann kennen.[84]

Allein das Beispiel der Eltern vermittelte dagegen eine weitere, von den Töchtern der gehobenen Schichten als unerlässlich erwartete Fertigkeit.[85] Freude an der Musik hatten alle vier Mädchen als Anlage von beiden Seiten mitbekommen. Aline Braun setzte sich gern zwischenzeitlich an den Flügel und drückte in ihren Interpretationen ihre tiefe Gefühlswelt aus. Häufig spielte sie auch mit ihrem Mann an freien Abenden ein Duo. Josef Braun hatte vom Vater die Musikalität geerbt und besaß eine ausgezeichnete Geige, die er sehr gut beherrschte. Dieses wertvolle Instrument wurde nach der Grundausbildung am Klavier, die für alle obligatorisch war, dann Käte im Sinn einer Auszeichnung anvertraut.[86] Sie und Luise erhielten später zusätzlich noch Gesangsunterricht, während die jüngste Tochter Linu wohl über die größte musikalische Begabung verfügte.

Dieses Haus voller Talente wurde natürlich von der Mutter sorgsam gefördert. Es entsprach Aline Brauns Wesen, dass sie für den ideellen Zweck einiges in Kauf nahm. Obwohl der Unterricht überwiegend bei Musiklehrern stattfand, war das notwendige tägliche Üben in den unterschiedlichen Stadien der Fingerfertigkeit, häufig gleichzeitig auf Flügel, Klavier und Violine, und die sich wiederholenden gesanglichen Modulationen zweifellos etwas belastend.[87] Einen Ausgleich für die oftmals quälenden Dissonanzen boten aber die ansprechenden Vorträge schon der kindlichen Töchter bei den Hauskonzerten in der Von-Werth-Straße, die Aline Braun mit Stolz erfüllten.

Das geneigte Publikum bei diesen Anlässen bestand aus Angehörigen der Kölner Familie und des Freundeskreises, doch Gäste von auswärts waren ebenfalls häufig anwesend. Die Verbindungen zur Mosel blieben sehr eng und die Geschwister nahmen gerne die Gelegenheit wahr, beim Verwandtenbesuch in Köln die Einkaufsmöglichkeiten der Großstadt zu nutzen und ebenso die vielfältigen kulturellen Angebote,[88] zudem das Haus von Schwester und Schwager für diese Vorhaben sehr bequem lag. Andererseits fuhr Aline Braun oft nach Traben, um bei dem alten und hinfälliger werdenden Vater zu sein. Sie nahm zu diesen Aufenthalten auch ihre kleinen Töchter mit, die auf diese Weise lernten, wie Käte Ahlmann schrieb, das Moseltal ganz als Heimat zu empfinden.[89] Damit untrennbar in Gedanken und Gefühl verbunden war eine Stätte, die sie noch mehr liebten.

Niederreidenbacher Hof

Für die vier Mädchen aus der Großstadt Köln war der Niederreidenbacher Hof des Großvaters Langguth über der Nahe ein einzigartiges Kindheitsparadies. Alle hingen sie mit den Herzen noch nach Jahrzehnten daran und hielten die Erinnerungen an die dort verlebte glückliche Zeit in Aufzeichnungen fest, vielleicht weil dieses Paradies zusammen mit der Kindheit für sie dann unwiederbringlich verloren ging. In jedem Jahr hatten die Töchter Braun die fünf langen Wochen der Schulferien in einer wunderschönen ländlichen Umgebung verbracht. Bei jeder entstand durch dieses Erleben eine tiefe Naturverbundenheit, die sich in ihrer praktischen Ausprägung am stärksten bei den jüngsten Schwestern zeigte.

Der Aufbruch von Köln und die Fahrt waren abenteuerlich, denn außer mehreren großen, tagelang gepackten Schließkörben wurden Fahrräder mitgenommen, Herbarien, der Käfig mit den Kanarienvögeln und die von Käte sorgsam gehütete

Violine. Nach mehrfachem Umsteigen war dann die Bahnstation Fischbach erreicht, wo Wagen und Pferde vom Hof für das letzte Stück der Reise warteten. Die Ankunft war gleichzeitig eine Heimkehr in das Vertraute. Herzlich begrüßt von den Bewohnern des Hofes mit dem Verwalter an der Spitze, richteten sich die Urlauber in den gewohnten Räumen des „kleinen Herrenhauses" ein. Die Erwachsenen legten das Korsett städtischer Lebensführung ab und gaben sich einem entspannten, für sie bukolischen Dasein hin, während die Kinder sofort ausschwärmten, um von dem weitläufigen Gelände wieder Besitz zu ergreifen, bekannte Plätze aufzusuchen und Freundschaften mit Tieren zu erneuern.[90]

Die Aufenthaltsdauer der Familie Braun auf dem Niederreidenbacher Hof wurde von zwei landwirtschaftlichen Eckdaten bestimmt, dem zweiten Heuschnitt, dort „Grummet" genannt, und der Kartoffelernte im September. Dazwischen lagen

Das über der Nahe liegende Gut Niederreidenbacher Hof war Kindheitsparadies

völlig unbeschwerte Sommerwochen, die von den Großstadtkindern in vollen Zügen genossen wurden. Wo sie konnten und durften, halfen sie im landwirtschaftlichen Betrieb mit. Käte ging auf die Suche nach Eiern der wild legenden Hühner, dirigierte die Enten zum richtigen Teich und begleitete den alten Hirten, wenn er die Schweine an die Waldränder und auf die Stoppelfelder führte. Die Kinder teilten das rustikale Essen, das den Knechten und Tagelöhnern gereicht wurde, wie sie auch Milch frisch von der Kuh tranken, nachdem sie das Melken gelernt hatten.[91]

Im Kuhstall, in dem eine für die damalige Zeit gewaltige Anzahl von sechzig Tieren stand, waren auf Veranlassung von Aline und Josef Braun einige Holzbänke aufgestellt worden. Dort hielt sich die Familie häufig bei Regenwetter auf. Ein wichtiger Grund bestand in der zu dieser Zeit weit verbreiteten Annahme, dass die Luft im Kuhstall der Anfälligkeit gegen Tuberkulose entgegenwirken könne. Ansonsten gab es von der Fütterung bis zum Misten viel zu sehen. Den größten Eindruck machte der riesige Zuchtstier. Doch auch die gesamte Milchproduktion interessierte, bis hin zum Endabnehmer. Käte und Linu kletterten frühmorgens aus den Fenstern, um auf dem klappernden Milchwagen mitzufahren, der die umliegenden Dörfer belieferte.

Die Eltern genossen das ungezwungene Landleben in seiner Ursprünglichkeit. Der Tag begann mit einem späten Frühstück im Freien und die Mittagsruhe wurde auf einem mit Tannen bewachsenen Hügel in Hängematten verbracht. Von dort bot sich ein weiter Blick über das Nahetal. Zum Hof gehörte viel Wald, und Josef Braun ging während seines Aufenthalts gerne auf die Jagd. Allerdings benötigte er darüber hinaus Erholung, einmal im Jahr wohl etwas Abstand zur Familie, die er auf dem Land gut aufgehoben wusste. Für zwei Wochen fuhr Braun, meistens allein, nach Tirol, und machte dort Hochgebirgswanderungen, auf denen er in Berghütten übernachtete. Seine Frau nahm während seiner Abwesenheit die Gelegenheit wahr, mit den Kindern ihre Geschwister und vor allem den Vater in Traben zu besuchen. Die lange Fahrt durch den Idarwald und über den Hunsrück, begleitet von Erzählungen über den berühmten Räuber „Schinderhannes", der dort um 1800 sein Unwesen getrieben hatte,[92] war für die Mädchen aus Köln ein Erlebnis, das ihre Phantasie sehr beschäftigte.

Und dann kamen sie von der Höhe hinab in das Moseltal, wo sie in die große Familie mit einer Vielzahl von Tanten und Onkeln, Vettern und Cousinen eintauchten. Es drehte sich dort alles um Wein. Nicht nur die Brüder Franz und Richard Langguth waren erfolgreich in dem lokalspezifischen Geschäft tätig. Maria, die älteste Schwester von Aline Braun, hatte in die traditionsreiche Weinfamilie Huesgen geheiratet, deren Trabener Jugendstil-Villa als eines der gelungensten Gesamtkunstwerke des Architekten Bruno Möhring gilt.[93] Helene wurde die Ehefrau von Louis Richter, eines ebenso wohlhabenden Weingutbesitzers und Weinhändlers aus Mülheim bei Bernkastel-Kues. Allen ging es in diesen Jahren sehr gut. Ein neues Weingesetz erlaubte seit 1892 die Nassverbesserung mit Zucker ohne Nachweis seines Anteils.[94] Die gesüßten Moselweine entsprachen der zeitgenössischen Geschmacksrichtung und fanden entsprechenden Absatz.

Ida Langguth, die Zwillingsschwester von Aline Braun, führte nach dem Tod der Mutter dem alten Vater Carl Wilhelm Langguth lange Jahre das Haus. Das übliche Heiratsalter lag längst hinter ihr, ebenso wie einige „unrichtig ausgehende Herzensdinge", als sie ihren zukünftigen Mann bei der Gründungsfeier des evangelischen Waisenhauses traf, für das ihr Vater einen ansehnlichen Betrag gestiftet hatte.[95] Arnold Meyer, drei Jahre älter als Ida, hatte Rang und Namen. Nach Tätigkeiten als Prediger am Schloss zu Wernigerode und in Nervi bei Genua wurde er 1889 von seiner Pfarrstelle in Oberkassel am Rhein als Inspektor an das hoch angesehene Evangelisch-Theologische Stift in Bonn berufen. 1891 promovierte er an der dortigen Universität zum Licentiaten der Theologie und im Jahr darauf folgte seine Habilitation. Sein Hauptforschungsgebiet war Leben und Lehre Jesu. Im April 1896 wurde Arnold Meyer zum Professor für Neues Testament und Praktische Theologie in Bonn ernannt.[96]

Die Hochzeit seiner 35-jährigen, jüngsten Tochter Ida am 23. Oktober 1899 war das letzte große Fest, das Carl Wilhelm Langguth in seinem Trabener Haus feierte. Zur kirchlichen Trauung hatte er wegen seiner Gebrechlichkeit nicht mitkommen können. Als der alte Patriarch dann, von einem Pfleger geführt, den schönen geschmückten Saal im ersten Stock betrat, breitete sich eine ehrfurchtsvolle Stille aus, die den Anwesenden in Erinnerung blieb. „Unvergesslich ist es mir, wie wir an diesem Tage mit weißen Kleidern und bunten Schärpen am Hochzeitsmahle teilnahmen, wie immer Aufführungen, Gedichte und Lieder wechselten, wie man über die Kinderaufführungen lachte und das Gebahren meiner Vettern." Käte Ahlmann hatte diese Eindrücke noch nach über fünfzig Jahren lebhaft im Gedächtnis.[97]

Carl Wilhelm Langguth war der einzige Großelternteil, den die Kinder Braun bewusst kennen lernten. Sie erlebten den weit über 80-jährigen zwar nur noch mühsam und gebeugt gehend, doch sehr klar und kraftvoll im Geist und in der Ausübung seines Willens. Bis in sein hohes Alter hielt er sich über die Börsenpapiere auf dem Laufenden, gleich wichtig war ihm aber auch die tägliche Information über die jeweiligen Pegelstände der Mosel in Trier und Koblenz.[98] Er hatte einen Vorleser, meist einen Kandidaten der Theologie. Carl Wilhelm Langguth war ein großer Bewunderer von Bismarck, schickte ihm Kisten mit Rotwein als Geburtstagspräsente und erhielt Dankesbriefe mit der Anrede: „Hochverehrter lieber Freund". Die Entlassung des Staatsmannes hatte ihn sehr empört, und er äußerte sich in scharfer, fast prophetischer Weise über Kaiser Wilhelm II.: „Ihr werdet es erleben, dass dieser Mann Euch alle ins Verderben stürzt."[99]

Seine große Familie behandelte Carl Wilhelm Langguth inzwischen mit patriarchalischer Milde. Jeden Sonntag versammelte er Kinder und Enkel zu einem opulenten Mittagessen bei sich, das immer mit einer Baisertorte abschloss, und das noch aufwändiger wurde, wenn weiter entfernt wohnende Nachkommen mit am Tisch saßen. Von jedem kannte er die Lieblingsspeisen. Seine Tochter Aline etwa verwöhnte der Vater mit Rebhühnern und Sekt. Für seine Enkelkinder hatte er Schokoladenplätzchen parat, die er auch an die Trabener Jugend verteilte. Bedarfsartikel der weiblichen Familienmitglieder, wie Schirme, Handschuhe und Eau de Toilette kaufte der alte Langguth als erfahrener Kaufmann en gros ein, ebenso wie gewaltige Stoffballen. Alle seine Enkelinnen waren dann als solche leicht zu erkennen, denn sie trugen Kleider von einheitlicher Farbe und Muster.[100]

Carl Wilhelm Langguth starb am 26. April 1901 im Alter von 86 Jahren. Er schlief friedlich ein. Kurz vor seinem Tod war ihm noch eine letzte Freude vergönnt gewesen, die Geburt des ersten Kindes seiner Tochter Ida in Bonn, wieder eine Magdalene, nach seiner schon lange verstorbenen Frau benannt. Im Trauerhaus hielt am 29. April der Schwiegersohn Arnold Meyer eine sehr persönliche, liebevolle Ansprache, während der Trabener Pfarrer Wendland, dem Verstorbenen eng verbunden, am Grab den Kampf und die Lebensleistung Carl Wilhelm Langguths würdigte, ihn als treuen und klugen Haushalter im Sinn des Evangeliums beschrieb, der aus seinem Überfluss den Armen und Bedürftigen reichlich gegeben hatte.[101]

Für Aline Braun war der Tod ihres geliebten Vaters ein schwerer Verlust, der sie tief und schmerzhaft erschütterte. Trotzdem behielt sie in dieser kritischen Situation, die sich noch durch den Umstand verschlimmerte, dass Käte in Köln bettlägerig war, einen bemerkenswert kühlen Kopf und zeigte damit ein Verhalten, das auf ihre Töchter beispielgebend wirkte. Am Vortag der Beerdigung schrieb sie aus Traben an die zwölfjährige Luise klare Anweisungen, die den abwechselnden Aufenthalt der Schwestern bei Tante Ida in Bonn betrafen, die Betreuung von Käte und das Abholen der bestellten Trauerkleidung. Luise hatte außerdem die Hausmädchen zum Tragen von schwarzen Schürzen anzuhalten und sie mit der fälligen Wäsche zu beauftragen. Zur Stunde der Beerdigung sollte sie sich an Kätchens Bett setzen und beide des Verstorbenen still gedenken. „Wie heiße, warme Tränen Ihr um den teuren Großvater geweint habt, das tat meinem Herzen so wohl."[102]

Der Niederreidenbacher Hof fiel als gemeinsames Erbe an die sechs Kinder von Carl Wilhelm Langguth. Keiner aus der Familie aber wollte den 198 Hektar großen landwirtschaftlichen Betrieb übernehmen. Nachdem die Aufsicht der Verwaltung des Gutes durch den Juristen Braun und den Theologen Meyer sich als keine auf die Dauer befriedigende Lösung herausgestellt hatte, wurde, wenn auch schweren Herzens, der Verkauf beschlossen und eine Maklerfirma damit beauftragt. Jeder Erbe erhielt 50.000 Mark. Als der Niederreidenbacher Hof im Jahr 1904 in den Besitz des Zweiten Rheinischen Diakonissen-Mutterhauses in Bad Kreuznach überging, das dort eine Heimstätte für Alte, Schwache und Pflegebedürftige einrichtete, war die Erbengemeinschaft Langguth mit dieser Zweckbestimmung sehr zufrieden und spendete Mittel zum Ausbau der Gebäude.[103]

Das Jahr 1904 brachte für die Familie Braun aber nicht nur den endgültigen, wehmütigen Abschluss eines Kapitels, sondern zeitgleich im Mai auch den Beginn eines neuen. Josef Braun wurde „mittels Allerhöchster Bestallung" zum Senatspräsidenten beim Oberlandesgericht Köln ernannt und führte nun den Vorsitz über ein Gremium hoch qualifizierter Richter. In der Hierarchie des großen Justizbezirks der Rheinprovinz stand diese Position, in der Braun allerdings fünf Amtskollegen hatte, direkt unter der des leitenden Oberlandesgerichtspräsidenten und war verbunden mit einer wesentlichen Erhöhung des Gehalts und, wichtiger noch, des gesellschaftlichen Status.[104] Josef Braun gehörte damit zum engen Kreis der Kölner Honoratioren, die bei den Besuchen des Kaisers an die Galatafel im Gürzenich geladen waren. Wie vom Protokoll vorgeschrieben, erschien er dazu in der Amtsuniform eines preußischen Senatspräsidenten und wurde beim Aufbruch zu solchen Anlässen von den stolzen Töchtern sehr bewundert.[105]

Josef Braun befand sich damals in seinem beruflichen Zenit, wenngleich er später noch ehrenvolle Positionen, Titel und Orden erhielt, wie die des Präsidenten des Kaiserlichen Disziplinargerichts, eines Geheimen Oberjustizrates, den Roten Adler-Orden III. Klasse mit Schleife und den Königlichen Kronenorden 2. Klasse. Sie waren Anerkennung und Auszeichnungen für überdurchschnittliche dienstliche Leitungen und eigentlich von hoher sozialer Bedeutung. Für Josef Braun als Senatspräsident hatten sie aber kein größeres Gewicht, denn er besaß bereits als Amtsbezeichnung einen Titel, der im gesellschaftlichen Verkehr seine Position hinreichend kennzeichnete. Die Ehren waren zwar kein Beiwerk, hatten jedoch eher schmückende Funktion.[106]

In seiner Beurteilung aus dem Jahr 1905 äußerte sich Oberlandesgerichtspräsident Adolf Ratjen, nun unmittelbarer Vorgesetzter, voll des Lobes über den neuen Senatspräsidenten: Josef Braun erweise großes Geschick, sehr gute Befähigung, rasche Auffassungsgabe und volles Verständnis für das praktische Leben. Gediegene Rechtskenntnisse und wissenschaftliche Durchbildung zeichneten ihn ebenso aus wie Pflichttreue und Fleiß. Allerdings monierte Ratjen, übrigens ein Jugendfreund Brauns, dass dieser seine Auffassung nicht kräftig genug zur Geltung bringe. Das sei aber allein auf sein ungemein freundliches und angenehmes Entgegenkommen zurückzuführen. Bei längerer Gewöhnung an sein Amt werde er wohl entschiedener und fester auftreten. Bei einem weiteren wichtigen Kriterium fiel dagegen die Wertung des Kölner Oberlandesgerichtspräsidenten ohne Vorbehalt aus: „Das gesellschaftliche Auftreten von ihm und seiner Frau und die Repräsentation sind sehr sicher und angenehm."[107]

Das soziale Prestige erforderte, ein standesgemäßes Haus zu führen in einem Stil, der sich am Adel als herrschender Schicht orientierte.[108] Es wurden große Empfänge veranstaltet und üppige Diners, bei denen Diener servierten und Tafelmusik erklang. Die Damen trugen aufwändige Toiletten, die Herren erschienen im Frack. Die Tischordnung erfolgte nach Rang und Auszeichnungen. Das machte aber nicht viele Probleme, da jeder den anderen gut kannte. Senatspräsident Braun und Frau verkehrten im geschlossenen Kreis höherer Juristen und der Verwaltungsspitze des Kölner Regierungspräsidiums.[109] Der finanzielle Aufwand für solche Feste, die von einigen Kollegen nur durch anderweitigen Konsumverzicht ermöglicht werden konnten,[110] brauchte das Ehepaar Braun in seinen Vermögensverhältnissen nicht zu interessieren. Die Speisen, die bei solchen Gesellschaften in der Von-Werth-Straße über sechzig Gästen gereicht wurden, hatte selbstverständlich hohes kulinarisches Niveau: „Gänseleber mit Champagner, Seezungen, Reh mit Gemüse, trüfflierte Poularde mit gemischtem Salat, Eis und später ein sehr gutes Büffet".[111]

Während im Hause Braun Frau Aline ihre Rolle als weltläufige Gastgeberin souverän beherrschte und der belebende Mittelpunkt der Gesellschaften war, Josef Braun sich dagegen auf den repräsentativen Bereich beschränkte und den Ablauf der Feste vollkommen seiner Frau überließ, gab es bei ihrer Zwillingsschwester Ida eine entgegengesetzte Konstellation. Sie war auch in dieser Partnerschaft, wie früher in der mit Aline, der ruhigere, passive Teil. Der Theologe Arnold Meyer sprühte vor Geist, besaß Gewandtheit, Schlagfertigkeit und eine natürliche Liebenswürdigkeit, die ihm Freunde auch außerhalb seines kirchlichen und akademischen Wirkungs-bereichs gewann. Wohl zog er sich durch die „Leichtigkeit im Umgang" zuweilen die herbe Kritik seiner Schwägerin zu, doch gerade diese Eigenschaft, verbunden mit sicherem Auftreten und einer ungewöhnlichen Redebegabung, machte sein Rektorat von 1910 bis 1912 zu einem der glanzvollsten in der Geschichte der Uni-versität Zürich, wie es in der offiziellen Festschrift hieß.[112]

Im Juli des Jahres 1904, nur zwei Monate nach der Beförderung seines Schwa-gers Josef Braun zum Senatspräsidenten, war Arnold Meyer als ordentlicher Pro-fessor auf den Lehrstuhl für Neues Testament und Praktische Theologie an der Universität Zürich berufen worden. Zwar hatten zuerst Zweifel wegen seiner nicht schweizerischen Herkunft bestanden, doch die theologische Fakultät konnte diese Bedenken mit dem Hinweis auf seinen bedeutenden Namen als Wissenschaftler und seine hervorragende Lehrbefähigung restlos ausräumen. Auch die Vielseitig-keit seiner Interessen und die praktische Erfahrung ließen ihn als die geeignetste Persönlichkeit erscheinen, um der Fakultät neuen Aufschwung zu geben. In seiner Antrittsvorlesung sprach Professor Meyer dann am 11. Februar 1905 über: „Der Ausdruck ‚Menschensohn' im Munde Jesu".[113]

Obwohl den Zwillingsschwestern die Trennung schwer fiel, denn bisher hatte die räumliche Nähe zwischen Köln und Bonn einen engen Kontakt beider Familien ermöglicht, war dieser Ruf an die Universität Zürich gerade im Hinblick auf sich zuspitzende Entwicklungen das Beste, das Arnold Meyer geschehen konnte. Als führender Vertreter der liberalen Theologie im Rheinland sah er sich zunehmenden Angriffen pietistischer und eng bibelgebundener Gegner ausgesetzt. Sie übten scharfe Kritik an den von ihnen als dubios und blasphemisch angeprangerten Methoden der religionswissenschaftlichen Forschung, die urchristliche Zeugnisse in Zusammenhang mit kulturellen und geistigen Zeitströmungen der Antike stellte.[114] Die neuen Erkenntnisse, die zu einer Abkehr von kirchlicher Dogmenlehre und zur Öffnung zu einem freieren Christentum führten, riefen nicht nur die konservative Kirchenleitung auf den Plan der theologischen Fehde, sondern auch das preußische Kultusministerium.[115]

Die Verbindung zwischen den Familien Braun und Meyer wurde durch häufige gegenseitige Besuche aufrecht erhalten. Neben langen Aufenthalten während der Semesterferien mit Frau und inzwischen zwei Töchtern reiste Arnold Meyer regelmäßig nach Norden, um an Ferienkursen für Lehrer in Westfalen mitzuwirken und im Rheinland Vorträge zu halten, und brachte Kollegen mit in die Von-Werth-Straße.[116] Die Kontakte und Gespräche mit namhaften Theologen ergänzten aber nur eine in der Familie Braun fundamental bestehende Religiosität. Josef und vor allem Aline Braun, die als Frau und Mutter auch die geistliche Privatsphäre der Familie ausgestaltete und bestimmte,[117] waren überzeugte und sehr nahe stehende Anhänger ihres Gemeindpfarrers Carl Wilhelm Jatho, des damals berühmten „Predigers von Köln". Ab 1904 besuchte die vierzehnjährige Käte Braun bei ihm den Konfirmandenunterricht. Sechs Jahrzehnte später betonte der Rendsburger Propst Ulrich Krüger in seiner Trauerpredigt für die Verstorbene die „tiefgehenden geistigen Einflüsse eines Mannes von der hohen menschlichen Größe, wie sie Pfarrer Jatho besaß".[118] Von ihm wurden der Charakter und die Lebenseinstellung Käte Ahlmanns sehr entscheidend mitgeprägt.

Pfarrer Carl Wilhelm Jatho

Obwohl Köln noch immer als erzkatholische Stadt galt und sich die evangelischen Einwohner weiter in einer eindeutigen Minderheit befanden, war ihr Anteil an der Bevölkerung durch Zuwanderung in die rasch wachsende Rheinmetropole um 1890 bereits auf 15,6 Prozent gestiegen. Die Protestanten hatten zwar seit 1860 durch einen Neubau im Süden nun zwei Kirchen zur Verfügung, doch angesichts von inzwischen über 40.000 Gemeindemitgliedern wurde wegen der Überfüllung der Gottesdienste dringend Abhilfe gefordert. Im Zuge der Anlage von Neustadt und Ringstraßen entstand im Nordwesten am Stadtgarten die 1894 eingeweihte Christuskirche im neugotischen Stil, die ungefähr 1.300

Besuchern Platz bot.[119] Sie lag ganz in der Nähe der Von-Werth-Straße. Erster Pfarrer an der Christuskirche wurde Carl Wilhelm Jatho, seit 1891 in der Altkölner Gemeinde tätig. Der 1851 geborene Jatho, Sohn eines Kasseler Pfarrers, hatte als Freiwilliger am Krieg 1870/71 teilgenommen und Theologie studiert. 1876 übernahm er das Pfarramt der evangelischen Gemeinde in Bukarest. Gesundheitliche Gründe zwangen ihn nach zehn Jahren zur Rückkehr nach Deutschland, wo er zunächst eine Diasporagemeinde in Boppard betreute, bis ihn der Ruf nach Köln erreichte.[120]

Carl Wilhelm Jatho traf auf eine vielschichtige Gemeinde, der einerseits Menschen der untersten sozialen Ebenen angehörten, die unter ärmlichsten Verhältnissen zusammengepfercht in abgeschlossenen „Proletariergassen" hausten, auf der sehr konträren anderen Seite standen als Mitglieder reiche Unternehmer und höchste Beamte.[121] Jatho verstand es, alle anzusprechen. In seinen bezwingenden Predigten, die er stets frei hielt, gab er eine menschliche Wärme und tiefe Religiosität weiter, die seine Amtskollegen nicht vermitteln konnten. Unter seiner Kanzel sammelten sich zu den Gottesdiensten nicht nur Mitglieder seiner eigenen Gemeinde, sondern der Pfarrer der evangelischen Christuskirche zog mit seiner Verkündigung Hörer in seinen Bann, die bisher aus den verschiedensten Gründen außerhalb gestanden

Vor der evangelischen Christuskirche in Köln

den hatten, auch Angehörige anderer Konfessionen und Atheisten. Carl Wilhelm Jatho gelang es vor allem, bei vielen Menschen neues Interesse an Religion und evangelischem Christentum zu wecken und sie zur Teilnahme am kirchlichen Leben zu bewegen. Ein Beispiel dafür waren Aline und Josef Braun.

Trotz verständnisvoller Toleranz, die in erster Linie wohl Josef Braun bewies, war es in Glaubensfragen für die Partner in dieser konfessionsverschiedenen Ehe anfänglich doch recht schwierig gewesen. Gerade in einem der Zentren des Kulturkampfes, in dessen Verlauf der Kölner Erzbischof Paulus Melchers verhaftet wurde und anschließend emigrierte, bestanden noch lange nach der offiziellen Beilegung der Auseinandersetzungen zwischen Kirche und Staat tiefe Ressentiments und eine scharfe Abgrenzung der katholischen und der evangelischen Glaubensrichtung voneinander.[122] Jede war darauf bedacht, die eigene Position und die festen Strukturen deutlich zu machen und ihre Kirchenmitglieder innerhalb dogmatischer Richtlinien möglichst eng zu führen. Als Carl Wilhelm Jatho nun ein Christentum ohne diese Zwänge und Vorschriften predigte, das vielmehr als Ziel die Entfaltung des Einzelnen zu einem guten Menschen nach dem Vorbild Jesu hatte, wirkte diese Verkündigung auf Aline und Josef Braun wie erlösend. Jatho wurde zum geistlichen Mentor der Familie.[123]

Pfarrer Carl Wilhelm Jatho,
Mentor der Familie Braun

Schon bald zählte das Ehepaar Braun zum freundschaftlichen Kreis, der sich um den charismatischen Pfarrer bildete, ihn bei seiner sozialen Tätigkeit unterstützte und auch für sein persönliches Wohlergehen sorgte, wenn beispielsweise Aline Braun Spenden für eine Urlaubsreise Jathos unter den Teilnehmern der Bibelstunden sammelte.[124] In diesen wöchentlichen Gesprächsabenden wurden die religiösen Vorstellungen diskutiert und vertieft. 1905 entwickelte sich aus der lockeren Gemeinschaft der „Verein für evangelische Freiheit zu Cöln", der eine Liberalisierung des theologischen Standpunkts der Landeskirche anstrebte und ein eigenes Blatt herausgab. In diese Zeit fiel auch die Zusammenarbeit von Jatho mit Professor Meyer und seinen Kollegen bei volkstümlichen religiös-wissenschaftlichen Vorträgen.[125]

Wie es ihrer Wesensart entsprach, engagierte sich Aline Braun vehement für das religiöse Anliegen Jathos, das ihre eigene Lebensauffassung ergänzte und sie in eine Richtung weitete, in der sie sich im Einklang mit ihren Glaubensvorstellungen fühlte. „Der Mensch kann ohne Kreuz nicht sein". Mit dieser Titelaussage in einer Sammlung von Predigten Carl Wilhelm Jathos, die zum fundamentalen Bestand ihrer eigenen Sinnsprüche gehörte, kennzeichnete Käte Ahlmann eine entscheidende Wertmaßgabe ihrer Mutter.[126] Wie Jatho anhand einer Textstelle aus dem Lukasevangelium (Luk. 22, 24-38) ausführte, prüft und sichtet Gott durch das Leid den Menschen, stärkt durch das Erleben den Glauben an die Gottesgewalt und macht ihn erst durch diese Erfahrung zum Kämpfer tauglich, dessen Waffen die Vernunft und das Gewissen sind. Das Leiden, fasste Jatho zusammen, sei eine „Kriegsschule" für das Leben.[127]

Bei der Konfirmation am 18. März 1906 in der Christuskirche gab Pfarrer Jatho der fünfzehnjährigen Käte Braun den Spruch mit: „Daran wird offenbar, welche die Kinder Gottes und welche die Kinder des Teufels sind: Wer nicht recht tut, der ist nicht von Gott, und wer nicht seinen Bruder lieb hat. Denn das ist die Botschaft, die ihr gehört habt von Anfang an, dass wir uns untereinander lieben sollen" (1. Joh. 3, 10 + 11).[128] Außerdem widmete Jatho seiner Konfirmandin Käte an diesem Tag ein Gedicht, das die Nähe zu ihr deutlich machte, und das in eine Sammlung seiner Briefe aufgenommen wurde, die nach seinem Tod erschien: „Der Kindheit Pforten schließen sich sacht, der Zeit, da selig man weint und lacht. Nun soll ein Neues, Größeres werden: Ein eigener Himmel ob eigener Erden. Bleib' guten Mut's, Du liebes Kind, auch im neuen Himmel Englein sind; und stehst Du nur fest auf dem Boden, dem Deinen, wird Gott Dir in Menschengestalt erscheinen."[129]

Durch die Tatsache, dass der Kölner Pfarrer seine Konfirmanden bei der Einsegnung im Gottesdienst ein von ihm selbst formuliertes Glaubensbekenntnis sprechen ließ anstatt des regulären apostolischen, verschärfte sich die Auseinandersetzung um seine Theologie, die sich zunehmend von den Traditionen der Kirche entfernte und unter dem Einfluss von Friedrich Nietzsche zur reinen Diesseitsreligion wurde. 1906 schon vom Evangelischen Oberkirchenrat ermahnt, der obersten Verwaltungsbehörde der preußischen Landeskirche, wurde 1911 gegen Jatho ein Lehrbeanstandungsverfahren eingeleitet, das mit seiner Amtsenthebung als Pfarrer endete. Solidaritätskundgebungen in Köln und in Berlin, Unterschriftsaktionen und Petitionen hatten nichts genutzt.[130] Auch Aline Braun war eine der Schreiberinnen gewesen. Ihr Brief an „Exzellenz D. Ernst von Dryander", Oberhofprediger und ranghöchster Geistlicher Preußens,[131] in dem sie an seine hohe Lebensweisheit und seinen begütigenden Einfluss appellierte und gleichzeitig eine anrührende Schilderung des Glaubenslebens ihrer Familie gab, zeigte das ganze große Maß ihrer Verehrung für Carl Wilhelm Jatho.[132]

Immerhin machte sie ihre Androhung nicht wahr, aus der Kirche auszutreten. Auch Jatho blieb Mitglied. Seine seelsorgerliche Tätigkeit übte er nun als Laie aus, hielt Predigtvorträge und entfaltete dabei eine rege Reisetätigkeit, die ihn auch nach Zürich zu Arnold Meyer führte, damals Rektor der Universität, der hoch über der Stadt am Berghang „königlich" wohnte und den Gast mit einem „höchst glücklichen" Familienleben beeindruckte.[133] Doch Jatho war nicht mehr viel Zeit vergönnt. Am 11. März 1913 starb er an den Folgen einer Blutvergiftung. Drei Tage später wurde der „Prediger von Köln" unter großer Anteilnahme der Bevölkerung auf dem Melatenfriedhof beerdigt. Sogar seine Gegner würdigten Carl Wilhelm Jathos liebenswürdiges und versöhnliches Verhalten, das er ihnen auch nach der Amtsenthebung gezeigt hatte.[134]

Die Konfirmation war ein wichtiger Einschnitt im Leben und markierte mit dem zeitgleichen Ende des Schulbesuchs den Eintritt in das Erwachsenenalter. Für die fünfzehnjährige Käte schlossen sich „der Kindheit Pforten" in der Tat doch recht sacht, denn noch ein Jahr blieb sie im elterlichen Haus und ging der Mutter zur Hand. Für Aline und Josef Braun stellte sich nicht einmal die Frage, ob sie angesichts von Intelligenz und Lernfähigkeit der Tochter ihr den Besuch einer weiterführenden Schule oder etwa sogar ein Studium ermöglichen sollten. Bei ihrem gesellschaftlichen Status und mit dem vermögenden Hintergrund war damals in der Abgesichertheit der wilhelminischen Epoche die Möglichkeit einer Berufsausübung oder vielleicht sogar die eventuelle Notwendigkeit eines Broterwerbs einfach unvorstellbar.[135] Lohnarbeit gehörte zum schicksalhaften Los der niederen Klassen oder dem der bedauernswerten ledigen Frauen. Die Zweckbestimmung einer höheren Tochter war die Ehe, und ihr Karriereziel nicht beruflicher Erfolg, sondern eine möglichst gute Partie.

Zur großen Freude der Eltern verlobte sich die älteste Tochter Magdalene, auch darin musterhaft und vorbildlich, im Februar 1906 mit Carl Wuppermann, den sie im Jahr zuvor kennen gelernt hatte.[136] Der jüngste Sohn eines bedeutenden Fabrikanten in Schlebusch bei Leverkusen war Justizreferendar, zeitweise Josef Braun dienstlich zugeteilt, und entsprach zweifellos den Wunschvorstellungen von einem Schwiegersohn. Der 26-jährige wurde von Anfang an eng in das Familienleben in der Von-Werth-Straße integriert und von den jüngeren Mädchen als großer Bruder betrachtet. Käte focht mitunter Rangeleien mit ihm aus.[137]

Für Aline Braun wurde das junge Paar zur Stütze, als sich die alte Krankheit ihres Mannes wieder meldete. Schon ab Sommer unterzog sich Josef Braun wegen nervöser Magenbeschwerden, durch die er sehr abmagerte, in Heidelberg mehrmals Behandlungen bei medizinischen Kapazitäten, wohin ihn seine Frau begleitete. Nach nur kurzer Besserung erlitt Josef Braun im Spätherbst und Winter schwere Rückschläge und bekam zusätzlich Erkältungskrankheiten, die ihn lange Monate vom Dienst fern hielten.[138] Natürlich war die Tochter Käte in dieser Zeit eine wichtige Hilfe bei der Betreuung des Kranken. Doch der Pflegedienst war nur eine der Beschäftigungen während dieses „Freijahres".

Die Heranwachsende wurde nun von der Mutter intensiv in der Führung des Haushaltes, dessen Organisation und Überwachung unterwiesen. Sie sollte über genügend Kenntnisse verfügen, um die Planungen für den Tag und die Woche vorzunehmen sowie den Arbeitseinsatz des Dienstpersonals zu bestimmen und zu kontrollieren.[139] Da Aline Braun nach dem Leistungsprinzip lebte, gab sie ihrer zweitjüngsten Tochter auch auf diesem Gebiet mehr mit, als allgemein üblich war. Käte Ahlmann führte später ihr Haus vorbildlich, und dazu genügte nur ein Blick.

Eines tat sie aber selbst, wie die Mutter es ihr damals als grundsätzliche Pflicht einer guten Hausfrau eingeprägt hatte. Kurz vor dem Servieren wurde das Essen in der Küche probiert und festgestellt, ob der Geschmack stimmte oder verbessert werden musste.[140]

Neben der grundlegenden Einführung in die Hauswirtschaft stand für das junge Mädchen die obligatorische Tanzstunde auf dem Programm, die sie in einem Brief an die Eltern nach Heidelberg als „sehr nett und nicht mehr so stietzig wie das erste Mal" schilderte. Pflichtbewusst nahm sie regelmäßig Violinunterricht. Außerdem besuchte die 15-jährige kirchliche Vortragsveranstaltungen und Diskussionen, über die sie mit kritischer Sachkunde berichtete.[141] Und dann war Käte als einziges evangelisches Familienmitglied am 30. Dezember 1906 bei der Einweihung der Kirche St. Joseph in Köln-Braunsfeld anwesend, die, wie schon erwähnt, auf einem von der Erbengemeinschaft Braun geschenkten Grundstück errichtet worden war. Bei der Mutter löste sie damit die Befürchtung aus, dass diese Tochter „katholisch veranlagt" sein könnte.[142] Wahrscheinlich war das aber nicht der Grund, weshalb Käte in das calvinistische Genf geschickt wurde, nachdem die beiden älteren Schwestern ihr Pensionatsjahr in Ouchy bei Lausanne verbracht hatten.

Während Aline und Josef Braun höherer Schulbildung keinen Wert beimaßen, war der Aufenthalt ihrer Mädchen in einem Pensionat in der französisch sprachigen Schweiz, der zum exklusiven Standard der Ausbildung von Töchtern des höheren Bürgertums gehörte, eine Selbstverständlichkeit. Sie sollten dort unter Gleichaltrigen ihrer sozialen Herkunft in einem außerhäuslichen, doch geschützten Rahmen die von der guten Gesellschaft verlangten Umgangsformen einüben, sich gegenseitig erziehen und selbständig werden.[143] Wichtig waren außerdem die Erweiterung der Sprachkenntnisse, vor allem im Französischen, musische und sportliche Übungen, die vielen kulturellen Sehenswürdigkeiten entlang des Genfer Sees und im Hochsommer das Erlebnis der alpinen Bergwelt. Landschaftlich gab es kaum etwas Schöneres: „Das Beste an einer Mädchenpension am Genfer See ist eigentlich die Zeit, die außerhalb zugebracht wird, in der herrlichen Luft und der zauberischen Umgebung", empfahl schwärmerisch ein Ratgeber.[144]

Eigentlich war Käte gar nicht erpicht darauf gewesen, dem gemäß ihrer Bestimmung als höhere Tochter zu entsprechen. Ihre Neigung ging vielmehr in eine ganz andere Richtung, nämlich in die einer landwirtschaftlichen Schule anstatt des Mädchenpensionats, und nicht etwa im Bereich Hauswirtschaft, sondern tatsächlich für Ackerbau und Viehzucht. Das war natürlich durch die Erinnerungen an den verlorenen Niederreidenbacher Hof bedingt. Wegen des ausgefallenen Wunsches der Tochter nach einer für Frauen nicht üblichen, dazu auch noch sehr rustikalen und erdverbundenen Ausbildung kam es zu heftigen Debatten mit den Eltern. Doch Käte gab in dieser strittigen Angelegenheit ein frühes Beispiel ihrer Durchsetzungskraft. Erstaunli-

Käte bei der Rast im Hochgebirge

cherweise erreichte sie, in der Kontroverse immerhin mit Aline Braun, einen Kompromiss, der deshalb schon einem Sieg vergleichbar war. Sie bekam die Zusage, nach Absolvierung des Pensionatsjahres in die Landwirtschaft zu gehen.[145]

Doch die Sorgen, die sich Aline und Josef Braun wegen der eventuell mangelnden Motivation ihrer eigensinnigen Tochter gemacht hatten, verflogen rasch. Schon die ersten Nachrichten aus Genf klangen begeistert.[146] Die Eltern hatten die 16-jährige die weite Bahnreise von Köln allein machen lassen, obwohl es eigentlich üblich war, dass die Mütter beim Eintritt in das Institut mitkamen. Doch die Pensionate am Genfer See hatten gemeinsame feste Termine. Das Ausbildungsjahr begann Ende April und schloss im März. Wahrscheinlich saßen in diesen Tagen etliche Mädchen aus dem Rheinland in dem Zug in Richtung Schweiz, und schließlich hatten Magdalene und Luise die Strecke bis Lausanne schon erkundet. Ihre Erfahrungen waren auch sonst sehr nützlich gewesen. Käte bekam eine komplette Ausstattung an damenhafter Kleidung für Sommer wie Winter mit,[147] außerdem Sportdress für Tennis und Gymnastik. Und sie hatte die wertvolle Violine dabei, denn das Talent durfte nicht brachliegen.

Mademoiselle Teuscher, die das Pensionat „Le Bosquet",[148] „das Wäldchen", gemeinsam mit ihrer Freundin Mademoiselle Hudry leitete, holte ihre neue Schülerin auf dem Bahnhof von Lausanne ab und wurde im ersten ausführlichen Brief Kätes an die Mutter als dickes, grünes, freundliches Wesen von kleiner Statur geschildert. Die Lage des Instituts in einem Villenviertel hoch über Genf sei wundervoll, mit großem Garten und Tennisplätzen. Im Haus herrsche eine außerordentliche Sauberkeit, nirgends gäbe es auch nur ein Stäubchen. Sie teile sich mit einem netten Mädel ein Zimmer und habe alle ihre Sachen schon ausgepackt. Zu ihrem großen Schmerz sei aber die gute Schweizer Schokolade von Tante Ida als Nachtisch an alle 19 Personen verteilt worden. Das Essen schmecke übrigens vorzüglich, immer drei Gänge und zusätzlich zwei Apfelsinen.[149]

Dann beschrieb Käte den Ablauf des Tages, der für die Mädchen kurz vor 7 Uhr mit dem Wecken durch eine schrille Glocke begann. Eine Stunde später gab es Frühstück, Kaffee mit Milch, Brot und Butter, anschließend begann der Unterricht. Zur Hauptsache wurde er von hauseigenen Pädagoginnen erteilt, doch in einigen Fächern lag das Niveau erheblich höher. Lehrkräfte von der Genfer Universität führten die Schülerinnen in Philosophie und Psychologie ein, vermittelten ihnen Kenntnisse in Medizin und Geografie.[150] Es wurde nur Französisch gesprochen, bis auf die englischen Stunden bei Miss Stone mit Grammatik, Literatur und der Geschichte des Landes. Doch während die Beck'sche Schule in Köln wohl die Sprache des Nachbarlandes sehr gepflegt hatte, denn Käte konnte sich einigermaßen darin verständlich machen, vermochte sie im Englischen kaum zu folgen. Doch sie versprach zu lernen.

Der Unterricht in „Le Bosquet" war auf drei Stunden am Vormittag beschränkt, unterbrochen von zwei Pausen mit einem kleinen Imbiss. Nach dem Mittagessen zogen die Mädchen festes Schuhwerk an, sonst trugen sie Hausschuhe, und gingen unter Aufsicht in Zweierreihen spazieren, wie es in allen Pensionaten üblich war. Nach dem Kaffeetrinken wurden die Hausaufgaben erledigt, und wer sie fertig hatte, sollte im Beisein einer Lehrerin laut fremdsprachliche Texte lesen. Um das Gehör zu schulen und zu gewöhnen, wurde nach dem Abendessen englische oder französische Lektüre vorgetragen. Währenddessen konnten die Mädchen handarbeiten. Einmal in der Woche standen ein Theaterbesuch oder ein Konzert auf dem Programm und jeweils am Donnerstag wurden Ausflüge zu den vielen Sehenswürdigkeiten der näheren Umgebung gemacht. In Coppet meinte Käte den Geist der Madame de Staël zu spüren, den von Voltaire in Ferney. Die Kanzel Calvins in der Genfer Kathedrale St. Pierre betrachtete die Protestantin mit Ehrfurcht.[151]

Käte fühlte sich sehr wohl in Genf und genoss alles Gebotene in vollen Zügen. Das hatte Auswirkungen, die ihre Mutter veranlassten, die Turnstunden zu untersagen: „Du bist kräftig und breit genug gebaut, und es ist nicht nötig, dass Du deine starke Fülle noch weiter ausdehnst".[152] Tatsächlich widmete die Tochter ganze Abschnitte ihrer Briefe der detaillierten Beschreibung der guten Kost, nahm zeitweise in der Woche zwei Pfund zu, worauf aber auch der häufige Genuss von Torten einigen Einfluss hatte, die beispielsweise am Geburtstag ihrer neuen Freundin Anna Buma, einer Holländerin, verzehrt wurden. Mit ihr sowie Thea Waldthausen aus Aachen und Alice von der Herberg aus Krefeld blieb Käte Ahlmann seit der gemeinsamen Pensionatszeit ihr Leben lang sehr eng verbunden, kümmerte sich liebevoll um sie und bot ihnen immer wieder großzügige Gastfreundschaft.

Doch bei der 16-jährigen zeigte sich, ebenso früh, noch ein anderer und keineswegs angenehmer Charakterzug. Das Mädchen, mit dem sie das Zimmer teilte, hatte die Nachricht erhalten, dass ihre Mutter operiert worden war. „Und nun weint sie nur aus Mitleid um sich, findet sich furchtbar beklagenswert, erzählt mir jeden Abend, was sie alles erdulden und erleiden müsste. Jedenfalls ist sie mir im höchsten

Maße unsympathisch und gräulich. Rasend anhängerisch ist sie dabei auch noch!"[153] Die Antwort Aline Brauns auf diesen Brief ihrer Tochter blieb nicht erhalten, wohl aber ihr Schreiben, nachdem sich Mademoiselle Teuscher wegen Kätes unsozialen Verhaltens nach Köln gewandt hatte. Gerügt wurde ihre ablehnende Härte gegenüber anderen, die ihr nicht zusagten. Die Mutter mahnte die Tochter, gegen diesen Fehler anzukämpfen und ihn abzulegen, da sie sonst später im Leben verkannt werden würde: „Es ist unsere Pflicht, milde und gütig gegenüber den Mitmenschen zu sein. Um dieses Ziel ganz zu erreichen, schicke ich Dir Jathos Predigten, vertiefe Dich recht hinein!"[154]

Weitere Aufschlüsse über ihre in der Jugend schon vorhandenen Wesensmerkmale gab die Angelegenheit mit der Violine. Käte hatte inzwischen ihren Geigenunterricht bei einem Professor Kögert aufgenommen. Außerdem erhielt sie, wie alle Schülerinnen in „Le Bosquet", Klavierstunden von einem Hochschullehrer. Keineswegs in damenhafter Ausdrucksweise, die sie sich in der zweimonatiger Pensionatszeit wohl noch nicht hatte aneignen können, berichtete dann die Tochter über eine Meinungsverschiedenheit mit der Leiterin Mademoiselle Hudry: „Wer von Tuten und Blasen keine Ahnung hat, soll doch den Mund halten!"[155] Es ging um den Transport der Geige bei der Fahrt des Pensionats in die Sommerfrische. Käte wollte das wertvolle Instrument verständlicherweise nicht, wie angeordnet, einfach ungeschützt in einen Koffer legen und bat die Mutter, entsprechend zu schreiben: „Es ist überhaupt zu lächerlich! Wir haben doch alles zu bezahlen und nicht sie."

Mit dem Geigenkasten in der Hand erlebte Käte die Schiffsfahrt über den Genfer See, an Ouchy vorbei, und weiter mit der Bahn nach Zermatt. Dort wurden Wanderungen gemacht und eine Fahrt zum Gornergletscher, die ein einmaliges Panorama der gewaltigen Hochgipfel mit Matterhorn und Monte Rosa bot. Den zweiten Teil der Ferien verbrachten die Schülerinnen in dem idyllischen Erholungsort Finhaut am Montblancmassiv an der Grenze zu Frankreich. In dem Bericht an die Eltern vermochte das Mädchen aus Köln die überwältigenden Naturerlebnisse des Hochgebirges kaum in Worte zu fassen: „Ganz unglaublich!" Vermutlich hielt Käte sich, schon wegen der vorangegangenen Auseinandersetzung, an die schriftliche Anweisung der Mutter, in den Ferienwochen regelmäßig zu üben. Sonst wurde die strenge Reglementierung in der Sommerfrische erheblich gelockert und die Mädchen hatten wesentlich mehr Freiraum.

Ende August kamen die Eltern zu Besuch. Sie wollten Urlaub in den Bergen des Berner Oberlandes machen, was den Vorstellungen Josef Brauns von Erholung entsprach, und sich auf einem Umweg in Genf vom Wohlergehen ihrer Tochter nach über dreimonatiger Trennung vergewissern. Anscheinend verlief alles zur vollen Zufriedenheit, obwohl Aline Braun der erneute Abschied zum Weinen brachte. Doch sie tröstete sich, ihre Tochter blühend und froh erlebt zu haben, sie in guten Händen zu wissen und sicher zu sein, dass sie dort viel für das Leben lernen könne. Käte, ihr „Herzenskind", würde im nächsten Frühjahr an Charakter, Geist und Körper gestärkt zurückkehren. In ihrem Geburtstagsbrief zum 5. Dezember äußerten beide Elternteile betont diese Erwartungen. Während der Vater sie aufforderte, sich nach allerbesten Kräften zu bemühen, damit die Familie stolz auf sie sein dürfe, wies die Mutter noch einmal auf die Notwendigkeit hin, liebevoll und gütig gegenüber den Mitmenschen zu sein: „Denn wer Liebe sät, wird auch Liebe ernten."[156]

In der Korrespondenz zwischen Aline Braun und ihrer fernen Tochter ging es jedoch nicht nur um Korrekturen des Charakters, sondern auch um Verbesserungen der Orthographie. Käte schien es peinlich zu sein, wenn die Mutter von ihr verlangte, falsch geschriebene Wörter, wie „schwartz" „Krokodill" oder „matriel" im nächsten Brief in der richtigen Fassung zu wiederholen. Schließlich wurde vereinbart, diese „Hausaufgaben" als ein gesondertes Blatt beizulegen, damit die interessierten Familienmitglieder nicht alles mitbekamen. Im übrigen brachte der Fernunterricht von Köln nach Genf tatsächlich Fortschritte, denn die Fehler wurden seltener, – „Literatur, liebes Kind, wird mit einem „t" geschrieben" –, doch vollständig beheben ließ sich die Rechtschreibschwäche nicht. Käte Ahlmann vererbte diese Anlage auch an weibliche Nachkommen.[157]

Schwierig wurden für alle die letzten Monate des Jahres mit dem herannahenden Weihnachtsfest, das Käte in „Le Bosquet" verbringen sollte. Eine Heimfahrt kam nicht infrage. Bedauerlicherweise blieben keine Aufzeichnungen oder Informationen über das Winterhalbjahr im Pensionat erhalten, ob etwa Schlittschuh oder Ski gelaufen wurde, vielleicht auch gerodelt. Nur aus dem überschwänglichen Dankesbrief der Mutter ging hervor, welche wochenlange Mühe sich Käte mit dem Anfertigen feiner Handarbeiten als Geschenke für ihre Angehörigen gemacht hatte: „Decke, Tischläufer, Mütze, Bänder, alles prachtvoll gestickt! Wir wollten erst gar nicht glauben, dass Du es selbst gearbeitet hast."[158] Aline Braun empfand den Weihnachtsabend als „wieder so weihevoll, so herzbewegend", vermisste aber schmerzlich die fehlende Tochter. Entgegen ihrer sonst offenen Gefühlsäußerungen teilte die Mutter das auf indirekte Weise mit. Beim Musizieren der drei anwesenden Schwestern, die sehr gut gespielt hätten, habe sie die Violine doch sehr entbehrt.

Obwohl Käte in der Weihnachtsrunde fehlte, war die Personenzahl gleich geblieben. Dr. Carl Wuppermann verbrachte den Heiligen Abend im Kreis der Familie seiner Verlobten Magdalene. Er hatte sogar einen eigenen Gabentisch, dazu kam noch ein größerer Tisch für die Geschenke an das Brautpaar, die in großer Zahl eintrafen. Inzwischen stand der Hochzeitstermin am 21. April 1908 fest. Nach der Großen Juristischen Staatsprüfung war Gerichtsassessor Wuppermann zur Ausbildung in die Bergisch-Märkische Bank in Mönchengladbach eingetreten, wo das junge Paar, „Carllene" genannt, die erste gemeinsame Wohnung beziehen wollte.

Es handelte sich aber dann nur um eine kurze Station, denn schon 1909 trat Wuppermann in die Zentrale der Deutschen Bank in Berlin ein, bei der er es schließlich zum Direktor mit Generalvollmacht für alle Niederlassungen bringen sollte.[159]

„Senatspräsident Braun und Frau" hatten noch im März an „Fräulein Käte Braun" per Adresse des Instituts „Le Bosquet" in Genf die offizielle Einladung zur Vermählungsfeier geschickt, zu der sie dann gerade rechtzeitig in den ersten Tagen des April zu Hause in Köln eintraf. Die Trauung in der Christuskirche nahm der Onkel der Braut vor, Professor D. Arnold Meyer aus Zürich in seiner Eigenschaft als Pfarrer der preußischen Landeskirche.[160] Das anschließende Festessen im „Hotel Disch" vereinte eine große Gesellschaft von 130 Gästen, unter ihnen zahlreiche Verwandte aus der großen Familie Langguth von der Mosel.

Tischherr von Käte war Julius Ahlmann, der sie bereits im Brautzug geführt hatte. Der 27-jährige Schleswig-Holsteiner, Freund und Regimentskamerad des Bräutigams, war schon bei seinem Antrittsbesuch in der Von-Werth-Straße am Vortag der Hochzeit von seiner Partnerin durchaus angetan gewesen. Nach der Feier beschrieb er sie seinen Eltern als „eine recht unterhaltende, interessierte und niedliche Person". Im folgenden Jahr sahen sich beide noch einmal. Das Treffen fand am 23. Juni 1909 in Leutesdorf am Rhein statt, in Anwesenheit Carl Wuppermanns sowie von Aline und Josef Braun, als Julius Ahlmann eine Übung als Reserveoffizier in Koblenz machte.[161] Dann riss der Kontakt auf Jahre ab.

Leutesdorf

Ab 1. Mai 1908 besuchte Käte die Gartenbauschule für Frauen auf der Marienburg in Leutesdorf, auf der rechten Rheinseite gegenüber von Andernach gelegen. Sie hatte damals den Besuch der Eltern in der Schweiz genutzt und erneut ihr Anliegen wegen einer landwirtschaftlichen Ausbildung im Anschluss an das Pensionatsjahr vorgebracht. Aline und Josef Braun konnten sich mit dem hartnäckigen Wunsch ihrer zweitjüngsten Tochter, die sich gerade in eine Dame verwandelte, noch immer nicht befreunden. Es gelang ihnen aber, wieder einen Kompromiss zu erreichen, an dem vor allem der Mutter viel lag. Nach der einjährigen Trennung sollte Käte in der Nähe bleiben. Und dann gab es für gebildete Mädchen und Frauen besserer Herkunft Fachschulen, in denen sie zu Gärtnerinnen ausgebildet wurden.[162] Es wäre doch sinnvoll, wenn die Tochter sich dort Grundlagen aneignete, die ihr später in der Landwirtschaft sehr von Wert sein könnten.

Die aus einer Bremer Reederfamilie stammende und mit einem Fabrikanten verheiratete Hedwig Heyl, eine maßgebliche Förderin von Volkswohlfahrt und Frauenbewegung, hatte 1890 in Charlottenburg die erste Gartenbauschule für Frauen

Zukünftige Gärtnerinnen brauchten für ihre Arbeiten zweckmäßige Kleidung

gegründet. In Anlehnung an Rousseau sah sie in der Beschäftigung mit der Natur, der „Pflege des lebenden Organismus", einen erzieherischen Aspekt, verbunden mit der Förderung auch psychischer Gesundheit. Hedwig Heyl schloss 1894 ihre Einrichtung und schickte ihre Schülerinnen nach Friedenau bei Berlin, wo Dr. Elvira Castner, Zahnärztin von Beruf, auf ihrem Villengrundstück eine professionell ausgerichtete Obst- und Gartenbauschule ins Leben gerufen hatte. Nach dem in allen größeren Frauenzeitschriften verbreiteten Konzept sollten Frauen und Mädchen mit guter Schulbildung durch theoretischen Unterricht und praktische Arbeiten befähigt werden, Stellungen als Berufsgärtnerinnen zu auszuüben. Der Kursus dauerte zwei Jahre und schloss mit einem Examen ab. Frauen des gehobenen Bürgertums wurde damit ein neues Berufsfeld erschlossen, denn Gärtnerei galt als standesgemäße Erwerbsmöglichkeit, sozial damals durchaus gleichgesetzt der Tätigkeit als Lehrerin.[163]

Die Obst- und Gartenbauschule für Frauen wurde in kürzester Zeit ein großer Erfolg und musste 1899 wegen Bedarfs an Land und Gebäuden nach Berlin-Marienfelde umsiedeln. 1910 belief sich die Gesamtzahl der Absolventinnen auf 500, von denen über die Hälfte als Gärtnerinnen in Sanatorien, Gütern, Erziehungsanstalten oder Sozialeinrichtungen tätig waren. Marta Back, eine der ersten Schülerinnen

Dr. Castners, richtete im Jahr 1900 in Holtenau bei Kiel die zweite Schule dieser Art in Deutschland ein, der weitere Gründungen folgten. Am Rhein gab es seit 1904 Obst- und Gartenbauschulen in Godesberg und Leutesdorf. Beide Institute wurden nach den Prinzipien Marienfeldes geführt, doch während in Godesberg ein Verein als Träger fungierte, war die Schule auf der Marienburg in Leutesdorf eine private Angelegenheit von Fräulein Marie Vorwerk. Die Leitung führte sie gemeinsam mit ihrer Freundin Elsbeth von Zitzewitz.[164]

Die Marienburg, direkt am Rheinufer etwas außerhalb des Ortes gelegen, war Sitz der Vögte von Leutesdorf gewesen, die im Dienst des Trierer Kurfürsten standen. Um 1750 wurde anstelle der mittelalterlichen Mauern ein harmonischer Barockbau mit beeindruckender Schaufront zum Strom errichtet. 1869 kaufte der Fabrikant Emil Blank aus Barmen den Besitz und benannte ihn nach seiner Frau „Marienburg". Sie war die Lieblingsschwester des Sozialisten Friedrich Engels. Die Enkelin der Namensgeberin, wieder eine Marie, erhielt das Gut mit Weinbergen, Landwirtschaft und Wald als Erbteil von ihrer Mutter, die in die Unternehmerfamilie Vorwerk geheiratet hatte. Marie Vorwerk ließ sich in Berlin-Marienfelde ausbilden, arbeitete dann als Gärtnerin in Schweden und in Eltville am Rhein, bis sie die idealen Möglichkeiten der Marienburg nutzen konnte.[165]

Mit ihrem üblichen Elan hatte Aline Braun sofort nach der Rückkehr aus der Schweiz die Sache in Angriff genommen, dabei sicherlich auch das gerade im Haus installierte Telefon als Informationsmittel genutzt, und konnte ihrer Tochter Käte schon bald die Ergebnisse ihrer Nachforschungen mitteilen. Gründlich wie sie war, hatte die Mutter beide infrage kommenden Gartenbauschulen persönlich inspiziert. Da ihr die agrarisch ausgerichteten Neigungen Kätes nur zu vertraut waren, verstand sie ihr Interesse auf Leutesdorf mit dem Hinweis zu lenken, dass es dort, im Gegensatz zu Godesberg, eine kleine Landwirtschaft mit großem Hühnerhof und einigen Kühen gäbe, auch wenn die Mädchen nicht mit anfassen dürften. Fräulein Vorwerk habe auf sie einen guten Eindruck gemacht und ihr versichert, dass natürlich die notwendigen täglichen Violinübungen stattfinden könnten. Die Tochter würde daher möglichst weit entfernt von den Schulzimmern untergebracht. Doch einige ihrer Mädchen seien ebenfalls musikalisch.[166] Wie erwartet erklärte sich Käte sofort mit Leutesdorf einverstanden und bat sie anzumelden.

Marie Vorwerk kam den speziellen Wünschen von Aline Braun sehr entgegen, beispielsweise dem nach einem späteren Eintritt wegen der großen Hochzeit. Immerhin äußerte die Leiterin der Gartenbauschule doch ihr großes Bedauern, dass die Tochter dadurch die sehr wichtige Frühjahrsbestellung versäumte. Doch ganz gewiss, lenkte sie ein, würde das bei so viel Liebe und Lust zur Sache bald wieder eingeholt. Selbstverständlich könne die Tochter am Samstagnachmittag nach Hause fahren, wenn sie sonntags zu angemessener Zeit zurück sei, um am nächsten Tag mit frischen Kräften an die Arbeit zu gehen. Nur alle fünf bis sechs Wochenenden müsse sie wegen des Gewächshausdienstes in Leutesdorf bleiben. Obwohl von Haus aus gut situiert, war Marie Vorwerk auf etwa dreißig Schülerinnen angewiesen, um den Betrieb rentabel zu halten. Die Kosten für den zweijährigen Kurs betrugen ungefähr 3.000 Mark, etwa das Jahresgehalt eines Amtsrichters.[167]

Professionell war die Vorgabe der Schulleiterin, dass Käte einen Lebenslauf einreichen sollte und bei ihrem Eintritt ein gesundheitliches Attest vorzulegen hatte. Sie könne auch schon ihre Maße schicken, um der Schneiderin Zeit für das Anfertigen zu geben. Das Einkleiden würde bei ihrem Kommen dann schneller vonstatten gehen. Die Schülerinnen der Obst- und Gartenbauschulen nach dem Vorbild von Berlin-Marienfelde trugen bei der praktischen Arbeit fußfreien Rock aus leichtem Lodenstoff, Leinenblusen mit Gurt, eine lange blaue Schürze und Strohhut. Im Winter war die Kleidung aus festem regendichten Loden, Jacke und Rock aber ohne Futter. Der Hut bestand aus Filz. Bei nassem Wetter wurden Holzschuhe oder Schaftstiefel getragen und ein Cape übergezogen.[168] Aline Braun beurteilte bei ihrem Besuch in Leutesdorf die Aufmachung und das Format der Mädchen mit kritischem Blick und berichtete nach Genf von unvorteilhaften Arbeitskostümen, in denen alle wie „dicke Mobbel" aussähen, und Kätes vorhandene Fülle dann noch mehr auffallen würde.[169] Doch die Tochter ließ sich von dieser Stichelei nicht in ihrem Entschluss beirren.

Das Pensum des zweijährigen Kursus, der mit einer Reifeprüfung allerdings ohne staatliche Anerkennung schloss, war sehr vielseitig. In den Fächern Obst- und Gemüsebau mit Treiberei, Sortenkunde und Verwertung, Blumenzucht an verschiedenen Standorten, Gehölzkunde und Landschaftsgärtnerei, verbunden mit dem Entwerfen von Gartenplänen sowie Feldmessungen, wurde praktischer und theoretischer Unterricht abwechselnd erteilt. Botanik, Zoologie, Boden und Düngerlehre standen dann weiter auf dem Plan, wie ebenso Unterweisungen in Buchführung, Korrespondenz, Praktischer Gesetzeskunde und Betriebslehre. Mit „Handfertigkeiten" waren Tätigkeiten im Schreinern, Glasern gemeint, wie sie für den Bau von Treibkästen und Treibhäusern benötigt wurden, und auch Korbflechten sollte von einer ausgebildeten Gärtnerin beherrscht werden.[170] Die Schule auf der Marienburg hatte sich auf Edelobst spezialisiert, Pfirsiche als Spalier an der Mauer des Gutes und erlesene Apfelsorten als kleine Baumplantagen in der Nähe des Schlösschens.[171]

Aufzeichnungen über die Eindrücke der jungen Gärtnerin vom Schulalltag auf der Marienburg, ihren Aufgaben und den Erfahrungen mit den sie umgebenden Menschen blieben leider nicht erhalten. Einmal lag es sicherlich daran, dass Käte häufig nach Hause fuhr und in Köln der Familie selbst berichten konnte. Dann wurden aber auch Briefe, in denen sie ausführlich und begeistert ihre gärtnerischen Tätigkeiten beschrieben hatte, wahrscheinlich kurz nach dem Lesen vernichtet. Obwohl Aline Braun selbst dafür gesorgt hatte, dass die Tochter die Ausbildung in Leutesdorf machen konnte, vermochte sie der Gärtnerinnenarbeit noch immer nichts abzugewinnen und machte ihrem Ärger Luft, wenn sie überschwängliche Schilderungen über das abwechslungsreiche Leben auf dem Lande lesen musste. Die zu der Zeit als Stütze der Mutter dienende Schwester Luise, Zeugin dieser Ausbrüche, mahnte ihre Schwester in einem Brief vom Februar 1909, sehr vorsichtig mit der Erwähnung dieses Themas zu sein.[172]

Die heftige Aversion Aline Brauns gegen die Tätigkeit von Käte als Gärtnerin beruhte auf einer ganz anderen Ursache. Jahrelang hatte sie in besonderem Maß das Talent ihrer Tochter als Geigerin gefördert, sie Unterricht bei namhaften Lehrern nehmen lassen, zum regelmäßigen Üben angehalten und voller Stolz ihr Spiel auf dem wertvollen Instrument genossen. Auf einmal hatte Käte keine Lust mehr und weigerte sich, die Violine überhaupt noch anzufassen. Ihren Geigenlehrer versetzte sie ohne Entschuldigung, so dass dieser Professor Körner schließlich die Eltern über ihr Ausbleiben informierte. Der aufgebrachten Reaktion aus Köln setzte Käte eine Drohung entgegen, die ernst genommen wurde, weil Aline und Josef Braun den Starrsinn ihrer Tochter nur zu gut kannten, wie der Vater schrieb.[173] Die Ausbildung in Leutesdorf sollte sie aber auf keinen Fall abbrechen und möglichst mit dem Examen abschließen. Sicher sei es ihr jedoch möglich, ihre Pflichten und die Richtlinien für ihr Verhalten zu erkennen, so wie sie es bisher als liebes und verständiges Kind vermocht habe. Käte verstand es, auch in dieser Auseinandersetzung mit den Eltern eine ihr genehme Lösung zu erreichen. Sie gab das Geigenspielen ganz auf und widmete sich fortan dem Gesang. Das teure Instrument aus dem Besitz Josef Brauns wurde später mit anderen wertvollen Gegenständen von einer Hausdame gestohlen.[174]

Dass die Einigung hinsichtlich der Violine letztlich schnell erzielt wurde und dieses heikle Kapitel der Musikpflege Kätes später nicht mehr zur Sprache

Aline Braun mit „Bübchen" Carl Theodor

kam, lag hauptsächlich an einem freudigen Ereignis, das vor allem die Gedanken und Gefühle von Aline Braun vollständig in Anspruch nahm. Am 10. März 1909 brachte Magdalene in Berlin das erste Enkelkind zur Welt, den Sohn Carl Theodor, „Bübchen", der das ganze Entzücken seiner Großmutter war, als sie ihn am folgenden Tag in Augenschein nahm. Was ihr nicht gelungen war, hatte die Tochter gleich beim ersten Mal geschafft. Um die Freude an Ort und Stelle länger auszukosten, entschieden sich Aline und Josef Braun, ihre Silberhochzeit im darauf folgenden Monat zusammen mit der Taufe des Enkels in Berlin und im engeren Familienkreis zu feiern.[175]

In dieses Jahr 1909 fiel eine „Herzensgeschichte" Kätes, die vermutlich der Grund dafür war, dass die Begegnung mit Julius Ahlmann im Juni nicht schon damals zu Weiterungen führte. Ein Tischnachbar, den die fast 19-jährige sehr unterhaltend fand und dem sie sich bei einer Gesellschaft ausschließlich gewidmet hatte, nahm daraufhin ihr Interesse als Neigung ernst. Bei einem gemeinsamen Spaziergang im September, ohne Begleitung anderer, versuchte der Verehrer direktere Annäherungen, gegen die sich die junge Frau anscheinend heftig und erfolgreich wehrte. Als Gärtnerin verfügte sie über hinreichend körperliche Kräfte. Der in dieser schroffen, vielleicht auch schmerzhaften Form Zurückgewiesene schrieb ihr daraufhin einen bitterbösen Brief, in dem er ihre Tätlichkeiten als nicht damenhaft bezeichnete. Schließlich habe sie ihn durch ihr Verhalten doch ermuntert. Kätes Antwort setzte einen endgültigen Strich unter die Romanze. Die Mutter riet ihr, sich das Ganze als Lehre dienen zu lassen und im Umgang mit Männern doch vorsichtiger zu sein.[176]

Diesbezüglich keine Gefahren bestanden während einer Studienreise, die Käte als Mitglied des Gärtnerinnenvereins „Flora" während ihrer Zeit in Leutesdorf nach Holland unternahm.[177] Der Verein, dessen Hauptanliegen Öffentlichkeitsarbeit für den Beruf und Stellenvermittlung für Gärtnerinnen waren, bestand seit 1904 und gab das Blatt „Die Gärtnerin" heraus. 1912 hatte „Flora" laut Eintragung im Jahrbuch der Deutschen Frauenbewegung 275 Mitglieder, deren Zahl sich beständig nach oben entwickelte.[178] Wie verbunden sich Käte Ahlmann dieser Gemeinschaft fühlte, zeigte sich daran, dass sie die Ausgaben der Fachzeitung, die bis Ende 1915 erschien, über Jahrzehnte sorgsam in ihren Unterlagen aufbewahrte.

Immerhin konnte sie stolz und zufrieden mit diesem zweijährigen Lebensabschnitt sein. Die Schlussprüfung am 22. März 1910 vor einem Gremium, zu dem der Direktor des höheren Lehrerinnenseminars in Neuwied der Bürgermeister, ein fürstlicher Hofgärtner und ein königlicher Landmesser gehörten, bestand „Fräulein Käte Braun aus Cöln" mit Bravour und dem Prädikat „sehr gut". Im Entlassungszeugnis aus der Gärtnerinnenschule Marienburg wurden ihr nicht nur hervorragende Kenntnisse und Fähigkeiten bescheinigt, Bestnoten erhielt sie auch in Fleiß und Führung.[179] Der Abschied von Leutesdorf fiel schwer. Der Kontakt zu Marie Vorwerk, die bald darauf heiratete und die Schule schloss, wurde aber von der ehemaligen Schülerin bis in die folgende Generation gepflegt. Der Name Käte Ahlmann blieb auf der Marienburg am Rhein ein Begriff.[180]

„Air de vivre"

Ausflug der Familie Braun,
links Schwiegersohn Dr. Carl Wuppermann

Schon seit Anfang März hatte Aline Braun „die Stunden gezählt", bis sie ihre Tochter Käte wieder ganz unter ihren Fittichen haben konnte. Insgesamt waren es drei Jahre Abwesenheit, davon zwei zwar in erreichbarer Nähe und mit sporadischen Kontakten, doch mit einer Tätigkeit, die von der Mutter, der „Frau Senatspräsident", nur sehr mühsam geduldet worden war. Das Prädikatsexamen erfreute sie natürlich, schon weil es ein erfolgreicher Abschluss war, doch eine Berufsausübung, eigentlich Ziel der Gärtnerinnenausbildung, wurde von niemand auch nur in Erwägung gezogen, selbst von der Betroffenen nicht. Käte stand nun im zwanzigsten Lebensjahr, dem Verlobungsalter ihrer Schwester Magdalene, und es war höchste Zeit, sie in die Gesellschaft einzuführen, zu ihrem „Eintritt in die Welt".[181]

In einer Großstadt von inzwischen über 500.000 Einwohnern war diese „Welt" der Familie Braun in der Von-Werth-Straße klar umgrenzt und überschaubar. Sie bestand aus dem schon erwähnten, verhältnismäßig engen Kreis höherer Beamten der Kölner Justizbehörden und des Regierungspräsidiums. Bankiers, Fabrikanten, Ärzte oder Kaufleute hatten ihre eigenen Zirkel und die Creme der Kölner Gesellschaft, mit ihren palastähnlichen Stadthäusern und Landsitzen für den Sommeraufenthalt, blieb zu den lokalen Funktionseliten von Verwaltung und Justiz in Distanz. Innerhalb des großbürgerlichen, abgeschlossenen Beamtenkreises herrschte ein reges gesellschaftliches Leben, das für alle Beteiligten einen großen Stellenwert besaß, und an dem

Käte nach offizieller Vorstellung und Einführung, üblicherweise bei einer großen Gesellschaft oder einem Ball, nun teilnehmen durfte und die „air de vivre" genießen konnte, wie es im Sprachgebrauch der Familie Braun hieß,[183] die Lebensart dieser bald versinkenden Epoche.

Käte kehrte im Frühling 1910 in das Elternhaus nach Köln zurück, als die jüngste Schwester Linu gerade in ihr Schweizer Pensionatsjahr abreiste. Aufgrund der guten Erfahrungen ging sie ebenfalls ins „Le Bosquet" nach Genf unter die bewährte Obhut Mademoiselle Teuschers. Die 22-jährige Luise, nach Magdalenes Hochzeit in die Position der ältesten Tochter gerückt, auch was die Pflichten als „liebes Hausmütterchen" betraf,[184] bewegte sich schon länger in Gesellschaft und war dadurch Käte in vielem eine erleichternde Unterstützung und Orientierungshilfe. Luise hatte übrigens die Höhere Handelsschule erfolgreich abgeschlossen und Kenntnisse erworben, die sie aber ebenfalls nur im privaten Bereich verwenden durfte. Für die Eltern Braun war es eine große Beruhigung, dass die erwachsenen Töchter nun ihrer eigentlichen Bestimmung zugeführt werden konnten. Beide junge Damen waren mehr als ein ansehnlicher Anblick und dazu gute Partien.

Nachdem die Krankheiten Josef Brauns das gesellige Leben in der Von-Werth-Straße für einige Jahre zum Erliegen gebracht hatten, was auch Erwähnung in den regelmäßigen Beurteilungen durch den Oberlandesgerichtspräsidenten fand, konnte der Vorgesetzte nun mit Befriedigung feststellen, dass sein Senatspräsident wieder völlig wohlauf sei und mit seiner Frau in angenehmer Form repräsentiere. Vielleicht trug das Auftreten der hübschen Töchter zu diesem Eindruck und der daraus resultierenden wohlwollenden Bewertung bei. Im März 1911 wurde Josef Braun im Nebenamt zum Präsidenten der Kaiserlichen Disziplinarkammer für die südliche Rheinprovinz ernannt, der er bereits seit 1899 angehörte.[185] Sie war zuständig für die dem Kaiser unmittelbar unterstellten Beamten und Offiziere. Als anlässlich der Eröffnung des neuen Kölner Justizpalastes Anfang Oktober 1911 eine Reihe von Auszeichnungen verliehen wurden, erhielt Josef Braun den Charakter als Geheimer Oberjustizrat.[186]

Es lag in dieser Phase Ansehen, Gesundheit und Glück wie Glanz auf der Familie, in dem sich vor allem Aline Braun sonnte, zumal schon der zweite Enkelsohn geboren worden war. An den Töchtern Luise und Käte, beide als Partnerinnen für Tennis und Tanz gefragt und auch bei älteren Herrschaften beliebt, hatte sie viel Freude und förderte sie in ihrer Unternehmungslust, wenn beispielsweise das „Juristenkränzchen" eine Dampferfahrt nach Remagen unternahm oder der „Regierungsclub" einen Ausflug nach Godesberg machte. Wie es sich damals gehörte, fuhr sie nämlich wie andere Mütter als Anstandsbegleitung der jungen Damen und Herren mit und amüsierte sich köstlich über das durch mehrere „Erdbeerböwlchen" immer munterer werdende Treiben.[187] Natürlich durften die bereits volljährigen Töchter ohne Eltern oder andere respektable Personen auch nicht Bälle oder Gesellschaften besuchen, wenngleich es in der Oper und bei Konzerten im Gürzenich nicht derart streng gehandhabt wurde. Nur im Kölner Karneval war alles erlaubt.

Im Winter ließ eine Unmenge gesellschaftlicher Verpflichtungen – Feste in Privathäusern und Hotels, Wohltätigkeitsveranstaltungen und Aufführungen – kaum Raum für andere Beschäftigungen. Dazu wurden die erwachsenen Töchter von der Mutter verstärkt zu hauswirtschaftlichen Arbeiten und zu Besorgungen herangezogen. An Aline Braun schienen die unermüdliche Betriebsamkeit und der sich selbst auferlegte Leistungsdruck ihren Tribut zu fordern, denn sie merkte, dass sie älter wurde. Dabei war sie 1909, als sie gegenüber Käte darüber zum ersten Mal klagte, erst 45 Jahre alt. Ihre Vorliebe für dunkle Kleidung verstärkte noch den Eindruck. Obwohl Aline Braun auf sich hielt, sich ihrer Wirkung in „pompöser Toilette" durchaus bewusst war, fehlte ihr der Sinn für modischen Schick und den Einsatz von Farben. Jedenfalls bemängelte das ihre Tochter, die allerdings später selbst Probleme bei der Wahl ihrer Garderobe hatte.[188]

Wie damals im höheren Bürgertum üblich, ließen die Damen der Familie Braun bei Schneiderinnen arbeiten, die ins Haus kamen,[189] fertigten aber auch selbst vieles eigenhändig. An Blusen und Röcke trauten sie sich auf jeden Fall heran, benutzten mit Vorliebe die abzubügelnden Ullsteinschnitte und achteten darauf, Qualitätsstoffe preiswert einzukaufen. Kleider überließen sie jedoch den jeweiligen Fachfrauen. Dagegen hatten sich Luise und Käte auf das Schneidern von Tennisröcken regelrecht spezialisiert, wobei die letztere anscheinend doch mehr Geschick besaß und keine „Wurstpellen" fabrizierte.[190] Dafür trumpfte Luise auf dem Platz auf, spielte Turniere beim Juristen-Tennis-Club und war eine wertvolle Stütze ihrer Mannschaft bei Vergleichskämpfen.[191] Die Damen trugen beim Tennis lange, fußfreie Röcke in Weiß, die Bewegung erlauben mussten und daher weiter geschnitten waren, also mehr Stoff als üblich erforderten.

Käte besaß nicht die ausgeprägten sportlichen Ambitionen von Luise, die im Winter 1910 sogar Skilaufen lernte. Dafür überflügelte sie die ältere Schwester auf einem anderen Gebiet, dem sich beide gemeinsam widmeten. Gesang war neben dem Klavierspielen und vielleicht noch dem Geigen die den Damen der besseren Gesellschaft angemessene und akzeptierte musikalische Betätigung.[192] Käte entwickelte durch gezielte fachliche Ausbildung eine angenehme Altstimme und kam nach verhältnismäßig kurzer Schulung schnell zur Hauskonzertreife. Ihr Repertoire umfasste die beliebten Kunstlieder jener Zeit von Ludwig van Beethoven, Franz Schubert und Hugo Wolf und sogar die moderneren Kompositionen von Gustav Mahler. Der Gesang blieb bis auf weiteres wichtiger Bestandteil ihres Lebens.

Nicht nur der geistige Horizont erfuhr auf ausdrücklichen Wunsch von Aline und Josef Braun eine wesentliche Erweiterung, als Käte im Frühsommer 1911 mit der eben aus dem Genfer Pensionat zurück gekehrten Linu für mehrere Monate allein nach England geschickt wurde. Den beiden ältesten Töchtern Magdalene und Luise, ebenfalls gemeinsam unterwegs, hatten die Eltern dieses Erlebnis im Jahr 1907 gegönnt. Wie damals handelte es sich um ein Fortbildungsprogramm, das zuerst einen Aufenthalt in einem Privathaus vorsah, um mit der englischen Sprache vertrauter zu werden. Dann folgte die Teilnahme an einem „Summermeeting" in Oxford, und den Abschluss bildete eine mehrtägige Besichtigung der Weltstadt London. Diese Bildungsreise auf die britische Insel, meist im Anschluss an das Schweizer Pensionat, fand in exklusiveren Kreisen zunehmend Anklang.[193]

Nach einem längeren Brief von Käte und den Erinnerungen Linus war diese Reise für die beiden jüngsten Töchter Braun voller außerordentlich bereichernder Eindrücke.[194] Nach einer stürmischen Überfahrt gestaltete sich der auf wenige Wochen bemessene Landaufenthalt bei zwei älteren Damen, die in einem ehemaligen Pfarrhaus zusammen mit vielen Katzen auf einem Dorf in der Nähe von Canterbury lebten, zwar recht langweilig, doch dafür bot anschließend Oxford reichlich Entschädigung. Das „Summermeeting" bestand aus einer Reihe populärwissenschaftlicher Vorträge und der Einbindung in das gesellige Leben der alten Universitätsstadt, bei der den Besucherinnen von den angeblich zurückhaltenden Engländern eine sehr herzliche Gastfreundschaft entgegengebracht wurde. Wie Käte amüsiert feststellte, schwärmten einige für Kaiser Wilhelm II., dem sie es eher zutrauten, mit dem gerade herrschenden Streik fertig zu werden, als der eigenen Regierung. Das normale Leben Englands stand Ende August 1911 für vier Tage durch einen Generalstreik völlig still.[195] Doch bis auf die verspätete Postzustellung, den stillgelegten Bahnverkehr und die plötzlich ansteigenden Preise war in Oxford von der in den deutschen Zeitungen gemeldeten Anarchie nichts zu merken, wie zur Beruhigung nach Hause gemeldet werden konnte.

Linu und Käte trafen beide in Oxford auf Pensionatsfreundinnen aus „Le Bosquet", die gleichfalls an dem Sommerkursus teilnahmen. Es gab bei den Veranstaltungen auch eine große Anzahl von Japanern, die mit den jungen deutschen Frauen gern ins Gespräch kamen. Weitere Kontakte entstanden durch die Musik. Sie nahmen die ihnen gebotene Gelegenheit wahr, in einen Bachchor einzutreten, der seine Proben in einem Gebäude der vielen alten Colleges abhielt. Selbst die kritische Käte war von der Leistung des hervorragenden Dirigenten begeistert, der nach ihren Worten die Sänger regelrecht mit sich riss und zu gewaltigen Klangeindrücken führte. Diese „Musikstunde", wie sie die allabendlich stattfindenden Chorproben nannte, wirkte „erhebend" auf die Gemütsverfassung der beiden Schwestern.

Wie die Reserviertheit der Einwohner erwies sich auch das schlechte Wetter des Landes als nicht zutreffendes Klischee. Der Sommer 1911 war ungewöhnlich heiß, „herrlicher Weinjahrgang" laut Anmerkung der kundigen Langguth-Enkelin.

Das Ehepaar Braun am Strand von Bansin
auf der Ostseeinsel Usedom

So oft es die anderen Verpflichtungen zuließen, verbrachten daher Käte und Linu ihre Zeit in einer Badeanstalt an der Themse. Sie schlossen sogar Freundschaft mit dem Bademeister, der sie häufig ein Stück flussaufwärts ruderte, damit sie mit dem Strom zurückschwimmen konnten. Dieser freundliche Mister Stephens stellte ihnen, wenn sie schon vor dem Frühstück kamen, Tassen mit heißem Tee auf eine Planke im Wasser, den sie dann von dort aus zu sich nahmen.

Schon von Oxford aus wurde die ihnen empfohlene Pension in London gebucht und die beiden Schwestern, 20 und 17 Jahre alt, erkundeten selbständig zwei Wochen lang die Sehenswürdigkeiten der britischen Hauptstadt, die „Schätze", wie sie schrieben. Linu hatte ihre fotografische Ausrüstung dabei und hielt vieles im Bild fest, für sie eine wichtige Erinnerung, denn im Gegensatz zu Käte kam sie nie mehr nach London. Die Spannweite ihrer Interessen wurde daran deutlich, dass die Kölner Schwestern die Aufführung von Shakespeares klassischer Liebestragödie „Romeo und Julia" gleichermaßen beeindruckte wie die Operettenvorstellung „Der Graf von Luxemburg".

Zwischenzeitlich hatten die Englandreisenden beunruhigende Nachrichten aus der Heimat erreicht. Der verbleibende Teil der Großfamilie Braun war dieses Mal in das Ostseebad Bansin auf der Insel Usedom gefahren. Josef Braun trat mit dem Schwiegersohn Carl Wuppermann eine Schiffsreise nach Norwegen an. Seine Frau schrieb ihm nach Stavanger, wo der Dampfer „Vega" anlegen sollte, wie schön dieser Urlaub für sie sei, „wie wundervoll das Meer, wie prächtig der Wellenschlag, wie köstlich die Luft!" Und dann: „Einmal ganz ausruhen zu dürfen, das habe ich noch nie erlebt, und das will ich hier genießen." Sie badete im Meer und spielte mit dem ältesten Enkel im Sand.[196] Doch Erholung und Freude dauerten nur kurz. Luise erkrankte schwer an Paratyphus. Josef Braun musste wegen des Aufflammens seiner alten Magenleidens die Norwegenreise abbrechen. Unter der aufopfernden Pflege Aline Brauns gesundete die Tochter schnell, ihr Mann dagegen mußte bis Ende November seinem Dienst fern bleiben.[197]

Käte hatte schon einmal geholfen, ihren Vater zu betreuen und zu versorgen. Vielleicht war sein akuter kritischer Zustand der auslösende Anlass, eine Ausbildung in Krankenpflege zu machen, die der Kölner Vaterländische Frauenverein als Kursus anbot. Theoretischer wie praktischer Unterricht umfassten je einen Monat und fanden im Kölner Garnisonslazarett unter der Leitung von Dr. Parthey statt, Generaloberarzt und Divisionsarzt der 15. Division. Die Prüfung erfolgte am 9. Februar 1912 durch ein Gremium hoher Militärärzte. Käte erhielt die von ihnen unterzeichnete Bescheinigung, „zum Zwecke der freiwilligen Krankenpflege im Falle des Krieges" ausgebildet zu sein und den Ausweis einer Helferin vom Roten Kreuz.[198] Vaterländischer Frauenverein und der eng mit ihm verbundene Verein vom Deutschen Roten Kreuz standen beide unter dem engagierten Protektorat der Kaiserin Auguste Viktoria, die eine breite Skala sozialer Einrichtungen förderte und dabei von Frauen aus gehobenen Schichten unterstützt wurde.[199] Davon angesprochen und motiviert, setzte sich Käte Ahlmann ihr ganzes Leben lang für die Belange des Roten Kreuzes ein.

Ansonsten führte sie damals in Köln ein ausgefülltes Leben mit ihren häuslichen und gesellschaftlichen Pflichten, wirkte durch die Auslandsaufenthalte in den Beamtenzirkeln durchaus weltläufig und war seit dem 5. Dezember 1911 volljährig, was aber keine Veränderungen für ihren Status als höhere Tochter und ihrer Position im Familienverband Braun nach sich zog. Vor ihr rangierte immer noch Luise, und Linu blieb das Nesthäkchen. Außerhalb der fest strukturierten Machtverhältnisse in der Hausgemeinschaft, an deren Spitze Aline Braun stand, zeigte Käte jedoch ein Selbstbewusstsein, das manchmal Züge von Arroganz und Borniertheit tragen konnte, wenn sie etwa ihre Tante Ida zwar als rührend gut und sanftmütig beschrieb, geistig aber beschränkt im Vergleich zur „unendlich" intelligenteren Mutter, und konstatierte: „Wie verschieden können Zwillingsschwestern sein!"[200]

Käte befand sich im Juni 1912 mehrere Wochen zu Besuch bei den Verwandten in Zürich, die alles daran setzten, ihr den Aufenthalt so angenehm wie nur möglich zu gestalten. Er fiel in die Zeit des Rektorats von Arnold Meyer, von den Chronisten als „glanzvoll" bezeichnet, und Onkel wie Tante zogen die Nichte in die regen gesellschaftlichen Aktivitäten und den großen Bekanntenkreis des Ehepaares mit ein. Eng befreundet waren sie mit Frau Schwarzenbach aus einer reichen Fabrikantenfamilie, deren Gärtnerin auf dem Sommersitz in Rüschlikon sich als eine Mitschülerin aus Leutesdorf herausstellte.[201] Äußerst liebenswürdig seien alle zu ihr, teilte Käte verwundert der Mutter mit. Dass dieses freundliche Entgegenkommen mit der Position ihres Onkels als Universitätsrektor und der ihm und seiner Frau entgegen gebrachten Wertschätzung zusammenhing, kam ihr nicht in den Sinn. Schließlich waren Meyers durch den Einfluss der meinungsbildenden Mutter auch von den jüngeren Mitgliedern der Familie Braun nie für ganz vollgenommen, geschweige denn die Bedeutung Arnold Meyers als Wissenschaftler und Theologe erkannt und gewürdigt worden.[202]

Immerhin begleitete Käte ihren Onkel Arnold regelmäßig zu seinen Vorlesungen, über deren Inhalt sie aber in ihren Briefen an Mutter und Schwester nichts äußerte. Dafür entdeckte sie mit ihm die Botanik als gemeinsames Interessengebiet, über das sie miteinander sprechen konnten. Mit Tante Ida gab es diesbezüglich keine Schwierigkeiten, wenn auch Käte über die Zumutungen wegen ihres Gesangs klagte. Täglich wurde geübt, meistens Brahmslieder. „Und dann steigt sechsmal zu langsam 'O versenk, o versenk dein Leid' oder ähnliches in die Lüfte." Käte musste ihren Aufenthalt bei Meyers regelrecht absingen. Jede der häufigen Kaffeegesellschaften reicherte die Tante voller Stolz mit den Gesangskünsten der begabten Nichte an, die den Klang ihrer Stimme in dem „vollgestopften Salönchen" schrecklich fand, und den eigens für sie arrangierten Hauskonzerten nicht viel abgewinnen konnte. Doch Käte kam mit ihren kleinen Cousinen Lenchen und Maja gut aus und verhehlte auch nicht ihre Bewunderung für die ausnehmend geschmackvolle modische Eleganz ihrer Tante Ida.

Sie war gewissermaßen „Quartiermacherin" für die Eltern gewesen, die mit Luise und Linu im August eintrafen, um dann den Urlaub auf dem zwischen Zuger und Vierwaldstätter See hoch aufragenden Gebirgsmassiv des Rigi zu verbringen. In der Zahnradbahn, die in kurzer Zeit einen großen Höhenunterschied überwand, erlitt Aline Braun eine Art Herzanfall, erholte sich am Ziel jedoch schnell und genoss mit ihrer Familie die Bergwelt, war fröhlich und ausgelassen bei den geselligen Abendunterhaltungen. Ihre Zwillingsschwester Ida hatte sich ihnen mit Mann und Töchtern angeschlossen. Auf der Rückreise machten sie in Zürich Station und kamen gerade zurecht, um am 4. September 1912 den Besuch Kaiser Wilhelm II. mit zu erleben. Wie es ihrer temperamentvollen Art entsprach, ließ sich Aline Braun von ihrer Schweizer Begleitung nicht zurückhalten und brach in ein jubelndes „Hoch unser'm Kaiser!" am Straßenrand aus.[203] So lebendig blieb sie in Erinnerung.

Dunkel

Keine vier Monate später war Aline Braun tot. Sie starb am 14. Dezember 1912 in ihrem Haus in der Von-Werth-Straße, nach der Angabe in der Todesanzeige um 17 Uhr. Sie war nur 48 Jahre alt geworden. Zwar hatte es schon lange Anzeichen gegeben, dass sie den Anforderungen, die sie an sich selbst stellte, dem stetigen Leistungsdruck und der dadurch bedingten Überlastung nicht mehr wie früher gewachsen war. Doch Rücksichtnahme und Zuwendung zog der immer wieder kränkelnde, wesentlich äl-tere Mann auf sich, der dann gepflegt und umhegt wurde. Jedenfalls galt dieses Muster seit Beginn der Ehe und die heranwachsenden Töchter orientierten sich daran. Ihnen kam nicht in den Sinn, dass die nach außen nach wie vor strahlend vital wirkende Mutter vielleicht nur mit Mühe diesen Anschein aufrecht erhielt, um das Nachlassen der Kräfte und das Ermatten zu verbergen. „Einmal ganz ausruhen zu dürfen", war der Wunsch Aline Brauns in jenem Sommer in Bansin gewesen.

Wenige Tage vor ihrem Tod hatte noch eine große Gesellschaft in der Von-Werth-Straße stattgefunden, die Aline Braun nur unter Aufbietung aller Energie durchstehen konnte, da es ihr schon recht schlecht ging. Spät an diesem Abend legte sie sich mit hohen Fieber zu Bett. Der herbeigerufene Hausarzt stellte eine doppelseitige Lungenentzündung fest, gegen die es damals noch keine wirksamen Mittel gab. Ihr Mann und die Töchter waren fassungslos und sahen dem Sterben hilflos zu. Wohl bald darauf beschrieb Käte den Ablauf dieser letzten schrecklichen Tage, vielleicht um das Geschehen für sich selbst fassbarer zu machen. „Immer wieder mit Tränen gelesen", vermerkte sie auf dem Umschlag.[204] Der plötzliche, frühe Tod von Aline Braun war für alle ein schwerer Schock und blieb unbegreifbar.

Die Verstorbene hatte zu Lebzeiten verfügt, dass sie verbrannt werden sollte, und im Januar ihres Todesjahres gemeinsam mit ihrem Mann in einem Nachtrag gewünscht, ihre Asche in einem einfachen Behälter in der Erde beizusetzen.[205] Die Feuerbestattung konnte allerdings nicht in Köln stattfinden, da es dort kein Krematorium gab. Vor allem die katholische Kirche lehnte die Verbrennung als heidnisch und unvereinbar mit dem christlichen Auferstehungsdogma ab. Evangelische Geistliche in Preußen besaßen erst seit kurzem die Erlaubnis zur Mitwirkung bei einer Feuerbestattung, nachdem heftige Auseinandersetzungen der gesetzlichen Genehmigung vorangegangen waren.[206] Doch den Wünschen Aline Brauns wurde ganz in ihrem Sinn entsprochen.

Die offizielle Trauerfeier fand am 17. Dezember im Haus statt und wurde von Carl Wilhelm Jatho gehalten. In dieser privaten Umgebung hatte es keine Bedeutung, dass er nicht mehr das Amt eines Pfarrers ausübte. An ihrem Sarg würdigte der geistliche Mentor Aline Braun mit herzergreifenden Worten. Josef Braun dankte ihm, „schmerzdurchzittert", wie meisterhaft und liebevoll er das Lebensbild der teuren Entschlafenen in den allerwärmsten und schönsten Tönen dargestellt habe, und für den zugesprochenen Trost in tiefem Herzeleid. Jatho selbst war bei der Trauerrede von seinen Empfindungen und den Eindrücken überwältigt und sprach das aus, was ihm sein Gefühl eingab. Zu seinem Bedauern musste er daher Linu die Bitte um eine Niederschrift abschlagen. Ihm sei es nicht möglich, die Worte zu fassen, die er am Sarg habe finden können.[207]

Dafür wurde Arnold Meyers lange „Gedächtnisrede" gedruckt, eine Predigt, die der Schwager der Verstorbenen am folgenden Tag bei der Einäscherung hielt, die im engsten Familienkreis stattfand. Der Sarg war von Köln mit der Bahn nach Mainz transportiert worden, das damals zum Großherzogtum Hessen-Darmstadt gehörte. Dort bestand seit 1903 ein Krematorium.[208] Arnold Meyer sprach als Pfarrer und Seelsorger, der Aline Braun sehr nahe gestanden hatte und ihr eng vertraut gewesen war, über die Worte aus der Offenbarung des Johannes (2, 10) „Sei getreu bis in den Tod, so will ich dir den Kranz des Lebens geben."[209] Die Treue in der Liebe und in der Pflichterfüllung, die Treue gegen sich selbst in Geradheit, Ehrlichkeit und Wahrhaftigkeit habe ihr in der kurzen Spanne ihres Lebens eine reiche Fülle geschenkt, die sie imstande war voll auszukosten. Diesen Kranz des Lebens, ihren Geist und Sinn, reiche sie an die Hinterbliebenen weiter und es bleibe ein geheimnisvolles Band unauflöslicher Gemeinschaft. Nun gelte es, schloss der Theologe seine Ausführungen, ihre Glaubensfahne zu ergreifen, die dunklen Nächte zu ertragen und den Kampf des Lebens aufzunehmen. Als Arnold Meyer den Text seiner Rede nach Köln schickte, schrieb er seinem Schwager: „So wie Aline in ihrem Leben ein Liebesband um uns schlug, so hat es wieder in besonderer Weise ihr Tod getan."[210] Die Urne wurde beigesetzt auf dem Kölner Friedhof Melaten.

Obwohl sich die nahen Verwandten und die Freunde um Beistand bemühten, blieben Josef Braun und seine Töchter lange Zeit wie erstarrt vor Schmerz. Es gab den Mittelpunkt der Familie nicht mehr. Viele Jahrzehnte später versuchte Käte Ahlmann ihre Gefühle in Worte zu fassen: „Unendliche, leidenschaftliche Trauer". Die Mutter war das Maß aller Dinge gewesen. Der Versuch der Tochter, lange nach dem Tod Aline Brauns, mit einer Zusammenstellung von Lebensgeschichte, Erzählungen und eigenen Eindrücken diese Frauenpersönlichkeit zu schildern, ergab zwar reichhaltiges und sehr aufschlussreiches Material, auch bezüglich der sie umgebenden Menschen, erwies sich jedoch, wie sie feststellen musste, als „ein nicht gelingendes Unterfangen".[211] Vielleicht gerade deswegen, weil Größe und Dimension sich gar nicht fassen ließen, blieb der Mythos um Aline Braun bestehen. Das gleiche gilt für ihren Namen, der ebenso fortwirkt in ihrer großen, weitverzweigten Nachkommenschaft.

Rosenkavalier

Das Leben in der Von-Werth-Straße ging zwar weiter, jedoch sehr gedämpft. Josef Braun benötigte drei Wochen Urlaub, weil er völlig gebrochen war und Schlimmeres befürchtete. Er sollte sich nie von diesem Schlag erholen. Die Töchter umsorgten ihn zwar so gut wie sie konnten, doch sie waren selbst in Schmerz und Leid versunken. In diesen ersten Monaten nach dem Tod der Mutter verließ außer dem Vater eigentlich nur Linu das Trauerhaus, um ihre Studien fortzusetzen. Sie brauchte wegen ihrer Vorkenntnisse nur Dreiviertel der vorgegebenen Zeit, um ein vorzügliches Sprachexamen in Englisch und Französisch abzulegen. Doch auch für die jüngste Braun-Tochter kam eine Berufsausübung nicht infrage. Sie blieb wie die beiden älteren Schwestern für den Wartestand auf die Ehe bestimmt.[212] Im Fall Kätes sollte er schneller als gedacht glücklich beendet werden. Ihr Schwager Carl Wuppermann betätigte sich dabei in den Diensten Amors.

Josef Braun verbrachte den August 1913 mit seinen Töchtern bei Innsbruck in den Tiroler Bergen. Anschließend fuhr Käte nach Berlin, um bei ihrer Schwester Magdalene zu sein, die Ende Oktober ihr drittes Kind erwartete. Das junge Ehepaar, Wuppermann war gerade Prokurist der Deutschen Bank geworden, hatte eine weitläufige Wohnung im Siegmundshof am Tiergarten und dem renommierten Status gemäß viel Personal. Käte sollte in diesen letzten Wochen nur Gesellschaft leisten, Magdalene etwas ablenken und eventuell später ein Auge auf den Haushalt haben. In den ersten Tagen des Oktobers gingen die beiden Schwestern noch Hüte kaufen und stellten fest, dass die Hauptstadt Berlin modisch erheblich mehr bot als das in dieser Hinsicht provinziellere Köln. Filz sei bei „Chapeaus" vorbei, in den vornehmen Geschäften würden nur noch Kreationen aus Samt, Taft und Pelz angeboten, meldete Käte an die Von-Werth-Straße mit dem Hinweis, diesem Trend unbedingt zu folgen.[213]

Dr. Carl Wuppermann war informiert, dass sein norddeutscher Freund Julius Ahlmann, wie er Reserveoffizier im 2. Rheinischen Feldartillerie-Regiment Nr. 23, eine vierzehntägige Übung an der Feldartillerieschule in Jüterbog, etwa 60 Kilometer südlich von Berlin, absolvieren musste. Bereits vier Wochen vorher lud er ihn, auch im Namen seiner Frau, herzlich ein, und versicherte mit warmen Worten, er sei jederzeit gerne und mit großer Freude als Gast willkommen. Wenn Wuppermann in diesem ersten Brief die geplante Anwesenheit seiner Schwägerin noch nicht erwähnte, ließ er dann in seinem nächsten, schon nach Jüterbog gerichteten Schreiben von ihr grüßen und traf feste Arrangements, die mit einem Abendessen in seiner Wohnung am Tiergarten begannen.[214] Am 11. Oktober 1913, einem Sonnabend, sahen sich Käte Braun und Julius Ahlmann wieder. Vier Jahre waren seit der letzten Begegnung in Leutesdorf vergangen.

Das Zusammensein wurde bereits am nächsten Tag fortgesetzt mit einem dreistündigen Spaziergang, den die zwei Männer und „Wuppermanns Schwägerin", wie Julius Ahlmann seinen Eltern mitteilte, bei schönstem Wetter von Potsdam aus unternahmen. Sie hätten viel Freude auf dieser Tour gehabt. Der Wald sei herrlich gefärbt gewesen und die Stimmung an der Havel wunderbar. Spätestens zu diesem Zeitpunkt war sein ernsthaftes Interesse geweckt, denn er schrieb nach Büdelsdorf, ihm möglichst schnell Frack, Zylinder und seine Tanzschuhe zu schicken.[215] Als Julius Ahlmann am Abend des 14. Oktober wieder im Siegmundshof erschien und mit zu Abend aß, trug er allerdings Uniform, denn er holte Carl Wuppermann zu einem

Brigadeabend ab. Die Herzen der beiden kleinen Jungen hatte „Onkel Lamann" schon beim ersten Besuch durch Zinnsoldaten und eine kleine Kanone gewonnen, wie es als Geschenk von einem Artillerieoffizier erwartet werden konnte.[216]

Im Ablauf der Romanze folgte dann eine kurze Pause von zwei Tagen. Julius Ahlmann wurde in Jüterbog bei theoretischem Unterricht und Übungen im Scharfschießen gefordert. Käte widmete sich ihren familiären Verpflichtungen. In Berlin lebten Verwandte von der Seite Langguth, zu denen nach dem Tod von Aline Braun der enge Kontakt weiter bestand. Berühmtheit weit über die Hauptstadt hinaus hatte das Haus ihrer Cousine Helene, der Tochter des ältesten Bruders ihrer Mutter, Franz Langguth. Sie war mit Heinrich Habel verheiratet, Besitzer der seit 1797 bestehenden „Habels Weinstube", Unter den Linden 30. In diesem traditionsreichen Lokal, geschmückt mit Hohenzollernporträts und beheizt noch mit alten weißen Kachelöfen, verkehrten die Offiziere des Generalstabs.[217] Eine weitere Cousine, über Aline Brauns Schwester Maria, war Helene Caspary, Frau des Weingroßhändlers Richard Caspary. Er firmierte als Mitinhaber der Weinstuben „Mitscher & Caspary".[218]

Die Königliche Oper in Berlin

Anlässlich des 100. Jahrestages der Völkerschlacht von Leipzig, der in ganz Deutschland mit großen Festlichkeiten begangen wurde, erhielt Julius Ahlmann dienstfrei und warf sich in seinen Frack, um Käte Braun elegant gekleidet auszuführen. Carl Wuppermann kam als Begleiter mit, um den notwendigen Anstand zu wahren. Allerdings unterlief dem Gastgeber ein Fauxpas, wahrscheinlich nicht so unabsichtlich, wie er später gegenüber seinen Eltern behauptete.[219] Julius Ahlmann hatte für diesen Abend Karten für eine Aufführung in der Königlichen Oper Unter den Linden besorgt. Der „Rosenkavalier" von Richard Strauss galt jedoch wegen der moralischen Freizügigkeit als ungeeignet für junge Damen der Gesellschaft.[220] Zweifellos blieb dann auch das Szenarium auf der Bühne mit dem Morgen nach der Liebesnacht, den erwachenden Gefühlen zwischen dem jungen Paar und dem Überreichen der silbernen Rose „im glanzvollen Strahlen einer betörenden, erotisierenden Musik"[221] auf Käte nicht ohne Wirkung.

Der Ausklang des Abends in einer kleinen Weinstube, in der die Opernbesucher auf das Ehepaar Caspary trafen, dauerte bis 2 Uhr früh, doch die Nacht wurde noch kürzer als gedacht. Mehr als eine Woche zu früh, doch gesund und wohlbehalten traf um 6.30 Uhr am 18. Oktober „Frl. Wuppermann" ein, berichtete Käte noch am gleichen Tag dem Vater und den Schwestern nach Köln. Schreien könne es ganz erstaunlich, die Nase sehe aber leider sehr „wuppermannsch" aus, doch der Arzt meine, das würde sich bald geben. Magdalene habe mit ihrer prächtigen Gesundheit alles gut überstanden. Carl sei aber wegen der Plötzlichkeit des Geschehens noch nicht der Alte. Auch sie selbst brauche noch etwas Zeit, alles zu verarbeiten.[222] Das Neugeborene erhielt den Namen Aline nach der vor kurzem gestorbenen Großmutter.

Julius Ahlmann, der den Sonnabend mit dem Besuch von Museen verbracht hatte, erfuhr die Nachricht von dem freudigen Ereignis, als er, wie inzwischen schon üblich, zum Abendessen im Siegmundshof erschien. Am Sonntagnachmittag „fand er sich wieder einmal ein", wie Käte am folgenden Tag wie beiläufig erwähnte, um dann mit ihr und dem glücklichen Vater einen ausgedehnten Spaziergang um den Grunewaldsee zu machen. Auf diesem gemeinsamen Weg fasste Julius Ahlmann den Entschluss, ihr seinen Antrag zu machen, schlief aber noch darüber und schrieb frühmorgens: „Sehr verehrtes Fräulein Braun, Sie werden überrascht sein, von mir einen Brief zu bekommen, und noch dazu so schwerwiegenden Inhalts. Ich möchte nämlich mich Ihnen zu Füßen legen, Sie um Ihre Hand bittend. Mir kommt dieser Brief zwar zu kurz und bündig vor, doch möchte ich ihn noch vor dem Dienst zur Post bringen, um so Ihre Antwort erwarten zu dürfen. In steter Hingebung verbleibe ich Ihr ergebener Julius Ahlmann."[223]

Am nächsten Tag kam die positive Nachricht, schon mit der Angabe organisatorischer Einzelheiten: „Sehr geehrter Herr Ahlmann, für Ihren Brief herzlichen Dank. Sie wissen ja, daß ich Sie lieb habe, und was kann ich da noch viel sagen, da ich wie Sie des festen Glaubens bin, daß wir unseren Weg wohl zusammen gehen können. Sie werden verstehen, daß ich nun so bald wie möglich nach Hause zu meinem lieben Vater und meinen Schwestern möchte und werde ich morgen, Mittwoch, abreisen. Carl machte nun den Vorschlag, Sie möchten mit ihm nächsten Sonnabend nach Cöln fahren, und könnten Sie dann, Sonntag gegen 9 Uhr ankommend, bis um 5 Uhr am Nachmittag bei uns bleiben, und dann wieder den Nachtzug nach Berlin benutzen. Es grüßt Sie, Ihre Käte Braun. Unsere Cölner Adresse: Von-Werth-Straße 31.«[224]

Julius Ahlmann, der daraufhin ganz einfach schrieb: „Erstmal Dank für Ihre Antwort! Wir werden uns schon auf des Lebens hoffentlich langer Bahn gut verstehen lernen", war über die Ankündigung der plötzlichen Abreise konsterniert. Doch wie es Anstand und Sitte in diesen Gesellschaftsschichten entsprach, musste er bei Senatspräsident Josef Braun in Köln persönlich um die Hand seiner Tochter anhalten. Im Vorweg bat er schriftlich um die Erlaubnis, Besuch machen zu dürfen, um sein Anliegen mündlich vorzutragen und verwies auf die Begegnungen anlässlich der Hochzeit vor fünf Jahren und beim Ausflug an den Rhein nach Leutesdorf mit der leider so früh verstorbenen Frau Gemahlin. Der Herr Senatspräsident könne versichert sein, dass sein Herz und das von Fräulein Käte in reinster, tiefer Liebe zueinander schlagen würden. Die Antwort Josef Brauns entsprach den bereits festgelegten Terminplanungen seiner Tochter. Herr Ahlmann sei am Sonntag, 26. Oktober, vormittags in seinem Haus willkommen. Wie er gehört habe, würde sein Schwiegersohn Carl Wuppermann ihn auf dieser Reise begleiten.[225]

Dieser tat alles, um das von ihm in Gang gesetzte und geförderte Unternehmen unter Dach und Fach zu bringen. Sofort teilte Wuppermann seinem Freund und nunmehr Schwager in spe mit, wie sehr die Nachricht reinste, aufrichtige Freude hervorgerufen habe. Er und seine Frau könnten ihn zu diesem Schritt nur beglückwünschen: „Wie ich Dich und meine Schwester Käte kenne, hege ich die feste Überzeugung, dass Ihr Euch gegenseitig glücklich machen und die heiteren und dunklen Tage des Lebens, die so merkwürdig miteinander abwechseln, treu zusammen haltend teilen werdet." Selbstverständlich erklärte sich Wuppermann zur Begleitung bei der Antrittsreise nach Köln bereit und bat, über ihn zu verfügen.[226]

Die Beschreibungen, die Käte und Julius ihren Elternteilen gegenseitig voneinander gaben, entbehrten natürlich, gerade wegen der kurzen Werbung, erheblich der Vollständigkeit, machten aber die jeweiligen Sichtweisen und Wertvorstellungen deutlich. Wilhelmine und Johannes Ahlmann in Büdelsdorf bei Rendsburg erhielten über die zukünftige Schwiegertochter nur kurze Stichworte: „Ebenso groß wie ich, dunkel und schlank, auch etwas musikalisch, spielt Geige und singt, ist im Hausstand tüchtig und erfahren, besuchte die Gartenbauschule Leutesdorf am Rhein, spricht englisch und französisch und besuchte auch den Kursus in Oxford. Dieses Prachtkind ist die vermutlich 21-jährige dritte Tochter des Senatspräsidenten Geheimer Justizrat Braun, Cöln, Von-Werth-Straße 31."[227]

Käte stellte Julius ihrem Vater als guten Freund von Carl vor, ihm von der Hochzeit vielleicht noch bekannt, den sie in Berlin jetzt sehr oft gesehen und ziemlich genau kennen gelernt habe. Sie erwähnte keine Äußerlichkeiten, auch nicht Beruf oder Familie ihres Bräutigams. Ihr kam es auf etwas anderes an: „Nun kann ich Dir sagen, lieber Vater, daß ich das festeste Vertrauen zu ihm habe, und daß ich mir ein Leben an seiner Seite recht vorstellen kann. Du weißt ja, liebster Vater, wie schwer es ist, wo Mutter ihre lieben Augen für immer geschlossen hat, überhaupt an eine derartige Frage heranzutreten, aber Du weißt ja auch, daß gerade dieser schwere Schicksalsschlag dazu angetan war, uns Kindern die Augen zu öffnen über das, was echt und wahr ist in dieser Welt, und was es nicht ist. Und dafür, daß Herr Ahlmann ein tiefer, wahrer und lauterer Charakter, dafür glaube ich meine Hand in's Feuer legen zu können. Ich weiß, daß ich ihn Mutter als Sohn hätte bringen dürfen, und daß sie ihn mit Liebe an ihr Herz genommen hätte. Das ist wohl der größte Maßstab, den wir anlegen können."[228]

Bei der offiziellen Brautwerbung am 26. Oktober in Köln verlief alles gut. Josef Braun gab gerne seine Einwilligung und war glücklich, als er beiden die „wirkliche Herzensneigung" anmerken konnte. Erst von diesem Augenblick an gingen Käte und Julius zum „Du" über. In der Von-Werth-Straße fand anschließend das erste Fest seit dem Tod von Aline Braun statt. Wegen des noch nicht abgeschlossenen Trauerjahres sollte die Verlobung erst Anfang 1914 offiziell bekannt gegeben werden. Das Brautpaar machte an diesem und dem nächsten Tag noch lange gemeinsame Spaziergänge. Am Morgen des 29. Oktober brachte Käte ihren Julius zur Bahn, Luise hatte ihm Brötchen und Obst als Reiseproviant mitgegeben. Am Nachmittag schrieb sie den ersten Brautbrief: „Ich weiß wirklich nur eins sicher, daß ich all das Glück, das Du mir gibst, nicht verdient habe, und habe ich manchmal eine gewisse Angst, ich könnte Dir in Zukunft in manchem nicht genügen." Die üppigen Rosen seines Straußes hätten sich wunderschön geöffnet, dufteten stärker und blieben ein Grund zur anhaltenden Freude.[229]

JULIUS AHLMANN 1880–1913

Carlshütte

Julius Ahlmann war tatsächlich, wenn auch für die Braut seine Charaktereigenschaften im Vordergrund standen, eine „gute Partie" im Hinblick auf sozialen Status und finanziellen Hintergrund. Der 33-jährige stammte aus einer angesehenen, einflussreichen Familie, die über Schleswig-Holstein hinaus namhafte politische und wirtschaftliche Bedeutung besaß. Er selbst hatte in jungen Jahren durch längere Auslandsaufenthalte seinen Horizont erheblich erweitert und eine Weltläufigkeit erworben, die ihn sogar im standesbewussten, elitären Reserveoffizierskorps heraushob.[1] Der Anfang des Jahres 1909 zum Prokuristen bestellte Julius Ahlmann war designierter Nachfolger seines Vaters Johannes, kaufmännischer Direktor und

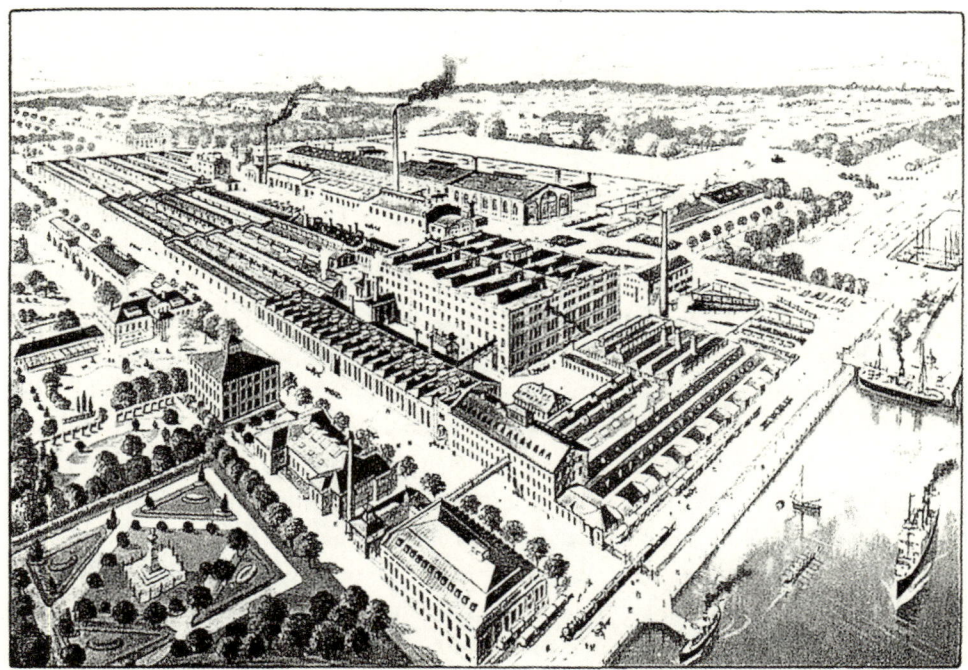

Die weitläufige Anlage der Carlshütte an der Obereider bei Rendsburg in einer Zeichnung aus der Vogelperspektive in einem Firmenkatalog von 1914

Das Denkmal von Marcus Hartwig
Holler, Gründer der Carlshütte

Vorstand der „Holler'schen Carlshütte bei Rendsburg",[2] des traditionsreichsten und unter dieser Führung sehr erfolgreichen Industriewerks in Schleswig-Holstein. Doch die engen Beziehungen zwischen der Carlshütte und diesem Zweig der Familie Ahlmann reichten viel weiter zurück.

Auf dem Gelände des Vorwerks an der Obereider bei Rendsburg hatte am 19. April 1827, später alljährlich als „Hüttentag" gefeiert, Marie Holler den Grundstein zum ersten Gebäude der Carlshütte gelegt, begleitet vom kräftigen „Glück Auf!" ihres Mannes, in das alle Anwesenden einstimmten. Die Feier fand an einem grauen, nebligen Frühjahrstag statt, und es wurde als gutes Vorzeichen für die Zukunft des geplanten Unternehmens gedeutet, als dann plötzlich die Sonne durch den Dunst brach und durch die ziehenden Wolken den Platz beschien.[3] Marcus Hartwig Holler konnte nun gewiss sein, jedenfalls war das die Überzeugung seiner Frau, bei seinem bahnbrechenden Vorhaben nicht nur von Landgraf Carl von Hessen, dem Statthalter der Herzogtümer, und vom dänischen König Friedrich VI. unterstützt zu werden, sondern auch die Gewogenheit der ihnen übergeordneten Instanz auf seiner Seite zu haben.

Der bei der Grundsteinlegung im 30. Lebensjahr stehende Holler war der älteste Sohn von Hartwig Holler, der zusammen mit seinem Bruder Johann aus Wilster nach Rendsburg gekommen war, um sich als erfahrene Wasserbautechniker und Zimmerer am Bau des Schleswig-Holsteinischen Kanals (Eiderkanal) zu beteiligen. Inzwischen Rendsburger Bürger, gründeten die Brüder 1781 eine Firma, die mit Holz aus dem Ostseeraum, Eisen und Baumaterial handelte, und brachten es zu erheblichem Wohlstand. Beide starben allerdings früh und Marcus Hartwig Holler war beim Tod seines Vaters erst elf Jahre alt. 1816 wurde er vorzeitig für mündig erklärt, übernahm das ererbte Holzgeschäft und weitete es aus, richtete dann noch eine Kalkbrennerei sowie eine Ziegelei ein.[4] Im Dezember 1819 heiratete Holler Maria Friederike Bruhn, Tochter eines vermögenden Flensburger Gastwirts, die ihm in der kurzen, nur neun Jahre dauernden Ehe eine liebevolle, feinfühlige Partnerin und verständnisvolle Beraterin war.[5] Das einzige Kind Hartwig Peter Holler wurde 1821 geboren.

Seine Ausbildungsjahre zum Holzhandelskaufmann hatte Marcus Hartwig Holler außerhalb des Landes in Skandinavien verbracht, erst in Kopenhagen und anschließend längere Zeit in Göteborg. Von dort aus bereiste er Schweden mehrmals, besichtigte einige der zahlreichen Eisenhütten des Landes und die mit ihnen gekoppelten Gießereien. Holler erkannte die Bedeutung des Materials Eisen, das im Begriff war, auf vielen Gebieten die alten, herkömmlichen Werkstoffe zu verdrängen. Eisen besaß eine hohe Festigkeit, konnte verhältnismäßig günstig gewonnen werden und ließ sich durch die immer weiter verfeinerte Technik des Gießens in fast jede beliebige Form bringen.[6] Als Holler in die Heimat zurück gekehrt war, studierte er alle erreichbare Fachliteratur über das Eisenhüttenwesen, unternahm Informationsreisen zu Hüttenwerken in Deutschland, beobachtete Marktlage sowie Entwicklung und fasste aufgrund der vielversprechenden Faktoren den Entschluss, ein Eisenwerk zu errichten.[7]

Schleswig-Holstein war damals ein Agrarland, nicht nur räumlich weit entfernt von den schon früh industrialisierten Staaten England, Preußen oder Sachsen. Der Mangel an Bodenschätzen stellte einen wesentlichen Hinderungsgrund für den technischen Fortschritt dar. Dann bedingte die geografische Lage zwar eine belebende Brückenfunktion zwischen Hamburg und Skandinavien, die aber auf dem Landweg erheblich durch ein sich in sehr schlechtem Zustand befindendes Straßennetz beeinträchtigt wurde.[8] Außerdem gab es keine nennenswerte staatliche Wirtschaftsförderung, und die zentralen, übergeordneten Behörden, die über die wichtigsten Angelegenheiten in den Herzogtümern entschieden, hatten ihren Sitz im fernen Kopenhagen. Von der geringen Bevölkerungszunahme gingen auch keine Impulse für eine Industrialisierung aus.[9] Marcus Hartwig Holler war sich der Schwierigkeiten und des Risikos seiner geplanten Gründung sehr bewusst, mehr aber noch ihrer Möglichkeiten. Vor allem setzte er darauf, dass Dänemark damals als einziges europäisches Land keine eigene Eisenindustrie besaß, daher auf staatliche Unterstützung zu hoffen war und auf einen gesicherten Absatz der Produkte.[10]

Den Ausschlag für die Realisierung seines Vorhabens gab, dass Holler einen mächtigen Gönner und Förderer dafür einnehmen konnte. Landgraf Carl von Hessen (1744-1836) war mit der Prinzessin Louise von Dänemark verheiratet, einer Tochter König Friedrichs V., und stand auch bei seinen Nachfolgern in Gunst. Im November 1767 ernannte ihn sein Schwager Christian VII. zum Statthalter der Herzogtümer Schleswig und Holstein mit dem Sitz auf Schloss Gottorf. Das Amt war eine Art Mittelinstanz zwischen dem dänischen König und der Deutschen Kanzlei in Kopenhagen einerseits und den lokalen Behörden im Land.[11] Carl von Hessen hatte sich schon in seinen „Denkwürdigkeiten" von 1816 für private Unternehmensgründungen und Fabrikansiedlungen ausgesprochen, um Dänemark wirtschaftlich unabhängiger von Importen zu machen.[12] Nun unterstützte der schon über 80-jährige Statthalter den fünfzig Jahre jüngeren Marcus Hartwig Holler nach Kräften, setzte sich mit Nachdruck bei den Zentralbehörden für ihn und sein Vorhaben ein und nutzte die engen verwandtschaftlichen Beziehungen zu seinem Schwiegersohn Friedrich VI., um das Projekt zum Anliegen des Königs zu machen und dem gemäß nach außen darzustellen.

Carl von Hessen engagierte sich nicht nur ideell, sondern investierte eigene Mittel und war mit zehn von achtzig Anteilen zweitgrößter Aktionär der Neugründung. Holler brachte sein ganzes Vermögen ein und hielt genau die Hälfte des Grundkapitals. Weitere Aktien gingen an Familienangehörige und enge Freunde. Nur zwölf Anteile wurden von drei Käufern außerhalb dieses inneren Zirkels gezeichnet. Insgesamt belief sich die Investition auf 64.000 Reichsbanktaler, die Höhe eines Anteils betrug 800 Reichsbanktaler. Die verantwortliche Leitung des Betriebes sollte allein Marcus Hartwig Holler zustehen, während die Aktionäre kein Eingriffsrecht auf den Geschäftsgang hatten. Allerdings wurde diese Regelung später durchbrochen, als die zur Familie gehörenden Anteilseigner Carl Friedrich Hudemann, ab 1833 technischer Leiter und 1839 Teilhaber, sowie der ab 1843 für den kaufmännischen Bereich zuständige Gustav Adolf Siedenburg in der Firma Mitwirkungsrechte erhielten.[13]

Marcus Hartwig Holler stellte zusätzlich einen Teil seiner großen Grundstückflächen am Nordufer der Obereider zur Verfügung, die ihm bisher als Holzlagerstätten gedient hatten. Das ehemalige Vorwerksgelände Rendsburgs war 1774 parzelliert und verkauft worden.[14] Doch der Jungunternehmer hatte nicht wegen des eigenen vorhandenen Platzes diese Standortwahl für das zukünftige Eisenwerk getroffen. Ausschlaggebend war die günstige Verkehrslage am 1784 fertig gestellten Schleswig-Holsteinischen Kanal, auf dem inzwischen reger Betrieb herrschte. Anfang des 19. Jahrhunderts durchfuhren jährlich etwa 2.600 Schiffe die Wasserstraße zwischen Nord- und Ostsee, die Passage dauerte ungefähr eine Woche.[15] Für die Anlieferung der schweren Rohstoffe und der vielen Lasten an Brennstoff war der Kanal der einzig mögliche Transportweg, und späterhin ebenso günstig zu nutzen für den Absatz der Fertigprodukte. Wasser brauchte Holler auch für den Betrieb einer im Werk einzusetzenden Dampfmaschine, die er dann, wie die meiste andere technische Ausstattung, aus England importierte.[16]

Für den Standort Rendsburg sprach auch, neben der günstigen Mittelpunktslage im künftigen schleswig-holsteinischen Absatzgebiet und der Vertrautheit mit den örtlichen Gegebenheiten, dass die eingeplanten Rohstoffe für den Betrieb in unmittelbarer Nähe gewonnen werden konnten. Holler wollte zur Verhüttung das auf dem schleswig-holsteinischen Mittelrücken in großen Mengen vorhandene

Raseneisenerz verwenden, wie es in Preußen und in der Lausitz gehandhabt wurde. Als Brennmaterial sollte vorwiegend Torf dienen. Zwar ließ sich diese Konzeption aus Gründen der Rentabilität dann doch nicht verwirklichen, entschied letztlich wohl aber über die am 6. September 1826 erfolgte Bewilligung des beantragten Privilegs, das aber erst am 7. Februar 1827 zugestellt wurde.[17]

Danach erhielt Holler auf zwanzig Jahre das alleinige Recht, in den Herzogtümern Eisen zu verhütten und zu schmelzen sowie Gusswaren herzustellen. Ergänzt wurde das Monopol durch ein Ausfuhrverbot von Raseneisenerz und Alteisen, um die Rohstoffversorgung zu sichern. Zölle auf die Einfuhr von Eisen, Kohle und Maschinen wurden Holler erlassen, die Konkurrenz ausländischer Gusseisenerzeugnisse dagegen durch Schutzzölle abgewehrt. Ein weiterer wichtiger Faktor für den Aufbau des Unternehmens war die Befreiung vom Zunftzwang, von den einengenden Auflagen der Handwerkerschaft. Holler konnte sich daher seinen Facharbeiterstamm, vorwiegend aus den umliegenden Randbezirken Rendsburgs, selbst heranbilden. Dass diese Männer vom Militärdienst freigestellt wurden, bedeutete für sie einen Anreiz, die neue Tätigkeit auszuüben. Doch damit sollte in erster Linie die Abziehung qualifizierter Kräfte vermieden werden, um die Herstellung nicht zu beeinträchtigen.[18]

Marcus Hartwig Holler war sehr bewusst, welche Bedeutung er der Fürsprache und dem Einsatz Carl von Hessens beizumessen hatte und wollte seinen Dank für diese Unterstützung dauerhaft deutlich machen. Am Abend des Gründungstages schrieb der Unternehmer einen Brief an den Landgrafen, in dem er ihn um die Genehmigung bat, das Werk „Carls-Hütte" nennen zu dürfen, zur steten Erinnerung und aus tiefempfundener Dankbarkeit für den hohen Schutz und die Gnade, welche Ew. Hochfürstliche Durchlaucht diesem Unternehmen so huldvoll zu erweisen geruhten [...] Mögen denn Ew. Durchlaucht geruhen, diesen schwachen Beweis meiner Dankbarkeit und Ehrfurcht gnädig aufzunehmen; mögen Höchstsie dieses Ereignis als ein neues Glied in der langen Kette Ihres verflossenen Strebens und Wirkens für des Landes Wohlfahrt betrachten und mögen Höchstsie mir lange noch die Fortdauer Ihrer hohen Gnade erhalten. Unterthänigst M. H. Holler."[19]

Immerhin lebte der greise Landgraf, der in diesem Jahr 1827 sein 60-jähriges Dienstjubiläum als Statthalter der Herzogtümer feierte, noch bis zum 19. August 1836, als er im Alter von 92 Jahren starb und dann im Schleswiger Dom beigesetzt wurde.[20] Obwohl zunehmend körperlich gebrechlich, konnte Carl von Hessen also noch neun Jahre lang, unzweifelhaft mit Genugtuung und Freude, die rasante Entfaltung des nach ihm benannten Unternehmens begleiten. Interesse und Zufriedenheit zeigte auch der dänische König Friedrich VI., als er am 19. Juni 1829 während einer Rundreise durch die Herzogtümer mit seinem Hofstaat den neuen, sehr erfolgreich arbeitenden Betrieb besichtigte. Als Zeichen seiner Gunst erhob er Marcus

Hartwig Holler wenige Tage später zum Ritter des Danebrog-Ordens, nachdem er ihn schon 1827 zum „königlichen Agenten" ernannt hatte, vergleichbar dem Titel eines Kommerzienrats.[21]

Schon kurz nach dem ersten Guss mit der neuen Schmelzofenanlage am 22. Januar 1828, nur neun Monate nach der Grundsteinlegung und als Ereignis im ganzen Land mit großer Aufmerksamkeit beobachtet, hatte eine rege Nachfrage nach den Waren der Carlshütte eingesetzt. Inzwischen waren auf dem Fabrikgelände am Nordufer der Obereider mehrere wichtige Bauten entstanden. Neben der Hütte mit den Kupolöfen zum Schmelzen des Gußeisens errichtete Holler Gebäude zur Aufstellung der Dampfmaschine, zum Betrieb einer Schleifmühle, für ein Emaillierwerk, eine Schreinerei für den Modellbau, Werkstätten für Schlosserei, Schmiedearbeiten und Maschinenbau, ein großes Magazin sowie eine eigene Koksofenhütte. Außerdem gab es Wohnungen für Angestellte und es wurden Schlafstätten für Facharbeiter vorgehalten, die in dieser Anfangsphase noch aus dem Ausland angeworben werden mussten.[22]

Die Produktion der Eisengießerei begann mit einfachen Gebrauchsgütern, umfasste dabei jedoch ein breites Sortiment, das weitgehend auf die Bedürfnisse der ländlichen Bevölkerung abgestimmt war, wie Pfannen, Töpfe, Mörser, Bügeleisen, Dreifüße, Ausgüsse und Öfen.[23] Für das Gewerbe wurden Ambosse, Bolzen, Gewichte, Rohre sowie Tür- und Fensterrahmen hergestellt, für die Landwirtschaft eiserne Eggen, Pflüge, Drill-, Ernte- und Sämaschinen, Krippen und Tröge für die Viehhaltung, Artikel für das Meiereiwesen und die Käseherstellung. Weitere wichtige Bereiche in diesen ersten Jahren war der Maschinenbau, für Mühlen, Pressen und Seeschifffahrt, auch eine Wollspinnmaschine wurde angefertigt, und Kunstguss auf Bestellung. Das nach ihm benannte Eisenwerk goss für den „Taufpaten" Carl von Hessen die große Schale des achteckigen Brunnens am Fuß der Kaskade im Gottorfer Neuwerkgarten. Allgemeiner Beliebtheit im Land erfreuten sich Objekte wie Schreibzeuge, Uhrenhalter, Spiegelrahmen, Vasen und Medaillen.[24]

Innerhalb von sechzehn Jahren, zwischen 1829 und 1845, nahm die jährliche Gesamtfertigung von Gusswaren um 10.000 Zentner zu. Den Erfolg des aufstrebenden Unternehmens spiegelte auch die Zahl der Beschäftigten wider, die von 80 im Jahr 1829 auf 100 im darauf folgenden Jahr stieg, 1839 die Marke 200 überschritt und 1852, beim 25-jährigen Jubiläum der Carlshütte, bereits 450 betrug.[25] Schon 1847 hatte Holler mitteilen können, dass er nur noch mit heimischen Kräften arbeitete. Im Betrieb gab es eine Vielzahl von Berufen und Arbeitsgängen, die zum Teil bisher in Schleswig-Holstein noch nicht ausgeübt worden waren, wie Schmelzer, Modellierer oder Emailleure. Holler hatte ihm geeignet erscheinende Jugendliche aus dem Umland eingestellt und sie sorgfältig ausbilden lassen, auch sich um ihre geistige Entwicklung und sittliche Lebensführung gekümmert.[26]

Auf der Basis dieser patriarchalischen Anteilnahme, einer persönlichen, fürsorg-
lichen Beziehung zu den Mitarbeitern, die von den späteren Leitern der Carlshütte
aus der Familie Ahlmann fortgesetzt und intensiv gepflegt wurde, entstand eine
ungewöhnlich beständige Treue zum Werk, die häufig mehrere Generationen einer
Familie umspannte. Die mentale Bindung hatte Marcus Hartwig Holler durch ein
eng geknüpftes Netz von sozialen Einrichtungen gefestigt, das zu dieser frühen Zeit,
einsetzend am Ende der dreißiger Jahre des 19. Jahrhunderts, in ganz Deutschland
einzigartig war.[27] Alfred Krupps gleichgelagerte Bestrebungen in Essen, oftmals als
bahnbrechend und vorbildlich auf diesem Sektor beschrieben, begannen in den
wesentlichen Bereichen erst mehr als ein Jahrzehnt später. Beide Unternehmer han-
delten nach dem Prinzip, für eine Arbeits- und Lebensgemeinschaft verantwortlich
zu sein, deren Angehörige ihrer Ansicht nach geordnete Strukturen und Versorgung
benötigten, um die Umstellung ihrer Existenzbedingungen durch die Fabrikarbeit
zu stabilisieren. Ein weiterer Grund war natürlich, Loyalität und Abhängigkeiten
zu schaffen, um Fachkräfte zu halten und um sie, etwa im Fall von Streiks, leichter
disziplinieren zu können.[28]

Die Reihe der von Marcus Hartwig Holler gegründeten Sozialeinrichtungen der
Carlshütte eröffnete im Jahr 1833 eine Krankenkasse, für die nach einer Mehrheits-
entscheidung der Arbeiter Pflichtmitgliedschaft bestand. 1837 kam eine Leihkasse
hinzu, die in Notfällen Vorschüsse leistete, und 1840 wurde eine Pensionskasse eingerichtet, die im Alter und bei Invalidität Unterstützung auch an die Witwen zahlte. Die Finanzierung erfolgte durch Lohnabzüge bei den Versicherten, doch Holler
hatte ihr einen Fonds von 2.000 Reichsbanktalern in Grundstücken und Gebäuden gestiftet. Mit diesen Geldern wurden ab 1841 die ersten Werkswohnungen
der Carlshütte errichtet, insgesamt dann ein Komplex von 24 kleinen Strohdach-
häusern mit zusammen 44 Wohnungen. Nach seiner verstorbenen Frau gab Holler
der Siedlung den Namen „Marienstift". Auch um die Nahrungsversorgung seiner
Belegschaft kümmerte er sich. Die Arbeiter konnten schon ab 1834 in einer Bäcke-
rei sowie einer Krämerei günstig einkaufen. Die Fürsorge umfasste sogar die Toten,
indem Holler für die Hüttenangehörigen freie Grabplätze erwarb.[29] Bis auf diesen
letzten Punkt hielten die Nachfolger des Gründers an seinem sozialen Konzept fest
und erweiterten es noch in erheblich größere Dimensionen.

Dem am 19. April 1852, dem 25. Gründungstag, stark böigen Frühlingswind
kam wieder symbolische Bedeutung zu. Die Carlshütte hatte in jüngster Vergangenheit stürmische Ereignisse erlebt. Zwar war das Werk von den kriegerischen Auseinandersetzungen der schleswig-holsteinischen Erhebung nicht direkt berührt worden, doch eine im April 1848 als Vorsichtsmaßnahme getroffene Stilllegung von
einigen Monaten führte zu empfindlichen Verlusten. Probleme gab es auch durch
die Einquartierung großer Truppeneinheiten und die Errichtung von Feldschan-

Die gewaltige Blutbuche und die Brücke mit gusseisernem Geländer waren schon Schmuck in Hollers Garten

zen zur Verteidigung der Festung Rendsburg auf der Büdelsdorfer Seite, die mit Geschützbatterien bestückt wurden. Dann hatte im Mai 1849 ein Großfeuer wichtige Betriebsgebäude und Maschinen vernichtet.[30] Marcus Hartwig Holler blickte an diesem Jubiläumstag, an dem die Arbeit ruhte und die werkseigene, 1829 gegründete Hüttenkapelle das Fest musikalisch umrahmte,[31] jedoch mit Dank zurück und zuversichtlich in die Zukunft. Vor allem hatte sich, wie er mit Befriedigung hervorhob, sein Wunsch erfüllt, als „Hebel" für ein neues zeitgemäßes Gewerbewesen zu wirken.[32]

Auf die Bilanz dieses Vierteljahrhunderts als Pionier der Industrialisierung in den Herzogtümern Schleswig und Holstein konnte Holler stolz sein. Seine Carlshütte galt als Musterbetrieb und Vorbild, in zahlreichen, maßgeblichen Veröffentlichungen der Zeit beschrieben und herausgestellt. An ihr orientierten sich die anderen Werke der eisenverarbeitenden Industrie, die nach und nach im Land entstanden. Ihre Zahl stieg von neun im Jahr 1838 bis auf 45 im Jahr 1857.[33] Hollers Anstoß löste auch bei anderen Gewerbezweigen ein Wirtschaftswachstum aus, denn die Zulieferer von Energieträgern und Rohstoffen sowie Handel, Verkehr und Geldinstitute profitierten erheblich von den neuen Industriebetrieben. Wie selbstverständlich engagierte sich Holler auch auf diesen Nebengebieten, war beispielsweise Mitgründer der Rendsburger Spar- und Leihkasse, erreichte als Mitglied der Eisenbahn-Kommission, dass die Carlshütte ein Anschlussgleis erhielt, und gab detaillierte Anregungen zum Bau des zukünftigen Nord-Ostsee-Kanals.[34]

Als Marcus Hartwig Holler am 1. Juni 1858 im Alter von 62 Jahren in seinem Haus starb, das er sich 1831 inmitten seines Werks gebaut hatte, umgeben von einer malerischen Gartenlandschaft mit zwei natürlichen Teichen, hinterließ er ein Lebenswerk, das zu ungeahnter Größe und Bedeutung wachsen und den Tod seines Gründers lange überdauern sollte. Als noch vitaler an Lebenskraft erwies sich allerdings die von Holler vielleicht eigenhändig gepflanzte Blutbuche im Garten.[35] Während von dem alten Haus keine Spur blieb, steht der riesige Baum, ein gewaltiger natürlicher Zeitzeuge, mit weit ausladendem Wipfel noch immer fest und sicher an dem Gewässer.

Nachfolger

Hollers Erbe war sein einziger Sohn Hartwig Peter, damals 37 Jahre alt, der den Zweidrittelanteil seines Vaters an der Carlshütte erhielt. Nach dem Tod des Teilhabers, seines Vetters Carl Friedrich Hudemann, zahlte er dessen Witwe aus, so dass er seit 1862 das Unternehmen im Alleineigentum besaß.[36] Einen Glücksgriff stellte die 1861 erfolgte Berufung von Johann Christian Carsten Meyn zum technischen Leiter dar. Der schon über 50-jährige Ingenieur, der das renommierte Gymnasium Johanneum in Hamburg besucht hatte, war Gründer und Besitzer einer an der Außenalster angesiedelten Maschinenfabrik mit Eisengießerei gewesen, deren Herstellungsschwerpunkt auf einem von ihm selbst entwickelten Dampfkesselbau lag.[37] Dieses Patent brachte Meyn mit zur Carlshütte, wo das Produkt mit großem Erfolg in das Fertigungsprogramm eingegliedert wurde. Der Bau von Dampfmaschinen und landwirtschaftlichen Maschinen spielte damals eine große Rolle, auch wenn das Emaillierwerk immer mehr in den Vordergrund trat. Verschiedene Versuche, auf der noch von Marcus Hartwig Holler eingerichteten Werft Dampfschiffe zu bauen, missglückten allerdings und wurden schließlich aufgegeben.[38]

Der Krieg gegen Dänemark von 1864 verursachte zwar keine wesentlichen Störungen im Betrieb der Carlshütte, aber die Eingliederung der Herzogtümer Schleswig und Holstein in den preußischen Staat Anfang des Jahres 1867 und der Anschluss an den Zollverein, dem die meisten deutschen Länder angehörten,[39] brachte eine völlige Umorientierung der Handelsbeziehungen von Norden nach Süden.[40] Es öffneten sich nun neue große Absatzgebiete, auf denen aber im Gegensatz zu Dänemark mit starker Konkurrenz gerechnet werden musste. Da die Anlagen des Werks für eine Fabrikation größeren Umfangs jedoch zu klein und veraltet waren und eine Modernisierung hohe Investitionskosten erforderte, entschloss sich Hartwig Peter Holler, das dafür benötigte Kapital durch die Umwandlung der Firma in eine Aktiengesellschaft zu beschaffen und damit das Unternehmen auf eine breitere finanzielle Basis zu stellen.[41] Übrigens hatte schon sein Vater diese Lösung bei der Planung für seine Nachfolge erwogen.[42]

Am 27. November 1869 wurde die „Actien-Gesellschaft der Holler'schen Carlshütte bei Rendsburg" mit dem Sitz in Hamburg gegründet. Das Stammkapital betrug 2,1 Millionen Mark in Aktien von je 1.500 Mark. Davon kam aber weniger als ein Drittel in den Handel. Ein Konsortium von vier Hamburger Bankiers und Großkaufleuten hatte im Vorweg die Mehrheit der Anteile erworben und bildete gemeinsam mit Hartwig Peter Holler den Verwaltungsrat.[43] Welche Wertschätzung und großen Nutzen das Gremium dem führenden Mitarbeiter Meyn zumaß, ging aus seiner Dotation hervor. Der technische Direktor, dessen „Patentkessel" einen der Eckpfeiler für die Produktion darstellte, erhielt neben 15.000 Mark jährlichem

Gehalt drei Prozent Tantiemen, freie Wohnung mit Gartennutzung, ein Pferde-fuhrwerk für sich und seine Familie sowie die Zusage, dass sein 25-jähriger Sohn Wilhelm Meyn, ebenfalls Ingenieur, in den Betrieb eintreten konnte. Der kaufmän-nische Leiter Gustav Adolf Siedenburg hatte zwar auch etliche Vergünstigungen, bezog jedoch nur ein Jahresgehalt von 6.000 Mark.[44] Der durchschnittliche Jahres-lohn eines gut qualifizierten Arbeiters der Carlshütte betrug 1876 etwas über 700 Mark.[45]

Bereits vor dem nach der Reichsgründung einsetzenden konjunkturellen Auf-schwung war die Carlshütte das größte Eisenwerk Norddeutschlands mit 800 Be-schäftigten, ihre Eisengießerei die drittgrößte in ganz Deutschland. Die Fabrikate galten als von ausgezeichneter Güte und für mehrere Jahre lagen große Aufträge vor, die eine andauernde Auslastung gewährleisteten. Daher wirkte sich die allgemeine „Gründerkrise", der wirtschaftliche Rückgang nach 1873, erst wesentlich verspätet, dafür umso gravierender aus. Konnten am 19. April 1877 das 50-jährige Jubiläum der Carlshütte noch fast 700 Arbeiter mitfeiern und Direktor Johann Christian Carsten Meyn das seit einem halben Jahrhundert bestehende Werk als „Etablisse-ment sicherster Fundirung" herausheben,[46] erwies sich diese Aussage schon im fol-genden Jahr als völlig überholt. Umsätze und Gewinne sackten in einen Abgrund, dramatisch war der Abbau der Beschäftigten auf 420, außerdem wurden radika-le Lohnkürzungen vorgenommen und Kurzarbeit eingeführt.[47] Die Hauptursache des plötzlichen Niedergangs lag an den zu hohen Preisen, die von der Carlshütte für ihre Produkte gefordert wurden. Die Konkurrenz konnte das Eisenwerk an der Obereider um die Hälfte unterbieten.[48]

Die schwere Krise des einzigen Großunternehmens im Wirtschaftsraum Rends-burg dauerte sieben Jahre, erst nach 1885 ging es wieder aufwärts. Der Umsatz erreichte 1887 fast das gleiche Ergebnis wie kurz vor dem Ab-sturz und überschritt erneut die Millionengrenze. Die Ak-tionäre erhielten eine Dividen-de von acht Prozent und die Zahl der Belegschaft stieg auf über 500.[49] Der nun anhalten-de Aufschwung der Carlshütte, noch dazu in den bis 1894 dau-ernden „Stockungsjahren" der deutschen Wirtschaft,[50] war zu-rückzuführen auf Umstruktu-rierung und Modernisierung

Das seit 1834 geschützte Markenzeichen der Carlshütte: die gekreuzten Werkzeuge Schlägel und Eisen zwischen den Großbuchstaben C und H

der Fabrikation. In das Fertigungsprogramm wurden mit großem Erfolg Dauer-brandöfen aufgenommen, die ebenso wie Milchzentrifugen starke Nachfrage im europäischen und überseeischen Ausland hatten.

Zum tragenden Produktionszweig für die nächsten 100 Jahre aber entwickelten sich schnell die ab 1891 in großer Stückzahl hergestellten gusseisernen emaillierten Badewannen, die in alle Kulturländer gingen und das seit 1834 geschützte Marken-zeichen der Carlshütte, – das Symbol der Eisenindustrie „Schlägel und Eisen" zwi-schen den Großbuchstaben C und H –, weltweit bekannt machten. Bedingt war die große Nachfrage durch das zunehmende Bedürfnis nach sanitärem Komfort in den Städten.[51] Und dann profitierte das Unternehmen durch viele Sonderaufträge vom Bau des Nord-Ostsee-Kanals in den Jahren 1887 bis 1895 und seiner folgenden Erweiterung. Wichtiger noch war der damit geschaffene direkte Anschluss an den Verkehr auf den Meeren, durch den die Umladeaktionen in Tönning und Holtenau entfielen. Die Dampfer mit Rohstoffen konnten nun bis zum Werkskai fahren und die Produkte von dort aus nach Übersee verschifft werden.[52]

Verantwortlich für die überproportionale wirtschaftliche Entfaltung der Carls-hütte in diesen Jahrzehnten war das Zusammenwirken zweier Persönlichkeiten, die jede auf ihrem Sektor über herausragende Fähigkeiten verfügte, und die sich in der Führung des Unternehmens ergänzten. Der damals 37-jährige Wilhelm Meyn hatte 1880 die Nachfolge seines Vaters als technischer Direktor übernommen, nachdem er schon einige Zeit für diese Stellung eingearbeitet worden war. Bald darauf trat der Veteran Siedenburg in den Ruhestand. Im Zuge eines entschlossenen Genera-tionswechsels wurde Ende Dezember 1882 der 31-jährige Johannes Ahlmann zum neuen kaufmännischen Direktor der Carlshütte bestellt.[53] Ihm gelang es in Kürze, dem bei seinem Amtsantritt maroden und gefährdeten Werk durch eine grundle-gende Umorganisation in Betrieb und Verkauf eine gesunde Basis zu verschaffen. Außerdem bewies er großen unternehmerischen Weitblick und ein sicheres Gespür für zukunftsorientierte, sehr erfolgreiche Neuerungen in der Produktion. Der Di-rektor war nicht nur Kaufmann, sondern zugleich Fabrikant.[54] Wenn Johannes Ahl-mann auch ungewöhnliche Fähigkeiten entwickelte, hatte er seine Begabung auf kommerziellem Gebiet als familiäres Erbteil erhalten. In etwa gleicher Weise stand es mit seiner Beziehung zur Carlshütte.

Die Gravensteiner Ahlmanns

Sein Vater Thomas Jürgen Ahlmann, oder Thomas Jörgen, wie der Sohn Johannes den Namen schrieb,[55] hatte 1840 erst in Horsens in Jütland und ab Sommer 1841 dann in Fredericia seinen Geschäften ein Kommissionslager der Carlshütte angegliedert, wie sie das Eisenwerk an vielen Orten Schleswig-Holsteins sowie größeren Städten Norddeutschlands und Dänemarks vor dem Ausbau des Eisenbahnnetzes unterhielt. Sogar im brasilianischen Pernambuco, als allerdings einziger Überseeniederlassung, war das Unternehmen mit seinen Produkten vertreten.[56] Später erfolgte von Fredericia aus der gesamte Vertrieb der Carlshütter Waren in die skandinavischen Länder.[57] Thomas Jörgen Ahlmann hatte Marcus Hartwig Holler über einen Rendsburger Kollegen aus seiner Hamburger Lehrzeit kennen gelernt. Beide Männer gingen außer den Eisenfabrikaten noch eine weitere Geschäftsbeziehung ein und gründeten in Fredericia 1844 eine Heringsfischerei mit Versalzung. Dem vielversprechenden Anfang wurde aber durch die Kriegseinwirkungen der Jahre 1848/49 ein Ende gesetzt.[58]

Der 1814 geborene Thomas Jörgen Ahlmann war der dritte Sohn von den insgesamt zehn Kindern des Kaufmanns Otto Friedrich Ahlmann und seiner Frau Magdalene geb. Lorenzen, die Gründer der „Gravensteiner Linie" der weitverzweigten Familie Ahlmann. Der Überlieferung nach stammten die Vorfahren aus Westfalen und kamen um 1500 nach Sonderburg. Dort wurde als erster Michael Ahlmann namentlich erwähnt, dessen Nachkommen als Kapitäne hauptsächlich im Mittelmeer Seehandel betrieben und es in der alten Hafenstadt auf der Insel Alsen bald zu Wohlstand und Ansehen brachten. Mehrmals kamen Bürgermeister aus ihren Reihen, auch höhere Verwaltungsbeamte, dann in der Folgezeit weitete sich die Berufsskala zu einem breiten Spektrum, das von Pastoren über Gutsbesitzer und Reeder bis zu Offizieren und Lehrern reichte.[59] Vielen Ahlmanns lag jedoch grundlegend das Kaufmännische im Blut, oder besser Talent und Fähigkeit zum Unternehmertum, wie es sich in herausragendem Maß an Otto Friedrich Ahlmann (1786-1866) zeigte.[60]

Zu welchem Zeitpunkt genau der junge Mann nach kaufmännischen Ausbildung im väterlichen Geschäft in Norburg und anschließend in Flensburg nach Gravenstein kam, blieb selbst seinem familiengeschichtlich sehr genau forschenden und produktiven Enkel Johannes Ahlmann verschlossen. Der früheste feste Anhaltspunkt

Otto Friedrich Ahlmann und seine Frau Magdalene, das Gründerpaar der Gravensteiner Linie

war die öffentliche Versteigerung am 25. März 1809, auf der Otto Friedrich Ahlmann für 5.500 Taler das Haus und die Ländereien des verstorbenen Gravensteiner Kaufmanns Nicolay Henningsen erwarb mit der darauf liegenden Konzession, Handel zu Wasser und zu Lande zu treiben, sowie Brau- und Brennrechten. Der Ort selbst, am Nübelnoor nördlich der Flensburger Förde gelegen, bestand damals nur aus etwa sechzig Häusern mit 540 Einwohnern, die von Handel, Handwerk und Fischerei lebten.[61] Große Bedeutung dagegen hatte seit Jahrhunderten das gleichnamige Schloss, ab 1725 im Besitz der Herzöge von Schleswig-Holstein-Sonderburg-Augustenburg und Ende des 18. Jahrhunderts nach einem Brand neu errichtet. Schloss Gravenstein galt unter Herzog Friedrich Christian II. und seiner Frau Louise Augusta, einer Förderin von Klopstock und Schiller, mit seinem regen kulturellen Leben als ein kleines „Weimar des Nordens".[62]

Von Otto Friedrich Ahlmanns etwaigen Interessen auf diesem Gebiet ist nichts überliefert. Am imponierenden Erfolg gemessen, konzentrierte er sich vielmehr uneingeschränkt und mit enormer Energie auf den Ausbau seiner Unternehmungen. Als einziger Kaufmann in Gravenstein handelte Ahlmann mit allen Waren, die Bauern in der näheren Umgebung und auf der Halbinsel Sundewitt produzierten oder benötigten. Mit seinen Geschäften, zu denen noch ein florierender Holzhandel gehörte, nahm er im Raum zwischen Apenrade, Flensburg und Sonderburg eine Art Monopolstellung ein, die mit einigem Konkurrenzneid von den Kaufleuten in diesen Städten gesehen wurde. In Gravenstein gehörte ihm schließlich ein Fünftel der Ländereien des Ortes. Außerdem besaß er bedeutende Beteiligungen an Schiffen im Überseehandel und weitete seine Geschäftsverbindungen im Herzogtum Schleswig aus.[63] Otto Friedrich Ahlmann, seit langem sehr wohlhabend, in weitem Umkreis angesehen und als Ratgeber gefragt, dazu in glücklichsten Familienverhältnissen lebend, erreichte den Höhepunkt seiner bemerkenswerten Karriere als Unternehmer kurz vor dem Kriegsausbruch im Jahr 1848.[64]

Zu diesem Zeitpunkt hatten Ahlmann und seine Frau Magdalene allen Grund, mit Wohlgefallen auf die Entwicklung ihrer Kinder blicken. Nach kurzem Besuch der Dorfschule in Gravenstein waren die Jungen von Hauslehrern unterrichtet worden,[65] ein Indiz dafür, zu welchem gesellschaftlichen Status es der Kaufmann Otto Friedrich Ahlmann inzwischen gebracht hatte. Die Beschäftigung von Kandidaten der Theologie zu diesem Zweck, im betreffenden Fall eines späteren Pastors in Medelby, war grundsätzlich nur üblich in den Häusern von Adel und Großbürgertum.[66] Im Weiteren erwies sich der Vater als verständnisvoll und großzügig, wenn es um spezielle Berufswünsche der Söhne ging und die Bereitstellung von Startkapital. Der Älteste, Otto Friedrich, übernahm schon im Alter von 22 Jahren das große Gut Ussinggaard bei Horsens. Sein nächst jüngerer Bruder Nis Peter wurde ebenfalls Landwirt auf dem Gut Langholt bei Aalborg in Nordjütland. Der dritte Sohn, Thomas Jörgen, machte sich mit 26 Jahren als Kaufmann selbstständig und der Benjamin Hans Ahlmann trat in das väterliche Handelsunternehmen ein. Auch die Töchter wurden gut versorgt. Helene heiratete den Nordschleswiger Pastor Christian August Valentiner, Marie den Hamburger Kaufmann Peter Rolof Friedrich Jürgensen.[67]

Wilhelm Ahlmann (1817-1910), der zweitjüngste der Gravensteiner Brüder, hatte sich, schon bevor die Ereignisse im Frühjahr 1848 eskalierten, in führenden Kreisen Schleswig-Holsteins einen Namen gemacht und für die Übernahme verantwortlicher Aufgaben profiliert. Er war zwar für den kaufmännischen Beruf bestimmt gewesen, entschied sich aber nach seiner Lehrzeit in Kiel und dem Volontariat bei einer Hamburger Firma, ein „Gelehrter" zu werden, also die Universität zu besuchen, und erhielt auch die Billigung des Vaters.[68] Der 25-jährige machte das Abitur 1842 am Hamburger Johanneum nach, studierte anschließend in Berlin und Tübingen Nationalökonomie und promovierte dort 1845 zum Doktor der Staatswissenschaft. Nach seiner Heirat mit Dora Feddersen nahm der Volkswirtschafter im Winter 1846 eine Lehrtätigkeit als Privatdozent an der Kieler Universität auf.[69] Als überzeugter Schleswig-Holsteiner, durch seinen Bildungsgang deutsch geprägt, doch ein Liberaler und kein eifernder Nationalist,[70] wurde Wilhelm Ahlmann zu einer führenden Persönlichkeit der Erhebung, die sich gegen den dänischen Anspruch auf das Herzogtum Schleswig richtete.

Seine diplomatisch geschickte Vermittlung zwischen weit auseinander stehenden politischen Lagern führte am 24. März 1848 in Kiel zur Bildung der „Provisorischen Regierung",[71] die bald vom Deutschen Bund und von Preußen anerkannt wurde. Wilhelm Ahlmann widmete sich im Finanzressort der Modernisierung des Postwesens und ließ die ersten Briefmarken Schleswig-Holsteins herausgeben.[72] Wie hoch sein persönlicher Stellenwert war, zeigte sich an dem ihm übertragenen Vertrauensposten eines Ziviladjutanten beim preußischen Generalleutnant Friedrich von Wrangel, Oberbefehlshaber des deutschen Militärkontingents, das den Schleswig-Holsteinern gegen die Dänen zu Hilfe kam.[73] Nach der Schlacht bei Schleswig am 24. April 1848 rückten die Truppen Wrangels in Jütland ein und standen nach wenigen Tagen vor der Festungsstadt Fredericia, die den Norden schützen sollte und den Übergang zu den Inseln. Nach kurzer Beschießung gaben die dänischen Verteidiger jeden Widerstand auf und öffneten am 3. Mai 1848 die Tore.[74]

Als Richtpunkt in Fredericia für die deutsche Belagerungsartillerie hatte der hohe Schornstein der Brennerei in der Fabrikanlage von Thomas Jörgen Ahlmann gedient, Wilhelm Ahlmanns älterem Bruder. Beim Heranrücken der deutschen Truppen war seine hochschwangere Frau Marie mit ihren drei Kleinkindern auf einem Segelboot nach Fünen zu Verwandten geflüchtet, wo am Tag der dänischen Kapitulation die Tochter Dagmar geboren wurde, die immer kränklich bleiben sollte. Thomas Jörgen hatte kurz zuvor aus der eingeschlossenen Stadt ebenfalls auf dem Wasserweg entkommen können. Nach dem bald darauf vereinbarten Waffenstillstand kehrte die junge Familie Ahlmann nach Fredericia zurück.

Doch schon im Mai folgenden Jahres war sie erneut zur Flucht gezwungen, als der Krieg wieder ausbrach und dieses Mal eine schleswig-holsteinische Armee vor den Wällen stand, die Festungsstadt beschoss und dabei viele Häuser zerstörte. Der Gebäudekomplex Thomas Jörgen Ahlmanns wurde von einer Bombe getroffen und brannte fast völlig nieder.[75] Am 6. Juli 1849 konnten mit einem Überraschungsangriff die deutschen Belagerer vertrieben werden.[76] Zum Symbol des Sieges und für die Niederwerfung der schleswig-holsteinischen Erhebung wurde das 1858 errichtete Denkmal von Hans Wilhelm Bissen, „Den tapre Landsoldat", wie es nach einem populären Lied im Volksmund hieß.[77]

Gegenüber diesem patriotischen Monument stand das elterliche Haus, in dem Johannes Ahlmann am 18. Februar 1851 als sechstes Kind von Thomas Jörgen Ahlmann und seiner Frau Marie geb. Hundewadt geboren wurde und heranwuchs. Sein Vater hatte sofort mit dem Wiederaufbau von Brennerei, Brauerei und dem Lager für die Waren der Carlshütte begonnen, das eigene Heim konnte gerade rechtzeitig vor der Geburt des jüngsten Sohnes bezogen werden. Die Geschäfte entwickelten sich sehr erfreulich und er plante großzügige Projekte, wie etwa ein Hammerwerk auf Fünen.[78]

Der Senior der Familie in Gravenstein hatte dagegen mit den Auswirkungen des Krieges zu kämpfen. Von dänischer Seite wurde Otto Friedrich Ahlmann die Sympathie für seinen heimischen Herzog Christian August von Schleswig-Holstein-Sonderburg-Augustenburg angekreidet. Er verlor die Konzession für den Großhandel und konnte erst nach langen Bemühungen sein Geschäft wenigstens in kleinerem Rahmen weiterführen.[79] Ein schwerer Schlag für ihn und die ganze Familie war im Januar 1855 der Tod seiner Frau Magdalene, die ihren letzten Sommer in Kiel wegen der besseren ärztlichen Behandlung verbracht hatte.[80] Immerhin war es ihr noch vergönnt gewesen, dort den steilen Aufstieg ihres Sohnes Wilhelm mitzuerleben, der am 5. November 1852 die erste Privatbank in Schleswig-Holstein gegründet hatte, und die hauptsächlich wegen des Vertrauens in seine Person schnell Fuß fasste, um dann über Jahrzehnte das führende Geldinstitut im Land zu sein.[81]

Die Dänen legten Wilhelm Ahlmann auch keine Steine in den Weg. Im Gegensatz zu anderen führenden Vertretern der Erhebung durfte er in Schleswig-Holstein bleiben, nur auf seine Dozentur an der Kieler Universität musste er verzichten.[82] Mehrere Professoren wurden 1852 ihrer Stellung enthoben, ein Schicksal, das auch zahlreiche politisch missliebige Beamte, Geistliche und Rechtsanwälte wie Theodor Storm traf, der nach Preußen emigrierte.[83] Unter denen, die durch dänische Repressalien aus dem Land getrieben wurden, war Wilhelm Ahlmanns Schwager Christian

August Valentiner, Pastor in Hadersleben und Direktor des Nordschleswigschen Predigerseminars. Er fand mit seiner Familie Zuflucht im Herzogtum Anhalt. Dort war Valentiner zunächst in Bernburg und später in Coswig als Pastor und Seminarleiter tätig. Auch der Augustenburger Herzog gehörte zu den aus Schleswig-Holstein Verbannten. Er musste seine Güter, darunter Gravenstein, 1852 an den dänischen Staat abtreten und erwarb von der Entschädigung die Herrschaft Primkenau in Niederschlesien.[84]

Dass Otto Friedrich Ahlmann, der älteste der Gravensteiner Brüder, im Jahr 1854 sein Gut Ussinggaard bei Horsens verkaufte und nach einem Aufenthalt in Kopenhagen sich um 1858 in einer herrschaftlichen Wohnung in teurer Lage an der Hamburger Binnenalster sesshaft niederließ, hing aber wahrscheinlich nicht mit der politischen Problematik zusammen. Jedenfalls ließ der Familienbiograph Johannes Ahlmann nichts dergleichen in seiner kleinen, vom persönlichen Umgang geprägten Skizze anklingen, die er 1911 zum 100. Geburtstag seines Onkels herausgab. Er nannte überhaupt keinen Grund für den Verkauf, beschrieb nur ehrfürchtig den dabei erzielten enormen Gewinn. Obwohl aus Neigung Landwirt, verfügte demnach auch Otto Ahlmann über das kaufmännische Familientalent. Wie die Überlieferung berichtete, hatte er es durch die Verwendung von viel Farbe verstanden, den Eindruck seines Besitzes und damit den Verkaufspreis des Gutes ganz erheblich zu steigern. Der Junggeselle vermehrte in Hamburg sein Vermögen durch Börsengeschäfte. Ihm lag viel am Kontakt zu seinen Verwandten, besonders engen hielt er zu seiner Schwester Marie Jürgensen, die auch in der Hansestadt ansässig war.[85]

Während diese beiden Geschwister ebenso wie der Bruder Nis Peter Ahlmann, der sein Gut in Nordjütland seit 1841 ungestört hatte bewirtschaften können, als einzige aus dem Gravensteiner Familienkreis von den politischen und kriegerischen Ereignissen jener Jahre nicht betroffen waren, kam auf Thomas Jörgen Ahlmann in Fredericia wieder schweres Ungemach zu. Der neue König Christian IX. unterzeichnete am 18. November 1863 eine Verfassung, mit der das Herzogtum Schleswig in den dänischen Staat integriert wurde. Das bedeutete den Bruch des Londoner Vertrages von 1852. Der preußische Ministerpräsident Otto von Bismarck konnte Österreich für ein gemeinsames Vorgehen gewinnen und am 1. Februar 1864 überschritten die Truppen beider Staaten unter dem Oberbefehl von Feldmarschall von Wrangel die Eider.[86]

Am 15. März wurde die Festung Fredericia eingeschlossen, fünf Tage danach begann das Bombardement. Durch die bitteren Erfahrungen von 1848/49 auf das Schlimmste vorbereitet, hatte Thomas Jörgen Ahlmann frühzeitig das wertvollste Hab und Gut nach Fünen bringen lassen. Seine Frau Marie verließ bereits im Januar mit den Kindern das als sicheres Angriffsziel geltende Fredericia und kam mit ihnen in Odense unter. Ihr Mann blieb in der Nähe und verfolgte von der Höhe des gegenüber liegenden Ufers die heftige Beschießung,[87] die schwere Schäden anrichtete. In der Nacht zum 28. April 1864 räumten die Dänen die Festung Fredericia, die Einwohner flohen zusammen mit dem abziehenden Militär über See. Am 29. April zogen die Sieger in eine öde Stadt ein.[88]

Villa „Haus Steinburg" in Gravenstein, mehr als ein Jahrhundert das Zentrum des Familienverbandes Ahlmann

Schloss Gravenstein war seit dem 11. Februar 1864 Hauptquartier des Generals Prinz Friedrich Karl von Preußen, Neffe König Wilhelms, der das kombinierte Armeecorps befehligte. Von dort aus wurde der Angriff auf die nahe liegenden, von den Dänen stark befestigte Düppelstellung vor dem Alsener Sund vorbereitet. Nach einer vierwöchigen Beschießung erstürmten preußische Truppen am 18. April die Schanzen und entschieden damit den Krieg. In dieser Zeit herrschte in Gravenstein „ein Chaos, das oft jeder Möglichkeit der Entwirrung zu spotten schien, ein Kriegsleben in buntester Gestalt", wie Theodor Fontane schrieb, der den Schauplatz im August des Jahres bereiste.[89] In der Villa „Haus Steinburg", die Otto Friedrich Ahlmann nach der Geschäftsübergabe an seinen Sohn Hans 1856 bezogen hatte, lag der preußische General August von Groeben in Quartier, wie auch auf längere Dauer ein Militärarzt Becker. Er war unter den gratulierenden Gästen, als der bereits aus dem Exil zurück gekehrte Pastor Valentiner am 21. Mai 1864 seinen Schwiegervater in Gravenstein zum 78. Geburtstag besuchte.[90]

Ende September 1864 kam Fontane, der Material für sein Buch über den Schleswig-Holsteinischen Krieg sammelte, nach Fredericia. Angesichts des Denkmals mit dem triumphierenden Landsoldaten verstieg sich der Preuße zu dem zynischen Satz: „Die Stadt selbst sieht aus, als wäre sie eigens nur gebaut, um bombardiert zu werden."[91] Dieses Schicksal hatte Thomas Jörgen Ahlmann nun zum dritten Mal innerhalb von sechzehn Jahren erfahren und erneut schwere Schäden an seinem Besitz erlitten, in den mehrere Granaten eingeschlagen waren. Aber bereits im Sommer konnte er seine Brennerei wieder in Gang setzen und holte im Spätherbst seine Familie nach Hause. Der dreizehnjährige Sohn Johannes war schon vorher zu ihm gestoßen und erlebte die monatelange Besatzung durch österreichisches Militär, das erst Mitte November Fredericia verließ.[92] Am 30. Oktober 1864 war der Frieden von Wien geschlossen worden, in dem Dänemark auf seine Rechte an den Herzogtümern verzichtete. Nach dem Sieg Preußens über Österreich, zwei Jahre später, erfolgte am 12. Januar 1867 mit dem „Besitzergreifungspatent" die Eingliederung von Schleswig und Holstein als Provinz in den preußischen Staat.[93]

Wenn die Gravensteiner Familie Ahlmann auch schon lange vorher in zwei politische Lager geteilt war, wobei es sich aber um eine nicht ungewöhnliche Konstellation in der Bevölkerung Nordschleswigs handelte,[94] gab es jetzt eine formelle Trennung in die Nationalitäten dänisch und deutsch, die jedoch den inneren Zusammenhalt sowie den brieflichen und persönlichen Kontakt unter den Geschwistern nicht wesentlich beeinträchtigte. Ein trauriges Ereignis, das eigentlich ein großes fröhliches Fest werden sollte, war der erste Anlass zu einem Treffen aller Angehörigen über die neuen Grenzen hinweg. Drei Tage vor seinem 80. Geburtstag, bei dem er die ganze Familie hatte bei sich haben wollen, starb Otto Friedrich Ahlmann am 18. Mai 1866 in Gravenstein und wurde unter großer Anteilnahme der weiten Umgebung neben seiner Frau Magdalene auf dem Friedhof im nahen Atzbüll beigesetzt.[95] Die nächste Familienfeier fand Ende März 1867 in Fredericia statt. Zur Silberhochzeit von Thomas Jörgen und Marie Ahlmann kamen jeweils mit ihren Frauen und Kindern der dänische Bruder Nis Peter von Langholt wie auch Wilhelm aus Kiel.[96] Ihm war es jedoch zuwider, nun Staatsbürger des konservativen, reaktionären Preußen zu sein. Er hätte lieber einem eigenständigen deutschen Herzogtum Schleswig-Holstein angehört.[97]

Doch Wilhelm Ahlmann nahm die Entwicklung in aller Nüchternheit hin und bemühte sich, auch durch die von ihm 1864 gegründete „Kieler Zeitung" und seit 1867 durch sein Mandat im Preußischen Abgeordnetenhaus die neuen Verhältnisse in Schleswig-Holstein akzeptabel zu gestalten, also in die von ihm seit jeher angestrebten liberalen Bahnen zu lenken.[98] Neben seiner Bank, die von Anfang an eine Erfolgsgeschichte war, widmete Ahlmann sein unbegrenztes Interesse fast allen Gebieten, die dem Gemeinwohl dienten. Die Spannweite reichte vom wirtschaftlichen und kirchlichen Engagement über Schulwesen und Volksbildung, Förderung von Kunst und Landesgeschichte, Eisenbahnverkehr, Fährverbindungen und Nord-Ostsee-Kanal bis zu Verschönerungsvereinen und Gartenbau, der ihm besonders am Herzen lag.[99] Sicherlich wandte sich Wilhelm Ahlmann gerade im Bewusstsein der eigenen Herkunft und seiner Zugehörigkeit zu einer deutsch-dänischen Familie, in der die jeweilige Nationalität respektiert wurde, gegen die in Nordschleswig praktizierte intolerante Germanisierungspolitik Preußens.[100]

Der Tod von Otto Friedrich Ahlmann, der am 19. März 1873 in Hamburg starb, gab dann den Anlass, dass die inzwischen weit verzweigte Familie eine feste

Bindung an ihren Herkunftsort erhielt, an ihre Wurzeln. Der sehr vermögende älteste der Gravensteiner Brüder hatte testamentarisch bestimmt, aus seinem Nachlass zwei Stiftungen einzurichten. 5.000 preußische Taler sollten einer nach seinem Vater benannten mildtätigen Einrichtung zur Unterstützung verschämter Hilfsbedürftiger in Gravenstein zufließen. Ein Viertel seines verbleibenden Vermögens war von ihm als Kapital bestimmt für die „Otto Ahlmann'sche Familienstiftung", aus der nicht nur bei Bedarf unbemittelten Angehörigen geholfen werden konnte, sondern auch finanzielle Beiträge für die Ausbildung jüngerer Familienmitglieder zur Verfügung gestellt wurden. Jedes zweite Jahr am 8. Juni, dem Geburtstag seiner Mutter Magdalene Ahlmann, sollte eine Familienversammlung stattfinden. Außerdem waren die Gräber auf dem Friedhof von Atzbüll zu unterhalten, wo auch er beigesetzt werden wollte. Den Zweck seines Vermächtnisses hatte Otto Ahlmann klar dargelegt: „Zur Förderung des Ansehns, des zusammenhaltenden Sinnes, der geistigen und wirthschaftlichen Wohlfahrt seiner Familie und zur Stärkung und Hegung des Familienbewusstseins in derselben, sowie um sich und seinen verstorbenen Eltern ein bleibendes Andenken zu erhalten."[101]

Die erste Familienversammlung fand am 8. Juni 1875 in Gravenstein statt, wie auch die drei folgenden am gleichen Ort. Für die turnusgemäß vierte im Jahr 1883 wurde das Haus von Wilhelm Ahlmann in Kiel gewählt. Der bisherige Gastgeber, der jüngste Bruder Hans Ahlmann, hatte 1882 mit dem vom Vater übernommenen Geschäft, dessen umfangreiche Unternehmungen er in großem Stil weiterführte, in Liquidation treten müssen. Der Zusammenbruch kam auch für die engeren Familienangehörigen völlig überraschend. Hans Ahlmann zog dann mit seiner Frau nach Dresden.[102] Die Geschwister fanden jedoch eine Lösung, mit der die Bindungen zu Gravenstein sogar noch fester wurden. 1892 erwarb die „Otto Ahlmannsche Familienstiftung" den ehemaligen Ruhesitz des Stammvaters, die Villa „Steinburg", und kaufte umliegende Ländereien dazu. Sie wurden teils als Park angelegt, teils als großer Obstgarten, in dem Wilhelm Ahlmann hunderte von Apfelbäumen pflanzen ließ, natürlich die Sorte „Gravensteiner". Allerdings, so sein Neffe Johannes Ahlmann, erfüllten sie ertragsmäßig nicht die Erwartungen.[103]

Der alte Herr, inzwischen im 80. Lebensjahr stehend und bis auf den Bruder Hans einziger noch lebender von den Gravensteiner Geschwistern, verstand und verhielt sich als verantwortungsvoller und fürsorglicher Patriarch, als er 1895 die „Familien-Stiftung von Dr. Wilhelm Ahlmann" errichtete. Das Kapital von 750.000 Mark wurde gebildet durch das sehr wertvolle Grundstück Holstenstraße 32 in Kiel, seinen Anteil an der Kieler Zeitung, das Areal in Gravenstein und durch Obligationen.[104] Gemäß Statut diente die Stiftung zwar ebenso wie Ottos „vorzugsweise dem Zweck, die Wohlfahrt und das gute Ansehen der Familie zu erhalten und zu heben", doch die Mittel sollten auch für die Pflege des Guten und Schönen verwendet werden.[105] Diese Bestimmung ließ viele Möglichkeiten zu, die bei den Ahlmannschen Familientagen nach besten Kräften genutzt wurden. Die Stiftung Wilhelm Ahlmanns hatte ihren Sitz in Gravenstein und die Familienversammlung sollte im Anschluss an die von seinem Bruder festgelegte in der Villa „Steinburg" stattfinden, also am 8. Juni jedes zweiten Jahres.

Für den kleinen abgelegenen Ort in Nordschleswig waren die dreitägigen Zusammenkünfte, besonders vor dem Ersten Weltkrieg, große gesellschaftliche Ereignisse. Die Mitglieder der Familie belegten das ganze Kurhotel, unternahmen Ausflüge in die Umgebung, besuchten natürlich die Gräber der Ahnen in Atzbüll und fuhren mit gecharterten Dampfern auf die Flensburger Förde. Die Höhepunkte der Treffen, die durch sorgsam arrangierte Gruppenaufnahmen dokumentiert wurden, bildeten die eleganten Festbälle im Kurhotel.[106]

Familienversammlung am 8. Juni 1901 in Gravenstein. In der Mitte sitzend Wilhelm Ahlmann, links hinter ihm stehend Julius Ahlmann, darüber in der obersten Reihe sein Bruder Otto Ahlmann

Johannes aus Fredericia

Die Absicht Wilhelm Ahlmanns, durch die zwingende Bestimmung, die Familienversammlungen seiner Stiftung in Gravenstein abzuhalten, den nachfolgenden Generationen eine bewusste Beziehung zu ihrem Herkunftsort zu vermitteln, fiel bei seinem Neffen Johannes Ahlmann auf besonders fruchtbaren Boden, der allerdings gut vorbereitet war. Als junger Mann hatte er dort während der Tätigkeit im Geschäft des Onkels Hans Ahlmann seine spätere Frau Wilhelmine kennen gelernt. Noch im hohen Alter zog es das Ehepaar von seinem Wohnsitz in Büdelsdorf zu langen glücklichen Ferienaufenthalten in das Familienheim „Steinburg". Beredtes Zeugnis für die große Heimatliebe, die Johannes Ahlmann empfand, war sein 1928 veröffentlichtes Buch „Allerlei aus Gravenstein", das im Wesentlichen zwar familiäre Bezüge hatte, über den Charakter einer Chronik aber weit hinausreichte und sehr viel Anerkennung fand. 1934 erschien die zweite Auflage.[107]

Johannes Ahlmann hatte mit seinem älteren Bruder Otto Frederik, später als Hardesvogt in Fredericia hoher dänischer Verwaltungsbeamter,[108] und vier Schwestern eine glückliche Kindheit erlebt. Mittelpunkt der Familie war Marie Ahlmann, als sehr tüchtig, warmherzig und liebevoll geschildert. Sie kam aus Dedesdorf bei Nordenham, nahe der Wesermündung, das zum Großherzogtum Oldenburg gehörte. Der aus Dänemark stammende Vater Johan Hundewadt hatte dort einen großen einträglichen

Sehr wache, aufmerksame Augen als Merkmal anhaltender geistiger Frische und Beweglichkeit dominieren das Porträt, das Johannes Ahlmann 1922 im Alter von 71 Jahren zeigt

Marschhof geerbt. Nach der Schule wurde Marie in ein Pensionat in Stade geschickt, um den Hausstand zu lernen, und ging anschließend in Stellung, da es mit der Stiefmutter zu Hause Misshelligkeiten gab. Als der Vater starb, holte Konsul Sörensen, der Bruder ihrer verstorbenen Mutter, die 22-jährige 1841 zu sich nach Hobro in Nordjütland, wo sie Thomas Jörgen Ahlmann kennen lernte, im März 1842 heiratete und mit ihm nach Fredericia zog.[109]

Wahrscheinlich verfügte Marie Ahlmann durch die harten Erfahrungen in ihrer Kindheit und Jugend über große innere Kraft, die sie ihr wiederholtes Flüchtlingsschicksal und den schwierigen Wiederaufbau ungebeugt ertragen ließen. Von den beiden Ehepartnern war sie die wesentlich Stärkere, wie der Sohn Johannes feststellte. Sicher beruhte das ausgesprochen gute Verhältnis, das ihn Jahrzehnte später mit seiner Schwiegertochter Käte verband, zum großen Teil darauf, dass sie viele Eigenschaften der Mutter besaß, während seine Frau Wilhelmine, die er aber sehr liebte, im krassen Gegensatz zu all den Tugenden stand, die Johannes Ahlmann in seinen Aufzeichnungen schon schwärmerisch beschrieb.

Wenn die Gewichtung der Reihenfolge entsprach, stand an erster Stelle Marie Ahlmanns Gabe, Kranke zu umsorgen und gesund zu pflegen. Der Sohn würdigte dann ihre schwungvolle, unermüdliche Tätigkeit, mit der sie ihren Haushalt sehr wirtschaftlich führte, und verwies auf den „hübschen" Wahlspruch seiner Mutter: „Arbeit macht des Lebens Lauf noch einmal so munter: heller geht die Sonne auf, schöner geht sie unter". Doch Marie Ahlmann nahm sich die Zeit noch für viele andere Interessen, angefangen beim Gartenbau über Politik und Lektüre von populärwissenschaftlichen Zeitschriften bis hin zur Pflege von Geselligkeit und Musik, die ihr ein wesentlicher Lebensinhalt war.[110] Diese Begabung vererbte sie an ihren Sohn Johannes, der schon mit sieben Jahren Geigenunterricht erhielt und der Violine bis an das Ende seiner Tage treu blieb.[111]

Nach dem Besuch der Gelehrtenschule in Fredericia bis zu seiner Konfirmation 1866 kam der 15-jährige nach Kolding in eine kaufmännische Lehre, die drei Jahre dauerte. Es war ein Ladengeschäft mit Kolonialwaren und Delikatessen. Anschließend vermittelte ihn der Vater im Herbst 1869 nach Hamburg als Volontär an eine größere Importfirma, bei der Johannes vier Jahre blieb und bald zu höheren Positionen aufstieg. Während seines Aufenthaltes, der ihm, wie die Familie meinte, ein „Hamburger Gepräge" von Sachlichkeit, Zurückhaltung und Weltoffenheit verlieh, verbesserte der junge Mann aus dem dänischen Fredericia seine Deutschkenntnisse und lernte Plattdeutsch, was ihm später sehr zu Gute kommen sollte, denn das war die Umgangssprache auf der Carlshütte bis zuletzt. In seiner Freizeit hielt sich Johannes viel bei seinen in Hamburg wohnenden Verwandten auf, Tante Marie Jürgensen und Onkel Otto Ahlmann, bei dem er regelmäßig mit zwei Vettern am Sonntag eine großzügige Bewirtung genoss.[112]

Eigentlich wollte Johannes Ahlmann anschließend nach England gehen und hatte seine Stellung schon gekündigt, als sein Onkel Hans Ahlmann aus Gravenstein ihn 1873 aufforderte, in sein Geschäft einzutreten mit der Aussicht auf Nachfolge, da seine Ehe mit Luise Rebekka (Elise) Olde kinderlos war. Es handelte sich zu dieser Zeit um einen bedeutenden Betrieb mit den verschiedensten ineinander greifenden Sparten wie Ladengeschäft, Handel mit Dünger, Futtermitteln, Korn und Butter, Holzhandel und Landwirtschaft, Brennerei, einem Lösch- und Ladeplatz und Anteilen an Segelschiffen.[113]

Der Neffe hatte anfangs viel Freude an seiner neuen Tätigkeit und gewann das Wohlwollen seines Onkels und auch das der schwierigen Tante Elise, die allerdings als sehr tüchtige Hauswirtschafterin galt. Unter den jungen Mädchen, die von ihren Kenntnissen lernen sollten, befand sich ihre 20-jährige Nichte, „die kleine Wilhelmine Olde aus Hamburg", wie Johannes Ahlmann seine spätere Frau beschrieb. Die jungen Leute fanden Gefallen aneinander und zeigten es recht deutlich, „sahen sich etwas sehr freundlich an", so dass Wilhelmine nach Hause geschickt wurde. Doch im Februar 1876 traf Johannes sie auf einem Ball in Hamburg wieder und erhielt im Juni brieflich das Jawort, dem ihre Eltern zustimmten.[114]

Die Familie Olde stammte aus Süderau in der Kremper Marsch bei Glückstadt und besaß in der Umgebung große Ländereien. Ihr namhaftester Angehöriger war der Maler Hans Olde (1855-1917). Zunächst Landwirt und als Nachfolger des Vaters Besitzer des Gutes Seekamp bei Kiel, wurden seine impressionistischen Landschaften, Porträts und Tierbilder bereits zu seinen Lebzeiten in die Sammlungen der großen deutschen Museen aufgenommen. Schon vor seiner Tätigkeit als Direktor der Kunstschule Weimar von 1902 bis 1911 stand Olde in Kontakt zu Elisabeth Förster-Nietzsche, die das Archiv ihres Bruders betreu-

Jacob Diederich Olde mit seinen Kindern Joachim, Wilhelmine und Mathilde

te. Sein Bildnis des kranken Friedrich Nietzsche, eine Radierung, ist das wohl bekannteste Werk des holsteinischen Künstlers. Sein gleichnamiger Sohn widmete sich ebenfalls der Malerei.[115]

Wilhelmines Großvater Claus Olde hatte am Neuen Pferdemarkt in Hamburg auf einem weiten Areal ein umfangreiches Viehkommissionsgeschäft mit riesigen Stallungen, Schmiede und Reitbahn. Seine jüngste Tochter Juliane heiratete ihren Vetter Jacob Diederich Olde, der in die Firma eintrat und später einen Pferdehandel auf höchstem Niveau betrieb. Im Auftrag deutscher Fürstenhöfe kaufte er in England Vollblüter. Seine Frau Juliane besaß ebenfalls Schönheitssinn, war zierlich, graziös, temperamentvoll und verstand es, andere für Arbeiten einzusetzen. „Ich habe nie gesehen, dass sie das Geringste selbst tat im Haus" berichtete, vielleicht sogar mit einem Anflug von Neid, ihre Enkelin Theodora (Theo) Ahlmann-Valentiner. Von den drei Kindern in der Reihenfolge Wilhelmine, Mathilde und Joachim war die älteste Tochter von Geburt an zart, kränkelte häufig und bedurfte besonderer Pflege. Da „Mische" die Schulluft nicht vertrug, wurde eine Hauslehrerin angestellt. Sie wuchs zu einem ruhigen, sehr gut aussehenden Mädchen heran, fingerfertig veranlagt, das schönste Handarbeiten machte.[116]

Prägend für Wilhelmine war der enge Kontakt zur Familie des Pastors Carl Ninck, einem der führenden Vertreter der Inneren Mission in Hamburg und Gründer der deutschen Seemannsmission. Die Mutter Juliane Olde, „von frommen Gemüt",[117] hatte sich der Personalgemeinde aus allen Stadtteilen angeschlossen, die sich um Ninck in der Eppendorfer St. Anscharkapelle bildete und seine sozialen Vorhaben mit persönlicher Tatkraft und finanziellen Mitteln unterstützte. Neben der Einrichtung von Heimen für gefährdete Kinder, Alte und Trinker stand im Mittelpunkt seiner Tätigkeit die Gründung des evangelisch-lutherischen Diakonissenhauses „Bethlehem". Die dort ausgebildeten Gemeindeschwestern schickte er in die Hamburger Elendsviertel.[118] Nach ihrer Rückkehr aus Gravenstein war Wilhelmine eine Zeit lang im Pfarrhaus bei Nincks tätig und erhielt dort eine enge pietistische Frömmigkeit vermittelt, deren Konsequenz dann in späteren Jahren manchmal zu Gegensätzen mit ihrer in dieser Hinsicht offeneren Schwiegertochter Käte führte. Natürlich nahm Pastor Carl Ninck die kirchliche Trauung von Johannes Ahlmann und Wilhelmine Olde vor, die am 24. Mai 1878 in der St. Anscharkapelle stattfand und mit einer großen Feier in den Gesellschaftsräumen eines Hotels fortgesetzt wurde. Die Hochzeitsreise des jungen Paares ging in die Schweiz.

Die erste Station des Ehelebens war aber nicht, wie ursprünglich geplant, Gravenstein, sondern Fredericia. Hans Ahlmann hatte sich geweigert, dem Verlangen von Jacob Diedrich Olde nachzugeben, dass der Schwiegersohn schon zu diesem Zeitpunkt das Geschäft übernehmen sollte. Da sich diese Erwartungen zu seinem großen Bedauern zerschlugen, denn Johannes Ahlmann wäre gerne in Gravenstein geblieben, kam das Angebot seines Vaters und dessen Teilhabers und Schwiegersohns Dethlef Ohlsen zum Eintritt in ihre Firma gerade recht. Anfang 1877 begann der 25-jährige seine Tätigkeit in Fredericia und widmete sich hauptsächlich dem Vertrieb der Carlshütter Gusswaren. Die Fachkenntnisse für die Spirituosenfabrik und die Bierbrauerei eignete er sich bei einem Praktikum in Sachsen an. Da sich Thomas Jörgen Ahlmann im Alter von 64 Jahren zur Ruhe setzen wollte, wurde das Geschäft von Dethlef Ohlsen und Johannes Ahlmann zum 1. Januar 1878 übernommen und firmierte seitdem als „Ohlsen & Ahlmann".[119] Die Entwicklung des Unternehmens verlief aufgrund mehrerer gelungener Transaktionen sehr erfolgreich, und dadurch ermutigt, verwirklichten die beiden Partner den lange gehegten Plan, fortan den Vertrieb der Carlshütter Waren für Dänemark, Schweden und Norwegen von Kopenhagen aus vorzunehmen.[120]

Für die Leitung ausersehen war Johannes Ahlmann, der Mitte Juli 1879 mit seiner Frau Wilhelmine in eine kleine Villa in der dänischen Hauptstadt zog. Dort wurde ihnen einen guten Monat darauf, am 31. August, ein Sohn geboren, der den traditionsreichen Familiennamen Otto Frederik erhielt. Am 26. Dezember 1880 gab es für die jungen Eltern dann ein ganz besonderes Weihnachtsgeschenk, den Sohn Julius. Den zweiten Vornamen Hans bekam er nach seinem Gravensteiner Paten. Über die Taufe in der Jacobskirche hielten ihn am 13. Februar 1881 außerdem die Großmutter Juliane Olde und Tante Dagmar Ahlmann.[121] Im folgenden Frühjahr entschlossen sich in Fredericia die Eltern und die beiden unverheirateten Schwes-

tern sowie der Schwager Ohlsen, ebenfalls nach Kopenhagen zu ziehen, das
damit zu einem neuen Standort der Familie wurde. Marie und Thomas Jörgen
Ahlmann waren noch einige gute Jahre
vergönnt, in denen sie mit den Töchtern weite Reisen machten, mit Vorliebe
für mehrere Monate an den Genfer See.
Thomas Jörgen Ahlmann starb am 3. Januar 1892, seine Frau Marie am 30. Januar 1904.[122]

Die Vereinigung der Familie aus Fredericia in Kopenhagen war jedoch nur
von kurzer Dauer. Johannes Ahlmann
hatte es verstanden, innerhalb kürzester Zeit den Absatz der Erzeugnisse der
Carlshütte so zu steigern, dass schon bald
zusätzliches kaufmännisches Personal eingestellt werden musste. Das Jahr 1881, in
dem er sich durch Reisen zu Messen in
Frankfurt am Main und im schlesischen
Breslau über die neuesten Entwicklungen
informierte, schloss für ihn sehr erfreulich ab und 1882 versprach, noch bessere
Ergebnisse zu bringen. In diesem Som-

Wilhelmine Ahlmann und ihre Söhne
Otto und Julius. Die Atelieraufnahme entstand Ende 1883 in Kopenhagen, kurz
vor der Übersiedlung auf die Carlshütte

mer kam Hartwig Peter Holler, Sohn des Gründers der Carlshütte und Mitglied des
Verwaltungsrates, mit seiner Tochter Pauline nach Kopenhagen, suchte den alten
Geschäftsfreund Thomas Jörgen Ahlmann auf und verschaffte sich einen persönlichen Eindruck von dessen kaufmännisch offenbar sehr fähigem Sohn. Nicht lange
danach erhielt Johannes Ahlmann die Aufforderung, nach Büdelsdorf zu kommen.
Obwohl er das Angebot einer Direktorenstellung zum 1. Januar 1883 als Ehre und
als vielversprechende Chance für die Gestaltung seines weiteren Lebens betrachtete,
fiel die Entscheidung erst nach reiflicher Überlegung, getrübt durch das Bedauern,
sich von Eltern und Geschwistern wieder trennen zu müssen.[123]

Überlegungen in diesem Moment, mit der Übersiedlung nach Deutschland auf wahrscheinlich längere Dauer einen Wechsel der Staatsbürgerschaft in Erwägung zu ziehen, stellten sich Johannes Ahlmann in keiner Weise. In seiner Familie, wie in seiner Branche als Kaufmann für Im- und Export, war Weltoffenheit die Norm. Es galt als selbstverständlich, sogar als notwendig, wenigstens eine Zeitlang einer Tätigkeit im Ausland nachzugehen.[124] Und dann war Johannes Ahlmann ein geborener und überzeugter Däne, in dieser Haltung geprägt durch das Schicksal seiner Geburtsstadt Fredericia, das seiner Eltern und durch die eigenen Jugenderfahrungen. Er befand sich jedoch, schon durch die in der Familie Ahlmann praktizierte Toleranz, weit entfernt von dem eifernden Nationalismus, der in jener Zeit auf beiden Seiten zu radikalen politischen Auswüchsen führte. Betroffen davon war vor allem Nordschleswig, das damals unter Anwendung schärfster Mittel, wie dem der Ausweisung dänisch Gesinnter, „eingedeutscht" werden sollte.[125]

Zweifellos geriet der Däne Johannes Ahlmann wenige Jahre später in einen Gewissenskonflikt, als Wilhelm Ahlmann im Juni 1888 den Neffen als Partner in sein Kieler Bankhaus aufnehmen wollte. Der langjährige engste Mitarbeiter und Prokurist H. S. Rehder ging in den Ruhestand und der Gründer spürte mit 73 Jahren zunehmend Beschwerden und Gebrechlichkeiten des Alters. Der eigentlich in Frage kommende älteste Sohn Ludwig hatte Rechtswissenschaft studiert, absolvierte gerade sein Referendariat und ließ bis dahin keine Neigung erkennen, den Staatsdienst zu Gunsten des Geldwesens aufzugeben.[126] Johannes hatte den Onkel durch seine Fähigkeiten bei der Abwicklung des Konkurses von Hans Ahlmann in Gravenstein sehr beeindruckt. Dem Projekt stellte sich jedoch ein wichtiges Hindernis entgegen. Da das Bankhaus „Wilh. Ahlmann" die Finanzgeschäfte der schleswig-holsteinischen Provinzialverwaltung führte und öffentliche Anleihen platzierte, konnte ein Mitinhaber kein Ausländer sein.[127]

Aus diesem Grund sah sich Johannes Ahlmann veranlasst, am 18. Oktober 1888 für sich, seine Frau und die beiden Söhne um die preußische Staatsbürgerschaft nachzusuchen. In seinem Schreiben an die Königliche Regierung in Schleswig legte er seine Herkunft aus alter deutscher Familie dar und berief sich auf die aus dem deutschen Dedesdorf stammende Mutter, die geschäftlichen Beziehungen seines Vaters mit Holler, seinen eigenen Aufenthalt in Hamburg und seine von dort stammende Frau, die Stellung als Direktor der Carlshütte bei Rendsburg und dann die ausschließlich deutsche Schulbildung der Kinder. „Es ist nun mein Wunsch, dem deutschen Charakter meiner Herkunft und Familie entsprechend auch thatsächlich in den deutschen Unterthanenverband mit meiner ganzen Familie aufgenommen zu werden und dass meine im deutschen Sinne erzogenen Knaben ihrer

Militairpflicht dereinst nicht etwa im Auslande zu genügen haben werden", erklärte Johannes Ahlmann abschließend.[128] Befürwortet vom Büdelsdorfer Gemeindevorsteher Tödt und vom Rendsburger Landrat Brütt, fehlte bei der zuständigen Abteilung des Inneren in Schleswig am 11. Dezember 1888 für die Genehmigung nur noch der Nachweis über die Entlassung aus dem dänischen Staatsverband.[129]

Bei der Carlshütte hatte er schon gekündigt, befand sich in Verhandlungen wegen des Kaufs einer Villa in der Fördestadt und die Söhne waren bereits auf dem Kieler Gymnasium angemeldet, als Johannes Ahlmann Ende Dezember 1888 alles wieder rückgängig machte. Verschiedene Umstände, wie eine Erkrankung seines Onkels, außerdem gegen ihn, den Neffen, gerichtete Intrigen des ausscheidenden Prokuristen Rehder und hauptsächlich wohl der Meinungsumschwung des Vetters Ludwig, der wegen seiner bevorstehenden Heirat die Abneigung gegen das Bankgeschäft überwandt, führten dazu, dass Johannes Ahlmann dann doch auf der Carlshütte blieb. Die enttäuschende Episode diente immerhin dazu, seine berufliche Position zu verbessern. Der neue Vertrag des kaufmännischen Direktors enthielt wesentlich günstigere Konditionen. Zur Angelegenheit seiner Einbürgerung notierte Johannes Ahlmann: „Bleibe aber dänischer Staatsbürger, als ich nicht nach Kiel gehe".[130]

Zehn Jahre danach, bei einem erneuten Gesuch um Aufnahme in den preußischen Staatsverband, datiert vom 20. Juni 1898, gab Johannes Ahlmann als offizielle Erklärung an, weshalb er damals Däne geblieben war: „Verhältnisse, die ein Aufgeben meiner Stellung auf der Carlshütte möglicherweise zur Folge haben konnten". In der Begründung dieses zweiten Antrags auf Einbürgerung seiner Familie machte er keine langen Ausführungen mehr über deutsche Herkunft und Beziehungen zu Deutschen, sondern erklärte, dass seine Söhne nach dem Verlassen des Gymnasiums das wehrfähige Alter erreicht hätten und beide den Wunsch äußerten, in Preußen ihrer Militärpflicht zu genügen und nicht in Dänemark. Dieses Mal lagen die Papiere in Schleswig komplett vor und die Naturalisationsurkunde für Johannes, Wilhelmine, Otto Frederik und Julius Hans Ahlmann wurde vom Regierungspräsidenten am 23. September 1898 unterzeichnet.[131]

Johannes Ahlmann, wohlinformiert über die politische Lage, trat zu diesem Zeitpunkt auch eine Flucht nach vorn an. Ernst Matthias von Köller, seit 1897 Oberpräsident der Provinz Schleswig-Holstein, verschärfte auf Anweisung Kaiser Wilhelm II. rigoros das staatliche Vorgehen gegen die Dänen im Grenzland.[132] Zu den Unterdrückungsmaßnahmen gehörten die Massenausweisungen dänischer Staatsbürger, darunter vieler junger Männer im wehrpflichtigen Alter,[133] in dem sich auch Otto und Julius mit ihren bald 18 und 17 Jahren befanden. Ob die preußische Regierung ein Exempel ausgerechnet an den Söhnen des Direktors der Rendsburger Carlshütte statuiert hätte, ist fraglich. Aber schon wegen der exponierten Position empfahl sich zu diesem Zeitpunkt die Einbürgerung, auch wenn Johannes Ahlmann innerlich widerstrebt haben mag. Doch nach inzwischen fünfzehn Jahren auf der Carlshütte, umgeben nur von Deutschen, und in der Gewissheit noch längerer Tätigkeit an dieser Wirkungsstätte, fiel ihm der entscheidende Schritt vermutlich nicht einmal besonders schwer.

Direktor Ahlmann in Büdelsdorf

Nachdem sie die Weihnachtstage bei Oldes in Hamburg verbracht hatten, waren Johannes, Wilhelmine Ahlmann und die beiden kleinen Söhne am 28. Dezember 1882 auf der Carlshütte in Büdelsdorf eingetroffen. Sie bezogen die Direktorenwohnung am Hüttenweg, in direkter Nachbarschaft zu Hartwig Peter Holler, und mitten im Betrieb gelegen. Dicht an der Nordseite des Hauses befand sich im ältesten, 1827 errichteten Gebäude der Anlage damals das Emaillierwerk. Johannes Ahlmann blieb aus dieser Anfangszeit das ihn sehr beeindruckende Bild haften, wie an warmen Tagen die noch glühenden Milchsatten, große flache Schüsseln, und die heißen, schweren Kessel von den Arbeitern auf die breite Anfahrrampe zum Abkühlen „hinausgeschleppt" wurden.[134] Während der junge Kaufmann bis dahin nur mit den fertigen Produkten der Carlshütte zu tun gehabt hatte, war er auf diese Weise in den Herstellungsprozeß nun hautnah einbezogen und erlebte, welche harte körperliche Arbeit die Männer dabei leisten mussten.

Johannes Ahlmann hatte am 1. Januar 1883 seine Tätigkeit als kaufmännischer Direktor aufgenommen. Anfänglich erhielt er mit 7.500 Mark Jahresgehalt nur die Hälfte des Betrages seines technischen Kollegen Wilhelm Meyn, erreichte aber bei wachsendem Erfolg eine laufende Verbesserung seiner Bezüge. Zusätzlich bekam er eine Tantieme, hatte freie Wohnung und konnte gegen geringes Entgelt Material für seinen Hausbedarf aus den Beständen der Carlshütte beziehen.[135] Dazu kam die private Nutzung von werkseigenen Pferden und Wagen. Sein Arbeitsgebiet umfasste den ganzen kaufmännischen Sektor, mit besonderem Gewicht auf Vertrieb und Verkauf der Waren.

Allerdings sollten alle geschäftlichen Schritte von den beiden Direktoren gemeinsam ausgehen. Der technische Leiter war als schwierig, eigensinnig und misstrauisch bekannt, hatte wohl auch mit Mitarbeitern schlechte Erfahrungen gemacht.[136] Erst als 1888 Johannes Ahlmann seine Stellung kündigte, wurde sich Meyn des Wertes seines Kollegen bewusst. In diesem Moment setzte er sich als treibende Kraft ein, um ihn auf der Carlshütte zu halten und wehrte energisch die vielen Bewerber um den zwischenzeitlich vakanten Posten ab.[137] Nachdem sich Johannes Ahlmann aus persönlichen Gründen dann doch entschieden hatte zu bleiben, gestaltete sich das Verhältnis zwischen den beiden Männern hervorragend und ihre Zusammenarbeit wurde zur Erfolgsgeschichte für das Werk. Nach einigen Bedenken – „Mein Herr, man wird nicht immer baden!"[138] – zog Wilhelm Meyn dann aber doch entschlossen mit, als Johannes Ahlmann die Massenproduktion von Badewannen aufnehmen ließ.

Bei der Entscheidung spielte in dieser Phase sicherlich die Unterstützung des Aufsichtsrates eine große Rolle, der damals wesentlich mehr Befugnisse besaß, und in dem sich Persönlichkeiten befanden, die den Betrieb direkt vor ihren Augen hatten. Konsul Thomas Hollesen, Inhaber der Reederei Zerssen, war Senator der Stadt Rendsburg und Mitglied des Preußischen Abgeordnetenhauses. Kommerzienrat und Vizekonsul Theodor Thormann, mit seinem großen Holzlagerplatz auf dem Vorwerk an der Obereider direkter Nachbar, hatte den Vorsitz in der Rendsburger Stadtverordnetenversammlung und wirkte als engagierter Förderer kultureller und sozialer Anliegen.[139] Weiter gehörte dem Aufsichtsrat der Holler'schen Carlshütte Heinrich Wilhelm Pfahler an, Besitzer einer bedeutenden Rendsburger Großschlachterei, die bis zu 800 Schweine wöchentlich verarbeitete und die Produkte als „Bacon" nach England exportierte.[140]

Alle drei Männer hatten ihre Ämter 1883/84 angetreten, zur gleichen Zeit wie Johannes Ahlmann seinen Direktorenposten, und verfügten im fünfköpfigen Aufsichtsrat gegenüber den beiden Hamburger Mitgliedern über eine „Rendsburger Mehrheit".[141] Ihre Kenntnisse der örtlichen Verhältnisse, die Möglichkeit unkomplizierter Treffen und Gespräche, vor allem aber das gemeinsame Interesse, die Carlshütte aus der damaligen Talsohle herauszuführen und Perspektiven für die Zukunft zu entwickeln, machte sie zu maßgeblichen Lenkern einer vorausschauenden Firmenpolitik. Die enge Verbindung und das gegenseitige Vertrauen kamen darin zum Ausdruck, dass Hollesen und Thormann jeweils Johannes Ahlmann als Testamentsvollstrecker einsetzten.[142] Über seinen Freund Theodor Thormann, der bei seinem Tod 1919 dem Aufsichtsrat der Holler'schen Carlshütte 26 Jahre angehört hatte, verfasste Johannes Ahlmann „Ein Lebensbild".[143]

Zum symbolischen, in seinen Niederschriften mit einem Ausrufungszeichen hervorgehobenen „Markstein" der glänzenden Karriere von Johannes Ahl-

Die Familie Johannes Ahlmann bezog 1891 das Holler'sche Anwesen mit seinem idyllischen Park

mann wurde ein prestigeträchtiger Wohnungswechsel.[144] Am 27. Mai 1891 starb Hartwig Peter Holler nach längerem Leiden im Alter von 70 Jahren. Beide Direktoren der Holler'schen Carlshütte würdigten ihn als Sohn des Gründers und als Senior des Aufsichtsrates, der sein Leben der Förderung des Werks gewidmet habe.[145] Obwohl Johannes Ahlmann meinte, seine Einnahmen ständen mit dem herrschaftlichen Anwesen nicht recht in Einklang, erfüllte es ihn doch mit zurückhaltendem Stolz, insofern Nachfolger der Hollers zu sein. Seinen Sinn für diese Tradition sprachen besonders die beiden gusseisernen Pudel von 1867 vor der Haustür an. Freude machte ihm der große schöne Garten mit dem Boot „Atalanta" auf dem Teich, einer dunklen Grotte mit einer ausgestopften Eule, ein kleiner Wald und schließlich die mächtige Blutbuche. „Das bedeutete ein großes Plus für uns", kommentierte Johannes Ahlmann in seiner sachlichen, spröden Art den sichtbaren sozialen Aufstieg, der sich an diesem Haus manifestierte.[146]

Innerhalb des eng begrenzten Kreises der örtlichen Honoratioren, die aber bis auf die Ausnahme des Kollegen Meyn nicht im kleinen Büdelsdorf ansässig waren, sondern im unmittelbar benachbarten Rendsburg, hatte das Ehepaar Ahlmann nun die Spitze erreicht. Die gesellschaftliche Creme der kleinen Kreisstadt an der Eider und dem gerade im Bau befindlichen Nord-Ostsee-Kanal bestand aus einigen wenigen Familien, zumeist sehr wohlhabenden Unternehmern, die ihren Zirkel nur bei Gelegenheit etwas öffneten und dann Akademiker wie Richter, Ärzte und Pastoren zu ihren Einladungen baten. Ein ganz wichtiger Gast war der Rendsburger Landrat, der Informationen vermitteln, Kontakte herstellen und Behördenwege verkürzen konnte. Claus Henning Friedrich Brütt, der 1881 nach Rendsburg gekommen war und dessen bis 1919 dauernde Amtszeit 38 Jahre umspannte, tat viel für die Wirtschaftsförderung.[147] Sein Sohn Lorenz war gleichaltrig mit Otto und Julius Ahlmann, die für ihn als standesgemäße Spielgefährten galten.[148]

Wohnsitz der Familie Ahlmann und Standort der Carlshütte war die Gemeinde Büdelsdorf, wenngleich die international operierende Firma, sicher zur besseren Orientierung Auswärtiger, im Namen den Zusatz „bei Rendsburg" trug.[149] Tatsächlich waren Geschichte und Entwicklung des kleinen Büdelsdorf stets von der nahen Stadt Rendsburg bestimmt gewesen, ob die Einwohner im Mittelalter bis zur Neuzeit als Arbeitskräfte und Dienstboten, als „Büttel" für Burg und Schloss dienten, beim Ausbau Rendsburgs zur Großfestung ab 1690 aus ihren Häusern vertrieben und umgesiedelt wurden, sich dann ab 1774 nach dem Verkauf der Ländereien des Rendsburger Vorwerks ein Bauerndorf entwickelte und schließlich der Rendsburger Marcus Hartwig Holler den nächsten großen Wandel Büdelsdorfs durch die Gründung der Carlshütte herbeigeführt hatte.[150]

Als Johannes Ahlmann mit seiner Familie Ende 1882 nach Büdelsdorf kam, besaß die Gemeinde 1.600 Einwohner, die Carlshütte beschäftigte etwa 490

Arbeitnehmer. Nach einer Personalstatistik vom Mai 1884 wohnten 220 von ihnen auch im Ort, in dem sich ihre Arbeitsstelle befand, und 75 Prozent der Beschäftigten mussten durchschnittlich drei bis vier Angehörige von ihrem Einkommen ernähren.[151] Über die Hälfte der Büdelsdorfer waren also bereits damals in ihrer Existenz unmittelbar abhängig von der Carlshütte. Bei vielen Arbeitern bestand eine noch festere Bindung an das Unternehmen, denn sie lebten mit ihren Familien in Werkswohnungen. Ihre Zahl hatte seit der Einrichtung des Marienstifts durch Marcus Hartwig Holler schon wegen der schlechten Konjunkturlage und der Krise des Betriebes zwar nur sehr zögerlich zugenommen, doch nach 1891 kam durch den wirtschaftlichen Aufschwung und den sich bemerkbar machenden Mangel an Arbeitern diesem Sektor sehr viel mehr Gewicht zu. Inzwischen waren im Zuge des Kanalbaues im Rendsburger Wirtschaftsraum zwei Werften sowie ein Stahl- und Walzwerk entstanden, die Fachkräfte abzogen.[152]

Der kaufmännische Direktor Johannes Ahlmann legte angesichts dieser Situation dem Aufsichtsrat dar: „Daß es unbedingt erforderlich sei, Arbeiterhäuser zu bauen, da die Vergrößerung des Werks die Einstellung neuer Arbeiter notwendig mache und Arbeiter nur dann auf der Hütte zu haben und zu halten seien, wenn ihnen eine gute Wohnung zur Verfügung gestellt werden könne."[153] An neu angelegten Straßen und Wegen in der Nähe der Carlshütte entstanden in Büdelsdorf in den Jahren zwischen 1891 und 1911 Häuser mit insgesamt 298 Wohnungen, bis zum Ersten Weltkrieg wuchs die Zahl auf 372.[154]

Im Unterschied zu den komfortabel ausgestatteten Bauten für die Beamten und Angestellten der Carlshütte hatten die Unterkünfte für die Arbeiter natürlich einen niedrigen Standard, der aber durchaus den üblichen ländlichen und kleinstädtischen Verhältnissen entsprach.[155] Die typische Arbeiterwohnung, überwiegend in Zweifamilienhäusern, bestand aus Küche, Stube und Kammer mit einer Wohnfläche bis 40 Quadratmetern. Als Nebengelass gab es das Kellerloch und ein nicht ausgebautes Dachgeschoss sowie außerhalb des Hauses einen Stall mit Abort. Zu jeder Wohnung gehörte ein Nutzgarten. Bis kurz nach dem Ersten Weltkrieg hatten die Häuser keinen Wasseranschluss, die Beleuchtung erfolgte durch eine Petroleumlampe und als Feuerungsmaterial diente Torf. Wegen der vergleichsweise geringen Mieten und des kurzen Weges zur Arbeit waren die Werkswohnungen sehr begehrt. Allerdings mussten Einschränkungen der persönlichen Sphäre hingenommen werden, denn die Firmenleitung konnte jederzeit Kontrollen vornehmen.[156]

Die Arbeiterwohnungen bestimmten bald völlig das Ortsbild. In wenigen Jahrzehnten hatte sich das ländliche Bauerndorf zu einer fast geschlossenen Industriesiedlung verändert. Die Carlshütte lag in der Tat nicht in Büdelsdorf, sondern dem großen Unternehmen, das 1907 rund 1.100 Beschäftigte hatte, gehörte ein schnell wachsendes Dorf von inzwischen 4.000 Einwohnern, das in allem abhängig vom

Werk war.[157] Immerhin brachte diese Einbindung der Gemeinde neben anderen noch einen ganz besonderen Vorteil und den Bürgern indirekt soziale Leistungen der Carlshütte. Die dort gegossenen Handelsgewichte wurden vom Büdelsdorfer Eichamt geprüft, das bis zur Verstaatlichung 1912 Einnahmen von jährlich über 50.000 Mark verzeichnen konnte. Bis dahin brauchten die Einwohner keine Kommunalabgaben zu zahlen.[158]

Die lokale Steuerfreiheit konnte als eine Art von Ausgleich für die mangelnde Infrastruktur Büdelsdorfs gelten. Wegen der unmittelbaren Nähe Rendsburgs waren im verhältnismäßig großen Ort bis zum Ersten Weltkrieg weder ein Geldinstitut noch ein Postamt oder eine Apotheke vorhanden und nur wenige Geschäfte. Einkäufe wurden in der Stadt gemacht. Auch eine Kirche gab es nicht im Dorf. Die Büdelsdorfer mussten bis zur Christkirche im Rendsburger Neuwerk einen weiten Weg zurücklegen, wenn sie den Gottesdienst besuchen wollten. Immerhin brauchten sie bei Beerdigungen und zur Grabpflege nicht mehr in das entlegene Dorf Fockbek, wo Marcus Hartwig Holler noch beigesetzt worden war. Seit 1876 besaß Büdelsdorf wenigstens einen eigenen Friedhof.[159]

Die Betriebsangehörigen der Carlshütte sparten zumindest Wege und Zeit durch die 1906 vom Werk eröffnete Konsumanstalt. Dort konnten sie Fleisch, Kolonialwaren, Porzellan und Kleidung kaufen, auch Milch und Butter von der Meierei, die sich ebenfalls auf dem Fabrikgelände befand.[160] Besonderen Anreiz gab es durch ein Rabattsystem. Ein Chronist der Carlshütte bezeichnete die Konsumanstalt als „sprechendes Denkmal der Fürsorgetätigkeit". Fast genau die gleiche Formulierung verwendete er für das 1909 im ältesten Gebäude des Werks eingerichtete Feierabendheim „Glückauf", in das eine Badeanstalt für Arbeiter und ihre Familien eingebaut wurde.[161] In den Büdelsdorfer Siedlungen mußte das Wasser in Eimern von Pumpen geholt werden.

Vorteile genossen die dort wohnenden Beschäftigten der Carlshütte insofern, dass sie über die Möglichkeit verfügten, während der neunzig Minuten dauernden Mittagspause das Essen zu Hause einzunehmen und noch etwas ausruhen zu können. Immerhin hatten die Arbeiter dann bereits seit 6 Uhr früh sechs Stunden harte Arbeit geleistet, die von einer halbstündigen Frühstückspause unterbrochen war. Der zehnstündige Arbeitstag, und das war auch der Sonnabend, endete um 18 Uhr. Doch dieses Pensum galt allgemein. In einigen kleinen Städten Schleswig-Holsteins wurde sogar länger gearbeitet.[162] Einen Urlaub zu Erholungszwecken gab es nur für die Beamten der Carlshütte, da nach allgemein herrschender Meinung zwar der Geist, nicht aber der Körper der Ruhe bedurfte.[163] Besonders aber bestanden Bedenken, dass zuviel Freizeit das leibliche und sittliche Wohl gefährden würde, und es schädlich sei, davon war Direktor Wilhelm Meyn überzeugt, „den Arbeiter aus seinen gesunden Verhältnissen herauszureißen und dem Müßiggang zu überlassen."[164] Dieser totalitäre Anspruch des Unternehmers auf den ganzen Lebensraum des Menschen war aber damals in der industriellen Arbeitswelt die gängige Einstellung.[165]

Die körperlich sehr anstrengende Tätigkeit in Gießerei und Emaillierwerk, noch dazu in großer Hitze, bei schlechter Luft und mangelhaften sanitären Verhältnissen waren Arbeitsumstände, die manche durch die Betäubung mit starkem Alkohol zu erleichtern versuchten.[166] Schon Marcus Hartwig Holler hatte seit der Gründung des Werks streng auf Nüchternheit bestanden und 1852 in seiner Ansprache zum 25. Jubiläum das Trinken von Branntwein als Wurzel allen Übels gegeißelt, das nicht nur die Arbeit beeinträchtigte, sondern den Körper verderbe und Familien zerstöre.[167] Trotz eindeutiger Verbote wurden von den Beschäftigten aber nach wie vor Schnapsflaschen in die Carlshütte eingeschmuggelt. Johannes Ahlmann, selbst sehr mäßig, sah im Kampf gegen den Alkohol eine notwendige Aufgabe im Rahmen seiner Fürsorge für die Belegschaft und ihre Angehörigen. Er bemühte sich, das Anliegen in väterlicher Art durch Ermahnungen zu vermitteln und konfiszierte selbst die Flaschen.[168] Die praktische Sozialarbeit des Direktors stellte persönliche Kontakte mit den einfachen Arbeitern her und trug nicht unwesentlich zu dem besonderen Betriebsklima der Carlshütte bei.

Herausragende Bedeutung in dieser Beziehung hatten die jährlich am 19. April, dem Tag der Gründung des Werks, stattfindenden Hüttenfeste. Seit der Zeit von Marcus Hartwig Holler begangen, waren sie in ihrem Ablauf seit Jahrzehnten gleich geblieben, mit Ansprachen der Direktoren, Ehrung der Jubilare unter den Arbeitern und Angestellten, Festumzug durch das Werk und den Ort mit der Hüttenkapelle an der Spitze und anschließend Bällen auf allen Sälen. Vorher waren Gutscheine für Essen und Trinken ausgegeben worden. Diese Feiern stellten ein traditionelles Ritual dar, das die Arbeitnehmer der Carlshütte gegenüber denen anderer Firmen heraushob und ihnen gleichzeitig das Bewusstsein der Bindung an das Werk vermittelte sowie das Gefühl der Zusammengehörigkeit verstärkte.[169] Das Fest von tausend Betriebsangehörigen war auch in seiner Außenwirkung auf die Bevölkerung eine eindrucksvolle Demonstration der Solidarität zum Unternehmen, das sich der Öffentlichkeit als Gemeinschaft präsentierte, wenngleich als hierarchisch gegliederte. Doch das wurde als Selbstverständlichkeit akzeptiert, ebenso wie die patriarchalische Fürsorge des Firmenleiters als Ausdruck seiner sozialen Einstellung galt.[170]

Sie kam nicht nur an der beruflichen Wirkungsstätte zum Tragen. Im Nachlass von Johannes Ahlmann blieb eine Auflistung seiner jährlichen „Weihnachtsgabe" erhalten, die jeweils am 28. November an die Adressaten ging. Es handelte sich um einen recht hohen Betrag, dem Jahresverdienst eines Arbeiters vergleichbar, der auf mehrere Einrichtungen gesplittet wurde, und deren Auswahl dem Einfluss seiner pietistisch geprägten Frau Wilhelmine unterlag. Empfänger waren etwa die Diakonissenheime Altona und Kropp, die Diakonissenanstalt in Flensburg, die

Innere Mission für Breklum und Rickling, Bethel, die Alsterdorfer Anstalten wie auch die Strafanstalt für Gefangene in Rendsburg und die Büdelsdorfer Guttempler.[171] Ab 1911 kümmerte sich dann das Ehepaar Ahlmann um die Verteilung von Zuwendungen an „verschämte Arme" der Gemeinde Büdelsdorf, die ihnen aus der „Julie-Olde-Stiftung" zufließen sollten, wie es Wilhelmines Mutter bestimmt hatte. Vorschläge machten der Gemeindevorsteher und der zuständige Pastor. Ehemalige Mitarbeiter der Carlshütte und deren Angehörige wurden bevorzugt berücksichtigt. Von Johannes Ahlmann bei besonderen Anlässen in der Familie immer wieder aufgestockt, überstand die Stiftung die Inflation und wurde wenigstens bis zum Ausbruch des Zweiten Weltkrieges weitergeführt.[172]

Juliane Olde war am 1. Mai 1910 in Büdelsdorf gestorben. Ihr Mann hatte sich mit 65 Jahren aus dem Geschäft zurückgezogen und beide entschlossen sich 1889, das Alter in der Nähe der ältesten Tochter und ihrer Familie zu verbringen, schon um auf die Kränkelnde besser achten zu können. Wilhelmine war vier Jahre zuvor nach einer Operation, die zwei Ärzte im Haus ihrer Eltern in Hamburg vorgenommen hatten, nur mit großer Mühe aus der Narkose wieder zu Bewusstsein gebracht worden. Das Ehepaar Olde mietete von Hartwig Peter Holler eine kleine Villa in der unteren Dorfstraße, doch die gemeinsame Zeit war nur von kurzer Dauer, denn Jacob Diederich Olde starb bereits im August 1892.[173]

Für seine Witwe ergab sich aber eine für sie unter den traurigen Umständen erfreuliche Lösung. Durch den gerade einen Monat zuvor erfolgten Umzug der Familie Ahlmann war die Direktorenwohnung auf der Carlshütte frei geworden, in der Johannes Ahlmann seine Schwiegermutter unterbringen konnte. Juliane Olde wohnte nun eng mit der Tochter „Mische" zusammen. Beide gingen nur wenig vor die Tür und suchten auf ihren kurzen Spaziergängen, in dicke Umschlagtücher gehüllt, Schutz vor dem stets gegenwärtigen schleswig-holsteinischen Wind. Mutter und Tochter beschäftigten sich vornehmlich mit feinen Stickereien – Juliane Olde fertigte vier große Teppiche mit dazu passenden Kissen in Kreuzsticharbeit an – und strickten in pietistischer Tradition viele hundert Paar Strümpfe für die Mission.[174] Beim Handarbeiten las ihnen die Frau eines Pastors vor.[175]

Theo Ahlmann-Valentiner, die diese Erinnerungen an Großmutter und Tante überlieferte, war mit ihrer Mutter häufig in Büdelsdorf zu Besuch. Mathilde Olde, die drei Jahre jüngere, aber erheblich robustere Schwester Wilhelmines, hatte nach der Geburt von Otto der geschwächten jungen Mutter in Kopenhagen beigestanden, dort Otto Friedrich Valentiner kennen gelernt, den Cousin von Johannes Ahlmann, und im Juli 1882 geheiratet. Sie kam in eine traditionsreiche Pastorenfamilie und ihr Mann wurde später Propst in Sonderburg.[176] Mathilde wie Wilhelmine erhielten in den Anfangsjahren ihrer Ehen großzügige materielle Unterstützung von Seiten der Mutter. Fast wöchentlich schickte Juliane Olde Pakete an sie, kein Wunsch der

Töchter blieb unerfüllt. Doch die starke Bindung war gegenseitig. Johannes Ahlmann akzeptierte höflich die ständige Anwesenheit seine Schwiegermutter, für ihn „Großmama", aus Rücksichtnahme und Liebe zu seiner Frau.

Nicht nur die Sonderburger waren oft zu Gast. Häufig schauten die Kieler Verwandten vorbei, mit denen es übrigens keine nachtragende Missstimmung wegen des fehl geschlagenen Bankprojektes gab. 1894 hatte Wilhelm Ahlmann die Leitung an seinen Sohn Ludwig übertragen, widmete sich aber trotz seines hohen Alters weiter kulturellen und gesellschaftlichen Interessen, besonders seiner Familienstiftung. Er starb mit 93 Jahren am 15. September 1910 in Kiel. Seine Frau Dora überlebte ihn nur um sechs Wochen.[177] Fast genau ein Jahr zuvor, einen Monat vor ihrer Diamantenen Hochzeit, hatte das greise Ehepaar dem Neffen auf der Carlshütte einen Besuch abgestattet, bei dem Wilhelm Ahlmann das Werk besichtigte und sich durch den Garten führen ließ. Johannes Ahlmann notierte dazu: „Ein großes Ereignis!"[178] Mit dem Vetter Ludwig, der wie sein Vater im öffentlichen Leben Schleswig-Holsteins eine einflussreiche Rolle einnahm,[179] zwanzig Jahre Kieler Stadtverordnetenvorsteher war und lange Mitglied des Provinziallandtages, verstand er sich weitgehend, was der Entscheidungsfindung im Verwaltungsrat der Familienstiftung zugute kam. Beide gehörten neben führenden Fabrikanten des Landes dem Ausschuss der Gewerbesteuerklasse I beim Regierungspräsidenten in Schleswig an, der die Veranlagungen für die Provinz vornahm.[180]

Alle Familienmitglieder konnten darauf bauen, bei Johannes und Wilhelmine Ahlmann in Büdelsdorf willkommen zu sein. Zwar neigte die Hausfrau gerade anlässlich größerer Zusammenkünfte zur Unpässlichkeit, doch mit der treuen, langjährigen Stütze Frieda Fahrenkrog stand ihr eine verlässliche Helferin zur Seite, die in schwierigen Situationen für den reibungslosen Ablauf sorgte, und Johannes Ahlmann behielt in kritischer Lage souverän die Übersicht. Ihm lag alles daran, den engen Kontakt mit der weitverzweigten Familie aufrecht zu erhalten und zu fördern. Neben regem brieflichem Austausch machte er sich häufig zu weiten Besuchsfahrten innerhalb Schleswig-Holsteins und nach Dänemark auf. Seine Frau Wilhelmine begleitete ihn bei diesen Unternehmungen selten, suchte aber in Obhut ihres Mannes oder der Schwester Mathilde häufig Besserung ihrer Befindlichkeit in deutschen Kurorten. Das Bad Oeynhausen am Teutoburger Wald war später jährliches Lieblingsziel des Ehepaares Ahlmann im Frühjahr, dann ging es für den Sommer nach Gravenstein.[181]

Im Gegensatz zu ihrem zögerlichen Interesse an der Rendsburger Gesellschaft machte Wilhelmine Ahlmann jedoch gerne Ausflüge nach Hamburg, bei denen „Mimi" von ihrem Mann groß ausgeführt wurde. Das Ehepaar stieg in einem guten Hotel ab, in dem es natürlich bekannt war, speiste vorzüglich und machte Besuche bei Verwandten und Freunden. Auf dem Abendprogramm standen regelmäßig festliche Opernaufführungen oder Sinfoniekonzerte mit herausragenden Künstlern, wie beispielsweise dem berühmten Berliner Dirigenten Arthur Nikisch.[182] Musik war für Johannes Ahlmann lebenswichtig. Im Haus pflegte er die Geselligkeit seiner Quartettabende und spielte mit Hingabe Violine. Ein sicherer Zugang zu ihm führte über die Musik, die von Anfang an ein Band zu seiner Schwiegertochter schuf. Auf ein gemeinsames Musizieren mit seinen Söhnen musste er verzichten, doch das hatte an ihm selbst gelegen.

Die Söhne des Direktors

Otto Frederik und Julius Hans Ahlmann, jeweils nur mit ihren ersten Vornamen genannt, waren als Kleinkinder nach Büdelsdorf gekommen und wuchsen als Söhne des kaufmännischen Direktors der Carlshütte in vieler Beziehung privilegiert auf. Materielle Sorgen kannten sie nicht und hatten Vergünstigungen, die den meisten Jungen ihres Alters unerreichbar blieben. Der gesellschaftliche Status ihres Vaters und der Name ihrer bekannten Familie hoben sie über ihr Umfeld hinaus, doch damit waren Erwartungen verbunden, Verpflichtungen und Leistungsdruck, außerdem die ständige Beobachtung ihres Tun und Lassens. Otto und Julius Ahlmann gingen früh ins Ausland, um in fremden Ländern zu arbeiten, beherrschten mehrere Sprachen und verfügten schließlich über Kenntnisse und eine Weltläufigkeit, die sie selbst in ihren Kreisen zu Ausnahmeerscheinungen machten. Anfangs glichen sich ihre Lebenswege. Doch wie die Brüder unterschiedlich in ihrer äußeren Erscheinung waren, schlugen sie später getrennte Richtungen ein, die Julius zur Carlshütte zurück führten, Otto aber zum Engländer machten.

Johannes Ahlmann hat im Jahr 1932 zwei chronologische Aufstellungen über seine Söhne verfasst. Tragischer Anlass war der frühe Tod von Julius Ahlmann am 3. September 1931, von dem der Vater Erinnerungen festhalten wollte. Sicherlich in erster Linie für die Enkel und spätere Nachkommen gedacht, bedeutete die Zusammenstellung für ihn selbst eine Form der Trauerarbeit. Nachdem Johannes Ahlmann das Manuskript im April 1932 abgeschlossen hatte, empfand er es als angebracht, das gleiche für seinen anderen Sohn zu tun. Otto Ahlmann lebte damals seit langem weit entfernt von den Eltern in England. Der Vater widmete sich der Arbeit im Winter 1932/33. Beide Darstellungen basieren auf von ihm ausgewählten Briefen der Söhne und auf seinen knappen Tagebuchnotizen, die er aus dem verloren gegangenen Original übertragen hatte und für diesen Zweck noch sorgsam filterte. Verständlicherweise sind die Aufzeichnungen von väterlichem Stolz bestimmt.

Über die frühe Kindheit seiner Söhne, die nur sechzehn Monate im Alter auseinander waren, hielt Johannes Ahlmann nur wenig fest. Der erste Eintrag betraf

Kinderreigen am Rendsburger Eiland 1884. Otto und Julius (rechts) an der Hand ihrer Erzieherin Elisabeth Warnecken, die sich zum Fotografen umdreht. Unter ihren Spielgefährten ist Lorenz Brütt (ganz links), der Sohn des Rendsburger Landrats

eine Reise vom damaligen Wohnsitz Kopenhagen nach Gravenstein zu Pfingsten 1882, als Wilhelmine Ahlmann drei Wochen mit den beiden Kleinkindern bei ihrer Tante Elise blieb.[183] Es war zugleich der letzte Besuch, denn Anfang November erfolgte der Zusammenbruch der alten Familienfirma. Die restlichen zwei Monate dieses Jahres 1882, das an seinem Ende noch die Übersiedlung auf die Carlshütte bringen sollte, kümmerten sich in Hamburg die Eltern Olde um ihre Tochter und die Enkel, während Johannes Ahlmann die Abwicklung des Konkurses vornahm, die „ungemütlichste Zeit" seines bisherigen Lebens, wie er feststellte.[184]

Um die leidende Wilhelmine Ahlmann zu entlasten, die sich dann bald einer Operation unterziehen musste, wurde im Juni 1883 Fräulein Elisabeth Warnecken eingestellt, die den fast vierjährigen Otto und den dreijährigen Julius betreuen sollte.[185] Schon die Benutzung der Anredeform bei dieser Tagebucheintragung machte deutlich, dass es sich um eine Angestellte gehobenerer sozialer Position handelte, die nicht wie weibliches Dienstpersonal nur mit dem Vornamen genannt wurde. Fräulein Warnecken blieb drei Jahre im Haus von Direktor Ahlmann, in ihren Funktionen einer Kindergärtnerin, Erzieherin und Lehrerin vergleichbar, denn sie sollte die Jungen auch auf die Schule vorbereiten. Gleichzeitig erhöhte sie das gesellschaftliche Prestige ihrer Arbeitgeber, die sich damit auf gleicher Ebene wie

Die Söhne des Direktors der Carlshütte, Julius und Otto Ahlmann, als
Schuljungen

Landrat Brütt bewegten, der, wie vielfach im gehobeneren Bürgertum üblich,[186] seinen kleinen Sohn Lorenz gleichfalls in die Obhut eines „Fräuleins" gegeben hatte.

Die ersten Kindheitsjahre in Büdelsdorf verliefen unbeschwert. Johannes Ahlmann hatte den Segelkutter „Tschin Tschin" gekauft, mit dem in den Sommermonaten viele Touren unternommen wurden. Die Eltern besuchten mit den Jungen die Verwandten reihum, häufig den Onkel Joachim Olde auf Gut Noer, und verbrachten mit ihnen Kuraufenthalte in Wyk auf Föhr wegen des kräftigenden Nordseeklimas. Vor allem Julius, ansonsten „ein kleiner runder Pummel" gegenüber dem schlanken und aufschießenden Otto, erschien anfällig, ein zartes Kind, und erholte sich nur langsam von Krankheiten. Er war der „brave Sohn" von frühester Jugend an. Der Vater berichtete, dass Otto des öfteren wegen Unartigkeit frühzeitig ins Bett geschickt wurde. Julius dagegen sei bereits im Alter von sechs Jahren, als er seine Mutter zur Kur wegen ihres Frauenleidens in das dafür berühmte Franzensbad in Böhmen begleitete, ein angenehmer, zufriedener und vergnügter Begleiter gewesen.

Im folgenden April 1887 trat Julius in die dreiklassige Vorschule – Nona, Oktava, Septima – des Rendsburger Gymnasiums ein, die Otto schon seit einem Jahr besuchte. Begüterte Eltern konnten ihre Kinder dadurch gleich mit Schulbeginn in die höhere Lehranstalt schicken, die eine Standesschule war und einer kleinen Minderheit vorbehalten.[187] Das imposante dreistöckige Schulgebäude stand seit genau zehn Jahren am Ort der ehemaligen Bastion Holstein, einst wichtiges Befestigungswerk der Rendsburger Altstadt. Zum Abtransport der Erdmassen für die Planierung des Bauplatzes war die „Weiße Brücke" über das Jungfernstiegbecken gebaut worden.[188] Das Rendsburger Gymnasium, nach einem Entwurf des Hamburger Architekten Carl Heinrich Remé errichtet, zählte, auch was die Innenausstattung betraf, zu den Prunkbauten der Gründerzeit in Schleswig-Holstein.[189] Ab 1882 führte die Schule die Bezeichnung „Gymnasium und Realgymnasium". Die Gabelung in humanistischen Zweig und in Realklassen mit stärkerer Berücksichtigung von Naturwissenschaften, neuen Sprachen, Geschichte und Erdkunde erfolgte in der Tertia.[190]

Vielleicht lag es am Lehrstoff, vor allem jedoch an mangelndem Bemühen, dass beide Jungen in den ersten Klassen des Gymnasiums große Schwierigkeiten bekamen. Otto wie Julius verbrachten jeweils zwei Jahre in Quinta und Quarta, was für den Vater ein Grund zum Grämen war. Seinen ältesten Sohn ließ Johannes Ahlmann sogar Anfang Juni 1893 wegen eventueller Schäden vom Hausarzt untersuchen, doch der konstatierte, dass es sich eher um Faulheit als um Dummheit handelte. Als sich im Dezember für die Versetzung zu Ostern ein Desaster abzuzeichnen schien, erhielten die Jungen Nachhilfe. Immerhin hatte der Privatunterricht bei Otto Erfolg, der die Klippe zur Untertertia schaffte. Julius musste zwar die Quarta wiederholen, doch sein Vater tröstete sich damit, dass auch sein Jüngster begonnen habe, fleißiger zu werden. Im August 1894 freute sich Johannes Ahlmann über den großen Eifer, mit dem seine Söhne für die Schule arbeiteten, und ihm fiel sicher ein Stein vom Herzen, als beide Ostern 1895 das Ziel im vorderen Drittel ihrer Klassen erreichten. Ottos Erfolg als Zweitbester war besonders bemerkenswert. Er hatte nun bis zum Ende seiner Schulzeit keine Probleme mehr, während sein Bruder doch einiges tun musste.

Dass seine Söhne jeweils zwei Klassen wiederholten, war für den Vater Johannes Ahlmann, neben der enttäuschenden Tatsache an sich darüber hinaus auch noch peinlich, weil die interessierten Rendsburger und Büdelsdorfer ohne weiteres daran Anteil nehmen konnten. Die Gymnasiasten trugen Klassenmützen, die ihren Status in der Schulhierarchie kennzeichneten.[191] Wenn die Farben bei Otto und Julius nach Ostern gleich blieben, wusste das ganze Kleinstädtchen und erst recht das Dorf sofort Bescheid. Die Söhne des Direktors der Carlshütte führten ein Leben in Öffentlichkeit. Damit sich die Leistungen in der Schule stabilisieren konnten, gab es wenigstens eine kleine Erleichterung für sie. Johannes Ahlmann trug am 29. Mai 1896 in sein Notizbuch ein: „Die Jungen werden befreit vom Musikunterricht". Beide hätten dafür keinen Sinn gehabt und wären „sehr unlustig" gewesen. Nach Schilderung des Vaters bereuten sie es später sehr, das Klavierspielen aufgegeben zu haben.

Dafür segelten die Jungen viel. Sie besaßen ein eigenes kleines Boot, „Seehund", mit dem sie auf der Obereider unterwegs waren und das auf den Ferienreisen nach Gravenstein und zu den Verwandten nach Sonderburg im Gepäckwagen der Bahn mitgenommen wurde.[192] Schwimmen konnten beide, doch Julius hatte es erst mit zwölf Jahren gelernt. Als Siebenjähriger war er beim Hafenanleger am Eiland ins Wasser gestürzt und vom Fährmann gerettet worden. Er befand sich auf dem Schulweg, der von der Carlshütte in Büdelsdorf mit dem Schiff über die Obereider nach Rendsburg führte.[193] Besonderes Geschick besaß Julius im Turnen, in diesem Fach bekam er übrigens das einzige „Gut" in seinem sonst recht „genügenden" Abgangszeugnis.[194] Als Freunde blieben aus den Schuljahren Hermann Eggers, dessen Familie die Chemische Düngerfabrik besaß, und Ferdinand Möller aus dem Verlagshaus der örtlichen Rendsburger Zeitung.

Während ihrer Schulzeit erlebten Otto und Julius Ahlmann als größtes Ereignis die Eröffnung des Kaiser-Wilhelm-Kanals, später Nord-Ostsee-Kanal, der für den Wirtschaftsraum Rendsburg und die Carlshütte größte Bedeutung haben sollte, obwohl die künstliche Wasserstraße aus militärstrategischen Gründen gebaut worden war.[195] Am Morgen des 19. Juni 1895 begab sich die ganze Belegschaft des Werks mit den Direktoren und ihren Familien an der Spitze nach Borgstedt, um dort von den hohen Ufern den internationalen Schiffskorso auf der Fahrt nach Kiel zu sehen, geführt von Kaiser Wilhelm II. auf der Yacht „Hohenzollern". Fünf Tage später löschte dann der erste direkte Dampfer mit Roheisen am neu angelegten Kai der Carlshütte. Die Befürchtungen des kaufmännischen Direktors, der Umsatz des Unternehmens könnte zurückgehen, da keine Lieferungen mehr für den Kanalbau erfolgten, erwiesen sich als gegenstandslos. Schon im Oktober vermerkte er „brillanten Absatz" und eine dadurch erforderliche Verlängerung der täglichen Arbeitszeit um zwei Stunden.[196]

Über die Konfirmationen seiner Söhne berichtete Johannes Ahlmann, sonst bei Familienfesten ein schreibfreudiger Chronist, erstaunlicherweise fast nichts. Er nannte jeweils nur die Namen der angereisten Verwandten, die zahlenmäßig im Vergleich zu anderen Zusammenkünften nicht stark vertreten waren. Eingesegnet wurden beide Jungen in der Christkirche in Rendsburg-Neuwerk von Hauptpastor Gerhard Wilhelm Heß, ab 1917 Propst des Kirchenkreises Rendsburg. Ottos Konfirmation fand am 29. März 1896 statt, die von Julius ein Jahr später, am 11.April 1897.[197] Dieser feierliche Anlass war für Wilhelmine Ahlmann wohl eine zu große Belastung für ihre Gemütsverfassung. „Mimi wurde krank und musste nach Mittag zu Bett gehen", lautete wortkarg die einzige persönliche Anmerkung ihres Mannes zu diesem Fest.

Andererseits war seine Frau durchaus imstande, Pflichten wahrzunehmen, wenn es darauf ankam. Ende Oktober 1897 musste sich Johannes Ahlmann einer Operation unterziehen, bei der ihm unter Vollnarkose eine Geschwulst entfernt wurde. Wilhelmine begleitete ihren Mann im Zug nach Kiel, blieb die vierzehn Tage bei ihm in der Klinik und pflegte ihn „treu". Häufigen Besuch bekam er von den Kieler Verwandten, die dem Kranken viele Aufmerksamkeiten erwiesen, über die Johannes Ahlmann dankbar war, mehr noch aber über den „vorzüglich" gelungenen Eingriff. Doch obwohl er sich gut erholte und seinen vielfältigen Tätigkeiten ohne Beschwerden nachgehen konnte, meinte der 48-jährige, es sei angebracht, „sein Haus zu bestellen". Johannes Ahlmann verfasste einen Brief an seine Söhne, überschrieben „Testament" und datiert vom 18. April 1898,[198] in dem er ihnen vor allem das Wohlergehen ihrer Mutter an das Herz legte und als persönliches Vermächtnis seine eigene Lebenshaltung weiter gab:

„Gedenket des Wahlspruchs der Familie Ahlmann: ‚Treu und wahr'. Seid treu gegen Eure Herrschaft wie gegen Euren Gott, gegen Eure Mutter, Verwandte und Freunde, seid immer wahr und aufrichtig, seid fleißig und sparsam, aber nicht geizig. Trachtet nicht nach großem Reichtum und nicht nach eitlem Ruhm vor den Menschen, seid zufrieden, wenn Ihr Euer gutes Auskommen habt, aber setzt dieses nie aufs Spiel um eines großen Gewinns halber. Haltet treu zusammen durchs Leben und bewahret füreinander die innige Freundschaft, die Euch bis zum heutigen Tag umschlossen. Bewahret das größte Interesse für alle Familienbeziehungen, insonderheit auch für die Ahlmann'schen Familienstiftungen. Vergeßt nie den guten Namen in Ehren zu halten, den ich Euch übergebe."

Den Anlass zur Niederschrift dieses eindringlichen Memorandums gab, dass wenige Tage vorher auch Julius das Elternhaus verlassen hatte, nachdem Otto schon ein Jahr fort war. Beide gingen vom Rendsburger Gymnasium mit der wichtigen Obersekundareife ab, die zum einjährigen Militärdienst mit seinen besonderen Privilegien berechtigte, und beide entschieden sich, der Familientradition ihrer Linie gemäß, für den Kaufmannsberuf. Da die Brüder sehr aneinander hingen, der gutmütige Julius in allem auf Otto hörte, hielt es der Vater für angebracht, sie in der Lehrzeit nicht zu trennen. Der energische, dann schon erfahrene Ältere konnte den

Am weiten Heider Marktplatz lebten die Brüder Ahlmann während ihrer jeweils vier Jahre dauernden Lehrzeit

kleinen Bruder in der Fremde unter seine Fittiche nehmen. Die körperlichen Längenmaße der beiden entsprachen diesem Verhältnis. Während Julius gute Durchschnittsgröße besaß, überragte ihn Otto mit seinen 1,85 Metern um einen Kopf.[199]

Der Vater hatte die gemeinsame Lehrstelle ausgesucht. Es handelte sich um die Eisen- und Kohlenhandlung J. Paap in Heide, ein größeres Ladengeschäft am Markt, das auch Öfen und Haushaltswaren vorhielt.[200] Johannes Ahlmann war der Meinung, dass seine Söhne, wie einst er in der Kolonialwarenhandlung in Kolding, den Beruf von der untersten Stufe an lernen sollten. Vielleicht wollte er auch die von ihm verabsäumte Strenge der Erziehung durch den Lehrherrn nachholen lassen. Jedenfalls wurde mit dem Inhaber Heinrich Paap eine Ausbildungszeit von jeweils vier Jahren vereinbart, statt der üblichen drei. Die Wahl der Heider Lehrstelle war zum einen über die geschäftliche Verbindung mit der Carlshütte zustande gekommen. Eine größere Rolle spielten aber die nachbarlichen Kontakte zum Rendsburger Zweig der Familie Paap, der unmittelbar östlich an das Eisenwerk grenzend an der Obereider eine große Holzhandlung besaß. Außerdem wurde eine Reederei betrieben und auf dem Vorwerksgelände eine Zuckerrübenfabrik. Wohnsitz war das repräsentative ehemalige Amtmannhaus in der Torstraße, und etliche Mitglieder der Familie nahmen hohe Positionen im öffentlichen Leben Rendsburgs ein. Weil kein Nachfolger vorhanden war, musste 1921 das Geschäft aufgegeben werden. Gewissermaßen als Nachruf schrieb Johannes Ahlmann über „Joh. Paap & Co Rendsburg" eine kleine Firmengeschichte.[201]

Otto hatte schon ein Jahr Lehre hinter sich, als er Ostern 1898 nach Hause kam und am zweiten Feiertag Julius mit nach Heide nahm. Dorthin war es damals von Rendsburg aus eine weite Reise. Eine Direktverbindung mit der Eisenbahn gab es nicht. Die jungen Männer mussten entweder über Schleswig und Husum fahren, zogen aber vermutlich die kürzere Route Neumünster – Heide vor. Die Zugfahrt dauerte insgesamt dreieinhalb Stunden.[202] Es bestand aber noch eine andere Möglichkeit, nämlich die 45 Kilometer von Büdelsdorf nach Heide auf der gerade ausgebauten Grandchaussee über Hamdorf und Wrohm mit dem Fahrrad zurückzulegen, die Otto und Julius meistens für die Besuche bei den Eltern selbst an milden Wintertagen nutzten. Das Gepäck, hauptsächlich die zu säubernde Wäsche, schickten sie in Körben mit der Bahn.

Heide, der Hauptort Norderdithmarschens, war mit 8.000 gegenüber mehr als 14.000 Einwohnern zu dieser Zeit erheblich kleiner als Rendsburg und hatte erst Mitte des Jahres 1870 die Stadtrechte erhalten.[203] Doch die Bedeutung war nicht geringer. Seit dem 15. Jahrhundert traten in Heide auf dem als größten in Deutschland geltenden Marktplatz die Landesversammlungen der gesamten Bauernschaft Dithmarschens zusammen. Der Ort war für die rein landwirtschaftlich ausgerichtete Region an der schleswig-holsteinischen Westküste politischer, wirtschaftlicher

Das dreistöckige Geschäftshaus Hugo Paap am Heider Markt

und kultureller Mittelpunkt. Auf diesem Sektor konnte Heide einen berühmten Sohn vorweisen, den Dichter und Kieler Professor Klaus Groth (1819-1899), der das Plattdeutsche mit dem „Quickborn" literaturfähig machte.[204] Sein Vater war Müller gewesen, und eigentlich diente die ganze Stadt als Umschlagplatz für die ländliche Bevölkerung, die ihre Produkte zum Absatz und zur Weiterverarbeitung anbot, und dort auch die notwendigen Güter für die Bewirtschaftung ihrer Betriebe bezog. Handel, Handwerk und Gewerbe der Kreisstadt hatten sich auf diesen Bedarf ausgerichtet, der bei wachsender Ertragsentwicklung für Kohl, Getreide und Großvieh ebenfalls zunahm.[205]

Die Eisenwarenhandlung von Heinrich Paap hatte am Markt eine gute Geschäftslage und war mit ihren Öffnungszeiten von morgens 7 Uhr bis abends 20 Uhr sehr kundenfreundlich. Selbst am Sonntag konnte eingekauft werden, natürlich erst nach dem Ende des Gottesdienstes, dessen Besucher den Gang oder die Fahrt nach der Stadt gleich zu Besorgungen nutzten. Die Lehrlinge, außer den beiden Brüdern Ahlmann gab es noch wenigstens drei, wurden zu körperlich sehr anstrengenden Arbeiten herangezogen. Sie mussten Kohlen transportieren, Ladungen von Öfen und Pflugscharen, und schwere Packarbeiten auf den Speichern machen. Im ersten Lehrjahr hatte Julius noch Schrauben zu sortieren, während Otto schon im Kontor arbeiten konnte und sich nicht mehr abends mühsam vom schwarzen Schmutz reinigen musste. Die Unterbringung der fünf Lehrlinge in einem ungeheizten Gemeinschaftsraum belegte, dass die Heider Lehrzeit für die Söhne des Direktors der Carlshütte wirklich keine Herrenjahre waren, im besten Fall eine Abhärtung.

Im Frühjahr 1901 beendete Otto (rechts) die Lehre bei Paap. Julius musste noch ein Jahr bleiben. Die Wege der Brüder trennten sich

Ihre Freizeit beschränkte sich auf wenige Stunden am Sonntag, in denen sie nach dem Mittagessen Ausgang bekamen, um 19 Uhr aber wieder im Haus zu sein hatten. Trotzdem brachten es Otto und Julius fertig, sich nach den langen Arbeitstagen noch um Fortbildung zu bemühen. Sie verbesserten ihre Schulkenntnisse in Englisch und Französisch, widmeten sich auch dem Dänischen intensiv, und belegten noch Kurse in Stenografie und kaufmännischem Rechnen. Nachdem sich das strenge Reglement des Lehrherrn im Laufe der Zeit etwas gelockert hatte, konnten die jungen Männer sportlichen wie gesellschaftlichen Tätigkeiten nachgehen und waren in manchen Heider Häusern gern gesehene Gäste. Inzwischen kamen die Eltern an Sonntagen öfter zu Besuch, auch durchreisende Angehörige und Freunde der Familie brachten durch Essenseinladungen und Gespräche etwas Abwechslung.

Wenn auch der Vater aus den Briefen seiner Söhne, die sie jeden Sonntag an die Eltern schrieben, eigentlich nur positive Äußerungen zitierte, die von nie erlahmendem Arbeitseifer, gewissenhafter Strebsamkeit und Freude an den Pflichten sprachen, stand dieser Wiedergabe sein Eingeständnis entgegen, ihren Wunsch nach Befreiung aus „Zwang und engem Leben" zu verstehen. Doch obwohl Johannes Ahlmann jeweils eine hohe Abfindung für das vierte Lehrjahr bot, ging Heinrich Paap nicht darauf ein. Natürlich waren die jungen Männer gerade dann für ihn und das Geschäft von größtem Nutzen. Es blieb ihnen daher nichts übrig, als in Heide auszuhalten, obwohl es beide danach drängte, ihre kaufmännische Ausbildung in einer größeren Firma fortzusetzen. Otto fand sich mit der Situation ab. Julius dagegen machte dieses überflüssige Jahr seinem Vater später noch häufig zum Vorwurf.

Am 8. März 1901 war für den fast 22-jährigen Otto Ahlmann die lange Lehrzeit endlich beendet. Nächste Station auf dem Berufsweg, wie im folgenden Jahr für den Bruder, war eine Stellung bei Ohlsen & Ahlmann in Kopenhagen. Johannes Ahlmann hatte seinerzeit bei Übernahme des Direktorenpostens auf Verlangen des

Aufsichtsrates der Carlshütte aus der von ihm mitgegründeten Firma ausscheiden müssen. Otto wohnte erst bei seinem Onkel Dethlef Ohlsen und der Tante Christine auf dem sehr schön gelegenen Besitz Øregaard am Sund, nahm sich dann aber ein Zimmer in der Stadt. Er bekam einen Posten als Kassierer, arbeitete sich schnell ein und freute sich vor allem über die wieder gewonnene Freiheit. Seinem Vater schrieb er zu dessen großer Freude auf Dänisch und berichtete von Fahrradtouren in weiblicher Gesellschaft, von Tanzunterricht und begeisternden Aufführungen in der Königlichen Oper. Otto blieb ein Dreivierteljahr in Kopenhagen und ging Anfang Januar 1902 nach England. Sein Nachfolger als Kassierer im Kontor von Ohlsen & Ahlmann wurde im April dieses Jahres Bruder Julius, der während seiner sechs Monate in Kopenhagen bei einem Wachtmeister der Husaren Reiten lernte, was ihm in der Folgezeit sehr zustatten kommen sollte. Die Wege der Brüder Ahlmann trennten sich dann für einige Zeit.

Militär und die weite Welt

Als Begründung in seinem Antrag auf Einbürgerung vom Juni 1898 hatte Johannes Ahlmann angegeben, dass seine Söhne in Preußen ihrer Wehrpflicht genügen wollten, die mit Vollendung des 17. Lebensjahres begann und je nach Waffengattung zwei oder drei Jahre aktiven Dienst umfasste. Während der Ausbildung war eine Zurückstellung möglich. Da Otto und Julius Ahlmann die Obersekundareife besaßen, konnten sie das Privileg der „Einjährig-Freiwilligen" nutzen. Nach der Wehrordnung brauchten „Junge Leute von Besitz und Bildung" nur ein Jahr abzuleisten und wurden anschließend zur Reserve beurlaubt.[206] Für Ausrüstung, Verpflegung und Bekleidung mussten sie allerdings selbst aufkommen. Eine Vergünstigung war die freie Wahl des Truppenverbandes, bei dem sie ihre einjährige Dienstzeit leisten wollten, dessen Kommandeur jedoch nach einer vorgeschriebenen Begutachtung über Annahme oder Ablehnung entscheiden konnte.[207] Außerdem öffnete sich für den Einjährigen die Möglichkeit, Reserveoffizier zu werden und damit zu einem Rang von großem sozialen Prestige aufzusteigen, der sein Ansehen in seiner bürgerlichen Umgebung enorm hob und Voraussetzung für die volle gesellschaftliche Anerkennung war.[208]

Die Enttäuschung für den 21-jährigen Otto Ahlmann, als er Anfang November 1900 gleich zwei Absagen nacheinander von Artillerie-Regimentern in Westfalen erhielt, bei denen er sich vorgestellt hatte, war zweifellos sehr bitter. Der Grund für die Ablehnungen, „zu lang und zu dünn", wie der Vater festhielt, hatte aber in Ottos Fall nur oberflächliche Bedeutung. Bei der offiziellen Hauptmusterung als Wehrpflichtiger im Juli 1901 wurde er als dienstuntauglich für alle Waffengattungen befunden und dem Landsturm überstellt, der als letztes Aufgebot beim Ausbruch eines Krieges als Vaterlandsverteidigung vorgesehen war.[209] In einer Gesellschaft, in der wie im wilhelminischen Deutschland dem Militärdienst eine herausragende Rolle zukam, in der ein „Ungedienter" nichts galt, und die Feststellung der Wehrtauglichkeit gleichbedeutend war mit der Bestätigung der Männlichkeit,[210] hatte ein Außenseiter mit diesem Manko auch im Berufsleben erheblich weniger Chancen. Otto entschied sich daher, nach England zu gehen, dort etwas Neues und sich selbst auszuprobieren. Wenn ihm vielleicht körperliche Rustikalität fehlte, an Unternehmungsgeist und Mut mangelte es dem jungen Otto Ahlmann nicht.

Es gab zwar Verwandte in London, Onkel Johannes und Tante Berta Olde, doch nur als erste Anlaufadresse, vielleicht auch zur Beruhigung der Eltern. Otto betrat am 31. Januar 1902 englischen Boden. Durch die Vermittlung von Ohlsen & Ahlmann in Kopenhagen kam er als Volontär bei einer Firma für Wandfliesen in Hanley unter und bemühte sich, nebenbei intensiv Englisch lernend, eine bessere, bezahlte Stellung zu bekommen. Nach einem halben Jahr und etwa 50 Bewerbungen hatte der junge Kaufmann tatsächlich Erfolg und trat in die Keramik-Fabrik von Edmund und Alfred Corn ein, die ihren Sitz in Armitage bei Stoke-on-Trent in der westenglischen Grafschaft Stafford hatte und Artikel für den sanitären Bereich herstellte.

Otto Ahlmann arbeitete sich zügig in sein neues Aufgabengebiet ein, zog das wohlwollende Interesse der Inhaber auf sich und wurde schon im folgenden Jahr mit wichtigen Geschäftsreisen beauftragt, die ihn nach Portugal und Spanien führten und deren Sprachen er sich ebenfalls anzueignen bemühte. Französisch konnte er inzwischen auch fast fließend. Als nächstes ging es 1904 durch den Balkan und die Länder am östlichen Mittelmeer bis nach Ägypten. Dann standen die Schweiz, Italien und Süddeutschland auf dem Programm. In Armitage lernte der Deutsche dänischer Herkunft den englischen Lebensstil lieben, verbrachte die Wochenenden in Landhäusern von Bekannten, ritt mit zunehmendem Elan Fuchsjagden, fuhr zum Segeln und war bestrebt, sein Handicap beim Golf zu verbessern. Er fühlte sich dort in der Landschaft der „Potteries" in Staffordshire sehr wohl, wo seit Jahrhunderten Töpferwaren hergestellt wurden und das der Hauptstandort der englischen Porzellan- und Steingutindustrie war.[211]

Als Otto im Juni 1905 auf dem Weg nach Skandinavien in Büdelsdorf vorbeischaute, sprach Johannes Ahlmann mit dem ältesten Sohn über die Zukunft und seinen großen Wunsch, dass entweder er oder Julius sein Nachfolger auf der Carlshütte werden möchten. Otto zeigte Verständnis für das Anliegen des Vaters, war aber der Auffassung, dass sich Julius für diese Aufgabe erheblich besser eignen würde. Ihm sei zudem von den Brüdern Corn eine bevorstehende sehr positive Entscheidung angedeutet worden. Es dauerte dann zwar noch etwas, doch ab 1. Januar 1907 war Otto Ahlmann zu einem Drittel Partner der Fabrik in Armitage.[212]

In den folgenden sechs Jahren widmete sich Otto mit großer Energie dem Unternehmen, setzte einen schnellen Ausbau des Werks und die Übernahme einer Konkurrenzfirma durch. Mehrere Monate nacheinander verbrachte er jeweils auf langen Geschäftsreisen, um Aufträge zu beschaffen und kam dabei, wie sein Vater untertreibend schrieb, „weit herum". Innerhalb eines Jahres war er in Südamerika, Westindien, Mexiko und Kanada, das er zweimal durchquerte, dann ging es in die entgegengesetzte Richtung nach Russland mit einem anschließenden Abstecher in die nordischen Länder. Zwischenzeitlich nahm sich der Sohn aber immer wieder Zeit, die Eltern zu besuchen, kam zu Beerdigungen im Verwandtenkreis von England herüber und versuchte es einzurichten, regelmäßig in Gravenstein an den Familienversammlungen teilzunehmen. Andererseits fuhr Johannes Ahlmann, dabei aber nur einmal von Wilhelmine begleitet, mehrfach über den Ärmelkanal, um nach seinem Sohn Otto zu sehen, etwa als dieser im September 1909 schwer an Mumps erkrankt war.

Das Verhältnis zwischen den beiden Brüdern Ahlmann blieb trotz der zeitweise großen räumlichen Trennung nah und herzlich. Wie seit frühester Kindheit stand Otto dem Jüngeren mit Rat und Tat zur Seite, zog ihn zu Aktivitäten und gab Julius wichtige Hinweise für die berufliche Zukunftsplanung, vor allem was die sinnvolle Vorbereitung für seine künftige Stellung auf der Carlshütte betraf. Otto als Ältester schien weiter der tüchtigere und clevere zu sein, doch Julius holte auf und besaß, zum ersten Mal in seinem Leben, inzwischen einen eigenen und ganz anderen Erfahrungshorizont als sein Bruder.

Julius Ahlmann hatte keine Probleme mit der Aufnahme in ein Regiment gehabt. Als im Oktober 1901 die Halbjahresfrist für die Bewerbungen begann, spielte er noch mit dem Gedanken, in das Lauenburgische Jägerbataillon Nr. 9 einzutreten, die elitären „Ratzeburger Jäger", bei denen viele Söhne aus dem wohlhabenden Bürgertum Schleswig-Holsteins dienten.[213] Auf Anraten seines Rendsburger Schulfreundes Hermann Eggers, der von seinem Jahr bei der Artillerie in Karlsruhe schwärmte, entschloss sich der 22-jährige jedoch, in den Süden zu gehen, und wusste auch schon wohin: „und würde gerade Koblenz in dieser Hinsicht Großartiges bieten".[214] Die gewünschte Waffengattung stand ebenfalls fest, und Julius Ahlmann erhielt Anfang 1902 die Zusage des von ihm gewählten Regiments, dort zum üblichen Beginn des Einjährig-Freiwilligen-Jahres am 1. Oktober eintreten zu können.[215]

Koblenz war die Hauptstadt der preußischen Rheinprovinz und Sitz der höchsten Behörden, „von Hügeln umgeben, in einer der schönsten und anmutigsten Gegenden des Rheintals".[216] Am Zusammenfluß von Rhein und Mosel stand auf

Das „Deutsche Eck" in Koblenz am Zusammenfluss von Rhein und Mosel mit dem Reiterstandbild Kaiser Wilhelms I.

dem „Deutschen Eck" seit 1897 das in Kupfer getriebene Reiterstandbild Kaiser
Wilhelm I., der von 1850 bis 1857 mit seiner Frau Augusta im kurfürstlichen
Schloss als Militärgouverneur residiert hatte. Im Laufe des 19. Jahrhunderts war
die strategisch wichtige Stadt von Preußen durch den Ausbau des Ehrenbreitsteins
und der Anlage mehrerer Forts auf den angrenzenden Höhen stark befestigt worden. Zur großen Garnison, die vorwiegend aus Infanterietruppen bestand, gehörte
das 1872 gegründete 2. Rheinische Feldartillerie-Regiment Nr. 23, das mit seinem
umfangreichen Tross vier geräumige, nicht zusammenhängende Kasernenanlagen
in Koblenz belegte.[217]

Mit Julius Ahlmann traten noch 35 weitere Einjährig-Freiwillige ihren Dienst
an, sehr unterschiedlich in Alter und Herkunft, und wurden auf die sechs Batterien
des Regiments verteilt. Für ihn zahlte sich der gründliche Reitunterricht von Kopenhagen aus. Die Kanonen wurden von Sechsergespannen gezogen und vom Sattel
aus gefahren, was gute Beherrschung der Pferde und große Geschicklichkeit erforderte. Er zeichnete sich auch bei den Schießübungen aus, wie ihm überhaupt das
Technische sehr lag. Im mündlichen Unterricht konnte er diese Stärke mit Wortge-
wandtheit und Schlagfertigkeit gut ausspielen, während schriftliche Darstellungen
ihm Probleme bereiteten. Wertvolle Sympathien brachte es Julius Ahlmann ein,
dass er in den ersten Monaten die schwere Stallarbeit bereitwillig und zur Zufriedenheit der altgedienten Soldaten leistete und freundlich mit ihnen umging. Es
kam vor, dass die Arbeit frühmorgens bei seinem Dienstantritt schon getan war.[218]

Die Brücke über die Mosel in Koblenz um 1900

Unter den neuen Einjährigen des Feldartillerie-Regiments Nr. 23 befand sich der Justizreferendar Carl Wuppermann, der zum lebenslangen Freund, Schwager und Berater Julius Ahlmanns wurde. Er hat sehr viel später einige Erinnerungen und Eindrücke an diese gemeinsame Zeit in Koblenz niedergeschrieben, die „den Ernst soldatischen Strebens und soldatischer Pflichten mit dem durch Wein begünstigten Frohsinn des Lebens und Freude an der Natur verband." Der 22-jährige Fabrikantensohn aus Leverkusen-Schlebusch fühlte sich zu dem gleichaltrigen Kaufmann aus Rendsburg hingezogen, dem „jungen, lebensfrohen Norddeutschen", weil er reifer war als die anderen Kameraden und einen weiteren Blick als sie hatte. Julius Ahlmanns über den Durchschnitt gewandtes und ansprechendes Wesen hob Carl Wuppermann als noch besonders bemerkenswert hervor.[219]

Diese Eigenschaften wirkten sich sehr positiv auf seine militärische Karriere aus, ebenso wie seine soldatischen Fähigkeiten und vor allem sein Können als Reiter, das bei der Feldartillerie ausschlaggebende Bedeutung hatte.[220] Normalerweise hätte Julius Ahlmann keine Aussichten auf eine Beförderung zum Reserveoffizier gehabt. Zwar war sein Vater Fabrikdirektor und kein Handwerker oder Bierbrauer, deren Söhne als völlig unakzeptabel galten, doch er besaß kein Abitur und hatte, als schlimmstes Manko, in einem „offenen Laden" gelernt, nämlich in dem Geschäft am Heider Markt. Nur der Großhandel wurde von der preußischen Armee als standesgemäß und damit als „offiziersfähig" angesehen.[221] Die hohen Bewerberzahlen ermöglichten eine strenge soziale Auslese unter den Einjährig-Freiwilligen. Alle unerwünschten

Elemente, zu denen auch Angehörige des unteren Mittelstands zählten sowie durchweg Juden, konnten nur den Rang von Reserve-Unteroffizieren erreichen.[222]

Doch Julius Ahlmann glänzte mit seinen dienstlichen Leistungen, die nach Maßgabe des Kriegministeriums eigentlich das einzige Kriterium für die Auswahl als Reserveoffizier sein sollten,[223] und wirkte im persönlichen Umgang mit angenehmen Formen auf die ausbildenden Offiziere sehr gewinnend. Wenn auch Koblenz von Rendsburg weit entfernt war, hatte sich der Regimentskommandeur vermutlich bei seinen Kollegen in der Garnison an der Eider schon vor der Einstellung über sozialen und familiären Hintergrund des Einjährig-Freiwilligen informiert, der ein respektables Gegengewicht zu den erwähnten Defiziten ausmachte. Und dann war sicherlich nicht ohne Bedeutung, dass sich der Akademiker und sichere Reserveoffizier-Kandidat Carl Wuppermann ausgerechnet diesen Kaufmann als seinen engsten Freund ausgewählt hatte.

Der Einjährige konnte nach sechs Monaten Militärdienst Gefreiter und nach weiteren drei Monaten zum Unteroffizier befördert werden. Im Rahmen seines Dienstjahres wurde ihm, wenn seine Vorgesetzten ihn für befähigt hielten, die Möglichkeit für eine Prüfung gegeben. Das bestandene Examen und das Qualifikationsattest des Regimentskommandeurs machten ihn dann zum Reserveoffizier-Aspiranten.[224] „Unteroffizier Ahlmann verspricht seinen Leistungen und seinem Auftreten nach ein brauchbarer Reserveoffizier zu werden", bescheinigte Oberstleutnant Kosch am Ende der Dienstzeit im September 1903.[225]

Im Laufe der beiden folgenden Jahre waren zwei achtwöchige Militärübungen bei seinem Regiment zu absolvieren und nach einer weiteren Prüfung, schon als Vizewachtmeister der Reserve, wurde Julius Ahlmann zur Wahl als Offizier vorgeschlagen, die das Offizierskorps des Landwehrbezirks Rendsburg als entscheidendes Gremium am 13. Oktober 1907 vornahm.[226] Die Ernennungsurkunde Julius Ahlmanns zum Leutnant der Reserve der Feldartillerie unterzeichnete „Seine Königliche Majestät von Preußen" am 18. November 1907 unter der Ortsangabe „Highcliffe Castle". Wilhelm II. führte dort in Südengland Gespräch mit seinem Gastgeber Colonel Stuart-Wortley, aus denen die Aufsehen erregende „Daily-Telegraph-Affäre" entstand, die dem Ansehen des deutschen Kaisers sehr schadete.[227]

Julius Ahlmann war zu den beiden ersten vorgeschriebenen Übungen beim 2. Rheinischen Feldartillerie-Regiment Nr. 23 aus dem Ausland nach Koblenz gereist. Nach Beendigung seiner einjährigen Dienstzeit hatte er sich Mitte Oktober 1903 nach England eingeschifft, fuhr zu seinem Bruder Otto nach Armitage und trat dort als unbezahlter Volontär in das Keramikwerk ein. Um Geld zu verdienen, arbeitete er zwischenzeitlich als Fliesenpresser. Otto führte ihn bei seinen englischen Bekannten ein und machte ihn auch mit den Gebräuchen der puritanischen Sonntagsruhe vertraut. Die Wirtshäuser waren geschlossen und die Einheimischen besuchten sogar zweimal an diesem Tag Gottesdienste. Otto und Julius passten sich ohne Probleme an. Durch die pietistische Haltung von Mutter und Großmutter waren sie den regelmäßigen Kirchgang gewohnt.

Nach den acht Wochen als Unteroffizier der Reserve in Koblenz, in denen er ab April 1904 das fröhliche Kameradschaftsleben genoss, betrieb Julius Ahlmann auf Wunsch des Vaters ausführliche Sprachstudien in Frankreich und Spanien. Sieben Monate hielt er sich in Saint-Étienne südwestlich von Lyon auf und nahm bei einem Lehrer intensiven Privatunterricht. Im Februar fuhr er mit dem Schiff von Marseille bis Barcelona und weiter über Land nach Malaga, um dort Spanisch zu lernen. Der junge Mann hatte zwar Adressen mitbekommen, orientierte sich dann aber selbst an Ort und Stelle. Auf Geheiß des Vaters vermied er im Ausland jeglichen Kontakt mit Deutschen, um den Zweck der teuer finanzierten Reise nicht zu gefährden. Immerhin erwies es sich, dass Johannes Ahlmann sein Geld lohnend investiert hatte. Der Sohn sprach Französisch schließlich fast perfekt und in das Spanische fand er sich leicht hinein. Als Julius Ahlmann im Mai 1905 nach Deutschland zurückkam, um die nächste Militärübung anzutreten, erregte er mit seiner dunklen Bräune und einem kräftigen Schnurrbart großes Aufsehen.

Nun wurde das Gewicht auf die weitere kaufmännische Ausbildung verlagert. Nach einem Vierteljahr in Duisburg trat der fast 25-jährige im Oktober bei einer Hamburger Firma für Im- und Export ein, die ihm nach wenigen Monaten anbot, sich als ihr Vertreter in Mailand selbständig zu machen. Otto in England, der über die Offerte informiert wurde, riet ganz entschieden ab. Im Blick auf die Planungen der Familie für die berufliche Zukunft von Julius sollte seiner Meinung nach der jüngere Bruder für ein Jahr nach Nordamerika gehen, da dieser Auslandaufenthalt eine wichtige Qualifikation für die angestrebte Position auf der Carlshütte war. Bezeichnenderweise führte die Verhandlungen mit dem Inhaber der Hamburger Firma dann nicht der schon lange volljährige Julius, sondern Johannes Ahlmann. Als dieser bei dem entscheidenden Gespräch das Angebot ausschlug, erhielt der Sohn die Kündigung. Der Vater kümmerte sich in der bis zum Ausscheiden verbleibenden Zeit sehr um ihn und nutzte seine häufige Anwesenheit in der Hansestadt, um Julius in der Börse dem Großkaufmann Claas W. Brons vorzustellen, seit 1901 Aufsichtsratsvorsitzender der Holler'schen Carlshütte.[228]

Nur eine Woche lag zwischen dem Ausscheiden aus der Hamburger Firma und dem Aufbruch in die Neue Welt. Am 31. März 1906 begleiteten Johannes und Wilhelmine Ahlmann ihren jüngsten Sohn nach Cuxhaven, der „sehr vergnügt" an Bord des Dampfers „Pennsylvania" ging. Zwölf Tage dauerte die Fahrt über den Nordatlantik. In New York fand Julius Ahlmann nach langen Bemühungen Arbeit im Versandhaus Georg Borgfeldt & Co, dessen Personaldirektor ihm eine glänzende Empfehlung ausstellte, „a man of capacity", als der Deutsche unbedingt nach Chicago gehen wollte. Aufgrund dieser Referenzen und der ihm offerierten Kontakte machte es keine Schwierigkeiten, fast sofort nach der Ankunft bei Buttler Brothers anfangen zu können, einem wesentlich größerem Unternehmen der gleichen Branche. Dort beeindruckten ihn vor allem das schnelle Arbeitstempo und die aufmerksame Kontrolle des Personals, womit im Produktionsablauf erheblich mehr Effizienz erreicht wurde.[229]

Nicht nur die Gedanken zur Anwendung dieser Methoden brachte Julius Ahlmann aus Amerika mit, als er am 11. Mai 1907 wieder von seinen erleichterten Eltern in Cuxhaven in Empfang genommen wurde. Gerade seinem großbürgerlichen Freund Carl Wuppermann wie auch dem weltläufigen Kieler Onkel Ludwig Ahlmann, beide übrigens Volljuristen mit Doktorgrad und von Beruf Bankiers, fiel bei anschließenden Begegnungen auf, wie sehr das Jahr in den Vereinigten Staaten den jungen Mann geändert und geprägt hatte. Sie schrieben dem langen Auslandsaufenthalt, einbezogen die vorangegangenen Volontariate und Studien in England, Frankreich und Spanien die merkbare Reife des nun 26-jährigen zu und die Entwicklung einer großzügigen und weitblickenden Denkungsart.[230] Julius Ahlmann hatte auf seinem Weg zum erfolgreichen Großkaufmann und Unternehmer festen Tritt gefasst.

Auf der Hütte

Einweihung der Büste von Marcus Hartwig Holler zum 75. Gründungstag der Carlshütte am 19. April 1902

Es war Zeit gewesen, zurück zu kommen. Auf der Carlshütte, allgemein nur kurz „Hütte" genannt, hatte die Familie Meyn, deren Mitglieder seit 1861 die Position des technischen Leiters bekleideten, inzwischen schon die dritte Generation der Dynastie in Stellung gebracht. Der 1877 geborene Rudolph Carsten Meyn war wie sein Großvater und Vater Ingenieur geworden und im Juli 1905 in dieser Funktion in das Eisenwerk eingetreten. Durch eine längere Beschäftigung während des Vorjahres in New York verfügte er gleichfalls über die inzwischen für Führungspositionen in der deutschen Industrie notwendige Auslandserfahrung und besaß als weitere wichtige Qualifikation den Status als Reserveoffizier.[231] Auf Antrag seines Vaters, Direktor Wilhelm Meyn, erteilte ihm der Aufsichtsrat der Holler'schen Carlshütte am 27. November 1906 Prokura.[232] Durch seine Heirat im März des folgenden Jahr war Rudolph Meyn dann auch gesellschaftlich etabliert.

Der drei Jahre Ältere befand sich also schon in gehobener Stellung, als Julius Ahlmann am 27. Juni 1907 bei der Carlshütte eintrat. Er hatte nach seiner Rückkehr aus Amerika erst einmal Ferien gemacht, das Wiedersehen und Zusammensein mit vertrauten Menschen genossen, denn die Einsamkeit in der weit entfernten Fremde war für ihn eine bedrückende Erfahrung gewesen. Ein kurzer Besuch in Chicago von Bruder Otto auf der Durchreise hatte hinterher das Gefühl des Alleinseins noch verstärkt, das ihn aber in den Ländern Europas nie befallen sollte. Vielleicht lag es an den zwölf langen Tagen auf dem Atlantik, der Endlosigkeit von Weite und Wasser, dass die räumliche Distanz noch größer erschien, als sie tatsächlich war. Jedenfalls kostete der Heimkehrer in vollen Zügen die Familienversammlung im Juni in Gravenstein aus, die ganz im Zeichen des bevorstehenden 90. Geburtstages von Onkel Wilhelm Ahlmann stand, und mit einem rauschenden Zigeunerfest im Kurhaus einen für alle Beteiligten unvergesslichen Höhepunkt bot.

Julius Ahlmann begann seine Tätigkeit auf der Hütte recht weit unten, als Magazin-Assistent. Dennoch wurde er wohl schon wegen seiner sicheren Umgangsformen in die Begleitung einbezogen, als der preußische Minister für Handel und Gewerbe, Clemens von Delbrück, das traditionsreiche Eisenwerk an der Obereider am 19. September 1907 besuchte und ihm Johannes Ahlmann stolz die Zahl von 1.100 Beschäftigten nennen konnte, die er aus diesem Anlass auch in seinen persönlichen Notizen festhielt. Dazu vermerkte er die Zahl der Jubilare, in seiner Formulierung vielmehr „Veteranen". Zu diesem Zeitpunkt waren sieben Männer 50 Jahre auf der Hütte, 56 hatten dort 25 Jahre gearbeitet.[233] Am 1. Januar 1908 gehörte auch der kaufmännische Direktor selbst zu diesem Kreis und wurde würdig gefeiert, nachdem die Ehrungen schon am Abend zuvor mit einem großen Fackelzug und der Musik der Hüttenkapelle begonnen hatten.[234] Zur großen Freude des Jubilars waren beide Söhne an seiner Seite.

Die Carlshütte verdankte Johannes Ahlmanns unternehmerischem Wirken in diesen 25 Jahren einen wirtschaftlichen Erfolg, der sich nicht nur an der Zahl der Arbeitnehmer darstellen ließ, sondern auch am Wachstum des Werks selbst. Der kaufmännische Direktor hatte während dieser Zeit energisch zu den großen Baumaßnahmen gedrängt,[235] mit denen der Betrieb laufend modernisiert und erheblich erweitert wurde. Als nächstes großes Projekt war von ihm das große Werkstattgebäude ins Auge gefasst worden, für das der Aufsichtsrat die Geldmittel zu seiner Genugtuung dann Ende August 1908 bewilligte. Mit Weitblick hatte Johannes Ahlmann auch die Möglichkeiten zum Landerwerb genutzt, als durch die Absenkung des Wasserspiegels der Obereider beim Bau des Nord-Ostsee-Kanals weite Uferstrecken trocken fielen. Mit Kauf und Landtausch besaß die Carlshütte im Jahr 1910 einen Grundbesitz von 76,5 Hektar.[236]

Nach etwas mehr als einem halben Jahr im Betrieb übernahm Julius Ahlmann im Februar 1908 von Büdelsdorf aus die Betreuung der Reisebezirke Schlesien, Posen und Sachsen, nutzte die Gelegenheit zur Besichtigung von Gießereien und Hüttenwerken, lernte Ostdeutschland kennen und die Schönheiten des verschneiten Riesengebirges. Dazwischen war der junge Kaufmann im Auftrag der Carlshütte unterwegs zu Messen und machte Geschäftsreisen nach Belgien, Frankreich, Spanien und Italien.

Unmittelbar vor seiner ersten Übung als Leutnant der Reserve verbrachte er drei Tage in Köln, wo am 21. April 1908 die Hochzeit seines Freundes Carl Wuppermann mit Magdalene Braun gefeiert wurde. Ihre Schwester Käte beschrieb er als unterhaltende, niedliche Tischdame.[237] Ein Kontaktversuch im nächsten Jahr von Koblenz aus, den ihre Eltern und der Schwager vermittelten, machte auf sie aber keinen erkennbaren Eindruck. Ob Julius Ahlmann dann sein Interesse auf andere weibliche Wesen richtete, wurde nicht überliefert, vielleicht verschwiegen aus Gründen des Takts. Doch wenn Carl Wuppermann vom „lebensfrohen Norddeutschen" sprach, bezog sich die Erinnerung an die Erlebnisse am Rhein vermutlich nicht nur auf Wein und Gesang.

Sein Vater Johannes Ahlmann befand sich aufgrund der großen Erfolge, die beim Jubiläum so ausdrücklich gewürdigt worden waren, in einer starken Position, in der angemessene Anliegen ihm nicht abgeschlagen werden konnten, zumal wenn alle Voraussetzungen vorlagen. Im Protokoll der Sitzung des Aufsichtsrats der „Actien-Gesellschaft der Holler'schen Carlshütte" vom 25. November 1908 hieß es: „Herr Brons teilt mit, daß es der Wunsch des Herrn Direktor Ahlmann sei, daß nunmehr auch seinem Sohne Julius Hans Ahlmann, der seit eineinhalb Jahren in der Hütte tätig sei, Prokura erteilt werde. Er könne diesen Vorschlag nur freudig begrüßen und zur Annahme empfehlen. Herr Ahlmann jr. sei im Auslande vorgebildet und habe sich nach seinen Erkundigungen auch bereits in seiner Stelle bei der

Hütte sehr tüchtig gemacht. Herr Direktor Meyn erklärte auch seinerseits, daß er der Erteilung der Prokura mit Freuden und mit ganzem Herzen zustimme. – Aufsichtsrat einstimmig".[238] Die Prokura wurde zum 1. Januar 1909 erteilt. Die Ahlmanns hatten nun gleich gezogen.

Die nächsten Jahre waren für Julius Ahlmann ausgefüllt mit Reisen, die ihn hauptsächlich durch das westliche Europa führten, mehrfach auch in die südlichsten Regionen Italiens. Sein Vater erhielt zwar weiter den regelmäßigen „Sonntagsbrief", wusste aber eher anhand der im Kontor eintreffenden „Orders", in welchem Land und in welcher Stadt sich der Sohn gerade befunden hatte. Natürlich erfüllte es Johannes Ahlmann mit Stolz, welche auch für ihn überraschenden Mengen an Bestellungen durch seinen Sohn auf der Carlshütte eingingen. Wie der Onkel

Prokurist Julius Ahlmann

Ludwig Ahlmann zufrieden kommentierte, war dieser Erfolg ein „Resultat kaufmännischer Fähigkeit, guter Warenkenntnis und des Sprachtalents".[239] Bemerkenswerterweise hatte Julius Ahlmann zwar vordringlich die Geschäfte im Kopf, verabsäumte aber nie, in fremden Ländern und Orten besondere Naturschönheiten wahrzunehmen und die Sehenswürdigkeiten zu besichtigen. Eindrücke und Erlebnisse schilderte der pflichtbewußte Sohn brieflich seinen Eltern. Einiges umschrieb er, um sie nicht unnötig zu beunruhigen. Im Casino von Monte Carlo sei der Aufenthalt auf der Terrasse viel angenehmer gewesen als der Besuch des Spielsaals.[240]

Dem Schleswig-Holsteiner sagten die südlichen, mediterranen Länder sehr zu. Besonders angetan hatte es ihm Spanien: „Es ist mir ein außerordentlich sympathisches Land, dazu dieses prachtvolle Klima, daß man noch dieser Tage (Ende November) draußen sitzend seinen Kaffee trinken kann. [...] Valencia hat ein besonders mildes Klima, dort blühen zur Zeit die Bananen und haben gleichzeitig Früchte, Dattelpalmen, Gummibäume gibt es dort im Freien reichlich. Am Strande war es prachtvoll!"[241] Über Zeitaufwand und Strapazen seiner Reisen klagte Julius Ahlmann wenig, wohl manchmal über die langen Bahnfahrten, für die er aber meistens den Schlafwagen benutzte, auch den allgegenwärtigen Staub im Süden empfand er als störend und war froh, nur kurz in den oft nicht sehr komfortablen Hotels bleiben zu müssen. Anders als sein Bruder Otto war Julius Ahlmann nie mehr als zusammenhängend zwei Monate unterwegs. Das war für ihn sehr wichtig. Er brauchte Büdelsdorf zum Ausbalancieren. Die Eltern waren froh darüber.

Den einzigen Ärger zwischen Vater und Sohn brachte die Reiterei, obwohl Johannes Ahlmann sich zu diesem Thema mit der ihm eigenen ironischen Distanziertheit äußerte. Im August 1908 suchte sich Julius Ahlmann bei dem Verwandten Jacob Olde in Hamburg ein Reitpferd aus, das sein Vater ihm spendierte und dazu bemerkte: „Der erste derartige Luxus, den wir uns erlauben!"[242] Das Tier zeigte aber solche Unarten, dass es schon nach vierzehn Tagen wieder zurück gegeben wurde. 1909 brachte der Sohn von einer Übung in Koblenz „Vernickel" mit, der aber auf Dauer nicht zusagte. Der Hengst „Maaruf", Geschenk eines argentinischen Arztes, wurde nach anfänglicher Begeisterung bald nicht mehr erwähnt. Der letzte Versuch, „Maus", besaß zuviel Temperament. Wie Johannes Ahlmann richtig erkannte, lag es nicht an den Pferden, sondern an der häufigen Abwesenheit seines Sohnes, dass der Reitsport zum Misserfolg wurde.[243] Wenig Glück hatte Julius Ahlmann auch, als er sich auf Segelwettbewerbe verlegte und bei einer Regatta der Kieler Woche 1912 mit „Pirate" kenterte.[244]

Roter Adler und Arbeitskampf

Während Reserveleutnant Ahlmann im Sommer 1911 wieder eine achtwöchige Übung an Rhein und Mosel absolvierte, bewirkte nicht nur die ungewöhnliche Hitze in Schleswig-Holstein,[245] dass sich die Dinge an der Eider zuspitzten. Schon länger vorher hatten sich Erosionen im eigentlich als vorbildlich geltenden patriarchalischen Verhältnis zwischen Leitung der Carlshütte und den Arbeitnehmern bemerkbar gemacht, die ihre Ursache in einer allgemeinen Zunahme der sozialen Spannungen in Deutschland hatten, und im Zeichen der wirtschaftlichen Hochkonjunktur auch in Schleswig-Holstein zu häufigen Streiks führten.[246] Am 7. Juli 1907 war es auf der Carlshütte zu einer Arbeitsniederlegung beim Kohlelöschen gekommen, die das Zugeständnis einer Erhöhung des Stundenlohns noch am selben Tag brachte. Ende April 1909 hatten dann die Dreher und Schlosser „Wünsche" gehabt, zu denen sich Direktor Johannes Ahlmann aber nicht näher äußerte.[247] Am 7. Oktober 1911 schließlich begann ein Arbeitskampf, der fünf Monate dauerte und eine massive Kraftprobe war, die am Ende von der Betriebsleitung gewonnen wurde, wenn auch unter herben Verlusten.

Anzeichen für eine bevorstehende größere Auseinandersetzung hatte die Werksführung bereits seit einem halben Jahr wahrgenommen. Gewerkschaftlich organisierte Beschäftigte, die eine kleine Minderheit darstellten und ihre Sache im Betrieb vorantreiben wollten, schürten zunehmend Unruhe unter der Arbeiterschaft und schienen nach sicherer Mutmaßung der Direktion auf einen Streik hinzusteuern. Auf ihre Veranlassung wurde am 22. August 1911 ein „Werkverein zur Pflege des guten Einvernehmens zwischen der Aktiengesellschaft und ihrer Arbeiterschaft" ins Leben gerufen, dem innerhalb weniger Tage 200 Betriebsangehörige beitraten. Das forderte wiederum die Gegenseite heraus.[248]

„Die Direktion" war in dieser Situation in erster Linie Johannes Ahlmann, denn Wilhelm Meyn hatte sich nach einer Operation nicht wieder erholen können und war bei einem anschließenden Genesungsaufenthalt schwer erkrankt. Drei Tage nach der Gründung des Werkvereins erhielt „Fabrikdirektor Johannes Ahlmann" den Roten Adlerorden IV. Klasse, der als Symbol besonderer Treue zum preußischen Staat galt, und ihm am 10. August 1911 verliehen worden war.[249] Ob die Ehrung mit Absicht zu diesem Zeitpunkt erfolgte, um ihn in seiner Kampfbereitschaft gegen die Gewerkschafter zu stärken, war bei der rechtsstehenden, konservativen Regierung in Preußen, die von den Landräten regulär über Streikbewegungen auf dem Laufenden wurde, durchaus denkbar.[250] Auf jeden Fall freute sich Johannes Ahlmann über die Auszeichnung wie auch über die dazu eingehenden Glückwünsche. Kraft für den kommenden Konflikt schöpfte er außerdem während einer Urlaubswoche in Gravenstein, wo die ganze Familie Ende August anlässlich des 100. Geburtstages des Stifters Otto Friedrich Ahlmann zusammen kam, und die von dem „Geschichtsschreiber" verfasste biographische Schrift viel Anklang fand.[251]

Anlass für den Ausbruch des Streiks war die Entlassung von zwei Arbeitern, deren Wiedereinstellung die Direktion ablehnte. Auf einer daraufhin gewerkschaftlich organisierten Versammlung der Gießereiarbeiter und Former am 23. September 1911 stimmte die Mehrheit für einen Streik, und nach Ablauf der vorgeschriebenen Frist traten am 7. Oktober 219 Arbeiter der Carlshütte in den Ausstand. Drei Tage später schlossen sich ihnen weitere vierzig an und am 21. Oktober legten zusätzlich 109 Beschäftigte aus verschiedenen Werkstätten die Arbeit nieder, worauf die Direktion Entlassungen vornahm, da die Produktion in einigen Betriebsbereichen nicht mehr aufrecht erhalten werden konnte. Insgesamt war sie auf ein Drittel gesunken.[252] Bis zum 10. November hatte sich die Zahl der Streikenden auf 426 erhöht, was etwa die Hälfte der Arbeiterschaft ausmachte.[253]

Das Ziel jedoch, die Stilllegung des Werks, erreichten sie nicht. Durch Unterstützung des Arbeitgeberverbandes wurden Arbeitskräfte von auswärts angeworben, die zusammen mit einer größeren Gruppe von Werksverein, Meistern und Lehrlingen unter dem Schutz von Gendarmerie den Betrieb wenigstens in minimalem Umfang aufrecht erhielten. Als Symbol dafür stand der Kupolofen. „Das Schmelzen wurde nicht einen Tag verhindert", vermerkte Johannes Ahlmann mit Stolz.[254] An der festen Haltung der Direktion lag es, dass verschiedene Vermittlungsversuche scheiterten, auch der des für Büdelsdorf zuständigen Pastors Robert Ramm von der Christkirche. Die Ausständigen beharrten auf der gemeinsamen Wiedereinstellung aller Streikenden, auf die sich aber die Betriebsleitung nicht einlassen wollte.[255] Am 31. Dezember 1911 notierte Johannes Ahlmann in seinem Tagebuch: „Ein schweres Jahr liegt hinter uns! Solcher Strike geht auf die Nerven." Er schrieb das englische Originalwort.

Im Januar und Februar herrschte „furchtbare Kälte" mit 20 Grad unter Null, die Eider war zugefroren,[256] und der Ausstand ging weiter, obwohl die Streikenden und ihre Familien zunehmend in Not gerieten. Zwar zahlte der Metallarbeiterverband etwas Unterstützung, doch damit war auf längere Dauer der Verdienstausfall nicht zu ersetzen. Ungefähr ein Drittel der Ausständigen hatte in Werkswohnungen gelebt, die sie natürlich räumen mussten und gezwungen waren, anderswo unterzukommen.[257] Am 8. März 1912 schließlich gaben die Streikenden auf, ohne auch nur eine ihrer Bedingungen durchgesetzt zu haben, und baten bei der Direktion der Carlshütte um Arbeit. Johannes Ahlmann notierte am 9. März: „Von 420 werden 180 wieder eingestellt."[258] Dass bei dieser Auswahl sehr strenge Maßstäbe angelegt wurden, bedauerte er später im Rückblick: „Manch' tüchtiger Facharbeiter ging uns für immer verloren."[259]

Die Direktion der Carlshütte, vielmehr Johannes Ahlmann, hatte die Kraftprobe mit der Gewerkschaft siegreich bestanden. Zwar belief sich der finanzielle Schaden nach Schätzung der Betriebsleitung auf 250.000 Reichsmark, dazu kam noch ein in Geldwert nicht berechenbarer Verlust an Kunden, doch bereits im folgenden Jahr war der durch den Streik verursachte Rückschlag weitgehend überwunden und der Abschluss von 1913 wies die bisher größten Umsatzzahlen in der Geschichte des Werks auf.[260] Viel wichtiger war aber die jahrzehntelange Dauerwirkung auf die Belegschaft der Carlshütte. Die Gewerkschaft hatte eine totale Niederlage erlitten und jede Glaubwürdigkeit verloren. Bei den meisten ihrer Anhänger, die ihren Kampfaufrufen und Streikparolen gefolgt waren, hatte dieser Weg auch für Frau und Kinder direkt in das existenzielle Elend geführt. Der gescheiterte Streik mit seinen Auswirkungen blieb in den nächsten Generationen der Hüttenarbeiter ebenso präsent, wie die Erfahrung dieser erfolgreichen Auseinandersetzung mit der Gewerkschaft in der Direktorenfamilie weitergegeben wurde.

Perspektiven

Während des Streiks hatte Julius Ahlmann seinem 60-jährigen Vater in allem zur Seite gestanden, ihn beraten und gestärkt in der „schweren und ungemütlichen Zeit", wie Johannes Ahlmann die fünf Monate Arbeitskampf beschrieb. Verkaufsreisen ins Ausland erübrigten sich wegen der stark gedrosselten Produktion sowieso und konnten mit lohnenden Aussichten erst ab November 1912 wieder aufgenommen werden. In der Zwischenzeit machte sich der Sohn im Betrieb nützlich, fuhr zu Verbandskonferenzen in Köln, Berlin und Düsseldorf, ging seinen sportlichen Neigungen beim Schlittschuhlaufen auf der Eider bis Schwabstedt nach und nahm die vielen ihm gebotenen Geselligkeiten wahr. Sie reichten vom Diner bei der Reederfamilie Entz über ein Liebesmahl für Offiziere in der Rendsburger Artilleriekaserne bis zu Bällen bei den Onkeln Ludwig Ahlmann in Kiel und Friedrich Ahlmann auf Nienrade bei Lensahn. Auch die Eltern gaben eine große Tanzgesellschaft mit Essen, die lange nach Streikende in „Glückauf" gefeiert wurde. Mehrere „weekends", so Johannes Ahlmann, verbrachte die dreiköpfige Familie in Gravenstein und besondere Freude löste es aus, wenn der Sohn und Bruder Otto es einrichten konnte, auf seinen häufigen Geschäftsreisen in Büdelsdorf kurze Station zu machen.[261]

Am zweiten Weihnachtstag 1911, den Otto in der kubanischen Hauptstadt Havanna verbrachte, nachdem er in Trinidad und Barbados gewesen war, fuhr Johannes Ahlmann mit seinem Sohn Julius, der an diesem 26. Dezember seinen 31. Geburtstag feierte, auf den Heidberg.[262] Es war ein Geschenk. Das große Areal, nur wenige Kilometer hinter Büdelsdorf an der Straße nach Eckernförde gelegen, Heide, Wald und Hügel, weite Ausblicke in die Landschaft mit den Seen, wurde in seiner Naturschönheit zu einem Naherholungsparadies, das Julius Ahlmann nach eigenen Vorstellungen gestaltete. Er legte Wege an, nahm Auslichtungen und Anpflanzungen vor, setzte Bänke und fuhr in den beiden ersten Sommern häufig allein oder in Begleitung des Vaters mit dem offenen Einspänner zum Heidberg hinaus.[263]

Johannes Ahlmann hatte sein gewohntes betriebsames Leben wieder aufgenommen, konnte sich nun endlich mehr der Familienstiftung, den Verwandten und dem Freundeskreis widmen sowie seinen musikalischen Interessen. Kulturelle Stippvisiten nach Hamburg mit seiner Frau Wilhelmine gönnte er sich ebenfalls wieder. Dabei wurde er unmittelbar Zeuge eines Ereignisses, das ihn tief erschütterte. Das Ehepaar Ahlmann stieg am 14. Mai 1912 im vornehmen Hotel „Hamburger Hof" ab, in dem auch die dänische Königsfamilie wohnte, die sich auf der Rückreise von der Riviera nach Kopenhagen befand und in Hamburg einen kurzen Zwischenaufenthalt eingelegt hatte. Am späten Abend dieses

Der Heidberg wurde zum Refugium der Familie Ahlmann

Tages starb König Friedrich VIII. kurz nach Verlassen eines einschlägigen Etablissements an einem Schwächeanfall auf einer Straße am Gänsemarkt. Da er keine Papiere bei sich trug, wurde der unbekannte Tote in das Hafenkrankenhaus gebracht und erst am nächsten Morgen identifiziert.[264] Johannes Ahlmann, betroffen über das „tragische Ende", gab am 16. Mai dem Sarg mit dem verstorbenen König das Geleit vom Hotel zum Hauptbahnhof.[265]

Der kaufmännische Direktor der Carlshütte war in dieser Zeit häufiger in Hamburg, nachdem er während des Streiks vor Ort in Büdelsdorf ausgeharrt hatte. Neben der Wiederaufnahme von privaten Kontakten standen zwangsläufig auch Gespräche mit dem Aufsichtsrat an, in denen es um die zukünftige Geschäftspolitik ging. Wichtigstes Thema war der bevorstehende Wechsel in der technischen Leitung. Der fast 70-jährige Wilhelm Meyn, seit 1880 Direktor des Werks, war seit längerem krank und fühlte sich nicht mehr imstande, sein Amt auszuüben. Um die von ihm gewünschte Nachfolge auf diesem Posten in seinem Sinn regeln zu können, bat er den langjährigen Kollegen Johannes Ahlmann um Unterstützung, der beim Aufsichtsrat in hoher Gunst stand. Dessen Zusammensetzung hatte sich im Laufe der Jahre geändert und die Rendsburger Phalanx sich aufgelöst. Bis auf Theodor Thormann gehörten nur Hamburger Geschäftsleute dem Gremium an.[266]

Johannes Ahlmann fuhr zusammen mit Wilhelm Meyn am 14. Oktober 1912 nach Hamburg, führte vier Tage lang intensive Verhandlungen, bei denen er auch die Weichen für seine persönliche Zukunft und die seines Sohnes Julius stellte.[267] Die großzügige Regelung wurde den Verdiensten um das Werk angemessen. Meyn senior schied danach zum 15. Mai 1913 aus, unter Gewährung eines Ruhegehalts, freier Wohnung mit allen bisherigen Vergünstigungen und dem Eintritt in den Aufsichtsrat der „Actien-Gesellschaft der Holler'schen Carlshütte". Seine Stellung als technischer Direktor des Werks ging über an seinen Sohn, den 36-jährigen Ingenieur Rudolph Meyn. Zum offiziellen Abschied gab der Aufsichtsrat ein Festessen und die Belegschaft veranstaltete einen Fackelzug.[268]

Dieses Jahr 1913 hielt aber auch für Julius Ahlmann Erfolg und Glück bereit. Auf den Hinweis seines Vaters, Verbindungen mit Vertretern einer englischen Einkaufsgesellschaft aus der Baubranche aufzunehmen, konnte er dank seiner Sprachkenntnisse und seines persönlichen Auftretens eine der für die Carlshütte lukrativsten Geschäftsbeziehungen herstellen, die sogar nach Ende des Ersten Weltkriegs wieder aufgenommen wurden. Es handelte sich um Großaufträge für Badewannen, später auch in anderen Gusswaren. Julius Ahlmann beaufsichtigte das Verstauen in Hamburg wie das Entladen in London und wurde dort von seinen Geschäftspartnern Mr. Donald und Mr. Goslett auf das Aufmerksamste betreut, die ihm eine weitere Bestellung auf 1.000 Wannen mitgaben. Bei Besuchen der Engländer im August und Oktober auf der Carlshütte festigte sich die Verbindung.[269]

Das Ereignis des Jahres 1913 für Rendsburg war die Fertigstellung der neuen Hochbrücke über den Kanal, die das damals bedeutendste Stahlbauwerk Europas darstellte. Trotz seines Alters von inzwischen 62 Jahren ließ es sich Johannes Ahlmann nicht nehmen, die 68 Meter hohe Brücke am 9. September zu besteigen.[270] Sein Sohn Julius fuhr als einer der ersten im Zug darüber, nachdem sie am 1. Oktober für den Verkehr freigegeben worden war, und das Erlebnis machte ihm, wie er nach Hause schrieb, viel Spaß. Zu Beginn dieses Briefes hieß es: „Und dann bin ich noch Dir, liebe Mutter, so besonders zu Dank verpflichtet, da Du mit der tadellosen Kraftbrühe mich für die bevorstehenden Tage gestärkt hast." Julius Ahlmann befand sich auf dem Weg zu einer Reserveoffiziersübung an der Feldartillerieschule in Jüterbog und fühlte sich bei dem nasskal-

Verladung von Badewannen am Bollwerk der Carlshütte an der Obereider

tem Wetter gar nicht wohl, „wie überhaupt der ganze Betrieb ungemütlich in jeder Beziehung ist."[271]

Sein Befinden sollte sich schon am nächsten Tag, dem 11. Oktober, ändern, als er in Berlin bei seinem Freund Carl Wuppermann dessen Schwägerin Käte Braun wiedersah und sie nach kurzem Werben einwilligte, seine Frau zu werden. Die Verlobung fand am 26. Oktober in Köln statt. Am 29. Oktober fuhr Julius Ahlmann von dort direkt nach London, um den Verhandlungstermin wegen neuer Aufträge für Badewannen wahrzunehmen. Der Bräutigam erstattete in Armitage dem älteren Bruder direkten Bericht über die glückliche Entwicklung. Otto reagierte gelassen wie ein typischer Engländer, vielleicht sogar etwas zu unterkühlt: „Julius war ja hier und erzählte mir von der Verlobung; freut mich ungemein. Hatte sehr netten Brief von Käte Braun", teilte er den Eltern mit. Wenn er auch in absehbarer Zeit aus geschäftlichen Gründen der Braut nicht seine Aufwartung machen könne, zur Hochzeit käme er auf jeden Fall.[272]

SIEBZEHN EHEJAHRE 1914–1931

Brautzeit und Heirat

Fast auf den Tag genau sieben Monate nach der Verlobung fand am 28. Mai 1914 die Hochzeit von Käte Braun und Julius Ahlmann statt. Die dazwischen liegende Zeit war für das Brautpaar sehr ausgefüllt gewesen, zum Teil auch sehr aufreibend. Das betraf weniger die Geschäftsreise des Bräutigams im Auftrag der Carlshütte, die ihn Ende November 1913 zum ersten Mal in die Länder des unruhigen Balkans brachte. Obwohl die Auswirkungen des dort erst im August beendeten Krieges den Zugverkehr beeinträchtigten und die Schäden in der bulgarischen Hauptstadt Sofia noch nicht beseitigt waren,[1] meisterte der erfahrene Reisende alle Komplikationen und kam mit gefüllten Auftragsbüchern und einem großen Flakon Rosenöl für seine Braut zurück.[2] Unterwegs machte Julius Ahlmann kurz Station in Zürich, um sich bei den neuen Verwandten vorzustellen, die Käte besonders nahe standen.

Eigentlich wollte Ida Meyer an diesem 14. Dezember, dem ersten Todestag ihrer Zwillingsschwester Aline Braun, keinen Besuch empfangen, doch als sich herausstellte, wer vor der Tür stand, kam sie dem Verlobten ihrer Nichte mit Freude und sehr herzlicher Wärme entgegen.[3]

Die Erfahrungen Kätes waren etwas andere. Zwar hatte sie bei Wilhelmine Ahlmann während des ersten Besuchs ihrer zukünftigen Schwiegereltern in Köln die Ausstrahlung einer

Das Brautpaar Käte Braun und Julius Ahlmann in der Uniform eines preußischen Leutnants

„mütterlichen Güte und des inneren Reichtums" gespürt und gerade wegen des kürzlichen Verlusts der Mutter deshalb Dankbarkeit empfunden,[4] doch bei näherem Kennenlernen fiel es ihr zunehmend schwerer, mit der ruhigen, zurückhaltenden „nordischen Art" der Ahlmanns zurecht zu kommen. In ihrer Familie war es üblich, seine Gefühle offen auszudrücken: „Weißt Du, wir lachen und weinen mehr und unbefangener, und haben uns, wenn der Sturm vorbei ist, um so lieber. Glaubst Du, ich könnte Dich so lieb haben, wenn ich von Mutter und Geschwistern nicht gelehrt worden wäre, so rückhaltlos und leidenschaftlich füreinander einzustehen, wie wir das tun, und uns gerne auch immer wieder sagen? Man kann sich doch nicht plötzlich ein anderes Herz einsetzen, als man nun mal hat. Du wirst noch Deine liebe Not mit mir haben, oder doch recht erstaunt sein über meine Art von Temperament, die Du vorläufig noch so gering kennst."[5]

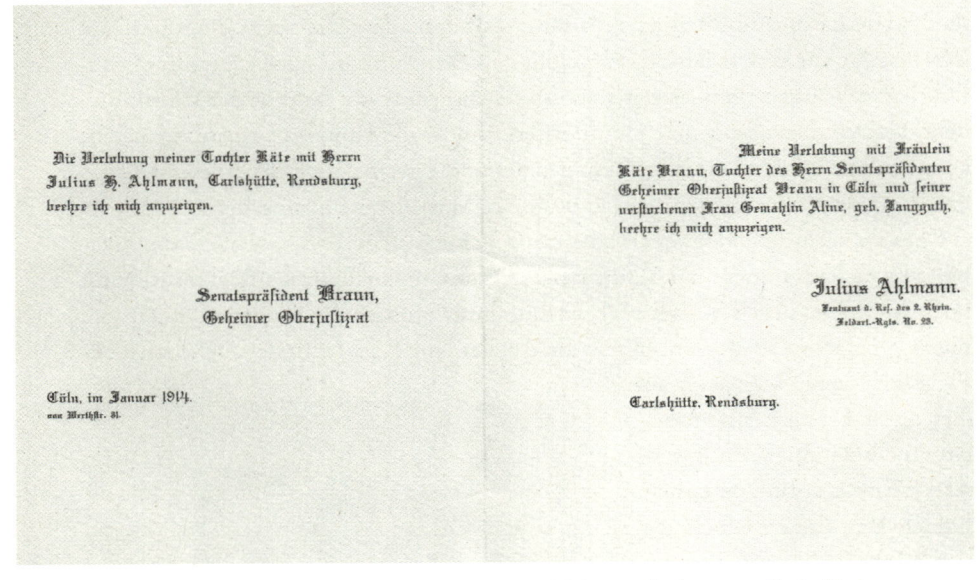

Die offizielle Verlobungsanzeige vom Januar 1914. Nach dem gesellschaftlichen Kodex jener Zeit unterzeichnete Julius Ahlmann als Reserveoffizier

Diesen „offenen Brief" an ihren „Jules", wie sie ihn in der französischen Form seines Vornamens nannte, schrieb die 23-jährige Braut, nachdem sie im Februar 1914 drei Wochen in Büdelsdorf verbracht hatte. Anfang Januar waren nach Ablauf des Trauerjahres für Aline Braun die Verlobungsanzeigen verschickt worden. Es unterzeichneten Senatspräsident Braun, Geheimer Justizrat und Julius Ahlmann, nicht etwa in der doch angesehenen Position als Prokurist der Carlshütte, sondern dem höheren gesellschaftlichen Stellenwert gemäß als „Leutnant d. Res. des 2. Rhein. Feldart.-Rgts. No. 23".[6] An beiden Wohnorten fanden Feiern statt, am 18. Januar ein Empfang in Köln und am 8. Februar für die „Freunde des Hauses" ein Fest bei Ahlmanns. Daran nahm von der Familie Braun nur Dr. Carl Wuppermann teil.[7] Da der vertraute Schwager aber gleich wieder abreiste, war Käte auf sich allein gestellt und fühlte sich in den Stunden der Abwesenheit ihres Verlobten tief unglücklich: „Wenn Du wüßtest, wie oft ich Dich aus Deinem Contor geradezu herbeigebetet habe! Im ganzen Leben habe ich noch kein solches Heimweh gehabt wie in diesen Wochen!"[8]

Doch „Jules" verstand es, sie zu besänftigen und zu beruhigen, bemühte sich natürlich, ihr die Ängste vor den neuen Lebensumständen im Norden Deutschlands zu nehmen. Sein Antwortbrief blieb zwar nicht erhalten, wohl aber ein früheres Schreiben, in dem er ganz gelassen Kätes auch mündlich geäußerter Auffassung widersprach, dass es zwischen ihnen unweigerlich zu „inneren Kämpfen" kommen müsse, alles errungen sein wolle, um dann „um so köstlicher zu sein".[9] Allein in der Wortwahl klang das nach dem Einfluss von Pfarrer Jathos Gedankengängen, und wahrscheinlich hatte Aline Braun den Töchtern eigene Erfahrungen aus ihrem Eheleben als allgemein gültig geschildert. Julius Ahlmann meinte zu diesem Thema sehr entschieden, er habe keinerlei Absicht, überhaupt mit ihr zu kämpfen, und hoffe, dass auch sie selbst bald zu dieser Einstellung komme.[10]

Tatsächlich begann das Brautpaar erst jetzt, sich näher kennen zu lernen, doch hauptsächlich durch Briefe und weniger im persönlichen Kontakt, ganz im Gegensatz zur zweijährigen Verlobungszeit von Magdalene und Carl Wuppermann, in der dieser vollständig in die Familie Braun integriert war. Die zehn Jahre Altersabstand zwischen Käte und Julius machten sich in dieser Phase durch die ruhige Abgeklärtheit des Bräutigams bemerkbar, wenn auch die Verschiedenheit in Mentalität und Temperament ein wichtiger Faktor war und blieb. Ansonsten stellten Käte Braun und Julius Ahlmann, gerade was den großen Unterschied an Jahren betraf, ein typisches Paar des höheren Bürgertums dieser Zeit dar. Da sie ihren Ehefrauen aus der gleichen sozialen Schicht einen angemessenen Lebensstil bieten mussten, waren die Männer nach langer Ausbildung und etlichen Berufsjahren erst ab Dreißig heiratsfähig.[11] Johannes Ahlmann hatte seinem Zweitgeborenen schon einiges Kapital für diesen Zweck zur freien Verfügung gestellt, um ihm den Entschluss zu einer Bindung zu erleichtern.[12] In seinem ersten Schreiben an Josef Braun gestand er freimütig ein: „Der Gedanke, dass beide Söhne sich noch keine Frau erobern konnten, während sie beide für's Haus geschaffen sind, das quälte uns doch sehr."[13]

In Anbetracht der sehr vermögenden Verhältnisse ihres Vaters erhielt Käte Braun eine daran orientierte Mitgift und eine großzügige Aussteuer. Allein die Rechnung einer Bielefelder Wäschefabrik, Hoflieferantin deutscher Fürstenhäuser und spezialisiert auf Brautausstattungen, belief sich in etwa auf das Jahreseinkommen ihres zukünftigen Mannes.[14] Dazu kamen noch Möbel und Geschirr. Allerdings war die junge Frau damit, wie damals üblich, für die Dauer ihres Ehelebens auf diesem hauswirtschaftlichen Gebieten komplett versorgt.[15] Trotz der vorhandenen Mittel wurde aber doch darauf geachtet, nicht unnötig Geld auszugeben. Eine Hausnäherin fertigte in Köln aus vorhandenen Stoffen Fenstervorhänge an. Das junge Paar sollte in Büdelsdorf die Direktorenwohnung neben „Glückauf" am Hüttenweg beziehen. Als Julius Ahlmann die notwendigen Maße nicht sofort schickte, steigerte das die Nervosität der Braut in solcher Form, dass sie sich im nächsten Brief für ihre heftigen Äußerungen kleinlaut entschuldigte.[16]

Immerhin war es bereits April, der Monat vor der Hochzeit, und es hatte schon zusätzliche Aufregungen in der angespannten Atmosphäre gegeben. Die sportliche Schwester Luise, die Tennis spielte, Ski lief und zu Hause mit Hanteln trainierte, nahm am 5. April 1914 an einem Ballonwettflug des sehr aktiven „Kölner Clubs für Luftschiffahrt" teil. Käte erlebte wie viele andere Schaulustige den Aufstieg von insgesamt zehn Ballons mit, sah ihre Schwester aus dem Korb mit dem Taschentuch winken und über den Türmen der Stadt in den grauen Himmel davon schweben. Ballonfliegen war damals sportliches und zugleich gesellschaftliches Ereignis, über das ausführlich in den Zeitungen berichtet wurde.[17] Zu Hause wartete Käte anschließend in ängstlicher Spannung neben dem Telefon, um den Anruf nach der Landung abzupassen, der am Spätnachmittag aus Bielefeld kam. Erst dann informierte sie den Vater, der bis dahin von dem Unternehmen nichts geahnt hatte. Die Reaktion Josef Brauns erstaunte seine Tochter, denn er zeigte sich entgegen ihrer Erwartung sehr amüsiert. „Ich glaube, wir sind alle ein bisschen sehr in Freiheit dressiert", schloß Käte den Bericht an ihren Verlobten.[18]

Sehr harmonisch verlief eine anschließende Osterfahrt, die Julius Ahlmann zusammen mit Brauns an den Oberrhein und die Mosel unternahm, wo er den in Traben versammelten Langguths vorgestellt wurde. Seine Verlobte meinte, er würde sie durch die Begegnung mit diesem vitalen, lebhaften Angehörigenkreis wohl nun etwas besser kennen und verstehen.[19] Doch nur drei Wochen vor dem Heiratstermin entstand erneut Unstimmigkeit durch ein Missgeschick, das Käte in die Verantwortung des Bräutigams schob, obwohl sie und ihre Familie zumindest gleichermaßen daran beteiligt waren. Nach den gesellschaftlichen Regeln musste natürlich der Gastgeber einladen, in diesem Fall Brautvater Josef Braun, der die Hochzeit ausrichtete. Julius Ahlmann hatte nun selbst an seine Verwandten geschrieben und sie nach Köln gebeten. Als die ersten irritierten Rückmeldungen und Anfragen in der Von-Werth-Straße eintrafen und der peinliche Fehler erkannt wurde, ließ der Senatspräsident in seinem Namen an denselben Personenkreis die korrekten offiziellen Schreiben hinausgehen. Die doppelte Einladung sagte nur Tante Elfriede Ahlmann aus Kopenhagen ab, bei ihr lagen jedoch gesundheitliche Gründe vor.[20]

Ansonsten machten sich alle auf den Weg an den Rhein, „unendlich viele nordische Gäste" nach dem Eindruck der Brautschwester Linu.[21] Ihre Anzahl hielt sich aber wahrscheinlich mit denen von der Seite Braun/Langguth die Waage und war eigentlich, angesichts der erkennbaren 54 Personen auf dem Hochzeitsfoto, noch sehr gut überschaubar. Johannes Ahlmann, der glückliche Vater des Bräutigams, beschrieb als Familienchronist die dreitägigen Kölner Festlichkeiten in fast allen Einzelheiten. Zusammen mit dem Programmheft der eigentlichen Hochzeitsfeier, geschmückt mit den Porträts des Brautpaares und den Fotografien der Elternhäuser, dokumentieren diese Notizen ein selten glanzvolles Ereignis, dass umso mehr in strahlender und nachhaltiger Erinnerung aller Beteiligten blieb, als nur zwei Monate später der Erste Weltkrieg ausbrach und diese Epoche der Vergangenheit angehörte.[22]

Senatspräsident Braun hatte seine Gäste sehr komfortabel untergebracht. Die Eltern des Bräutigams erhielten Quartier im Nobelhotel „Disch" an der Rheinbrücke, wo sie bei ihrer Ankunft am Nachmittag des 26. Mai auf Propst Otto Valentiner und Frau Mathilde aus Sonderburg trafen sowie auf Christine Ohlsen, die sich mit ihrer fünfzehnjährigen Enkelin Anna Elisabeth Garde auf die weite Reise von der dänischen Hauptstadt nach Köln gemacht hatte.[23] Weitere Verwandte kamen am folgenden Tag an und wurden in der Von-Werth-Straße zum Tee mit anschließendem Abendessen gebeten, an kleinen Tischen in zwei Stockwerken des schmalen Stadthauses serviert. Die Familien verhielten sich bei diesem ersten Zusammentreffen noch recht distanziert. Johannes Ahlmann betreute die sich unter den zahlreichen Brauns und Langguths etwas fremd fühlenden Wilhelm Meyn und Hermann Eggers. Der ehemalige Direktor der Carlshütte und der Jugendfreund von Julius waren übrigens die einzigen Eingeladenen aus Büdelsdorf und Rendsburg und nur sie gehörten auf der Ahlmann-Seite nicht zum Verwandtenkreis.

Der Himmel über Köln war klar und wolkenlos, die Temperatur aber kühl, als Käte und Julius Ahlmann am 28. Mai 1914, einem Donnerstag, um 13.30 Uhr die Christuskirche betraten. Dem Hochzeitspaar, das am Vortag mit den beiden Vätern als Trauzeugen standesamtlich geheiratet hatte,[24] folgte nach örtlicher Sitte der Brautzug mit acht engsten Familienangehörigen. Bruder Otto führte Kätes Schwester Luise. Unter Orgelklängen ging es auf dem Weg zum Altar über Rosenblüten, die der fünfjährige Carl Theodor Wuppermann vor ihnen streute. Pfarrer Karl Becker predigte über den vom Brautpaar selbst gewählten Trauspruch: „Niemand hat Gott jemals gesehen. So wir uns untereinander lieben, so bleibet Gott in uns, und seine Liebe ist völlig in uns", aus dem 1. Brief des Johannes, 4, 12.[25] Dem Wunsch und den Neigungen der Braut entsprechend, „es ist doch viel feierlicher mit etwas Kunst dabei",[26] bereicherte ein italienischer Sänger der Kölner Oper den Gottesdienst mit zwei Arien.

Anschließend fuhr die Hochzeitsgesellschaft zum „Excelsior Hotel Ernst" am Domplatz, einem bis in die Gegenwart führenden Haus in der Rheinmetropole. Nach kurzem Gratulationsempfang öffneten sich um 15 Uhr die Türen zum Fest-

Im Festsaal des Kölner „Excelsior Hotel Ernst" am 28. Mai 1914. Das Hochzeitspaar ist an der Stirnseite der Tafel platziert.

saal mit der großen, in Hufeisenform gedeckten Tafel, an deren Stirnseite das Brautpaar Platz nahm, neben sich die Eltern. An der Seite von Johannes Ahlmann saß Ida Meyer, die bereits zehn Tage zuvor aus Zürich gekommen war und den Schwager und die Nichten bei den letzten Vorbereitungen unterstützt hatte. Ihr Ehemann, der Theologieprofessor, sollte auf Wunsch der Brautfamilie – „Onkel Arnold wird es sehr schön machen" –[27] die offizielle Festrede halten.

In einem Gedicht zum Hochzeitsgeschenk, der bronzenen Nachbildung einer bei Ausgrabungen in Herculaneum am Vesuv gefundenen antiken Hermesstatue, des griechischen Gottes der Kaufleute, hatte Arnold Meyer dem jungen Paar als guten Rat in Versform eigene Erfahrungen mitgegeben: „Hermes wirkt ohne Rast und Ruh, in Handel und Werkstatt immerzu. Doch immer schaffen bringt keinen Segen, man muß zuweilen der Ruhe pflegen: Da kommt der Geist zu freier Entfaltung, namentlich bei so eleganter Haltung. Möchtet Ihr in Euren Ehejahren immer so göttliche Haltung bewahren. Und wenn Ihr so schöne Ruhe gepflegt, auch wieder in kräftiger Arbeit Euch regt!" Nichte Käte war entzückt und fand die Statue ganz wunderbar.[28]

Auch die Familie Ahlmann bot einen Theologen als Tischredner auf. Von ihrer Seite sprach dann außer Propst Otto Valentiner noch Dr. Ludwig Ahlmann. Die Rede auf die Damen hielt Vetter Wilhelm Huesgen von der Mosel, während Dr. Carl Wuppermann, der Initiator der ehelichen Verbindung, gegen Mitte der

Feier platziert wurde, nach dem vierten Gang. Es gab insgesamt zehn. Das war in dieser Zeit bei größeren Festen aber durchaus üblich. Es wurde weniger von den einzelnen Speisen gegessen und das Bankett dauerte lange, in diesem Fall über vier Stunden.[29] Den dazu gereichten Weinen war die Auswahl durch Kenner anzumerken, so ein 1899er Latour grand vin, ebenso den klassischen Gerichten: „Caviar-Malossol auf Eisblock, klare Schildkrötensuppe, Bachforellen blau mit frischer Butter, Ochsenlende mit frischem Gemüse und Trüffeltunke, warmer Hummer mit Kräutertunke, junge gebratene Hähnchen mit feinem Dunstobst, Frische Edelpilze mit Rahm, Fürst Pückler, Käsegebäck, Früchte."[30]

Cöln, am 28. Mai 1914

Dem Bräutigam.

Seine Frau Käte bewahrte sorgfältig das für Julius Ahlmann bestimmte Hochzeitsprogramm auf

Der Unterhaltungsteil besaß noch größere Opulenz als die gebotenen Speisen und war, den Neigungen der Familie Braun entsprechend, sehr musikalisch und nach ihrem speziellen Geschmack ausgerichtet. Die gedruckte Musikfolge, leider ohne Hinweis auf die Art der Ausführung, reichte von der Ouvertüre zu „Figaros Hochzeit" über den Pilgerchor aus „Tannhäuser" bis zum Potpourri von Melodien aus der „Fledermaus". Rhein und Mosel kamen zur Geltung durch „Es liegt eine Krone im tiefen Rhein" und das Mosellied „Im weiten deutschen Lande". Auf die Heimat des Bräutigams wurde kein Bezug genommen, vielleicht versucht, dem von den Kölnern viel erwähnten „Nordischen" der Familie Ahlmann mit dem „Feuerzauber" aus der Walküre Genüge zu tun. Weiter gab es mehrere auf das Brautpaar getextete Lieder, die von der ganzen Gesellschaft nach bekannten Melodien gesungen wurden, zum Abschluß das „Lob der edlen Barbara", Schutzpatronin der Artilleristen.[31] Schwester Luise trug das „Hochzeitslied im Maien" vor und Linu ein zwanzigstrophiges Gedicht mit dem Titel „Musik", verfasst vom Familienpoeten Arnold Meyer. Er hatte auch den Vortrag seiner beiden Töchter als „Schwyzerinnen" in Verse gebracht, ebenso wie den Auftritt der zwei kleinen Wuppermann-Söhne in ländlicher Tracht und das darauf bezogene Lied über den Niederreidenbacher Hof.

Als die Festtafel gegen 19.30 Uhr aufgehoben wurde, um den Kaffee in anschließenden Räumen zu nehmen und den Herren die Gelegenheit zum Zigarrenrauchen zu geben, hatte das Brautpaar kurz zuvor, ohne Aufhebens zu machen, bereits den Saal verlassen. Die Hochzeitsgesellschaft feierte nun bei flottem Tanz weiter, stärkte sich noch einmal an einem kalten Büffet, das dem Zeitgeschmack gemäß vor einem illuminierten Rheinpanorama aufgebaut war, und blieb bis Mitternacht zusammen. Johannes Ahlmann vermerkte, dass die Annäherung zwischen beiden Familien mit fortschreitendem Abend zunehmend freundlicher und wärmer wurde. Am folgenden Nachmittag gab Josef Braun einen Abschiedskaffee auf einer Rheinterrasse, der mit einem fröhlichen Beisammensein den gelungenen Schlusspunkt unter die festlichen Kölner Tage setzte.

Währenddessen war das Brautpaar schon am Ziel der dreiwöchigen Hochzeitsreise angekommen, in Bellaggio am Comer See. Julius Ahlmann schrieb nach einer Woche ein Lebenszeichen an die Eltern, allerdings erst zwei Tage nach dem gewohnten Sonntagsbrief: „8 Tage im Eheglück habe ich schon genießen dürfen, es gefällt mir vorzüglich. Unter großer Spannung gehen Käte und ich an das Lesen der zahlreichen Grüße aus Köln und auch aus Rendsburg. Hier ist es zur Zeit ganz wunderbar in jeder Beziehung, noch nicht zu warm, dazu die Natur in entwickelter schönster Pracht. Wir planen Abstecher nach Mailand, Genua und Venedig. Nun winkt der See ...“[32]

Das junge Ehepaar bezog am 20. Juni 1914 die neue Wohnung auf der Carlshütte. In seiner Abwesenheit hatten Kätes Schwestern, Magdalene Wuppermann und Luise Braun, das Einrichten übernommen und waren von der Geräumigkeit begeistert. „Wie kommen die herrlichen Möbel in den Prachtzimmern zur Geltung! Die Möbel sind so stabil, schön im Holz und so vornehm gearbeitet, dass jeder seine Freude daran haben muß. Die Diele solltet Ihr sehen! Der reine Tanzsaal!“, schrieb Luise einen mit Ausrufungszeichen übersäten Brief nach Köln. Besonders gefiel ihr, dass sie nicht auf Handwerker zu warten brauchten, sondern Tischler, Elektriker und Packer einfach über Telefon aus dem Betrieb ohne Zeitverzug herbeiholen konnten. Unter diesen Umständen sei das Einrichten reine Freude und keine anstrengende Arbeit.[33]

Käte und Julius Ahlmann blieben in diesem Sommer 1914 genau acht unbeschwerte Tage, in denen die Jungverheirateten Fahrradtouren machten und Schiffsausflüge auf dem Kanal. Sie hatten vollkommen freie Bahn, denn die Eltern verbrachten einen kurzen Urlaub im Harz.[34] Am 28. Juni wurden in Sarajewo der österreichische Thronfolger Franz Ferdinand und seine Frau ermordet. Am 26. Juli, bei der Rückkehr vom Heidberg, wo das geplante Haus mit Baumeister und Brunnenbohrer besprochen worden war, fanden Vater und Sohn Ahlmann auf der Carlshütte Telegramme vor, die auf einen baldigen Kriegsausbruch hindeuteten. Trotzdem wurden am 28. Juli noch 750 Badewannen nach Hull und London verladen. Zwei Tage später bezogen Soldaten als Bewachung Stellung an Kanalschleusen, Eisenbahnbrücken und Unterführungen.

Am Morgen des 1. August, einem Sonnabend, traf auf der Carlshütte überraschend Josef Braun mit den Töchtern Luise und Linu ein. Ihr Schiff war auf der Fahrt nach Sylt vor Helgoland gestoppt und in den Hamburger Hafen zurück beordert worden. Um 18.30 Uhr brachte ihnen Julius Ahlmann, der bis dahin gemeint hatte: „Bluff, es ist alles nur Bluff!", die Nachricht von der um 17 Uhr in Berlin verkündeten Mobilmachung,[35] die „wie ein Blitz einschlug". Brauns erreichten den letzten Zug nach Köln, danach war jeder Bahnverkehr für Zivilpersonen gesperrt. Käte und Julius Ahlmann packten und ordneten seine Sachen. Am Sonntag ließ das Rendsburger Militär auf der Carlshütte bis in den späten Abend seine Säbel schleifen, um sie für den Kampfeinsatz scharf zu machen. Am Montagmorgen, 3. August, zog Reserveleutnant Julius Ahlmann in feldgrauer Uniform in den Krieg. Er sah sehr ernst in die Zukunft. Sein Vater bewunderte den Sohn und bedauerte die Schwiegertochter: „Arme Käte!"[36] Der Krieg sollte über vier Jahre dauern.

Ernste Mienen im Kriegszeiten. Julius Ahlmann in feldgrauer Uniform trägt das Eiserne Kreuz II. Klasse, mit dem er im Oktober 1914 für seine „hervorragende Tapferkeit" an der Westfront ausgezeichnet wurde

Krieg

Immerhin konnte Julius Ahlmann die Bahnfahrt zum Standort seines Regiments nach Koblenz in Begleitung seines Rendsburger Freundes Hermann Eggers machen, der noch weiter südlich nach Karlsruhe musste. Die beiden Reserveoffiziere waren Teil einer riesigen Militärmaschinerie, die sich nach lange ausgearbeiteten Plänen in Gang setzte. Zwei Millionen deutsche Männer wurden einberufen, erhielten in ihren Garnisonsstädten Waffen und Ausrüstung, dann erfolgten Verladung und Transport zu Sammelpunkten an den Grenzen.[37] Deutschland musste in einem Zwei-Fronten-Krieg gegen Frankreich und Russland kämpfen, und am 4. August stellte sich England auf die Seite der Gegner. Die Befürchtung, dass Kampfhandlungen in Schleswig-Holstein stattfinden könnten, wurde durch die Neutralitätserklärung

Dänemarks bei Kriegsausbruch beseitigt. Auch die anfänglich erwartete englische Invasion an der Nordseeküste erfolgte nicht.[38] Als noch damit gerechnet wurde, hatte Käte Ahlmann entschieden den Wunsch ihres Mannes zurück gewiesen, sich in weniger gefährdete Gebiete Deutschlands zu begeben.[39]

In Rendsburg war das heimische Infanterieregiment Nr. 85 am 7. August ausgerückt, wie überall unter Begeisterung der Bevölkerung, die sich in nationaler Hochstimmung befand.[40] Weitere Einheiten wurden in den folgenden Tagen aus Reservisten und Freiwilligen zusammen gestellt. Gymnasiasten und Zivilisten packten auf dem Paradeplatz Sanitätswagen, eine größere Anzahl Frauen, durch Zeitungsanzeigen aufgefordert, half bei „ungefährlichen Munitionsarbeiten" im Artilleriedepot.[41] Die Verladungen der Truppen wurde wegen des dafür benötigten großen Platzes an der Bahnrampe von Thormanns Holzlager vorgenommen, direkt neben der Carlshütte. Die Direktion ließ einen Kiosk aufstellen, an dem sich die Soldaten während der Wartezeit umsonst Kaffee und belegte Brote holen konnten. Käte Ahlmann sorgte dafür, dass die Krieger, wie in jenen Tagen üblich, blumengeschmückt ins Feld zogen.[42] Seitdem ihr Mann fort war, half sie in der Buchhaltung des Werks aus.[43]

Von den 900 Beschäftigten der Carlshütte waren 320 Arbeiter und Angestellte sofort eingezogen worden, auch der technische Direktor Rudolph Meyn. Sein Vater Wilhelm kam daraufhin aus dem Ruhestand zurück und wurde wieder Vorstandsmitglied, um zusammen mit dem kaufmännischen Direktor die vorgeschriebene zweiköpfige Unternehmensleitung zu gewährleisten, obwohl die Last der Verantwortung fast vollständig auf Johannes Ahlmann ruhte.[44] Sie war sehr schwer: „Die Sorge um das Werk und das ununterbrochene Abschiednehmen machten mich so caput, dass ich zum ersten Mal in meinem Leben das Gefühl der Nervosität hatte."[45]

Da der Versand wegen der Militärtransporte im ersten Kriegsmonat völlig zum Erliegen gekommen war, arbeitete der Betrieb zwischenzeitlich nur an drei Tagen in der Woche. Nach Beruhigung der Verkehrsverhältnisse konnte aber wegen laufender Einberufungen und der Abziehung von Fachkräften in Staatswerkstätten die Produktion nicht erhöht werden. Etwas Entlastung brachte die Einstellung von Frauen, wenn sich auch zeigte, dass die Arbeit in der Gießerei für sie zu schwer war. Aufträge lagen reichlich vor. Badewannen, Waschkessel und Öfen wurden vornehmlich für Lazarette benötigt. Es bestand auch wieder die Möglichkeit zu Lieferungen in die neutralen Länder Holland und Dänemark.[46] Schon in dieser ersten Phase des Krieges machte sich aber für die Carlshütte ein zunehmender Rohstoffmangel bemerkbar, besonders an Öl, wie der Rendsburger Landrat Brütt dem Regierungspräsidenten in Schleswig in einem Bericht über die Lage der Wirtschaft in seinem Kreis meldete.[47] Doch dieses Problem galt für ganz Deutschland und weitete sich ab Spätherbst 1914 durch die verstärkte englische Schiffsblockade erheblich aus.[48]

Noch im siebenten Kriegsmonat war das Kontor der Carlshütte gut besetzt, wie diese Aufnahme vom 10. Februar 1915 zeigt.

Für die Angehörigen der eingezogenen Mitarbeiter – Mitte August 1914 handelte es sich um 215 Ehefrauen und 414 Kinder – setzten sofort Hilfsmaßnahmen ein.[49] Es gab pro Woche einen bestimmten Betrag pro Kopf, sehr Bedürftige erhielten zusätzlich Gutscheine für die Konsumanstalt. Außerdem wurde die Miete in den werkseigenen Wohnungen erlassen, wie ein Zeitungsbericht ausführlich darstellte.[50] Dann setzten die Arbeiter der Carlshütte auf eigene Initiative unter sich eine Spendenaktion für die Familien ihrer Kollegen im Feld in Gang, die erhebliche Beträge brachte.[51] Eine minimale Grundversorgung gab es sowieso, denn der Kreis Rendsburg war zur Unterstützung von Angehörigen der Einberufenen gesetzlich verpflichtet und musste in den ersten fünf Kriegsmonaten dafür 600.000 Mark aufbringen. Ein Jahr später summierten sich die Zahlungen schon auf 1,4 Millionen Mark, während sie 1918 schließlich 3,5 Millionen Mark betrugen.[52]

Käte Ahlmann ließ alle ihr nur erreichbaren Informationen über die Entwicklungen auf der Carlshütte, das lokale Geschehen, Meldungen, Gerüchte und persönliche Meinungen über die Kriegsereignisse ihrem Mann zukommen. Sie schrieb „Jules" täglich, zuerst an den Garnisonsstandort nach Koblenz, später über Feldpost.

Der 33-jährige Reserveleutnant machte den deutschen Vormarsch gegen Frankreich nicht bei seinem Regiment, sondern bei der schweren Artillerie-Munitionskolonne mit, die den kämpfenden Truppen folgte. Er konnte noch am 20. August beruhigende Grüße aus Diekirch in Luxemburg schicken und kam erst während der Marne-Schlacht vom 5. bis 12. September nach vorn, wo er seinem Schwager und Regimentskameraden Carl Wuppermann begegnete. Nach den schweren Verlusten an Offizieren bei dem fehlgeschlagenen deutschen Angriff wurde Julius Ahlmann dann für den Fronteinsatz angefordert und im Spätherbst mit seinem Bataillon in heftige Artilleriegefechte verwickelt, die einen Durchbruch der Franzosen in diesem Abschnitt verhinderten.[53] Am 16. Oktober 1914 erhielt er das Eiserne Kreuz II. Klasse.[54]

Zehn Tage später bekam Käte Ahlmann den Brief ihres Mannes mit dieser Mitteilung, von ihm „einfach nebenbei erwähnt", wie sie meinte. Natürlich war sie sehr stolz auf die angesehene Kriegsauszeichnung und glücklich: „Papa müßtest Du sehen!" Doch für sie hatte dieser 26. Oktober andere, wichtigere Bedeutung: „Zuerst mal einen recht, recht lieben Kuß in Erinnerung an das vorige Jahr (Verlobungstag). Hoffentlich sind wir am 26.10.1915 hier glücklich vereint und können über die ganze schreckliche Kriegszeit schon mit ruhigen Gefühlen weggucken. Heute darf ich Dir auch wohl in Anbetracht des Tages mal danken, mein Jules, für all das Liebe, das Du mir in dem Jahr getan und gebracht hast, und wie herzlich!"[55]

Die Veröffentlichung über die Ordensverleihung in der Rendsburger Lokalzeitung mit dem Zusatz „für hervorragende Tapferkeit vor dem Feind"[56] rief viele Gratulanten bei den Eltern und auch bei Käte Ahlmann auf den Plan. Nach der Weitergabe der Glückwünsche bereitete sie ihm, der fernab von Büdelsdorf und der Carlshütte in Frankreich an der Front kämpfte, eine besondere Freude: „Den allergrößten Eindruck machte Deine Tat aber den Beamten und Arbeitern, ich werde geradezu schon mit Ehrfurcht und Scheu betrachtet. Ich glaub', es ist aber auch schön für Dich ihnen gegenüber, wenn Du wieder da bist. Sie fragen stets so rührend nach Dir."[57]

Familie und Führerschein

Obwohl sie die Anteilnahme freute, fühlte sich die junge Frau dort im Norden jedoch fremd, allein und einsam, auch wenn sie ihr Befinden in den Briefen an ihren Mann durch Munterkeit und Zuversichtlichkeit zu überspielen versuchte. Käte Ahlmann hatte mit Julius genau 43 gemeinsame Tage in ihrem neuen Heim auf der Carlshütte verbracht, viel zu wenig Zeit, um sich einzugewöhnen und eine nähere Beziehung zu dem Ort und den Menschen zu bekommen. Sie hielt vor allem Kontakt zu Johannes Ahlmann, von Begegnungen oder Gesprächen mit der Schwiegermutter Wilhelmine berichtete Käte in den Briefen an ihren Mann kein Wort. Wenn die Naturen der Menschen verschieden seien, gestalte sich ein Austausch schwierig, umschrieb sie vorsichtig das Verhältnis.[58]

Schwager Otto, mit dessen Rückkehr nach Deutschland fest gerechnet worden war,[59] hatte gleich nach Kriegsausbruch die über das neutrale Dänemark mögliche Nachrichtenverbindung genutzt und den Eltern durch den Onkel in Fredericia und die Verwandten Ohlsen in Kopenhagen mitteilen lassen, er wolle in Armitage bleiben.[60] Er schien aber nicht berichtet zu haben, dass er im Begriff stand, als Engländer naturalisiert zu werden.[61] Otto Ahlmann besaß damit in seinem 35-jährigen Leben nach der dänischen und der deutschen schon die dritte Staatsbürgerschaft. Von dieser Entwicklung ahnte seine Schwägerin Käte nichts. Sie brandmarkte wiederholt im Tenor der Zeitungen die „perfiden Engländer" als Heuchler, Verräter und Nattern, denen sie „gemeine Kriegstaten" vorwarf, und bedauerte Otto zutiefst, weil er gezwungen war, unter den verhassten Feinden auszuharren.[62] Gegen Franzosen oder Russen ereiferte sie sich in dieser vehementen Weise nicht.

Machte sich Käte Ahlmann auch Gedanken über das Schicksal ihres Schwagers, ihre Sorge galt in erster Linie ihrem Mann und dann ihrer eigenen Familie. Kaum war der Bahnverkehr für die Zivilbevölkerung wieder frei gegeben, hatte sie in Berlin bei ihrer Schwester Magdalene Wuppermann mit den drei kleinen Kindern nach dem Rechten gesehen, deren Mann ebenfalls im Feld stand. Als Fahrtberechtigung benötigte sie einen Ausweis mit Fotografie, den ihr der Büdelsdorfer Amtsvorsteher Heinrich Tödt ausstellte.[63] Weitere Umständlichkeiten ergaben sich dadurch, dass nur Militär über die Kanalhochbrücke fahren durfte. Die anderen Reisenden mussten in Rendsburg oder Osterrönfeld die Züge verlassen und sich anfangs selbst darum kümmern, wie sie an das andere Ufer gelangten, um bei der jeweils nächsten Station auf der Nord- oder Südseite wieder den Zug zu besteigen. Automobile und Wagen seien an den Bahnhöfen vorhanden, hieß es in der Mitteilung. Erst ab 9. September 1914 stellte die Bahn für den Transport kostenlos Fuhrwerke zur Verfügung.[64] Käte Ahlmann

Die Rendsburger Drehbrücke, über die im Krieg Zivilpersonen den Kanal überqueren mussten, da die im Hintergrund erkennbare Eisenbahnhochbrücke aus Sicherheitsgründen Militärtransporten vorbehalten war

Diesen Ausweis, ausgestellt vom Büdelsdorfer Amtsvorsteher, benötigte Käte Ahlmann, um während des Krieges reisen zu können

benutzte die Rendsburger Straßendrehbrücke, um auf die Südseite des Kanals zu kommen, und bestieg am 29. August in Osterrönfeld den Zug.

Am nächsten Tag schrieb sie ihrem „Jules" bereits aus Berlin, grüßte ihn von seinem „süßen Patenkind" Aline, die nun mit zehn Monaten stehen konnte. Im Zusammensein und beim Austausch mit Magdalene blühte Käte auf und verfasste begeisterte Schilderungen über die Hochstimmung, die am 31. August nach dem Sieg über die Russen bei Tannenberg vor dem Schloss und auf der Straße „Unter den Linden" herrschte: „Der armen Kronprinzessin wird Tag und Nacht keine Ruhe gelassen, immer und immer wieder muß sie sich bei den großen Ovationen vor dem Palais auf dem Balkon zeigen."[65] Logenplätze bei den Verwandten in der Weinstube Habel hatten die beiden Schwestern am 2. September, als „Unter den Linden" das Militär vor der dicht gedrängten Menschenmenge Spalier bildete und als erste Kriegstrophäen zahlreiche erbeutete französische, belgische und russische Kanonen unter schmetternder Marschmusik zum Schloss gefahren wurden.[66] Wenngleich Käte Ahlmann zu diesem Zeitpunkt noch immer fest mit der baldigen Einnahme von Paris rechnete, mischten sich in die Siegeseuphorie angesichts der ostpreußischen Flüchtlinge in Berlin, „viele im entsetzlichen Zustand", ernste und auch kritische Bedenken. Bei früherer Benachrichtigung der Zivilbevölkerung wäre eine geordnete Evakuierung möglich gewesen und das Chaos hätte verhindert werden können.[67]

Während Magdalene mit den Kindern von ihrem Schwager Theodor Wuppermann aus Berlin nach Schlebusch bei Leverkusen geholt wurde, machte Käte nur einen kurzen Abstecher auf die Carlshütte, „um die häuslichen Verhältnisse zu ordnen", und fuhr am 13. September nach Köln. Vor ihrem Mann glaubte sie sich für die vermeintliche Fahnenflucht von der Carlshütte rechtfertigen zu müssen. Auf dem Kontor sei sie doch mit Leichtigkeit zu entbehren, auch wirklich nicht mehr nötig dort, und habe es zum Schluss lediglich als Spielerei empfunden. Er nehme es ihr doch wohl nicht übel, dass sie sich für ein paar Wochen im Elternhause aufhalte, zudem die Entfernung zu ihm doch dann soviel näher sei, auch könne sie dort mehr über die Lage hören.[68] In Berlin hatte Käte Ahlmann gemerkt, dass andere Quellen genauere und zum Teil gegensätzliche Informationen vermittelten als die Zeitungen, die noch immer von Siegen im Westen berichteten. Dabei war der große Feldzugsplan, der die schnelle Beendigung des Krieges hätte bringen sollen, schon in jenen ersten Septembertagen durch den deutschen Rückzug von der Marne gescheitert.[69]

In Köln fand Käte ihren Vater zwar etwas magerer geworden, aber in guter Stimmung vor. Am Rhein war sie tatsächlich näher am Kriegsgeschehen. Fast täglich konnte sie französische Flugzeuge über der Stadt beobachten, nachts wurde die Straßenbeleuchtung gedämpft und Scheinwerfer suchten den Himmel ab.[70] Obwohl eine dicht bewohnte Großstadt, galt Köln zugleich als wichtige Festung mit einem breiten Verteidigungsgürtel und starker militärischer Besatzung und war der entscheidende Verkehrsknotenpunkt für den Nachschub an die Front in Belgien und Nordfrankreich.[71] Die zahlreichen Kölner Lazarette nahmen die im Feld nur notdürftig versorgten Verwundeten auf, und wie überall in Deutschland sahen gerade Frauen aus der besseren Gesellschaft in der Pflege ihre patriotische Pflicht, zu der Kaiserin Auguste Viktoria am 6. August 1914 in einem flammenden Appell aufgerufen hatte.[72] Über eine im Lazarett tätige Freundin erfuhr Käte Ahlmann von einem durch Granatsplitter verwundeten Arbeiter der Carlshütte, der sich bei ihrem Besuch strahlend freute und alles über ihren Mann und den Betrieb wissen wollte.

Mit dem Bericht über diese Begegnung leitete sie den Brief vom 17. Oktober 1914 an ihren Mann ein, um ihm dann als Überraschung zu verkünden, dass sie an diesem Tag folgenden Ausweis erhalten hatte: „Frau Ahlmann, Catharina, ist auf Grund der vor dem amtlich anerkannten Sachverständigen Herrn Dipl. Ingenieur Trübe in Cöln am 16ten Oktober 1914 abgelegten Prüfung ermächtigt, einen Kraftwagen mit (Motor) Verbrennungsmaschine Klasse 3 b zu fahren. Cöln, den 17. Oktober 1914, Polizeipräsident, Regierungspräsident etc.“. Käte bat Julius, sich mit der Tatsache erst einmal abzufinden und versicherte ihm, er brauche sich nicht zu beunruhigen. Kokettierend fügte sie hinzu: „Aber siehst Du, eine Rheinländerin zu heiraten, ist immer etwas gewagt!“ Und schließlich erinnerte sie, um ihn noch versöhnlicher zu stimmen, an ein entscheidendes gemeinsames Erlebnis: „Heute vor einem Jahr saßen wir im Rosenkavalier ...“.[73]

Obwohl in Deutschland eine Frau im Jahr 1909 die erste Führerscheinprüfung abgelegt hatte, es in Frankreich und England schon längst „Chauffeusen“ gab, hing den autofahrenden Damen ein Ruch der Exzentrik und des Abenteuers an. Das Kraftfahrzeug war 1914 zwar schon längst gängiges Verkehrsmittel, doch immer noch schwer zu handhaben und technisch sehr anfällig. Autofahren stellte eine Männerdomäne dar, in die nun selbstbewusste Frauen aus dem vermögenden

Bürgertum eingebrochen waren, die sich an starre Konventionen und die ihnen vorgegebene Rolle nicht mehr gebunden fühlten, für die das Automobil zum Symbol und zum Vehikel von Freiheit und Rechten wurde.[74] Dass Käte Ahlmann diese Gedankengänge durchaus vertraut waren, machte der Gruß zum Abschluss der Schilderung deutlich, die sie ihrem Mann über den „Auto-Kursus" gab: „Deine emanzipierte Frau".[75]

Luise und sie hatten den Entschluss zu dem Unternehmen, das an sich schon ungewöhnlich war und noch dazu mitten im Krieg, gemeinsam gefasst. Einen besonderen Anlass dafür schien es nicht gegeben zu haben. Aufgrund eingehender Erkundigungen entschieden sich die Schwestern für die „Chauffeurschule" des Ingenieurs Bruno Röhrig in Köln-Kalk, der noch eine Werkstatt und den Verleih von Luxuswagen betrieb.[76] Auch seine Frau, Käte Ahlmann klassifizierte sie gesellschaftlich als Offizierstochter, war geprüfte „Fahrmeisterin" und zur Ausbildung berechtigt. Die Schülerinnen lernten nicht nur fahren, „im dichtesten Gewühl über die Hohe Straße und um den Dom herum", sondern mussten sich auch, „ölbefleckt", in praktischer Arbeit mit dem Motor vertraut machen. Für die erste selbständige Fahrt durch die belebte Kölner Innenstadt kauften sich die beiden jungen Frauen Brillen, um nicht erkannt zu werden, fielen natürlich aber trotzdem auf. Nach drei Wochen Unterricht bestand Käte Ahlmann die Fahrprüfung problemlos und meisterte noch die zusätzliche Schwierigkeit, dabei ein ihr völlig unbekanntes Auto lenken zu müssen, da der gewohnte Wagen einen Defekt hatte. Die Theorie sei nicht der Rede wert gewesen. Am 20. Mai 1957 verlieh die Bundesverkehrswacht Käte Ahlmann die „Goldene Anstecknadel mit Eichenkranz" für vierzig Jahre unfallfreies Fahren.[77]

Damals im Spätherbst des ersten Kriegsjahres war die Anschaffung eines eigenen Autos, das übrigens soviel wie ein Wohnhaus gekostet hätte,[78] in den Briefen an ihren Mann kein Thema. Sie bemühte sich vielmehr, Julius behutsam mit ihrem Entschluss vertraut zu machen, Weihnachten und den Winter in Köln zu verbringen und warb um Verständnis und Mitgefühl. Die „Solitude" von August und September, die Einsamkeit nach seinem Fortgehen, stände ihr noch zu sehr vor Augen. Seine Eltern bedauerte sie zwar, „aber das Alleinsein ist ihnen ja eigentlich kein Angang, wie jemand von uns". Außerdem betrachte sie es als ihre Pflicht, Weihnachten in Köln zu sein, „in Friedenszeiten wäre es ja auch so gewesen". Magdalene und die Kinder kämen ebenfalls nach Hause.[79]

Immerhin widmete sich Käte Ahlmann während der kurzen Wochen im Norden, der auf sie so unfreundlich wirkte, noch dem großen Garten, bearbeitete ihn, „trotz mannigfacher Zuschauer", und plante eine umfassende Neugestaltung für das Frühjahr mit Apfelbäumen, vielen Blumenstauden, Küchenkräutern und einer großen Rasenfläche.[80] Dann half sie beim Packen von Liebesgaben an die im Feld stehenden Arbeiter der Carlshütte und beging am 5. Dezember ihren Geburtstag zusammen mit den Schwiegereltern. Nach der Übergabe ihrer Wohnungsschlüssel an Johannes Ahlmann, „für den Fall einer Invasion", ließ die nun 24-jährige Büdelsdorf und Rendsburg am 12. Dezember erst einmal für Monate hinter sich.[81]

Käte fuhr auch ihrem „Jules" entgegen, mit dem sie vor Weihnachten ein paar Tage in Köln verbringen konnte, bevor er wieder an die Front musste. „Jedenfalls ist's doch sicher, daß in einem Jahr der Weltfriede wieder hergestellt ist, das muß ja die Hauptbetrachtung sein, dieses Weihnachten", meinte sie zuversichtlich am Heiligabend 1914.[82] Während sie diese hoffnungsvollen Worte an ihn schrieb, befand sich Leutnant Julius Ahlmann mit seinem Artillerie-Bataillon im Mittelpunkt einer der heftigsten Abwehrschlachten dieses Winters in der Champagne,[83] die trotz der Festzeit tagelang mit erbitterte Härte geführt wurde und auf deutscher wie französischer Seite eine Vielzahl von Todesopfern forderte, die in die Tausende gingen. „Furchtbare Verluste von Menschenleben in einem furchtbaren Kampf, der nun schon über zwei Wochen geht", mussten die Eltern im Silvesterbrief ihres Sohnes lesen.[84]

Johannes Ahlmann trug an diesem 31. Dezember 1914 in sein Tagebuch ein: „Hiermit schließt eines der schwersten Jahre unseres Lebens". Der Direktor der Carlshütte, auf dem Verantwortung und Sorgen schwer lasteten und dessen überlegte und sichere Haltung unter den Ansturm der Ereignisse bei Kriegsausbruch ins Wanken geraten war, befand sich inzwischen aber wieder im seelischen Gleichgewicht. Er selbst führte diesen Umstand auf den musischen und menschlichen Kontakt mit Max und Thora Lehment zurück, eine Verwandte von der Seite Olde. Der 36-jährige Jurist war Mitte August 1914 an das Rendsburger Amtsgericht versetzt worden.[85] Beide Lehments waren von hoher Musikalität. Max spielte vorzüglich Violine und Thora glänzte als Pianistin. Sie nahmen ihn und seine Geige, wie Johannes Ahlmann sich ausdrückte, „mit ins Schlepptau" und brachten ihm Musik und Freude ins Haus.[86] Generationen beider Familien blieben auf dieser Basis über Jahrzehnte freundschaftlich eng verbunden.

Marlene

Zwar hatte Käte Ahlmann nun mehrere hundert Kilometer zwischen sich und die Carlshütte gelegt, musste aber bald verblüfft feststellen, dass sie von dort nicht losgelassen wurde. Der diplomatisch kluge Johannes Ahlmann war auf eine besondere Form der Kommunikation gekommen, um seiner Schwiegertochter Bindungen bewusst zu machen. Käte zeigte sich nicht gerade erfreut: „Ist es nicht fast jeck zu nennen, ich bekomme täglich hierher das Rendsburger Hauptorgan!" Doch weil es eine dringende Bitte und ein Herzenswunsch von Papa gewesen sei, habe sie bei der Zusendung des Tageblatts nachgegeben.[87] Von einem vergleichbaren Einlenken konnte jedoch keine Rede sein, als sie durch ein Schreiben ihres Büdelsdorfer Dienstmädchens erfuhr, dass Wilhelmine Ahlmann in der Wohnung des jungen Paares etwas hatte umstellen lassen. Die 24-jährige verbat sich dieses Eindringen in ihren Haushalt ganz entschieden und in scharfer Form. Den Tränenausbruch ihrer Schwiegermutter aufgrund dieses Briefes nahm sie zwar zur Kenntnis, nichts aber zurück, und stellte gegenüber Johannes Ahlmann klar: „Auch in Zukunft werde ich mir das Recht vorbehalten, meine Meinung frei zu äußern."[88]

Ansonsten tauchte die junge Frau in das ihr vertraute Leben in Köln ein, das durch den Krieg bisher nur wenige Veränderungen erfahren hatte. Sie nahm wieder Gesangsstunden, besuchte mit Vater und Schwestern Konzerte im Gürzenich und beteiligte sich an der Ausgestaltung der großen Wintergesellschaft, deren Tradition in der Von-Werth-Straße auch im Januar 1915 noch aufrecht erhalten wurde.[89] Käte unterließ es, das dabei Gebotene ihrem Mann zu schildern, der an der Front über eine Sendung von zusätzlicher Butter und Marmelade sehr dankbar war.[90] Dafür berichtete sie ausführlich von einem Unterhaltungsabend, den sie mit Luise und Linu Ende Februar in einem Lazarett vor verwundeten Soldaten veranstalten wollte. Neben Rezitationen und Klaviervorträgen sah das Programm einige von ihr gesungene anspruchsvollere Lieder von Franz Schubert und Robert Schumann vor.[91]

Am 24. Februar 1915 sandte seine Frau „Herrn Oberleutnant" Julius Ahlmann herzliche Glückwünsche zur Beförderung. Der Schulkamerad und Freund Ferdinand Möller, inzwischen als Nachfolger des Vaters Chefredakteur des „Rendsburger Tageblatts",[92] schrieb ihm aus diesem Anlass einen langen Brief. Noch vor die persönliche Gratulation setzte Möller erhebende patriotische Formulierungen, die mit ihrem Tenor ebenso in einem seiner meinungsbildenden Leitartikel aus diesen Tagen hätten stehen können, was aber auf fast alle deutschen Zeitungen zutraf: „Mit besonderer Teilnahme gedenken wir in der Heimat Zurückgebliebenen derer, die im Felde für des Vaterlands Bestand und Ehre kämpfen. Wir begleiten sie bei allen ihren schweren Taten im Geist und freuen uns der Erfolge, mit denen oft wochenlanges Ringen gekrönt wird."[93]

Während eines einwöchigen Urlaubs Anfang März kam es zu einem ersten Wiedersehen mit den Eltern seit Kriegsbeginn. Von Köln aus fuhr Julius mit Käte für einen Tag nach Hamburg. Um ihn voll auszuschöpfen, benutzten sie Nachtzüge. Johannes und Wilhelmine Ahlmann freuten sich über den gesund und gut aussehenden Sohn, der ihnen aber sehr ernst erschien. An diesem 3. März 1915 war nur das Beste gut genug: Mittagessen im exklusiven Nobelrestaurant Ehmcke, Kaffee im damals sehr gepflegten Alsterpavillon und dann das Familiendiner im feudalen Grandhotel Atlantic an der Außenalster. Zwischenzeitlich ließen Johannes Ahlmann und Käte taktvoll Julius und seine Mutter für ein Zwiegespräch allein.

Wichtige, vorher abgesprochene Termine hatten am späten Vormittag auf dem gedrängten Tagesprogramm gestanden. Oberleutnant Ahlmann, Träger des Eisernen Kreuzes, stattete den einflussreichsten, in Hamburg wohnenden Aufsichtsratsmitgliedern der Carlshütte Besuche ab: dem Vorsitzenden Claas W. Brons und Jacob C. Lafrenz.[94] Die Weichen für die berufliche Zukunft wurden gestellt, wenn auch keiner wusste, ob es sie für den Frontoffizier überhaupt geben würde. Der Vater verdrängte seine Sorgen und Ängste um den Sohn und vertraute seine Befürchtungen nicht einmal dem Tagebuch an. Seinen Bericht über das Zusammensein in Hamburg schloss Johannes Ahlmann mit der bangen Frage, ohne aber die schlimmste Möglichkeit zu erwähnen: „Wann und wie werden wir uns wiedersehen?"

Feldartillerie bringt ein Geschütz an der Front in Stellung

Vorerst gab es von ihm jedoch nur gute Nachrichten. Anstelle eines verwundeten Hauptmanns bekam Julius Ahlmann noch im März das leitende Kommando eines Batterieführers,[95] was eine bedeutende Beförderung darstellte, wurde mit seiner Abteilung von der Front abgezogen und in eine Reservestellung bei Sedan verlegt. Ab Mitte Mai stand er dann jedoch in Nordfrankreich bei Arras englischen Truppen gegenüber, die ihm angenehmer als die Franzosen waren, sich aber während der Loretto-Schlacht als ebenso kampfstark erwiesen: „Augenblicklich tost und tobt draußen wieder ein gewaltiger Tanz, Tag und Nacht ein Feuerüberfall nach dem anderen", schrieb der Sohn seinen Eltern am Pfingstsonnabend 1915.[96] Noch bis Ende Juni dauerten die heftigen Kämpfe in diesem Frontabschnitt an, und Julius Ahlmann hatte großes Glück, dass er gerade nicht an dem Tag auf seinem üblichen

Beobachtungsposten im Schützengraben war, als dieser von der feindlichen Infanterie überrannt wurde.[97]

Grund zum Glücklichsein und zur Dankbarkeit gab es für ihn ohnehin. Inzwischen wusste er, dass seine Frau ein Kind erwartete, „daß wir beide Ende des Jahres um einen lieben kleinen Schatz reicher sind", hatte sie ihm als Osterüberraschung mitgeteilt.[98] Zuvor war Käte in Begleitung von Linu für vierzehn Tage nach Büdelsdorf gekommen, um dort die Frühjahrsbestellung des großen Gartens vorzunehmen. Auf der Durchreise nahmen sich die Schwestern Zeit für einen Besuch in der Hamburger Kunsthalle und fuhren dann nach Rendsburg über Elmshorn, wo die gelernte Gärtnerin den Inhaber einer Baumschule mit ihren botanischen Kenntnissen und passenden lateinischen Fachausdrücken beeindruckte. Zwar herrschte an Eider und Kanal frische Kälte mit häufigem Schneetreiben, doch die geplanten Arbeiten konnten erledigt werden.[99] Für eine wärmere Atmosphäre sorgte die Anwesenheit Linus, die den musikalischen Zirkel mit ihrem hervorragenden Klavierspiel sehr bereicherte und in ihrer munteren, natürlichen Art die besondere Zuneigung Johannes Ahlmanns gewann.[100]

Die komplette Familie Braun, die vier Schwestern, der Senatspräsident und die drei kleinen Kinder von Magdalene Wuppermann, verbrachte ihre Sommerfrische 1915 in Büdelsdorf, die zwar etwas verregnet war, doch viel Entspannung und Erholung bot. Es gab Ausflüge auf den Heidberg, für die Kölner eine erlebnisreiche Fahrt über Flensburg und mit dem Dampfer weiter nach Gravenstein, und es wurde natürlich viel musiziert. Daneben weckte Käte inzwischen ein, was der Garten an Früchten hergab. Umgeben vom Kreis ihrer Angehörigen, konnte sie in diesen langen Wochen auf einmal Ruhe und Stille des Ortes als angenehm empfinden, fühlte sich angesteckt von der „Behäbigkeit" der Menschen, die auch bei ihr die Gedanken an den Krieg zurück drängte. Sonst hatte sie in den Briefen an ihren Mann regelmäßig und ausführlich die Weltlage kommentiert, nun war die Erwartung ihres Kindes wichtiger: „Es ist recht eigen, dies alles zum ersten Mal zu erleben."[101]

Trotz ihrer besonderen emotionalen Befindlichkeit in dieser Zeit behielt Käte Ahlmann klaren Überblick, wie sie überhaupt in gefühlsmäßig bewegenden Situationen, als Beispiel sei die Verlobung erwähnt, sehr sachlich und überlegt agierte. Schon lange vor dem Geburtstermin stand für die werdende Mutter fest, dass sie auf jeden Fall ihr erstes Kind in einer Kölner Klinik unter der Betreuung eines fähigen Gynäkologen bekommen wollte. Dem kriegsbedingt „traurigen Rest" der Rendsburger Ärzte misstraute sie zutiefst und lehnte es ab, sich und das Baby diesen Gefahren auszusetzen. Außerdem wäre sie in Büdelsdorf, abgesehen von den Eltern, doch sehr verlassen. Und dann holte Käte in diesem Brief an Julius zu einem kleinen Seitenhieb auf das nördlich orientierte Selbstverständnis ihrer angeheirateten Familie aus: „Diebischen Spaß macht mir übrigens, auch Dir gegenüber, daß unser Kleiner auf diese Weise ein „kölsches" Kind wird, denn das wird doch von allem, was den Namen Ahlmann trägt, ein bißchen als Verbrechen empfunden."[102]

Entgegen Kätes Zeitplanung, eigentlich hatte sie erst nach dem eigenen Geburtstag damit gerechnet, kam Marlene schon am 2. Dezember 1915 morgens um 7.45 Uhr im Westsanatorium in Köln-Lindenthal zur Welt. Die kleine Tochter wog siebeneinhalb Pfund und war laut der glücklichen Mutter rundlich, mit dicken Bäckchen, und vollkommen gesund. In der Kopfform komme das winzige Wesen ganz nach dem Vater, sei sehr niedlich und wohl proportioniert. Die für die erste Entbindung verhältnismäßig kurze, siebenstündige Geburt, „schön war's gerade nicht, doch unter Äther und Chloroform wesentlich besser", habe sie gut überstanden, dabei ihren „Jules" aber doch sehr herbei gesehnt. Wenige Stunden später schien Käte schon wieder recht wohlauf zu sein, wenn sie in ihrem Bett liegend schrieb, neben sich in einem Körbchen die schlafende Marlene: „Daß es ein Töchterchen und kein Kriegsjunge war, ist mir piepswurscht egal. Im Gegenteil, so haben wir Trost für's Alter!"[103]

Die Geburt zeigte am folgenden Tag auf dem zuständigen Standesamt der Großvater Josef Braun an, Senatspräsident und Geheimer Justizrat. Danach sollte das neugeborene Mädchen die Vornamen Marlene, Aline und Wilhelmine erhal-

Deutscher Posten auf dem umkämpften Hartmannsweilerkopf im Elsass

ten.[104] Der Rufname stellte eine Kurzform von Magdalene dar, nach der ältesten Schwester Käte Ahlmanns, die auch Taufpatin wurde. Die beiden anderen Namen stammten von den Großmüttern. Johannes Ahlmann, der Großvater väterlicherseits, lernte sein erstes Enkelkind kennen, als es drei Wochen alt war. Er verband diesen Besuch mit zwei sehr gegensätzlichen, für ihn persönlich aber gleich wichtigen Veranstaltungen, einer Aufführung der „Fledermaus" in Hamburg und der Versammlung von Kesselofenherstellern in Köln. Seine Schwiegertochter hatte sich inzwischen so gut erholt – „Käte war sehr frisch" – dass sie mit ihm einen langen Spaziergang durch die Hauptgeschäftsstraßen machte.[105]

Julius Ahlmann hatte seine acht Tage alte Tochter Marlene am 10. Dezember bewundern können, in einer kurzen Atempause vom Krieg. Der Oberleutnant stand nun ganz im Süden der Westfront, am Hartmannsweilerkopf im Elsaß. Dieser steile Felsvorsprung am Rand der Vogesen war eine der am meisten umkämpften Stellungen während des Ersten Weltkriegs, dort starben 60.000 junge Soldaten. Doch für Julius Ahlmann handelte es sich nicht nur um eine Ortsveränderung. Sein Regiment hatte ihn Anfang August als den an Dienstalter jüngsten Batterie-Führungsoffizier abgeben müssen, als Formationen schwerer Artillerie neu aufgestellt wurden. Die Kameraden bedauerten seine Abkommandierung sehr, besonders der Schwager Wuppermann, und waren wegen der anhaltenden heftigen Kämpfe am Hartmannsweilerkopf um ihn in großer Sorge.[106] Julius schrieb Neujahr 1916 an die Eltern: „Einen Ausblick in die Zukunft wagt man gar nicht, es bleibt nur die Hoffnung zu leben."[107] Im März bekam der 35-jährige Urlaub und konnte an der Taufe seiner Tochter Marlene in Büdelsdorf teilnehmen.

Seine Frau Käte war mit dem Baby bereits am 12. Februar im Schlafwagen nach Norden gereist, wo Großmutter Wilhelmine sich an der kleinen Enkelin nicht satt sehen konnte: „Wie söt un nüdlich, und ganz Julius, besonders die Nase!"[108] Für Johannes Ahlmann hatte sich die Schwiegertochter eine besondere Überraschung ausgedacht. Am Morgen des 18. Februar, er wurde an diesem Tag 65 Jahre alt, stand auf seinem Geburtstagstisch ein Henkelkorb, in dem die kleine Marlene lag, um dem Großvater zu gratulieren. „Eine reizende Idee von Käte, die meinen zweiten Kriegsgeburtstag aufhellte", notierte der Beschenkte, der darüber hinaus für die Anzeichen einer zukünftigen Sesshaftigkeit von Mutter und Kind auf der Carlshütte sehr dankbar war.[109] Um diese Entwicklung zu fördern, setzte Johannes Ahlmann wieder auf ein Kommunikationsmittel. Käte erhielt ein eigenes Telefon und freute sich ungemein, konnte sie doch nun ungestört, ohne Zuhörer, mit ihrer Familie in Köln und der Schwester Magdalene in Berlin sprechen.[110]

Die Patin kam zur Taufe mit ihrem Mann Dr. Carl Wuppermann, der wie der Vater Julius Ahlmann Fronturlaub erhalten hatte. Ansonsten nahmen an der Feier, die am 23. März 1916 von Gemeindepastor Robert Ramm im Haus vorgenommen wurde, laut Eintragung im Kirchenregister nur drei der sechs „Gevattern" teil.[111] Von ihnen anwesend waren außer Magdalene Wuppermann natürlich Wilhelmine Ahlmann, dann aber nur noch Marie Dieck, die älteste Schwester von Johannes Ahlmann. Es fehlten Kätes junge Cousine Magdalene Meyer aus Zürich und, kriegsbedingt, Kapitänleutnant Max Valentiner. Der Sonderburger Vetter von Julius war zu diesem Zeitpunkt als Kommandant des Unterseebootes U 38 wegen seiner vielen Schiffsversenkungen schon eine Berühmtheit und sollte noch Ende des Jahres mit dem höchsten preußischen Kriegsorden, dem Pour le Mérite, ausgezeichnet werden.[112]

Auch Senatspräsident Josef Braun, der ebenfalls bei Marlene Aline Wilhelmine Ahlmann Pate stand, war bei der Taufe seiner Enkelin verhindert. Ende Dezember 1915 hatte der 66-jährige wegen einer „seit längerem bestehenden Nervenabspannung" um Urlaub gebeten. Trotz des Aufenthaltes in einem Winterkurort blieb seine Gesundheit jedoch für Krankheiten anfällig. Nach einer schweren Grippe, zu der noch eine Mittelohrentzündung kam, brachten selbst Luftveränderung und Nachurlaub keine Wiederherstellung der Arbeitskraft. Josef Braun beantragte daher seine Versetzung in den Ruhestand, die das Preußische Justizministerium am 5. Oktober 1916 bewilligte. Als Dank und Anerkennung für seine Verdienste erhielt der hohe Beamte bei seiner Pensionierung den Königlichen Kronenorden 2. Klasse.[113] Der Abschied vom Amt fiel Josef Braun nicht leicht, doch nun verfügte er über mehr Zeit, um sich seiner anderen Lebensaufgabe zu widmen, so die Tochter Linu,[114] der Verwaltung der großen Liegenschaften in Köln-Braunsfeld.

Mangel und Erleichterungen

Gar nicht wohl fühlte sich zwischenzeitlich auch Johannes Ahlmann, der wegen seines Herzens und daher rührender Atembeschwerden im Juli 1916 einen Facharzt in Köln konsultierte. Der 65-jährige hatte angenommen, es sei Arterienverkalkung und der Anfang vom Ende, „von meiner lieben Mimi zu scheiden, wird mir schwer", doch der Geheimrat Professor Dr. Moritz konnte ihn beruhigen. Er verschrieb ein Medikament und empfahl eine vierwöchige Kur in Bad Oeynhausen und dort die Anwendung von Bädern mit Kohlensäure.[115] Julius Ahlmann vertrat seinen Vater während dessen Abwesenheit im August einen Monat lang auf der Carlshütte. Die Übernahme der Tätigkeit stellte insofern kein Problem dar, weil Johannes Ahlmann den Sohn und designierten Nachfolger während der ganzen Kriegszeit regelmäßig über die Geschäftsentwicklung auf dem Laufenden gehalten und ihn bei wichtigen langfristigen Entscheidungen um Rat gefragt hatte.[116] Wie die Regelung ermöglicht wurde, ist nicht belegt.

Johannes Ahlmann nahm nach der Rückkehr von Bad Oeynhausen gut erholt sein gewohntes Arbeitstempo wieder auf. Auf ihm ruhte die ganze Last der Verantwortung. Obwohl Wilhelm Meyn als zeichnungsberechtigter Direktor reaktiviert worden war, beschränkte sich seine Mitwirkung in der Betriebsleitung wegen fortgeschrittenen Alters und schlechter Gesundheit im Wesentlichen auf diese Funktion. Dabei nahmen die Probleme des Unternehmens zu, weil sich in Deutschland die Knappheit an Rohstoffen aufgrund der feindlichen Blockade immer bemerkbarer machte. Es fehlte vor allem an Chemikalien, die für das Emaillierwerk benötigt wurden, bald auch an Kohlen und Koks, Roheisen und Verpackungsmaterial, später dann an eigentlich allem.[117] Als negativ wirkte sich für die Carlshütte aus, dass die lenkende „Rohstoffabteilung" im preußischen Kriegsministerium den Betrieb als nicht wichtig genug eingestuft hatte, um bei der Versorgung vorrangig bedacht zu werden. Das Werk stellte zwar als Zulieferer einer Hamburger Firma Teile für Granaten her, auch Hufeisen und Stollen für im Krieg eingesetzte Pferde und schließlich Ballastgewichte für U-Boote, doch die Fabrikation für zivile Zwecke überwog bei weitem.[118]

Obwohl große Nachfrage nach Öfen, Waschkesseln, Badewannen und vermehrt nach Haushaltsartikeln bestand, konnte der Bedarf an Ware längst nicht befriedigt werden, auch die Lager wurden vollständig geräumt. Nicht nur der Rohstoffmangel beeinträchtigte die Produktion, die andauernden Einberufungen hatten die Belegschaft des Werks bis auf 400 Mitarbeiter ausgedünnt, Lehrlinge und Frauen eingerechnet. Anfang Januar 1916 erhielt die Carlshütte die ersten dreißig russischen Kriegsgefangenen für die körperlich schwere Tätigkeit in der Gießerei. Insgesamt waren es dann 47, die in der alten Putzkammer mit anschließendem Speiseraum separat und gesichert untergebracht wurden, und sich schnell einarbeiteten.[119] Bei den großen Umfassungsschlachten in Ostpreußen waren hunderttausende russischer Soldaten in Gefangenschaft gekommen, die nun die deutschen Männer als Arbeitskräfte ersetzen sollten. Sie wurden hauptsächlich in der Landwirtschaft eingesetzt, Qualifizierte aber auch in der Industrie. Die Zuweisung erfolgte über Anforderung des Landrats durch die „Inspektion für die Kriegsgefangenenlager des 9. Armeekorps" in Altona, das auch die Vergütung regelte.[120] Die russischen Arbeiter bekamen ein Drittel des Lohns der deutschen Beschäftigten. Von diesem Betrag wurden ihnen die Kosten für Unterbringung und Verpflegung abgezogen.[121]

Um die Ernährung der Russen sicher zu stellen, kaufte die Direktion der Carlshütte größere Mengen Weißkohl an, die sie teils zu Sauerkraut verarbeiten ließ. Auch die Belegschaft erhielt davon Zuteilungen. Seitdem gleich nach Kriegsausbruch die Preise für Lebensmittel rapide angestiegen waren, hatte sich die Werksleitung bemüht, wenigstens die Grundversorgung der Mitarbeiter über die Konsumanstalt etwas preiswerter zu gestalten, später dann überhaupt zu sichern, was nur unter erheblichen Schwierigkeiten und beträchtlichem Kostenaufwand möglich war.[122] Je länger der Krieg dauerte, desto mehr nahm die Nahrungsmittelknappheit zu. Durch den Wegfall der Importe, das betraf auch den wichtigen Dünger, und die Verminderung der inländischen Produktion verringerte sich die verfügbare Menge an Nahrungsgütern für die deutsche Bevölkerung auf 55 Prozent des Vorkriegsbestandes.[123] Verheerend wirkte sich eine Kartoffelmissernte aus, die zum berüchtigten Steckrübenwinter 1916/17 führte, der sich in Büdelsdorf und Rendsburg trotz der ländlichen Umgebung in aller Härte auswirkte.[124] Im Herbst hatte Johannes Ahlmann zwar einige Wagenladungen Rüben bekommen, doch Kartoffeln gab es nicht. Selbst die Erzeuger spürten empfindlichen Mangel. Bei dem bis Ende März anhaltenden starken Frost konnten die Bauern ihre Mieten nicht öffnen.[125]

Im Frühjahr 1917 waren alle Lebensmittel rationiert. Brot, Butter, Milch, Fleisch, Nährmittel, Kartoffeln, Gemüse, Zucker und Seife konnten nur noch bei Vorlage von Karten in bestimmten Mengen gekauft werden. Nach Maßgabe der Zuteilung standen pro Kopf täglich nur 1.200 Kalorien zur Verfügung.[126] Wer einen Garten hatte, vermochte daraus wenigstens einen Teil der Ernährung zu ergänzen. Johannes Ahlmann stellte Wächter ein zum Schutz von Gemüse und Obst. Außerdem wurden Gänse gehalten, regelmäßig ein Schwein geschlachtet und sogar ein Kalb, von dem großzügig etliche Portionen Fleisch, das sehr rar geworden war, an den Freundeskreis gingen. Ansonsten bestand die Möglichkeit, die viele finanziell besser Gestellte nutzten, die erforderlichen Nahrungsmittel erheblich teurer unter der Hand zu kaufen,[127] in diesem Fall wohl direkt bei den bekannten Landwirten in der Nähe. Richtig unangenehm wirkten sich die kriegsbedingten Einschränkungen für den Direktor der Carlshütte aber nur unterwegs, auf seinen Dienstreisen aus. Der ältere Herr klagte häufig über die klammen, eiskalten Hotels, die aus Kohlenmangel nicht beheizt wurden.[128]

In Köln bewiesen die noch im Haus Von-Werth-Straße wohnenden Töchter Luise und Linu Braun einige Findigkeit, um den Steckrüben zu entkommen, die es morgens als Marmelade gab, mittags als Gemüse oder Suppe und abends als Salat.[129] Immerhin galt die Nahrungsmittelversorgung in dieser Großstadt im Vergleich zu anderen als durchaus gesichert, wenn auch nur im Mindestmaß. Verantwortlich für eine weitblickende Bewirtschaftung seit Kriegsbeginn war der Erste Beigeordnete der Stadt Köln, Konrad Adenauer, bis die reichsweite Zentralisierung seine Tätigkeit auf diesem Gebiet überflüssig machte.[130] Mit der Steuerung von Berlin aus wurde die Zuteilungsquote an Lebensmitteln für die Bevölkerung Kölns gesenkt. Luise und Linu begaben sich daher mit der Bahn auf „Hamsterreisen", entdeckten eine heimliche Quelle für Kartoffeln und kauften an der Nahe zwei Schweine, die sie in Stücke zerlegt in Kabinenkoffern an ihre Adresse schicken ließen. Das Fleisch weckten sie ein. Senatspräsident Josef Braun hatte vor dem Eintreffen der Sendung schlechte Nächte gehabt, da seine Töchter gegen die Bewirtschaftungsvorschriften verstießen, und er sich als hoher Beamter Mitwissen und Duldung eines solchen Vergehens nicht erlauben durfte.[131]

Durch diese illegale Aktion befand sich im Haus wenigstens ein „eiserner Bestand", mit dem auf längere Zeit eine bessere Grundversorgung gewährleistet war, zumal sich der Familienkreis am Eßtisch von Zeit zu Zeit erweiterte. Das war im Oktober und November 1916 der Fall, als Julius Ahlmann vom Hartmannsweilerkopf abgelöst und nach Köln beordert wurde, während sich die Entscheidung über seine neue Verwendung hinzog und er Garnisonsdienst tat. Seine Frau hatte sich mit ihrer kleinen Tochter sofort auf den Weg gemacht und beide konnten sogar noch einen kurzen Urlaub miteinander in Gravenstein und Sonderburg verbringen, bis Oberleutnant Ahlmann zu seiner Überraschung Ende November die Kommandierung an die Fußartillerie-Schießschule in Jüterbog bei Berlin erhielt. Anfangs rechnete er nicht mit einem längeren Aufenthalt und war immer auf eine schnelle Abberufung an die West- oder Ostfront gefasst, doch Schützengräben und Schlachtfelder sollten endgültig hinter ihm liegen. Bis zum Ende des Krieges blieb Julius Ahlmann Ausbildungsoffizier und Lehrkraft für Scharfschießen und Schallmessverfahren in Jüterbog.[132]

Seine Tätigkeit, obgleich von ihm als sehr anstrengend und lernintensiv geschildert – vor allem höhere Mathematik und die auszuarbeitenden Fachvorträge stellten recht schwierige Belastungen dar – fand er sehr interessant und bereichernd.[133] Zwischenzeitlich wurde er mehrmals auf dem Schießplatz Wahn bei Köln eingesetzt, was vieles erleichterte. Allerdings bewegten Julius Ahlmann immer wieder schwere Gedanken an die Kameraden seines 2. Rheinischen Feldartillerie-Regiments Nr. 23, das an den Brennpunkten der schweren Kämpfe in Flandern eingesetzt war.[134] Seine Frau Käte reagierte sehr heftig, als ihr Mann nach seiner Beförderung zum Hauptmann im Juni 1917 ernsthaft erwog, sich wieder zum Fronteinsatz zu melden.[135] Sie war über die neue Tätigkeit von Julius sehr glücklich und erleichtert gewesen, hatte in Berlin mit Marlene erst bei ihrer Schwester gewohnt und dann in Charlottenburg ein Zimmer genommen,[136] um ihrem „Jules" nahe zu sein. Sie brauchte nun nicht mehr in ständiger Angst und Ungewissheit zu leben und sie erwartete zum Herbst wieder ein Kind.

Roseli Johanna Bringfriede Ahlmann wurde am 28. September 1917 in Büdelsdorf geboren, in der Wohnung ihrer Eltern auf der Carlshütte. Der stolze zweifache Großvater trug in sein Tagebuch ein, dass es an diesem Freitagmorgen um 7.15 Uhr an die Tür seines Hauses geklopft hatte und von nebenan die freudige Nachricht überbracht wurde, ein kleines Mädchen habe vor einer Viertelstunde das Licht der Welt erblickt. Johannes und Wilhelmine gingen um 9 Uhr hinüber, „fanden Käte rosig und glückstrahlend im Bette und in der Wiege daneben die süße kleine Deern".[137] Der Vater war bei der Geburt seines zweiten Kindes wieder nicht anwesend, doch dieses Mal hielt ihn kein Kriegseinsatz davon ab – er hatte sogar Urlaub bekommen – sondern eine größere Familienfeier. Sie fand in Köln in der Von-Werth-Straße statt und war der Grund gewesen, weshalb sich Käte Ahlmann für diese Zeit in das Büdelsdorfer Refugium zurückgezogen hatte, betreut von einer ständig anwesenden Hebamme. Zwei Monate vor der erwarteten Niederkunft waren Komplikationen eingetreten, die eine solche Vorsichtsmaßnahme für ratsam erscheinen ließen, doch alles verlief dann ohne weitere Beschwerden.

Drei Tage vorher, am 25. September hatte Käte mit den Schwiegereltern mittags auf das Wohl des Brautpaares angestoßen, das um diese Zeit getraut wurde. Ihre jüngste Schwester Linu heiratete den 26-jährigen Marineoffizier Carl Pagenstecher, der von dem in der Nähe Kölns gelegenen Orr stammte. Der Kontakt war über seine Schwestern zustande gekommen, die wie die Mädchen Braun die evangelische Beck'sche Schule in der Antoniterstraße besucht hatten.[138] Die Hochzeit versammelte noch einmal eine glanzvolles Festgesellschaft in der Von-Werth-Straße, zu der die vielen Verwandten von der Mosel angereist kamen, Meyers aus Zürich und als Ehrengäste die beiden Schwäger Dr. Carl Wuppermann und Julius Ahlmann, die diese fröhliche Feier nach ihren Fronterlebnissen besonders genossen. Das junge Paar begann sein Eheleben in Warnemünde. Im darauf folgenden Jahr wurde Carl Pagenstecher, in der Familie dann nur „Carlos" genannt, auf das in Wilhelmshaven stationierte Schlachtschiff „Bayern" versetzt.[139]

Immerhin konnte es Julius Ahlmann einrichten, am 20. Oktober für ein kurzes Wochenende nach Büdelsdorf zu kommen, um seine neugeborene Tochter in Augenschein zu nehmen. Käte hatte sich sehr gut erholt, aufgemuntert auch durch den Besuch und den Bericht von Luise über den Verlauf der Hochzeitsfeierlichkeiten, die aber inzwischen schon wieder abgereist war. Etwas längere Zeit für seine wachsende Familie blieb dem jungen Vater, der am zweiten Festtag seinen 37. Geburtstag beging, in den Tagen von Weihnachten bis Neujahr. Es war die erste gemeinsame Feier auf der Carlshütte. Johannes Ahlmann berichtete in seinem Tagebuch über dieses Kriegsweihnachten 1917: „Das Werk ist heute ganz geschlossen, das Kontor schließt um 12 Uhr. Wir verzehren zusammen einen Karpfen. Um 15.30 Uhr gehen wir drei (Wilhelmine, Johannes und Julius) bei scheußlichem Wetter zur Christmesse. Um 17.30 Uhr zur Bescherung bei Käte, Marlene an Jules Hand und Roseli im Arm Kätes zum brennenden Baum. Marlene sehr niedlich; bald entdeckte sie die Wiege mit einer Puppe, und das war die schönste Weihnachtsgabe. Wir stifteten einen Schlitten und eine Schaukel. Um 21.30 Uhr kamen Jules und Käte zu uns, sie sang neue Weihnachtslieder."[140]

Durch die Verwendung an der Artillerieschule in Jüterbog ergaben sich für das Ehepaar Ahlmann mehr Möglichkeiten zum Zusammensein. Eine neuerliche Abkommandierung zum Schießplatz Wahn wurde genutzt, um Roseli am 7. März 1918 zu taufen. Die Eltern fanden diesen Vornamen für ihre zweitgeborene Tochter wunderschön. Sie hatten ihn auf einer Traueranzeige eines Kameraden von Julius gesehen.[141] Im Mai und Juni verbrachte Käte Ahlmann mit den beiden Kindern dann fünf Wochen in einem Försterhaus in der Nähe Jüterbogs, und im Juli gab es wieder eine Woche Familienleben in Büdelsdorf, das sich „mit den beiden Mädels" nach Johannes Ahlmanns Wahrnehmung ausgesprochen fröhlich gestaltete.[142] Der restliche Sommer und der Frühherbst verliefen ruhig. Die besonders reichlich ausfallende Obsternte wurde aufgrund des ständigen Einsatzes von Wachpersonal nicht geschmälert.

Revolution und die neue Zeit

Bis zum Sommer 1918 rechneten noch fast alle mit einem siegreichen Ende des Krieges. Im Osten waren durch den am 3. März mit Russland geschlossenen Frieden von Brest-Litowsk deutsche Divisionen frei geworden, mit denen an der Westfront nun der siegreiche Durchbruch erzwungen werden sollte. Mehrere Offensiven schlugen jedoch fehl und Anfang August gingen die inzwischen um Massen an amerikanischen Truppen und Material verstärkten Alliierten mit durchschlagendem Erfolg zum Gegenangriff über. Die deutsche Heeresleitung hielt daraufhin eine Fortsetzung des Krieges für aussichtslos, am 4. Oktober machte die Berliner Regierung ein Waffenstillstandsangebot, doch die Verhandlungen zogen sich hin. Nun aber war der Durchhaltewillen des Volkes am Ende. Mit einem Matrosenaufstand in Kiel, dem sich die Arbeiter der Stadt anschlossen, begann am 3. November 1918 der innerdeutsche Zusammenbruch, der in kürzester Zeit zum allgemeinen Umsturz führte. Die Macht in den Städten übernahmen, nach dem Vorbild der russischen Revolution, die Arbeiter- und Soldatenräte.[143]

In Rendsburg wurde am 6. November um 14 Uhr am Bahnhof die rote Fahne gehisst. Aufständische besetzten ohne auf Widerstand zu stoßen militärische Einrichtungen und öffentliche Gebäude, nahmen vorübergehend Landrat Brütt in Haft, doch der in aller Eile unter Beteiligung von Rendsburger Sozialdemokraten konstituierte Arbeiter- und Soldatenrat erließ als erste Erklärung die Mahnung zur Ruhe und Ordnung.[144] Am nächsten Morgen wurde Direktor Johannes Ahlmann in aller Frühe geweckt. Vor dem Fabriktor standen Posten, die den Zutritt verwehrten und damit für diesen Tag das Werk still legten. Die Belegschaft sollte an einer Versammlung auf dem Infanterie-Kasernenhof in Rendsburg teilnehmen können. Ohne weitere Vorkommnisse wurde am 8. November die Arbeit wieder aufgenommen. Die Betriebsleitung der Carlshütte war jedoch nur unter Vorbehalt einer nachträglichen Anordnung aus Berlin bereit, für diesen ausgefallenen Tag Lohn zu zahlen.[145]

In der deutschen Hauptstadt wurde am 9. November 1918 nach Bekanntgabe der Abdankung des Kaisers, der nach Holland floh, die Republik ausgerufen. Ein „Rat der Volksbeauftragten" unter Leitung des Sozialdemokraten Friedrich Ebert übernahm die provisorische Regierungsgewalt. Sein Ziel war es, möglichst bald Wahlen zu einer verfassungsgebenden Nationalversammlung zu veranlassen und eine parlamentarische Demokratie einzuführen.[146] Am 11. November mußte Deutschland im Wald von Compiègne die sehr harten Bedingungen des Waffenstillstands annehmen. Unter anderem war das linke Rheinufer zu räumen, das die Sieger besetzten. In Köln zogen am 6. Dezember 1918 britische Truppenverbände ein und blieben sieben Jahre dort stationiert.[147] Untergebracht wurden sie auch in Privatquartieren, wie im Haus von Josef Braun in der Von-Werth-Straße, in dem die Engländer elf von den achtzehn Räumen besetzten.[148]

In dieser Weise war Schleswig-Holstein zwar nicht betroffen, doch es kam zu Umwälzungen, die vor allem den fast 68-jährigen Johannes Ahlmann irritierten. Ein Abkommen zwischen Unternehmerverbänden und Gewerkschaften von November 1918, das die Berliner Übergangsregierung sanktionierte, brachte den Anfang einer sozialpolitischen Neuordnung. Neben der Anerkennung der Gewerkschaften als Vertretung der Arbeiterschaft und kollektiver Tarifverträge sah die Regelung die Einführung des Achtstundentages vor. Die betriebliche Interessenvertretung sollten Arbeiterausschüsse wahrnehmen.[149] Das nach dem Industriellen Hugo Stinnes und dem Gewerkschafter Carl Legien benannte Abkommen war kaum geschlossen, als auf der Carlshütte schon die Verhandlungen über den Beginn der Umsetzung geführt wurden. Am 21. November 1918 trug Johannes Ahlmann in sein Tagebuch ein: „Für die Hütte bricht heute die neue Zeit an. Arbeitsbeginn 7 Uhr." Das war eine Stunde später als bis dahin üblich. Und zwei Tage später notierte er: „Sonnabend. Nachmittags wird nach dem Achtstundentag nicht gearbeitet, auch Kontor geschlossen, kommt einem ganz wunderlich vor. Ich kann mich in die neuen Verhältnisse nicht finden."[150]

Sein Sohn hatte damit keine Schwierigkeiten, für ihn begann das Leben. Nach über vier Jahren Kriegsdienst war Julius Ahlmann überraschend am 16. November auf der Carlshütte eingetroffen. Infolge der Revolution hatte sich die Fußartillerie-Schießschule in Jüterbog einfach aufgelöst, ohne jede Anordnung. Soldaten holten sich ein Pferd aus dem Stall und ritten davon, dann reisten auch die Offiziere allmählich ab. Hauptmann Ahlmann hatte sich am 13. November auf den Weg nach Norden gemacht. Dank einiger Flaschen Moselwein im Koffer wurde ihm unterwegs in den überfüllten Zügen bereitwillig ein Platz eingeräumt.[151] Obwohl er nun die Uniform endgültig ablegte, blieb Julius Ahlmann dem Militär und seinen Kameraden verbunden. Wie sein Schwager Carl Wuppermann wurde er Mitglied im 1919 gegründeten „Verein der Offiziere des ehem. 2. Rhein. Feldartillerie-Regts.

23",[152] dessen Traditionspflege die Carlshütte noch im Jahr 1970 mit dem Guss einer bronzenen Gedenktafel unterstützte. Sie wurde an einer Bundeswehrkaserne in Lahnstein angebracht.[153]

Vor allem für Johannes Ahlmann war der 14. Dezember 1918 ein bedeutungsvoller und denkwürdiger Tag, die Krönung seines bisherigen Lebenswerks. Bei der Aufsichtsratssitzung der „Actien-Gesellschaft der Holler'schen Carlshütte" beantragte er gleichzeitig seine Pensionierung und die Ernennung seines Sohnes Julius zum Nachfolger als kaufmännischer Direktor, was beides bewilligt wurde.[154] Die lakonische Anmerkung des stolzen und zufriedenen Vaters, „Ich bin sehr froh darüber", entsprach seinem hanseatisch geprägten und von ihm gepflegten Hang zur Untertreibung.[155] Der 38-jährige Julius Ahlmann trat die neue Stellung zum 1. Januar 1919 an. Laut Vertrag hatte er die Geschäfte der Carlshütte gemeinsam und in Übereinstimmung mit dem technischen Direktor Rudolph Meyn zu führen. Beide waren dem Aufsichtsrat unterstellt mit der Maßgabe, sich seinen Instruktionen zu fügen.[156]

Johannes Ahlmann gehörte ab Mai 1919 durch einstimmige Wahl diesem Gremium an.[157] Zu seinem Abschied als Direktor am 31. März 1919 hatte er von der Belegschaft eine silberne Vase mit eingravierter Widmung erhalten, vom Aufsichtsrat kam eine Porzellanfigur. Besonders freute sich der Senior darüber, dass ihm die Hüttenkapelle ein Ständchen im Garten brachte.[158] Dank und Anerkennung für die 36-jährige Tätigkeit als kaufmännischer Direktor und seine großen Verdienste um die Carlshütte zeigten sich auch darin, dass Johannes und Wilhelmine Ahlmann im Haus des Gründers Holler wohnen bleiben konnten. Das hing natürlich mit der familieninternen Nachfolgeregelung zusammen, die in dieser glücklichen Phase zudem neue Frucht trug.

Julius Ahlmann mit Marlene, seinem ersten Kind

Am 10. Februar 1919 wurde Hans-Julius Michael Ahlmann geboren. Johannes Ahlmann, der sich gerade in Kiel zu einer Besprechung mit seinen Vettern Ludwig und Friedrich wegen der Familienstiftung befand, als ihm Julius die Nachricht telefonisch übermittelte, war entzückt, für seine Verhältnisse schon euphorisch: „Die Geburt eines Sohnes! Der erste Ahlmann einer neuen Generation! Welche Freude das erweckt in mir, brauche ich nicht zu sagen!" Der glückliche Vater holte ihn abends vom Rendsburger Bahnhof ab. Die junge Mutter hatte alles sehr gut überstanden. An die delikate Gesundheit seiner Frau gewöhnt, staunte Johannes Ahlmann voller Bewunderung, dass die Schwiegertochter Käte schon zwölf Tage nach der Entbindung im Garten tätig war.[159] Seinen sich kräftig entwickelnden Enkelsohn, „der mit großer Würde sein Doppelkinn herausreckt und scharf um sich sieht", titulierte Johannes Ahlmann den „kleinen Geheimrat".[160]

Der Engländer

Das Einzige, das seine Hochstimmung in dieser Zeit trübte, waren die Gedanken an den Sohn Otto Ahlmann in England. Die Eltern hatten während der Kriegszeit über die dänischen Verwandten von ihm nur sporadisch gehört, und sicherlich nicht alles. Doch im Juli 1919 ergab sich die Möglichkeit zu einem Wiedersehen in Kopenhagen, bei dem sie Näheres über die vergangenen fünf Jahre erfuhren. Obwohl Otto die englische Staatsbürgerschaft besaß, schon lange Jahre in Armitage in der Grafschaft Staffordshire lebte und dort Mitinhaber einer Fabrik war, richteten sich Misstrauen und Feindseligkeit gegen ihn als Fremden, Spionagegerüchte kursierten. Anderen in vergleichbarer Situation erging es ebenso. Gleich nach Kriegsbeginn hatten schwere Hetzkampagnen der englischen Presse den deutschstämmigen Prinzen Louis von Battenberg aus seinem Amt als Erster Seelord der Royal Navy getrieben.[161]

Noch im Jahr 1914 erhielt Otto Ahlmann die Anweisung, sich an einen anderen Aufenthaltsort, mindestens einhundert Meilen entfernt von Armitage zu begeben. Er entschied sich für London. Da die Einnahmen vom Werk aufhörten, suchte sich der Fabrikbesitzer eine Tätigkeit als einfacher Arbeiter, die körperlich sehr anstrengend war und sein Gewicht um sechzehn Pfund reduzierte. Im Oktober 1916 entschloss sich Otto Ahlmann, seine Verbindung zu dem Werk in Armitage zu lösen. Gleichzeitig wurde er zur Armee einberufen, als naturalisierter Engländer jedoch nur im Innendienst verwendet und im Februar 1919 als Feldwebel entlassen. „Alles hat der Krieg mir genommen, bis auf meine Erfahrungen!" schrieb Otto im ersten Brief, den er an die Eltern schicken konnte. Doch die Zukunft, so fuhr der inzwischen fast 40-jährige optimistisch fort, sei „full of chances" für Wagemutige.[162]

Es fiel schwer, Fuß zu fassen und eine neue Existenz aufzubauen. Aber Otto Ahlmann war sehr zäh, nahm Enttäuschungen und Rückschläge hin, wenn sich wieder etwas zerschlug, und gründete schließlich in London eine eigene Firma. Er handelte mit den verschiedensten Artikeln, das Spektrum reichte von Stricknadeln bis zum

Porzellangeschirr. Elektrische Beleuchtungsgeräte hatten einen größeren Erfolg.[163] Um sein Geschäftsgebiet auszuweiten, unternahm er Reisen in die skandinavischen Länder und nach Mitteldeutschland. Während seiner häufigen Abwesenheit vertrat ihn eine zunehmend kompetente Mitarbeiterin, Miss Edith Orchard, zu der sich dann mehr als eine dienstliche Beziehung entwickeln sollte.[164]

Nach einigen Treffen mit den Eltern in Dänemark kam Otto Ahlmann am 23. Dezember 1921 zum ersten Mal seit sieben Jahren auf die Carlshütte in Büdelsdorf,[165] wo er aufgewachsen war, es aber nun keinen Platz mehr für ihn gab. Er hatte ihn damals bei der Nachfolgefrage freiwillig seinem Bruder Julius überlassen. Wenn nun der Vater Johannes Ahlmann vielleicht daran dachte, die Zukunft seines ältesten Sohnes durch eine Anstellung beim Werk etwas sicherer zu gestalten, stieß er auf entschlossenen Widerstand. Der neue kaufmännische Direktor wollte nach den langen unproduktiven Kriegsjahren endlich im Beruf Tritt fassen und eigene Vorstellungen im Unternehmen verwirklichen, ohne dass ihm etwa sein Bruder hineinredete. Während seiner ganzen Kindheit und Jugend hatte Julius Ahlmann im Schatten des dynamischeren Otto gestanden, doch diese Konstellation war Vergangenheit. Bei der Abwehr der Konkurrenzgefahr wirkte seine Frau Käte energisch mit. Sie hegte zusätzlich noch eine persönliche Animosität gegen den Schwager, weil er im Krieg zum Feind übergelaufen war. Die Besetzung ihrer Heimatstadt Köln und ihres Elternhauses verstärkten naturgemäß noch die Bitterkeit gegenüber dem „Engländer", wie sie ihn zu nennen pflegte.

Schon um den internen Frieden aufrecht zu erhalten, das idyllische Familienleben mit den kleinen Enkelkindern nicht zu gefährden, fügte sich Johannes Ahlmann. In den folgenden Jahren kam Otto auf seinen Geschäftsreisen zwar ungefähr halbjährlich bei den Eltern auf der Carlshütte vorbei, blieb jedoch stets nur kurze Tage, mitunter sogar nur wenige Stunden. Wenn Julius Ahlmann in dieser Zeit wegen des wichtigen Badewannenexports nach England reiste, gab es keine Begegnungen mehr zwischen den Brüdern, wie es vor dem Krieg regelmäßig der Fall gewesen war. Das Ver-

Otto Ahlmann wurde Engländer

hältnis wurde erst wieder besser und die Distanz etwas aufgehoben, als Otto im Juli 1925 lebensgefährlich an einer Rippenfellentzündung erkrankte und Julius ihn in der Klinik in Dresden besuchte.[166]

Arbeit und Unruhen

Als Julius Ahlmann am 1. Januar 1919 die Nachfolge seines Vaters als kaufmännischer Direktor antrat, hatte die Carlshütte den Tiefpunkt, an dem die Belegschaft aus nur noch 360 Personen einschließlich Frauen und Lehrlingen bestand,[167] schon überwunden. Nach dem Waffenstillstand am 11. November waren als erste die in den Staatswerkstätten beschäftigten Arbeiter wieder zurück gekommen, ihnen folgten die entlassenen Soldaten. Ende 1919 hatte die Gesamtzahl der Mitarbeiter bereits 756 erreicht.[168] Es dauerte aber noch Jahre, bis alle Kriegsgefangenen wieder in der Heimat waren. Viele sahen sie nie wieder. 72 Betriebsangehörige der Carlshütte ließen ihr Leben in diesem Krieg. Ihr Andenken ehrte eine Namenstafel im Verwaltungsgebäude.[169]

Die Produktion des Werks konnte bald nach Beendigung der Kampfhandlungen im größeren Umfang wieder aufgenommen werden, da das Berliner Kriegsministerium das für Rüstungszwecke vorgehaltene Roheisen freigab. Zu den 600 Tonnen, die auf normalem Weg von einer Eisenhütte erworben wurden, kam noch eine Zuteilung von 500 Tonnen einzuschmelzender Grauguß-Granaten, die allerdings erst im späten Frühjahr eintrafen, da der Transport von der Fabrik in Spandau auf dem Wasserweg zum Kai in Büdelsdorf vor sich gehen sollte und der anhaltende Frost lange keine Schifffahrt erlaubte. Gleich aus der Nähe konnten dagegen 175 Tonnen Kohlen bezogen werden, da die für die Kriegsflotte angelegten großen Lager in Kiel für den Bedarf der Industrie geräumt wurden.[170]

Mit den für die Herstellung entscheidenden Rohstoffen ausgestattet, deren Mangel in dieser direkten Nachkriegszeit andere Wirtschaftsunternehmen erheblich behinderte,[171] vermochte die Carlshütte der sehr starken Nachfrage entgegen zu kommen, die schon seit dem Krieg bei den deutschen Bauern nach Milchzentrifugen für die eigene Nutzung bestand. Die dafür erforderliche Erweiterung der Balance-Werkstatt mit der Ausstattung von elf neuen Maschinen wurde bereits im Herbst 1919 fertig.[172] Gleichzeitig entschloss sich der Aufsichtsrat, größere Mittel zum Ausbau des Werks bereit zu stellen und durch die Ausgabe von zusätzlichen Aktien das Grundkapital der Gesellschaft zu erhöhen, das nun 1.200.000 Mark betrug, eingeteilt in 1.200 auf den Inhaber lautende Aktien.[173] Auf dieser Sitzung wurde für den am 28. April 1919 verstorbenen Rendsburger Kommerzienrat Theodor Thormann, ein enger Freund der Familie Ahlmann, der Julius einst als Erben seines großen

Holzgeschäfts gewünscht hatte,[174] dessen Schwager, der wohlhabende Mühlenbesitzer Adolf Sahr, in den Aufsichtsrat gewählt.[175]

Käte Ahlmann war auf ihrer Loggia damit beschäftigt, einen Kranz aus blühenden Zierkirschenzweigen für die Beerdigungsfeier Theodor Thormanns am nächsten Tag zu binden, als sie die Klänge der fünf Musikkapellen des großen Umzugs hörte, der von Büdelsdorf durch Rendsburg marschierte.[176] Zum ersten Mal in ihrer Geschichte standen auf der Carlshütte an einem 1. Mai „alle Räder still", wie Johannes Ahlmann notierte.[177] Die Erklärung zum gesetzlichen Feiertag durch die Nationalversammlung in Weimar galt jedoch nur für dieses Jahr 1919. Die bürgerlichen, konservativen Parteien verstanden den „Tag der Arbeit" als Provokation der Gesellschaft durch eine einzelne Gruppe, als eine gegen die Unternehmer gerichtete Propaganda des sozialen Umsturzes.[178] Von mehreren Seiten vor geplanten Plünderungen bei den „Büdelsdorfer Herrschaften" gewarnt, hatten Ahlmanns die teuersten Wertsachen nachts im Garten vergraben, anderes in der Wohnung sicher versteckt, und waren am 1. Mai auf alles gefasst, doch es passierte nichts. Käte Ahlmann vermutete, „abgekühlt durch strömenden Regen und hässlichen Wind."[179]

In dieser ersten, sehr unruhigen Umbruchsphase nach der Revolution kam es laufend zu Übergriffen und Gewalttätigkeiten, zeitweise herrschten bürgerkriegsähnliche Zustände. Die neue staatliche Ordnung, die am 19. Januar 1919 mit den Wahlen zur Nationalversammlung auf die Grundlage einer parlamentarischen Demokratie gestellt wurde, gefährdeten extreme Gruppierungen von rechts wie von links, die sich blutige Auseinandersetzungen lieferten.[180] Nur knapp entging Johannes Ahlmann, der am 22. Januar von Hamburg zurück reisen wollte, dem Maschinengewehrfeuer am umkämpften Hauptbahnhof. Anfang Februar musste er eine Fahrt nach Kiel verschieben, da dort ebenfalls Aufruhr herrschte.[181] Die Direktorenfamilie Ahlmann registrierte voller Misstrauen und mit Besorgnis, wie von auswärts kommende kommunistische „Hetzer" die Arbeiter radikalisieren wollten.[182]

Von einer nennenswerten Resonanz war dann zwar keine Rede, doch die Kommunalwahl vom 2. März 1919, die zum ersten Mal nach demokratischen Grundsätzen und mit Beteiligung von Frauen durchgeführt wurde, brachte eine lokalpolitische Umwälzung. Der neuen zwölfköpfigen Büdelsdorfer Gemeindevertretung gehörten neun Sozialdemokraten an, die damit die absolute Mehrheit besaßen. Zwei Mitglieder stellte die Bürgerliche Einheitsliste, während ein Vertreter die Liste Beamte und Angestellte repräsentierte. In diesem Ergebnis spiegelte sich die soziale Zusammensetzung der Büdelsdorfer Bevölkerung wider, die mit 74,68 Prozent für die SPD als Partei der Arbeiterschaft stimmte.[183] Schon bei der Wahl zur Nationalversammlung hatte die SPD in dem inzwischen über 5.000 Einwohner zählenden Industrieort einen überwältigenden Sieg in Höhe von 73,1 Prozent davon getragen. Im ansonsten ländlich strukturierten Kreis Rendsburg erreichten die Sozialdemokraten dagegen nur 42,6 Prozent, in Schleswig-Holstein kamen sie auf 46,3 Prozent.[184] So lange die Weimarer Republik bestand, blieb Büdelsdorf unangefochten eine Hochburg der Sozialdemokratie und der Arbeiterbewegung.

Immerhin gab es 1919 keine Veränderung an der Verwaltungsspitze der Gemeinde. Während der Rendsburger Landrat Brütt im Juli beurlaubt und durch den vom Arbeiterrat bestimmten Beigeordneten Robert Pfaff in kommissarischer Funktion abgelöst wurde, gelang es dem auf die Dauer von zwölf Jahren gewählten Büdelsdorfer Gemeindevorsteher Walter Stamer, sich den neuen Verhältnissen anzupassen.[185] Wesentliche Störungen der Ruhe und Ordnung fanden nicht statt, denn erst am 18. März 1920 wurde eine Einwohnerwehr gegründet, deren Einrichtungen die preußische Regierung schon im Frühjahr des Vorjahres geregelt hatte.[186] Anlass war der Kapp-Putsch. Am Morgen des 13. März 1920, einem Sonnabend, versuchten in Berlin Rechtsextremisten unter Einsatz von Freikorps-Truppen, die Regierungsmacht an sich zu bringen. Als die Büdelsdorfer ihre 200 Mann starke Schutztruppe aufstellten, was in diesen Tagen auch in Rendsburg und selbst in kleineren Dörfern des Kreises geschah,[187] war der Umsturz schon gescheitert, vor allem weil die Gewerkschaften den Generalstreik ausriefen, während Verwaltung und Reichswehr sich abwartend verhielten.[188]

Die Nachrichten von den Ereignissen aus Berlin erreichten Schleswig-Holstein am späten Vormittag des 13. März. Schon am Nachmittag folgten die Arbeiter der Carlshütte dem Streikaufruf, während in Rendsburg SPD und Gewerkschaften erst am Sonntagvormittag eine Versammlung abhielten, die den allgemeinen Ausstand beschloss. Im Gegensatz zu anderen Orten des Landes blieb aber alles verhältnismäßig ruhig, und am Freitag, 19. März, wurde die Arbeit wieder aufgenommen. „Ein gewaltiger Verlust natürlich für jedes Werk", schrieb Käte Ahlmann ihrem Vater. Das Unternehmen zahlte außerdem noch Entschädigungen für den Lohnausfall. Die Tage dieses „tieftraurigen Abenteuers" seien nicht ganz gemütlich gewesen.[189] Zusammen mit ihrem Mann Julius hatte sie die exponierte Stellung direkt im Werk gehalten, während Johannes Ahlmann für die Zeit des Streiks mit einer angeblichen „Influenza" vorsichtshalber außer Reichweite gewesen war. Welches Selbstbewusstsein die Arbeiter der Carlshütte aufgrund ihrer Aktion stärkte, wurde daran deutlich, dass sie ohne gesetzliche Handhabe am 1. Mai ihren Erfolg feierten und damit den Betrieb still legten.[190] In den folgenden Jahren kam an diesem Tag immerhin ein Drittel der Belegschaft zur Arbeit.

Sicherlich war diese Bereitschaft mit darauf zurück zu führen, dass sich die Direktion intensiv bemühte, die Versorgung ihrer Werksangehörigen und deren Familien mit Nahrungsmitteln zu verbessern. Die Einfuhrblockade wurde von den Siegermächten erst nach und nach gelockert und der kriegsbedingte Rückgang der landwirtschaftlichen Produktion konnte wegen Mangel an Dünger und Futtermit-

Überreste der Umfassungsmauer, die Julius Ahlmann zum Schutz seiner Familie errichten ließ

teln kurzfristig nicht aufgeholt werden. Die strenge Bewirtschaftung mit den Folgen von Unterernährung bestand weiter, was zwangsläufig die Leistungskraft der Arbeiter minderte.[191] Durch die werkseigene Meierei, die Einrichtung von Gemüsegärten und Obstbau sowie den Bezug von Fischen und Fleisch in größeren Mengen gab es wesentliche Entspannungen.[192] Die kuriose Geschichte eines Kompensationsgeschäftes mit einem Posten Badewannen in jenem Jahr 1920 wurde aus gutem Grund gern überliefert, so von Severin Ahlmann: „Ja, das muß für die Entwicklung der CH eine tolle Zeit gewesen sein, an der an einem Weihnachtsfest Waggons aus dem nahen Dänemark, beladen mit Schweinsköpfen eintrafen, und ein jeder Mitarbeiter schleppte seinen Schweinskopf glücklich zur Familie, die mit Stielaugen die überraschende Ankunft erlebte."[193] Ende 1920 waren 822 Menschen auf der Carlshütte beschäftigt.[194]

Trotz dieser Maßnahmen, zeitbedingt recht unkonventionell, wirkte sich die veränderte politische Stimmung in Deutschland, die sich aufgrund der harten Bedingungen des Versailler Friedensvertrages gegen die Regierung der neuen Republik richtete und die äußeren rechten wie linken Parteien stärkte, auch in Büdelsdorf aus, für die Familie Ahlmann in fast bedrohlicher Form. Während des Wahlkampfs 1921 wurde die Wand ihres Wohnhauses über und über mit Zetteln und Plakaten beklebt, die kommunistische Parolen verkündeten: „Nieder mit dem Kapital, löst die großen Vermögen auf!" Käte Ahlmann meinte zwar ironisch, davon bräuchten sie sich leider nicht betroffen zu fühlen,[195] doch das Ergebnis der Reichstagswahlen vom 20. Februar 1921 machte nachdenklich und vorsichtiger. In Büdelsdorf büßte die SPD gegenüber 1919 dreizehn Prozentpunkte ein, während die KPD zweitstärkste Partei wurde und 18,2 Prozent der örtlichen Wählerstimmen erhielt. Die Deutsche Volkspartei (DVP) kam mit 6,7 Prozent weit abgeschlagen auf Platz drei. Die bürgerlichen Rechtsparteien, die reichsweit und im Land die großen Gewinner waren, spielten in der Arbeitergemeinde keine Rolle.[196] In diesem Frühjahr 1921 ließ Julius Ahlmann um sein Anwesen eine hohe Mauer ziehen, die seiner jungen Familie nicht nur vor Blicken Schutz bot. Seine Frau bezeichnete das Bauwerk als ihre „Chinesische Mauer".[197] Das ostasiatische Original war einst als Befestigungsanlage gegen aggressive Nomadenvölker errichtet worden.

Engagements

Die Reichstagswahlen in Schleswig-Holstein hatten erst ein Dreivierteljahr später als im übrigen Deutschland stattgefunden. Grund dafür waren die im Versailler Vertrag geregelten Volksabstimmungen, nach denen die Grenze zwischen dem Deutschen Reich und Dänemark festgelegt werden sollte.[198] Wegen der Modalitäten kam es zu heftigen Protesten von deutscher Seite, wobei das „Rendsburger Tageblatt" unter Ferdinand Möller das federführende Publikationsorgan war.[199] Die Abstimmung in der ersten Zone, die bis nördlich von Flensburg reichte, fiel am 20. Februar 1920 für Dänemark aus, und damit wurde Nordschleswig dem Königreich eingegliedert. Vorsichtig wie er war, hinterließ Johannes Ahlmann keinen Kommentar über diese politische Entwicklung. Anfang Juni fuhr er nach Gravenstein, mit dem Dampfer über Kollund, längs der Küste: „Gar kein Verkehr, Totenstille, an all den sonst so belebten Badeorten kein Mensch zu sehen; die Besitzer der Kurhäuser und Wirtschaften sind ruiniert. In Gravenstein war es ebenso still. Ich wohne bei Gärtner Hansen, da das Heim seitens der Gemeinde mit Beschlag belegt."[200] Im Herbst nächsten Jahres konnte er dort jedoch schon wieder wie gewohnt Urlaub machen.

Im Versailler Vertrag waren auch in anderen Grenzgebieten Volksabstimmungen über die künftige nationale Zugehörigkeit vorgesehen, so in Oberschlesien, wo die Einwohner am 20. März 1921 wählen sollten.[201] Um den in anderen Teilen Deutschlands lebenden Stimmberechtigten die Reise in ihre Geburtsheimat zu finanzieren und damit die Position gegenüber den Polen zu stärken, wurde die „Oberschlesienspende" ins Leben gerufen. Zu ihren Gunsten fand am Sonntag, 23. Januar 1921, in der Rendsburger Marienkirche ein gut besuchtes Konzert statt, ein „in jeder Hinsicht künstlerischer Genuß von hohen inneren Werten." Der Zweck der Veranstaltung verbot nach Auffassung des Berichterstatters das kritische Eingehen auf Einzelleistungen.[202] Das musikalische Ensemble, das „seine reichen Gaben in den Dienst der vaterländischen Sache" stellte, bestand aus Amtsgerichtsrat Lehment, Seminarmusiklehrer Iversen, Seminarist Hein und Käte Ahlmann, die zur Orgelbegleitung fünf Beethoven-Lieder sang, dazu Arien von Bach und Händel.[203] Sie hatte mit Max Lehment schon im Weihnachtsgottesdienst mitgewirkt, kam dann gerne seinen Bitten zu Gesangsvorträgen in den Rendsburger Kirchen nach und gab später mit ihm öffentliche Kammerkonzerte.

Ihr Engagement blieb jedoch nicht auf den musischen Bereich beschränkt. Durch Käte Ahlmanns patriotischen Auftritt – sie war in Rendsburg zum ersten Mal in dieser Form aus ihrer Privatsphäre hinaus getreten – richtete sich Aufmerksamkeit auf sie. Einflussreiche Kreise, deren Drängen sie sich nach ihrer Ansicht nicht entziehen konnte, ohne die Stellung ihres Mannes zu gefährden,[204] nahmen die 30-

jährige in gesellschaftliche und soziale Pflicht. Sie erhielt im März 1921 das Amt einer Kreisvorsitzenden des Vaterländischen Frauenvereins vom Roten Kreuz angetragen, den in Schleswig-Holstein in ungebrochen fürstlicher Tradition Prinzessin Irene von Preußen auf Gut Hemmelmark leitete, die Schwägerin des abgedankten Kaisers.[205] Qualifiziert war Käte Ahlmann einmal sachlich durch ihre Ausbildung als DRK-Krankenhelferin von 1912, dann aber eignete sie sich für diese Aufgabe besonders durch ihren Status als Frau des Direktors der Carlshütte. Führungspositionen besetzte der Vaterländische Frauenverein grundsätzlich nur aus höheren Schichten, und vielversprechende Seiteneinsteigerinnen kamen sehr gelegen.

Die frisch rekrutierte Vorsitzende des Kreisverbandes Rendsburg gab sich in ihrer diesbezüglichen Mitteilung an den Vater zwar nicht begeistert, wollte aber versuchen, „in diesen Weiberbetrieb straffe Organisation zu bringen." Ihr unterstanden dreizehn Ortsvereine mit einigen hundert Mitgliedern, die auf dem Land für die gesamte soziale Tätigkeit in den Dörfern verantwortlich waren.[206] Käte Ahlmann musste Berichte abrufen, Sitzungen gestalten, Ehrungen vornehmen und engen Kontakt zu dem ihr übergeordneten Provinzialverband halten. Ihre erste Bewährungsprobe meisterte sie bereits im September 1921, als ihr für die mit großem Engagement ausgerichtete Landestagung in Rendsburg Lob und Dank von hoher Stelle zuteil wurden.[207] Sicherlich bedeutete das Bestätigung und Ansporn, doch Käte Ahlmann hatte inzwischen ehrliche Freude an diesem Arbeitsfeld gefunden, für das sie starke Verantwortung empfand und eine feste Bindung, die ihr Leben lang bestehen blieb.

Außer diesen neuen Verpflichtungen war Käte Ahlmann auch im häuslichen Bereich in Anspruch genommen. Der große Garten, den sie mit Unterstützung von zwei Hilfskräften bearbeitete, forderte natürlich den meisten Einsatz. Dann wurde nicht nur wegen der schlechten Versorgungslage Kleinvieh in schon größerem Stil gehalten, mit dem Bau eines Hühnerhauses und einem Teich für die Enten.[208] Schwein und Kalb knüpften ebenfalls Erinnerungen an die landwirtschaftliche Erlebniswelt ihrer Kindheit auf dem Niederreidenbacher Hof, die sie Marlene, Roseli und Hans-Julius vermitteln wollte. Die drei kleinen Geschwister, altersmäßig dicht aufeinander folgend, wuchsen zusammen in einer gewissen Abgeschiedenheit auf. Marlene besuchte zwar die nahe gelegene Volksschule in Büdelsdorf, befand sich dort in ihrer reinen Mädchenklasse aber nur unter Kindern von Hüttenmitarbeitern. Erst als sie mit zehn Jahren auf das Rendsburger Lyzeum wechselte und wie einst beim Vater ihr Schulweg mit dem „Bötchen" über die Obereider führte, schloss sie Freundschaften, die im Elternhaus willkommen waren.[209]

Der Heidberg

Schon seit langem hatte Johannes Ahlmann den Bau eines Sommerhauses auf dem Heidberg erwogen und schließlich geplant, verschiedentlich Gespräche darüber mit dem bekannten Architekten Ernst Prinz geführt, mit ihm auch bereits eine Ortsbesichtigung gemacht. Doch während des Krieges ließ sich das Vorhaben nicht verwirklichen. Da der idyllisch gelegene Platz, nicht weit von Büdelsdorf entfernt, als beliebtes Ziel für Tagesausflüge immer mehr an Bedeutung für das Familienleben gewann, wurde dort im Mai 1917 ein fester Pavillon errichtet, „Kavaliershaus" benannt, der Schutz vor der freien Natur bot.[210] Das damals angelegte Gästebuch, das „Heidberg-Buch", enthält auf der ersten Seite auch die Namen der Teilnehmer eines Beisammenseins Ende August 1918, das den musischen Johannes Ahlmann zu romantischer Stimmung inspirierte. Linu Pagenstecher, seine Lieblingsschwester Kätes, sang in der Dämmerung empfindsame Lieder zur Laute.[211] Zum kleinen Zuhörerkreis an diesem Sommerabend gehörten Käte, Max Lehment und Edel Bohland aus Berlin, die engste Freundin von Magdalene Wuppermann.

Mit der Rückkehr von Julius Ahlmann aus dem Krieg nahm das Vorhaben auf dem Heidberg dann Gestalt an. Da es erheblich weniger an Kosten erforderte als ein Auftrag an den namhaften Architekten Prinz, bat Johannes Ahlmann einen alten Bekannten aus Gravenstein um Zeichnung und Plan, nach denen Maurermeister Plön aus dem nahe gelegenen Dorf Holzbunge den Bau ausführte. Im Sommer 1919 ging dann alles recht schnell vonstatten. Nach dem Abstecken des Platzes und der erforderlichen Planierung des Geländes konnte am 23. August schon das Richtfest des Heidberghauses gefeiert werden. Johannes Ahlmann trieb den ersten Nagel ein. Dann überließ er den weiteren Bau und schließlich das Haus Sohn und Schwiegertochter, die ihm den „Stammhalter" Hans-Julius geschenkt hatten. Mit diesem Wort würdigte der dynastisch denkende Großvater im Gästebuch den ersten Besuch des einjährigen Enkels auf dem Heidberg im Mai 1920.[212]

Gleich im Juni war Einzug. Von einem Jugendfreund Julius Ahlmanns, Pastor Traugott Schulze aus Burg auf Fehmarn, stammte die Inschrift neben der Haustür: „Ich luge weit hinaus ins Land, das Heidberghaus bin ich genannt". Konzipiert für längere Aufenthalte, wurde das Haus komplett eingerichtet und möbliert. Die Witwe des Kommerzienrats Thormann, die Pfingsten zu einer ersten Besichtigung eingeladen war, stiftete für diesen Zweck einen großen runden Mahagonitisch.[213] Ansonsten herrschte gewollt rustikaler Stil vor. Es gab kein elektrisches Licht, sondern Beleuchtung durch Petroleumlampen und kein fließend Wasser, nur von der Pumpe draußen, etwas abseits gelegen dann das Häuschen. Doch das machte keinem etwas aus, im Gegenteil. Der Heidberg war eine andere, abgeschiedene Welt. Die Familie wohnte im Sommer lange Wochen dort, in ganz ursprünglicher Umgebung, erlebte die Heideblüte, pflückte Beeren und sammelte Pilze. Julius Ahlmann ging dort gerne zur Jagd. Für die Kinder war schon die Fahrt mit Pferd und Wagen von der Landstraße über den sehr holprigen Zuweg ein Erlebnis.[214]

Käte und Julius Ahlmann luden sich gern Gäste ein. Aus dem Jahr 1921 stammt ein Gedicht, das die muntere, unbeschwerte Lebenslust des glücklichen Ehepaares vermittelt: „Wollt Ihr am Heidberg feiern Sonnenwende, so werfet ab das Alltagskleid, steigt froh hinauf ins grüne Alpgelände, im Stiche lasset Sorg und Leid. Doch ist nur der geladen zum Heidenfest, der sich durch heidnisch freie Sitten in keiner Weise stören lässt, der gerne ohne langes Bitten im Tanze schwingt den Fuß, und der nicht schweigt zu unsern Liedern von Frohsinn, Jugend, Lieb und Kuß! Auch darf er nicht verachten das ihm gebot'ne Mahl, denn es gibt Supp' mit Schwarten im schlichten Heidbergsaal. Um kühlen Trunk tut Euch nicht sorgen, der wird nebst Waffeln Euch beschert. Wir feiern bis zum frühen Morgen, bis alle Becher sind geleert. Schaut schnell in den Kalendern, ob Euch der Tag wohl passt, dann schmückt den Hut mit Bändern, ins Knopfloch eine Blume fasst, und kommt Punkt 6 zum Heidberghaus, kehrt fröhlich ein und selig aus."[215]

Familiäres in Köln

Josef Braun hatte die Ehre und besondere Freude, wie er in das Gästebuch schrieb, als „erster Fremdling" Ende Juni 1920 eine Woche Aufenthalt im Heidberghaus zu genießen, zusammen mit Tochter Käte, Schwiegersohn und Enkeln. Die Einfachheit der Umgebung empfand der frühere Hochgebirgswanderer, der seinerzeit in primitiven Hütten übernachtet hatte, als „köstlich" und den Heidberg als „herrliche Schöpfung". Der über 70-jährige machte im folgenden Jahr noch einmal die weite und für ihn strapaziöse Reise nach Norden und erlebte „Tage des Glücks" im August 1921, nur mit Käte und ihren Pensionatsfreundinnen Thea Günther und Alice von Beckerath.[216] Kurz vor ihm hatte die ganze Familie Wuppermann aus Berlin, die inzwischen sieben Köpfe zählte, drei Wochen auf dem Heidberg verbracht, Linu Pagenstecher war mit ihrer Tochter Roswitha gekommen, und schon als Stammgäste konnten innerhalb kurzer Zeit Kätes Schwester Luise und ihr Mann Heinrich Athenstaedt gelten.

Um die Zukunft seiner zweitältesten Tochter hatte sich Josef Braun schon ernsthafte Sorgen gemacht. Luise war 1918 bereits dreißig Jahre alt und längst jenseits des üblichen Heiratsalters. Andererseits fühlte sich der Vater sehr wohl unter ihrer aufmerksamen und liebevollen Betreuung und nahm besonders gerne ihre Unterstützung bei der Verwaltung der Grundstücksgesellschaft Erben Braun GmbH in Anspruch. Als Absolventin der Höheren Handelsschule verfügte Luise über solide kaufmännische Kenntnisse, die ihr Schwager Carl Wuppermann von seiner Warte als Bankier hoch einschätzte, ebenso wie ihre Kompetenz in praktischen Dingen des Lebens.[217] Trotzdem hätte Josef Braun gern auch die letzte seiner vier Töchter möglichst bald verheiratet gewusst, ihn bedrückte der Gedanke an ihr eventuelles späteres Alleinsein.[218]

An Kontakten mit passenden jungen Männern hatte es Luise Braun durch ihre vielen gesellschaftlichen und sportlichen Aktivitäten nicht gemangelt, aber es war nie eine feste Bindung daraus entstanden. Im Frühsommer 1919 traten aber dann sogar zwei ernsthafte Heiratskandidaten auf. Einem Antrag hatte Luise schon zugestimmt und die Familie über die Verlobung informiert, als sie starke Zweifel an ihrer Wahl zu quälen begannen. Die endgültige Entscheidung fiel dann aber doch zu Gunsten Heinrich

Würde und Haltung kennzeichneten Josef Braun bis zuletzt

Athenstaedts, den Luise Braun Ende September 1918 kennen gelernt hatte. Wegen des Interesses seiner Tochter zog ihr Vater Erkundigungen über ihn ein, die befriedigend ausfielen. Der 36-jährige Sohn eines Apothekers in Eichstetten am Kaiserstuhl war Volljurist, während seines Studiums aktiv im Corps Suevia gewesen und hatte im Krieg als Oberleutnant der Reserve mit einer Artillerieeinheit an der Westfront gestanden. Nach längerer juristischer Tätigkeit bei der badischen Eisenbahnverwaltung wechselte Athenstaedt an das Bezirksamt Mannheim, stand aber vor der Berufung zu höherer Verantwortung. Im August 1921 wurde er nach Heidelberg versetzt und im Februar 1922 zum Polizeidirektor ernannt.[219]

Käte Ahlmann begegnete ihrem neuen Schwager zum ersten Mal bei der Verlobungsfeier am 28. August 1919 in Köln. Sie fühlte sich gleich zu ihm hingezogen durch seine „natürliche, offene, reizende Art", benutzte schon nach dem einen Tag das vertrauliche „Hanno" im Brief an ihren Mann und beschrieb ihn als groß und stattlich, sein Gesicht als sehr fein und ansprechend.[220] Julius Ahlmann teilte ihre Sympathie, bei ihm bedingt auch durch die Gemeinsamkeit der Waffengattung Artillerie, als er Athenstaedt bei der Hochzeit am 5. November 1919 persönlich kennen lernte. Auf den besonderen Wunsch von Luise wurde sie nur im engsten Familienkreis in der Von-Werth-Straße gefeiert, am 70. Geburtstag von Josef Braun. Es war das letzte Fest in diesem Haus.

Als sehr willkommenes Hochzeitsgeschenk hatten Linu und Carl Pagenstecher zwei große Gänse mitgebracht. Das junge Ehepaar kam von Sachsen angereist, wo beide auf einem Rittergut von Verwandten Landwirtschaft lernten. Der Seeoffizier Pagenstecher war nach Kriegsende aus dem aktiven Dienst unter der Bemerkung entlassen worden, dass seine Familie ein Gut besitze und ihm eine Existenz bieten könne, was bei anderen Kameraden nicht der Fall sei.[221] Nach dem Versailler Vertrag waren der deutschen Marine nur noch 1.500 Offiziere erlaubt.[222] Pagenstechers entschlossen sich, den größten der Höfe des Familienbesitzes Orr zu pachten und bis zum Ablauf des bisherigen Vertrages Ende 1922 die notwendigen Kenntnisse zu erwerben. Linus Ausbildung wurde dann allerdings etwas früher als geplant durch die Ankunft der Tochter Roswitha beendet, die überraschend am 3. Mai 1920 im großväterlichen Haus zur Welt kam. Ein englisches Offiziersehepaar, das in der Von-Werth-Straße einquartiert war, räumte verständnisvoll bei diesem Notfall sein Schlafzimmer.

Der Senatspräsident a. D. Josef Braun ertrug die fremde Besatzung mit Gelassenheit, ebenso wie seine Versorgung durch wechselnde Hausdamen. Der alte Herr unternahm häufig Reisen zu seinen weit auseinander wohnenden Töchtern, wobei ihm zuletzt der Aufenthalt bei Luise im romantischen Heidelberg besonders gefiel.[223] Doch auch die langen beschwerlichen Zugfahrten nach Berlin und Rendsburg nahm er unverdrossen auf sich. Als Linu Pagenstecher dann auf Haus Orr ganz in der Nähe der Stadt wohnte, sah sie regelmäßig nach dem Vater, doch auch ihre Schwestern kamen des öfteren für einige Zeit. Käte Ahlmann nahm meistens Marlene mit, die im Haus Von-Werth-Straße ihre ersten Lebensmonate verbracht hatte und an der Josef Braun sehr hing. Sie behielt den Kölner Großvater als gütig und freundlich in Erinnerung, der mit ihr lachte und scherzte.[224]

Auf der Rückreise vom Weihnachtsfest 1921, das er im Kreis der großen Familie seiner Tochter Magdalene Wuppermann in Berlin verlebt hatte, zog sich Josef Braun eine schwere Erkältung zu, aus der eine Grippe mit Lungenentzündung wurde. Telegrafisch alarmiert von Linu, die bei ernsten Erkrankungen sofort Bescheid geben sollte, fuhr Käte am 12. Januar sofort nach Köln, um den Vater zu pflegen. Bald kamen auch Magdalene und Luise. Für alle waren es sehr schwere Tage. Auf dem Sterbebett machte Josef Braun eine große, stilvolle Geste. Mit den vier Töchtern stieß er auf ihr Wohl und das ihrer Familien an und wünschte ihnen Glück. Hilfe beim Halten des Glases hatte der Todkranke als „unmännlich" abgelehnt.[225] Josef Braun starb am Abend des 25. Januar 1922 im Alter von 72 Jahren.

Julius Ahlmann nahm die sechsjährige Marlene mit nach Köln zur Trauerfeier,[226] die am Sonnabend, 28. Januar, im Haus Von-Werth-Straße stattfand. Die Todesanzeige war auch in das „Rendsburger Tageblatt" gesetzt worden.[227] Pfarrer Karl Becker von der Christuskirche hielt die Ansprache am Sarg des Verstorbenen über das Pauluswort „Strebt nach den besten Gaben, und ich will euch noch einen köstlicheren Weg zeigen" (1. Kor. 12, 31). Der Geistliche zeichnete als einen der Grundzüge im Wesen Josef Brauns sein Emporstreben zu edlen Werten. Er sei eine „anima candida" gewesen, eine reine Seele. Als äußerlich und innerlich vornehme ritterliche Erscheinung habe er jedem Hochachtung eingeflößt. Den „köstlichen Weg" der Liebe, der Herzensgüte sei er gegangen, als Vater, Bruder und Freund, und wie ein Sämann über das Lebensland seiner Nächsten geschritten. Ihr Dank müsste daher größer sein als der Schmerz.[228] Josef Braun wurde wie seine zehn Jahre zuvor verstorbene Frau Aline eingeäschert und seine Urne neben der ihren auf dem Friedhof Melaten beigesetzt.

Verluste

Vor allem durch den umfangreichen Grundbesitz im Kölner Stadtteil Braunsfeld, der durch den großen Bedarf an Bauland immer wertvoller wurde, hatte der Vater die finanzielle Zukunft seiner Töchter langfristig gesichert geglaubt. Wenig mehr als ein Jahr nach seinem Tod war nichts mehr davon vorhanden. Nur andeutungsweise und bruchstückhaft wurde die Geschichte dieses bedeutenden Verlustes übermittelt. Äußerungen des Bedauerns, sogar des Mitgefühls, überdeckten aber schließlich nach Jahrzehnten die Anklagen und Vorwürfe. Gerichtet hatten sie sich gegen Dr. Carl Wuppermann. Der erfahrene und fähige Bankier, im Herbst 1922 von der Deutschen Bank in die Mitleitung der aufstrebenden Düsseldorfer Filiale im Rhein-Ruhr-Industriegebiet berufen, war den Manipulationen eines Politikers nicht gewachsen gewesen.

Wie überliefert, war der seit 1917 amtierende Kölner Oberbürgermeister Konrad Adenauer an die Gesellschaft Erben F. Braun herangetreten und hatte mitgeteilt, die Engländer wollten auf dem Gebiet in Braunsfeld Kasernen errichten. Die Besatzungsmacht würde zu diesem Zweck eine Enteignung vornehmen. Adenauer bot an, dass die Stadt Köln das Gelände vorher ankaufen könnte, so dass die Gesellschafter, deren Besitz sowieso verloren gehe, wenigstens eine angemessene finanzielle Entschädigung erhielten. Gutgläubigkeit über den Wahrheitsgehalt dieser Information bestand wohl bei allen Beteiligten am großen Erbe des Stammvaters Ferdinand Braun, der dort einst seine Ziegelei betrieben hatte. Dem mit einer Enkelin verheirateten Carl Wuppermann, mit geschäftlichen Verhandlungen dieser Größenordnung bestens vertraut, wurde Vollmacht erteilt.[229]

In diesem Jahr 1923 erreichte die Inflation ihren Höhepunkt. Die Entwertung der deutschen Mark hatte schon durch die Verschuldung mit Kriegsanleihen eingesetzt und nahm ab 1919 durch die immensen Reparationszahlungen an die Siegermächte rapide zu. Schon im November 1922 stand der Wechselkurs vom Dollar zur

Mark auf 7.000. Nachdem im Januar 1923 französische und belgische Truppen das Ruhrgebiet besetzten, beschleunigte sich der Verfall der deutschen Währung. Im April 1923, zur Zeit des Verkaufs der Braunsfelder Liegenschaften, gab es für einen Dollar 50.000 Mark.[230] Am 28. April 1923 übertrugen die zehn Gesellschafter der Erben F. Braun GmbH im Rahmen eines Vertrages ihre Anteile an die Stadt Köln. Von der Gesamtsumme sollten auf Käte Ahlmann und Linu Pagenstecher jeweils 18.730.000 Mark fallen. In letzter Minute kam ein Telegramm aus Büdelsdorf an die jüngste Schwester, dass sie beide darauf bestehen müssten, Land statt des Geldes zu erhalten. Entsprechend des Betrages ihres Anteils bekamen sie dann ein halbes Jahr später eine Parzelle von 2,4 Hektar in der Gemeinde Sinnersdorf, angrenzend an die Gemarkung von Gut Orr. „Mageres und minderwertiges Ackerland", wie die gelernte Bäuerin Linu Pagenstecher fünfzig Jahre später noch empört feststellte.[231]

Unter Nutzung der juristischen Fachkenntnisse von Heinrich Athenstaedt, – Carl Wuppermann und Julius Ahlmann trugen gemeinsam die hohen Gerichtskosten –, unternahm die Familie eine Anfechtung des Inflationsverkaufs der Grundstücke, zumal sich inzwischen herausgestellt hatte, dass die Engländer dort keine Kasernen bauten. Im langwierigen, Jahre dauernden Prozess unterlag sie aber wegen der starken Rechtsposition der Stadt Köln in allen drei Instanzen. Carl Wuppermann wandte sich daraufhin direkt an den Oberbürgermeister, um ihn davon zu überzeugen, dass eine Entschädigung aus Billigkeitserwägungen gewährt werden müsse. In der Tat gestand Konrad Adenauer einen Betrag von 5.000 Mark jährlich zu, befristet auf die Dauer von fünf Jahren, gegen die Erklärung, dass damit alle Ansprüche der Erben Braun endgültig abgegolten seien.[232] Käte Ahlmann verwendete den ihr daraus zufallenden Anteil, um Athenstaedts als Dank für die Bemühungen nach London einzuladen.[233] Ihrem Schwager Wuppermann hielt sie das Braunsfelder Desaster noch lange bei passenden Gelegenheiten vor.

Weshalb gleich nach dem Tod Josef Brauns das Haus Von-Werth-Straße 31 verkauft wurde, hing sicher damit zusammen, dass es keiner der Töchter unter ihren jeweiligen Lebensumständen möglich war, sich darum angemessen zu kümmern. Zudem bedeutete die anhaltende englische Einquartierung mit der Belegung von elf der insgesamt achtzehn Räume eine erhebliche Beeinträchtigung. Die Entscheidung fiel anscheinend sofort, vielleicht schon in den letzten Lebenstagen des Vaters, denn Käte Ahlmann blieb anschließend einige Wochen in Köln. Sie hätten die Erlaubnis bekommen, das Inventar aus den von ihrem Vater privat genutzten Räumen zu entfernen, die nicht von den Engländern beansprucht wurden, berichtete sie dazu.[234] Käufer des Hauses war, in Linu Pagenstechers Worten, „der irre reiche Wolff".[235] Es handelte sich um den Kölner Industriellen Otto Wolff, Inhaber eines großen Eisen- und Metallkonzerns, auch Mitglied im Aufsichtsrat der Deutschen Bank. Er war mit dem gleichaltrigen Carl Wuppermann seit der gemeinsamen Schulzeit sehr eng befreundet, suchte oft seinen Rat und bestimmte ihn zu seinem Testamentsvollstrecker.[236]

„De Tied is schwer"

Die Produktion der Carlshütte lief in diesen ersten Nachkriegsjahren wegen der starken, durch die Inflation bedingten Warennachfrage auf Hochtouren, nur zeitweise behindert durch Schwierigkeiten bei der Beschaffung von Rohstoffen. Ursache waren die zahlreichen Streiks im Kohlenbergbau und Hüttenwesen sowie bei der Eisenbahn. Keine Transportschwierigkeiten gab es dagegen auf dem Wasserweg. Julius Ahlmann war es gelungen, durch Reisen nach Dänemark, Holland und Spanien alte Verbindungen wieder zu festigen, und im November 1920 kam mit Mr. Donald aus London ein wichtiger Kunde aus der Vorkriegszeit nach Büdelsdorf und orderte 3.000 Badewannen, die am Kai der Carlshütte auf Dampfer geladen wurden. Welche Bedeutung diese Geschäftsbeziehung für das Werk hatte, zeigte sich daran, dass der kaufmännische Direktor mehrere Frachten begleitete. Julius Ahlmann machten selbst schwere Stürme auf der Nordsee nichts aus. Doch Ehefrau und Eltern, die sehr in Sorge um ihn waren, hätten in solchen Fällen gerne früher Nachricht von seiner sicheren Ankunft gehabt, wenngleich er die Kontrolle der Löscharbeiten für wichtiger hielt.[237]

Ein dramatischer Großbrand hielt in der Nacht vom 16. auf den 17. Mai 1922 Büdelsdorf und Rendsburg in Atem, deren Einwohner jenseits der Obereider die Carlshütte in Flammen stehend sahen. Emaillierwerk und Verladehaus brannten lichterloh und das Feuer war dabei, auf das große Magazingebäude überzugreifen. Alle umliegenden Feuerwehren waren im Einsatz, sogar aus Kiel kam Unterstützung, die aber nicht mehr einzugreifen brauchte. Zum Glück herrschte Windstille, und Wasser zum Löschen konnte leicht gepumpt werden. Käte und Julius Ahlmann waren abwesend, sie hatten einen kurzen Urlaub angetreten und wollten Athenstaedts zu einer Wanderung durch den Schwarzwald abholen. Julius kehrte sofort zurück. Um Käte zu informieren und um sie wegen der drei Kinder zu beruhigen, die in Büdelsdorf geblieben waren, schrieb ihr Johannes Ahlmann noch am selben Tag einen ausführlichen Bericht nach Heidelberg.[238]

Nach den Aufräumungsarbeiten liefen sofort die Maßnahmen für einen großzügigen Wiederaufbau an, die Produktion wurde in schnell errichteten Notbauten weitergeführt. Bereits zwei Monate danach trat jedoch die nächste Betriebsstörung ein. Am 31. Juli 1922 begann die Belegschaft der Carlshütte einen Streik aus Solidarität mit den Beschäftigten in der Emaillewerkstatt, die unter ihrem Meister nicht arbeiten wollten. Der Ausstand wegen dieser personellen Streitfrage dauerte drei Wochen. Am 21. August verzichteten die Arbeiter auf ihre Forderungen. Bemerkbare Auswirkungen in Form von spürbaren Verlusten hatte die erzwungene Stilllegung nicht, wie aus dem Jahresbericht der Geschäftsleitung hervorging. Die gute Nachfrage hielt an und konnte gedeckt werden.[239]

Mit der Ruhrbesetzung Anfang des Jahres 1923 änderte sich vieles. Da inländische Erzeugnisse nicht mehr verfügbar waren, musste die Carlshütte 1.300 Tonnen Roheisen in England kaufen, auch der Umsatz ging durch die politische und wirtschaftliche Entwicklung erheblich zurück. Die galoppierende Inflation machte Mitte August wöchentliche Lohnzahlungen in Höhe von 20 Milliarden Mark notwendig. „Mir wird ganz schwindelig bei diesem Gedanken", schrieb Julius Ahlmann seinen Eltern, die sich in Gravenstein aufhielten.[240] Er selbst verbrachte mit Frau und Kindern einen Urlaub in Westerland auf Sylt. Käte Ahlmann meinte, 2,5 Millionen Mark pro Woche für das Ferienhaus, Licht und Wasser extra, seien nicht zu teuer. In den Hotels müsse man eine Million am Tag pro Person rechnen. Kartoffeln, Gemüse, Feuerung und die meisten weiter benötigten Lebensmittel würden ihnen von Büdelsdorf geschickt. Schwärmerisch wie einst ihre Mutter Aline Braun schilderte sie im Brief an die Schwester Magdalene „köstlich bewegte Nordsee, prachtvolle Luft, herrliches Meer".[241]

So sehr Käte und Julius Ahlmann ihren Aufenthalt genossen, auch „IA Bier" und Tanz, war die Familie in erster Linie nach Sylt gegangen, um die Gesundheit der Kinder durch die kräftige Nordseeluft zu stabilisieren. Alle drei Geschwister litten häufig unter schweren fiebrigen Erkältungen und anhaltenden Beschwerden der Atmungsorgane. Behandelnder Arzt war der renommierte Hals-Nasen-Ohren-Spezialist Dr. Max Behr in Kiel, der Reizklima empfahl. Nachdem im März alle an Keuchhusten und Masern erkrankt waren, brachte Käte Ahlmann Anfang Juni die Töchter Marlene und Roseli für zwei Monate zur Erholung auf die Insel Föhr, in Begleitung ihres vertrauten Kindermädchens. Der erst vierjährige Hans-Julius blieb währenddessen bei den Eltern.[242] Ein Überraschungsbesuch, den die Großeltern von Gravenstein aus den Enkelinnen am Wyker Strand abstatteten, von beiden mit großem Jubel begrüßt, musste zum großen Bedauern Johannes Ahlmanns schon am nächsten Tag abgebrochen werden, weil seine empfindliche Frau Wilhelmine den rauen Seewind nicht vertrug.[243]

Als das Ehepaar nach Büdelsdorf zurück kehrte, hatte es der alte Wilhelm Meyn noch mit herzlichen Begrüßungsworten empfangen: „Sind Sie wieder da! Das ist ja geradezu herrlich!" Am 8. Oktober 1923 starb der langjährige technische Direktor der Carlshütte im 81. Lebensjahr. Johannes Ahlmann griff der Tod seines Kollegen und Weggefährten, mit dem er über vierzig Jahre gut und vertrauensvoll zusammen gewirkt hatte, sehr an. Der Schwiegertochter Käte, die seine tiefe Betroffenheit merkte, gelang es, ihn nach der Beerdigung von seinen schweren Gedanken mit dem für ihn wirksamsten Mittel abzulenken. Da auch viele Übernachtungsgäste zur Trauerfeier angereist waren, die unterhalten werden mussten, ließ sie den Abend mit einem kleinen Konzert ausklingen.[244]

Ausgerechnet am Todestag von Wilhelm Meyn hatte die Carlshütte Kurzarbeit einführen müssen, zum ersten Mal wieder seit den achtziger Jahren, als das Werk in seiner tiefsten Krise steckte. Die Löhne wurden täglich neu festgesetzt und ausbezahlt. Am 9. Oktober kostete ein Schwarzbrot 26 Millionen Mark. Um wenigstens die Grundversorgung der Familien zu sichern, ließ die Firmenleitung Tausende von Broten für die Arbeiter backen, Gutscheine für die Konsumanstalt verteilen und Notgeld ausgeben, wie es damals in Deutschland allgemein üblich war.[245] Das Zahlungsmittel zeigte als Motiv die Anlagen der Carlshütte, darunter den plattdeutschen Vers: „De Tied is schwer, dat Geld is knapp, wie wät, wat uns is nütt. Wie makt Notgeld in Büdelsdorp und Pütt up de Carlshütt." Diesen Spruch bezeichnete ein Chronist als Ausdruck des Galgenhumors jener Zeit.[246]

Notgeld der Gemeinde Büdelsdorf

Noch vor der Einführung der Rentenmark Ende November 1923 hatte der Kreis Rendsburg, um den Bauern seines landwirtschaftlich strukturierten Gebietes einen soliden Gegenwert für ihre Ernteprodukte zukommen zu lassen, Mitte Oktober eine Goldmark-Kasse gegründet, von der die „Rendsburger Festmark" ausgegeben wurde. Wie bei der sie ablösenden, allgemein gültigen Rentenmark war der Wert identisch mit einer Goldmark vor 1914.[247] Am 21. Oktober 1923 stellte die Carlshütte ihre Buchführung auf Goldmarkrechnung um und zahlte am 27. Oktober zum ersten Mal die Löhne in Rendsburger Festmark aus, einen Monat später dann in Rentenmark. Mit der Währungsreform erfolgte eine drastische Verringerung des Geldvolumens in Deutschland, so dass es ab Dezember 1923 zu einem abrupten Stillstand der Warennachfrage kam.[248]

Die Inflation war zwar beendet, wirkte sich aber bei vielen Deutschen verhängnisvoll auf ihre Existenz aus. Sie hatten Goldmark in vermeintlich sicheren Hypotheken, Pfandbriefen oder Bankguthaben angelegt, die nur zu minimalen Prozentsätzen aufgewertet wurden. Die Rendsburger Sparkasse wies 1918 einen Bestand von Spareinlagen in Höhe von 34,2 Millionen Goldmark auf, Ende 1923 waren es nur noch 38.000 Rentenmark.[249] Auch die insgesamt neun Kriegsanleihen wurden entwertet. Zu den Geschädigten gehörte Johannes Ahlmann, der damit vier Fünftel seines Vermögens verlor. Die Einbuße war für ihn um so ärgerlicher, als er die gezeichneten 450.000 Goldmark von seinem sicher in Dänemark angelegten Geld genommen hatte. Doch der fast 72-jährige wollte zum Jahreswechsel dem „schnöden Mammon" nicht nachtrauern: „Wir sind in anderer Weise übermäßig reich geworden. Wir haben eine liebe Tochter bekommen, die uns drei prächtige gesunde Enkel geschenkt hat, und wenn Gott uns dieses Glück erhalten will, dann wollen wir über das Verlorene nicht klagen. Also Kopf hoch, und frisch hinein ins neue Jahr!"[250]

Glück und Leid

Als Johannes Ahlmann diese Worte in sein Tagebuch schrieb, hatte er guten Grund, dankbar zu sein. Seine Schwiegertochter Käte begann nach langer und sehr schwerer Krankheit gerade zu genesen. Sie hatte seit Ende November fest gelegen, mutmaßlich war es die gefährliche und häufig tödliche Spanische Grippe, denn noch lange zeigten sich unangenehme und belastende Folgen, die darauf hindeuten. Die Ängste in der Familie waren groß. Johannes Ahlmann tat sein Bestes, um die Kinder abzulenken, spielte mit ihnen und ging spazieren. An ihrem 33. Geburtstag, am 5. Dezember, überstand Käte Ahlmann die befürchtete Krise. Gepflegt von einer Hamburger Krankenschwester, ging es ihr nach zehn Tagen etwas besser. Weihnachten stand sie nur zur Bescherung auf, erholte sich dann aber langsam.[251] Käte Ahlmann erwartete ihr viertes Kind, das Ende Mai geboren werden sollte.

Anfang Februar brachte Julius Ahlmann die Rekonvaleszentin zur Erholung in den Harz nach Hahnenklee, sie nahm zur Gesellschaft die sechsjährige Roseli mit, die im Frühjahr eingeschult werden sollte. Obwohl Käte über anhaltende Beschwerden klagte: „Der Schnupfen blüht heftiger denn je, das Baby kommt mit tropfender Nase zur Welt!", taten ihr nach eigenem Eingeständnis Ruhe, Kost und Luft gut. Zu Beginn ihres Aufenthaltes hatte sie noch Fluchtgedanken gehegt und ihren Mann um ausreichend Geld gebeten, um bei schlechtem Wetter Bewegungsfreiheit zu haben, nach Hannover vielleicht oder für zwei Tage nach Hamburg zum Einkaufen. Dreihundert Mark brauche sie mindestens. Inzwischen schien Käte Ahlmann tatsächlich auf dem besten Weg zur Gesundung zu sein, jedenfalls ließen ihre Äußerungen deutlich wieder ihr normales Selbst erkennen: „Das Publikum hier im Hahnenkleehof ist recht zweitklassig, so was man am Rhein „Gesocks" nennt. Aber alle die Anbiederungen sind ganz amüsant zu beobachten."[252]

Nach drei Wochen kehrte sie gekräftigt nach Büdelsdorf zurück, augenscheinlich voller Tatendrang, denn schon sieben Tage später fand am 1. März 1924 eine große offizielle Abendgesellschaft mit fünfzehn Gästen bei ihr statt. Immerhin war die Schwangerschaft schon recht fortgeschritten. Johannes Ahlmann saß zwischen der ihm seit langen vertrauten Bertha Entz geb. Hollesen, Ehefrau des niederländischen Konsuls Paul Entz, und „Frau Landrat Steltzer".[253] Theodor Steltzer hatte im September 1920 sein Amt in Rendsburg angetreten. Der weltläufige, selbstsichere Mann mit guten Verbindungen nach Berlin dachte in großen Dimensionen und hatte neben seinem volkspädagogischen Hauptanliegen auch wirtschaftliche Belange im Blick. Daneben pflegte er schöngeistige und musische Neigungen.[254] Seine Frau Adele sang und trat gerne in der Öffentlichkeit auf. Sie benutzte die einflussreiche Stellung ihres Mannes dazu, um die von ihr als Rivalin angesehene Käte Ahlmann aus diesem Rampenlicht zurück zu drängen.[255]

Am Pfingstsonntag 1924, am 8. Juni, kam das vierte Kind von Käte und Julius Ahlmann zur Welt, die „hocherfreut" die glückliche Geburt eines prächtigen Jungen „Josef" anzeigten, nach dem Großvater mütterlicherseits benannt.[256] Die anderen Vornamen Severin, Otto und Heinrich fügten die Eltern erst später hinzu. Welche Freude die gesunde Ankunft auslöste, zeigte sich am Telegramm der Schwestern und Schwäger Kätes: „Ihr habt den Sieg errungen, ein Vivat Eurem Jungen!" Johannes Ahlmann, der sich mit seiner Frau Wilhelmine zur jährlichen Kur in Bad Oeynhausen aufhielt, war beglückt über den zweiten Enkelsohn und besonders über das Datum, das er als gute Vorbedeutung wertete. Am 8. Juni, dem Geburtstag seiner eigenen Großmutter Magdalene, fanden die Familienversammlungen der Ahlmanns statt. In der sehr persönlich gehaltenen Gratulation an seine Schwiegertochter drückte er seine große Bewunderung für ihre Standhaftigkeit aus, es habe ihre Energie dazu gehört, dieses gute Ende herbeizuführen.[257]

Der kleine Josef, von Geburt hing ihm der in Norddeutschland unbekannte Rufname „Seppel" an, erregte das Entzücken aller wegen seiner großen braunen Augen, „Madonnenaugen" nannte seine Mutter sie. Er war ihr Augapfel von Anfang an.[258] Käte Ahlmann widmete sich dem Baby in den ersten Wochen und Monaten sehr intensiv. Die drei älteren Kinder wurden von den Großeltern in den langen Sommerferien mit nach Gravenstein genommen, wo sie ihnen mit Spaziergängen, Schiffstouren und Ausfahrten zu Verwandten das Land ihrer Vorfahren nahe brachten, und als krönenden Abschluss einen Zirkusbesuch boten. Zwar bekam Marlene zwischenzeitlich Mumps, doch zur Erleichterung des alten Ehepaares nur in milder Form.[259] Indessen ließ sich daheim die vorsichtige Mutter mit Seppel vom Chauffeur der Carlshütte – ihr stand als Frau des Direktors das Firmenauto zur Verfügung – nach Kiel fahren, um den Kleinen dem bekannten Kinderarzt Dr. Otto Spiegel vorzustellen. „Nun kennt er ihn wenigstens für den Notfall", meinte sie, nicht ahnend, was kam.[260]

Die vier Geschwister Ahlmann – Marlene hält Josef–Severin, der sein Taufkleid trägt, daneben Hans–Julius und hinter ihnen Roseli

Die Taufe von Josef-Severin Otto-Heinrich Ahlmann war als festlicher Höhepunkt des Familientages der Langguths geplant, der vom 17. bis 20. Oktober 1924 in Traben an der Mosel stattfand. Auf einer „Chocolade-Gesellschaft" bei den Großeltern führten Marlene, Roseli und Hans-Julius kurz vor der Abreise die Tänze vor, die sie bei der anschließenden großen Geselligkeit zeigen wollten. Am 9. Oktober reiste Käte Ahlmann in Begleitung eines Mädchens mit ihren vier Kindern zuerst nach Düsseldorf, wohin Julius nachkommen sollte, um gemeinsam mit Magdalene und deren Familie weiterzufahren. Am 14. Oktober schrieb Julius Ahlmann den Eltern schon aus Traben-Trarbach, er sei mit Marlene, „Jung" und dem Kinderfräulein allein unterwegs. Roseli habe eine Blinddarmreizung, die Käte beobachte. Nach Ansicht des Arztes bestände aber keine Gefahr. Tags darauf musste die Siebenjährige im Düsseldorfer Luisen-Krankenhaus operiert werden. „Die Sache wurde nötig und so sind wir froh, dass sie in der Großstadt und in guter Klinik erledigt ist", informierte Käte Ahlmann die Schwiegereltern, und meldete einige Stunden später als gute Nachricht, dass die Schmerzen nachgelassen hätten und das Fieber gesunken sei. „Wir sind sehr zufrieden."[261] Sie schlief die ersten Nächte bei dem Kind und beschloss angesichts der zunehmenden Besserung, nun doch mit Seppel zur Familie an die Mosel zu fahren. Ihr Schwager Carl Wuppermann, der nicht am Langguth-Treffen teilnahm, versprach, nach Roseli zu sehen.[262]

Käte und Julius Ahlmann machten sich zwar bei der alarmierenden Mitteilung von der Verschlechterung im Gesundheitszustand ihrer Tochter sofort auf den Weg zurück nach Düsseldorf, doch sie kamen zu spät. Die Eltern mussten fassungslos erfahren, dass ihre Roseli am Nachmittag des 18. Oktober nach längerer Bewusstlosigkeit gestorben war. Als Todesursache stellte sich eine zu starke Narkose heraus, die das bisher nicht erkannte schwache und kranke Herz des Kindes nicht verarbeiten konnte. Die in letzter Zeit häufige Mattigkeit der Tochter hatte die Mutter auf die ungesunde Schulluft zurück geführt. Obwohl Käte und Julius Ahlmann nach außen Haltung bewahrten und sie sogar die Kraft besaß, bei der Trauerfeier für ihr Kind in der Kapelle des Krefelder Krematoriums zu singen, brach der tiefe Schmerz immer wieder auf: „Ach, das war das Allerschlimmste bei Roselis Tod, dass wir nicht zur Stelle waren, dass wir nicht Abschied nehmen konnten.“[263] Die Urne wurde nach Melaten zu den Kölner Großeltern gebracht.

In der Trabener Kirche hatte unterdessen in Anwesenheit zahlreicher Verwandter der Langguth-Seite am 19. Oktober, einem Sonntag, die Taufe Josef-Severin Otto-Heinrich Ahlmanns stattgefunden, die vom 63-jährigen Großonkel vorgenommen wurde, Professor Arnold Meyer aus Zürich. Seine Ansprache stellte er unter den Taufspruch, Psalm 39, 13: „Denn ein Pilgrim bin ich vor Dir, ein Bürger wie alle meine Väter“. Des Kleinen erste Pilgerfahrt habe an den Ort geführt, mit dem ihn die Familiengeschichte auf das Innigste verknüpfe. „Der Herr hat den Eltern dieses Kind geschenkt und der Herr hat genommen, er hat eine kleine Menschenblüte zu sich genommen, sie ist ein Pilgrim geworden und zurück gekehrt in das ewige Licht, daraus die Eltern sie empfangen haben. Wir gedenken ihrer und der Eltern in dieser Stunde und beugen uns zur Stille.“ Der Pate Heinrich Athenstaedt hielt den Jungen über die Taufe.[264]

„Das Zusammenfallen von Tod und Taufe, es waren schreckliche Monate.“[265] Die Geschwister Hans-Julius und Marlene, die an der zwei Jahre jüngeren, blonden und braunäugigen Roseli besonders hing, hatten große Schwierigkeiten, sich nach der Rückkehr in den Büdelsdorfer Alltag ohne die vertraute Schwester zu finden. Julius Ahlmann vergrub sich in seiner Arbeit und unternahm Geschäftsreisen. Johannes und Wilhelmine Ahlmann waren lange Zeit untröstlich über den Verlust. Käte Ahlmann fand erst etwas Ruhe nach der Urnenbeisetzung auf dem Kölner Friedhof im November, schrieb sie an ihre Schwester Luise, als sie die letzten irdischen Reste ihres Kindes in die treue Hut ihrer Eltern gegeben hatte und sie dort bei ihnen geborgen wusste. Sie sei dankbaren Herzens zu ihren Dreien nach Hause gekommen.[266]

Luise Athenstaedt, die ihre Schwester von klein auf sehr gut kannte, hatte Ende Oktober einen empfindsamen Brief an Wilhelmine und Johannes Ahlmann gerichtet, die sie Tante und Onkel nannte, allerdings nicht duzte. Sie bat beide ausdrücklich, da sie in der Nähe seien, mit Käte über Roseli zu sprechen und nicht wegen ihrer „verschlossenen Natur“ das Thema zu meiden. Käte wäre im Gegenteil sehr dankbar, es sei sogar ihr innerstes Bedürfnis, wenn sie nach den Tagen der Krankheit gefragt würde und über das liebe Kind sprechen könne.[267] Ob das den zurückhaltenden alten Ahlmanns in der gewünschten Art und Weise möglich war, ist fraglich.

Eine weitere Belastung in dieser ersten Trauerphase um das verlorene Kind, anderseits eine zwingende Ablenkung, stellte der Machtkampf zwischen den beiden Direktoren der Carlshütte dar, der im Sommer 1924 offen ausgebrochen war und nun im Spätherbst und Winter der Entscheidung zusteuerte. Seit dem Beginn ihrer Zusammenarbeit im Januar 1919 hatten sich zwischen dem neuen kaufmännischen Leiter Julius Ahlmann und seinem technischen Kollegen Rudolph Meyn, der seit 1913 im Amt war, zunehmend Differenzen entwickelt, bei denen der an Dienstalter und Jahren Jüngere bislang immer nachgegeben hatte. Ab 1923 eskalierten jedoch die Streitigkeiten bis zu dem Punkt, dass Julius Ahlmann sich im August 1924 an den Aufsichtsrat wandte mit dem Hinweis, er könne nicht mehr mit Meyn zusammen arbeiten. Die Herren müssten entscheiden, wer bleiben und wer gehen sollte. Die Mitglieder des Gremiums gingen darauf nicht ein, sondern verlangten, die Direktoren hätten miteinander zurecht zu kommen. Auf der nächsten Sitzung am 29. September 1924 legte Julius Ahlmann dann einen umfangreichen Klagekatalog gegen Rudolph Meyn vor, in dem er auflistete, welche Schäden und Verluste durch seinen Mitdirektor dem Unternehmen entstanden waren, für die er nicht mehr die Verantwortung tragen könne und wolle.[268]

Julius Ahlmann war für den Kampf gut gewappnet. Schon bald nach seinem Amtsantritt als kaufmännischer Direktor hatte er festgestellt, dass es mit Rudolph Meyn nicht gehen würde. Er kannte den drei Jahre Älteren seit seiner Kindheit. Doch während die Väter gut miteinander auskamen, Johannes Ahlmann seinen Kollegen sehr schätzte, und Wilhelm Meyn sogar gern gesehener Gast bei der großen Hochzeit im Mai 1914 in Köln gewesen war, bestand zwischen den Söhnen und jeweiligen späteren Nachfolgern eine mit Animosität gepaarte Konkurrenz, bei der Rudolph Meyn anfangs wichtige Vorteile besaß. Sie bestanden darin, dass er schon das dritte Glied in einer Dynastie war, die seit 1861 in ununterbrochener Reihenfolge die technischen Direktoren der Carlshütte stellte, und diese Position als unantastbarer Erbhof der Familie Meyn galt. Die Ahlmanns konnten erst zwei Generationen kaufmännischer Direktoren aufweisen und waren auch mit zwanzig Jahren weniger Betriebszugehörigkeit im Nachteil.

Über seine zukünftige Situation auf der Carlshütte hatte sich der designierte Nachfolger seines Vaters Johannes Ahlmann schon während des Krieges Gedanken gemacht, sie mit Fachleuten, wie etwa seinem Freund und Schwager Carl Wuppermann, erörtert und mit seiner Frau Käte durchgesprochen. Zu seinem großen Vorteil erwies sie sich dabei als ein Naturtalent auf betriebswirtschaftlichem Gebiet. Mit ihr als kompetenter, gleichwertiger Partnerin entwickelte Julius Ahlmann den „großen Plan". Es ging darum, jede nur habhafte Aktie der Holler'schen Carlshütte aufzukaufen, um dann aus einer starken Position die Kontrolle im Aufsichtsrat zu übernehmen und damit die Betriebsleitung nach eigenen Vorstellungen steuern zu können. Grundsätzlich angestrebtes langfristiges Ziel war es, die Aktienmehrheit der Firma in Besitz zu bekommen.[269]

Die Absicht sollte natürlich nicht offenkundig werden. Wahrscheinlich war sogar Johannes Ahlmann anfangs nicht eingeweiht, der dem Aufsichtsrat angehörte, als sehr korrekt galt und häufig auf seinen noch immer gern unternommenen kulturellen Besuchen in Hamburg bei den Kollegen vorbeischaute. In Anspruch genommen wurde dagegen Carl Wuppermann, der über die Filiale der Deutschen Bank in Hamburg Ankäufe tätigen ließ, wo die Aktien der Carlshütte an der Börse gehandelt wurden.[270] Käte Ahlmann spannte auch ihren Vater Josef Braun ein, der ab Jahresbeginn 1920 das Vorhaben über die Dresdner Bank in Köln entscheidend fördern konnte.[271] Für den alten Senatspräsidenten a. D. war es eine sehr willkommene Abwechslung, außerdem stand er dadurch in ständigem telefonischen Kontakt mit seiner Tochter, die ihn zusätzlich mit Briefen bombardierte: „Wir kaufen um jeden Preis, es gibt kein Limit! Für uns sind ja kaum Aktien zu bekommen, besonders nicht unter unserem Namen.“[272]

Mitte 1924 besaßen Julius und Käte Ahlmann zwar bereits ein großes Aktienpaket, waren jedoch von der Mehrheit noch recht entfernt. Trotzdem fühlten sie sich damit stark genug, endlich den entscheidenden Schlag gegen Rudolph Meyn zu führen – zumal mit dem gegen ihn vorliegenden Belastungsmaterial – und seine Entlassung zu bewirken. Die Klagepunkte des kaufmännischen Mitdirektors reichten von der Vorenthaltung der Post über die Vernachlässigung des technischen Betriebes mit schwerwiegenden Auswirkungen auf die Qualität der Produktion, einen „Despotismus“ in Form nicht abgesprochener Entscheidungen, intrigante Anbiederungen an das Personal, sowie als letzten schweren Vorwurf, dass Meyn den Neubau seines Wohnhauses entgegen seiner Versprechungen während der kritischen wirtschaftlichen Lage nicht stillgelegt habe. Die genehmigten Kosten seien bereits um 40.000 Mark überschritten, ohne dass der kaufmännische Direktor oder der Aufsichtsrat auch nur eine Information erhalten hätten.[273]

Der Aufsichtsrat der Carlshütte zeigte sich von den Anwürfen wenig beeindruckt. Die meisten Mitglieder neigten offensichtlich der von Rudolph Meyn vorgebrachten Auffassung zu, Julius Ahlmann bringe durch sein ungestümes Drängen viel Unruhe in die Werkstätten, verärgere die Meister und intrigiere gegen den technischen Direktor. Auch die nächste Sitzung am 28. Oktober 1924 brachte insofern keine Änderung in der Einstellung, als die sogenannte „Hamburger Mehrheit“ mit dem Vorsitzenden Jacob C. Lafrenz an der Spitze sich weigerte, ohne die Prüfung des Sachverhalts durch einen kompetenten Fachmann Rudolph Meyn zu entlassen. Diese Untersuchung wurde jedoch wegen des zu erwartenden Aufsehens und eines möglichen Eklats abgelehnt. Als einzige konstruktive Reaktion auf den Klagekatalog Ahlmanns beschloss der Aufsichtsrat, einen Betriebsingenieur einzustellen, der die Mängel bei der Fabrikation beheben sollte.[274]

Über dem Weihnachtsfest der Familie Ahlmann, sonst als Höhepunkt des Jahres zelebriert, lagen 1924 schwere und dunkle Schatten. Nicht nur Roseli fehlte schmerzlich, auch die ganze Zukunft war ungewiss. Johannes Ahlmann hatte Angst, denn sein Verbleiben auf der Carlshütte war an das von Julius gebunden. Wer dann auf die Lösung kam, hielt der alte Herr nicht fest, doch seine freundliche Kontaktpflege zahlte sich nun aus. Es waren auch wichtige Gespräche mit Vetter Ludwig in Kiel geführt worden, Inhaber des immer noch bedeutenden Bankhauses Wilh. Ahlmann. Am 4. Januar 1925 fuhren Vater und Sohn Ahlmann nach Hamburg-Nienstedten zu einer Konferenz bei Friedrich Heinemann, der einen beträchtlichen Aktienanteil besaß. Anwesend bei der Besprechung waren außerdem die Rechtsanwälte Eggert, Strack und Heinrich Günther, der die Interessen der „Heinemann-Gruppe" nach außen vertrat. Es gelang Julius und Johannes Ahlmann, die Anwesenden durch klare Aussagen und ein schlüssiges Konzept für die Neubelebung des Unternehmens zu überzeugen. Der Vater verzeichnete triumphierend im Tagebuch „Sie haben sich uns angeschlossen im Kampf gegen das bestehende System!"[275]

Sein Eintrag vom 16. Januar 1925 war dann sehr knapp: „Aufs. R. Sitzung auf der Hütte. Rud. Meyn legt sein Amt nieder." Laut offiziellem Protokoll teilte Vorsitzender Jacob C. Lafrenz nach Eröffnung der Sitzung um 13.30 Uhr mit, dass Herr Rechtsanwalt Günther ihm die Stellungnahme der „Heinemann-Gruppe" mitgeteilt habe. Danach solle bei der nun notwendigen Trennung von einem der beiden Direktoren der kaufmännische Leiter bleiben, der technische Leiter müsse daher ausscheiden. Dem Aufsichtsrat wie Herrn Meyn sei damit klar geworden, dass die Mehrheit der Aktionäre dem Antrag von Herrn Ahlmann auf Entlassung von Herrn Meyn zustimme. Der technische Direktor habe sich bereit erklärt, sofort freiwillig auszuscheiden. Gegen den daraufhin genehmigten Abfindungsvertrag erhob der anschließend hinzu gekommene Julius Ahlmann Bedenken, wurde aber vom Vorsitzenden darauf hingewiesen, dass dieser Vertrag bereits fest abgeschlossen sei und ausschließlich der Zuständigkeit des Aufsichtsrates unterliege.[276]

Als der bisherige technische Direktor der Carlshütte sich von den Meistern und Betriebsleitern verabschiedete, tat er Augenzeugenberichten zufolge den Ausspruch: „Das Kapital hat gesiegt."[277] Nach seinem plötzlichen Abgang fiel der 48-jährige Rudolph Meyn jedoch auf die Füße. Er blieb auf Jahre Vorsitzender des Verbandes der Metallindustrie Schleswig-Holstein und erhielt noch 1925 eine leitende Stellung beim Eisenwerk Stock & Co. GmbH in Neumünster, wo er spätestens 1929 als Mitbesitzer fungierte.[278] Nach den Bestimmungen seines Auflösungsvertrages konnte Meyn zunächst in dem werkseigenen Direktorenhaus wohnen bleiben, bis er Anfang 1926 sehr energisch zum Auszug gedrängt wurde. Die hohen Rechnungen für Umzug und Hotelaufenthalt in Neumünster ließ er direkt an die Carlshütte schicken.[279]

Die Villa, die sich der technische Direktor Rudolph Meyn errichten ließ, aber nie bezog.
Stattdessen wurde das repräsentative Haus Alterssitz von Johannes und Wilhelmine Ahlmann

Rudolph Meyns aufwändige Villa, die noch nicht ganz fertig gestellt war, erbat sich Johannes Ahlmann vom Aufsichtsrat als endgültigen Altersruhesitz.[280] Innerhalb der Familie und wahrscheinlich am meisten von ihm selbst, der so viel Traditionsbewusstsein hatte, wurde es für angemessener empfunden, wenn der Leiter der Carlshütte im historisch wichtigen Haus des Gründers Marcus Hartwig Hollers wohnte. Allerdings stand nun für den ehemaligen Direktor, der dort 32 Jahre verbracht hatte, eine Alternative zur Verfügung, wie sie repräsentativer kaum hätte sein können. Der breitgestreckte Ziegelbau an der Ecke Alte Dorfstraße zur Vorwerksallee war eines der bedeutendsten Werke des schleswig-holsteinischen Architekten Ernst Prinz, sehr großzügig und weiträumig gestaltet.[281] Johannes Ahlmann, der dort nur mit seiner Frau Wilhelmine, der treuen Haushälterin Frieda und zwei Hausmädchen einzog, merkte selbstironisch, aber sehr zufrieden an: „Wenn auch unsere Behausung nicht das kleine Altenteil ist, das uns vorschwebte, so fühlen wir uns doch sehr wohl."[282]

Indessen war der Kampf um die Macht weiter gegangen, dieses Mal um den Aufsichtsrat als entscheidendes Organ der Aktiengesellschaft. Zwar hatten sich durch das Ausscheiden von Rudolph Meyn die Verhältnisse auf der Direktorenebene geklärt und Julius Ahlmann befand sich nun in der angestrebten Position als alleiniger Leiter der Carlshütte, doch mit einem übergeordneten Gremium, das ihm in der aktuellen Besetzung mehrheitlich kein Wohlwollen entgegen brachte. Er musste also damit rechnen, dass ihm Steine in den Weg gelegt würden. In dieser Phase nutzte Julius Ahlmann, gestärkt durch einen ständig wachsenden Aktienanteil, seine freundschaftlichen und familiären Verbindungen, um auch auf diesem entscheidenden Sektor eine durchgreifende personelle Veränderung zu erreichen. Das Vorhaben war ebenfalls erfolgreich. Auf einer außerordentlichen Generalversammlung am 8. Mai 1925 in Hamburg fand eine fast komplette Neubesetzung des Aufsichtsrates statt.

Obwohl fehlende Unterlagen eine genaue Rekonstruktion des Verlaufs und des Abstimmungsverhaltens der Aktionäre nicht zulassen, spiegelte das neu gebildete Kollegium die Besitzverhältnisse und die inzwischen erreichte Dominanz eines „Ahlmann-Blocks" mit drei der sieben Mitglieder eindeutig wider. An die Seite des wiedergewählten Johannes Ahlmann traten Karl Eltze, Schwiegersohn Ludwig Ahlmanns und seit 1922 Mitinhaber des Kieler Bankhauses,[283] sowie Dr. h. c. Christian Andersen, Vorsitzender der Industrie- und Handelskammer Kiel, ein alter und guter Freund des Hauses Ahlmann. Ihn wählte der Aufsichtsrat am selben Tag zum Vorsitzenden.[284] Wenngleich die „Heinemann-Gruppe" mit zwei Vertretern eine nicht zu übergehende starke Position besetzte, die Deutsche Bank ein Mitglied stellte und es noch einen weiteren Stimmberechtigten gab, verfügte Julius Ahlmann jedoch fortan über die notwendige Rückendeckung, um das seit langem konzipierte Projekt Modernisierung und Ausbau der Carlshütte in die Tat umzusetzen.

Steuerungen

Bis kurz vor der Generalversammlung hatte es einen Wettlauf um die Aktien der Holler'schen Carlshütte und damit um die Vorherrschaft über die Firma zwischen Ahlmanns und der „Heinemann-Gruppe" gegeben, der lange offen blieb. Ausgerechnet in dieser Zeit musste Julius Ahlmann auf die Gegenwart seiner Frau und Mitstreiterin bei diesem Existenzkampf verzichten, bei dem es um ihre gemeinsame Zukunft ging. Käte Ahlmann hatte jedoch zwingende Gründe, nicht nur ihretwegen, sondern auch aus Verantwortung gegenüber der Familie, endlich etwas Ernsthaftes für die Wiederherstellung ihrer körperlichen und seelischen Gesundheit zu unternehmen. Seit mehr als einem Jahr litt sie unter chronischen Nasenproblemen und der Tod von Roseli belastete immer noch schwer. Die beiden älteren Kinder kamen mit. Dem anfälligen Hans-Julius, der zur Kräftigung anschließend in der hochalpinen Schweiz bleiben sollte, tat eine Luftveränderung gut. Auch Marlene plagten häufig Erkältungsbeschwerden. Den kleinen Seppel wusste die Mutter bei einer Kinderschwester in guter Obhut. Ziel der zweimonatigen Genesungskur war die italienische Riviera im Frühling 1925.

Die ersten schönen Tage genoss die erholungsbedürftige Käte Ahlmann Anfang April bei Athenstaedts in Heidelberg. Der Schwager Heinrich, Polizeidirektor der Stadt seit 1922, hatte sich gerade im Monat zuvor einen weithin bekannten Namen gemacht durch die mustergültige Leitung und hervorragende Organisation der Beisetzungsfeierlichkeiten für den am 28. Februar 1925 in Berlin verstorbenen ersten deutschen Reichspräsidenten Friedrich Ebert, der in seiner Heimatstadt ruhen sollte.[285] Bei der würdigen und eindrucksvollen Trauerfeier auf dem Heidelberger Friedhof am 5. März entstand eine Aufnahme von Heinrich Athenstaedt, der Louise Ebert und den beiden Söhnen kondolierte. Sie wurde aufgenommen in die ständige Ausstellung der Friedrich-Ebert-Gedenkstätte in seinem Geburtshaus in der Pfaffengasse.[286]

In verhältnismäßig kurzer Zeit hatte sich das Ehepaar Athenstaedt in der Universitätsstadt gesellschaftlich bestens etabliert, und stand auf freundschaftlichem Fuß mit mehreren Angehörigen der Professorenschaft. Luise arbeitete inzwischen engagiert bei der Frauen-Rechtsschutzstelle von Camilla Jellinek mit, Witwe des bekannten Staatsrechtlers Georg Jellinek, die für ihr geistiges und soziales Lebenswerk die juristische Ehrendoktorwürde erhielt.[287] Die persönliche Verbindung zwischen den beiden Frauen blieb auch nach der räumlichen Trennung bestehen. Doch nicht nur zur höchsten Bildungselite, auch zu eingesessenen Adelskreisen hatten Athenstaedts Zugang gefunden. „Hanno" nahm seine Schwägerin gleich nach ihrer Ankunft zu einer Teegesellschaft bei einem Baron auf der anderen Seite des Neckars mit, die Käte sehr belebte: „Wunderbare Zimmer, köstlich ausgestattet, sehr sympathische Leute (alter württembergischer Adel), er noch ein guter Bekannter von S. M. [Kaiser Wilhelm II.]." In diesem ersten Brief an ihren Mann, schon unterwegs auf der Weiterfahrt nach Süden, stellte sie unter dem Eindruck Heidelbergs fest, was ihr in Rendsburg fehlte: „Dieser Mangel an Lebensfreude, den dieses kleine norddeutsche Nest eben mal an sich hat!"[288]

Bei einem kurzen Zwischenaufenthalt in Zürich traf Käte ihre Tante Ida Meyer sehr schwach und matt an. Die 61-jährige Zwillingsschwester ihrer Mutter hatte noch ein halbes Jahr zu leben und starb im Oktober 1925. Auf der Rückreise sah die Nichte sie zum letzten Mal. Jetzt im April erfreute sich Käte Ahlmann im vertrauten Haus ihrer Jugend an dem Panorama der schneebedeckten Berge oberhalb des Sees und abends am Anblick der tief unter ihnen liegenden Stadt Zürich, in der nach und nach die Lichter angingen. Sie nahm alle diese Eindrücke sehr viel intensiver auf, wie auch die klare, sie erfrischende Luft. Noch schöner war es dann in Rapallo, obwohl zuerst noch bei bedecktem Himmel: „Wärmlich und wunderbar am Meer, all die lauschigen und herrlichen Gärten. Überall Palmen, Oliven, Margeritenbüsche aus den Mauern, Riesenmalven bis dicht ans Wasser, überall Duft und Schönheit.“[289] Die Genesung hatte begonnen.

Nach zehn Tagen setzte in ihren Worten die „Ferienfäule“ ein. Die Sonne war inzwischen heraus gekommen, „heiß und wunderbar“, und für die Kinder war es in der Bucht zum Spielen in Wasser und Sand ideal. Am Spätnachmittag ging die Mutter mit ihnen in ein Café und traf auf der Promenade mehrmals einen deutschen Prominenten: „Gerhart Hauptmann geht als Goethe'sche Gestalt durch Rapallo.“ Der Dichter und Nobelpreisträger verbrachte in diesen Jahren regelmäßig den Frühling in der ligurischen Küstenstadt, die bekannt geworden war durch den dort abgeschlossenen deutsch-sowjetischen Vertrag von 1922.[290] Und dann ergaben sich am Strand und beim Bummeln Kontakte mit interessanten Leuten, sogar unerwartete, aufmunternde Begegnungen mit einst vertrauten Kindern von Kollegen ihres Vaters: „Man hat ordentlich Freude, mal andere Menschen als die Rendsburger zu sprechen.“[291]

In Bordighera bei San Remo, wo sie die letzten drei Wochen ihrer Frühlingskur verbrachte, gab es zwar keine derartige Ansprache – „nur Engländer und Amerikaner“ – dafür gefiel ihr die schöne Landschaft an der Blumenriviera mit Piniengruppen, Palmen, Orangenhainen, Nelkenfeldern und viel Glasgewächshäusern, „so recht für ein Gärtnerinnenherz“, erheblich besser, ebenso wie die wesentlich sauberere und vornehmere Pension. Die durch ihre deutsche Abstammung „gedrückte“ Wirtin, eine feine Frau, sei sehr nett zu ihnen. Käte Ahlmann ließ den Aufenthalt im Süden ruhig ausklingen. Ihr Nasenproblem hatte sich entgegen ihrer Hoffnungen, „endlich wieder der alte Mensch werden“, zwar nicht gebessert, dafür aber ihre seelische Verfassung. War sie noch in Rapallo resigniert bereit gewesen, sich an den „quälenden Zustand“ zu gewöhnen, wollte sie nun den ihr empfohlenen Facharzt in Zürich aufsuchen, sich auch einer vielleicht erforderlichen Operation unbedingt unterziehen.[292]

Die fortschreitende Erholung, wachsende Spannkraft und wieder gewonnene Energie machten sich in Ton und Thematik der Briefe an ihren Mann deutlich bemerkbar, die sie ihm fast täglich schrieb. Nach zwei Wochen in Rapallo war sie bereits soweit regeneriert, um zum ersten Mal ganz kurz auf die Carlshütte einzugehen, den Ärger mit dem alten Aufsichtsrat und den Wettstreit mit der „Heinemann-Gruppe“ um die Aktien. Obwohl wegen der unzuverlässigen Post in Italien die Korrespondenz unter zeitlichen Verzögerungen litt, griff Käte Ahlmann zunehmend aktiver in das Kampfgeschehen ein. Aus über tausend Kilometern Entfernung gab sie ihrem Mann Empfehlungen und Anweisungen für die beste Taktik, wies ihn auf zu erwartende Fußfallen und Intrigen hin, auch auf ein mögliches Doppelspiel von Carl Wuppermann, legte ihm Christian Andersen als vertrauenswürdigen Auf sichtsratsvorsitzenden nahe und stärkte ihn auch für den Fall des Scheiterns: „Jedenfalls ist es das Ganze nicht wert, daß Du darüber zum sorgendurchfurchten Mann wirst, während wir anderswo viel mehr vom Leben und besonders unsere Ruhe hätten. Einen angenehmeren Kreis als im engen Rendsburg finden wir als gebildete und tüchtige Menschen in Deutschland überall!"[293]

Zeitgleich mit diesem moralischen Aufbau und in denselben Briefen fand zwischen dem Ehepaar Ahlmann eine Auseinandersetzung statt, ein beiderseits aus der Entfernung geführter ernstlicher Zwist. Vordergründig ging es um Geld, tatsächlich aber eher um das Ausloten von Abhängigkeiten durch Julius Ahlmann, bedingt durch das Alleinsein, bei Käte Ahlmann um Behauptung und Verdeutlichung ihrer Position als gleichwertige und respektierte Partnerin. „So spricht ein subalterner Lehrer vielleicht mit seiner Frau, Du aber nicht mit mir", wies sie ihn auf dem Höhepunkt des Streits zurecht.[294] Andererseits hatte ihr Mann diese Reaktion durch sein Verhalten selbst herausgefordert.

Da Käte Ahlmann den Umschlag mit der Reisekasse verloren hatte – wie sich später herausstellte, war er in Heidelberg liegen geblieben –, bat sie schon am Ankunftstag in Rapallo dringend um Geld, wunderte sich, als nach einer Woche noch nichts eingetroffen war und wiederholte ihre Bitte drängend. Vier Tage später hatte sie zwar einen Brief von Julius in Händen, aber inhaltlich nur mit der Frage, ob sie Lire oder Mark haben wolle, was sie natürlich sehr aufbrachte: „Ich bin wirklich wütend darüber. Und hinterher heißt es dann, ich drohe oder sei unverschämt. In diesen Sachen bist Du von fast Ahlmannschem Dickkopf oder Unpraktischheit oder Schlauheit." Als dann tatsächlich etwas kam, mit vielen mahnenden Worten vor unnötigen Ausgaben, machte Käte ihrem Herzen und ihrer inneren Überzeugung energisch Luft: „Deprimiere Du mich nicht mit solchen Aussprüchen, die mich auf eine minderwertige Stufe drücken sollen. Man muß ein freies, aufrechtes Gefühl haben Dingen und der Welt gegenüber, um glücklich sein zu können, und um die furchtbare Schwere und Tragik des Lebens tragen zu können."[295]

Immerhin schloss Käte Ahlmann dieses Schreiben, in dem sie vorwiegend sehr ausführlich auf geschäftliche Belange einging und noch einmal vor zuviel Vertrauen in Carl Wuppermann warnte, der so oft für die Familie falsch disponiert habe, mit versöhnlichen und zärtlichen Worten: „Nun vertrage Dich wieder mit mir, lieber Jules, wir haben uns doch nur allein. Trotz Deiner sehr abweisenden Miene gebe ich Dir einen festen Kuß." Die ärgerliche Verstimmtheit von Julius, „jedes Deiner Klageworte ist falsch und ungerecht",[296] und die Spannungen lösten sich dann bald, vor allem durch das erfreuliche Ergebnis der Generalversammlung, das Käte „mit Vergnügen" erfuhr. Nachdem sie Hans-Julius in sein hoch gelegenes Kinderheim in Teufen im Kanton Appenzell gebracht hatte, kam Käte Ahlmann am 20. Mai wieder nach Hause, ausgeglichen und voller Energie. Ihre Nasenoperation vertraute sie Dr. Max Behr in Kiel an, der die Patientin am 9. Juli in den Sommeraufenthalt auf dem Heidberg entließ, Anfang August allerdings noch einmal einen Eingriff machen musste.[297]

Erkrankungen

Es war nur gut, dass die Frühlingskur an der Riviera ein Polster gebracht hatte, so dass neue schwere Belastungen und große Ängste etwas besser getragen werden konnten. Alle drei Kinder erkrankten in den ersten Tagen des Novembers an „grippösem Bronchialkatarrh", der bei dem kleinen Seppel zu einer lebensbedrohlichen Lungenentzündung mit sehr hohem Fieber wurde, was das Herz stark angriff. Einige Tage war sein Zustand so kritisch, dass selbst der aus Kiel herbeigerufene Kinderarzt Dr. Spiegel den Eltern nur wenig Hoffnung machte, die in verzweifelter Furcht waren, kurz nach Roselis Tod das zweite Kind zu verlieren: „Es ist nicht auszudenken, daß er uns genommen werden könnte." Zwei Krankenschwestern und die Mutter umsorgten den Kleinen Tag und Nacht, bis die Temperatur endlich sank und eine Besserung im Befinden eintrat. Zur Sicherheit blieb eine Schwester als ständige Betreuung des Kindes im Haus.[298]

Johannes Ahlmann trug zum Jahreswechsel ein: „Ich bin sehr gealtert durch das viele Schwere in 1925." Er hatte nicht nur um das Leben seines jüngsten Enkels gebangt, sondern auch um das des ältesten Sohnes Otto, der in Dresden seit Anfang Juli mit einer schweren Rippenfellentzündung im Krankenhaus lag und im Oktober noch immer ans Bett gefesselt war. Der Vater besuchte ihn während dieser Zeit oft, wie berichtet kam auch der Bruder Julius. Sogar die Mutter Wilhelmine, die sonst Anstrengungen scheute, machte die beschwerliche Bahnfahrt zweimal. Auf Rat des behandelnden Arztes wurde Otto dann Mitte Oktober in Begleitung einer Schwester liegend im Schlafwagen in die Schweiz transportiert, um Genesung in der Höhenluft von Celerina zu finden. Sein Befinden besserte sich zunehmend, und im Mai 1926 konnte er als Gesundeter nach London zurück kehren.[299]

Bereits in Dresden hatte ihn Edith Orchard aufgesucht, seine beste Londoner Mitarbeiterin, der Otto Ahlmann ohne Bedenken zutraute, seine Geschäfte weiterzuleiten. Er beauftragte sie am Krankenbett, in der Schweiz Verhandlungen zu führen, die ihm den englischen Alleinverkauf von „Meta" einbrachten, ein wie Würfelzucker aussehender Brennstoff. Er sollte später zu einem großen Geschäft von Ottos neuer Firma „Elmesan" werden. Dann kam ein Angebot, dem er nicht widerstehen konnte: „In meine alte Branche als Fabrikant und in bedeutend viel wichtigere und angesehenere Position zurückkehren zu dürfen!" Im August 1926 trat Otto Ahlmann als Direktor in den Vorstand der Keramischen Werke „Keramag" in Bonn ein,[300] fühlte sich in seinem vertrauten Tätigkeitsfeld anfangs sehr wohl, wechselte dann aber 1929 an die deutsche Zweigniederlassung der Pittsburger Standard Manufactoring in Neuss. Obwohl Otto in England viel nach dem Rechten und vor allem nach Edith Orchard sah, die seine Firma leitete und die er schließlich am 24. Mai 1930 heiratete, fand er immer noch Zeit, den Eltern Besuche abzustatten, an Jubiläen und an den Familienversammlungen der Ahlmanns teilzunehmen.

Die großen Dimensionen

In seinem 45. Lebensjahr konnte Julius Ahlmann endlich, nachdem er die Voraussetzungen dafür hart erkämpft hatte, an die Verwirklichung seiner Vorstellungen von einer zukunftsweisenden Entwicklung der Carlshütte gehen. Schon lange war sein vordringliches Anliegen, die Produktionsleistung und damit den Umsatz zu steigern, einhergehend mit einer Qualitätsverbesserung der Artikel, um gegenüber der scharfen Konkurrenz Boden gut zu machen. Sofort nach der Übernahme der gesamten Verantwortung für das Eisenwerk ging er noch im Januar 1925 daran, die vorhandenen Kapazitäten voll auszunutzen, um der großen Nachfrage – im Inland hauptsächlich nach Öfen, während aus dem Ausland vor allem Order für Badewannen kamen – Rechnung zu tragen.

Neubau des Emaillierwerks im Jahr 1927

Bereits im Mai meldete der Direktor dem Aufsichtsrat erste Erfolge und verwies auf der nächsten Sitzung im November schon auf die erste wichtige Modernisierung, die das „Herz" des Betriebes vergrößerte und erneuerte, nämlich zwei weitere Gießereien, eine speziell für Badewannen. Außerdem wurden ein Sandschuppen gebaut, Verladehalle und Emaillierwerk erweitert. Deutlichstes Merkmal für den immensen Aufschwung innerhalb eines Jahres war die Zahl der Beschäftigten, die fast um ein Viertel, von 927 auf 1.202 zugenommen hatte.[301] Bemerkenswerterweise befand sich die Carlshütte als eisenverarbeitendes Unternehmen 1925 in ihrem Bezirk anscheinend allein auf der Erfolgsspur, denn der Jahresbericht der für sie damals zuständigen Industrie- und Handelskammer Altona beklagte die ungünstige Geschäftslage auf gerade diesem Fabrikationssektor.[302]

Das rasante Tempo ging auch 1926 weiter. Die einst bereits am jungen Mann erkennbare Weitsicht entfaltete sich nun beim verantwortlichen Unternehmer. Julius Ahlmanns Innovationen reichten vom Anschluss an die Gasversorgung der Rendsburger Stadtwerke und an das Überlandnetz der Stromversorgung, der Einrichtung einer Entstaubungsanlage, über neue Werbemethoden mit einem Ausstellungswagen bis zur Verfrachtung der Waren mit den eigenen Schiffen, Carlshütte II und III benannt, direkt vom Werk zum Abnehmer. Neu in das Sortiment kam die erstmals in Europa eingeführte „Cabinetwanne", bei der die Einmauerung fortfiel. Mit ihr verdoppelte und verdreifachte sich der Umsatz gegenüber den Vorjahren. Hans Schlothfeldt, der Betriebsleiter der Eisengießerei, wurde auf eine Amerikareise geschickt, um sich über Produktionsmethoden zu informieren. Der Direktor selbst war laufend im Ausland, auch leitende Mitarbeiter, um den Export voranzutreiben. Das Inlandsgeschäft ließ wegen der Kapitalnot des Handels und des Konsumrückgangs aufgrund der hohen Arbeitslosigkeit spürbar nach.[303]

Herde waren wichtiger Bestandteil des Produktionsprogramms der Carlshütte

Den willkommenen Auftakt zum 100. Jubiläumsjahr der Carlshütte 1927 machte im Januar ein millionenschwerer Auftrag von 30.000 Badewannen durch Mr. Donald, den von Julius Ahlmann schon 1913 gewonnenen englischen Geschäftspartner, zu dem er in letzter Zeit häufigen Kontakt gepflegt hatte. „Welche Sicherung für genügende Beschäftigung!" freute sich Johannes Ahlmann, der indirekt vielleicht einen kleinen

Anteil daran trug. Im voran gegangenen Herbst war die Tochter Peggy Donald mehrere Wochen in Büdelsdorf zu Besuch gewesen und der alte Herr hatte sich rührend um das junge Mädchen gekümmert, mit ihr Fahrten in die nähere Umgebung gemacht und sie für einige Tage nach Gravenstein in das Familienheim mitgenommen. Zu seinem Erstaunen badete Peggy trotz fortgeschrittener Jahreszeit jeden Tag im Freien.[304]

Große und bleibende Verdienste erwarb sich Johannes Ahlmann aber durch das „Jahrhundertbuch der Holler'schen Carlshütte bei Rendsburg". Seit mehreren Jahren schon hatte der pensionierte Direktor Material gesammelt, außer den in der Firma aufbewahrten Unterlagen die Akten aus dem Rendsburger Stadtarchiv eingesehen, war mehrmals im Kieler Staatsarchiv gewesen und verband Familienbesuche in Kopenhagen mit der Arbeit im Reichsarchiv. Zusammen mit den Schriftsteller Iven Kruse, der allerdings kurz vor der endgültigen Fertigstellung starb, schuf er ein fundiertes Werk, das mit seinen vielfältigen und ausgreifenden historischen, wirtschaftlichen und sozialen Bezügen weit über den Rahmen einer Firmenchronik hinausging. Marcus Hartwig Holler, dem Gründer der Carlshütte, wurde darüber hinaus mit diesem Buch ein beeindruckendes Denkmal gesetzt.

Am Jubiläumsbuch, das 1927 zum 100-jährigen Bestehen der Carlshütte erschien, hatte Johannes Ahlmann bedeutenden Anteil

Am Jubiläumstag, dem 19. April 1927, war das Wetter mit Regenwolken, die sich gegen Mittag verzogen, genauso launisch wie vor hundert Jahren. Die Werksgebäude schmückten Girlanden, auf der weitläufigen Fabrikanlage wehten überall Fahnen, meist in den schleswig-holsteinischen Farben. Seit 6 Uhr früh spielte die Hüttenkapelle, die aus diesem Anlass neue Uniformen bekommen hatte. Im Betrieb ruhte die Arbeit. Der Belegschaft wurde an diesem Morgen nach der traditionellen Ehrung der Jubilare eine Spende ausbezahlt. Wegen der unsicheren Witterung war der anschließende Festakt in die große Kesselschmiede verlegt worden, wo Direktor Julius Ahlmann einen ausführlichen Abriss über die Geschichte der Carlshütte gab und mit den zeitgemäßen Worten schloss: „Unser aller Vaterland durch unsere Arbeit zu stützen, bleibt unsere erste und größte Aufgabe, damit uns dereinst ein besserer Morgen tagt!" Laut Zeitungsbericht drängten sich die hochrangigen Gratulanten im Kontor

Jubiläum der Carlshütte, 19. April 1927

FESTESSEN
im historischen Holler=Haus

✦

Schildkrötensuppe
　　　　Kupferberg Riesling
Rheinsalm
　　　　24er Uerziger Würzgarten
Getrüffelte Kapaunen
Kompott　　　　Salat
　　　　22er Chat. Lagrange
Pfirsich Melba
Käse
Mokka

Eine Abbildung des Anwesens, das der Gründer Marcus Hartwig Holler angelegt hatte und nun der Direktor Julius Ahlmann bewohnte, machte auf der Speisekarte des Festessens zum 100. Jubiläum der Carlshütte den historischen Bezug deutlich

wie draußen das „einfache Volk".[305] Im historischen Hollerhaus fand am Nachmittag ein Festessen mit Werksangehörigen und auswärtigen Gästen statt, und am Abend wurde in sämtlichen Lokalen der näheren Umgebung weiter gefeiert. Käte und Julius Ahlmann fuhren nach Fockbek und hielten es dort beim Tanz unter dem Motto „noch för twee Penn Musik", bis zum frühen Morgen aus.[306]

Im Herbst des Jubiläumsjahres betrug die Beschäftigtenzahl auf 1.320 und sollte 1930 mit 1.420 Arbeitern und Angestellten ihren vorläufigen Höchststand erreichen. Auf der Carlshütte wurde in diesen Jahren für über eine Million Mark in neue Gebäude und Grundstücke investiert, von einer weiteren Gießerei über ein Emaillierwerk für Wannen, Lager und Verladehalle bis zum Ankauf des östlich von der Fabrik gelegenen, bis an die Armesünderbucht reichenden großen Grundstücks, womit nun eine Ausdehnung in diese Richtung möglich wurde.[307] Innerbetriebliche Verbesserung wie Elektrokarren in den Gießereien gingen einher mit der Einführung neuer Fabrikationsartikel wie Gasherde, Stahlblechgeschirre, Waschkessel, Pumpen, einem gusseisernen Waschbrunnen und dem sogenannten „Hohenzollernofen" für große Hallen.[308] Produktion und Umsatz der Carlshütte florierten in einer schweren Wirtschaftsrezession, in der die Lage vergleichbarer Unternehmen „in jeder Hinsicht schlecht" stand, Arbeiterentlassungen an der Tagesordnung waren und auch im Rendsburger Wirtschaftsraum reihenweise Firmen untergingen.[309]

Arrangements

Mit dem Hamburger Teil des Aufsichtsrates hatte es nur am Anfang etwas Schwierigkeiten wegen eines für notwendig erachteten akademisch gebildeten Betriebsingenieurs gegeben, doch es war Julius Ahlmann gelungen, das Ansinnen abzublocken und diese erste und letzte Machtprobe leicht zu bestehen. Er konnte dann unter Beweis stellen, wie gut es mit den vorhandenen Kräften ging. Der Vorsitzende Dr. Christian Andersen aus Kiel hatte ihm weitgehend freie Hand „in wirtschaftsnaher Verbundenheit" gelassen. Nach seinem Tod im August 1928 bat Julius Ahlmann seinen langjährigen Freund und Schwager Dr. Carl Wuppermann, dieses Amt zu übernehmen, als persönlichen Dienst, nicht etwa als Funktionsträger der Deutschen Bank.[310] Die Wahl erfolgte am 26. April 1929, Rechtsanwalt Heinrich Günther aus Hamburg wurde stellvertretender Vorsitzender.[311]

Zu einem Arrangement gekommen war der Direktor der Carlshütte inzwischen mit Heinrich Jacobs, seit Juli 1926 neuer hauptamtlicher Amts- und Gemeindevorsteher von Büdelsdorf. Der 42-jährige gelernte Schiffsbauer war Lokalredakteur der sozialdemokratischen „Schleswig-Holsteinischen Volkszeitung" und Mitglied des Provinziallandtages, des Provinzialausschusses und bis dahin Vorsteher der Kieler Stadtverordnetenversammlung.[312] Die Gemeindevertretung, die ihn gewählt hatte, bestand seit Mai 1924 aus inzwischen siebzehn Mitgliedern, von denen acht der SPD, vier der KPD und fünf der Bürgerlichen Liste angehörten.[313] Immerhin stärkten die Sozialdemokraten in Büdelsdorf nach 41,6 Prozent im Mai ihre Position bei der zweiten Reichstagswahl des Jahres im Dezember durch das Überschreiten der 50-Prozent-Marke, während die KPD von 19,3 Prozent auf 14,4 Prozent fiel. Wieder bestätigte sich die Ausnahmestellung der Arbeitergemeinde im ländlichen Kreis Rendsburg, in dem die SPD 27,5 Prozent der Stimmen erhielt, die KPD nur auf 5 Prozent kam.[314]

Julius Ahlmann hatte 1926 gleich nach der Wahl von Heinrich Jacobs versucht, bei Landrat Steltzer dessen formelle Ernennung unter dem Hinweis auf die Eingemeindungsverhandlungen mit Rendsburg zu verhindern, die letztlich aber scheiterten. Im Oktober des Jahres führte der Direktor der Carlshütte an selber Stelle Klage über die erheblichen Steuerzuschläge, mit denen eine „hemmungslose Ausgabenpolitik" finanziert würde: Straßenbau, Kanalisation, Landerwerb und Wohnungsbau. Theodor Steltzer verwies in seiner Antwort vom folgenden Monat auf die jeweils einstimmigen Beschlüsse der Gemeindevertretung und erklärte den Vorwurf der leichtsinnigen Finanzpolitik für unbegründet.[315] Es beruhigte sich aber bald alles etwas, spätestens dann, als 1928 die bürgerliche Mehrheit in Rendsburg die Steuerzuschläge erheblich über dem Büdelsdorfer Niveau ansetzte.[316]

Doch schon zuvor gingen die beiden Führungspersönlichkeiten Büdelsdorfs höflich und verbindlich miteinander um, sie akzeptierten sich. Der Gemeindevorsteher gehörte zu den Ehrengästen bei der Jubiläumsfeier der Carlshütte, und der Direktor saß mit seinem Vater in der ersten Reihe, als das Friedrich Ebert-Denkmal auf dem Sportplatz an der Eider am 1. Juli 1928 eingeweiht wurde.[317] Heinrich Jacobs wurde nachgesagt, dass er sich auch in den Kreisen seiner politischen Gegner allgemeiner Wertschätzung erfreute und stets um Ausgleich bemüht war.[318] Julius Ahlmann hatte ein angenehmes Wesen und wurde von den Arbeitern seines Werks, dem „einfachen Volk", als ehrlicher und geradliniger Mensch geschätzt, der zu seinem Wort stand.[319] Zudem war er zwar national eingestellt, aus Überzeugung patriotisch, neigte jedoch der Mitte zu. Vor der Reichspräsidentenwahl von 1925 hatte er Generalfeldmarschall Hindenburg, den Kandidaten der Rechtsparteien, als „absolutesten Verrat am Volk" bezeichnet.[320] Den vom Westen Schleswig-Holsteins immer stärker aufkommenden Nationalsozialismus lehnte Julius Ahlmann ganz entschieden ab. Er hatte Adolf Hitlers „Mein Kampf" gelesen und war über den Inhalt entsetzt gewesen.[321]

Ein Zeichen guten Einvernehmens mit dem SPD-Gemeindevorsteher Heinrich Jacobs gaben Johannes und Julius Ahlmann, dritte und vierte v.l. in der ersten Reihe, bei der Einweihung des Friedrich-Ebert-Denkmals am 1. Juli 1928 auf dem Büdelsdorfer Sportplatz

Leben

Für den alten Johannes Ahlmann brachte der Neujahrstag 1926 nach dem Auftakt durch das Morgenkonzert der Hüttenkapelle eine besondere Freude, für ihn ein Grund zu großer Dankbarkeit: „Käte singt wieder!" Nach der Trauerfeier für ihre kleine Roseli war seine Schwiegertochter mehr als ein Jahr verstummt. Die glückliche Genesung ihres jüngsten Sohnes hatte Blockaden gelöst. Sie beließ es aber nicht beim Singen für den Hausgebrauch, vielleicht vor geladenen Gästen, sondern trat nun bei Kammerkonzerten auch in Dörfern des Rendsburger Umlands auf, meist angekündigt als Frau Direktor Ahlmann, Carlshütte. Gewonnen hatte sie dafür der gute Freund Max Lehment, Vorsitzender des Rendsburger Musikvereins, wobei die Mitwirkung des bekannten Cellisten Professor Carl Bemmer aus Berlin ihren Teil dazu beitrug. Lehment spielte Violine, den Klavierpart übernahm Mathilde Schwerdtfeger aus Rendsburg.

Die kleine Konzerttournee war eine Art Entwicklungshilfe in anspruchsvoller Musik für das tiefe ländliche Holstein, das nur lautstarke Kapellen kannte, die bei Umzügen den Marschtritt angaben oder in kleinerer Besetzung zum Tanz aufspielten. Nach Hohenwestedt am 1. Mai, nur als Termin vermerkt, ging es am 3. Mai 1926 nach Hademarschen, wo Käte Ahlmann abends im Saal von Struve's Gasthof Ludwig van Beethovens „Schottische Lieder" sang. Die Ankündigung für Bredenbek am 5. Mai, im Saal von Gastwirt Krey, war dann im Anzeigenteil etwas ausführlicher gestaltet und nannte Mitwirkende sowie die Programmfolge, neben dem Gesangsvortrag noch Werke von Mendelssohn-Bartholdy und Dvórak. Der Eintritt kostete für Erwachsene 1,20 Mark, Schüler bezahlten 20 Pfennige weniger.[322]

Im nächsten Jahr, wieder im Mai, stand Nortorf auf dem Programm, und anschließend, am 24. Mai 1927, ein Wohltätigkeitskonzert für erholungsbedürftige Rendsburger Kinder in der ausverkauften Aula der Realschule. Die Lokalzeitung der Kleinstadt hatte den guten Zweck im Vorfeld nach allen Kräften unterstützt und brachte einige Tage später eine wohlmeinende Besprechung: „Frau Direktor Ahlmann verfügt über eine sehr schöne Stimme mit warmer Klangfärbung. Die Vortragsweise ist vornehm-schlicht. Beethovens wundervoll inniges Lied „Adelaide" war wohl die gesangliche Glanzleistung des Abends. Auch die übrigen Lieder gelangen Frau Direktor Ahlmann sehr gut und waren von großer Innerlichkeit durchdrungen. Frau Amtsgerichtsrat Lehment war der Sängerin feinsinnige und exakte Begleiterin."[323]

Als ein Termin kurzfristig abgesagt wurde, kam Käte Ahlmann auf die Idee, stattdessen das Haus der Verwandten in Kiel „musikalisch zu beleben", was von Bertha und Ludwig Ahlmann begeistert aufgenommen wurde. Tochter Gabriele und Schwiegersohn Karl Eltze reagierten dagegen etwas befremdet auf die „Abenteuerlust" der angeheirateten Cousine.[324] Der Ideenschwung in dieser Zeit nahm Anregungen auf und setzte sie um. Im Februar 1927 wurden Lieder von Schubert, Brahms und Wolff bei einer Gedächtnisfeier für Johann Heinrich Pestalozzi in Hohenwestedt gesungen die unter seinem Leitspruch stand „Alles für andere, für sich nichts". Als Käte Ahlmann wenig später eine große Obstplantage für die Einwohner Büdelsdorfs anlegte, gab sie ihr mit ausdrücklichem Bezug auf Pestalozzis Vorbild den Namen „Baumgarten".[325]

Ihre soziale Verantwortung war schon 1926 durch die Gründung eines lokalen Vaterländischen Frauenvereins vom Roten Kreuz deutlich geworden. Die ersten Mitglieder warb Käte Ahlmann unter den Frauen der Werksangestellten, die sich dieser Aufforderung der Gattin des Direktors nicht entziehen konnten, die Sache dann aber sehr aktiv unterstützten und vielfältige Aufgaben in der Gemeinde übernahmen. Besonders guten Zuspruch hatte eine Jugendgruppe, die auch Handarbeiten anfertigte und bastelte. Sie stellten einen Anreiz dar bei den jährlichen „Bunten Abenden" des Vereins, deren Erlös für Weihnachtspakete und Gutscheine für die Bedürftigen des Ortes verwendet wurde. Unter ärztlicher Aufsicht fand wöchentlich in „Glückauf" eine „Baby-Wiegestunde" mit Untersuchung statt. Dann gab es noch in den Holler'schen Anlagen die sogenannte „Waldschule", in der kränkelnde Büdelsdorfer Kinder in den Sommermonaten Erholung fanden.[326]

Um die Gesundheit ihrer eigenen Kinder machte sich Käte Ahlmann ebenfalls Sorgen. Doch die ganze Familie war für Ansteckungen anfällig. Nach einer neuen „Welle", ausgerechnet mitten im Hochsommer des Jahres 1927, schrieb sie sehr gereizt an ihren Schwiegervater, der im Familienheim Urlaub machte: „Es ist ja überhaupt gerade für uns ein Unding, nicht jedes Jahr so wie auch kleine normale Angestellte und jeder normale Mensch unserer Kreise mit Kind und Kegel ins Gebirge, an die See oder den Rhein zu gehen, kurz Luftveränderung und Ausspannung zu haben. Da Jules aber selbst den Heidberg als unerhört vergeudete Zeit betrachtet, von Gravenstein ganz zu schweigen, so wird uns eben solche Erholung nicht. Möge es sich nicht rächen!"[327]

Nach weiteren Erkrankungen nahm sie die Sache energisch in die Hand. Hans-Julius wurde Anfang September zur allgemeinen Kräftigung für drei Monate zu Athenstaedts nach Heidelberg geschickt. Sie selbst fuhr mit den beiden anderen in den Herbstferien an die Nordsee und brach Mitte Dezember 1927 dann mit allen zu einem sechswöchigen Erholungsaufenthalt im Oberengadin auf, der tatsächlich nachhaltige Wirkung hatte. Mit von der Partie war Kindergärtnerin Elisabeth Zander, seit 1926 Seppels Betreuerin, und inzwischen als Vertraute in den Haushalt integriert.[328] Käte Ahlmann ging auch in den folgenden Jahren ohne ihren Mann auf Reisen, zeigte ihren Kindern den Niederreidenbacher Hof und machte mit ihnen Wanderungen durch den Hunsrück und an der Mosel. Im Sommer 1930 frischte sie in Champex in der französischen Schweiz Erinnerungen an die Pensionatzeit auf und führte Mademoiselle Teuscher, die nun ein privates Altenheim betrieb, Marlene und Hans-Julius vor. Mit Athenstaedts unternahm sie die versprochene Fahrt nach London. Außerdem gab es häufig Besuche bei den Schwestern und den Verwandten in Berlin, wo sie hervorragende Konzerte und Aufführungen erlebte. Doch auch die Provinz bot etwas, so gelang es ihr sogar, Jules in die Kieler Oper zu „Eugen Onegin" mitzunehmen.

In diesen Jahren wurde das alte Hollerhaus, inzwischen gründlich renoviert, durch Käte Ahlmann zum Mittelpunkt eines kulturell und musisch interessierten Kreises, dem nicht nur die Spitze der Rendsburger Gesellschaft angehörte, gefächert vom Landrat über die alten Unternehmerfamilien, hohes Militär, Verleger, Richter, Ärzte und Pastoren, sondern auch Gutsbesitzer der näheren Umgebung, dazu die verwandten Bankiers aus Kiel.[329] Geboten wurden stilvolle Hauskonzerte, häufig mit namhaften Künstlern, und in den festlich geschmückten Räumen genossen die Eingeladenen nicht nur gute Musik, sondern als gleichermaßen wichtig erachtet, Formen kulinarischer Gastlichkeit und niveauvoller Unterhaltung, die im Land ihresgleichen suchten.

Lange in Erinnerung blieb ein ländliches Fest auf dem Heidberg im August 1928, zu dem Wagen vom Rendsburger Schlossplatz abfuhren, zwischen den Bäumen bunte Laternen schaukelten, die Kinder sangen und Tänze aufführten und die Gäste erst die Heimfahrt weit nach Mitternacht antraten. Wie damals in Köln hatte es spätabends eine Stärkung mit Schinkenbrötchen gegeben. Am nächsten Tag litten die Gastgeber zwar unter schwerem Kater, waren aber sehr zufrieden, wie Käte Ahlmann ihrem Schwiegervater berichtete. Ihr hatte an diesem Abend der Eckernförder Landrat Alnor gefallen, der ihrer Meinung nach nicht den Ehrgeiz seines Rendsburger Kollegen Steltzer besaß, der seinen Kreis durch hochfliegende Projekte unnötig belastete. Doch auch zu Mitarbeitern wurden gesellige Beziehungen gepflegt, leitende Angestellte mit ihren Ehefrauen auf den Heidberg geladen, allerdings in kleinerem Rahmen, zu Kaffee und Kuchen, Erdbeerbowle und Schnittchen.[330]

Die Goldene Hochzeit der Schwiegereltern am 24. Mai 1928 war ein weiteres großes Fest, das Käte Ahlmann mit großer Übersicht und Freude an der Sache ausrichtete. Johannes Ahlmann feierte, wie er in seiner selbstironischen Art feststellte, sogar ein doppeltes Jubiläum: „50 Jahre selbständiger Kaufmann, 50 Jahre unselbständiger Ehemann". Der Tag begann mit einem Ständchen der Hüttenkapelle. Enkelin Marlene überreichte mit einem Gedicht goldenen Myrtenkranz und Zweig. Nach dem Empfang in der Direktorenvilla fand um 16 Uhr das Festessen für sechzig Personen bei Käte und Julius statt, mit Musikfolge zur Tafel. Als Reverenz an den Jubilar gab es sein geliebtes Fürst-Pückler-Eis. Es wurden Spitzenweine kredenzt, die Käte von den Verwandten Habel aus Berlin bezogen hatte, so ein 1922er Chateau Lafite-Rothschild. Am Abend brachte der Büdelsdorfer Gesangverein ein Ständchen im Garten.[331]

Wie sie es aus ihrem eigenen Elternhaus gewohnt war, vor allem durch die fordernde Mutter, hielt Käte Ahlmann ihre Kinder früh zu Einsatz und Leistungsbereitschaft an. Noch bevor sie zur Schule gingen, erhielten sie Musikunterricht, und zwar von den besten habhaften Kräften. Marlene hatte als Lehrer den in Rendsburg

Musikfolge

Hochzeitsmarsch   Mendelsohn-Bartholdi
Troubadour . . . . Verdi
Geschichten
aus dem Wiener Wald . . . . Strauß
Rheinischer Sang . . . . Hannemann
Dorfschwalben aus Österreich
Walzer . . . . Strauß
Traviata . . . . Verdi
Hochzeitsständchen . . . . Klose
Meditation Solo
für Violine und Cello . . . . Bach-Gounod
Melodie . . . . Rubinstein
Admiral Stosch, Marsch . . . . . Katann

Speisenfolge

Mockturtle-Suppe
               Henkell Trocken

Kalter Rheinsalm
mit Kartoffeln, Gurkensalat
           1924. Wehlener Nonnenberg

Mastkalbrücken
mit Gemüsen, Frühlingssalat,
Pfirsichkompott
           1922. Chateau Lafite Rothschild

Fürst Pückler-Eis mit Gebäck
             Henkell Trocken

Käsestangen

Mokka

Goldene Hochzeit von Wilhelmine und Johannes Ahlmann am 24. Mai 1928. Für die Speisefolge zeichnete Käte Ahlmann verantwortlich, die ihrem Schwiegervater mit Fürst Pückler-Eis eine Freude bereiten wollte

namhaften Organisten Werner Sprung und wurde dann, als sie auf das Cello überwechselte, am Sonntagnachmittag vom Chauffeur nach Kiel gefahren, zu einem „grässlichen Menschen", doch alles Widerstreben nutzte nichts. Als kleinen Trost gab es hinterher bei Onkel Ludwig Ahlmann Kakao oder Eis. Hans-Julius wurde, der Tradition beider Großväter folgend, an die Geige herangeführt von einem damals noch sehr jungem Fabio Dorigo, dessen großes Talent Käte Ahlmann erkannte und förderte.[332] Allein ihr Jüngster schlug aus der begabten Art, war vor allem nicht willig, sich dem Druck zu fügen. Er empfand die Hausmusik als „nahezu täglichen Leistungsabschnitt, fern von Fröhlichkeit", und kam auf die Lösung, absichtlich falsch zu spielen.[333]

    Schulisch lief bei den Kindern alles recht ordentlich, im guten Durchschnitt. Marlene ging auf das Rendsburger Lyzeum, fand den Deutschunterricht zwar sehr langweilig, hatte aber Spaß an Englisch und Französisch. Zusammen mit einigen anderen Mädchen, darunter auch ihre Freundin Gudrun Lehment, lernte sie bei

Pastor Konrad Lübbert nachmittags Latein. Nach dem Wunsch der Mutter, die großen Respekt vor Bildung hatte und ihre eigene auf der höheren Töchterschule für nicht ausreichend hielt, sollte Marlene unbedingt Abitur machen.[334] Hans-Julius hatte durch den dreimonatigen Aufenthalt bei Athenstaedts einen regelrechten Schub bekommen, seine Mutter war entzückt gewesen, als sie die Fortschritte ihres achtjährigen Sohnes begutachtete: „Ein sehr begabter Junge, zweifellos. Natürlich alles nur mit eiserner Strenge zu erreichen", informierte sie ihren Mann.[335]

Körperlich sei der Hans-Julius ein feiner Schlag, auch runder und breiter geworden, und dann habe er in Heidelberg doch tatsächlich Schwimmen gelernt, was sie für besonders wichtig hielt, da es sich um ihren Lieblingssport handelte. Käte Ahlmann, Frau des Direktors der Carlshütte, ging regelmäßig in die Büdelsdorfer Badeanstalt. Sie hatte weder Scheu noch Bedenken, sich dort öffentlich vor anderen Leuten zu zeigen, nur mit dem Badeanzug bekleidet. Sie wog bei 1,73 Metern Körpergröße im Juni 1928 in Kleidern 152 Pfund, festgehalten von ihrer Tochter Marlene, die es bei dem Vergleichswiegen auf 92 Pfund brachte.[336] Käte Ahlmann fuhr auch Rad und konnte den Pferdewagen lenken, mit dem die Familie auf den Heidberg zog. Beide Kinder erhielten Reitunterricht, doch nur Hans-Julius entwickelte Begeisterung, engagierter noch als sein Vater, und war ein guter Leichtathlet mit hervorragenden Leistungen auf der kurzen Mittelstrecke.[337]

Das Familienleben konzentrierte sich auf die Mutter, die Bezugsperson. Sie bestimmte. Andererseits vermochte sich Julius Ahlmann gegenüber seiner Frau auch durchzusetzen, wenn ihm etwas wichtig genug erschien. Ansonsten wich er lästigen Konfrontationen aus, war sowieso viel auf Reisen und kümmerte sich im Betrieb um alles. Julius Ahlmann kannte fast jeden der über 1.000 Beschäftigten beim Namen.[338] Gerne nahm er Werksangehörige am Wochenende auf Fahrten durch Schleswig-Holstein oder das südliche Dänemark mit, die neben der Ausspannung auch der Besprechung geschäftlicher Belange dienten. Dadurch entstanden enge Beziehungen auf einer einfachen menschlichen Ebene, die ihm gut taten.[339]

Zu jedem der vier letzten Feste seines Lebens hatte Julius Ahlmann einen ganz persönlichen Bezug. Gerade weil er selbst im Krieg bewahrt wurde, lag ihm daran, den Gefallenen seines Heimatortes ein Denkmal zu setzen. Die Opferschale, getragen von vier knienden Kriegern, war seine Wahl. Sie wurde auf der Carlshütte gegossen, am 10. Oktober 1930 feierlich enthüllt und der Gemeinde übergeben. Am darauf folgenden 26. Dezember, dem zweiten Weihnachtstag, wurde Julius Ahlmann 50 Jahre alt. Sein frisch verheirateter Bruder Otto war mit der neuen Schwägerin Edith gekommen. Wesentlich größer gefeiert wurde dann der 80. Geburtstag von Johannes Ahlmann am 18. Februar 1931. Unter den vielen wertvollen Geschenken erfreute ihn besonders ein Porträt seines Sohnes Julius, in Kohle gezeichnet. Am 15. März, dem Sonntag Laetare, fand in der Rendsburger St. Marienkirche

Marlenes Konfirmation durch Pastor Johannes Iversen statt. „Es war Vaters letzter Feiertag mit uns – oder besser, unser letzter Feiertag mit unserem lieben Vater", erinnerte sich die Tochter vierzehn Jahre danach, am 15. März 1945.[340]

Sterben

„Sehr vergnügt", wie seine Frau feststellte, die ihn wegen einiger Einkäufe nach Hamburg begleitet hatte, bestieg Julius Ahlmann am 30. April 1931 das Schiff nach London.[341] Dieses Mal wollte er etwas länger in England bleiben und die Geschäftsreise mit einem Wochenende bei Otto und Edith zu verbinden. Sein Bruder hatte 1927 einen kleinen Landsitz im pittoresken Fischerdorf Shaldon bei Teignmouth an der Kanalküste erworben. Zurück in London, erlitt Julius Ahlmann bei einer Besprechung mit Mr. Donald den ersten von mehreren Ohnmachtsanfällen. Sein Bruder Otto brachte ihn am 9. Mai nach Osnabrück, wo ihn Käte Ahlmann und die Tochter Marlene im Empfang nahmen und nach Hause fahren ließen.[342]

Bei der Untersuchung in Kiel stellte Professor Dr. A. Schittenhelm, Direktor der Medizinischen Klinik, Überanstrengung fest und empfahl sofortige Schonung und Ausspannung. Da er einen Tumor befürchtete, legte er eine Konsultation bei Professor Dr. Max Nonne in Hamburg-Eppendorf nahe, der als hervorragender Neurologe internationalen Ruf besaß.[343] Während des kurzen Zwischenaufenthalts in seinem Heim befand sich der Kranke in einem Besorgnis erregenden Zustand, der Behandlung durch seinen Freund Dr. med. Ernst Bamberger notwendig machte. Ihn bat Julius Ahlmann um weiteren Beistand, falls das Schlimmste sich bewahrheiten würde. Tatsächlich diagnostizierte Professor Nonne einen Gehirntumor. Da Bestrahlungen nichts bewirkten, nahm am 2. Juli Dr. Henning Brütt, der damals maßgebliche Hamburger Chirurg, den dreistündigen Eingriff bei nur örtlicher Betäubung vor. Während der Operation saß Dr. Bamberger bei Julius Ahlmann und sprach mit ihm. Der Rendsburger Arzt, selbst Chirurg, informierte die Angehörigen über den sehr ernsten Zustand, doch erst das Ergebnis einer zweiten Operation, vierzehn Tage später, machte alle Hoffnungen zunichte.[344]

Während der ganzen Zeit war Käte Ahlmann bei ihrem kranken Mann gewesen, hatte ihn umsorgt und versucht, ihn aufzumuntern und ihm Mut zu geben. In dieser Situation konnte sie auf die Hilfe ihrer Schwestern bauen. Magdalene Wuppermann kam nach Hamburg, Luise und Heinrich Athenstaedt kümmerten sich in Büdelsdorf um die Kinder, die sie zum Heidberg mitnahmen. Marlene, Hans-Julius und Seppel besuchten die Eltern in Eppendorf, auch Wilhelmine und Johannes kamen, als der Operationstermin näher rückte. Kurz vorher, am 30. Juni 1931, hatte Julius Ahlmann seiner Frau Käte Generalvollmacht erteilt. Beide errichteten an diesem

Tag vor zwei Hamburger Notaren auch einen gemeinschaftlichen letzten Willen, in dem sie sich gegenseitig zu alleinigen und unbeschränkten Erben einsetzten. Nach dem Tod des Überlebenden sollte der beiderseitige Nachlass an die Abkömmlinge gleichteilig nach Stämmen fallen. Wenn vorher Pflichtteilsrechte geltend gemacht würden, bekäme dieser Abkömmling auch beim Tod des Längerlebenden nur den gesetzlichen Pflichtteil.[345] In dieser Form war es das zwischen Ehegatten mit Kindern übliche sogenannte „Berliner Testament.“[346]

Um dem Todkranken für die verbleibende Zeit Abgeschiedenheit und Ruhe zu verschaffen, wurde seine Übersiedlung in das Gravensteiner Familienheim beschlossen. Das erschien umso wichtiger, als bereits Anfang Juni landesweit böse Gerüchte über den Grund der langen Abwesenheit des Direktors der Carlshütte kursierten, aufgegriffen und publik gemacht in einer KPD-Zeitung.[347] Carl Wuppermann sah sich veranlasst, in seiner Eigenschaft als Aufsichtsratsvorsitzender die Reichsbankstelle Kiel zu informieren und den solventen Stand des Unternehmens dazulegen. Ein Anschlag für die Betriebsangehörigen am 19. Juni und gleich lautende Veröffentlichungen in der Lokalpresse stellten der Tatbestand klar und kündigten Schritte gegen die Urheber der Verleumdungen an.[348]

Am 1. August 1931 wurde Julius Ahlmann von seiner Frau Käte in Begleitung einer Pflegerin nach Gravenstein gebracht. Der dort bestens bekannte Johannes Ahlmann hatte vorher am Ort alles geregelt, auch mit dem Arzt gesprochen, der in den folgenden, verbleibenden Wochen die schweren Betäubungsmittel gegen die Schmerzen geben musste. Der Zustand verschlechterte sich zusehends. Die Kinder waren anfangs noch einmal in Gravenstein gewesen, in Begleitung ihrer Tante Linu Pagenstecher, die Athenstaedts abgelöst hatte. Käte Ahlmann behielt den siebenjährigen Seppel bei sich, „süß und ahnungslos“, der sie etwas ablenkte. Dem Kommenden sah sie gefasst entgegen und bat ihre Schwester Luise, eine Vorlage für den Pastor über das Wesen von Jules als Mensch und seine Bedeutung als Industrieller aufzusetzen, „um auch das Letzte würdig und schön zu gestalten.“[349]

Julius Ahlmann starb am 3. September 1931 um 22 Uhr. Am Abend des nächsten Tages kam der tote Direktor auf die Carlshütte in sein Haus zurück. Den Mitarbeitern wurde Gelegenheit zum Abschiednehmen gegeben. Die Trauerfeier fand in „Glückauf“ statt, im Herzen seines von ihm geliebten Werkes. Pastor Johannes Iversen hielt eine bewegende und würdigende Ansprache. Zu Grunde lag „Das Hohelied der Liebe“, das 13. Kapitel aus dem 1. Brief des Paulus an die Korinther: „Hier ist eine von den Naturen von uns gegangen, von denen ein Dichterwort sagt, daß sie darum groß sind, weil sie stark sind im Lieben und im Hassen, und das war er. Was er liebte und wen er liebte, liebte er mit ungeteiltem Herzen, und wo er Menschen und Dinge ablehnte, da zog er einen scharfen und geraden Strich. Darum war er nicht jedermanns Freund. Aber alle, die diesen Wesenszug an ihm

Der von Pferden gezogene Wagen mit dem Sarg Julius Ahlmanns nahm den Weg durch Büdelsdorf und Rendsburg, direkt hinter ihm ging Käte Ahlmann mit ihren drei Kindern

kannten und schätzten, haben ihn geliebt. Und er hat mehr geliebt als viele es meinen, auch hier in seinem Werk, hat es nicht gesagt, aber er hat es bewiesen. Diese Liebe bleibt."[350]

Anschließend bewegte sich der gewaltige schwarze Trauerzug, voran eine Kapelle, dann die Vereine mit umflorten Fahnen und etwa einhundert Kranzträger, durch die Straßen Büdelsdorfs und Rendsburgs. Im ersten der dreißig dem Geleit folgenden Wagen saßen die alten Eltern Wilhelmine und Johannes Ahlmann. Sie erreichten gerade in dem Augenblick den Rendsburger Paradeplatz, als sich durch das Spalier der Hüttenleute langsam das Auto in Bewegung setzte, das Julius Ahlmann zum Krematorium bringen sollte. Käte Ahlmann hatte alle ihre drei Kinder mit auf diesen langen schweren Weg hinter dem Sarg genommen. Die Urne mit der Asche ihres verstorbenen Mannes holte sie selbst aus Hamburg ab. Nun kam auch Roseli nach Hause und wurde neben ihrem Vater auf dem Büdelsdorfer Friedhof beigesetzt.

MACHTÜBERNAHME 1931–1941

Mut

Käte Ahlmann hatte in den vier Monaten, die zwischen dem Auftreten der Erkrankung und dem Tod von Julius Ahlmann lagen, eine bemerkenswert große Stärke bewiesen. Inmitten der zunehmend tragisch verlaufenden Entwicklung, in der sie nicht von der Seite ihres Mannes wich und alles nur erdenklich Mögliche tat, um ihm die beste medizinische Behandlung zu verschaffen und später eine liebevolle, sachverständige Pflege, zeigte sie nicht nur eine beherrschte Gefasstheit, die ihren Kindern und den alten Schwiegereltern zumindest etwas Halt während des für alle unfassbaren Geschehens gab, sondern plante in dieser zutiefst existentiellen Krise anscheinend mit ruhiger Klarheit und weitgreifender Überlegung die Zukunft der Familie unter radikal geänderten Verhältnissen. Mit vierzig Jahren stand Käte Ahlmann vor einem zerstörten Lebensplan. Als Ehefrau war sie nach gesetzlichem wie sozialem Kodex ihrer Zeit, was Namen, Rang, Mittel und das Heim betraf, in fast totaler Abhängigkeit von der Person ihres Mannes gewesen. Doch gerade darin lag nun auch der Vorteil. Die Witwe nutzte ihre Identität als „Frau Julius Ahlmann" zur Entfaltung ihrer Selbstständigkeit und der eigenen Fähigkeiten.[1]

Schon vor der ersten Operation, als durch die Diagnose eines Gehirntumors der lebensbedrohliche Zustand Julius Ahlmanns feststand und mit dem Schlimmsten gerechnet werden musste, ein schwacher Funke Hoffnung aber noch geblieben war, hatte Käte Ahlmann eine grundsätzliche Entscheidung getroffen. Wie es auch ausgehen würde, sie war entschlossen, auf jeden Fall die Position der Familie auf der Carlshütte durch eine eigene aktive Mitarbeit im Vorstand zu halten, und das aus Verantwortung gegenüber ihrem Mann und im Interesse

Abschied von Julius Ahlmann auf dem Rendsburger Paradeplatz am 7. September 1931

der heran wachsenden Kinder.[2] Die fünfzehnjährige Marlene und den vier Jahre jüngeren Hans-Julius hielt Käte Ahlmann für verständig genug, die Situation zu begreifen, und sie hatte mit ihnen bereits in dieser frühen Phase über ihre Vorstellungen und Pläne gesprochen, wie es weiter gehen sollte. Die Tochter bewunderte im Nachhinein mit hohem Respekt den Mut und das Selbstvertrauen der Mutter damals, denn: „Es war ein Vabanquespiel."[3]

Immerhin verbesserten sich die Voraussetzungen für Käte Ahlmanns kühnes Vorhaben dadurch entscheidend, dass mit dem Schwerkranken kurz vor dem gefährlichen Eingriff ein neues Testament gemacht werden konnte. Noch am Tag zuvor hatten ernste Zweifel bestanden, ob es überhaupt möglich sein würde. In diesen langen Stunden der Ungewissheit und des Wartens im Hamburger Hotel, denn sie durfte über Nacht nicht im Krankenhaus bleiben, schrieb Käte Ahlmann einen Brief an den ihr seit der Jugend vertrauten Schwager Carl Wuppermann, zugleich langjähriger enger Freund ihres Mannes, der auf seinen Wunsch Aufsichtsratsvorsitzender der „Actien-Gesellschaft der Holler'schen Carlshütte" und in der gegenwärtigen Situation ihr wichtigster und wertvollster Ansprechpartner war.[4]

In großer Offenheit breitete sie ihm Gedanken und Gefühle aus, Unwägbarkeiten, Zweifel und Bedenken, wirkte dabei aber durchaus gelassen und gefasst, gerade im Hinblick auf die ungeklärte Zukunft. Käte Ahlmann sprach sogar von Glück, „dem einzigen in dieser entsetzlichen Zeit". Nun dürfe und könne sie die sinnlosen, ungerechtfertigten und unbegreiflichen Vorwürfe von Jules, unter denen sie maßlos gelitten habe, der Krankheit zuschreiben und müsse Abbitte tun: „Sollte er mir und uns erhalten bleiben, so soll und muß ein neues Leben anfangen." Wie wichtig es für sie selbst war, ihre gegenwärtige Lage überhaupt in Worte zu fassen, verdeutlicht die Abschrift auf dem Briefpapier des Hotels, die Käte Ahlmann zu ihren Dokumenten legte.

Doch sie erhoffte und erhielt auch von anderer Seite Unterstützung. In Anwesenheit des beurkundenden Notars Dr. Hans Harder Biermann-Ratjen und des als Zeugen zugezogenen zweiten Notars Dr. Franz Joseph Crasemann bescheinigte am folgenden Tag, dem 30. Juni 1931, im Eppendorfer Krankenhaus der behandelnde Arzt Professor Dr. Max Nonne die Testierfähigkeit Julius Ahlmanns, der seinen Namenszug schrieb. Mit diesem letzten Willen, der die gegenseitige Einsetzung der Eheleute als Alleinerben bestimmte,[5] waren die Befürchtungen Käte Ahlmanns in Bezug auf Nachlassgericht, Testamentsvollstrecker und Pflegschaften gegenstandslos geworden, die wegen der Kinder im Fall des im Krieg errichteten Testaments oder bei normaler gesetzlicher Erbfolge unausweichlich gewesen wären.[6] Den entscheidenden Vermögenswert stellte der Aktienbesitz an der Carlshütte dar, der inzwischen 504 Stück betrug, 43 Prozent der ausgegebenen Anteile, und sich im Eigentum von Julius Ahlmann befand.[7]

Dass sie mit der Testamentsänderung vollkommen in seinem Sinn handelte, „was mein mir und meinem normalen Verstand vertrauender Mann in gesunden Tagen gewollt und gewünscht hat", stand für Käte Ahlmann fest. Sie hatte es für „unheilvoll, ja geradezu provozierend" gehalten, wenn sich aufgrund der Nachlassbestimmungen Fremde zwischen sie und ihre Kinder drängten, und ihrem Schwager Carl Wuppermann versichert, dass diese unter der Neufassung nie leiden würden. Motiv und Vorgehen waren für sie absolut gerechtfertigt: „Mich freiwillig quasi entmündigen zu lassen, nur weil ich eine Frau bin, das kann ich nicht einsehen, es wäre schweres Unrecht an dem mir Nächststehenden, Jules. Umsonst soll er sein Vertrauen im Fall seines Todes nicht auf mich gesetzt haben, ich würde schon zusehen, sein Lebenswerk (24 Jahre) zu stützen für unsere Kinder."[8]

Käte Ahlmann konnte nun wenigstens auf ein gewisses Fundament der Sicherheit bauen, das sich mental als von großer Bedeutung erwies, als die Ärzte sie mit dem nieder schmetternden Ergebnis der Operation konfrontierten. Doch bei ihr schienen durch den vernichtenden Bescheid sogar Kräfte mobilisiert zu werden. Noch im Krankenhaus verfasste sie zwei Tage darauf, datiert vom 4. Juli 1931, ein acht Seiten langes Memorandum, ergänzt noch durch Zusätze, über die zukünftige personelle Führungsstruktur der Carlshütte und die vielfältigen Aufgabenbereiche, in denen sie als Mitglied des Vorstandes von großem Wert für das Unternehmen sein würde. Sie stellte diese Ausführungen unter die Überschrift: „Gedanken meines Mannes Jul. Ahlmann, in gesunden Tagen geäußert und mit mir durchdacht, von mir jetzt zusammengestellt und hier aufgeschrieben".[9]

Danach hatte sich das Ehepaar seit Jahren mit der Möglichkeit eines plötzlichen Todes von Julius Ahlmann beschäftigt, der sein Leben in den politisch und wirtschaftlich unruhigen Zeiten häufig bedroht fühlte, mit Racheakten von Arbeitslosen rechnete, und für den Eintritt dieses Falles Pläne durchdacht. Die Leitung des Werks müsste mit einem hervorragenden Eisenwarenhändler als Fachmann besetzt werden, und der Prokurist Otto Adlung könne wie bisher, aber nominell als Direktor, die kaufmännischen Verhandlungen führen. Sie selbst sei neben diesen beiden Herren im Vorstand als „Ahlmann'sches Element" unbedingt nötig, um bei der Belegschaft und in der Öffentlichkeit die ungebrochene Präsenz der Familie auf der Carlshütte darzustellen und die Kinder als dritte Generation einzuführen. Die Tatsache allein der Aktienmehrheit, die sie zusammen mit den Anteilen Johannes Ahlmanns besäßen, würde dagegen von außen nicht in dieser Form registriert werden, und damit bestände die Gefahr einer Ausschaltung.

Käte Ahlmann entfaltete ein breites Spektrum ihrer Fähigkeiten und Tätigkeitsfelder, die sie bisher schon als Frau des Direktors wahrgenommen hatte, und nun ausbauen und erweitern wollte. Als engste Vertraute ihres Mannes sei sie von ihm seit der Rückkehr aus dem Krieg in alle wichtigen Entscheidungen über den Ausbau des Unternehmens einbezogen worden und habe mit ihm zusammen ein gutes persönliches Vertrauensverhältnis zu kaufmännischen und technischen Mitarbeitern gepflegt, die das Stützwerk des Betriebs bildeten. Sie könne als wertvolles Bindeglied zwischen Firmenverwaltung und der Arbeiterschaft mit ihren Familien wirken, und verwies auf die von ihr gegründeten sozialen Einrichtungen zur örtlichen Wohlfahrtspflege, auf Lehrlingserziehung und Weiterbildung. Durch ihre Beziehungen zu den Frauenvereinen in Schleswig-Holstein wäre eine gezielte Absatzförderung von Produkten der Carlshütte möglich. Ihre größte Stärke liege aber auf gesellschaftlichem Gebiet, sie habe engen Umgang mit allen namhaften Persönlichkeiten des Landes, und die Betreuung ausländischer Gäste des Werks sei, auch dank ihrer Sprachkenntnisse, für die Geschäftsentwicklung sehr nutzbringend gewesen.

Dr. Carl Wuppermann

Diese Ausführungen übernahm Dr. Carl Wuppermann fast wörtlich, als er in der Funktion als Aufsichtsratsvorsitzender seinen mitbestimmenden Stellvertreter, den Hamburger Rechtsanwalt Heinrich Günther, von der Notwendigkeit überzeugen wollte, Käte Ahlmann zum Vorstandsmitglied zu machen.[10] Der Schwager und Freund erwies sich in der schweren Zeit als zuverlässiger Fels für die Familie Ahlmann wie für die Carlshütte, obwohl der Direktor der Deutschen Bank in Düsseldorf in diesem Sommer 1931, als die Bankenkrise in Deutschland ihren Höhepunkt erreichte und große Geldinstitute ihre Zahlungsunfähigkeit erklären mussten, beruflich selbst sehr gefordert war und außerdem eine erhebliche Gehaltskürzung hinnehmen musste.[11] Wuppermann kümmerte sich um alles, hielt brieflich und telefonisch Kontakt auch zur interimistischen Firmenleitung, stand in laufender Verbindung mit seiner Schwägerin und kam Ende August, als sich das Leben Julius Ahlmanns in Gravenstein seinem Ende zuneigte, persönlich nach Büdelsdorf, um die Lage direkt auf der Carlshütte zu sondieren und die erforderlichen Schritte in die Wege zu leiten. Anschließend informierte er Käte Ahlmann ausführlich über das Ergebnis seiner Besprechungen.[12]

Bei einer ersten Unterredung mit Johannes Ahlmann waren beide Männer überein gekommen, dass schnellstens eine grundlegende Klärung der Verhältnisse im Werk durch eine Verstärkung der Direktion erfolgen müsste, wobei der Ersatz für Julius Ahlmann eine gewisse Kontinuität in der Unternehmensleitung gewährleisten sollte. Allerdings hatte kein Mitarbeiter seinem an der eigenen Höchstleistung orientierten Anspruch genügt, er war auch zu ungeduldig gewesen, jemanden heranzuziehen, wie der inzwischen achtzig Jahre alte Vater bedauernd feststellte.[13] Es blieb also nur eine Minimallösung. Der 53-jährige Prokurist Otto Adlung, seit 1902 im kaufmännischen Sektor der Carlshütte beschäftigt und vorwiegend im Verbandswesen tätig,[14] zeigte sich geehrt und dankbar für das Vertrauen, als ihm die Herren den Wunsch vortrugen, dass er in Zusammenarbeit mit Frau Ahlmann die Leitung des Werks übernehmen sollte. Wuppermann schätzte Adlung als fähig und schnell auffassend ein, aber einfach denkend: „Ich glaube, dass er seinen Abstand immer beachten wird." Dabei gab es zu Johannes Ahlmann durchaus Nähe und deswegen Fürsprache. Beide pflegten seit langen Jahren ihr gemeinsames Geigenspiel.[15]

Einen guten Eindruck bekam Carl Wuppermann von Ingenieur Johannes Wenke, „ernst, energisch, gründlich", der den Aufsichtsratsvorsitzenden durch das Werk führte, das an diesem Montag sehr still wirkte.[16] Die Verschärfung der Depression – die Geschäftslage im Kammerbezirk verschlechterte sich „außerordentlich"[17] – hatte bereits im voran gegangenen Winter nun auch die Carlshütte in Mitleidenschaft zu den vielen anderen betroffenen Firmen gezogen und zu Kurzarbeit sowie Entlassungen geführt. Die Zahl der Beschäftigten pendelte sich im Frühjahr auf 1.000 ein, doch nach kurzer Erholungsphase gingen die Bestellungen aus dem Inland wegen der Bankenkrise vom Juli rapide zurück, so dass in den Gießereien ab Anfang August wieder nur an vier Tagen in der Woche gearbeitet wurde. Zu Beginn des Jahres hatte der Schlichterspruch einen sechsprozentigen Lohnabbau ermöglicht. Insgesamt lautete die Devise der Firmenpolitik auf noch strengere Sparsamkeit als bisher bei den Ausgaben und sorgfältige Vorratsbewirtschaftung.[18]

Umso wichtiger war die Organisation einer effektiven Leitung, die von Käte Ahlmann für unbedingt notwendig erachtete Einstellung eines jüngeren Fachmannes für Eisenwaren mit guten kaufmännischen Kenntnissen, Verständnis für Technik und Fabrikation sowie mit Berufserfahrung in der Branche. Carl Wuppermann konnte aus dem Stand ein Mitglied seines eigenen Familienverbandes präsentieren, einen angeheirateten Verwandten, der dem Anforderungsprofil genau entsprach. Der gerade 29 Jahre alt gewordene Hinrich Bosse stammte aus Leuchtenburg bei Bremen, besaß einen wohlhabenden Hintergrund und hatte eine Anstellung bei der Nationalen Radiatoren-Gesellschaft in Berlin. Seine Frau Dorothea, eine Nichte Carl Wuppermanns, war promovierte Ärztin.[19] Der gehobene gesellschaftliche Status des jungen Paares bedeutete natürlich ein Plus, auch für die Carlshütte, während Adlungs Frau zurückgezogen lebte.

Ausgerechnet in Käte Ahlmanns Fall gab es ein nicht zu überwindendes Hindernis in Gestalt des stellvertretenden Aufsichtsratsvorsitzenden Heinrich Günther, der sich strikt weigerte, eine Frau in den Vorstand aufzunehmen. Den Argumenten Carl Wuppermanns, der ihn nach einem ersten Gespräch noch einmal vom Wert der damit gegebenen verantwortlichen Mitarbeit seiner Schwägerin überzeugen wollte und ihn auf die Beispiele vieler erfolgreicher Unternehmerinnen hinwies,[20] verschloss sich der Hamburger Rechtsanwalt. Er blieb bei seiner Meinung, Frau Ahlmann könne „ihre dankenswerte Absicht, sich in der Verwaltung zu betätigen", durchaus von der Plattform des Aufsichtsrates aus wahrnehmen. Zwar zeigte Günther Verständnis für ihren Plan, die Position ihres Mannes für eines ihrer Kinder offen zu halten, war jedoch der Ansicht, dass ein Vorstandsmitglied in jeder Beziehung „voll seinen Mann stehen sollte". Das sei bei einem Betrieb mit über 1.000 männlichen Arbeitern von einer Frau weder zu erwarten noch durchzuführen.[21] Doch Rechtsanwalt Günther, der die zweitgrößte Aktionärsgruppe nach dem „Ahlmann-Block" vertrat, musste gerade wegen des Beharrens auf seinen Vorbehalten als Ausgleich einige Zugeständnisse machen, mit denen sich die Position Käte Ahlmanns erheblich verbesserte.

Eine Woche nach der Beerdigung von Julius Ahlmann fand am 14. September 1931 die entscheidende Aufsichtsratssitzung statt, bei der die Weichen für die Zukunft der Carlshütte sowie für Käte Ahlmann und ihre Kinder gestellt wurden. Zunächst gedachte der Vorsitzende Carl Wuppermann in warmen und herzlichen Worten des Verstorbenen und seiner großen Verdienste um das Unternehmen. Wie schon in seiner Ansprache bei der Trauerfeier hob er die geniale Eigenschaft seines langjährigen Freundes hervor, in einer Person Führer, Kaufmann und Fabrikant zu sein, kaufmännische und technische Idee, Vertrieb und Fabrikation, Organisation und Ansehen des Fabrikates miteinander in Harmonie zu bringen. Auf diese Weise habe Julius Ahlmann die Carlshütte trotz der schwierigen Verhältnisse der Nachkriegszeit zu Spitzenleistungen und höchstem Ansehen empor geführt.[22]

Anschließend erfolgte, ohne weitere Beratung, der einstimmige Beschluss über die Ernennung von Otto Adlung zum Vorstandsmitglied und von Johannes Wenke zum stellvertretenden Vorstandsmitglied. Die Einstellung von Hinrich Bosse fand ebenso allgemeine Billigung.[23]

Dann stimmte das Gremium, wiederum einmütig, der Wahl von Käte Ahlmann in den Aufsichtsrat zu, der satzungsgemäß die für den 6. Oktober 1931 einberufene außerordentliche Generalversammlung vorzunehmen hatte. Der Aufsichtsratsvorsitzende Wuppermann wurde ermächtigt, im Einvernehmen mit dem Personalausschuss der Aktiengesellschaft die Verträge mit Frau Ahlmann über ihren Tätigkeitsbereich und die an sie zu zahlende Vergütung aufzusetzen und zu schließen.[24] Diese Dokumente, datiert vom 30. September und vom 7. Oktober 1931, lauteten auf „Frau Julius Ahlmann", ebenso wie die jeweilige Unterschrift, wenn auch noch mit dem Zusatz „Käte geb. Braun", der bei vergleichbaren Anlässen später wegfiel.

Ein Vertrag betraf ihre lebenslängliche Pension, die sich zusammensetzte aus der kostenlosen Überlassung ihrer bisherigen Wohnung mit Zubehör und Garten und den Vergünstigungen, insbesondere frei Licht, Wasser, Brand, Gartenunterhaltung,

Autobenutzung usw., die ihr und ihrem Mann bei Lebzeiten zustanden. Dazu kam eine jährliche Geldzuwendung in Höhe von 21.000 RM, die sie in Monatsraten von 1.750 RM beziehen konnte.[25] Vergleichszahlen erhellen die Dimensionen. Direktor Carl Wuppermann bezog 1931 von der Deutschen Bank noch nach seiner Gehaltskürzung 64.900 RM, ein Prokurist der Carlshütte erhielt im selben Jahr 9.000 RM, während ein Buchhalter in Nortorf mit 4.500 RM auskommen musste.[26]

Ihre „Bestallung" trat in Kraft am Tag nach der Wahl in den Aufsichtsrat am 6. Oktober, die aber nur formale Bedeutung hatte: „Frau Ahlmann [wird] in Würdigung ihrer langjährigen Zusammenarbeit mit dem bisherigen alleinigen Vorstand der Gesellschaft, Herrn Julius Ahlmann, beauftragt, als Delegierte des Aufsichtsrats die Leitung der Gesellschaft im Sinne einerseits der Ideen ihres Mannes, andererseits der aus der Entwicklung der Verhältnisse sich ergebenden Notwendigkeiten weitgehend und nach besten Kräften zu unterstützen und zu ergänzen. Neben Teilnahme und Mitberatung an den Erwägungen der allgemeinen Geschäftspolitik soll ihre Mitberatung und Mitarbeit sich beziehen auf die Fragen der Zusammenarbeit zwischen Leitung und Betrieb, auf Personal-, soziale und Wohlfahrts-Angelegenheiten, Gebäude- und Häuserverwaltung, Pflege der Kundenbeziehungen auf der Hütte und überhaupt die Pflege der Beziehungen zu Geschäftsfreunden, Behörden usw. Zur Bestreitung ihres Aufwandes darf Frau Ahlmann bis zu 4.000 RM jährlich erheben."[27]

Zwar war Käte Ahlmann nicht die erstrebte Mitleitung zugebilligt worden, sie besaß auch keinerlei Entscheidungsbefugnis oder Mitverantwortung, dafür gab es aber weder Eingrenzungen noch Beschränkungen ihres Tätigkeitsbereichs, wie es bei einer offiziellen Aufnahme in den Vorstand ganz sicherlich der Fall gewesen wäre. Die großzügig vage gehaltenen Bestimmungen des Vertrages berechtigten sie auf jeder Ebene und in allen Ressorts der Firma zur Information und Mitsprache, nach außen sogar zur Übernahme einer repräsentativen Rolle, die über den bisherigen gesellschaftlichen Rahmen hinaus nun auch geschäftliche Funktionen umfasste. Es eröffneten sich ihr Möglichkeiten, die bei überlegtem Vorgehen ein großes Maß an Einfluss, Kontrolle und Macht bringen konnten. Wenn der eine Schwager, Dr. Carl Wuppermann, ihr dafür selbstlos die Ausgangsposition verschafft hatte, übernahm nun der andere, Heinrich Athenstaedt, Lenkung und Begleitung auf diesem in damals ungeahnte Höhen führenden Weg, den Käte Ahlmann allerdings selbst gehen musste.

Nachdem die Entscheidungen auf der Carlshütte gefallen waren, fuhren die Geschwister wieder zu ihren Familien, Wilhelmine und Johannes Ahlmann suchten Abstand und Erholung in Bad Oeynhausen. Die Witwe blieb mit ihren Kindern allein zurück und empfand die Leere als bedrückend, zumal es die erste ruhige Phase nach einem halben Jahr fortwährender dramatischer Belastungen war und sie nun erstmalig zum Besinnen kam. Anders als früher konnte Käte Ahlmann aber selbst gegenüber den Schwestern ihre Gefühle nicht mehr offen ausdrücken, sondern äußerte sich sehr zurückhaltend. „Ich schlafe noch nicht gut, so ist man morgens etwas nervös, aber es wird schon werden, man kann nicht zuviel verlangen, und lange Pflegegewohnheiten und Bilder wirken noch nach. Kein Wunder!"[28] Mit diesen wenigen, kargen Worten deutete sie Luise ihr seelisches Befinden nur an. An Magdalene schrieb sie etwas offener: „Wie sehne ich mich nach Jules Unterhaltung und ihrem Reichtum. Jetzt denkt man manches – kein Echo kommt mehr. Doch der Mensch kann ohne Kreuz nicht sein."[29] Den letzten Satz kannte die älteste Schwester, ebenfalls Konfirmandin von Pfarrer Carl Jatho, nur zu gut. Er war der Titel seiner bekannten Passionspredigt über die den Charakter stärkende Bedeutung von Leid,[30] und wichtiges religiöses Gedankengut der Kölner Familie Braun.

Käte Ahlmann bewies in dieser Zeit, unmittelbar nach dem Tod ihres Mannes, weiter eine anhaltende beeindruckende Stabilität, gerade in der Verantwortung für ihre Familie. Die fast 15-jährige Marlene litt sehr unter dem Verlust des Vaters. Sie hatte mehr als die jüngeren Geschwister von seinem schweren Leiden mitbekommen, war auch von der Mutter in Einzelheiten des Krankheitsverlaufs eingeweiht worden und konnte noch viel weniger als sie die schrecklichen Eindrücke bewältigen, die auf sie eingedrungen waren.[31] Bei den Jungen machten sich die Belastungen durch schlechte Herbstzeugnisse bemerkbar. Dafür zeigte Käte Ahlmann zwar Verständnis, verordnete ihnen jedoch noch während der Ferien tägliche Deutschdiktate.[32] Nachwirkungen spürte auch Johannes Ahlmann, der in Bad Oeynhausen starke Herzbeschwerden bekam. Käte nahm sofort die Bahn, sprach mit den Ärzten und ließ die betagten Schwiegereltern mit dem Firmenauto bequem nach Hause holen, wo sich der alte Herr sofort wieder besser fühlte. Doch die Trauer brach in den jahreszeitlich düsteren Tagen wieder auf, als die von der Kölner Grabstätte geholte Urne der Tochter Roseli am 15. November neben der ihres Vaters auf dem Büdelsdorfer Friedhof beigesetzt wurde. Die Geburtstage von Marlene und Käte Ahlmann am 2. und 5. Dezember gingen in aller Stille vorüber.[33]

Vor dem ersten Weihnachtsfest ohne Julius Ahlmann hatten sich alle gefürchtet, am zweiten Feiertag wäre er 51 Jahre alt geworden. Seine Mutter Wilhelmine zog sich bereits vierzehn Tage vorher mit einem Bronchialkatarrh in ihr Bett zurück und blieb dort unansprechbar bis zum 28. Dezember. Sie stand erst auf, als der Sohn Otto und Schwiegertochter Edith wieder nach England abfuhren. Johannes Ahlmann, der sich über ihr Kommen sehr gefreut hatte, umsorgte aber in erster Linie ängstlich und liebevoll seine Frau, stellte ihr sogar einen kleinen geschmückten Baum in das Schlafzimmer. Käte Ahlmann erhielt in diesen erinnerungsschweren Tagen den von ihr gewünschten Beistand durch Luise und Heinrich Athenstaedt, die ihr bei dem Versuch halfen, wenigstens den Kindern Weihnachten etwas schön zu gestalten. Das Fehlen Julius Ahlmanns tat allen sehr weh.[34] Besser ging es dann beim anschließenden Aufenthalt auf dem Heidberg, es lag Schnee zum Schlittenfahren und Skilaufen. Die verschneite Landschaft, der räumliche Abstand und viel Ruhe machten die Zeit um den Jahreswechsel erträglicher.

Das Refugium diente auch als ungestörter Konferenzort für ausführliche Gespräche über Strategie und taktisches Vorgehen, was die Zukunft Käte Ahlmanns auf der Carlshütte betraf. Beide Athenstaedts fühlten sich aufgerufen und verpflichtet, sie nach bestem Wissen und Vermögen zu unterstützen.[35] „Ich empfinde es mit Luise als unsere Lebensaufgabe und unseren Lebensinhalt, Dich und Deine Kinder liebend und sorgend zu betreuen", hatte „Hanno" seiner Schwägerin versichert, gleich nachdem die Vereinbarung über ihre neue Tätigkeit erfolgt war.[36] Der Beistand bedeutete entscheidende Rückenstärkung. Julius Ahlmann hatte zwar vieles mit seiner Frau besprochen, sie war weitgehend über die Firmenpolitik informiert, kannte auch einige Mitarbeiter näher, doch ihr fehlte der Einblick in die Struktur des Unternehmens, in Funktionen und Abläufe von Produktion, Vertrieb, Buchhaltung und Finanzwesen. Wohl wohnte Käte Ahlmann seit langem auf der Carlshütte, aber in die Fabrikhallen, Werkstätten und Büros hatte sie kaum einen Fuß gesetzt, ihre Aushilfe in der Buchhaltung damals bei Kriegsbeginn selbst als „Spielerei" abgetan. Nun war es Ernst.

In dieser Situation, der sich Käte Ahlmann nach nur einem Trauermonat schon im Oktober sofort ausgesetzt hatte, um die Gegenwart der Familie im Betrieb sichtbar zu machen und ihre Entschlossenheit zur Mitarbeit zu demonstrieren, waren Heinrich Athenstaedts Hinweise und Ratschläge wie ein Geländer, das den Weg sicherte und bei Bedarf festen Halt bot. Durch persönliche Gespräche und schriftlichen Austausch besaß er eingehende Informationen über die Verhältnisse auf der Carlshütte. Der Heidelberger Polizeidirektor griff auf seine Erfahrungen zurück, die er als Leiter einer großen, politisch in diesen letzten Jahren der Weimarer Republik sehr exponierten Behörde besaß und deren Führung viel Umsicht und Fingerspitzengefühl erforderte. Beim zehnjährigen Amtsjubiläum im August 1931 bescheinigten ihm Vorgesetzte und Kollegen sowie die prominente Dr. jur. h.c. Camilla Jellinek ein ungewöhnliches Maß an Geschick und Takt.[37] Seine Wertschätzung durch diese herausragende Persönlichkeit der deutschen Frauenbewegung hing auch mit

Heinrich Athenstaedt

Athenstaedts grundsätzlicher Einstellung gegenüber Frauen zusammen, die der folgende „Einführungsbrief" an seine Schwägerin Käte Ahlmann widerspiegelte:

„Vor allem kommt es darauf an, zu zeigen, dass eine intelligente, charakterfeste, gebildete und willensstarke Frau genau soviel wertvolle Leistung bringen kann wie ein Mann. Deine Haltung, Deine Äußerungen, Deine Art, Menschen zu behandeln, Dein Pflichteifer und Dein Aufgehen in der Sorge um das Werk und seine Angehörigen müssen bei ihnen das Gefühl auslösen, hier ist eine Frau, die gerecht denkt und fühlt, deren Leistung in keiner Weise unserer Arbeit nachsteht, der es ernst ist um ihre Aufgabe, die sie sich gestellt hat, nämlich darüber zu wachen, daß die Carlshütte im Geiste ihres Mannes weitergeführt wird, und die Vertrauen verdient. Du wirst dann selbst die Empfindung haben, ein nützliches, wichtiges und wertvolles Glied des Werks zu sein, zu dem die Betriebsangehörigen mit Achtung und Freundlichkeit, vielleicht sogar mit Liebe aufblicken."[38]

In der ersten Zeit müsse sie es auf sich nehmen, mit „unermüdlichem Eifer und unverdrießlicher Gründlichkeit" im Firmenbüro alles Wissenswerte anzusehen, die Arbeit sämtlicher Beamter und Angestellter kennen zu lernen, anfangs orientierende Fragen zu stellen, bis ihr alles klar verständlich sei, und ein Ausweichen bei Auskünften nicht hinzunehmen. Der Direktion gegenüber, Adlung und Wenke, empfahl er zunächst Zurückhaltung und Verbindlichkeit, aber Bestimmtheit: „Nie bei den Herren das Gefühl aufkommen lassen, dass sie Dich mit besonderer Rücksicht behandeln müssten, weil Du eine Dame bist, sondern Du willst als völlig gleichwertige Mitarbeiterin geachtet werden. Den zu erwartenden Versuchen, Dich zu übergehen, trete mit höflicher Festigkeit entgegen. Gelegentliche Anerkennung und Schmeichelei werden ihre Wirkung nicht verfehlen."

Jules habe es in einzigartiger Weise verstanden, so Athenstaedt, die Werksangehörigen zu Spitzenleistungen anzuspornen, ihre Arbeitsfreudigkeit zu wecken und zu erhalten, ein Vertrauensverhältnis zu den Angestellten und Arbeitern zu schaffen, die alle stolz auf die Zugehörigkeit zu „ihrer" Carlshütte waren und zu ihrem geachteten und geliebten Fabrikdirektor, der auch für ihr geistiges und leibliches

Wohl nach getaner Arbeit sorgte. „Ich kann es in meiner Stellung täglich erfahren, wie unendlich dankbar die Mitarbeiter sind, wenn man sie mit Namen kennt und anredet, sich nach Frauen und Kindern erkundigt, vor allem, wenn diese erkrankt waren. Die soziale Fürsorge für die Werksangehörigen ist Dein besonderes Arbeitsgebiet, eine außerordentlich wichtige Aufgabe, die von vielen Fabrikleitungen vernachlässigt wird", riet der Schwager Käte Ahlmann eindringlich.

In ihrer Antwort dankte sie für den „Sack voller Ratschläge" und wollte den Brief für „bedrängte Augenblicke" aufbewahren, aber momentan nichts überstürzen, schon um keine Unruhe zu verursachen. Vorsicht hielt sie auch bei persönlicher Ansprache für geboten, das Vertrauen müsste bei den Norddeutschen Schritt für Schritt aufgebaut werden. Inzwischen hatte sie damit begonnen, am frühen Morgen im Kontor den Postverkehr zu lesen und empfand die aufmerksame Freundlichkeit der „zweitführenden Herren", der Buchhalter und Betriebsleiter, als sehr angenehm. Bei der Besprechung der wichtigen Tagesfragen schienen ihr die Direktoren Adlung und Wenke etwas nervös zu sein, doch das würde sich durch Gewohnheit sicher legen. Der neue Mann, Hinrich Bosse, mache sich trotz einiger Probleme recht gut: „Doch wer lernt schon ohne Beulen!"[39] Ansonsten plante sie nach theoretischer Vorbereitung die einzelnen Abteilungen des Betriebes abzugehen und Fragen zu stellen. Dass diese „Werksbesichtigungen" dann in Begleitung von Johannes Ahlmann stattfanden, war Familienpolitik.[40]

Differenzen

Käte Ahlmann musste Athenstaedts „Einführung" früher als gedacht wieder zur Hand nehmen, denn der anfängliche Eindruck einer freundlichen Atmosphäre erwies sich als trügerisch. Bereits in ihrem zweiten Monat auf der Carlshütte traten ernste Schwierigkeiten auf. Der neue Alleindirektor Otto Adlung versuchte, von vornherein Tätigkeit und Einfluss der Witwe seines Vorgängers in Grenzen zu halten, auch wenn sie ihm als Delegierte des Aufsichtsrates beigeordnet war. Doch Käte Ahlmann bemerkte bald, ebenso durch Andeutungen des Büropersonals, dass ihr Post vorenthalten wurde, sie keine vollständigen Informationen über wichtige Vorgänge in der Firma erhielt und Adlung Entscheidungen traf, bei denen ihr die vertraglich vereinbarte Mitsprache zugestanden hätte. Sie beschwerte sich beim Aufsichtsratsvorsitzenden bitter über die Behinderungen. Von ihm daraufhin zur Rede gestellt, entschuldigte sich Adlung und bat um Geduld und Vertrauen, was ihm Carl Wuppermann zur Empörung seiner Schwägerin verständnisvoll zubilligte.

Diese erste größere Auseinandersetzung zwischen Käte Ahlmann und Otto Adlung, deren Unverträglichkeit schon von Rechtsanwalt Günther, dem stellvertretenden Aufsichtsratsvorsitzenden, voraus gesehen worden war,[41] ist nicht im direkten Briefwechsel dokumentiert, sondern durch zwei Schreiben von Heinrich und Luise Athenstaedt an den Schwager Wuppermann. Beide erklärten ihm mit Nachdruck, welchen Missgriff er mit Adlung gemacht habe, dem es an Bildung, Takt und Feingefühl völlig fehle, dafür besäße er eine gewaltige Dosis an Herrschsucht und Selbstüberschätzung.[42] Heinrich Athenstaedt bezeichnete ihn als typisch subalterne Natur, der man keine unbeschränkte Machtposition geben dürfe. Luise warnte, dass dieser unfähige Mann das Lebenswerk von Jules in Kürze zerstören würde. Ihrer Ansicht nach wäre die brauchbarste Lösung, um beizeiten Schaden von der Carlshütte abzuwenden, möglichst bald Hinrich Bosse zum zweiten Vorstandsmitglied zu ernennen, um das notwendige Gegengewicht zu schaffen.

Doch Carl Wuppermann ging darauf nicht ein. Schließlich war Adlung seine Entscheidung gewesen, warm befürwortet zudem von Johannes Ahlmann, dem Senior der Carlshütte, und der im Wirtschaftleben erfahrene Bankier hielt an der generellen Praxis fest, dem neuen Direktor ausreichend Zeit zum Einarbeiten zu geben. Auch Bosse mußte sich natürlich erst bewähren. Immerhin bekam der 29-jährige Eisenhandelskaufmann nach gerade drei Monaten Betriebszugehörigkeit bereits Prokura.[43] Ansonsten benutzte Wuppermann ein wirksames Mittel, um den Druck der familiären Nötigungen wegen Adlung und eines zweiten Vorstandsmitglieds abzublocken. Seine bei Bedarf geäußerten Erwägungen, vom Aufsichtsratsvorsitz zurückzutreten, führten regelmäßig zum Einlenken. Weder Käte Ahlmann noch Athenstaedts wollten an Stelle des Schwagers den Verwandten Karl Eltze vom Bankhaus Ahlmann in Kiel haben, oder etwa gar in dieser einflussreichen Position den von ihnen als gefährlich eingeschätzten Hamburger Rechtsanwalt Heinrich Günther.[44]

Mit ihm kam es dann auch zu Differenzen, als Heinrich Athenstaedt auf Wunsch der Hauptaktionärin Käte Ahlmann Mitglied des Aufsichtsrates werden sollte. Günther stemmte sich anfangs gegen die Aufnahme eines zweiten Schwagers und wollte sogar das Gremium eher verkleinert wissen. Der Rechtsanwalt ließ außerdem demonstrativ seine Kräfte als Vertreter der Gruppe mit dem zweitgrößten Aktienpaket spielen. Er sprach eine Kapitalerhöhung der Gesellschaft an, die er dann in den folgenden Jahren wiederholt als Reizthema und Drohmittel gegen die Familie Ahlmann einsetzte, deren Finanzkraft dafür nicht ausreichte.[45] In Sachen Aufsichtsrat wurde schließlich dahingehend eine Einigung erzielt, dass Günther seinerseits ein weiteres Mitglied benannte. Die Wahl von Heinrich Athenstaedt, Polizeidirektor in Heidelberg, und von Dr. Richard Crasemann, Rechtsanwalt in Hamburg, erfolgte auf der Generalversammlung der „Actien-Gesellschaft der Holler'schen Carlshütte" am 22. April 1932 in der Hamburger Börse.[46]

Käte Ahlmann konnte sich nun sicherer fühlen. „Es ist alles in bester Ordnung", teilte sie ihrem Schwiegervater Johannes Ahlmann mit und berichtete ihm weiter, dass der stellvertretende Aufsichtsratsvorsitzende vor den Aktionären sehr nett über die „eigenwillige, kraftvolle Natur" von Jules gesprochen habe. Ihm allein und seiner Weitsicht sei es zu verdanken, so Günther, dass in einem solchen schwierigen Jahr 12,5 Prozent Dividende verteilt werden könnten.[47] Erst in diesem Frühjahr habe noch eines von Julius Ahlmanns Vorhaben zur Modernisierung der Carlshütte, das von Betriebsleiter Hans Schlothfeldt konzipierte und in den eigenen Werkstätten gebaute Presswerk fertig gestellt werden können.[48]

Nachwirkungen

Dem Konzept des verstorbenen Direktors folgend, fanden auch in einer Zeit des wirtschaftlichen Tiefstandes, trotz des weiter zurück gehenden Erlöses, laufende Erneuerungen statt, etwa der Gießerei-Maschinen, um die technische Ausstattung auf der Höhe zu halten. Andererseits richtete der Aufsichtsrat das Augenmerk auf straffere innerbetriebliche Organisation und ließ monatliche Erfolgsrechnungen anfertigen, um bessere Kostenübersicht zu haben.[49] Wegen der mangelnden Kaufkraft im Inland, der Devisenbewirtschaftung durch die Reichsregierung und der Einführung von Schutzzöllen in mehreren europäischen Ländern hatte sich die Auftragslage weiter verschlechtert.[50] Der wichtige Export nach England schrumpfte trotz der langjährigen guten Beziehungen zu Mr. Donald und Mr. Goslett auf ein bescheidenes Maß zusammen. Daran orientierte sich die Beschäftigung. Bei andauernder Kurzarbeit gab es aber keine größeren Entlassungen. Ende Mai 1932 waren 900 Arbeiter und 127 Angestellte auf der Carlshütte tätig, informierte Direktor Adlung offiziell das Aufsichtsratsmitglied Johannes Ahlmann, der wieder in Bad Oeynhausen kurte und anschließend in Gravenstein ausspannen wollte.[51]

Die ganze Familie war in diesem Frühling und Sommer viel unterwegs, fort von der noch immer lastenden Atmosphäre der Trauer in Büdelsdorf. Noch kurz vor seiner Erkrankung hatte Julius Ahlmann einen Aufenthalt seiner Tochter Marlene in einem englischen College arrangiert. Wie von ihm geplant, fand er direkt nach Abschluss des Rendsburger Lyzeums statt. Am 21. April 1932 wurde die 16-jährige von ihrer Mutter nach Cuxhaven gebracht, um auf der „Deutschland" nach Southampton zu fahren und weiter mit dem Zug nach London. Dort blieb sie einige Tage im Haus von Mr. Goslett, um dann ab 1. Mai in Crawley Down, in der Nähe des Badeortes Brighton an der Kanalküste, für drei Monate intensiv die Sprache zu lernen.[52] Marlene, der es anfangs schwer gefallen war, wegen der „Bildung" von zu Hause fort zu müssen, fühlte sich im Mädchencollege „The Grange" bald richtig wohl.[53] Otto und Edith Ahlmann holten die Nichte zu sich nach Shaldon und besorgten ihr sogar ein Cello, das sie zum regelmäßigen Üben mit in die Schule nehmen konnte. „You will have been pleased about", schrieb die englische Schwägerin nach Büdelsdorf.[54] Natürlich war Käte Ahlmann über die Unterstützung ihrer Erziehungsziele sogar sehr erfreut.

Otto Ahlmann mit seiner Frau Edith und der Nichte Marlene im Frühjahr 1932 auf der Promenade von Teignmouth an der Südküste Englands

Sie selbst hatte schon im März für vierzehn Tage Abstand gesucht, eine Erholungspause in Holland und im Rheinland verbracht und war im Mai in Heidelberg gewesen. Nun stand für die Sommerferien ein mehrwöchiger Aufenthalt im Nordseeklima der ostfriesischen Insel Juist auf dem Programm, damit Severin nachhaltig seinen Lungenkatarrh auskurierte. Das Befinden des nach wie vor sehr anfälligen Jungen – die besorgte Mutter hatte bei der Ankunft zu ihrer Beruhigung festgestellt, dass ein Arzt gleich gegenüber wohnte – besserte sich am Meer bei schönstem Wetter sehr gut. Ende Juli ging es über Emden und Amsterdam mit der Fähre nach Harwich und dann ins Londoner Regents Park Hotel, um die beiden Ältesten abzuholen.[55] Der dreizehn Jahre alte Hans-Julius hatte auch einen Monat England erleben dürfen. Die Verwandten vermittelten dem Neffen einen Aufenthalt bei einer ihnen bekannten Familie in der Nähe. Otto Ahlmann mochte keine Kinder um sich haben, und auch Marlene war nur einmal kurz in Shaldon gewesen.[56]

Ihn beschäftigten während dieser Zeit persönliche Probleme. Zum Verlust der Stellung bei der National Radiators Co. in London am Jahresende 1931 kam wegen des hohen Einfuhrzolls auf das Schweizer Produkt „Meta" und der dadurch bedingten Verteuerung ein starker Absatzrückgang bei der eigenen Firma „Elmesan", die er vergeblich zu verkaufen versuchte. Doch die Energie des inzwischen 53-jährige Otto Ahlmann war ungebrochen, er entdeckte wieder eine „chance", die ihn zu seinen Anfängen als Kaufmann, zu seiner Lehrzeit bei Paap am Heider Markt zurück führte. In der nahe bei Shaldon gelegenen Stadt Newton Abbott übernahm er als ausgebildeter Fachmann ein Eisenwarengeschäft, und mit tatkräftiger Unterstützung seiner Frau Edith bald darauf dort noch ein zweites. Finanziell sehr angespannt war die Lage wohl nicht, denn im Spätfrühling 1932 ging das Ehepaar auf eine ausgedehnte Reise nach Frankreich, Spanien und Nordafrika. Zurück in England, machte sich bei Otto ein Nierenstein äußerst schmerzhaft bemerkbar, gerade als Nichte und Neffe im Land waren. Wegen der schon häufiger aufgetretenen Krankheit suchte er dann erfolgreich Hilfe bei einem Homöopathen in Berlin. Nach Büdelsdorf kam Otto nicht.[57]

Aus dem Kreis der engeren Familie waren Wilhelmine und Johannes Ahlmann am längsten fort. Von Anfang Juli bis Ende September bewohnte das alte Ehepaar das Familienheim in Gravenstein und nahm dort das gesellige Leben früherer Zeiten wieder auf, mit Besuchen bei Verwandten und Freunden, häufigen Gästen und Fahrten in die Umgebung. Auch die Büdelsdorfer Enkel machten im August einen Tagesausflug nach Nordschleswig. Käte Ahlmann jedoch mochte sich den schweren, schmerzenden Erinnerungen im Sterbehaus ihres Mannes noch nicht aussetzen und bat den Schwiegervater um Verständnis.[58] Am einjährigen Todestag des Sohnes waren Mathilde und Theo Valentiner aus Sonderburg, Schwester und Nichte Wilhelmines, bei den trauernden Eltern. Johannes Ahlmann erwähnte im Tagebuch nur ihre Anwesenheit, nicht den Anlass, mehr konnte er nicht ausdrücken.[59] Käte Ahlmann hatte mit den Kindern die letzten Wochen vor dem Gedenktag auf dem Heidberg verbracht. Doch so schwer ihr die Wiederkehr des 3. Septembers fiel, sie fühlte auch Erleichterung: „Mir kam dieses Trauerjahr unendlich lang vor, immerhin haben wir es hinter uns, da muß man dankbar sein."[60]

Wenn es der Mutter etwas besser ging, traf das auf die Tochter Marlene nicht zu. Das Mädchen war tief melancholisch und litt häufig unter Migräne und Mandelentzündungen, was Käte Ahlmann irritierte: „Es scheint so wenig zu dem robusten Körper zu passen."[61] Auf Anraten des Züricher Onkels, Professor Arnold Meyer, der in diesen Tagen im Norden zu Besuch war und schon im Vorsommer wegen Julius Ahlmanns Erkrankung einen Kontakt vermittelt hatte,[62] wurde Marlene Ende September zu einem Kuraufenthalt in Dr. Maximilian Bircher-Benners Privatsanatorium „Lebendige Kraft" in Zürich geschickt.[63] Die naturgemäße Heilmethode des berühmten Arztes beruhte auf einer Diät aus pflanzlicher Rohkost, deren Anhängerin Marlene ihr Leben lang blieb.

Der Genesungsprozess setzte im körperlichen wie im seelischen Bereich fast unmittelbar ein. Anfangs hatte das Mädchen noch jede Nacht von ihrem Vater geträumt, „schreckliche Dinge", wie sie nach Hause schrieb. Bereits vier Wochen später fragte sie interessiert nach Auftragslage und Personalstand auf der Carlshütte, und im Geburtstagsbrief an die Mutter gab die an diesem 2. Dezember 1932 siebzehn Jahre alt gewordene Tochter eine kämpferische Parole für die Familie aus: „Mit Stärke und Geschlossenheit laßt uns mutig in die Zukunft blicken!"[64] Käte Ahlmann hatte Marlene Ende Oktober auf 600 Meter Höhe besucht und „prächtige Lage, feine Alpenausblicke, kraftvolle Bergluft" auch für sich selbst als sehr wohltuend empfunden. Vor allem aber war sie zufrieden mit dem Befinden ihrer Ältesten und erfreute den um seine Enkelin besorgten Großvater durch die Mitteilung, Marlene könne wieder vergnügt sein.[65] Ein Ergebnis der erfolgreichen Therapie beglückte den alten Herrn allerdings weniger, es schauderte ihn sogar, als er den ersten Gang des Weihnachtsmenüs vorgesetzt bekam: „Rohes Grünfutter!"[66]

Otto Adlung fungierte nur kurz als Direktor der Carlshütte

Gäste wie im Vorjahr waren wieder Luise und Heinrich Athenstaedt, dieses Mal aber zu dritt, mit dem zweijährigen Hanno-Eckbrecht, den das kinderlose Ehepaar adoptiert hatte. An der traditionellen Familientafel am ersten Feiertag saßen auch Dr. Dorothea und Hinrich Bosse, geladen sicherlich nicht nur als entfernte Verwandte Kätes. Tatsächlich erfolgte im Februar dann ein neuer Vorstoß gegen Direktor Otto Adlung, bei dem Dr. Carl Wuppermann erneut in die Zange genommen wurde. Schwager und Aufsichtsratsmitglied Athenstaedt erklärte ihm, die unhaltbar gewordenen Zustände auf der Carlshütte erforderten eine sofortige Ablösung.[67] Käte Ahlmann legte dem Aufsichtsratsvorsitzenden eine formelle Beschwerde vor, unterzeichnet mit „Frau Julius Ahlmann", dass ihre vertraglich vereinbarte Mitarbeit permanent erschwert und behindert würde.[68] In einem zwei Tage später folgenden privaten Schreiben führte sie weitere belastende Fakten gegen Adlung an, nachweisliche Unwahrheiten und von einer Detektei festgestellte moralische Unzulänglichkeiten, die, so Käte Ahlmann, endlich auch das Vertrauen „Papas" schwinden ließen. Nach langem Widerstand unterstützte Johannes Ahlmann nun die Lösung mit Bosse.[69]

Doch die Trennung von Direktor Otto Adlung vollzog der Aufsichtsratsvorsitzende erst bei einem Gespräch mit ihm am 14. September 1933 in Düsseldorf, das Dr. Carl Wuppermann in einer Aktennotiz festhielt.[70] Die Mehrheitsaktionäre im Aufsichtsrat hätten die Überzeugung gewonnen, dass der vor zwei Jahren gemachte Versuch, ihm die Leitung des gesamten Unternehmens zu übertragen, gescheitert sei. Adlung akzeptierte die Entscheidung und stimmte einer Vereinbarung zu, die bei sofortiger Beurlaubung und Niederlegung der Geschäfte das offizielle Ausscheiden am Ende seines Vertragsverhältnisses zum 30. September 1934 vorsah. Auf das Angebot Wuppermanns, im Gegenzug zu einer monatlichen Pensionszahlung von etwa 700 Mark, was etwa den Bezügen von Direktor Johannes Ahlmann entspräche, baldmöglichst Büdelsdorf zu verlassen, ging Adlung ebenfalls ein. Zur Beschleunigung seines

Umzugs stellte ihm Wuppermann noch einen Zuschuss für die Kosten in Aussicht. Otto Adlung verzog dann nach Berlin.[71] Der Aufsichtsrat billigte am 26. September 1933 die Übereinkunft und bestellte den bisherigen Prokuristen Hinrich Bosse zum Vorstandsmitglied, vertretungsberechtigt gemeinsam mit Direktor Johannes Wenke.[72] Käte Ahlmann war an einem weiteren Etappenziel und blickte guten Mutes nach vorn. Überhaupt fiel ihre persönliche Rückschau auf die vergangenen Monate recht befriedigend aus, denn sie hatte das eine große Problem lösen können.

Veränderungen

Am Spätnachmittag des 6. März 1933 wurde auf dem Büdelsdorfer Rathaus die Hakenkreuzfahne gehisst. Die mehrere hundert Mann starken Rendsburger Formationen von SA und SS waren, nachdem sie in der Stadt das Landratsamt sowie altes und neues Rathaus mit ihrem Parteiemblem beflaggt hatten, in einem Zug in den anliegenden Nachbarort marschiert.[73] „Somit ist auch diese kleine marxistische Hochburg dem Ansturm der Nationalsozialisten erlegen", meldete die Lokalzeitung.[74] Es handelte sich um einen demonstrativen Handstreich gegen eine der letzten politisch linken Bastionen im Land. Während die NSDAP in Schleswig-Holstein bei der Reichstagswahl am Tag zuvor die absolute Mehrheit erzielt hatte, in der Stadt Rendsburg 54,1 Prozent und im Kreis sogar 66,8

NS-Aufmarsch in der Rendsburger Torstraße. Wegen des vom 31.3.1931 bis 28.6.1932 geltenden Uniformverbots in der preußischen Provinz Schleswig-Holstein trägt die Formation weiße statt der braunen Hemden, allerdings mit Schulterriemen, Koppel und Schaftstiefeln.

Prozent der abgegebenen Stimmen für sich verbuchen konnte, war sie in der 5.600 Einwohner zählenden Industriegemeinde mit nur 37,2 Prozent um fast zwei Punkte hinter den Sozialdemokraten zurück geblieben. Insgesamt entschieden sich 55,2 Prozent der Büdelsdorfer Wähler für die beiden Arbeiterparteien SPD und KPD.[75]

Vor der Abstimmung hatte eine gesteigerte Atmosphäre von Willkür und Gewalttätigkeit geherrscht. Fast täglich fanden schwere Zusammenstöße zwischen den Kampforganisationen der Parteien statt. Wegen der angespannten, bedrohlichen Lage in diesem Frühjahr erhöhte die Leitung der Carlshütte die Zahl ihrer Wachleute von zwei auf sechs, die mit zusätzlich sechs Feuerwehrmännern das Werk sicherten.[76] Die politische Situation war derart brisant zu einer öffentlichen „Entscheidungsschlacht" zwischen den feindlichen Lagern von rechts und links eskaliert, dass Käte Ahlmann davon ausging, in Büdelsdorf nicht mehr geheim wählen zu können. Sie besorgte sich einen Wahlschein, den sie an einem beliebigen deutschen Ort benutzen konnte,[77] fuhr nach Flensburg und gab dort ihre Stimme ab. Für wen, war ihr dreizehn Jahre später nicht mehr präsent, „jedenfalls gegen Hitler", erinnerte sie.[78]

Bei den voran gegangenen Reichstagswahlen hatte sie die von Gustav Stresemann gegründete rechtsliberale Deutsche Volkspartei (DVP) gewählt, die unter ihrem Vorsitzenden die Demokratie der Weimarer Republik aktiv unterstützte, eine Verständigung mit anderen Ländern anstrebte und die Aussöhnung mit Frankreich. Zu den Förderern der Partei zählten viele Unternehmer, wie etwa der Großindustrielle Hugo Stinnes. Käte Ahlmann war eingeschriebenes Mitglied der DVP,[79] allerdings sind keine Angaben über ein etwaiges Engagement vorhanden. Überhaupt gibt es in der privaten Korrespondenz bis zu dieser Zeit keine Hinweise über politische Einstellungen, abgesehen von der Mitteilung ihres Mannes Julius aus dem Jahr 1925, der den rechtskonservativen Hindenburg als Reichspräsidenten abgelehnt hatte.[80]

Am Sonntag, 12. März 1933, standen auf Verordnung des preußischen Staatsministeriums Neuwahlen für Provinziallandtage, Kreistage und Gemeindevertretungen an.[81] Der am 30. Januar von Präsident Hindenburg ernannte Reichskanzler Adolf Hitler hatte eine Bestätigung durch das Volk verlangt, was auch Anlass für die Reichstagswahl gewesen war, um schnellstens klare Verhältnisse im Interesse des Nationalsozialismus zu schaffen. Doch obwohl schon vor sechs Tagen die Hakenkreuzfahne über Büdelsdorf geweht hatte, war der NSDAP-Triumphmarsch verfrüht gewesen und hatte eher Widerstandskräfte mobilisiert. Die Einwohner des Ortes ließen keinen Zweifel daran, dass sie in ihrer Mehrzahl dem schwarz-rot-goldenen Emblem die Treue hielten. Bei allen drei Wahlen des Tages lagen die Sozialdemokraten mit Abstand vor den Nationalsozialisten. Die größte Differenz zwischen den beiden Parteien gab es bei der Wahl für die Gemeindevertretung. Bei eigenen 44 Prozent entfielen auf die SPD 370 Stimmen mehr, als die NSDAP für sich verbuchen konnte, das bedeutete einen Vorsprung von 11,5 Prozent. Und noch einmal bestätigte Büdelsdorf seinen Ruf als tief rote Hochburg durch einen Anteil von 10,5 Prozent für die Kommunisten.[82]

Zwar ergab sich theoretisch eine lokale Mehrheit jenseits der Rechtsradikalen, aber die linke Enklave Büdelsdorf befand sich nach diesen Wahlen endgültig auf verlorenem Posten, inmitten einer immer stärker werdenden nationalsozialistischen Übermacht, die nun ihren Herrschaftsanspruch energisch durchzusetzen begann. Auch das Abstimmungsergebnis für den Rendsburger Kreistag hatte ihnen dafür ein eindeutiges Votum verschafft. Die NSDAP konnte ihren Stimmenanteil auf über 68 Prozent steigern und erhielt damit 19 der insgesamt 28 Sitze.[83] Spitzenkandidat der Partei war der Hohenwestedter Rechtsanwalt und Notar Wilhelm Hamkens gewesen.[84] Den fünfzigjährigen NSDAP-Kreisleiter mit dem Hintergrund einer großbürgerlichen Herkunft von einem Gut in Eiderstedt, einer Frau aus Hannoveraner Uradel und dem Ansehen des hochdekorierten Kriegshelden umgab zusätzlich noch die Gloriole als Gastgeber Adolf Hitlers im August 1930, die ihn in eine Ausnahmestellung hob.[85]

Die Liste der Sozialdemokratischen Partei für die Kreistagswahl, die dabei auf fünf Sitze kam, war von Robert Drasdo angeführt worden. Der 37 Jahre alte Verwaltungsfachmann, seit 1928 SPD-Mitglied, hatte 1916 seine Laufbahn als Gemeindesekretär in Büdelsdorf begonnen. Im Herbst 1931 wurde er, dort inzwischen Inspektor, zum Nachfolger des plötzlich verstorbenen hauptamtlichen Gemeindevorstehers Heinrich Jacobs gewählt.[86] Seit der Kommunalwahl 1929 verfügten die Sozialdemokraten über eine knappe Zweidrittel-Mehrheit in der Büdelsdorfer Vertretung. Die Nationalsozialisten hatten damals nicht kandidiert.[87] Eine NSDAP-Ortsgruppe bestand erst seit dem 30. Januar 1933, vorher war sie als Zelle der benachbarten Rendsburger geführt worden. Als ihr Leiter fungierte Malermeister Otto Tams.[88] Er gehörte seit Mai 1932 der Partei an, nach der Beurteilung von Kreisleiter Hamkens „überzeugter Nationalsozialist, eiserne Pflichterfüllung". Sein Nachfolger Heinrich Carl sah Tams kritischer: „Sehr von sich selbst eingenommen, muß im Auftreten etwas schlichter werden, Mensch von kleinem Format."[89]

Als kurz nach den Kommunalwahlen Ortsgruppenleiter Tams, neuer NSDAP-Gemeindevertreter wie die ihn begleitenden Claus Hansen und Rudolf Marsau, im Büdelsdorfer Rathaus erschien und den SPD-Gemeindevorsteher auf die geänderten Machtverhältnisse hinwies, beugte sich Robert Drasdo den für eine Zusammenarbeit verlangten Forderungen, bis auf den Eintritt in die Partei. Unter anderem musste er zwei „alte Kämpfer" der Nationalsozialisten bei der Gemeindeverwaltung als „Kontrolleure" einstellen. Im Amt blieb Drasdo, wie er bei seiner Entnazifizierung erklärte, um mit dem Gehalt seine Familie zu ernähren. Außerdem hatte er geglaubt, dadurch den Interessen der Büdelsdorfer Einwohner besser zu dienen, als seinen Posten für einen radikalen Parteimann zu räumen. Allerdings sei das nur möglich gewesen durch Duldung „von oben", durch den NSDAP-Kreisleiter.[90] Wilhelm Hamkens, seit 1929 Mitglied des Rendsburger Kreisausschusses, hatte sich dort seitdem ein Urteil über Robert Drasdo bilden können. Als dieser wegen seiner Zugehörigkeit zur Druiden-Loge in Schwierigkeiten geriet, nahm Hamkens den „äußerst befähigten und fleißigen Beamten" in Schutz, der seine Gemeinde zur allseitigen Zufriedenheit verwaltete.[91] Die Sache verlief im Sande.

Gemeindevorsteher Drasdo, in dieser Funktion Herausgeber der monatlich erscheinenden „Büdelsdorfer Rundschau", berichtete in der Aprilausgabe 1933 über „Die erste Sitzung der neuen Gemeindevertretung", die am 29. März unter einer großen Hakenkreuzfahne in der Turnhalle stattgefunden hatte.[92] Die Mitglieder der NSDAP-Fraktion waren im „Braunhemd" erschienen, also in ihrer SA-Uniform. Der gewählte kommunistische Gemeindevertreter Hinrich Schlegel durfte sein Mandat gemäß der Anordnung des preußischen Innenministeriums nicht wahrnehmen.[93] Vor einer ungewöhnlichen Menge aufmerksamer und sehr kritischer Zuhörer besaß Drasdo Anstand und unter diesen Umständen Mut, der alten, in der Mehrheit sozialdemokratischen Vertretung für die Dienste an der Gemeinde zu danken. Dann bekräftigte er seinen ausdrücklichen Willen, am „Neuaufbau des Reiches" mitzuarbeiten. Den acht SPD-Mitgliedern wurde die Mitwirkung in den Gremien der Vertretung verwehrt.[94]

Konsequent stellte Robert Drasdo in den Dienst des entstehenden NS-Staates auch seine mit polizeilichen Befugnissen ausgestattete Tätigkeit als Amtsvorsteher, die mit der Stellung als Gemeindevorsteher verbunden war. Nur sechs Tage nach der kommunalen Machtetablierung der Nationalsozialisten wurden am 4. April bei insgesamt 88 ortsbekannten Angehörigen von SPD und KPD Durchsuchungen vorgenommen und vor allem Schriften beschlagnahmt, hieß es in der Meldung an den Büdelsdorfer Amtsvorsteher.[95] Doch derartige Maßnahmen, angeordnet von staatlichen Dienststellen, waren inzwischen gang und gäbe, wie auch der Rendsburger Zeitung entnommen werden konnte.[96] Als Instrument diente die „Notverordnung zum Schutz von Volk und Staat" vom 28. Februar 1933, die zentrale Grundrechte außer Kraft setzte. Menschen konnten ohne weiteres in sogenannte „Schutzhaft" genommen und auf unbestimmte Zeit festgehalten werden. Hausdurchsuchungen unterlagen ebenfalls nicht mehr rechtlichen Einschränkungen.[97]

Nicht nur die politischen Gegner waren Angriffsziele des neuen Regimes. Am 1. April 1933 demonstrierten die Nationalsozialisten ihre Feindschaft gegen die Juden mit einer reichsweiten Boykottaktion. Deutsche sollten weder in Geschäften einkaufen noch Rechtsanwaltskanzleien oder Arztpraxen besuchen, die von Juden geführt wurden. In Rendsburg standen an diesem Tag SA-Männer mit Sperrschild und Standarte auch vor dem Eingang zur Klinik Dr. Ernst Bambergers in der Moltkestraße. Der angesehene Chirurg war jüdischer Herkunft und bei seiner Eheschließung mit einer Holsteinerin zum christlichen Glauben konvertiert, was aber nach der NS-Ideologie nichts an der Tatsache seiner Abstammung änderte.[98] Unter die nationalsozialistische Diktion der „Nichtarier" fielen auch die beiden anderen Hausärzte der Familie Ahlmann, die in Kiel ansässig waren, der von allen häufig

in Anspruch genommene Hals-Nasen-Ohren-
Spezialist Dr. Max Behr und der Kinderarzt Dr.
Otto Spiegel.[99]

In einem in dieser Umwälzungsphase fast an-
archischem Klima von Willkür und Einschüch-
terungen, Angst und Unsicherheit wirkte es für
viele erleichternd und beruhigend, als der neue
NS-Staat klare Verhältnisse herstellte und die
Autorität auf eine bekannte und zivilisierte Füh-
rungspersönlichkeit konzentrierte. Der Preußische Minister des Innern beauftragte am 11.
April 1933 Wilhelm Hamkens mit der Verwaltung des Landratsamtes Rendsburg.[100] Theodor
Steltzer und fünf weitere Landräte in Schleswig-
Holstein waren am 5. April beurlaubt und in
den einstweiligen Ruhestand versetzt worden.[101]
Hamkens verfügte nun in der Doppelfunktion
als NSDAP-Kreisleiter und als Landrat über die
ungeteilte Macht in seinem Bezirk. Seine Füh-
rungsstellung hatte zusätzliche Qualität, da ihm
der Gauleiter und neue Oberpräsident Hinrich

Der Rendsburger Chirurg Dr.
Ernst Bamberger, Hausarzt und
Freund der Familie Ahlmann,
war jüdischer Herkunft und
daher nationalsozialistischer
Verfolgung ausgesetzt

Lohse, mit dem er privaten Kontakt und Jagd-
freundschaft pflegte, seit dem prestigeträchtigen Hitler-Besuch verpflichtet war.
Auch die damals geknüpften Beziehungen zu den Spitzen der Parteiprominenz erwiesen sich als nützlich. Wilhelm Hamkens besaß daher weitgehend freie Hand,
um die Herrschaft im Kreis Rendsburg nach eigenem Gutdünken zu gestalten.

Schutz

Auf der Titelseite der Rendsburger Lokalzeitung am 20. April 1933 war großforma-
tig eine Plakette abgedruckt, die Adolf Hitlers Kopf zeigte, darunter in erhabenen
Buchstaben seinen Nachnamen. Wie es in der Bildunterschrift und weiter im Text
auf einer folgenden Seite hieß, habe das Eisenwerk der Holler'schen Carlshütte bei
Rendsburg diese Plakette nach dem Entwurf des Bildhauers E. W. Fischer zum 44.
Geburtstag des Reichskanzlers herausgebracht und ihm ein Exemplar als Ehrengabe
übersandt. Gleichartige Plaketten von Göring und Dr. Goebbels seien ebenfalls angefertigt worden. Alle könnten in den einschlägigen Geschäften käuflich erworben
werden.[102] Zwar hatte sich nach der Machtergreifung der schnell anwachsende Kult

um den Führer Adolf Hitler und die prominentesten Parteigrößen durch zahlreiche Umbenennungen von Straßen und Plätzen nach ihnen gezeigt, dazu kamen Verleihungen von Ehrenbürgerschaften,[103] doch das „Geburtstagsgeschenk" der Carlshütte gehörte zumindest nicht vollständig in diese Kategorie, sondern für die Herstellung waren ebenso andere Beweggründe mitentscheidend gewesen.

Wenn auch keine privaten Aufzeichnungen Käte Ahlmanns aus diesem Zeitabschnitt erhalten geblieben sind, liegen ausreichend Dokumente und Zeugnisse vor, die eine sehr heikle und problematische Situation erkennen lassen, in der sich die Hauptaktionärin und Delegierte des Aufsichtsrates der Holler'schen Carlshütte im März und April dieses Jahres befand. Es ging um ihren Schwager und engsten Berater Heinrich Athenstaedt. Der Heidelberger Polizeidirektor war am 9. März 1933 durch den tags zuvor als Reichskommissar für das badische Polizeiwesen eingesetzten Nationalsozialisten Robert Wagner, der damit diese Befugnisse vom Minister des Innern übernahm, von seinem Amt beurlaubt worden.[104] Noch in der Nacht verließ Athenstaedt die Stadt, um sich Gewalttätigkeiten und einer Verhaftung zu entziehen.[105]

Er war in letzter Zeit wegen einer Reihe von Polizeieinsätzen gegen verbotene Aufmärsche und Kundgeben der NSDAP zum verhassten Zielobjekt der Rechtsradikalen geworden. Die Parteipresse hatte dem Polizeidirektor Schikanierung der „Bewegung Adolf Hitlers" vorgeworfen und ihm als einer „Systemgröße" – wie die Nationalsozialisten prominente Vertreter der demokratischen Weimarer Republik bezeichneten – angedroht, bei der bevorstehenden großen Säuberung sofort entfernt zu werden.[106] Noch mehr exponierte sich Athenstaedt, als er die Anweisung der badischen Regierung ausführen ließ, die am Montag, dem 6. März 1933 auch in Heidelberg auf staatlichen Gebäuden gehissten Hakenkreuzfahnen wieder herunter zu holen. Beim Institut für Sozialwissenschaft griff der Polizeidirektor auf Bitten von Professor Alfred Weber persönlich ein, doch das sollte eine seiner letzten Amtshandlungen sein.[107] Am Nachmittag des 9. März verkündete der NSDAP-Kreisleiter Hermann Röhn vom Balkon des Bezirksamtes am Karlsplatz Athenstaedts Absetzung.[108]

Der hastige Aufbruch erwies sich für Heinrich Athenstaedt als das im Moment einzig richtige Verhalten. An einem Polizeibeamten aus seiner Heidelberger Direktion rächten sich die Nationalsozialisten in diesem März 1933 auf brutalste Weise: Unter einem Vorwand nach Karlsruhe zum Minister des Innern bestellt, wurde Gustav Walther dort von fünfundzwanzig SS-Männern zusammen geschlagen, dann von einer johlenden Menschenmenge durch die Stadt gezerrt, zur Schau gestellt und anschließend jahrelang von einem Gefängnis zum anderen geschleppt.[109] Athenstaedt hingegen erreichte unbehelligt Berlin, wo er mit seiner Schwägerin Käte Ahlmann und der Nichte Marlene zusammen traf. Als Anlass der Reise, zu der sich Mutter und Tochter am 14. März aufgemacht hatten, war in Büdelsdorf eine Spezial-Zahnbehandlung der 17-jährigen angegeben worden, und für Käte Ahlmann ein Besuch der Ausstellung „Die Frau, Frauenleben und -wirken in Familie, Haushalt und Beruf",[110] die der neu ernannte Reichsminister für Volksaufklärung und Propaganda, Joseph Goebbels, am 18. März 1933 eröffnete.[111] In Berlin konnte über das weitere Vorgehen vertraulich gesprochen werden.

Am Montag, 20. März, kam Heinrich Athenstaedt gegen Abend in Begleitung Marlenes auf dem Rendsburger Bahnhof an, von Severin und Fräulein Zander erwartet. Käte Ahlmann besuchte indessen offiziell die Kölner Messe und folgte erst nach einigen Tagen.[112] Während der anschließenden zwei Wochen fand zwischen ihr und dem NSDAP-Kreisleiter Wilhelm Hamkens, zu diesem Zeitpunkt noch nicht als Landrat tätig, das Telefonat statt, das sie wie auch Athenstaedt später in ihren Entnazifizierungsfragebögen als nationalsozialistische Repressalie anführten. Nach diesen Angaben forderte der Kreisleiter Käte Ahlmann auf, ihren Schwager zur Abreise zu veranlassen. In Rendsburg und Büdelsdorf herrsche Unruhe wegen seiner Anwesenheit, da bekannt sei, dass er nicht auf dem Boden der Partei stände. Sie, Käte Ahlmann, habe dieses Ansinnen abgelehnt.[113]

Dass dann Heinrich Athenstaedt mit Frau und Sohn sogar „für längeren Aufenthalt", wie Johannes Ahlmann am 29. Juni 1933 notierte,[114] Duldung im Machtbereich von Wilhelm Hamkens fand, hatte vor allem einen wichtigen Grund. Wenn auch persönliche Beziehungen eine Rolle spielten, die in der auf beiden Seiten bestehenden Freundschaft mit Dr. Ernst Bamberger zusammen liefen, kam jedoch dem Faktor des wirtschaftlichen und gesellschaftlichen Gewichts der Familie Ahlmann die wesentliche Bedeutung zu. Zur Stabilisierung seiner neuen Position als Rendsburger Landrat, mehr noch für den persönlichen Status und den seiner Frau war es wichtig, in den Kreis der Rendsburger Notabeln aufgenommen zu werden. Ella und Wilhelm Hamkens hatten wegen einer landesweit Aufsehen erregenden Affäre seit 1919 im ländlichen

Wilhelm Hamkens (rechts) als Gastgeber Adolf Hitlers am 10. August 1930 in Hohenwestedt. Zwischen ihnen steht NSDAP-Schatzmeister Franz Xaver Schwarz, links der spätere SA-Stabschef Viktor Lutze

Abseits in Hohenwestedt leben müssen.[115] Sie war mit dem Eiderstedter Landrat Christian v. Heintze verheiratet gewesen und Mutter von drei Kindern, als sie dem gut aussehenden Referendar begegnete und ihr Leben änderte. Der NS-Politiker Hamkens verband mit seinem Entgegenkommen allerdings die Auflage einer zeitlichen Beschränkung des Aufenthalts. Die Familie Athenstaedt blieb bis Ende April 1934 bei Käte Ahlmann.[116]

Der öffentlichen Beobachtung weitgehend entzogen, beschäftigte sich Heinrich Athenstaedt während dieser Monate in Schleswig-Holstein auf dem abgeschiedenen Heidberg mit Rodungsarbeiten und Aufforstungen, ging auch dort zur Jagd. Im Winter bekam er sogar die Genehmigung, die wilden Kaninchen im Garten von Ahlmanns zu dezimieren, mit der Auflage, nur nach Norden zu schießen und nicht bei Schichtwechsel der Carlshütte.[117] Ansonsten hatte sich seine Situation inzwischen in gewisser Weise normalisiert. Die Erregung wegen seiner Absetzung und anschließenden Flucht war damals in Heidelberg schon bald abgeflaut. „Die Leute reden nur noch von den Juden, Dein Fall wird gar nicht mehr besprochen, Du kannst ruhig kommen", hatte ihm seine Frau Luise am 5. April mitgeteilt, kurz nach dem Boykott.[118] Heinrich Athenstaedt sondierte dann in der folgenden Zeit mindestens zweimal vor Ort die Lage. Die große Wohnung in der Bergstraße wurde zwar aufgelöst, doch er blieb noch bis zum 1. August 1933 unter anderer Adresse in Heidelberg gemeldet.[119] Er verfolgte die Absicht, wieder im Staatsdienst Verwendung zu finden.

Seine frischen Erfahrungen mit dem rigorosen Vorgehen des neuen NS-Regimes, das ihn eben erst als Polizeidirektor suspendiert hatte, hinderten Athenstaedt nicht daran, seine Hoffnung auf eine Weiterbeschäftigung zu setzen, wenn sich die Lage nach der Umwälzungsphase normalisieren würde. Ein sicheres Anzeichen dafür sah er in einem Ereignis, das damals viele nachhaltig überzeugte.[120] Zur Eröffnung des neuen Reichstages am 21. März 1933, am „Tag von Potsdam", demonstrierte beim Festakt in der Garnisonskirche der Händedruck des Kanzlers Hitler und des Reichspräsidenten Hindenburg die endgültige Anerkennung des Nationalsozialismus durch die bürgerlichen und konservativen Kräfte.[121] Unter dem Eindruck der Rundfunkübertragung, für die er den Brief an seine Frau mit der Meldung seiner sicheren Ankunft in Büdelsdorf unterbrach, bezeichnete Heinrich Athenstaedt die Feierlichkeiten als erhebend. Er begrüßte in diesem Zusammenhang, dass notwendige Reformen – „die bisherigen Parlamente waren dazu ja unfähig" – durch das kommende Ermächtigungsgesetz durchgesetzt werden könnten, das der Regierung das Recht zur Gesetzgebung ohne Mitwirkung von Reichstag oder Reichspräsident verschaffte.[122]

Doch trotz seiner Bereitschaft, „dem neuen Staat ebenso freudig zu dienen wie dem alten", so die Formulierung Luise Athenstaedts gegenüber ihrer alten Mentorin Camilla Jellinek,[123] war seinen Bemühungen kein Erfolg beschieden. Dem Rat seines ehemaligen Vorgesetzten Jacob Bader folgend, inzwischen NSDAP-Mitglied, Ministerialdirektor und ranghöchster Beamter im badischen Innenministerium,[124] beantragte der 50 Jahre alte Heinrich Athenstaedt am 20. Juli 1933 wegen leidender Gesundheit die Versetzung in den Ruhestand, die mit Wirkung zum 1. Januar 1934 erfolgte.[125] Das erforderliche ärztliche Attest hatte ihm Dr. med. Gotthold Lefmann ausgestellt, Facharzt für innere Krankheiten und Chefarzt des Heidelberger Vinzentius-Krankenhauses. Ihm wurde, wie allen deutschen Ärzten jüdischer Herkunft, am 30. September 1938 die Approbation entzogen. Nach einer Haftzeit im Konzentrationslager Dachau im Anschluss an den Pogrom vom 9. November 1938 konnte der damals 53-jährige Mediziner Mitte Juli 1939 nach England emigrieren.[126] Im Jahr 1948 lebte er in London. Von dort aus bescheinigte Dr. Lefmann Heinrich Athenstaedt auf dessen Bitte, ihm damals das Attest gegeben zu haben.[127]

Wendungen

Am 1. Mai 1933, Punkt 8 Uhr morgens, fand vor dem Kontor der Carlshütte in Gegenwart fast der gesamten, festlich gekleideten Belegschaft, dazu SA- und SS-Männer, die feierliche Flaggenhissung der alten Reichsfarben Schwarz-Weiß-Rot und der Hakenkreuzfahne statt. Auf dem Platz vor dem neuen Emaillierwerk begrüßte Direktor Otto Adlung die weit über eintausend Anwesenden, unter ihnen befanden sich auch Käte Ahlmann und ihr Schwiegervater, und übergab das Wort an einen „uniformierten Nazi", wie Johannes Ahlmann in seinem Tagebuch beschrieb. Anschließend spielte die Hüttenkapelle das Horst-Wessel-Lied – die NS-Parteihymne – und das Deutschlandlied. Mit der Musik voran, an der Spitze die Direktoren Adlung und Wenke, ging es dann in einer langen Marschkolonne durch den geschmückten Ort zum Eidersportplatz, wo der für Büdelsdorf zuständige Pastor Max Roager einen Feldgottesdienst hielt.[128] Am Nachmittag endete ein riesiger Festumzug durch Rendsburg und Büdelsdorf auf dem Paradeplatz. Abends fanden in den Gaststätten unterhaltende Maifeiern statt.[129]

Die Carlshütte war im Rendsburger Raum mit weitem Abstand der bedeutendste Arbeitgeber, daher in der örtlichen Berichterstattung herausgehoben, doch der morgendliche Fahnenappell mit anschließendem Kirchgang oder Feldgottesdienst und die großen Aufmärsche fanden an diesem 1. Mai 1933, durch Gesetz zum allgemeinen und bezahlten „Feiertag der nationalen Arbeit" erklärt,[130] überall in Deutschland statt. Alle Betriebe beteiligten sich, staatliche wie private. Die Nationalsozialisten machten den alten illegalen Kampftag der Arbeiterklasse zu einem regulären Fest der gesamten deutschen „Volksgemeinschaft", in der es keine Unterschiede nach Stand, Bildung und Beruf mehr geben sollte.[131] Johannes Ahlmann kam es seltsam vor, als Unternehmer auf einmal den 1. Mai zu feiern, und der alte Direktor fragte sich, ob dieses Ereignis für ihn als Arbeitgeber tatsächlich die „wunderbare Befreiung" darstellte, wie das in allen Reden an diesem Tag hervorgehoben wurde. Immerhin konnte er nicht umhin, dem „neuen starken Regime" seinen Respekt zu zollen, das sich, wie Johannes Ahlmann festzustellen meinte, anscheinend auf den Willen des Volkes zu stützen vermochte.[132]

Über die am nächsten Tag, dem 2. Mai 1933, folgende Zerschlagung der deutschen Gewerkschaften notierte er kein Wort, obwohl gerade diese Nachricht von großem Interesse für den langjährigen Leiter der Carlshütte sein musste, der seinerzeit schwere Auseinandersetzungen mit ihnen zu bestehen gehabt hatte. Überhaupt vermerkte der geistig sehr rege 82-jährige in diesem Umbruchsjahr 1933 fast nur Privates in seinem überlieferten Tagebuch. Auf das politische Geschehen in seinem überschaubaren Umkreis ging er nicht ein, war aber zweifellos durch seine vielfältigen Kontakte bestens informiert, wie die Nationalsozialisten in verhältnismäßig kurzer Zeit auch in Büdelsdorf ihre Machtposition ausbauten und festigten. Ganz offen allerdings bedauerte Johannes Ahlmann, der sich mit seiner Frau Wilhelmine fest in die pietistische kirchliche Tradition eingebunden fühlte, die Versetzung Pastor Roagers nach Hamburg-Lokstedt, „ein aufrechter, ehrlicher Mann", der dem auch als NS-Parteiredner hervor getretenen Heinrich Schreimel aus Flensburg weichen musste.[133]

Symbolcharakter hatte die von der neuen Büdelsdorfer Gemeindevertretung sofort beschlossene Niederlegung des Friedrich-Ebert-Denkmals an der Obereider. Der Abbruch des zehn Meter hohen dreikantigen Blocks aus Steinquadern war bereits Anfang Mai ausgeführt.[134] Noch vor dem Verbot der Sozialdemokratischen Partei am 22. Juni 1933 waren die ihr angeschlossenen Vereinigungen und Verbände zwangsweise aufgelöst und enteignet worden. Die besonders rührige Arbeiterwohlfahrt, das Sportkartell „FT Eider", ein Mandolinen-Orchester und der Chor „Vorwärts" galten bis dahin als wichtige Träger des Büdelsdorfer Gemeindelebens. Die anderen Vereine des Ortes wurden „gleichgeschaltet". Der Vorstand musste fortan mehrheitlich der NSDAP angehören und vom übergeordneten linientreuen Verband genehmigt werden. Beim Vaterländischen Frauenverein vom Roten Kreuz wurde die langjährige Vorsitzende Käte Ahlmann, die nicht Mitglied der Partei war, in ihrem Amt bestätigt.[135]

Sie verbrachte diesen Sommer 1933 bis in den Herbst hinein mit den Kindern und Athenstaedts weitgehend auf dem Heidberg. Die Schwester Linu Pagenstecher mit drei Töchtern kam im August zur Erholung. In den Ferien stieß Marlene dazu, die seit April die renommierte Reinhardswald-Schule bei Kassel besuchte, um dort nach zwei Gymnasialjahren das Abitur zu machen.[136] Zum 31. Ahlmann'schen Familientag am 8. Juni in Gravenstein war Käte Ahlmann nicht gefahren. Der Tod ihres Mannes Julius und die vorangegangene schwere Leidenszeit an diesem Ort lagen noch keine zwei Jahre zurück. Johannes und Wilhelmine Ahlmann hatten aber den vierzehnjährigen Hans-Julius mitgenommen, der im Matrosenanzug auf einer Wolldecke zu Füßen seiner festlich gekleideten Verwandten saß, als das Erinnerungsfoto am Familienheim aufgenommen wurde.[137] Mit dabei waren Otto und Edith Ahlmann aus England, die statt der üblichen Route über deutsche Häfen die Fährverbindung von Harwich nach Esbjerg in Jütland benutzt hatten. Beide kamen erst im Oktober des folgenden Jahres zu einem kurzen Besuch nach Büdelsdorf.[138]

Neue Ordnungen

Der Aufsichtsrat der Carlshütte hatte sich in der Anfangsphase der NS-Herrschaft für Zurückhaltung und zum Abwarten entschlossen, wie sich die wirtschaftliche Lage unter den neuen politischen Verhältnissen entwickeln würde.[139] Laut Protokoll der Sitzung vom 26. September 1933, als der Direktoren-Wachwechsel zwischen Otto Adlung und Hinrich Bosse vollzogen wurde, kam das Thema bis auf den einzurichtenden Werkluftschutz offiziell nicht zur Sprache. Der Halbjahresbericht ergab Steigerungen im Inlandsgeschäft bei wachsender Nachfrage für Heizkessel und Radiatoren. In der Abteilung Herde mussten häufig Überstunden gemacht werden, wie der technische Leiter Johannes Wenke berichtete. Der Export dagegen litt unter Beschränkungen in den Abnehmerländern. In Frankreich war der Verkauf durch die Erhöhung der Einfuhrzölle fast völlig unterbunden. Der neue Direktor Bosse erhielt den Auftrag, den persönlichen Kontakt mit den Kunden zu verstärken. Zur Absatzförderung und gleichzeitigen Reduzierung von Frachtkosten sollte die Einrichtung umfangreicher Warenlager in Berlin und Düsseldorf dienen. An dieser Aufsichtsratssitzung in Hamburg unter der Leitung von Dr. Carl Wuppermann nahm der „Ahlmann-Block", den Vorsitzenden nicht eingerechnet, mit vier Mitgliedern geschlossen teil. Anwesend war auch Heinrich Athenstaedt.[140]

Im Winter 1933/34 machten sich dann die ersten Auswirkungen der nationalsozialistischen Politik, in deren Maßnahmenkatalog an erster Stelle die Beseitigung der immensen Arbeitslosigkeit stand, für die Carlshütte entscheidend bemerkbar. Noch im Oktober war die Auftragslage sehr gut gewesen. Die Zahl der Beschäftigten in diesem Monat betrug genau 1.500, davon 160 Angestellte und 1.340 Arbeiter, wie Johannes Ahlmann vermerkte.[141] Als verschiedene Fertigungsprogramme abgeschlossen waren, durften auf Grund einer Regierungsverfügung keine Entlassungen der nicht mehr benötigten Kräfte vorgenommen werden, wie es sonst üblich gewesen war. Die Lösung des Problems erfolgte zu einem Teil durch die Senkung der Arbeitszeit in einzelnen Abteilungen bis auf 25 Stunden. Zum anderen wurde ab Anfang Januar 1934 in Eigenbau auf dem östlichen Betriebsgelände für die gesamte Blech-produktion eine neue große Fabrik errichtet, die nach Erweiterungen in den beiden Folgejahren auf sieben „Hallenschiffe" eine Grundfläche von 8.400 Quadratmetern aufwies. Außer dem gesamten Herdbau mit einer Vielzahl von Typen für Kohle, Gas und Elektrik war dort auch die Radiatorenherstellung untergebracht.[142]

Mit dem „Gesetz zur Ordnung der nationalen Arbeit" vom 20. Januar 1934 wurden die Arbeitsbeziehungen in Deutschland auf eine neue, nationalsozialisti-sche Grundlage gestellt, die für alle Zweige der Wirtschaft galt. Da-nach sollte der „Führer des Betriebes" zusam-men mit der „Gefolgschaft" von Angestellten und Arbeitern zur Förderung der Be-triebszwecke und zum gemeinsamen Nutzen von Volk und Staat arbeiten. Der Be-triebsführer war allein entscheidungsbefugt in allen betrieblichen Angelegenheiten und im Gegenzug zur Fürsorge für das „Wohl der Gefolgschaft" verpflichtet. Beide Partner unterlagen der Kontrolle durch einen staatlichen „Treuhänder der Arbeit", der für die Erhaltung des Arbeitsfriedens verantwortlich war, unter anderem die Tarifverträge überwachte und die für größere Firmen erforderlichen Betriebsord-nungen prüfte. Er nahm auch Einfluss auf das Amt des Betriebsobmannes, der als Vertreter der Deutschen Arbeitsfront (DAF) sozialpolitische Funktionen ausübte und als „Walter" ihrer weltanschaulichen Zielsetzungen diente.[143]

Als ein der NSDAP angeschlossener Verband sollte die DAF, die sich zur größ-ten Massenorganisation der Partei entwickelte, alle „schaffenden Deutschen der Stirn und Faust" erfassen, insbesondere die Angehörigen der ehemaligen Gewerk-schaften, aber auch von Angestelltenverbänden und Unternehmervereinigungen, und sie in Beruf und Freizeit betreuen. Die betreffende Verordnung Adolf Hitlers nannte als Ziel der Deutschen Arbeitsfront die Bildung einer „wirklichen Volks-und Leistungsgemeinschaft im wirtschaftlichen Leben".[144] Zu diesem Zweck ent-wickelte die DAF eine Vielzahl von Aktivitäten, die von eigenen Unternehmen und Forschungsanstalten bis zu den von etlichen Sonderämtern wahrgenommenen Auf-gaben wie Berufswettkampf, kulturelle Betriebsarbeit oder schönerer Gestaltung der Arbeitsplätze reichten. Vor allem die Freizeitgemeinschaft „Kraft durch Freude",

Die Deutsche Arbeitsfront
NSG. „Kraft durch Freude"
Gau Schleswig=Holstein · Kreis Rendsburg

349

Gutschein für 1 Mittagessen
im Gasthof „Zum Ukfei=See" in Malente
am 29. 7. 1939, pünktlich 12.00 Uhr

1,20 *RM*   B. A. Holler'sche Carlshütte

mit nie gekannten Ferienangeboten, zog viele an. Anfänglich auf freiwilliger Basis, entstand dadurch, dass die Betriebe schließlich den DAF-Beitrag vom Lohn aller Beschäftigten abzogen, eine indirekte Zwangsmitgliedschaft von über 20 Millionen Arbeitnehmern.[145]

Die Unternehmer, beziehungsweise die Betriebsführer, waren verpflichtet, der Deutschen Arbeitsfront anzugehören. Welcher politischer Druck hinter der erst im Mai 1933 gegründeten Parteiorganisation stand, zeigte sich an der Bereitstellung von 30.000 Mark durch die Leitung der Carlshütte, die der Belegschaft im April 1934 als Beihilfe für Festanzüge der Deutschen Arbeitsfront dienen sollten, von der gleichgeschalteten Lokalzeitung als „wahrer Sozialismus der Tat" gefeiert.[146] Ob die Anschaffung rechtzeitig zu dem nun von der DAF ausgestalteten 1. Mai gelang, blieb dahin gestellt. Am Morgen dieses Tages gelobte der neue Betriebsführer Hinrich Bosse vor den versammelten über 1.600 Werksangehörigen feierlich, „in meiner Amtsführung nur dem Wohl des Betriebes und der Gemeinschaft aller Volksgenossen unter Zurückstellung eigennütziger Interessen zu dienen und in meiner Lebensführung und Diensterfüllung allen Vorbild zu sein."[147] Der junge Direktor hatte bald seine Bewährungsprobe zu bestehen.

Ärger und Wirkungen

Der erste DAF-Betriebsobmann der Carlshütte war Gottfried Nissen, ein gelernter Elektriker, der seit seinem Parteibeitritt 1931 unter der Belegschaft für die NSDAP zahlreiche Mitglieder gewonnen hatte, auch als SA-Mann beim Saalschutz tätig gewesen war. Nissen verließ Ende September 1934 nach wiederholten Meinungsverschiedenheiten mit der Werksleitung die Firma und übernahm eine hauptamtliche Aufgabe bei der DAF.[148] „Wir waren nicht böse, als er von uns schied", erklärte später der damalige stellvertretende Direktor Johannes Wenke.[149] Zum neuen Betriebsobmann ernannte die NS-Kreisleitung den 30-jährigen Former Christian Harms.[150] Nur zwei Monate nach Nissens Abgang unternahm Dr. Friedrich Völtzer, der für das Wirtschaftsgebiet Nordmark zuständige „Treuhänder der Arbeit", am 4. Dezember 1934 auf der Carlshütte eine überraschende Inspektion. Anlass war eine Beschwerde von einigen in der Deutschen Arbeitsfront organisierten Betriebsangehörigen der Carlshütte.[151]

Tatsächlich entsprachen die sanitären Einrichtungen des großen Werks wohl in keiner Weise den Anforderungen und wurden durch die vielen neu eingestellten Arbeitskräfte über ein erträgliches Maß hinaus belastet. Der gravierende Mangel an Wasch- und Aufenthaltsräumen stieß ebenso auf schwere Beanstandung wie das Fehlen jeglicher Toilettenanlagen in mehreren Abteilungen.[152] Aufgrund des offensichtlich höchst gesundheitsgefährlichen Sachverhaltes schaltete der „Treuhänder der Arbeit" andere zuständige Dienststellen ein. Laut Johannes Ahlmann, der sich vor Ort befand und an den folgenden hektischen Aufsichtsratssitzungen teilnahm, drohte den Direktoren Bosse und Wenke, die für die unhaltbaren Zustände im Betrieb verantwortlich gemacht wurden, sogar ein Gerichtsverfahren.[153] Im Rahmen der „wirtschaftlichen Leistungsgemeinschaft" bestand gemäß DAF-Auftrag die Fürsorgepflicht der Unternehmensleitung insbesondere darin, möglichst gute Arbeitsbedingungen zu schaffen, um die Arbeiterschaft für den Nationalsozialismus zu gewinnen.[154] Einer Firma, noch dazu von der Größenordnung der Carlshütte, drohten massive Konsequenzen, wenn sie diesen Auflagen nicht nachkam.

In dieser kritischen Situation gelang es Käte Ahlmann, durch überlegtes Eingreifen unter Benutzung ihrer Beziehungen größeren Schaden von der gesamten Geschäftsleitung abzuwenden. Nachweislich war es das erste Mal, dass sie nach außen in Sachen des Unternehmens tätig wurde. Nach der Amtsübernahme Bosses konnte die Hauptaktionärin und Delegierte des Aufsichtsrates den ihr vertraglich zugesicherten Einfluss auf die Führung des Betriebes endlich unbehindert entfalten. Auch das Problem Athenstaedt stellte keine Belastung mehr da, die Zurückhaltung erfordert hätte.

Die dreiköpfige Familie war am 19. April 1934 nach Bad Godesberg gegangen und wohnte vorerst zur Miete, bis sie 1937 im Ortsteil Muffendorf ein eigenes Haus bezog. Käte Ahlmann erwarb im Laufe des Jahres 1935 dort Grundstücke.[155] Zwar offiziell nun in räumlicher Distanz, blieb Heinrich Athenstaedt ihr engster, wichtigster und zunehmend kompetenterer Ratgeber, was die Belange der Carlshütte betraf. Das Amt als Aufsichtsrat gab seiner umfassend einflußreichen Position den formalen Charakter. Der zum Frühpensionär genötigte ehemalige Polizeidirektor wurde zum Wirtschaftsjuristen. Mit einigen Semestern Studium an der Universität Bonn verschaffte er sich das notwendige Fachwissen. Im April 1935 erhielt Athenstaedt die Zulassung als Rechtsanwalt, ein neuer Beruf für den 52-jährigen, und trat in diesem Zusammenhang in den NS-Rechtswahrerbund ein, die nationalsozialistische Standesorganisation der deutschen Juristen.[156]

In einem an Landrat Wilhelm Hamkens gerichteten, als „persönlich" adressiertem Schreiben vom 11. Dezember 1934, das Bezug auf eine vorher geführte Unterhaltung nahm, gab ihm Käte Ahlmann eine präzise Aufstellung sachbezogener Fakten und Zahlen an die Hand, die seiner Orientierung dienen sollte. Danach habe die Carlshütte 1934 bereits 150.000 Reichsmark für sanitäre und soziale Zwecke verausgabt. Als dringlichste Aufgabe aber sei die Beschaffung von Arbeit angesehen worden, für die das Unternehmen seit Jahresbeginn 750.000 Reichsmark in Neubauten und Erweiterungen investiert habe. Nur mit dieser Grundhaltung sei erreicht worden, die Gefolgschaftszahl laufend zu erhöhen und weiterer 200 Menschen Arbeit zu geben, nachdem bereits im Vorjahr 350 Neueinstellungen vorgenommen wurden.[157]

Diese Angaben und Argumente, ganz im Sinn der staatlichen Zielsetzung, waren für den Rendsburger Landrat sehr verwertbar, um sie in seiner eigenen dienstlichen Berichterstattung und als offizielle Informationen an die zuständigen Behörden und Ämter weiter zu geben. Außer den üblichen Verwaltungswegen standen Hamkens als Kreisleiter seine guten Parteiverbindungen bis zur oberen Spitze zur Verfügung. Erst kürzlich hatte er sie genutzt, um den NSDAP-Ortsgruppenleiter Franz Krabbes, einen gelernten Sattler, zum Bürgermeister der Stadt Rendsburg zu machen.[158] In Sachen Carlshütte konnte Hamkens die Dienststellen noch mit dem Argument beschwichtigen, dass unmittelbar nach der Betriebsinspektion ein Sofortprogramm für den Bau sanitärer Anlagen eingeleitet worden war. Die Firmenleitung – Direktor Bosse bezog sich in seiner diesbezüglichen Mitteilung an den Aufsichtsratsvorsitzenden Dr. Wuppermann dabei ausdrücklich auf Frau Ahlmann – beschleunigte ab Mitte Dezember noch das Tempo der Arbeiten.[159]

Gefragt war in dieser Phase auch der Rat des im Umgang mit der Belegschaft in Krisenzeiten viel erprobten Direktors Ahlmann senior. Er unterstützte nachhaltig den Vorschlag der sich nun deutlich konstituierenden neuen Betriebsleitung unter maßgeblicher Beteiligung seiner Schwiegertochter, durch parallele Aktivitäten auf sozialem Sektor die Lage wirkungskräftig zu entspannen. „Gerade im gegenwärtigen Augenblick besonders wünschenswert und schön", so Direktor Bosse in

DAF-Betriebsobmann Christian Harms bei der Abfahrt zu einem KdF-Ausflug

seinem Brief an den Vorsitzenden des Aufsichtsrates, sei die Ausschüttung einer Weihnachtsgabe an alle Mitarbeiter des Werks, die gestaffelt nach dem Familienstand erfolgen sollte. Die zustimmende Antwort Dr. Wuppermanns erfolgte prompt, denn schon wenige Tage später erschien die entsprechende Zeitungsmeldung, ergänzt durch die Mitteilung, dass die Carlshütte wie im Vorjahr der als Fürsorgeorganisation wirkenden NS-Volkswohlfahrt zehn fette Schweine für die Hilfsbedürftigen der Gemeinde Büdelsdorf zur Verfügung stellen würde.[160]

Zur weiteren Glättung der Wogen war ein „Betriebsappell" am 2. Januar 1935 bestimmt, dem ersten Arbeitstag des neuen Jahres. Von der Deutschen Arbeitsfront als ein Schwerpunkt der innerbetrieblichen Reform im Sinn des Nationalsozialismus gesetzt, sollten sich bei diesen Zusammenkünften Gefolgschaft und Betriebsführung als Arbeits- und Gesinnungsgemeinschaft erleben.[161] Die Berichterstattung über das erste Ereignis dieser Art in Büdelsdorf, als Information auch für alle interessierten Außenstehenden gedacht, nahm fast die ganze Lokalseite der Rendsburger Zeitung ein.[162] Vor der 1.700 Köpfe zählenden Versammlung informierte Direktor Hinrich Bosse über die gute Geschäftslage der Carlshütte, sicherte die Fertigstellung vorbildlicher sanitärer Anlagen bis zum Frühjahr zu und wies auf die außergewöhnlichen Maßnahmen der Unternehmensleitung zur Arbeitsbeschaffung hin. Der Betriebsführer erinnerte seine Gefolgschaft daran, wie viele noch vor kurzer Zeit arbeitslos waren und alle nicht vergessen sollten, dass der Umschwung allein der nationalsozialistischen Regierung zu verdanken sei. „Wir schaffenden Menschen gehören in die Deutsche Arbeitsfront, um an den hochgesteckten Zielen Adolf Hitlers mitzuarbeiten", erklärte Bosse mit Nachdruck und forderte die noch nicht organisierten „etwa 100 Mann in unserem Werk" auf, sich den vielen anderen anzuschließen.

Übernahme

Die „Sanitär-Affäre" auf der Carlshütte mit ihren Auswirkungen auf die Dienststellen des nationalsozialistischen Staates wie aber auch mit dem daraus folgenden Kostenaufwand hätte zu keinem ungünstigeren Zeitpunkt kommen können. Seit November 1934 liefen Verhandlungen wegen der Firma Moll & Rohwer in Neumünster. Das Emaillierwerk in der Sedanstraße war vor dem Weltkrieg von Alexander Moll und Franz Rohwer gegründet worden, die beide ihr Handwerk auf der Carlshütte gelernt hatten. Inzwischen befand sich das Unternehmen als Kommanditgesellschaft allein im Besitz der Familie Moll. Die dort jährlich hergestellten bis zu 40.000 gusseisernen Badewannen wiesen hervorragende Qualität auf durch eine spezielle Formgebung und eine glänzende Puderemaille, beides durch Patent geschützt, was in der Vergangenheit schon zu rechtlichen Auseinandersetzungen mit der Carlshütte geführt hatte.[163] Moll & Rohwer besaß einen großen Kundenkreis in Deutschland und verfügte über eine gute Verkaufsorganisation.[164] Verständlich, dass die Büdelsdorfer Firmenleitung sehr großes Interesse zeigte, als die Familie Moll Verkaufsbereitschaft signalisierte, allerdings auf baldigen Abschluss drängte.

Nachdem jedoch Anfang Dezember die Betriebsinspektion durch den „Treuhänder der Arbeit" mit dem schon fast skandalträchtigen Ergebnis stattgefunden hatte, erschien es sinnvoller, nicht noch mehr Interesse der NS-Behörden auf sich zu ziehen. Das betraf vor allem den finanziellen Aspekt. Einerseits hatte es das Werk bis dahin verabsäumt, überhaupt Mittel für die Anpassung der sanitären Anlagen an die überproportional gewachsene Zahl der Beschäftigten bereit zu stellen. Zwar nannte die Firmenleitung dann Beträge, die aber in erster Linie dem sozialen Sektor zu Gute gekommen waren. Inzwischen liefen wohl Sofortmaßnahmen zur Beseitigung der Übelstände, auch ein kurzfristiges Komplettprogramm mit Kläranlage befand sich in Arbeit, doch die Kosten dafür machten nur den Bruchteil der rund einen Million Reichsmark aus, die von der Carlshütte dann als Kaufpreis für die Firma Moll & Rohwer gezahlt wurde.[165] Gemäß eines Schreibens des Oberbürgermeisters Stahmer in Neumünster an die Gemeindeverwaltung Büdelsdorf, erst sehr viel später datiert, erfolgte die Eigentumsübertragung bereits mit Wirkung zum 1. Januar 1935.[166]

Doch über diese Tatsache wurde von allen Beteiligten Stillschweigen bewahrt, die Übernahme nach außen als „Fusion" und „Arbeitsgemeinschaft", auch im Protokoll des Aufsichtsrates als „Zusammenarbeit" bezeichnet, die im Interesse beider Werke zweckmäßig sei. Ganz falsch waren diese Angaben nicht, denn die Firma Moll & Rohwer bestand weiter, nach wie vor geleitet von ihrem Geschäftsführer Ove Becker Clausen. Der fast 50-jährige, vom Posten eines Bankdirektors 1927 in die Industrie gewechselt und vor dem Krieg Inhaber einer Importfirma in England, besaß Verhandlungsgeschick und Weltläufigkeit, die sich in einer sehr erfolgreichen Verbandstätigkeit niederschlugen.[167] Die Aufrechterhaltung des erworbenen Betriebes als eigenständige Firma war deshalb entscheidend, da im Rahmen der von der Regierung verfügten Marktordnung jedem Werk bestimmte Absatzquoten zugewiesen wurden, wie auch eine Festsetzung der Preise erfolgte.[168]

Die Nationalsozialisten hatten eine „Lenkungswirtschaft" eingerichtet, die zu einem tiefgreifenden Wandel des bisherigen Ordnungen führte. Die neuen Strukturen, geregelt durch eine Reihe von ergänzenden Gesetzen, sahen auch in diesem Bereich einen hierarchischen Aufbau vor, an dessen Spitze der Reichswirtschaftsminister stand. Darunter rangierte die Reichswirtschaftskammer. Sieben Reichsgruppen, unter anderem für Industrie, Banken und Energiewirtschaft, bildeten die übergeordnete Ebene der Verbände für die einzelnen Wirtschaftszweige, im Fall der Carlshütte Eisen-, Blech-, Metallwaren. Grundsätzlich galt das Führerprinzip, und es bestand für die Unternehmen eine Zwangsmitgliedschaft. Daneben blieben die traditionellen Industrie- und Handelskammern bestehen, jedoch weitgehend ohne Einfluss.[169] Die Altonaer Kammer, zu deren Bezirk Rendsburg gehörte, betrachtete es als eine ihrer Hauptaufgaben, enge Fühlung zum einflussreichen Amt „Treuhänder der Arbeit" im Wirtschaftsgebiet Nordmark zu halten.[170]

Mit dieser Behörde musste sich die Firmenleitung der Carlshütte nun erneut auseinandersetzen, kaum dass sich die Wogen in der Sanitär-Angelegenheit etwas geglättet hatten. Während das Büdelsdorfer Werk unter Direktor Julius Ahlmann grundlegend und fortlaufend modernisiert worden war, hatten der Inhaberfamilie Moll die notwendigen Mittel gefehlt, die überalterten Produktionsanlagen zu erneuern.[171] Eine sofort im Januar 1935 vorgenommene Bestandsaufnahme durch den Büdelsdorfer Gießereileiter Hans Schlothfeldt bestätigte eine totale Unwirtschaftlichkeit des Betriebes, die nur unter Einsatz sehr hoher Kosten behoben werden konnte.[172] Auf Grund der Informationen von Clausen in genauer Kenntnis der Sachlage, waren Investitionen in Neumünster gar nicht vorgesehen, auch gar nicht realisierbar. Wegen der verschiedenen Baumaßnahmen auf der Carlshütte und durch den Kauf von Moll & Rohwer hatte die Firma bei drei Banken einen Gesamtkredit von 1.150.000 Reichsmark aufnehmen müssen. Außerdem war die Geschäftslage im Frühjahr 1935 „wenig lebhaft". Als Folge traten Arbeitszeitverkürzungen und ein Sinken der Beschäftigtenzahl auf 1.552 ein, wie Direktor Bosse dem Aufsichtsrat mitteilte.[173] Die in dieser Konsequenz beschlossene Stillegung des Werks in Neumünster und die damit verbundenen Entlassungen riefen den „Treuhänder für Arbeit", den Oberbürgermeister sowie den DAF-Kreisleiter der Stadt auf den Plan.

Der Firmenleitung der Carlshütte, repräsentiert durch die Direktoren Bosse und Wenke und unterstützt von Ove Becker Clausen, gelang es, in mehreren Verhandlungen darzustellen, dass die Betriebsstillegung von Moll & Rohwer nur eine vorübergehende sei, um durch Einsparungen die für eine Umorganisation erforderlichen finanziellen Mittel aufbringen zu können. Zudem würden bis dahin dreißig Arbeiter im Büdelsdorfer Werk untergebracht. Die Zusicherungen überzeugten. Es trafen dann in den folgenden Monaten zwar mehrmals Nachfragen auf der Carlshütte ein, ob die versprochene Wiederaufnahme der Produktion nun endlich zu Stande käme, doch immer wieder hieß es, dass die Zeit dafür noch nicht reif sei. Ende 1936 meldete sich schließlich ein Interessent für die brachliegenden Fabrikationsanlagen in der Sedanstraße. Es handelte sich um die Land- und See-Leichtbau GmbH der Gebrüder Sachsenberg in Berlin, die sich mit Flugzeugen befasste. Das Unternehmen übernahm dann sogar einen Teil der Maschinen und begann im Laufe des Jahres 1937 mit der Fertigung. Im Westen Neumünsters war inzwischen ein Militärflugplatz ausgebaut worden.[174] Die Firma Moll & Rohwer bestand bis zum Juni 1941. Sie wurde liquidiert, nachdem andere Mitgliedswerke im Gusswannen-Verband nach mehreren Jahren dann doch das besondere Verhältnis zur Carlshütte bemerkt und beanstandet hatten.[175]

Anpassungen

Die gleichzeitige diplomatisch kluge Bewältigung der sozialpolitischen Probleme mit der Deutschen Arbeitsfront und der im Verborgenen getätigte Kauf einer wertvollen Konkurrenzfirma im Dezember 1934 machten das unternehmerische Geschick, aber auch Weitblick und Risikobereitschaft deutlich, mit der die Firmenleitung der Carlshütte in den neuen wirtschaftspolitischen Strukturen agierte. Entscheidungen und Handeln bestimmte der innere Zirkel mit inzwischen Käte Ahlmann in der bestimmenden und treibenden Führungsposition, vor Ort als ihre rechte und ausführende Hand der junge Direktor Hinrich Bosse, dann unterstützend der Aufsichtsratsvorsitzende Dr. Carl Wuppermann und als wichtigster und engster Berater der zweite Schwager Heinrich Athenstaedt. Zwischen ihm und Käte Ahlmann gab es nun einen lebhaften Briefwechsel und Arbeitstreffen auf neutralem Boden in Hamburg. Nach einer gewissen Zeit kam es dann auch wieder zu Besuchen in Büdelsdorf, ohne dass es Missfallen erregte.[176] Athenstaedt hatte durch den Umzug nach Bad Godesberg die verlangte Gefügigkeit gegenüber nationalsozialistischen Forderungen erwiesen.

Die Devise der Büdelsdorfer Familie Ahlmann, wie beinahe aller in jener Zeit, war in den Worten der damals fast erwachsenen Marlene: „Anpassung, wo es sein musste, um nicht aufzufallen und ausgegrenzt zu werden."[177] Käte Ahlmann, zwar auf mehreren Ebenen mit der NS-Hierarchie in Kontakt, den sie bei Bedarf zu nutzen verstand, gehörte bis 1937 nicht der NSDAP an, und außer der auf sozialem Gebiet tätigen NS-Volkswohlfahrt keiner weiteren Parteiorganisation.[178] Marlene konnte sich durch den Besuch der Reinhardswaldschule, in der die nationalsozialistische Weltanschauung kein Thema war, dem Druck entziehen, wie die meisten Gleichaltrigen in den BdM (Bund deutscher Mädel) zu gehen. Ihr Bruder Hans-Julius wählte gegenüber der HJ (Hitlerjugend) das kleinere Übel, das aber für ihn gar keines war. Noch mehr pferdebegeistert als sein Vater, trat er nach Vollendung seines 15. Lebensjahres im Februar 1934 in den SA-Reitersturm des Kreises Rendsburg ein, ritt besonders gerne Jagden und entwickelte sich mit der Zeit zum erfolgreichen Turnierreiter. Die berittenen Formationen der SA wie dann auch der SS galten als elitäre Konkurrenz der ländlichen Reitervereine, die bald darauf in diese Parteiorganisationen übergingen.[179] Severin Ahlmann wurde im Alter von zehn Jahren als „Pimpf" erfasst, wie die Mitglieder im Deutschen Jungvolk der HJ amtlich hießen.[180]

Die zunehmende Allgegenwart des Nationalsozialismus, der mit einer Vielzahl von staatlichen und parteipolitischen Organisationen alle Lebensbereiche bis in die private Sphäre durchdrang, fand vor allem deswegen eine durchgehende Akzeptanz bei der deutschen Bevölkerung, weil sie als Notwendigkeit für Wandel und

Neuerung galt. Zwänge erschienen daher weitgehend als Normalität, in die sich die Mitglieder der „Volksgemeinschaft" einzufügen hatten. Die bürgerlichen Kreise begrüßten die Erfolge der NS-Regierung, die offensichtlich imstande war, die gravierenden politischen und sozialen Probleme zu lösen, sowie Ordnung und Stabilität zu gewährleisten.[181] Glanzvolle Höhepunkte dieser nationalen Aufbruchphase, die den Nationalsozialisten Anhänger in Scharen zuströmen ließ, stellten 1935 die Wiedereingliederung des Saarlands dar und die Einführung der allgemeinen Wehrpflicht. Der gerade 84 Jahre alt gewordene Johannes Ahlmann notierte aus diesem Anlass: „Ein großer Tag. Das bedeutet die Wiederaufrüstung Deutschlands."[182]

Doch nicht nur das konservative Lager war zum überwiegenden Teil zur Partei Adolf Hitlers umgeschwenkt, der nach dem Tod Hindenburgs ab 1934 die Ämter von Reichspräsident und Reichskanzler auf sich vereinigte. Auch frühere Wähler und Mitglieder von SPD und KPD hatten sich von den Nationalsozialisten beeindrucken und überzeugen lassen. Dank der vom Staat energisch voran getriebenen Beschäftigungsprogramme, dem Wohnungsbau für minder Begüterte sowie Steuersenkungen, Ehestandsdarlehen und großzügiger Kinderbeihilfen erlebten sie nun einen in ihren Familien im Lauf von Generationen nie gekannten bescheidenen Wohlstand. Ein weiterer, wenngleich nicht entsprechend bedeutender Punkt, war der vom NS-Regime gerade zu Beginn seiner Herrschaft stark propagierte Gedanke der Aufhebung aller sozialen Unterschiede in der Einheit der deutschen „Volksgemeinschaft".[183]

In der einstigen roten Hochburg Büdelsdorf hatte der Nationalsozialismus schnell festen Fuß gefasst. Entscheidend Boden war gewonnen worden durch den, wie überall in Deutschland, sofort nach der Machtergreifung in Angriff genommenen rapiden Abbau der Erwerbslosigkeit. Vom Höchststand mit 28 Prozent im Jahr 1932, bei einem Landesdurchschnitt von 16 Prozent, konnte sie durch verschiedene Arbeitsbeschaffungsmaßnahmen von Gemeinde und Industriebetrieb innerhalb von nur zwei Jahren auf 6,4 Prozent in 1934 gesenkt werden.[184] Über eintausend Einwohner des Ortes mit ihren Familien verfügten wieder über ein Auskommen, das zumindest ein karges Existenzminimum bedeutete. Da der Büdelsdorfer Gemeindehaushalt zunehmend von Fürsorgezahlungen entlastet wurde, setzten die Nationalsozialisten den bereits unter SPD-Führung begonnenen Bau von Kleinsiedlungen mit großen Gärten und Tierhaltung verstärkt fort. Im April 1934 wurde der dritte Abschnitt mit 38 von dann insgesamt 100 in diesen Jahren erstellten Bauten an der Brandheide im Osten der Gemeinde gerichtet. Die Feier fand in Gegenwart von NSDAP-Ortsgruppenleiter Otto Tams und dem jetzt den Titel Bürgermeister tragenden Robert Drasdo statt.[185]

Lösungen

Mit den Auswirkungen der neuen Wirtschaftspolitik musste sich die Industriellenfamilie Ahlmann auch im ganz privaten Bereich auseinandersetzen. Bei der Konfirmation von Hans-Julius am Palmsonntag 1934 – „ein bewegender Tag für Käte und
uns alle", vermerkte Johannes Ahlmann im Tagebuch –[186] fehlte der Jüngste der Familie. Zur Besserung und Stabilisierung seiner nach wie vor sehr labilen Gesundheit
hatte Käte Ahlmann ihren Severin im Januar 1934 für drei Monate in das Internat
und Kinderheim Belmont oberhalb von St. Moritz gebracht. Da der Klimawechsel
sehr gut anschlug, verlebte der Zehnjährige zur weiteren Kräftigung ab November
noch einmal fünf Wintermonate im Schweizer Hochgebirge und kam erst Ende
März 1935 endgültig nach Hause. Wie seine Mutter den Verwandten mit einem
Anflug von Stolz berichtete, war der Sohn dort zum begeisterten Skiläufer geworden. Er brachte es später in dieser Sportart sogar zu Erfolgen und Würden.[187] Auf
die schulischen Leistungen allerdings hatten die acht Monate in der Schweiz, trotz
mitgebrachter hervorragender Zeugnisse, negative Auswirkungen. Es ärgerte den
Jungen, eine Klasse wiederholen zu müssen, zumal ihn die älteren Geschwister mit
glänzenden Noten in den Schatten stellten.[188]

Überhaupt möglich gemacht hatte die beiden langen und teuren Erholungsauf-
enthalte Severins in der Schweiz sein Onkel Otto Ahlmann aus England. Wegen
der strengen Devisenbewirtschaftung, mit der das nationalsozialistische Regime die
seit seiner Machtübernahme zunehmende Kapitalflucht verhindern wollte, konnten
Deutsche nur geringe Beträge an Reichsmark ins Ausland transferieren.[189] Englische
Pfund dagegen unterlagen keinen derartigen Beschränkungen. Außerdem verfügte
Otto Ahlmann seit langem über gute Geschäftsbeziehungen in die Schweiz durch
den dort ansässigen Produzenten des von ihm vertriebenen Brennstoffes „Meta".
Damit waren auch andere Regulierungen möglich. Um die Modalitäten im Einzelnen zu besprechen, gewiss auch, um als „Sponsor" einen Blick auf den von ihm geförderten Neffen zu werfen, machte Otto mit seiner Frau Edith Ende Oktober 1934
nach langer Abwesenheit einen Kurzbesuch auf der Carlshütte, ging mit den Eltern
zum Grab seines Bruders und reiste am dritten Tag wieder ab.[190]

In diesem Winter 1934/35 fühlte sich Käte Ahlmann, wie sie ganz offen in ihrem Beitrag zur Chronik des Familienverbandes zugab, ohne Marlene und Severin
sehr einsam. Selbst die Anwesenheit von Hans-Julius vermochte sie nicht vor dem
beklemmenden Gefühl des Alleinseins zu bewahren, das sie ihr Leben lang phasen-
weise verspürte.[191] Doch nicht nur das lange Getrenntsein von zweien ihrer Kinder
wirkte nieder drückend, sondern auch der Abschied von einem ihr seit Kindheit
vertrauten Menschen: Theologieprofessor Arnold Meyer war nach dem Tod seiner
Frau Ida im Jahr 1925, der Zwillingsschwester von Kätes früh verstorbener Mutter

Aline, mehrmals bei seiner Lieblingsnichte in Büdelsdorf gewesen und hatte als Naturliebhaber besonders den Heidberg geschätzt. Im Jahr vor seiner Emeritierung, nach der ihn die Universität Zürich in Anerkennung seiner Verdienste zum Honorarprofessor ernannte, veröffentlichte Arnold Meyer 1930 im Alter von 69 Jahren sein bedeutendstes theologisches Werk, „Das Rätsel des Jakobusbriefes". Nach seinem Tod am 9. Oktober 1934 wurde er weithin als „Charaktergestalt" gewürdigt, die an menschlichem wie wissenschaftlichem Format ihresgleichen suchte.[192] Käte Ahlmann fuhr zur Einäscherung nach Leipzig, wo die jüngere Tochter Maria als Frau des bekannten Altphilologen Professor Dr. Wolfgang Schadewaldt lebte. Ihre ältere Schwester Magdalene heiratete bald darauf den Arzt Professor Dr. Erich Heidsieck und ging mit ihm nach Breslau.

Nach dem Verlust des Onkels war der Kontakt mit „Tante Kathi" um so wichtiger, der letzten Schwester ihres Vaters Josef Braun, nach der Käte Ahlmann benannt worden war. Die alte Dame, die ihr ganzes langes Leben in ihrer Heimatstadt Köln verbrachte,

Feier zum 90. Geburtstag von „Tante Kathi" im Rokokosaal des Hauses in Köln, in dem sich einst ihre Eltern Ferdinand Braun und Maria-Theresia Nakatenus kennen gelernt hatten. Käte Ahlmann ist in der zweiten Reihe von oben die fünfte von links.

als „treue Bürgerin", wie es dann später hieß,[193] nahm durch regelmäßige Korrespondenz lebhaften Anteil am Familiengeschehen ihrer Nichte. Katharine Braun freute sich über sporadische Besuche, die Käte Ahlmann meist mit der Kölner Messe verband, mit Aufenthalten bei Schwester und Schwager Pagenstecher im nahen Orr oder als willkommene Unterbrechung auf weiten Reisen nutzte. Zum 90. Geburtstag am 28. Juni 1936 bereiteten die Angehörigen der Großfamilie Braun ihrer „Tante Kathi" ein rauschendes Fest, an dem über dreißig Verwandte teilnahmen. Der Schauplatz war eigene Geschichte. Die Feier fand im Rokokosaal des Hauses am Dom statt, in dem einst der Vater der Jubilarin, Ferdinand Braun, seine Frau Maria Theresia kennen gelernt hatte. Die ehemalige große Fuhrhalterei Nakatenus hieß nun „Hotel Belgischer Hof".[194]

Käte Ahlmann lag viel daran, die Traditionen ihrer eigenen Familie ihren drei Kindern weiterzugeben. Väterlicherseits waren sie von Johannes Ahlmann seit frühester Jugend mit der Geschichte ihrer Vorfahren vertraut gemacht worden. Der Großvater hatte seine Freude daran, sie auf den gut erkennbaren Spuren der Ahnen in Gravenstein und Sonderburg zu führen, wo er jedes Haus und jeden Weg zu ihnen sprechen ließ. Die Mutter wollte diese bisher fast reine Ahlmann-Prägung zumindest ergänzen. Im Sommer 1934 war sie daher mit Marlene, Hans-Julius und Severin in den Süden gefahren, am Steuer ihres offenen Wanderers, eines der auffallendsten Autos jener Jahre. Die Fahrt ging über die von ihr als „heimatlich" bezeichneten Städte am Rhein, durch das „geliebte" Moseltal, dann zum Niederreidenbacher Hof, ihrem Kindheitsparadies, bis in den Schwarzwald.

Käte Ahlmann mit Wanderstock und „Seppel" in zünftigen Lederhosen

Dort besuchten sie auf einem kleinen Hof bei Freudenstadt Julius Ahlmanns Offiziersburschen aus dem Krieg. Wenn auch wegen ihres Fahrstils „scharf und häufig kritisiert", wie sie freimütig mitteilte, erlebte Käte Ahlmann auf dieser gemeinsamen Reise zu den Erinnerungsstätten ihrer Herkunft eine ganz besondere Freude, die in ihrer Schilderung für die Chronik der Familie Ahlmann merklich mitklang.[195]

Einen spektakulären Höhepunkt ihrer Unternehmungen brachte das folgende Jahr. Käte Ahlmann war von den befreundeten Geschäftspartnern Mr. Donald und

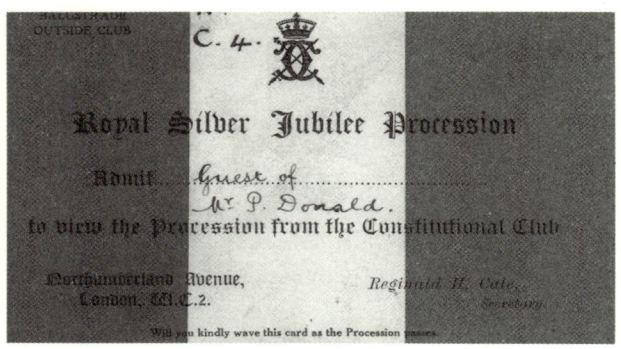

Mit der Platzkarte sollte gewinkt werden, wenn der Festzug zum silbernen Thronjubiläum des englischen Königspaares vorbeikam

Mr. Goslett, zu denen ihr Mann Julius vor mehr als zwei Jahrzehnten die Verbindung geknüpft hatte, zum silbernen Thronjubiläum des englischen Königspaares eingeladen worden. In ihrer Begeisterung über diesen „Trip" spickte sie den Brief an den Schwiegervater mit englischen Wörtern. London sei „unendlich crowded", das Hotel „nett und easy", zu ihren Gastgebern fahre sie mit der „Underground". Am Morgen des 8. Mai 1935, einem strahlen schönen Frühlingstag, holte Mr. Goslett mit dem Auto Käte Ahlmann zum „Constitutional Club" ab, „sehr vornehm", wie sie bereits vorher festgestellt hatte. Dort kam der riesige, farbenprächtige Festzug vom Buckingham Palast zur St. Pauls Kathedrale vorbei, wo der Dankgottesdienst stattfand. Die große dreifarbige Platzkarte für die Balustrade des Clubs, mit der sie laut Aufdruck beim Passieren des Festzuges winken sollte, verwahrte Käte Ahlmann sorgsam bei ihren persönlichen Papieren. In ihren Worten war es ein Erlebnis, „nicer and more interesting than I thought".[196]

Eine „köstliche Autofahrt" durch Mecklenburg, Pommern und Ostpreußen schloss sich im Juni an. Ihre Begleiterinnen waren Marlene, die im Februar ihr Abitur mit „gut" bestanden hatte, und deren Freundin Fernetta Hansen, der Tochter wohlhabender Deutsch-Amerikaner, die Käte Ahlmann sehr ans Herz wuchs und ihr das ganze Leben nahe stand. Beide 19-jährigen hatten nach dem Examen einen längeren Berlin-Aufenthalt geschenkt bekommen, um die kulturellen Angebote der Hauptstadt zu genießen, sowie die finanziellen Mittel, dort den Führerschein zu machen. Da sie selbst wegen des Krieges damals auf eine Fahrpraxis hatte verzichten müssen, fand Käte Ahlmann es wichtig, dass sich Marlene gleich an das Steuer eines eigenen Autos setzen konnte.[197] Nach einigen Monaten schien die Tochter dann straßensicher genug zu sein, um zusammen mit der Mutter das neue Familienauto, einen Mercedes, vom Stuttgarter Werk nach Büdelsdorf zu überführen.

Doch nicht nur die Fähigkeiten auf fahrtechnischem Gebiet wurden wohlüberlegt gefördert. Mit eine der wichtigsten Aufgaben war, die nächste weibliche Generation in Haushaltsführung und Kochen zu unterweisen. Käte Ahlmann führte, nach ihrer behutsamen Kritik an ihrer damaligen Lehrmeisterin zu schließen, sicherlich nicht das strenge Regiment wie einst die Mutter Aline Braun, achtete aber sehr darauf, dass Marlene und die „Vizetochter" Fernetta die notwendige Schulung ernst nahmen. Auch andere Kölner Traditionen wurden wiederbelebt mit Konzerten und kleinen Tanzgesellschaften. Pfingsten 1935 fand ein dreitägiges großes Fest für die Jugend statt. Sogar zwei Vettern Wuppermann kamen angereist, dazu Freunde und Bekannte aus Hamburg. Haus, Garten sowie der Heidberg waren abwechselnd Schauplätze unterhaltsamer Vergnügungen.

Marlene fasste zu einem dieser Gäste aus der Hansestadt besondere Neigung, brachte ihn im August sogar mit zu einem Besuch bei Wilhelmine und Johannes Ahlmann in Gravenstein, sah ihn und seine Eltern häufiger und verlobte sich kurz vor ihrem 20. Geburtstag mit Eberhard von Oesterreich. Er war wohl situiert und kam aus einer angesehenen Hamburger Bankiersfamilie.[198] Allerdings hielt die Verbindung nur ein halbes Jahr. Als Marlene im Sommer 1936 nach einem viermonatigen Aufenthalt in Paris zurück kam, wo sie französische Sprachstudien getrieben und im Institut „Cordon Bleu" ein Examen in gehobener Kochkunst abgelegt hatte, löste sie die Verlobung. „Reifer geworden", kommentierte Käte Ahlmann den Entschluss ihrer Tochter, die noch im hohen Alter von der unvergleichlich freien Atmosphäre des Boulevard St. Michel schwärmte. Als nicht so erfreulich empfand Marlene dann den häuslichen Zwang, ihre Sprachkenntnisse anzuwenden und weiterzugeben. Fortan machte die Familie Ahlmann untereinander bei Tisch französische Konversation.[199]

Weihnachten hatte Eberhard von Oesterreich, der die Trennung von Marlene nie verwand und immer mit ihr in losem Kontakt blieb,[200] noch im großen Kreis in Büdelsdorf verbracht. Für die alten Ahlmanns – Wilhelmine war im Oktober bei andauerndem Kränkeln 80 Jahre alt geworden – bestand das größte Geschenk darin, Otto und Edith wieder einmal über die Festtage bei sich zu haben. Beide machten auf die Eltern einen munteren und zufriedenen Eindruck. Aber obgleich Johannes Ahlmann die stimmungsvolle Feier am Heiligabend genoss, insbesondere das gemeinsame Musizieren von Schwiegertochter und Enkeln, kamen ihm trübe Gedanken. Wenn der Vater auch sonst den verstorbenen Sohn kaum erwähnte, um nicht an den eigenen Schmerz zu rühren, verspürte er an diesem 26. Dezember 1935 wehmütige Trauer: „Heute unseres unvergesslichen Jules' Geburtstag".[201] Am Vortag hatten Otto und Edith einen Kranz am Grab nieder gelegt.

An diesem zweiten Weihnachtstag, der traditionsgemäß bei Käte Ahlmann gefeiert wurde, zählte ihr Schwiegervater, sich eingeschlossen, 22 Personen an der Mittagstafel. Die Gesellschaft vergrößerte sich im Laufe des Tages noch, als Verwandte von Marlenes Verlobtem eintrafen, ihre Freundin Fernetta Hansen und schließlich der Vertraute des Hauses, der Rendsburger Amtsrichter Max Lehment. Etwas irritierend wirkte auf Johannes Ahlmann die Anwesenheit eines Ehepaares Meumann aus Essen, vor allem die Tischrede des ihm bis dahin unbekannten Herrn, die dieser mit einem Hoch auf die Gastgeberin schloss. Auf Nachfrage erfuhr er, dass es sich um die Schwiegereltern von Direktor Bosse handelte, der ebenfalls anwesend war. Seine Frau hatte sich entschuldigen lassen.

Käte Ahlmann sah betont darauf, nicht nur weil Frau Meumann die Cousine ihres Schwagers Dr. Wuppermann war, die Beziehungen zu ihrem Firmenleiter auf gesellschaftlich persönlicherer Ebene zu gestalten. Ein Platz an ihrer Weihnachtstafel, an der Seite der Familie und engster Freunde, bedeutete Wertschätzung und vermochte die Loyalität zu stärken. Bosse hatte sich in seiner Position bisher als sehr geeignet erwiesen und war Garant für die nächste Zukunft, bis Hans-Julius Ahlmann die Nachfolge seines Vaters antreten konnte. Allerdings blieb sie gegenüber dem Direktor immer wachsam, beobachtete ihn und seinen technischen Kollegen Wenke sehr aufmerksam, registrierte genauestens und kritisch Äußerungen und Verhalten beider Männer.

Ihr passte es nicht, dass die Direktoren im April 1936 auf eigenen Vorschlag eine „üppige" Aufstockung ihrer Einkünfte erhielten. Bosse hatte die hohen Forderungen für die Konditionen seines Fünfjahresvertrages damit begründet, dass er während der „Aufbauarbeit" für Hans-Julius eigenes Vermögen bilden müsste, um für später abgesichert zu sein.[202] Käte Ahlmann schrieb es dem Wachstum der finanziellen Ausstattung zu, die mit bedeutenderem Einfluss gleichgesetzt wurde, als sich Vorkommnisse aus der Anfangsphase ihrer Tätigkeit auf der Carlshütte zu wiederholen begannen. Die Direktoren gingen im Lauf des Jahres immer mehr dazu über, ihr wichtige Informationen vorzuenthalten und Entscheidungen allein zu treffen, ignorierten also die vertraglich verankerte Mitleitung der Hauptaktionärin und ihre Befugnisse als Aufsichtsratsmitglied. Sie musste die Feststellung machen, dass ihre Autorität auf dem Werk untergraben wurde.[203] Außerdem zeichneten sich weitere und bedeutendere Gefahren ab. Käte Ahlmann entschloss sich zum Handeln.

Vorbereitungen

Instrument war das Gesetz über die Umwandlung von Kapitalgesellschaften vom 5. Juli 1934, das für diesen Fall in einer ergänzenden Regelung Steuererleichterungen vorsah. In Verfolgung wirtschaftspolitischer Zielsetzung der Nationalsozialisten bezweckte es laut Präambel, „die Abkehr von anonymen Kapitalformen zur Eigenverantwortung des Unternehmers zu erleichtern".[204] Schon bald nach Inkrafttreten hatten Verhandlungen mit der zweitgrößten Aktionärsgruppe stattgefunden, doch der Hamburger Rechtsanwalt Heinrich Günther vertrat die Ansicht, dass die Interessen seiner Klientel im Rahmen der vorgesehenen Kommanditgesellschaft nicht mehr ausreichend gewahrt werden könnten. Das Käte Ahlmann aufgrund ihrer Aktienmehrheit in die Stellung der persönlich Haftenden der Kommanditgesellschaft eintreten würde, hielt er ebenfalls nicht für akzeptabel. Da das Gesetz Einstimmigkeit der Aktionäre vorschrieb, wurde der Plan vorerst fallen gelassen.[205]

Im Januar 1936 kam das Thema in einer Konferenz noch einmal zur Sprache, als es sich abzeichnete, dass die Aktionäre aufgrund der Bestimmungen des Anleihestockgesetzes eine Reduzierung ihrer Dividende hinnehmen müssten.[206] Die Praktiken der Gewinnaus-

Aktie Nr. 1568 der Carlshütte, die 1937 mit der Umwandlung in eine Kommanditgesellschaft ihre Gültigkeit verlor. Käte Ahlmann ließ sie rahmen und schenkte sie ihrem jüngsten Sohn Severin zum nächsten Geburtstag

schüttung bei der „Actien-Gesellschaft der Holler'schen Carlshütte" hatten schon in der Vergangenheit mehrfach zu Klagen der im Aufsichtsrat vertretenen Sprechern von Aktionärsgruppen geführt. Rechtsanwalt Günther hielt es 1934 erneut „nicht für angängig", dass die Anteilseigner nichts von den Gewinnen eines guten Geschäftsergebnisses bekamen. Sein Kollege Crasemann wies darauf hin, dass die wahren Werte des Unternehmens inzwischen mindestens das Vierfache des Grundkapitals ausmachten, die ausgezahlten Dividenden daher entsprechend zu gering ausfielen. Beide waren der Auffassung, die Aktionäre hätten das Nachsehen gehabt, als die Gewinne für Neuinvestitionen verwendet wurden, anstatt dafür Kredite aufzunehmen. Übereinstimmend brachten sie den schon oft geäußerten Gedanken einer Kapitalerhöhung wieder ins Gespräch.[207]

Durch einstimmigen Beschluss wurde bei der Aufsichtsratssitzung im Februar 1936 dann doch davon abgesehen, ebenso wie von einer Umwandlung. Vorsitzender Dr. Carl Wuppermann erläuterte, die im Jahr zuvor erlassene Durchführungsverordnung und Ergänzung für das Anleihestockgesetz lasse eine Ausnahme zu für Gesellschaften, deren Aktien nicht an der Börse gehandelt würden. Sie brauchten keinen Gewinnanteil abzuführen. Die Dividende könne dann nach dem steuerlichen Reinvermögenswert des Betriebes von 1931 berechnet werden. Bei fünf Prozent bedeute das in etwa eine Auszahlung in Höhe von 24 Prozent des Grundkapitals. Dr. Wuppermann erhielt daraufhin den Auftrag, die erforderlichen Verhandlungen zu führen. Da die Aktien in den letzten Jahren kaum gehandelt wurden, gab die Zulassungsstelle der Hanseatischen Wertpapierbörse in Hamburg, die dafür zuständige „Heimatbörse", unter diesem Gesichtspunkt dem Antrag statt, mit Wirkung vom 15. April 1936 die Kursnotiz „Holler'sche Carlshütte" zu streichen.[208] Obwohl der Besitzerin von 52 Prozent der Aktien bei einem Grundkapital der Gesellschaft von 1.200.000 Reichsmark diese aktuelle Dividendenzahlung eine fünfstelligen Summe brachte, bewertete Käte Ahlmann den Betrag „als sehr mäßige Verzinsung des eigentlichen Vermögens nach all den miserablen Einkommensjahren".[209]

Inzwischen war es im Lauf des Jahres 1936 zu den geschilderten Misshelligkeiten mit den Direktoren Bosse und Wenke gekommen, die sich nach ihrem Eindruck immer „eigenmächtiger gebärdeten". In dieser Hinsicht drohte Schlimmeres durch die Bestimmungen des neuen Aktiengesetzes vom 30. Januar 1937, das am 1. Oktober des Jahres in Kraft treten sollte.[210] Gemäß § 70 hatte dann der Vorstand, also die Direktoren, die Geschäfte der Gesellschaft unter eigener Verantwortung zu leiten. Der Aufsichtsrat wurde, abgesehen von seiner Aufgabe, den Vorstand zu bestellen oder abzuberufen, weitgehend auf die Funktion als Kontrollorgan beschränkt.[211] Da Käte Ahlmann ihr Recht zur Mitwirkung in der Firmenleitung aus dem Status als Delegierte dieses Gremiums bezog, würde auch ihr Einfluss schwinden. Rechtsanwalt Heinrich Athenstaedt, inzwischen im Wirtschaftsrecht bestens versiert, hatte seine Schwägerin von der Entwicklung warnend in Kenntnis gesetzt.

Die Krise ihrer persönlichen Stellung auf der Carlshütte spitzte sich schließlich zu durch die Ergebnisse der Prüfung des Jahresabschlusses 1936 durch die „Treuverkehr Hamburg". Darin wurde dringend eine Kapitalvermehrung der Aktiengesellschaft empfohlen.[212] Diese Perspektive bedeutete für Käte Ahlmann eine existenzielle Gefahr. Sie verfügte nicht über die Mittel, hätte sie selbst bei eigener tiefer Verschuldung nicht aufbringen können, um die Höhe des von ihrem Mann Julius geerbten Aktienanteils unter diesen Umständen zu halten. Ihr ganzer Einsatz für die Bewahrung der Position der Familie Ahlmann auf der Carlshütte, als festgesetztes Ziel die ungeschmälerte Weitergabe an die dritte Generation, würde vergeblich gewesen sein. Doch Käte Ahlmann war keineswegs bereit, eine in dieser Weise fremdbestimmte Zukunft hinzunehmen: „In unwürdiger Lage weitere Lebenskraft opfernd, ohne Vorteile für meine Kinder".[213]

Über die nun folgenden Ereignisse vom Frühjahr 1937, die in ihrem Ablauf von März bis Anfang Mai reichen dramatischen Stoff aus dem Wirtschaftsleben bieten, hat Käte Ahlmann einen „Internen Bericht" für ihre Kinder im Juni 1938 auf dem Heidberg niedergeschrieben. Zweifellos tat es ihr gut, das Geschehen offen zu schildern und damit auch zu verarbeiten, nicht jedes Wort abwägen zu müssen. Tatsächlich erfuhr sie im Vorfeld der Umwandlung, mit der die „Actien-Gesellschaft der Holler'schen Carlshütte" zu einer Kommanditgesellschaft wurde, ein beträchtliches

Maß an Intrigen, Verrat und Anfeindungen, selbst von Nahestehenden, denen sie vertraut hatte. Andererseits gab es wiederum überraschend erfreuliche Erfahrungen, entscheidende Unterstützung und Hilfestellung von unerwarteter Seite, die erst die für sie optimale Lösung ermöglichten.

Beim Entscheidungskampf war Käte Ahlmann weitgehend auf sich allein gestellt, als Frau ohnehin, denn ihre Partner und Widersacher, ebenso wie die anderen beteiligten Personen, waren ausschließlich Männer. Wenn ihr auch Heinrich Athenstaedt mit Fachwissen und Rat zur Verfügung stand und in der Endphase als persönlicher Berater an ihrer Seite war, bis dahin musste sie selbst, ohne jeden Beistand, die Unterhandlungen führen. Es wirft ein kennzeichnendes Licht auf das Format und die Persönlichkeit der damals 46-jährigen, dass sie von führenden Wirtschaftsfachleuten und Bankiers als kompetente Verhandlungspartnerin ernst genommen wurde. Überdies trauten die hochkarätigen Topmanager dieser Frau, die selbstsicher und zielbewußt auftrat, ohne erkennbare Vorbehalte die Fähigkeit und das Durchsetzungsvermögen zu, ein Unternehmen in der Größenordnung der Carlshütte mit Erfolg zu leiten. Die finanztechnischen Lösungen stellten unter Beweis, dass keine Zweifel an Käte Ahlmanns Kreditwürdigkeit bestanden.

Die Umwandlung

Als Delegierte des Aufsichtsrates und als Hauptaktionärin hatte Käte Ahlmann den Revisionsbericht der „Treuverkehr Hamburg" vom Februar 1937 zum Anlass genommen, ihren Schwager und Aufsichtsratsvorsitzenden Dr. Carl Wuppermann zu bitten, die ihr als notwendig erscheinende Umwandlung der Gesellschaft zum Tagesordnungspunkt der nächsten Sitzung am 18. März zu machen.[214] Bei einem von ihm daraufhin angeregten Vorgespräch mit dem Vertreter der Hamburger Aktionärsgruppe signalisierte Rechtsanwalt Günther, eher nebenher, zum ersten Mal die Möglichkeit einer Verkaufsbereitschaft. Als er in den Raum stellte, wer dafür in Frage käme, antwortete Käte Ahlmann spontan: „An mich!" Wie in ihrer Darstellung beschrieben, begann sie erst in diesem Augenblick ernsthaft den Gedanken zu erwägen, der dann nach und nach Gestalt angenommen habe. Dagegen sprach jedoch ihre Kurzentschlossenheit, nur zwei Tage nach dem Gespräch mit Günther nach Düsseldorf zu fahren, um die Angelegenheit mit Wuppermann persönlich zu erörtern.

Zu ihrer Konsternation zeigte er sich dem Plan gegenüber strikt unzugänglich und lehnte ihn schroff ab, unterstellte seiner Schwägerin sogar Bereicherungsabsicht auf Kosten des Betriebes und der Belegschaft. Sie wies ihn darauf hin, dass die Carlshütte in ihrer bestehenden Form allein das Reformwerk ihres Mannes gewesen sei. Julius Ahlmann habe ihn, Carl Wuppermann, damals in seiner Eigenschaft als engsten Freund gebeten, den Aufsichtsratsvorsitz zu übernehmen. Wie er wohl wisse, sei es immer der Traum des Verstorbenen gewesen, Inhaber des der Familie so lange verbundenen Werks zu werden. Käte Ahlmann empfand die Ausfälle des Schwagers gegen sie als noch unangenehmer, da Direktor Bosse zugegen war. Anfangs hatte dieser das Projekt lebhaft unterstützt, beim Widerspruch von Wuppermann, der dem ihn fördernden Familienverband vorstand, wechselte er jedoch die Seiten. Immerhin fanden die auch während der Fahrt zur Aufsichtsratssitzung anhaltenden Auseinandersetzungen ohne ihn als Zeugen statt, dafür in Heinrich Athenstaedts Anwesenheit.

Das Protokoll vom 18. März 1937 verzeichnete das komplette Erscheinen aller Aufsichtsratsmitglieder auf der Carlshütte. Rechtsanwalt Heinrich Günther lehnte noch einmal eine Umwandlung im Namen der von ihm vertretenen Aktionäre ab, die dadurch jeder Mitverantwortung verlustig gingen und als Kommanditisten nur noch reine Kapitalgeber sein würden. Er gab aber dem Vorschlag des Vorsitzenden Wuppermann nach, in Hinblick auf die Bedeutung der Entscheidung zuvor ein Gutachten von einem erfahrenen Fachjuristen einzuholen, das anschließend in gesonderter Sitzung durchzusprechen sei. Benannt wurde der Kölner Rechtsanwalt Dr. Joseph Heimann.[215] Seine Prüfung bestätigte, dass im Fall der Carlshütte die vorliegenden Ergebnisse beste Voraussetzungen für eine Umwandlung in eine Kommanditgesellschaft darstellten.[216] Inzwischen hatte das Gesetz von 1934 eine wesentliche Modifizierung erfahren. Nach der dritten Durchführungsverordnung vom 2. Dezember 1936 konnte die Umwandlung auf einen Hauptgesellschafter erfolgen, der über mehr als drei Viertel des Grundkapitals an Aktien verfügte. Die Minderheitsaktionäre mussten ausscheiden und wurden in Geld abgefunden.[217]

Die Generalversammlung der Aktiengesellschaft am 10. April 1937 brachte in der Entwicklung der Sache die Fortsetzung der Verkaufsgespräche am Rande der Zusammenkunft in der Hamburger Börse. Aus dem vergleichbaren Grund, aus dem er sich gegen die Umwandlung aussprach, hatte Rechtsanwalt Heinrich Günther kein Interesse mehr an der Aufrechterhaltung seines Mandats. Bisher mit gewichtiger Stimme im Aufsichtsrat als Vertreter der zweitgrößten Anteilsgruppe, kam dieser Tatsache nach dem neuen Aktiengesetz fast kein Belang mehr zu, denn die Unternehmensleitung ging in Gänze auf den Vorstand über. Bei der daher gebotenerscheinenden Veräußerung der Aktien wollte er für seine Klienten natürlich einen möglichst hohen Preis erzielen. Dazu musste der potentielle Käufer die entsprechenden Mittel haben. Günther verfügte über sehr gute Kontakte. Sein Nachbar an der Elbchaussee in Nienstedten, dazu mit ihm gemeinsam Geschäftsführer der Hamburger Tankreederei GmbH, war Otto Stürken, seit 1929 Vorstand der 1856 von hanseatischen Kaufleuten gegründeten Vereinsbank in Hamburg.[218]

Insgesamt ging es dann um ein Aktienpaket von 449 Stück, denn auch Aufsichtsratsmitglied Dr. Richard Crasemann hatte sich für seine Gruppe dem Verkaufsangebot angeschlossen. Käte Ahlmann legte bei den Verhandlungen in der Vereinsbank, die am 26. und 29. April stattfanden, von Mitarbeitern im Kontor der Carlshütte angefertigte Aufstellungen vor und die letzten Jahresberichte. Außerdem wurde sie „von den Bankern natürlich scharf unter die Lupe genommen". Direktor Stürken hatte noch seinen Kollegen Dr. Keichel von der Bank für deutsche Industrie-Obligationen in Berlin hinzu gezogen. Beide Geldinstitute gewährten daraufhin gemeinsam Kredite in Millionenhöhe, um auch die beträchtlichen Kosten der Umwandlung von vornherein abzudecken. Als Sicherheiten diente nicht nur die Carlshütte, sondern auch die Firma Moll & Rohwer in Neumünster.[219] Am 5. Mai 1937 unterschrieb Käte Ahlmann das Kaufangebot der Hamburger Aktionärsgruppen, drei Tage später die Verträge mit den Banken. „So waren denn die Würfel gefallen". Mit Heinrich Athenstaedt, der das „Finale" mit ihr durchstand, trank sie auf den Erfolg „Söhnlein"-Sekt bei Ehmke am Gänsemarkt. [220]

Etwas gestört wurde die Euphorie durch das Verhalten Dr. Carl Wuppermanns, der nach der Schilderung Käte Ahlmanns recht heftig und irrational agierte. An der von ihm auf den 11. Mai einberufenen Aufsichtsratssitzung nahm der Vorsitzende nicht teil, sondern sandte eine dreiseitige Stellungnahme, die er zur Anlage für das Protokoll erklärte. Darin lehnte er jede Mitverantwortung für die hohe Kapitalentnahme aus der Firma ab.[221] Der stellvertretende Vorsitzende Günther wies den Vorwurf eines zu großen Risikos zurück, die Belastung sei nach genauesten Überprüfungen für die Carlshütte unbedingt tragbar. Dr. Wuppermann habe früher selbst dargelegt, dass die Umwandlung volkswirtschaftlich geboten sei, auch im Sinn der Regierungsmaßnahmen liege. Die Finanzierung des Ankaufs der Aktien gehe den Aufsichtsrat nichts an. Die Entscheidung habe die Generalversammlung.[222] Der erforderliche Beschluss für die Umwandlung erfolgte am 11. Juni 1937. Nach 68 Jahren war damit die „Actien-Gesellschaft der Holler'schen Carlshütte" erloschen.[223]

Die Neueintragung der Firma im Hamburger Handelsregister lautete: „Holler'sche Carlshütte bei Rendsburg, Sitz Hamburg. Inhaberin: Wwe. Katharine Aline Ahlmann, geb. Braun. Kommanditist: Johannes Ahlmann mit einer Vermögenseinlage von 460.000 Reichsmark. Die Gesellschaft hat am 11. Juni 1937 begonnen".[224] Das Beteiligungsverhältnis der persönlich haftenden Komplementärin zum Kommanditisten entsprach 92,33 zu 7,67 Prozent.[225] Den 86-jährigen Schwiegervater, der seit längerem unter ernsten und unangenehmen körperlichen Beschwerden litt, hatte Käte Ahlmann noch am Abend, sofort nach ihrer Rückkehr von der Vertragsunterzeichnung in Hamburg, über den erfolgreichen Abschluss informiert. „Gott gebe seinen Segen", schrieb der alte Herr in sein Tagebuch. Am Tag der Generalversammlung, für die er eine Vollmacht erteilt hatte, stellte er in seiner gewohnt sachlichen und nüchternen Art die Tatsache der Umwandlung fest und schloss die Eintragung mit dem Satz: „Die Carlshütte ist damit in den alleinigen Besitz der Familie übergegangen."[226]

Unternehmerin

Was für ihren Mann Julius ein unerfüllter Traum geblieben war, hatte Käte Ahlmann erreicht. Ihr gehörte die Carlshütte. Wenn sie es gerade in späteren Jahren noch für sehr wichtig hielt, die ideelle Bedeutung einer Fortführung der Familientradition hervorzuheben, unterstrichen durch den Geschäftsnamen „Frau Julius Ahlmann", handelte es sich tatsächlich um ihre eigenverantwortliche Besitzergreifung. Sie unterschied sich damit ganz erheblich von den anderen verwitweten Unternehmerinnen, die nach dem Tod des Ehemannes den ihnen hinterlassenen Betrieb übernahmen.[227] Ihr Erbteil waren nur Aktien gewesen und der Nimbus Ahlmann. Die Energieleistung, klug und weitblickend mit diesen „Pfunden zu wuchern", kam einem Phänomen gleich. Der Zuspruch Heinrich Athenstaedts am Jahresbeginn 1932 hatte sich mehr als bewahrheitet: „Deine zunehmende Erfahrung, Deine geistige Überlegenheit und Deine unanfechtbare Machtstellung werden Dir sehr bald die Position verschaffen, die Dir gebührt und die das Interesse des Werkes erheischt."[228]

Käte Ahlmanns neu erworbener Besitz umfasste beträchtliche Werte. Die Carlshütte bestand nicht nur aus dem imposanten Betrieb mit den Fabrikanlagen auf dem ausgedehnten Areal an der Obereider, weiter einem großen Fuhrpark, Schiffen und gut bestückten Lagern in Berlin, Köln, Düsseldorf, Mannheim und seit Neuestem in Königsberg, dann Konsumanstalt und Meierei. Zum Eigentum gehörten außerdem verschiedene Grundstücksflächen in Büdelsdorf und der näheren Umgebung sowie insgesamt 456 werkseigene Wohnungen, beziehungsweise Häuser. Darunter war das von Marcus Hartwig Holler erbaute, in dem die Familie der Direktoren Ahlmann seit 1892 lebte, als ihr nun reguläres Eigentum natürlich von besonderer symbolischer Bedeutung. Im Übrigen suchte Käte Ahlmann immer wieder die Brücke zum Gründer der Carlshütte zu schlagen, auch indem sie die Rückwandlung der Firma zu der ursprünglichen Personalgesellschaft von Holler bewusst heraus stellte.[229]

Denn gerade mit dem Besitz der Carlshütte waren weit reichende Macht und ein historisch verankertes Ansehen verbunden. Das mit beträchtlichem Abstand größte Unternehmen im Rendsburger Wirtschaftsraum war mit über 1.600 Beschäftigten im Jahr 1937, von denen über 40 Prozent aus Rendsburg und dem Umland kamen, der bedeutendste Arbeitgeber der Region.[230] Außerdem genoss die Carlshütte den heraus gehobenen, einmaligen Status als ältester Industriebetrieb Schleswig-Holsteins. Bislang war Ansprechpartner vor Ort der leitende Direktor gewesen, allerdings vom Aufsichtsrat bestellt und in seinen Entscheidungen weitgehend von diesem Gremium abhängig. Nun konzentrierten sich alle Befugnisse und die gesamte Verantwortlichkeit auf eine einzige Person, die sich an die Spitze über die herkömmliche Hierarchie gesetzt hatte. Dass die Umorientierung auf die neue Autorität anscheinend reibungslos vonstatten ging, war nicht so bemerkenswert wie die Tatsache, dass es sich dabei um eine Frau handelte.

Die nationalsozialistische Weltanschauung und die daraus resultierende Politik wies die Frau aus ihrer in der Weimarer Republik erlangten Emanzipation in ihre „natürlich Rolle" zurück. Danach fand sie ihre „ureigene" Bestimmung in der Familie als Hausfrau und Mutter, sollte „Hüterin der deutschen Volksgemeinschaft" sein. Aber nicht nur ideologische Gründe, sondern vor allem die Beseitigung der Massenarbeitslosigkeit waren ausschlaggebend gewesen, dass gleich nach der Machtergreifung Frauen durch gesetzliche Maßnahmen aus der Berufstätigkeit gedrängt wurden. Das Freimachen von Arbeitsplätzen für Männer förderte der Staat zusätzlich durch Anreize wie die schon genannten Ehestandsdarlehen, Kindergeld und Steuervorteile. Das NS-Regime stellte diese Politik auch in der Form sichtbar dar, indem keine Frauen an den vorgeschriebenen Umzügen am 1. Mai, dem „Tag der nationalen Arbeit", teilnehmen durften. Beim vorangehenden betriebsinternen Fahnenappell waren sie noch zugelassen. Grundsätzlich sollte den Männern Auftritt und Tätigkeit in der Öffentlichkeit, Politik und Wirtschaft überlassen bleiben.[231] Doch Käte Ahlmann nahm ganz selbstverständlich eine Ausnahmestellung ein, begründet durch den prominenten Besitz, den bedeutenden Familiennamen und ihre eigene Persönlichkeit.

Ihre Übernahme der Carlshütte erweckte natürlich landesweit Hochachtung, Respekt und Bewunderung vor der einzigartigen unternehmerischen Leistung dieser Frau. Indes hatte sich Käte Ahlmann im nationalsozialistischen Staat einigen unabdingbaren Auflagen und Zwängen zu fügen. Als Unternehmerin war sie gemäß § 1 des Gesetzes zur Ordnung der nationalen Arbeit automatisch „Betriebsführer". Direktor Bosse wurde zum Stellvertreter herab gestuft, der ihr einige Aufgaben abnahm. Dem Druck von Ansprachen, geschweige denn freien Reden, fühlte sich Käte Ahlmann Zeit ihres Lebens nicht vollständig gewachsen.[232] In Verbindung mit der Übernahme des Amtes als „Betriebsführer", erfolgte im Juli 1937 ihr Eintritt in die Deutsche Arbeitsfront. Im Jahresbericht der Firma ließ sie als „erste Tat im Sinne der neuen Regierung" die Beteiligung der Carlshütte an dem von der DAF veranstalteten „Leistungskampf der deutschen Betriebe" bezeichnen. Durch den jährlichen reichsweiten Wettbewerb sollten die sozialen Bemühungen der Unternehmen gefördert werden.[233]

In diesem Jahr 1937 wurde Käte Ahlmann auch Mitglied der NSDAP mit der Parteinummer 5.132.471. Obwohl sie laut Eintragung in der Gaukartei erst am

Die Mitgliedskarte Käte Ahlmanns in der NSDAP-Gaukartei Schleswig-Holstein

25. November den Aufnahmeantrag stellte, erhielt sie eine Rückdatierung ihres Eintritts.[234] Diese Regelung hing mit der jahrelangen Mitgliedersperre zusammen, die von der Parteileitung nun mit der Maßgabe gelockert wurde, den Tag aller dann vollzogenen Aufnahmen pauschal auf den 1. Mai 1937 festzusetzen.[235] Käte Ahlmann gab 1946 folgende Schilderung: „Ende 1937 hörte ich, dass meine nächsten Mitarbeiter, wie ein großer Teil unserer Büroangestellten, der Partei als Mitglieder beigetreten waren. Da ich befürchten musste, daß hieraus meiner Stellung als persönlich haftender Gesellschafter und Betriebsführer der Carlshütte unüberwindliche Schwierigkeiten erwachsen würden, entschloss ich mich zum Eintritt in die Partei. Es bestand die Gefahr, dass mir sonst die Leitung des Unternehmens entzogen worden wäre. Dies würde die Zerstörung des Lebenswerkes meines Mannes und seines geistigen Erbes bedeutet haben, und ich würde ebenfalls die Zukunft meiner Kinder gefährdet haben."[236]

In ihrem fast neun Jahre später abgefassten Bericht führte sie dazu weiter aus, dass sie ihre Entscheidung erst auf „starkes Zureden" der örtlichen NSDAP-Führung getroffen habe. Dabei sei es ihr möglich gewesen, mehrere Zugeständnisse zu erreichen, die unter anderem ihre ungestörte Religionsausübung als Protestantin betrafen. Im Sommer 1937 war der rechtsextreme „Unruhestifter" Heinrich Schreimel, dessen Lehre und Wandel nach dem Urteil seiner Nachfolgerin Dr. Elisabeth Haseloff der Gemeinde Büdelsdorf tiefen geistlichen Schaden zugefügt hatten, durch Pastor Karl Krepper abgelöst worden, der aus Amerika kam.[237] Anfang 1940 beantragte Käte Ahlmann beim Kieler Landeskirchenamt ihre Umgemeindung nach der St. Marien-Kirchengemeinde in Rendsburg. Sie fühlte sich dem alten Freund der Familie, Pastor Johannes Iversen, der die Trauerfeier für ihren verstorbenen Mann gehalten hatte, eng verbunden. Da er sich von kirchenpolitischen Auseinandersetzungen fern hielt, zog Iversen weitere namhafte Rendsburger Familien in seine Gemeinde.[238]

Wenigstens in diesem ganz privaten Bereich konnte sich Käte Ahlmann weitgehend frei bewegen, allerdings ebenfalls nur mit ausdrücklicher Billigung der Partei.

Sie war sich sehr wohl bewusst, wie stark sie nun im Rampenlicht der Öffentlichkeit stand und in allen Verhaltensweisen und Äußerungen beobachtet und beurteilt wurde. Ihre Tätigkeit als Unternehmerin war in die Strukturen des nationalsozialistischen Staates eingebunden. Sie musste sich wie andere Firmeninhaber mit dem Regime arrangieren.[239] Es erschien daher zweckmäßig und auch für die Zukunft von Nutzen, Präsenz in diesem Umfeld zu zeigen und bestehende Verbindungen zu pflegen. Ihren Besuch bei Landrat Wilhelm Hamkens, dem sie den Ablauf der Umwandlung schilderte, hielt Käte Ahlmann für wichtig genug, um ihn in dieser Form in der Einführung zum Jahresbericht 1937 der Carlshütte ausdrücklich zu erwähnen.[240] Inzwischen besaß dieser Kontakt einen weiteren Aspekt. Als NS-Gaujägermeister stand Hamkens dem ihm unmittelbar vorgesetzten Reichsjägermeister Hermann Göring nahe, der seit 1936 Generalbevollmächtigter des Vierjahresplanes war. Diese von Hitler persönlich eingerichtete Organisation bildete in den folgenden Jahren die wichtigste Lenkungsverwaltung der deutschen Wirtschaft.[241]

Lenkungen

Wesentliches Ziel der auf dem NSDAP-Reichsparteitag im September 1936 verkündeten Planung war die Erweiterung der Rüstungsproduktion und der Aufbau einer möglichst autarken Wirtschaft. Deutschland sollte vom Export aus dem Ausland unabhängig sein, um in einem Krieg nicht wieder durch feindliche Blockade von der Versorgung mit existenziellen Gütern abgeschnitten zu werden. Zu den Lenkungsinstrumenten von Görings Vierjahresplan-Behörde mit mehreren tausend Mitarbeitern gehörte die Zuteilung industrieller Rohstoffe, Genehmigungspflicht für Investitionen, Steuerung des Arbeitseinsatzes sowie Lohn- und Preiskontrollen. Da die Carlshütte keine Rüstungsgüter herstellte, wurde sie bei der Zuteilung von Rohstoffen und Halbfabrikaten gegenüber Firmen von „staatspolitischer Wichtigkeit" benachteiligt.[242] Die Blechbelieferung sank um dreißig Prozent, in gleicher Höhe erfolgte eine Einschränkung der Verarbeitung an Eisen. Nickel durfte gar nicht mehr verwendet werden. Doch die notwendige Umstellung bei Material und Herstellung erwies sich als lukrativer Erfolgszwang. Das Geschäft im ersten Jahr der Kommanditgesellschaft der Holler'schen Carlshütte verlief „äußerst günstig". Der Reingewinn betrug mehr als das Fünffache des Ergebnisses von 1936. Käte Ahlmann nahm die Gelegenheit wahr, den ersten Teil der Kredite zu tilgen.[243]

Die Gründe für diese mehr als erfreuliche Bilanz lagen einmal im Einfallsreichtum und Können der Ingenieure und Techniker des Werks, die bemerkenswert schnell Lösungen für die Anpassung der Produktion an die veränderten Verhältnisse fanden und beispielsweise Gusseisen durch Beton oder Stein ersetzten.[244] Dann

Zeitbedingt wurden Waschbrunnen aus Terrazzo zu einem sehr gefragten Erzeugnis der Carlshütte

wurde wegen des Rohstoffmangels die Fertigung vieler Verbrauchsgüter mit geringen Gewinnspannen eingestellt. Die staatlich verordneten Herstellungsbeschränkungen führten zu einer starken Nachfrage nach Waren, so dass die Lager vollständig geräumt werden konnten. Schließlich entwickelte sich im allgemeinen Wirtschaftsaufschwung, der mit umfangreichen Bauvorhaben für militärische Zwecke verbunden war, neben dem sehr guten Absatz von Badewannen eine „Hochkonjunktur" für Waschbrunnen. Schon von Julius Ahlmann 1930 in das Programm aufgenommen, hatte die für mehrere Personen konzipierte Reinigungsanlage anfangs kaum Interesse gefunden. Erst als das DAF-Amt „Schönheit der Arbeit" sie auf mehreren Ausstellungen empfahl, setzte eine sehr starke Nachfrage ein. 1937 wurden über 3.000 Waschbrunnen verkauft, inzwischen nicht mehr aus Gusseisen, sondern aus Terrazzo. „Daß sie viel teurer waren, hat unser Geschäft nicht gestört", hieß es dazu im Jahresbericht.[245]

Als Unternehmerin widmete Käte Ahlmann den kaufmännischen und technischen Bereichen des Betriebes natürlich große Aufmerksamkeit, doch für die Details waren in erster Linie ihre Direktoren Hinrich Bosse und Johannes Wenke zuständig. Beiden trug sie noch die Reaktionen auf die Mitteilung über den Abschluss der Verträge für die Umwandlung nach. Während Bosse sich schnell gefasst habe, sei von Wenke, dem sie eine „kalte Natur" zuschrieb, nicht einmal ein Glückwunsch gekommen. Doch mit dieser nicht ganz einfachen menschlichen Konstellation ging Käte Ahlmann ebenfalls zweckdienlich um. Sie war auf die Direktoren und ihre Fachkenntnisse angewiesen. Ove Becker Clausen, der Geschäftsführer ihrer Firma Moll & Rohwer, hatte dagegen die Form gewahrt, in einem an „Frau Julius Ahlmann, Fabrikbesitzerin" gerichteten Schreiben gratuliert und sie seiner freudigen Mitarbeit versichert.[246] Er übernahm dann die gesamte Verbandstätigkeit.

Mit sachlichen Überlegungen war das Vorgehen Käte Ahlmanns kalkuliert, ihre neue Stellung als Inhaberin der Carlshütte dadurch zu stärken, dass sie die von ihr als „Betriebsführer" verlangte Fürsorgepflicht gegenüber der „Gefolgschaft" mit ausnehmendem Engagement wahrnahm. Als Orientierung dienten dabei, nach den Darstellungen in den Jahresberichten, die sozialpolitischen Kriterien für den „Leistungskampf der deutschen Betriebe" der Deutschen Arbeitsfront. Viele der geforderten Einrichtungen gab es auf der Carlshütte schon lange, wie Altersversorgung, Krankenkasse, werkseigene Wohnungen und Ehrungen verdienter Mitarbeiter. Aufenthaltsräume und sanitäre Anlagen stellten dann ebenso Überprüfungspunkte dar wie Grünflächen und Sitzbänke im Freien. Neu hinzu gekommen als soziale Faktoren waren eine Werksbücherei, Förderung von Kuren und die Veranstaltung von KdF (Kraft durch Freude)- Fahrten. 1937 ging es einschließlich der Ehefrauen in drei Sonderzügen zu Hagenbeck's Tierpark in Hamburg, auch die Holsteinische Schweiz stand später auf dem Programm.

Die Lehrlinge der Carlshütte 1937 beim Frühsport an der Obereider

Als weithin beispielhaft galt die Berufserziehung der Carlshütte, für die das Werk mehrfach Auszeichnungen auf Landesebene erhielt. Im April 1936 hatte der Betrieb eine Lehrwerkstatt eröffnet, in der die ersten 37 Lehrlinge unter Anleitung erfahrener Meister eine Grundausbildung erhielten, etwa das Bearbeiten von Werkstücken an Schraubstock und Drehbank, den Umgang mit verschiedenen Maschinen, Formen von Blechen und das Lesen von Zeichnungen. Nach anderthalb Jahren durchliefen die Auszubildenden dann alle Abteilungen des Werks und lernten neue Produkte und Techniken kennen, bevor sie sich im letzten Abschnitt auf ihre Prüfung als Facharbeiter in ihrem jeweiligen Beruf vorbereiteten. Weiter wurden die Lehrlinge dazu angehalten, in ihrer Freizeit Sonderkurse in Stenografie, Schreibmaschine und Fremdsprachen zu besuchen.[247] Als Göring im Zuge des Vierjahresplans bestimmten Betrieben die verstärkte Ausbildung als Pflicht auferlegte, stellte im Frühjahr 1937 die Carlshütte 44 gewerbliche und 10 kaufmännische Lehrlinge ein, bei einer Gesamtzahl von 188. Die Lokalzeitung merkte an, dass vierzig Prozent aus „Hüttenfamilien" kamen.[248] Laut einer Aufstellung aus dem folgenden Jahr waren Männer der Büdelsdorfer Familie Johannes Möller seit der Gründung 1827 in fünfter Generation auf der Carlshütte tätig, neun Familien brachten es auf vier Generationen.[249]

Seit einiger Zeit schon waren Gelder bereit gestellt worden zur Errichtung eines Altersheimes für ehemalige Werksangehörige. Johannes und Wilhelmine Ahlmann hatten 30.000 Reichsmark gestiftet „im Andenken an unseren unvergesslichen Sohn Julius". Einen Betrag in gleicher Höhe fügte die Firma hinzu. Der lang gezogene Backsteinbau im Park gegenüber der Fabrikanlage war zwar Ende des Jahres 1937 fast fertiggestellt, doch Käte Ahlmann nahm sich Zeit, um während des Winters in Ruhe und mit Überlegung die rustikale Einrichtung vorzunehmen. Prunkstück auf der Diele war ein auf der Carlshütte gefertigter alter „Bilegger"-Ofen. Mit den ersten sechs alten Bewohnern und ihrer Hausmutter fand am 4. Mai 1938 die feierliche Einweihung des „Julius Ahlmann-Heims" statt. Verleger Ferdinand Möller, der Schulfreund des Verstorbenen, verfasste einen langen, liebevollen Artikel, in dem er den Bogen von der Familie Ahlmann zur sozialen Einstellung und hohen ethischen Gesinnung des Gründers Marcus Hartwig Holler schlug. An der Kaffeetafel „mit Bergen von Streuselkuchen und ganz dicken Cigarren" wie Johannes Ahlmann das anschließende Beisammensein beschrieb, nahm die gesamte lokale Prominenz teil, darunter die Bürgermeister von Rendsburg und Büdelsdorf sowie die Spitzen der Partei. Die Ansprache war dem stellvertretenden Direktor Wenke übertragen worden.[250]

Am 2. April 1938 hatte im Direktorenhaus bei Johannes Ahlmann die erste Gesellschafterversammlung der Firma stattgefunden. Der 87-jährige erholte sich nur sehr langsam von einer im November vorgenommenen schwierigen Darmoperation, war lange Wochen in der Flensburger Diakonissenanstalt zu Bestrahlungen gewesen und wurde nun von einer Pflegerin betreut. Wie üblich galt die Hauptsorge seiner Frau: „Mimi ist ganz herunter gekommen", bemitleidete er sie bei seiner Rückkehr nach Büdelsdorf. Doch geistig war der uralte Herr weiterhin voll auf der Höhe und konnte inzwischen schon, auf den Stock gestützt, in der Frühlingssonne im Garten spazieren gehen. Von der „Kommandite"-Sitzung am 2. April notierte Johannes Ahlmann nur die Namen der Teilnehmer: Käte, Bosse, Wenke, Marlene und Athenstaedt, dessen Name nun häufiger als kurzer Vermerk in seinem Tagebuch erschien.[251]

Auf Grund des Beschlusses dieser Gesellschafterversammlung – stimmberechtigt waren nur die Komplementärin Käte Ahlmann und der einzige Kommanditist

Johannes Ahlmann – wurde mit Rechtsanwalt Heinrich Athenstaedt ein Vertrag vereinbart, bindend für sämtliche Gesellschafter, ihre Rechtsnachfolger und Erben. Danach erfolgte mit Wirkung vom 2. April 1938 seine Bestellung zum Vertrauensmann der Geschäftsführung, Berater und Beistand der Kommanditgesellschaft. Athenstaedt übernahm auch die Verpflichtung, die persönlich haftende Gesellschafterin Frau Julius Ahlmann bei Abwesenheit oder längerer Verhinderung auf Verlangen zu vertreten und im Fall ihres Todes die Fortführung der Geschäfte von der Carlshütte aus zu gewährleisten, solange kein direkter Nachkomme des verstorbenen Herrn Julius Ahlmann Geschäftsführer war. Als Vergütung für Tätigkeit und „dauernde Dienstbereitschaft" waren als fester Betrag 12.000 Reichsmark jährlich bestimmt und die Zusicherung einer Pension in Höhe der letzten Bezüge, von denen seine Frau Luise im Fall seines Tode bis an ihr Lebensende einen dreiviertel Anteil erhalten sollte.[252]

Käte Ahlmann hatte damit die notwendigen Absicherungen vorgenommen. Auf Heinrich Athenstaedt konnte sie sich unbedingt verlassen. Seit dem Tod ihres Mannes war er als treuer Freund und wichtigster Berater an ihrer Seite gewesen, hatte sie über die Klippen der ersten Jahre auf der Carlshütte mit Rat und Zuspruch gelenkt, später bestärkt in ihren Absichten und Entscheidungen. Auf diese Unterstützung baute und vertraute sie. Wahrscheinlich hätte es zwischen beiden gar keines Vertrages bedurft, doch Käte Ahlmann rechnete aus eigener Erfahrung bei Erkrankung und Tod ihres Mannes mit dem Eventualfall. Daher wurden Rechtsnachfolger und Erben an die Vereinbarung gebunden. Für den früh pensionierten Heinrich Athenstaedt bedeutete der Vertrag fast die Verdreifachung seiner Einkünfte sowie die gesicherte Versorgung von Frau und Sohn.[253] Doch dabei handelte es sich nur um einen Nebeneffekt, wenn auch um einen recht einträglichen. Athenstaedt hatte als „Unternehmerinnen-Berater" eine interessante, verantwortungsvolle und einflussreiche Lebensaufgabe.

Im Spätherbst 1938 musste Heinrich Athenstaedt in dienstlicher Angelegenheit nach Norden reisen. Er sollte anwesend sein, wenn Käte Ahlmann als „Betriebsführer" bei dem für Sonnabend, 21. November, angesetzten Appell in der Carlshütte zum ersten Mal eine öffentliche Rede hielt und sie vorher mit ihr durchsprechen. In einem Brief an seine Frau Luise bewunderte er „Kätes völlige Ruhe in Erwartung des außerordentlichen Ereignisses".[254] Es verlief dann auch alles glatt. Laut Zeitungsbericht ging die Betriebsführerin kurz auf die jüngsten politischen Ereignisse ein, die im Vormonat vollzogene Abtretung des Sudetenlandes an Deutschland, und sprach von „schicksalsschweren Tagen". Anschließend rief sie zur möglichst starken Teilnahme am von der Deutschen Arbeitsfront veranstalteten Reichsberufswettkampf auf, berichtete über die gute Geschäftsentwicklung der Firma und beendete ihre Ausführungen mit einem Dank an die Gefolgschaft. Nach ihr ergriff Betriebsobmann Christian Harms das Wort. DAF-Kreisobmann Harm Ramaker überreichte anschließend einige Diplome und mit den „Liedern der Nation" – Deutschlandlied und Horst-Wessel-Lied – klang die Feier aus.[255]

Laut Heinrich Athenstaedt war seiner Schwägerin der Rat zum Halten der Ansprache beim Betriebsappell vom Regierungspräsidenten gegeben worden, geographisch unorientiert schrieb er „in Flensburg". Es handelte sich dabei um den ehemaligen Rendsburger Landrat Wilhelm Hamkens, den Gauleiter und Oberpräsident Lohse am 23. Februar 1938 in sein neues Amt in Schleswig eingeführt hatte.[256] Die Inhaberin der Carlshütte sollte in leitender Stellung und führender Präsenz vor der großen Betriebsgemeinschaft klar heraus stellen, dass sie eindeutig zum nationalsozialistischen Staat und seinen Zielen stand. Grund für den Rat war die gemeinsame Freundschaft zu Dr. Ernst Bamberger, als enge Beziehung der Familie Ahlmann weithin bekannt, und Anlass die Eskalation von Verfolgung und Gewalt gegen Deutsche jüdischer Herkunft, die auch das Umfeld berühren konnte. Der angesehene Rendsburger Chirurg hatte sich während des Pogroms in der Nacht zum 9. November 1938 versteckt gehalten und musste zwangsweise die Stadt verlassen, nachdem ihm schon am 30. September die Approbation aberkannt worden war.

Bereits vorher hatte Käte Ahlmann Schwierigkeiten zu vermeiden versucht, die sich aus einem verbotenen öffentlichen Kontakt mit dem durch die Rassegesetzgebung aus dem deutschen Volk ausgegrenzten Arzt ergeben konnten. Als sich ihr jüngster Sohn mit einem spitzen Kopierstift verletzte, machte sie mit ihm den Gang zur Klinik in der Rendsburger Moltkestraße bei Dunkelheit.[257] Sie handhabe das in gleicher Weise, nachdem Dr. Bamberger im dreißig Kilometer von Büdelsdorf entfernten Remmels, dem Heimatdorf seiner Frau Cäcilie, Zuflucht gefunden hatte. Wie Wilhelm Hamkens, der für die abendlichen Besuche bei seinem Freund die lange Fahrt von Schleswig auf sich nahm, brachte Käte Ahlmann ihren Wagen sofort in die Scheune, damit ihre Anwesenheit neugierigen Passanten verborgen blieb. Da aber Frau Bamberger „es überall bei den Bauern davon herumerzählte", sah sie sich in ihrer exponierten Stellung gezwungen, die Besuche aufzugeben. Die Remmelser Eingeweihten registrierten mit Sympathie, dass Marlene Ahlmann weiterhin regelmäßig auf jeweils zwei Stunden zum Freund ihres Vaters kam.[258] In Ausweglosigkeit und Verzweiflung setzte Dr. med. Ernst Bamberger am 6. Dezember 1941 seinem Leben selbst ein Ende. Käte Ahlmann kümmerte sich später intensiv um Cäcilie Bamberger und zog sie als regelmäßigen Tischgast in den engeren Familienkreis ein.[259]

Einen Monat bevor seine Zulassung durch die „Vierte Verordnung zum Reichsbürgergesetz" erlosch, war Dr. Max Behr aus Kiel am 28. August 1938 noch bei seinem alten Patienten Johannes Ahlmann in Büdelsdorf gewesen, um eine Halsbehandlung vorzunehmen. Er hatte während der ganzen letzten Jahre, als sich die Repressalien gegen Ärzte jüdischer Herkunft verschärften, von Kiel aus private Krankenbesuche vor allem bei der häufig unter Bronchialkatarrh leidenden Wilhelmine Ahlmann gemacht.[260] Der bekannte Facharzt für Hals-, Nasen- und Ohrenkrankheiten musste seine Privatklinik in Kiel aufgeben und emigrierte nach England. Außer ihm und Dr. Bamberger hatte in Schleswig-Holstein aus dem betroffenen Kreis bis zuletzt nur noch Dr. med. Otto Spiegel praktiziert, der einst wegen des kleinen Severin fast ständig auf Abruf zu Ahlmanns gewesen war. Dem Kinderarzt gelang die Auswanderung nach Kolumbien.[261]

Abschied

Für den alten Johannes Ahlmann war 1938 ein Jahr des Abschiednehmens, verschönt durch viele kleinere Ereignisse, die er mit dankbarer Aufmerksamkeit und Freude genoss, dazu kamen ausgesprochene Höhepunkte, die seinem langen Leben gegen Ende noch einen strahlenden Glanz aufsetzten. Das für ihn wohl krönende Ereignis hatte mit der Übernahme der Carlshütte in den Familienbesitz jedoch bereits im Vorjahr stattgefunden. Es bereitete ihm besondere Zufriedenheit, dass er bei der von ihm nur „Kommandite" genannten Gesellschaft noch mitwirken konnte. Im hohen Alter von 87 Jahren war es dem Direktor vergönnt, der von 1883 an über fünf Jahrzehnte Einsatz und Hingebung dem Werk gewidmet hatte, die reiche Ernte seiner Tätigkeit zu genießen. Große Befriedigung erfüllte den dynastisch denkenden alten Herrn auch deswegen, weil die Traditionsfolge der Ahlmanns als Leiter der nun ihnen gehörenden Carlshütte in der dritten Generation gesichert war, die in die Fußstapfen der Vorfahren trat.[262]

Der älteste Enkel Hans-Julius, der ohne Probleme die Schule durchlaufen hatte, begann nach dem Ende März 1937 mit „gut" bestandenen Abitur an der Rendsburger Herderschule eine zweijährige kaufmännische Lehre bei der Hamburger Großhandelsfirma Peter Jensen, Eisengusswaren, um „treu der Tradition durch 5 Generationen von der Pike anzufangen".[263] Neben der Ausbildung eignete er sich gründliche Kenntnisse in Spanisch an. Seinen Trakehner „Sonnenstrahl" hatte er zu seinem großen Bedauern für diese zwei Jahre in fremde Hände geben müssen. Statt des Reitens widmete sich Hans-Julius intensiv der Leichtathletik, trainierte täglich und fühlte berechtigten Stolz, als er über die 400 Meter in den offiziellen Nachwuchs für die für 1940 in Tokio geplanten Olympischen Spiele eingegliedert wurde. Doch nach der erfolgreich abgelegten Prüfung zum Handlungsgehilfen wartete erst einmal der obligatorische Arbeitsdienst auf den Zwanzigjährigen, zu dem er im Frühjahr 1939 ins Emsland einrückte.[264]

Seine Schwester Marlene studierte inzwischen Musik, zuerst an der Nordmarkschule in Kiel und folgte dann mit einigen anderen Schülern ihrem Professor, dem Klavierpädagogen und Konzertpianisten Friedrich Wührer nach Wien an die

Staatsakademie für Musik. Sie fühlte sich in Österreich sehr wohl, der „wiederge-wonnenen Ostmark", wie Käte Ahlmann die offizielle Propaganda-Redewendung an die Verwandten weiter gab. Am 12. März 1938 war unter dem Einmarsch deut-scher Truppen der Anschluss an das Deutschen Reich erfolgt. Während der Feri-en führte Marlene vom Standort Büdelsdorf aus ein reges gesellschaftliches Leben, besuchte Verwandte in Kopenhagen, tanzte auf einigen Hochzeiten und begleitete die Mutter verschiedentlich zu Ausstellungen und Messen. Es war ein gänzlich un-beschwertes, doch das übliche Dasein einer jungen, noch unverheirateten Frau aus gehobenen, gut bürgerlichen Kreisen.[265]

Ein sehr liebevolles Verhältnis herrschte zwischen dem alten Großvater und sei-nem jüngsten Enkel, der inzwischen aus den Kinderschuhen heraus gewachsen war. Dass sich der Blickwinkel geändert hatte, zeigte sich an der Tagebucheintragung von der Einweihung des „Julius Ahlmann-Heims". Der ursprünglich notierte Name „Seppel" wurde durchgestrichen und durch „Josef-Severin" ersetzt. Dem Quartaner, der erste Schultag mit der neuen Würde wurde als wichtig festgehalten, schenkte Johannes Ahlmann im Mai 1937 ein neun Meter langes Rennsegelboot, das den Namen „Smutje" erhielt. Der Großvater stand stolz am Ufer der Obereider, als der Dreizehnjährige bei der Jubiläumsregatta 1938 gleich mehrere Preise gewann, dar-unter den von ihm gestifteten Silberpokal. Über Käte Ahlmanns unfreiwilliges Bad im Audorfer See, wo sie bei einem Anlegemanöver in voller Kleidung über Bord von „Smutje" ging, verfasste der Sohn eine amüsante Geschichte. Aus ihr sprach große Bewunderung für seine Mutter, die auch in dieser Situation kühlen Kopf, Sinn für praktische Maßnahmen und damenhafte Haltung bewies.[266] Johannes Ahlmann wurde die triefend nasse Schwiegertochter vorenthalten. Er bekam nur mit, dass die „Mama" mit ihrem Sohn einen Segelausflug gemacht hatte.[267]

In diesem letzten Sommer klang häufig Melancholie in den Aufzeichnungen von Johannes Ahlmann an. Schon an seinem 87. Geburtstag am 18. Februar 1938 hatte er seinem Tagebuch anvertraut: „Das war auch das Alter meiner lieben Mutter, und es hat mir lange vorgeschwebt als höchstes Ziel. Nun habe ich in der Beziehung keine Wünsche mehr. Ich bin bereit." Am nächsten Tag erhielt er die Nachricht vom Tod seiner drei Jahre jüngeren Schwester Elfriede in Kopenhagen, der „Ge-spielin meiner Knabenjahre". Der Bruder widmete ihr, die nie geheiratet hatte, sehr einfühlsame Worte der Erinnerung. Er war nun der einzige Überlebende der sieben Kinder von Thomas Jörgen und Marie Ahlmann, geb. Hundewadt aus Fredericia.

Schmerzhaftes Bedauern empfand Johannes Ahlmann, dass er wegen seiner Krankheit das geliebte Gravenstein nicht wiedersehen sollte. Wie immer zurück-haltend in seinen Gefühlsäußerungen, sprach er nur von „sehr bewegenden Ge-danken", während „Mimi" untröstlich sei. Noch am 8. Juni 1937 war der Senior einer der über dreißig Teilnehmer am Familientag gewesen, hatte aber Ende August wegen zunehmender Beschwerden den gewohnten wochenlangen Aufenthalt im Familienheim abbrechen müssen. Gravenstein besaß für das alte Ehepaar Ahlmann einzigartig bedeutsamen Erinnerungswert. Dort hatte ihr sterbender Sohn Julius im Jahr 1931 seine letzten Lebenstage verbracht. In Gravenstein hatten sich aber auch das junge Paar Johannes Ahlmann und Wilhelmine Olde kennen und lieben gelernt. Das war nun über sechzig Jahre her.

Am 24. Mai 1938 feierte das Ehepaar das seltene Fest der Diamantenen Hochzeit. Bilder vermitteln, dass es in der Tat ein „unendlich schönes Treffen zahlreicher Freunde und Verwandter von Nord und Süd" war, wie es Käte Ahlmann beschrieb. Sie gestaltete dem Jubelpaar in beiden Häusern ein großartiges Fest. Die einzige Trübung dieses Tages war die Abwesenheit von Sohn Otto und seiner Frau Edith, die wegen neuralgischer Schmerzen abgesagt hatten.[268] Ihr letzter Besuch bei den Eltern lag mehr als ein Jahr zurück, und sie sollten den alten Vater nicht mehr wiedersehen. Immerhin konnte Johannes Ahlmann den Briefen entnehmen, dass es Otto geschäftlich recht gut ging, er in Shaldon sogar für das Amt des Friedensrichters vorgeschlagen wurde, das er aber wegen Arbeitsüberlastung ablehnte. In einem von Otto Ahlmanns Briefen aus dieser Zeit standen weitsichtige Worte: „Keiner kann wissen, wer in den Strudel mit hinein gezogen wird. Sollte es einen Weltkrieg geben, so wird er viele Jahre dauern."[269]

Wie zum Abklang nahm Johannes Ahlmann noch einmal die Geige hervor, legte sie aber nach kurzem Spiel beiseite. In Begleitung der Pflegerin ließ er sich auf den Heidberg fahren, den er einst dem jungen Ehepaar Julius und Käte überlassen hatte, und staunte, wie wunderschön dort alles war, über Tannenduft und lichten Eichenwald. Kleinere Ausfahrten am Kanal entlang und in die nähere Umgebung, ein Rundgang durch das Werk am Arm der Krankenpflegerin waren Stationen des Abschiednehmens.[270] Nach wie vor kam der gewohnte Strom von Besuchern ins Haus, alte Bekannte und Vertraute aus den großen Familienkreis. Johannes Ahlmann blieb für die Jüngeren aufgrund seiner geistigen Frische ein sehr geschätzter Gesprächspartner. Zu welchen erstaunlichen Leistungen der Nestor der Familie noch imstande

Diamantene Hochzeit von Wilhelmine und Johannes Ahlmann am 24. Mai 1938, umrahmt von den Enkeln Marlene, Hans-Julius und Severin, an ihrer Seite die Schwiegertochter Käte Ahlmann

Die lange Festtafel im Direktorenhaus, vorn rechts Hans-Julius Ahlmann, dem Anlass angemessen, im Smoking

war, belegte sein Alterswerk, das er 1938 abschloss: „Das Verzeichnis der Nachkommen des Kaufmanns Otto Friedrich Ahlmann und seiner Ehefrau Magdalene geb. Lorenzen in Gravenstein".[271]

In einem „kleinen, zierlichen Rundschreiben" vom 10. März 1939 teilte Johannes Ahlmann mit, dass er nunmehr die Feder aus der Hand legen müsse.[272] Seine körperliche Schwäche nahm zu, obwohl er sich noch immer interessiert am Geschehen auf der Carlshütte zeigte, über das ihn die Schwiegertochter Käte auf seine Bitten hin informierte. Geliebt und betrauert von allen, schlief er am 15. April ruhig ein. Die zahlreichen Nachrufe würdigten eine große Persönlichkeit, ein Leben außerordentlich reich an Arbeit und Erfolgen. Viel Verständnis und Wärme kam bei seinem Kieler Vetter Ludwig Ahlmann zum Ausdruck: „Johannes hat am Leben große Freude gehabt. Sein glückliches Familienleben, das Gelingen seiner großen Arbeit und sein heiterer, humorvoller Sinn machten ihn glücklich. Dazu kam die große körperliche Rüstigkeit und Frische, der er sich bis fast zuletzt erfreuen durfte. Für seine Person war Johannes anspruchslos und bescheiden. Er war immer bereit, anderen zu helfen und hat in seinem langen Leben vielen mit Rat und Tat zur Seite gestanden. Ein wohlverdienter Friede!"[273]

Entwicklungen

Käte Ahlmann hatte sehr an ihrem Schwiegervater gehangen. Seinem beharrlichen Werben war es damals während des Kriegseinsatzes ihres Mannes Julius gelungen, die jung verheiratete Rheinländerin an den Norden mit den ihr kühl und abweisend erscheinenden Menschen zu binden. Sie konnte immer auf ihn bauen, selbst wenn es manchmal Meinungsverschiedenheiten gab, wie etwa im Fall Adlung. Die Basis zwischen beiden bildete gegenseitige Achtung, Liebe und Vertrauen. Die Musik war ein weiteres Band. Johannes Ahlmann sah in seiner Schwiegertochter natürlich auch die Mutter seiner drei wohl geratenen Enkelkinder. Dass die Familienfolge durch sie fortgesetzt wurde, empfand er nach dem Tod seines Sohnes als tröstlich. Ein immer schon vorhandener Respekt vor Kätes Fähigkeiten, gleich welcher Art, stieg zur Bewunderung, als der Achtzigjährige beobachtete, wie seine halb so alte Schwiegertochter als Frau tatsächlich den Traum verwirklichte, den sicherlich nicht nur sein Sohn, sondern auch der Vater bereits gehabt hatten. Käte Ahlmann war im Nachhinein besonders dankbar, dass sie ihrem Kommanditisten zum Jahresende 1938 die gute Nachricht übermitteln konnte, der Gefahrenpunkt der finanziellen Transaktion sei überwunden. Gut die Hälfte der Bankenschuld war abgetragen.[274]

Möglich gemacht hatten das Ergebnis bei einem etwas geringeren Reingewinn als im Rekordjahr 1937 bewußte Einschränkungen bei den bisher, so Käte Ahlmann, „üppigen" Ausgaben für Bauten und soziale Belange. Sie beabsichtigte, diese Firmenpolitik der ehemaligen Aktiengesellschaft ganz ausklingen zu lassen. Der gesunkene Umsatz war vor allem durch Rohstoffmangel bedingt, Kontingentierungen und Herstellungsbeschränkungen. Für den privaten Bedarf gab es daher kaum Kapazitäten, was sich bei der Produktion von Badewannen in einem Rückgang um dreißig Prozent auswirkte. Keine Probleme bestanden dagegen bei der Fabrikation von Öfen und Stahlblechradiatoren. Für diese Artikel erhielt das Werk ausreichend Materialzuweisungen, da sie an „militärische Einrichtungen jeder Art" gingen.[275] Mit Datum vom 30. September 1938 war die Carlshütte offiziell „Wehrwirtschaftsbetrieb" im Bezirk des Rüstungskommandos Kiel der übergeordneten Wehrwirtschaftsinspektion X in Hamburg, die sich räumlich mit dem Gebiet des Wehrkreises X deckte.[276]

In dieser Weise erfasst wurden von der Wehrmacht – Marine, Luftwaffe und Heer – Unternehmen, die Zulieferer für wichtige Ausstattungen und Versorgungen waren. Darunter befanden sich Fabriken für Leder und Textil, Korkenwerke oder auch Wursthersteller.[277] Bereits in einer Planstudie von 1932, also noch vor der Machtergreifung der Nationalsozialisten, mit einem Verzeichnis der kriegs- und lebenswichtigen Industriebetriebe für den Nachschub von Heer und Marine, war das Eisenwerk Holler'sche Carlshütte, Rendsburg-Büdelsdorf mit einer Beschäftigtenzahl von 2.000 bei voller Auslastung angeführt.[278] Obwohl darin schon ein Einsatz für Geschossbearbeitung vorgesehen war, gehörte das Werk nicht zu den Industriebetrieben, die das Oberkommando der Wehrmacht für die Mobilmachung bestimmt hatte.[279] Käte Ahlmann berichtete später vom Besuch einiger Herren im

Jahr 1936, die bei einer Unterredung mit ihr und den Direktoren für den Fall eines Krieges die Umstellung der Carlshütte auf Rüstungsproduktion festgelegt hätten. Anschließend sei eine vollständige Bestandsaufnahme der Einrichtungen erfolgt, aber ohne weitere Anordnungen.[280]

Nicht nur die Produktion war bereits seit Herbst 1938 auf den militärischen Bedarf ausgerichtet. Die Carlshütte hatte in diesem Jahr achtzig Facharbeiter auf die Dauer von sechs Monaten für den Bunkerbau am Westwall abzustellen. Die 630 Kilometer lange Befestigungsanlage vom Oberrhein bis in den Raum von Aachen sollte auf die Westmächte abschreckende Wirkung haben. Da inzwischen wegen Wirtschaftskonjunktur, Arbeitsdienst und Wehrpflicht starker Arbeitskräftemangel herrschte, mussten in größerer Zahl Frauen eingestellt werden, die aber den körperlich anstrengenden Tätigkeiten nicht annähernd gewachsen waren. Viele verließen den Betrieb bald wieder. Es blieben etwa sechzig.[281] Für sie wurden besondere Wasch- und Aufenthaltsräume eingerichtet, was sich als vorausschauende Maßnahme erwies. Käte Ahlmann ernannte Elisabeth Zander zur Sozialen Betriebsarbeiterin, die sich den Anliegen der Arbeiterinnen widmen sollte und auch die weibliche Werkschar betreute.[282] Die uniformierte Organisation der Werkscharen war „Stoßtrupp" der Deutschen Arbeitsfront im Betrieb und ihr Vorhandensein galt als wichtiges Kriterium beim Leistungskampf, an dem sich die Carlshütte zwar regelmäßig beteiligte und Abzeichen der Anerkennung bekam, nie aber die höchste Gau-Auszeichnung errang, die „Goldene Fahne der DAF".[283]

Anfang des Jahres 1939 hatte bei seit 1936 sinkender Beschäftigtenzahl von 1.678 auf 1.508, als Durchschnittsstand für 1938, der prekäre Mangel an belastungsfähigen Arbeitskräften noch zugenommen. Durch Vermittlung des Arbeitsamtes Rendsburg erhielt die Carlshütte rund siebzig Tschechen, die in zwei Schüben im Mai eintrafen.[284] Am 16. März 1939 hatte Adolf Hitler die Tschechei durch Truppen besetzen lassen und das Gebiet zum „Protektorat Böhmen und Mähren" des Deutschen Reiches erklärt. Bei der Anwerbung in Prag waren den Facharbeitern – Schlossern, Klempnern, Feinmechanikern – günstige Arbeitsbedingungen und hoher Lohn versprochen worden. Als in Büdelsdorf nichts davon zutraf, ihre privaten Vermieter ihnen zudem sehr teure Preise für Wohnung und Essen berechneten, traten sie am 13. Juni in den Streik und verlangten, nach Prag zurück geschickt zu werden. Betriebsobmann Christian Harms informierte daraufhin telefonisch Bürgermeister Robert Drasdo, der als Amtsvorsteher die örtliche Polizeibehörde war.[285]

Noch am selben Tag fertigte Drasdo einen Bericht für die Gestapo Kiel, nachdem er die Staatspolizeistelle sofort über den Anruf von Harms benachrichtigt hatte. Wie er in seinem Schreiben mitteilte, fand anschließend auf der Carlshütte eine Besprechung statt, in Anwesenheit von „Frau Direktor" Ahlmann, Direktor Wenke, Vertretern von Arbeitsfront und Arbeitsamt sowie von drei Polizeibeamten, die Drasdo hinzu gebeten hatte. Die Tschechen brachten ihre Klagen vor, worauf die Werksleitung Verbesserungen zusagte und die Errichtung eines Gemeinschaftslagers, in dem sie wohnen und verpflegt werden könnten. Die deutschen Anwesenden machten ihnen deutlich klar, dass mit einem Streik überhaupt nichts zu erreichen sei. Die Tschechen gingen daraufhin geschlossen wieder an die Arbeit, suchten jedoch, sobald wie nur möglich nach Hause zu kommen oder eine andere Anstellung in der Region zu finden. Im August 1939 meldete Drasdo der Kieler Gestapo die Verhaftung von zwei tschechischen Arbeitsverweigerern, die sich aufgrund der gesetzlichen Einschränkung ihrer einstigen Rechte nun im Büdelsdorfer Polizeigefängnis befanden. Am Jahresende waren noch siebzehn Tschechen auf der Carlshütte beschäftigt.[286]

Bürgermeister Drasdo stand in seiner Eigenschaft als Amtsvorsteher auch sonst im laufenden Kontakt mit der Staatspolizeistelle Kiel. Der Dienstweg ging über den vorgesetzten Landrat in Rendsburg als Schaltstelle. Drasdo hatte Bericht über das Verhalten politischer Häftlinge zu erstatten, die unter dem Vorbehalt regelmäßiger Meldung entlassen worden waren. Wilhelm Andritzke beispielsweise, als Mitglied der verbotenen KPD verhaftet, wurde nach drei Jahren in Konzentrationslagern im November 1938 „probeweise" auf freien Fuß gesetzt mit der Auflage, jeden dritten Werktag bei der örtlichen Polizeibehörde vorzusprechen. Da er keinen Anlass zu Beanstandungen gab, hob die Gestapo den Schutzhaftbefehl nach vier Monaten auf.[287] Karl Gottdang, ehemaliger Kassierer der Metallarbeiter-Gewerkschaft, hatte Ende Dezember 1938 eine Strafe von sechs Monaten wegen Vorbereitung zum Hochverrat im Zuchthaus Fuhlsbüttel verbüßt und musste sich ebenfalls bei der Polizeibehörde Büdelsdorf melden. Er bekam wieder Arbeit auf der Carlshütte. Nach Aussage von Betriebsobmann Harms verhielt Gottdang sich unauffällig, stand aber weiter unter Überwachung.[288] Übrigens war Käte Ahlmann der sicheren Überzeugung, dass die Gestapo auch in der Carlshütte, wie in anderen größeren Betrieben, Spitzel platziert hatte. Von einem Mitarbeiter im technischen Büro wusste sie von seiner Tätigkeit als Informant seit 1934.[289]

„Wehmütiger Sommer"

Der Tod Johannes Ahlmanns ließ seine fast 84-jährige Witwe Wilhelmine einsam und verlassen zurück. Über sechzig Jahre lang war die Zarte und Kränkelnde von ihrem Mann auf Händen getragen worden, der seine geliebte „Mimi" verständnisvoll gehegt hatte. Bis zuletzt maß der an einem schweren Leiden Erkrankte den häufigen leichten Erkältungen seiner Frau wesentlich mehr Bedeutung zu als den eigenen schmerzhaften Beschwerden. Johannes Ahlmann war das belebende Element in dem nun still gewordenen großen Haus gewesen. Von einem „wehmütigen Sommer für die Großmutter Wilhelmine" schrieb einfühlsam Käte Ahlmann in ihrem Beitrag für die Familienchronik. Zwar sahen Verwandte und Freunde vorbei, doch die beiden ältesten Enkelkinder fehlten ihr sehr. Hans-Julius war bei Bentheim im Arbeitsdienstlager, Marlene an der Staatsakademie für Musik in Wien. Beide traten zusammen mit ihrem Bruder Severin an die Stelle von Johannes Ahlmann als Kommanditisten der Gesellschaft, Hans-Julius mit einer geringfügig höheren Einlage als die Geschwister.[290]

Das Musikstudium Marlenes fand allerdings ein vorzeitiges Ende. Bei einem Fest in Hamburg, eingeladen von Vereinsbankdirektor Otto Stürken, der die wichtigen Kredite gewährt hatte, lernte sie Rudolf August Oetker kennen.[291] Der 22 Jahre alte Erbe des großen Bielefelder Unternehmens absolvierte an dem namhaften Geldinstitut eine Ausbildung als Bankkaufmann.[292] Beide verlobten sich Mitte Juni 1939. Käte Ahlmann schrieb wenig später an ihre Schwester Luise Athenstaedt: „Ade, Staatsakademie für Musik!", und leitete erste Planungen für die Hochzeit ein.[293] Auf die alte Großmutter Wilhelmine wirkten nach Darstellung ihrer Schwiegertochter die Ereignisse sehr belebend, die ihren Höhepunkt mit der Vermählung ihrer Enkelin am 14. Oktober 1939 fanden. Käte Ahlmann stiftete aus diesem festlichen Anlass der Belegschaft ihres Werks einen Betrag von 20.000 Reichsmark.[294]

Das jung verheiratete Paar wohnte in Hamburg, wo am 16. Juli 1940 die Tochter Roseli das Licht der Welt erblickte, das erste Enkelkind Käte Ahlmanns, das ihr Zeit des Lebens besonders nahe stehen sollte. Der Name wurde ausdrücklich in Erinnerung an die früh verstorbene Schwester der Mutter gewählt. Doch in der Ehe hatte es schon bald Differenzen gegeben, es war „der falsche Mann" gewesen, wie Marlene sagte.[295] Die Scheidung ging dann verhältnismäßig schnell vonstatten, brachte aber schwere seelische Belastungen für die junge Frau mit sich. Es gelang Marlene jedoch, in ihren eigenen Worten, Kraft zu einem ganz neuen Leben zu schöpfen und sie begann in Bonn ein

Das Brautpaar Marlene und Rudolf August Oetker am 14. Oktober 1939

Medizinstudium. Ihre Mutter hatte vergeblich versucht, das Interesse der Tochter auf Betriebswirtschaft zu lenken. Ein anderer Einfluss auf die Wahl des Studienfaches erwies sich als stärker. Beim Skilaufen in Seefeld, wo sie Abstand und Erholung von den problematischen Auseinandersetzungen finden wollte, war es zu einer Begegnung mit dem jungen Tiroler Arzt Dr. Max-Josef Halhuber gekommen, der später ihr zweiter Ehemann wurde.[296]

Käte Ahlmann hatte inzwischen ein außerordentlich bedeutendes Ergebnis feiern können, das sie mit berechtigtem Stolz und großer Zufriedenheit erfüllte. Letztlich handelte es sich um einen bemerkenswerten persönlichen Triumph. Innerhalb von tatsächlich nur drei Jahren hatte sie erreicht, die Millionenkredite bei der Vereinsbank Hamburg und bei der Bank für Industrie-Obligationen in Berlin zu tilgen. Die letzte Rate der Rückzahlung, im Verhältnis zur Gesamtsumme belanglose 75.000 Reichsmark, wurde am 20. März 1940 überwiesen.[297] Der Inhaberin der Carlshütte war gelungen, was sie geradlinig als ihr Ziel seit der Umwandlungsaktion verfolgt hatte. Unbedingt noch vor dem Ausbruch des Krieges, mit dem sie 1937 schon fest rechnete, wollte sie alle Bankschulden ablösen, da es dann, wie sie glaubte, nicht mehr derart glatt möglich sein würde.[298] Der Terminplan ging schließlich zwar nicht genau nach ihren Vorstellungen auf, doch bei Beginn des Zweiten Weltkrieges fehlten nur noch Restbeträge.

Krieg und Mobilmachung

Am Morgen des 1. September 1939 eröffneten deutsche Truppen die Kampfhandlungen entlang der polnischen Grenze. Frankreich und England erklärten daraufhin am 3. September den Krieg. Für die 1855 geborene Wilhelmine Ahlmann war es der fünfte ihres langen Lebens, wie ihre Schwiegertochter feststellte. Der Sohn Otto in England ließ über eine Kopenhagener Verwandte nach Büdelsdorf ausrichten, dass er bis nach Kriegsende nichts mehr von sich hören lassen würde. Käte Ahlmann erfuhr, dass der Schwager und seine Frau Edith wegen der erwarteten deutschen Invasion von ihrem Wohnort Shaldon an der Südküste evakuiert worden waren. Dann gab es keine Nachrichten mehr. Anderes war für sie nun auch wichtiger. Der 20-jährige Hans-Julius, auch darin dem Vorbild seines Vaters folgend, hatte sich zu einem Düsseldorfer Artillerieregiment beworben und begann Ende Oktober 1939 seine Ausbildung bei einer Abteilung dieser Truppe im westpreußischen Graudenz.[299]

Nachdem die militärische Mobilmachung bereits am 26. August 1939 erfolgt war, erließ das Oberkommando der Wehrmacht die entsprechenden Befehle für die Wirtschaft erst am Abend des 3. September. Es kam daher bei der Industrie zu zahlreichen

Die Inhaberin der Carlshütte: Käte Ahlmann in einer Studioaufnahme von 1938

Einberufungen eigentlich für diesen Fall zurück gestellter Leute. Auf die Carlshütte wirkte sich die zeitliche Differenz der Planung insofern aus, dass gleich nach Kriegsbeginn über fünfzig wichtige Facharbeiter nach Kiel als Ersatz in Betriebe der vorrangigen Marinerüstung dienstverpflichtet wurden.[300] Die zusätzliche Zahl der in den ersten Monaten eingezogenen Büdelsdorfer Werksangehörigen belief sich auf 133. Dass Mitarbeiter im Ruhestand ihre ehemalige Arbeit wieder aufnahmen, zeigte zwar große Solidarität und Verbundenheit zur alten Firma, konnte aber in keiner Weise den Verlust auffangen. Die Aufträge waren mit der verbliebenen Belegschaft nicht zu erfüllen.[301]

Andererseits hatte zwar nach dem „X-Befehl" des Rüstungskommandos Kiel sofort die bei der Mobilmachung vorgesehene Umstellung der Werkstätten eingesetzt, aber es gab Pannen, die allerdings nicht betriebsintern bedingt waren. Die Carlshütte sollte laut Plan der Wehrwirtschaftsinspektion X, die bei Kriegsbeginn in Rüstungsinspektion X umbenannt worden war, mit der Maschinenfabrik 8,8 cm Sprenggranaten aus angeliefertem Pressstahl herstellen. Mitte September zog das verantwortliche Oberkommando des Heeres (OKH) den Auftrag zurück und stellte die Planung auf 10,5 cm Feldhaubitzengranaten um. Alles musste zeitaufwändig geändert werden.[302] Da die erforderlichen technischen Zeichnungen verspätet eintrafen und die Gießereien Stahlguß-Rohlinge nicht in den benötigten Mengen herstellen konnten, lief die Rüstungsproduktion auf der Carlshütte erst zu Beginn des Jahres 1940 langsam an und erreichte nie die vorgeschriebene Anzahl von 5.000 Stück monatlich. Mitte August ließ dann das OKH die Fertigung vollständig drosseln,[303] da bei dem innerhalb eines Monats am 17. Juni 1940 beendeten „Blitzkrieg" im Westen, wie auch vorher gegen Polen, nur geringe Bestände dieser Geschosse verbraucht worden waren.[304]

Die gesamte Produktion in dieser Zeit, die im zivilen Bereich unter weiteren Einschränkungen an notwendigen Rohstoffen litt und an Herstellungsverboten für bestimmte Artikel, erschwerten zusätzlich große Transportprobleme. Vor allem im Eisenbahnverkehr kam es zu Stockungen, da ein empfindlicher Mangel an Güterwagen bestand.[305] Bei der daher praktizierten erforderlichen Zuteilung erhielt die Carlshütte von der Reichsbahn ein in keiner Weise ausreichendes Kontingent, wie das Rüstungskommando Kiel an die vorgesetzte Inspektion nach Hamburg meldete. Durch den extrem harten Winter hatte der sonst übliche Wasserweg nicht benutzt werden können, was die Frachtkosten der Firma bis auf das Doppelte steigerte. Zum Teil trugen die extremen Witterungsbedingungen dazu bei, dass die Kohleversorgung fast vollständig zusammen brach. Die Rüstungsinspektion bezeichnete die Situation als „trostlos". Wie über zwanzig andere Betriebe in Schleswig-Holstein lag die Carlshütte deswegen im Februar 1940 in ihrem „Engpaß-Ortsbereich" fast einen Monat still.[306]

Weitere große Probleme verursachte der immer stärker zunehmende Mangel an Arbeitskräften. Auf Anforderung über den Büdelsdorfer Amtsvorsteher Drasdo überwies das Arbeitsamt Rendsburg der Carlshütte Ende September 1940 zunächst dreißig polnische Kriegsgefangene, zum Jahresende war die Zahl auf 87 gestiegen. Als vorgeschriebenes Lager wurde die Gaststätte „Deutsche Wacht" in der Büdelsdorfer Löwenstraße gepachtet und für 120 Mann und das erforderliche Wachpersonal hergerichtet. Die Ausstattung umfasste Grobgarndecken und graue Handtücher sowie Kochkessel und Bratpfannen.[307] Die Polen wurden zwar offiziell aus der Kriegsgefangenschaft entlassen, mussten sich aber verpflichten, an ihrer Arbeitsstelle zu bleiben und jede Arbeit zu verrichten. Die Beaufsichtigung ging auf diese Weise von der Wehrmacht auf die Polizei über, beziehungsweise auf den verantwortlichen Betrieb. Die Carlshütte hatte im Einvernehmen mit dem Büdelsdorfer Amtsvorsteher das Hanseatische Wachinstitut Hamburg damit beauftragt.[308]

Wachaufgaben übernahm auch eine zwanzig Mann starke Luftschutzbereitschaft, die nachts auf dem Werk stationiert war, um im Notfall schnell eingreifen zu können. Sie hatte eine Motorspritze zur Verfügung, außerdem standen auf dem Gelände an zahlreichen Stellen große Wassergefäße mit Pumpen, Feuerpatschen und Löschsand. Während des Jahres 1940 gab es 81 Fliegeralarme, einen davon nachts. Immerhin kamen die Betriebsangehörigen im zweiten Kriegswinter besser mit der Verdunkelung der Werkstätten zurecht. Im Vorjahr waren die Fensterscheiben schwarz gestrichen worden, was natürlich die Arbeit bei Tage behinderte.[309] Gleich nach Kriegsausbruch war, wie in jedem Rüstungsbetrieb, ein der Wehrmacht unterstellter Werkschutz, der Polizeigewalt ausübte, zur Abwehr von Spionage und Sabotage gebildet worden. Die Leitung hatte anfangs Direktor Hinrich Bosse, sein Nachfolger wurde der langjährige treue Prokurist Heinrich Thiemann.[310]

Schon im November 1939, als sich die mangelnde Kapazität bei den dafür eingeplanten Industriebetrieben und die Transportschwierigkeiten abzeichneten, war das Oberkommando des Heeres an die Carlshütte wegen der Einrichtung einer Stahlgießerei herangetreten, um Geschossrohlinge herzustellen, die dann gleich an

Ort und Stelle bearbeitet werden sollten. Die Vorbereitungen war so gut wie abgeschlossen, als der Widerruf eintraf. Immerhin konnten im Dezember 1940 dann diese Erfahrungen genutzt werden, als das OKH den Auftrag für die Stahlgießerei und die Bearbeitung von monatlich 15.000 Stück an 8,8 cm Sprenggranaten erteilte.[311] Die Anlage mit zwei Bessemer-Birnen von je zwei Tonnen Inhalt, benannt nach dem englischen Erfinder des Verfahrens, wurde in der Gießerei VI errichtet. Die erforderliche Genehmigung des Staatshochbauamtes unterlag natürlich strengster Geheimhaltung auf allen Ebenen.[312] Der erste Stahlguss, beobachtet von fast der gesamten Belegschaft, Käte Ahlmann eingeschlossen, fand im Mai 1941 statt. Nach einer gewissen Zeit der Einarbeitung lief die reguläre Produktion Anfang Oktober dann voll an.[313]

Neuerungen gab es auch auf dem sozialen Sektor. Neben Betreuung und Unterstützung der Familien von eingezogenen Werksangehörigen, regelmäßigen Päckchen und Rundschreiben an die Soldaten an der Front und der Weihnachtsspende, stand nun in Büsum-Deichhausen ein ehemaliger Gasthof als eigenes Erholungsheim zur Verfügung. Die auf Veranlassung des Gewerbeaufsichtsamtes neu eingeführten orthopädischen Turnstunden im Feierabendheim „Glückauf" wiesen nur eine geringe Beteiligung auf. Der Kieler Behörde war ein Schreiben des Sicherheitsdienstes des Reichsführers SS zugegangen, nach dem unter den Formern der Carlshütte ein schlechter Gesundheitsdienst herrschte. Der untersuchende Gewerbearzt stellte zwar große körperliche Belastungen durch die Tätigkeit fest, doch keine Missstände. Den nahezu zwangsläufig auftretenden Rückenschmerzen sei am besten durch gezielte Gymnastik unter fachlicher Anleitung beizukommen.[314]

Im Frühjahr 1941 merkte Käte Ahlmann, dass sich ein Machtkampf zwischen ihr und Hinrich Bosse zuzuspitzen begann. Sie hatte den Eindruck, als strebe der 38-jährige Direktor nach der selbständigen Führung des Unternehmens und versuche sie bei Seite zu schieben. Deutliches Anzeichen dafür schien ihr, dass Bosse die vereinbarte „Statthalterschaft" für Hans-Julius für das nach seiner Meinung sehr geringe Gehalt nicht mehr akzeptieren wollte, er müsste schon die Zusicherung für eine Lebensstellung bekommen, sonst würde er gehen. Noch aufmerksamer wurde Käte Ahlmann, als amtliche Post nicht an sie, sondern an „Betriebsführer Bosse" gerichtet wurde. Sie glaubte keinen Augenblick an eine irrtümliche Adressenangabe vom Büro der Carlshütte. In Gesprächen kam es ihr vor, als würde der Direktor sie als Unternehmerin nicht Ernst nehmen und ihr Informationen über wichtige Angelegenheiten vorenthalten. Als Bosse schließlich das Augenmaß verlor und ihre häufige Betonung der Familie Ahlmann und den wieder kehrenden Hinweis auf das „Lebenswerk meines Mannes" ins Lächerliche zog, musste er die Kündigung zum 30. September 1941 einreichen. Rückendeckung und Unterstützung bekam sie in dieser Zeit von Freunden, wie den Ehepaaren Möller und Hamkens, die sie in Entschluss und Vorgehen bestärkten.[315]

Wie immer bei Herausforderungen, nahm Käte Ahlmann sie nicht nur an, sondern entwickelte an ihnen Größe. Zuerst hatte sie im Zorn auf die Anmaßung Bosses reagiert: „Es muß die Holler'sche Anonymität verschwinden und die Klarheit der wirklichen Verantwortung herausgestellt werden!" Auch der Großpapa Ahlmann hätte es sich gewünscht. Nach einem Tag Überlegung gefiel ihr die Idee sogar hervorragend. Sie ging sofort an die Vorbereitungen für die Umbenennung der Firma und erklärte ihrem Berater „Hanno" Athenstaedt: „Im kauf-

Ahlmann-Carlshütte K.G.

RENDSBURG, Oktober 1941

Wir haben entsprechend den Bestimmungen des Handelsgesetzbuches unseren Firmennamen Holler'sche Carlshütte bei Rendsburg in

Ahlmann-Carlshütte K.G.

geändert.

Der älteste Sohn der persönlich haftenden Gesellschafterin Frau Julius Ahlmann, Kommanditist Hans-Julius Ahlmann, ist als Prokurist in die Firma eingetreten.

Ferner sind zu Prokuristen bestellt: Herr Direktor Johannes Wenke, Herr Wilhelm Piening, Herr Heinrich Thiemann, Herr Herbert Günther.

Wir bitten Sie freundlichst, hiervon wie auch von den umstehenden Unterschriften Kenntnis zu nehmen.

Heil Hitler!

Ahlmann-Carlshütte K.G.

Mitteilung über die Namensänderung der Firma, die ab Oktober 1941 „Ahlmann-Carlshütte K.G." heißt

männischen Leben ist Bescheidenheit meist Dummheit. Man soll Kunden und Lieferanten imponieren und ‚kreditwürdig' erscheinen."[316] Am 24.10.1941 erfolgte die Eintragung der Namensänderung in „Ahlmann-Carlshütte K. G." in das Handelsregister. In der offiziellen Mitteilung des Unternehmens dazu hieß es weiter, dass der älteste Sohn der persönlichen haftenden Gesellschafterin Frau Julius Ahlmann, Kommanditist Hans-Julius Ahlmann, als Prokurist in die Firma eingetreten sei.[317]

Aus Kiel kam ein rührendes Glückwunschreiben des über achtzigjährigen Dr. Ludwig Ahlmann in etwas zittriger Schrift: „Mit großer Freude erhielt ich die Mitteilung von der Änderung Eures Werks in Ahlmann-Carlshütte. Die Hütte trägt nunmehr den Namen derjenigen, denen sie ihre heutige Bedeutung verdankt. Johannes Ahlmann, Julius Ahlmann und Du, liebe Käte, Ihr habt die Hütte auf den hohen Stand gebracht, auf dem sie heute steht. Es ist darum nur gerecht, dass die Hütte Euren Namen trägt. Der Eintritt von Hans-Julius gewährt die Gewissheit,

Vier Generationen: Urgroßmutter Wilhelmine Ahlmann,
Marlene und Käte Ahlmann mit Roseli im Arm

dass die Hütte auch in Zukunft mit dem Namen Ahlmann verbunden bleibt. Möge die Ahlmann-Carlshütte für alle Zeiten weiterblühen und gedeihen."[318]

IN BEWEGTER ZEIT 1941–1947

Rampenlicht

Auf den Monat genau zehn Jahre nachdem sie in die Mitleitung des Unternehmens eingetreten war, übernahm Käte Ahlmann im Oktober 1941 die allein verantwortliche Führung der Firma, deren neuer Name zugleich Tradition wie Besitzverhältnis klar darstellte: „Ahlmann-Carlshütte". Während des vergangenen Jahrzehnts hatte sie in allen Geschäftsbereichen des bedeutenden Industriewerks umfassende Kenntnisse und Erfahrungen erworben, sich im Wirtschaftsleben nicht nur behauptet und durchgesetzt, sondern als Frau in dieser maskulinen Domäne einen herausragenden, viel beachteten Erfolg erzielt. Nach der Umwandlung in eine Kommanditgesellschaft verstrichen noch vier Jahre, bis die Firmeninhaberin entschied, dass sie über die maßgebliche Fachkompetenz verfügte, um ihr Unternehmen ganz in Eigenregie zu führen. Anlässlich der Entfernung des ehrgeizigen und ihr gegenüber anmaßend auftretenden Direktors Hinrich Bosse stellte Käte Ahlmann programmatisch fest: „Nie mehr werde ich mir die wichtigen Geschäfte aus der Hand gleiten lassen", und markierte den Abgang als historische Zäsur: „Ich bin heilfroh, daß eine neue Epoche beginnt."[1] Die Zeitspanne ihres persönlichen Regiments auf der Carlshütte sollte am Ende mehr als 22 Jahre umfassen.

Welche Dimension Käte Ahlmanns selbstbewusstes Vertrauen in ihre eigenen Fähigkeiten inzwischen erreicht hatte, machte schon der Zeitpunkt deutlich, an dem die Fünfzigjährige die Alleinherrschaft antrat. Im Oktober 1941 befand sich Deutschland im dritten Kriegsjahr. Die Leitung eines großen Industrieunternehmens während dieses permanenten Ausnahmezustandes war eine sehr problematische und äußerst fordernde Aufgabe, zumal beinahe die gesamte Funktion des Betriebes von äußeren, selbst nicht zu kontrollierenden Einflüssen abhing. Johannes Ahlmann, Direktor der Carlshütte während des Ersten Weltkriegs, hatte damals unter dem Ansturm der Ereignisse fast den Boden unter den Füßen verloren und sich nur mit Mühe wieder gefangen. Ein Vierteljahrhundert später bewies seine Schwiegertochter eine nie gefährdete Standfestigkeit. Als Unternehmerin hatte sie den sicheren, klaren Überblick über die durch die Zeitumstände gegebene große Spanne von auferlegten Zwängen bis zu den sich bietendenden Möglichkeiten. Käte Ahlmann brachte der zweite Weltkrieg ihres Lebens Herausforderungen, durch die das volle

Maß ihrer Stärke und Leistungskraft erstmals nach außen in aller Deutlichkeit sichtbar wurde. Paradox genug, entsprach es jedoch dem ungewöhnlichen Charakter dieser Frau, dass gerade Einschränkungen den Raum schufen für die endgültige Entfaltung ihrer Persönlichkeit.

Hinrich Bosse

Käte Ahlmann war wieder an der Bewältigung von Schwierigkeiten gewachsen, an mit Entschlossenheit geführten und erfolgreich beendeten Auseinandersetzungen. Anfang des Jahres 1941 hatte sich eine Entwicklung abgezeichnet, die sich, wie sie anhand von Indizien meinte sicher zu sein, gegen ihre Führung des Unternehmens richtete. Die Intrige ging aus von dem mit Stellung und Gehalt unzufriedenen Direktor Hinrich Bosse, der nach mehr und dauerhafter Macht strebte. In sein konspiratives Spiel gebracht hatte er neben den ihm weitgehend willfährigen technischen Leiter Johannes Wenke auch Ove Becker Clausen. Dessen Funktion als Direktor wurde mit der kurz bevorstehenden Liquidation der zur Carlshütte gehörenden Firma Moll & Rohwer in Neumünster überflüssig und er hoffte fest mit einer vergleichbaren Stellung im Büdelsdorfer Betrieb.[2] In ihrer Position als Inhaberin und damit „Betriebsführer" des Unternehmens hätte es Käte Ahlmann schwer gehabt, sich gegen diese Dreier-Konstellation erfahrener Fachmänner zu behaupten, von denen sie keinem vertraute und selbst dem langjährigen Mitarbeiter Wenke die „innere Treue" absprach.[3]

Noch aus einem weiteren wichtigen Grund durfte es keine Etablierung dieser Interessengemeinschaft in der Führungsetage des Werks geben. Käte Ahlmann sah sich zu dieser Zeit noch in erster Linie als Platzhalterin für den ältesten Sohn, der als Ahlmann der dritten Generation nach Großvater und Vater die Carlshütte leiten sollte, ohne durch ein fest eingespieltes Machttriumvirat behindert oder sogar bevormundet zu werden.[4] Neigung wie Befähigung bei Hans-Julius standen nach Auffassung der Mutter längst außer Frage, die in diesem Urteil von dem etwas weniger befangenen Schwager Heinrich Athenstaedt unterstützt wurde. Er riet allerdings zu einigen weiteren Jahren der Ausbildung und Erfahrung,[5] die der 22-jährige Unternehmenserbe aber als Soldat inzwischen auf einem ganz anderen Gebiet machen musste. Für den jungen Hans-Julius Ahlmann bedeutete momentan beides seine Lebensperspektive: „Es ist mein Wunsch, gleich meinem Vater und Großvater, Offizier der Reserve zu werden und später unser Werk, die Carlshütte, zu übernehmen."[6] Ob es dazu kommen sollte, war mitten im Krieg nicht abzusehen.

Gerade in ihrer persönlichen Betroffenheit, in Angst und Sorge um den Sohn, empfand es Käte Ahlmann als impertinent und unmoralisch, dass Männer, die für die Industrieproduktion „uk" (unabkömmlich) gestellt waren, also ein sicheres ziviles Dasein in der Heimat genossen, Forderungen nach Gehaltserhöhungen und Lebensstellungen erhoben. Vor allem empörten sie Anmaßung und Dreistigkeit des mit 38 Jahren im besten Wehrdienstalter stehenden Hinrich Bosse.[7] Der Direktor der Carlshütte meinte, während des Krieges nun gerade unersetzlich zu sein und aus der Zwangslage der Firma für sich Vorteil ziehen zu können. Käte Ahlmanns Verachtung für dieses Verhalten fand die uneingeschränkte Zustimmung ihres Schwagers und Beraters Heinrich Athenstaedt. Der mehrfach dekorierte Teilnehmer des Ersten Weltkriegs war abgestoßen: „Während die Feldsoldaten Gesundheit und Leben fürs Vaterland opfern, denken die Herren nur an übermäßige Gehälter. In Gedanken habe ich schon vor ihnen ausgespuckt. Pfui Teufel, diese verdammten Geschäftemacher! Ich wünsche allen Dreien, zu den Fallschirmjägern eingezogen zu werden."[8]

Gegen die Konspiration der drei Führungskräfte ging Käte Ahlmann in Abstimmung mit Athenstaedt in wohl überlegten Schachzügen vor. Zielgerichtet waren sie eigentlich nur gegen Bosse und seinen inzwischen offen artikulierten Machtanspruch auf eine dauerhafte Leitung der Carlshütte. Zunächst kam es darauf an, die Partner schon im Vorfeld zu trennen. Den technischen Leiter Wenke, obwohl von ihr als belastende „Hypothek" betrachtet, brauchte sie vorerst noch notwendig für den Betrieb. Außerdem stellte in ihrer Einschätzung der Mann isoliert kein Gefahrenmoment dar.[9] Die Abwehr des „schlauen Fuchses" Ove Becker Clausen von Moll & Rohwer hatte sich zuvor als das am leichtesten zu lösende Problem erwiesen. Ihm erklärte sie bei einer Nachfrage wegen einer möglichen Verwendung auf Anraten Athenstaedts einfach, dass kein für ihn geeigneter Posten auf der Carlshütte vorhanden sei. Der langjährige Firmenleiter nahm die Absage zwar mit Enttäuschung, doch in Haltung entgegen.[10]

Ove Becker Clausen

Indes zeigte sich seine bisherige Arbeitgeberin irritiert, als sich Clausen auf der Suche nach einer neuen Stellung an ihren Schwager Dr. Carl Wuppermann wandte. Geraten hatte ihm dazu Hinrich Bosse, der über die vielfältigen geschäftlichen Beziehungen seines angeheirateten Onkels natürlich gut informiert war.[11] Wuppermann, Direktor der Deutschen Bank in Düsseldorf, gehörte im Jahr 1941 dem Vorstand der Rheinisch-Westfälischen Börse an, dem Beirat der Industrie- und Handelskammer Düsseldorf sowie den Aufsichtsräten von insgesamt sechzehn Industrieunternehmen an Rhein und Ruhr, vier davon leitete er als Vorsitzender. Daneben hatte er noch Mandate als Grubenvorstand bei Steinkohlebergwerken und war Gesellschafter der Familienfirma in Leverkusen-Schlebusch.[12]

Wegen der Differenzen bei der Umwandlung der Carlshütte in eine Kommanditgesellschaft war die Beziehung zwischen Käte Ahlmann und dem ihr seit über dreißig Jahren vertrauten Ehemann ihrer ältesten Schwester Magdalene eine Zeitlang recht unterkühlt gewesen. Der erste engere Kontakt hatte bei der Hochzeit ihrer Tochter Marlene im Oktober 1939 stattgefunden. Obwohl ihm gegenüber und seinen Absichten zumindest weiter vorsichtig, hielt es Käte Ahlmann für eine anerkennenswert freundliche Geste, als Wuppermann sie über die Anfrage Clausens informierte und ihr den Briefwechsel in Abschrift zugehen ließ.[13] Den Vorschlag Heinrich Athenstaedts, sich die große praktische Erfahrung des gemeinsamen Schwagers auf wirtschaftlichem Gebiet von Fall zu Fall nutzbar zu machen, wehrte sie jedoch mit Nachdruck ab. Auf Grund der eingehenden Kenntnis seiner Person bestand bei ihr der Eindruck, Carl Wuppermann betrachte sie nach wie vor als „unmündige Frau", die er bei Bedarf gängeln könnte. Käte Ahlmann wollte nicht, dass der ehemalige Aufsichtsratsvorsitzende sich wieder in die Angelegenheiten des Werks einmischte: „Die Sorge um die Carlshütte soll er ruhig uns überlassen."[14]

Andererseits fiel es Käte Ahlmann auf Grund dieser Gesprächsanknüpfung nun leichter, ihrem Schwager Carl Zusammenhänge und Hintergründe des von ihr voran getriebenen Abgangs Hinrich Bosses von der Carlshütte zu erklären und für ihn akzeptabel zu machen. Sie sandte auch noch den im näher gelegenen Bad Godesberg wohnenden Heinrich Athenstaedt zu diesem Zweck nach Düsseldorf.[15] Schließlich hatte Carl Wuppermann damals im Herbst 1931, nach dem Tod Julius Ahlmanns, den jungen Eisenwarenkaufmann Bosse nach Büdelsdorf geholt, der die geeignete Alternative zu der von ihr bekämpften Interimslösung mit Direktor Adlung gewesen war. Darüber hinaus handelte es sich um einen Verwandten Wuppermanns, den es mit Frau und inzwischen vier Kindern im Rahmen seines Familienverbandes zu versorgen galt.[16] Doch der sonst ausgesprochen autoritäre Düsseldorfer Schwager zeigte dieses Mal Verständnis für das Handeln Käte Ahlmanns, vor allem, weil es dabei um die Zukunft des von ihm sehr geschätzten Neffen Hans-Julius ging. Seine Söhne kämpften ebenfalls im Krieg.

Hinrich Bosse war 1941 im zehnten Jahr auf der Carlshütte tätig. Nach den ersten drei Probemonaten schon Prokurist, hatte er im jugendlichen Alter von 31 Jahren die Direktorenstellung des Unternehmens der „Holler'schen Actien-Gesellschaft" übertragen bekommen. Sein Stellvertreter Johannes Wenke stand damals im 52. Lebensjahr.[17] Von Oktober 1933 bis zur Umwandlung Mitte 1937 leitete Hinrich Bosse offiziell das Werk, als „Betriebsführer" im Zuge der nationalsozialistischen Gesetzgebung mit erheblich mehr Vollmachten ausgestattet als jeder seiner Vorgänger. Auch nachdem die Firma in den Besitz Käte Ahlmanns übergegangen war, hatte Bosse als Direktor weitgehend seine Kompetenzen behalten, war nach außen in Fachverbänden und Organisationen in dieser Funktion auch weiterhin in Erscheinung getreten.

Das Ausscheiden einer solchen jahrelang maßgeblichen Führungsperson, – Hinrich Bosse ging zum 30. September 1941 –, hätte eigentlich ein durchaus kritisches Vakuum im Unternehmen bewirken können. Doch Käte Ahlmann schätzte nach der Entfernung des Direktors die möglichen Gefahren durch einen gleichwertigen Nachfolger höher ein. Sie war fest entschlossen, keinen Fremden mehr bis zur Übernahme durch Hans-Julius in die Leitung der Familienfirma „Ahlmann-Carlshütte" kommen zu lassen und „das allein zu machen".[18] Zur notwendigen Unterstützung wollte sie nicht einen ihrer eigenen Angestellten „2. Klasse" heranziehen, sondern fand insofern eine ideale Lösung, als der Sohn ihrer alten Pensionatsfreundin Thea Waldthausen zur Verfügung stand. Der 28-jährige Herbert Günther aus Aachen, Erbe einer Lederfabrik und technischer Kaufmann, wurde von Käte Ahlmann als Assistent der Geschäftsleitung eingestellt und erhielt gleich zu Beginn seiner Tätigkeit im November 1941 zusammen mit Hans-Julius Ahlmann Gesamtprokura, wie bei der Gelegenheit auch Johannes Wenke, Wilhelm Piening und Heinrich Thiemann.[19] Günther hatte bei einem Luftwaffenunfall schwere Verletzungen erlitten und war nicht mehr wehrdiensttauglich.[20]

Die Inhaberin der „Ahlmann-Carlshütte" sah keine Probleme für die Zukunft, sondern empfand Genugtuung und Erleichterung, endlich in allen Bereichen des Betriebes Handlungsfreiheit zu haben und ohne den „Hemmschuh Bosse" allein agieren und entscheiden zu können.[21] Nach ihrer Planung waren Neuordnungen vor allem an seiner bisherigen Wirkungsstätte im Kontor erforderlich, auch bei den Leitern der fünf deutschen Werkslager hielt sie es für angebracht, die Zügel etwas fester anzuziehen: „Sie müssen eben eine Weile den Herrn fühlen". Mit Johannes Wenke, dem technischen Leiter, ging Käte Ahlmann in dieser Phase etwas vorsichtiger um und vermied es, ihn zu verprellen. Ein weiterer Abgang an Führungspersonal wäre ihr der „Außenwelt" gegenüber, wie sie einräumte, doch recht unangenehm gewesen. „Mer soll nix överdrieven", erklärte sie dazu ihrer Schwester Luise. Des Plattdeutschen zumindest wurde Käte Ahlmann nie ganz Herr.[22]

Natürlich waren Anfragen gekommen, die das Ausscheiden von gleich zwei Direktoren innerhalb weniger Monate betrafen. Käte Ahlmann hatte keine Schwierigkeiten, mit der Neugier auch amtlicher Dienststellen souverän umzugehen. Schließlich konnte sie der Unterstützung durch den befreundeten Schleswiger Regierungspräsidenten Hamkens gewiss sein. Bei privaten Besuchen mit seiner Frau, das Ehepaar war dann zur Weinprobe geladen, hatte er ihr während der Aktion gegen Bosse wertvolle Hinweise gegeben.[23] Allerdings mahnte Käte Ahlmann bei Ove Becker Clausen im Herbst 1941 an, im Hinblick auf die ehemals gute Zusammenarbeit die Tatsachen wahrheitsgetreu wiederzugeben, besonders was das Ausscheiden von Hinrich Bosse beträfe. Ein Abteilungsleiter der Carlshütte habe von einer Verbandssitzung das Gerücht einer „Palastrevolution" mitgebracht.[24]

Um alle Mutmaßungen über das Geschehen im Geschäft zum Schweigen zu bringen, nahm Käte Ahlmann entgegen ihrer Gepflogenheit an der nächsten größeren Tagung auf der Roßtrappe im Harz teil und gab dort bereitwillig Auskunft. Ihre offene Darstellung über Besitzverhältnis und Leitungsstruktur der Carlshütte überraschte die versammelten Wirtschaftsführer der Eisenindustrie, wie aus einem anschließenden Schreiben hervorging: „Es war besonders interessant für uns zu hören, daß in Wirklichkeit die Geschicke schon seit langen Jahren von Ihnen im Verborgenen geleitet werden."[25] Mit der handschriftlichen Anmerkung an dieser Stelle des Briefes, „Mitleitung ab 1931, dann als Komplementär ab 1937", kennzeichnete Käte Ahlmann für sich selbst noch einmal die wichtigsten Stationen auf dem Weg zur uneingeschränkten Führung der Carlshütte. Mit ihrer Emanzipation von 1941 trat sie aus dem Hintergrund in das volle Rampenlicht hinaus.

Verlagerungen

Welche Bedeutung Käte Ahlmann diesem Schritt zumaß, ging allein aus der Tatsache hervor, dass sie den umfangreichen Schriftverkehr dieser Monate anscheinend komplett aufbewahrte. Doch wurden damit nicht nur ihre endgültige Durchsetzung an der Spitze der Carlshütte und die Übernahme der uneingeschränkten Macht dokumentiert. Die Korrespondenz mit dem vertrauten Berater Heinrich Athenstaedt, bei der Lücken nur durch persönliche Begegnungen entstanden, beschäftigte sich zwar vornehmlich mit der Thematik Bosse, enthält jedoch ebenso eine kleine Chronologie der zeitgeschichtlichen Ereignisse des Jahres 1941. Der Büdelsdorfer Blickwinkel Käte Ahlmanns war erstaunlich weit gespannt. Mit Sicherheit beschränkten sich ihre Informationsquellen nicht nur auf die von der NS-Propaganda gesteuerten Medien Presse und Rundfunk. Darauf lassen jedenfalls verklausulierte Andeutungen und Abkürzungen schließen. Im Übrigen ging die Familie Ahlmann damals von der Mutmaßung aus, dass ihre Post geöffnet und kontrolliert wurde, was Vorsicht bei allen schriftlichen Äußerungen geraten sein ließ.[26] Kritik am nationalsozialistischen Staat und an der NSDAP stand unter gesetzlicher Strafandrohung und rief die Gestapo auf den Plan.[27]

Als sich Käte Ahlmann in den ersten Tagen des April 1941 gerade endgültig dazu entschlossen hatte, den Firmennamen in „Ahlmann-Carlshütte" zu ändern und die Auswirkungen kalkulierte, nahm sie, mit dieser Angelegenheit sehr beschäftigt, nur fast nebenher das Einrücken der deutschen Wehrmacht in Griechenland wahr. Doch sie kommentierte kurz in ihrem Brief die anschließenden „heißen, harten Kämpfe" dort und den gleichzeitigen Einsatz in Nordafrika.[28] Mit der Eroberung von Kreta war im Mai der Balkanfeldzug abgeschlossen. Deutschland hatte zu diesem Zeitpunkt fast den gesamten Kontinent unter Kontrolle und beherrschte mit Ausnahme Englands ganz Europa. Selbst die neutralen Staaten Schweden und Spanien waren in Form von Lieferung wichtiger Rohstoffe für die Industrie zur Unterstützung bereit.[29] Doch während die Deutschen ferne Länder besetzten, konnte das Militär die eigene Bevölkerung nicht vor zerstörerischen Kriegseinwirkungen schützen.

In Schleswig-Holstein war Kiel mit Hafen, Werften und Rüstungsbetrieben in diesem Frühjahr 1941 verstärkt zum Ziel nächtlicher britischer Luftangriffe geworden.[30] Die Geschwader flogen, von Westen kommend, über Büdelsdorf in Richtung auf die 25 Kilometer entfernte Fördestadt. In der Nacht vom 8. auf den 9. April hörten Käte Ahlmann und ihr Sohn Severin das Dröhnen der vielen Motoren über sich und beobachteten mehrere englische Bomber, die von den Scheinwerfern der Flugabwehr erfasst wurden. Bald darauf setzte Geschützfeuer ein. Dieser erste Großangriff auf Kiel forderte 84 Todesopfer und richtete verheerende Zerstörungen an. Viele Mütter flohen mit ihren Kindern aus der gefährdeten Stadt, schilderte Käte Ahlmann schockiert Heinrich Athenstaedt.[31] Kurz danach fielen am 15. April die ersten Bomben auf das nahe Rendsburg und beschädigten mehrere Häuser. Es gab einen Toten und Leichtverletzte. Wahrscheinlich sollte die durch Fesselballons und Flakbatterien geschützte Hochbrücke getroffen werden. In den nächsten Monaten erfolgten dann noch weitere, aber nur vereinzelte Abwürfe.[32] Die Carlshütte blieb verschont.

Dort liefen inzwischen die Vorbereitungen für den Auftrag des Oberkommandos des Heeres (OKH) auf Stahlguss und Bearbeitung von monatlich 15.000 Stück 8,8 cm Sprenggranaten seit längerem an, immer wieder verzögert durch Lieferschwierigkeiten an Material und Maschinen sowie durch wechselnde, widersprüchliche Anordnungen des Heereswaffenamts.[33] Besonders viel Zeit kostete die Einrichtung eines Labors, um gleich vor Ort Analysen und Zugfestigkeitsprüfungen machen zu können. Außerdem musste für den Transport der schweren Granaten zwischen den Abteilungen der Einbau von Förderbändern, Rollbahnen und Rutschen erfolgen. Die geplante Massenfertigung konnte daher erst im Oktober aufgenommen werden.[34] Zumindest bis dahin hatte die Carlshütte noch Kapazitäten für die zivile Produktion, die aber durch Anordnung weiterer Einschränkungen erheblich reduziert wurde. Das betraf vor allem den Hauptartikel Badewannen und den Sanitätsguss. Einige Handelswaren wie Fenster oder Tränken durften gar nicht mehr hergestellt werden.[35]

Dadurch sank zwar der Umsatz erheblich, der Gewinn gegenüber dem Vorjahr 1940 sogar um ein Drittel,[36] doch durch den immer stärkeren Mangel an qualifizierten Arbeitskräften waren der Produktion sowieso Grenzen gesetzt. Eine neue Einberufungswelle zur Deutschen Wehrmacht und Dienstverpflichtungen hatten der Carlshütte im Frühjahr 1941 insgesamt 240 wichtige Fachkräfte entzogen.[37] Die Belegschaftszahl, in den letzten Jahren vor dem Kriegsausbruch auf dem Durchschnitt von 1.700 Mann, betrug 1941 nur noch knapp 1.000, eingerechnet die aus dem Ruhestand geholten ehemaligen Betriebsangehörigen, dazu 100 als Arbeiterinnen eingesetzte Frauen und 115 ausländische Arbeiter.[38] Es handelte sich dabei um die in der „Deutschen Wacht" unter strenger Aufsicht untergebrachten ehemaligen polnischen Kriegsgefangenen. Für die von auswärts kommenden deutschen Frauen richtete die Carlshütte ein Wohnheim ein, auch mit dem Bau einer großen Werksküche wurde begonnen.[39]

Einen gewissen Ausgleich für die Verluste brachte die seit 1940 auf Anweisung des Rüstungsministeriums praktizierte Verlagerung der Fabrikation „kriegswichtiger Güter" in die eroberten westeuropäischen Staaten, die dort von der jeweiligen deutschen Besatzungsbehörde kontrolliert wurde.[40] Im Lauf des Jahres 1941 produzierten dann zehn Werke in Frankreich, Belgien und Holland über 30.000 Öfen und Kochgeräte im Auftrag der Carlshütte, die dafür Modelle und Maschinen zur Verfügung stellte. Ihr Anteil bei Verlagerungen der deutschen Ofen-Industrie machte schließlich ein Drittel aus.[41] Der zuständige Abteilungsleiter Alfred Lindner hatte auf Anweisung Käte Ahlmanns mehrere Reisen in die besetzten Länder unternommen, um die Verhandlungen persönlich zu führen. Gießereibetriebsleiter Hans Schlothfeldt kümmerte sich um die Produktionsverlagerung von Radiatoren nach Dänemark.[42] Die guten Exportkenntnisse der Firma waren, wie die Inhaberin zufrieden bemerkte, sehr fördernd gewesen, um mit den Ergebnissen die „Herren vom Militär" beeindrucken zu können.[43] Immerhin belief sich der Erlös aus den Auftragsverlagerungen 1941 für die Carlshütte auf über 430.000 Reichsmark.[44] Doch als diese Zahlen feststanden, war der Blick schon nach Osten gerichtet und auf die Möglichkeiten, die sich dort zu bieten schienen.

Im Mai 1941 hatten sich die Gerüchte um den deutschen Einmarsch in die Sowjetunion verdichtet. Käte Ahlmann benutzte dazu in der Korrespondenz mit dem Schwager Athenstaedt aus Vorsicht das jedoch unschwer zu erkennende Kürzel „R", gleich Russland.[45] Die lange vorher unter dem Decknamen „Unternehmen

Barbarossa" geplante Operation, die durch den Balkanfeldzug im Frühjahr verzögert worden war, begann am 22. Juni und sollte, wie die vorangegangenen militärischen Aktionen, wieder ein „Blitzkrieg" werden. Tatsächlich stellten sich schnell bedeutende Erfolge ein. Hans-Julius Ahlmann bewährte sich in der Vorausabteilung seines Artillerieregiments. Nach fünfwöchigem Feldzug, mit seiner Einheit bei Smolensk tief in Russland stehend, wurde der 22-jährige zur Waffenschule abkommandiert, sehr zur Erleichterung seiner Mutter. Der Sohn dagegen war von der Entfernung aus der Frontlinie gar nicht erbaut. „Gerade da man Gelegenheit hätte, sich auszuzeichnen, käme dies", gab Käte Ahlmann dem Missmut ihres Ältesten weiter.[46]

Anfang August rechnete sie mit einem baldigen Sieg und machte angesichts des bevorstehenden Kriegsendes bereits Planungen für die Carlshütte. Es wurden mit einer Firma Verhandlungen wegen einer späteren Zusammenarbeit geführt, allerdings nur auf regionaler, schleswig-holsteinischer Ebene.[47] Im Osten ging es inzwischen um ganz andere Dimensionen. Die deutschen Streitkräfte hatten in Russland bei großen Umfassungsschlachten starke sowjetische Verbände vernichtend geschlagen, Hunderttausende von Gefangenen gemacht und bereits ein riesiges Terrain erobert, das vom Baltikum über Weißrussland bis zur Ukraine reichte. Die wirtschaftliche Ausbeutung der annektierten Gebiete, die nicht nur wichtige Rohstoffe und Lebensmittel betraf, sondern auch die Kapazität der industriellen Anlagen, war ein strategisches Hauptziel des Krieges gewesen, das nun in die Tat umgesetzt wurde.[48]

Der diesbezügliche Informationsstand von Käte Ahlmann im weitab von allen aktuellen Brennpunkten gelegenen Büdelsdorf besaß durch den Kontakt mit ihrem Schwager Dr. Carl Wuppermann erstaunliche Höhe. Mitte September 1941 berichtete sie Heinrich Athenstaedt von der „Berg- und Hüttenwerksgesellschaft Ost mbH", an der das Reich, vertreten durch das Wirtschaftsministerium, und ein Konsortium deutscher Konzerne beteiligt seien: „Sie soll die Industrie Russlands betrachten, stilllegen oder arbeiten lassen und zuletzt die Werke an deutsche Werke verkaufen."[49] Die am 20. August gegründete Firma, eine von mehreren „Ostgesellschaften", wie etwa auch für die Textilindustrie oder die Verwertung landwirtschaftlicher Erzeugnisse,[50] fand deshalb Käte Ahlmanns besonderes Interesse, weil ihr ehemaliger Direktor Hinrich Bosse dorthin als einer der Geschäftsführer vermittelt worden war.[51] Ebenfalls im eroberten Osten, im vorher polnischen Oberschlesien, nahm Ove Becker Clausen seit einigen Monaten die Position eines kaufmännischen Leiters der Silesiahütte bei Rybnik ein, nun im Besitz eines deutschen Konzerns.[52] Beide Männer setzten Anfang der fünfziger Jahre ihre damals von Käte Ahlmann unterbrochene Zusammenarbeit fort, und zwar mit dem überaus erfolgreichen Buchdruckunternehmen Clausen & Bosse im nordfriesischen Leck.[53]

Mögliche Perspektiven für die Carlshütte, an der Nutzung der Industrie in den neu besetzten Gebieten teilzuhaben, schienen sich durch alte Kontakte zu öffnen.

Der seit langem mit der Familie Ahlmann befreundete Eckernförder Landrat Dr. Walter Alnor gehörte zum großen Kontingent von Schleswig-Holsteinern, die der zum „Reichskommissar für das Ostland" ernannte NSDAP-Gauleiter und Oberpräsident Hinrich Lohse für den Aufbau der deutschen Zivilverwaltung in den baltischen Ländern und Teilen Weißrusslands einsetzte. Alnor übernahm am 22. August 1941 das Amt des Gebietskommissars im lettischen Libau.[54] Der 48-jährige Beamte war jedoch nicht, wie von Käte Ahlmann angenommen, die „rechte Hand" von Lohse.[55] Trotz ihrer schriftlichen „Anknüpfung von Fäden" wegen einer Fabrikationsverlagerung führte auch persönliche Vorsprache in Libau, eine „Ostlandfahrt" des technischen Leiters Johannes Wenke und dessen Ehrentitel „Wehrwirtschaftsführer" zu keinem positiven Ergebnis.[56]

Die schweren Rückschläge ab November 1941, als die Eroberung von Leningrad nicht gelang, die Russen in der Schlacht um Moskau siegreich blieben gegen die nicht für die eisige Winterkälte ausgerüsteten deutschen Truppen und die sowjetische Armee mit frischen Kräften zum Gegenangriff überging, nahm Käte Ahlmann, positiv denkend, auf die leichtere Schulter. „Eine Frontbegradigung, gewisse Rückzieher, sind doch keine ernste Schlappe", kommentierte sie die kritische militärische Lage Ende Dezember gegenüber dem Schwager Athenstaedt.[57] Über die wenige Tage zuvor erfolgte Kriegserklärung Deutschlands an die Vereinigten Staaten verlor sie kein Wort. Von einer Verbandstagung in Berlin kommend, die sie auch zu Familienbesuchen genutzt hatte, verurteilte Käte Ahlmann nachdrücklich „zersetzende Reden" dort wohnender Verwandter. Ihnen fehle wegen ihres Marxismus ein fester Glaube, „der sie auch durch eventuelle Niederlagen einmal trüge", was sie aber grundsätzlich und in ganz persönlicher Beziehung meinte. Die Lehren ihres Konfirmators Pfarrer Jatho bestimmten nach wie vor als Leitlinien das Leben Käte Ahlmanns.[58]

Abteilung „Eider"

Die im Frühjahr einsetzende erfolgreiche neue Offensive mit dem Ziel der Erdölfelder am Kaspischen Meer, bei der im Süden Russlands noch einmal weiträumige Landgewinne bis zum Kaukasus gemacht wurden, schien Käte Ahlmanns unbeirrtem Vertrauen in die deutsche Kriegsführung Recht zu geben. Doch zu diesem Zeitpunkt waren für sie die militärischen Aktionen im Osten nur noch Nebensache. Die Inhaberin und Leiterin der Carlshütte war dabei, in Alleinregie ihr erstes Großprojekt durchzuführen. Zusätzlich zum Rüstungseinsatz für das Heer kamen Anforderungen der Luftwaffe. Bereits im Oktober 1941 hatte der „Anlauf neuer Dinge" begonnen, die auch schon mit der Bezeichnung „Eider" einen Namen trugen.[59] Im

Endmontage der „Ju 87" bei der Flugzeugbaugesellschaft „Weserflug". Die Tragflächen des Sturzkampfbombers wurden bei der Ahlmann-Carlshütte gefertigt

Vormonat waren über Vermittlung der Rüstungsinspektion Verhandlungen mit der gleichfalls im Wehrkreis X liegenden „Weser" Flugzeugbau GmbH. abgeschlossen worden.[60] Die Carlshütte erhielt den Auftrag für die Fertigung von Tragflächen für die in Bremen in Lizenzproduktion der Junkers-Werke gebaute „Ju 87", des im bisherigen Kriegsverlauf schon fast legendär gewordenen „Stuka" (Sturzkampfbomber).[61]

Die „Weser" Flugzeugbaugesellschaft, kurz „Weserflug" genannt, stellte neben verschiedenen anderen Typen wie Flugbooten oder Fernaufklärern seit 1937 die „Ju 87" her,[62] ab 1940 baute nur noch diese Firma den Sturzkampfbomber. Die frühzeitige Entscheidung der Unternehmensleitung, durch die Einrichtung von „Außenwerken" im Umland der Hansestadt die Gefahr einer Zerstörung zumindest zu verringern, erwies sich jedoch angesichts zunehmender englischer Bombenangriffe als nicht ausreichende Maßnahme. Das Gebiet um Bremen war der „luftempfindlichste" Industriestandort in Deutschland.[63] Vor allem um die durch das im Juni 1941 erlassene „Luftwaffensonderprogramm" verlangte erhebliche Produktionssteigerung zu garantieren, vergab die „Weserflug" daraufhin zunehmend Aufträge an Unterlieferanten. In diesem Kreis hatte die Carlshütte mit beispielsweise der Ruhrstahl AG oder der IG Farben Bitterfeld beste Gesellschaft. Als Kriterium für die Auswahl galt die Qualität der Fertigung, damit vor der Endmontage nicht wesentlich nachgearbeitet werden musste.[64]

Auf der Carlshütte war wieder, wie schon bei der Einrichtung der Stahlgießerei, eine grundlegende Umstrukturierung der Betriebsanlagen notwendig. Neben der Bereitstellung mehrerer Lagerräume und Werkstätten musste die 10.000 Quadratmeter große Halle des „Blechbaus" weitgehend leergeräumt werden, um die Spezialmaschinen und riesigen Gerüste aufzunehmen. Planung und Aufbau unter der Anleitung von Fachingenieuren der „Weserflug" nahmen fast ein halbes Jahr in Anspruch. Gleichzeitig wurden 137 ausgesuchte Mitglieder des verbliebenen Stammpersonals in Gruppen nach Bremen geschickt, um sich dort mit der Herstellungsweise und der Bearbeitung von Leichtmetall vertraut zu machen. Am 1. März 1942 wurde mit der Montage der ersten Tragfläche begonnen. Das Ereignis der Fertigstellung des ersten Flächenpaares am 28. Juni nahm der „Betriebsführer", also Käte Ahlmann, zum Anlass eines Appells, bei dem sie der „Eider"-Belegschaft die Anerkennung für diese Leistung aussprach und sie zu gleich bleibend engagiertem Einsatz anspornte. Bei der Abnahme der Flächen in Bremen fielen dann höchst lobende Worte über die Büdelsdorfer Wertarbeit.[65]

Auf der Carlshütte hatte in diesem dritten Kriegsjahr die zivile Produktion fast keine Bedeutung mehr. Bereits gegen Ende 1942 betrug der Fertigungsanteil der Abteilung „Eider" schon 42 Prozent.[66] Dazu kam der Großauftrag für die 8,8 cm Sprenggranaten, für den das Werk inzwischen Generalunternehmer war und seinerseits drei Unterlieferfirmen eingesetzt hatte. Im Lauf des Jahres nahm dieser Herstellungsbereich ebenfalls größeren Umfang an. Der Aufwand war beträchtlich, als auf Anweisung des OKH die Fabrikation auf 10,5 cm Feldhaubitzengranaten umgestellt werden musste.[67] Lieferungen an Rüstungsmaterial erfolgten auch an den dritten Wehrmachtsteil, die Marine, in Form von gusseisernen Ballastgewichten an Werften in Kiel und Hamburg. Dann bestellte das Reichsbahn-Zentralamt in Berlin für die Beheizung ihrer Einrichtungen in den besetzten Ostgebieten über 3.000 Großraumöfen vom Typ „Hohenzollern".

Immerhin produzierte die Carlshütte noch Badewannen, nachdem über die Hälfte der deutschen Werke inzwischen die Fabrikation eingestellt hatte. Gegenüber 1939, als fast 79.000 Stück in Büdelsdorf hergestellt wurden, verringerte sich die Zahl 1942 drastisch auf ganze 5.200. Darunter waren jedoch, wie im Jahresbericht unter dieser Bezeichnung gesondert aufgeführt, „interessante Lieferungen".[68] An erster Stelle standen Krankenhäuser und Lazarette, etwa in Posen oder Dnjepopetrowsk in der Ukraine. Dann folgte die Auflistung prominenter Kundschaft. In Wannen der Carlshütte tauchten fortan drei deutsche Ritterkreuzträger, darunter der auf dem Kriegsschauplatz Nordafrika berühmt gewordene Jagdflieger Hans-Joachim Marseille. Zwölf exklusive Cabinetwannen gingen an den bulgarischen Königshof in Sofia. Die 98 Stück für die „Führerbauten" am Obersalzberg im Berchtesgardener Land waren dagegen in Normalausführung, ebenso wie die neun

Badewannen für das derzeitige Führerhauptquartier, die „Wolfsschanze" bei Rastenburg in Ostpreußen.[69]

Dort kam am 8. Februar 1942 nach einem Gespräch mit Adolf Hitler der Rüstungsminister Fritz Todt bei einem nie aufgeklärten Flugzeugabsturz ums Leben. Er hatte keinen Hehl aus seiner kritischen Beurteilung der militärischen und kriegswirtschaftlichen Lage gemacht. Unmittelbar nach Erhalt der Todesnachricht ernannte Hitler den in Rastenburg anwesenden Albert Speer zum Nachfolger Todts in allen seinen Ämtern und stattete ihn mit stark erweiterten Machtbefugnissen aus.[70] Dem Außenseiter, seit langem Lieblingsarchitekt und Hitler persönlich nahestehend, gelang mit dieser Rückenstärkung durch die höchste Autorität innerhalb von drei Monaten eine gründliche Umstrukturierung der gesamten kriegswirtschaftlichen Organisation Deutschlands. Nach dem System Speers entstand eine „Zentrale Planung" im Rüstungsministerium, während die gesamte Auftragslenkung durch Selbstverwaltungsorgane der Wirtschaft geschah, durch Ausschüsse für einzelne Kriegsgüter, wie etwa Panzer oder Lastkraftwagen, und Ringe für bestimmte Waren, beispielsweise Zahnräder. Vor allem die Konzentration auf vereinheitlichte Typen und leistungsfähige Betriebe war mit ausschlaggebend für die nun einsetzende immense Steigerung der deutschen Rüstungsproduktion.[71]

Zu dem ausgesuchten Kreis qualifizierter Unternehmen, die zu verstärkten Anforderungen heran gezogen wurden, gehörte die „Weserflug" mit ihren Zulieferfirmen, darunter die Ahlmann-Carlshütte. General Erhard Milch, Staatssekretär im Luftfahrtministerium und später Stellvertreter Speers, sprach Anfang Mai 1942 in Bremen vor, um mit Nachdruck und unter der Androhung drakonischer Sanktionen eine erhebliche Erweiterung des Lieferprogramms des Sturzkampfbombers „Ju 87" zu fordern.[72] Allerdings gelang es in Bremen nicht, die Produktion in der erwartet kurzen Frist von dreißig auf die verlangten einhundert Flugzeuge im Monat zu steigern. Erst Ende des Jahres konnte mit achtzig Maschinen eine annähernde Quote erreicht werden.[73] In der Folgezeit wurden wegen der schweren Verluste im Osten, – die „Stukas" kamen hauptsächlich als Unterstützung bei Kampfhandlungen am Boden zum Einsatz –, wiederholt Aufstockungen der Fertigungsquote vorgenommen. Die Höchstzahl der monatlichen Produktion an Sturzkampfbombern lag schließlich bei 150, nachdem für die Endmontage Taktstraßen eingerichtet worden waren.[74]

Die Zulieferbetriebe hatten sich natürlich dem immer umfangreicheren und schneller werdenden Fabrikationstempo von „Weserflug" anzupassen. Für die Ahlmann-Carlshütte bedeutete das die Notwendigkeit, die Fertigung von Tragflächen in gleicher Weise steigern zu müssen und daher die Kapazitäten des Werks in großem Format auszuweiten. Das Rüstungskommando Kiel bezifferte im Mai 1942 die geforderte Erhöhung der Soll-Quote auf 330 Prozent gegenüber dem ursprünglichen Auftrag.[75] Doch schon lange vorher war es klar gewesen, dass der Großauftrag für den Flugzeugbau zusätzlich zur anderen Produktion, bei der die Fabrikation von Granaten ein immer stärkeres Ausmaß annahm, nicht mit den noch verbliebenen Arbeitern bewältigt werden konnte. Deren Gesamtzahl betrug zu Beginn des Jahres 1942 einschließlich der Lehrlinge 875, davon waren 115 Frauen. Zum 31. Dezember hatte sich der Bestand fast verdoppelt. Der Zuwachs resultierte aus der Zuweisung überwiegend russischer Männer und Frauen, doch auch Angehörige anderer Staaten. Der Bericht der Ahlmann-Carlshütte über das Jahr 1942 führte an Nationalitäten unter der Belegschaft auf: Polen, Franzosen, Belgier, Holländer, Dänen, Tschechen, Slowaken, Kroaten, Letten, Ukrainer, Jugoslawen. Der Anteil von Deutschen hielt sich gegenüber dem der Ausländer in etwa die Waage.[76]

Fremde Arbeitskräfte

Bereits im Spätherbst 1941 hatte der Mangel an Arbeitskräften auf der Carlshütte einen kritischen Grad erreicht, zumal termingebundene Dringlichkeitsstufen für die dem Werk zugeteilten Rüstungsaufträge bestanden.[77] Die Firmenleitung reagierte daher im November nahezu unmittelbar mit der Anforderung 150 sowjetischer Kriegsgefangener, nachdem Adolf Hitler durch einen „Führererlaß" am 31. Oktober 1941 den Einsatz von Russen in der deutschen Kriegswirtschaft angeordnet hatte, der auch Zivilpersonen einbezog.[78] Ideologische Bedenken – gemäß Rassenpolitik der Nationalsozialisten galt das Volk als minderwertig und die NS-Propaganda hatte das Feindbild der „slawischen Bestien" gezeichnet – traten nun angesichts der zunehmend schwierigen Situation in Industrie und Landwirtschaft ganz zurück.[79]

Da sich im Osten nach dem Scheitern des Vormarsches eine längere Kriegsdauer abzeichnete, inzwischen neun Millionen deutsche Männer zum Militärdienst eingezogen waren und unbesetzte Arbeitsplätze hinterlassen hatten, sollten weitere ausländische Kräfte die größer werdenden Lücken schließen.[80] Bis dahin war auf Kriegsgefangene aus Polen oder den westlichen Ländern zurück gegriffen worden. In Frankreich, Belgien und den Niederlanden hatten zusätzlich Anwerbungen, mit denen volltönende Versprechungen für die Tätigkeit in Deutschland verbunden waren, bei Arbeitern anfänglich Ansprache gefunden, die sich aus freien Stücken meldeten.[81] Der Carlshütte waren vom zuständigen Arbeitsamt Rendsburg hauptsächlich Flamen zugewiesen worden.[82] Doch die Anzahl reichte bei weitem nicht aus, um nur annähernd den Bedarf zu decken.

Allerdings erwies sich die Planung mit dem neu zugänglichen Potential als verfrüht. Obwohl die Rüstungsinspektion des Wehrkreises X die Beschäftigung sowjetischer Kriegsgefangener zur zwingenden Notwendigkeit erklärte, damit wichtige Betriebe nicht geschlossen werden müssten, und im Dezember 1941 aufgrund einer Erhebung schon genauere Zahlen der benötigten Kräfte vorlegte,[83] war ein Einsatz zu dieser Zeit noch gar nicht möglich. Nach dem drastischen Herabsetzen der Lebensmittelrationen in den Lagern im Osten und bei völlig unzureichender Unterbringung waren Hunderttausende umgekommen, die übrigen Internierten litten an Unterernährung und Entkräftung. Viele der zur Tätigkeit in Deutschland vorgesehenen Männer starben auf dem Transport, der in offenen Güterwaggons erfolgte. Von den insgesamt 3,35 Millionen russischen Kriegsgefangenen des Jahres 1941 befanden sich bis zum März 1942 nur fünf Prozent im deutschen Arbeitsprozess.[84]

Bei dem ersten Kontingent von sechzig Russen, das am 14. Mai 1942 auf der Carlshütte eintraf, bald darauf von weiteren starken Gruppen gefolgt, handelte es sich um Zivilarbeiter.[85] Sie waren durch die seit Beginn des Jahres anlaufenden Aktionen im besetzten Ostgebiet erfasst worden. Das Beschaffungsprogramm hatte eine erhebliche Intensivierung erfahren, nachdem auf Wunsch des neuen Rüstungsministers Speer von Hitler im März ein „Generalbevollmächtigter für den Arbeitseinsatz" ernannt worden war, der thüringische NS-Gauleiter Fritz Sauckel.[86] Binnen kürzester Zeit gelang es dem „alten Kämpfer" der Partei, den Wünschen seines Führers zu entsprechen. Im großen Stil praktizierte er ein schon in Polen erprobtes Organisationssystem aus zeitgleichen Anwerbungen, Aushebungen und Terrormaßnahmen.[87]

Während in Presseaufrufen und auf Anschlägen glänzende Arbeitsbedingungen in Deutschland versprochen wurden[88] und besonders Ukrainer das attraktiv erscheinende Angebot annahmen, setzten die deutschen Besatzungsbehörden daneben das Zwangsmittel der öffentlichen Arbeitspflicht in den Ostgebieten ein, um die in Deutschland dringend benötigten Facharbeiter zu beschaffen.[89] Die in der Folgezeit dann häufiger praktizierte brutale Gewalttätigkeit mit Verhaftungen arbeitsfähiger Männer und Frauen auf offener Straße und ihrer Verschleppung, auch das Niederbrennen von Dörfern, wenn nicht genügend Gestellungen an Arbeitskräften geleistet waren, gehörte jedoch schon in dieser Anfangsphase zu Sauckels Arsenal an Einsatzmitteln.[90]

Aber selbst die auf freiwilliger Basis Angeworbenen erfuhren schon zu Beginn, welche Behandlung die Deutschen ihnen als „Ostarbeiter" zukommen ließen. Noch in ihrer Heimatregion wurden sie in Auffanglagern zusammen gezogen und auf ihre Tauglichkeit hin ärztlich untersucht. Nach dieser Musterung begann eine mehrtägige Bahnreise in den von der Front zurück kommenden Güterwaggons, bei der es zwar Wasser zu trinken gab, jedoch keine ausreichende Verpflegung. An Haltebahnhöfen war eine Versorgung der Transporte nicht vorgesehen. Die nach Schleswig-Holstein bestimmten Züge fuhren über Lübeck und Hamburg zum Durchgangslager (Dulag) des Landesarbeitsamtes am Eisenbahnknotenpunkt

Neumünster.[91] Nach der Registrierung wurden die Menschen dann zu ihren Bestimmungsorten gebracht, zu den jeweiligen Arbeitsämtern. Diese Behörden allein waren zuständig für die Vermittlung ausländischer Arbeitskräfte, bei ihnen liefen die Anforderungen ein, sie wiesen die Ankömmlinge zu.[92]

Das Rendsburger Arbeitsamt in der Torstraße war Ansprechpartner in dieser Sache für viele Betriebe in Stadt und Kreis Rendsburg. Neben größeren Firmen, die wie die Werften Nobiskrug in Rendsburg und C. H. Jucho in Schacht-Audorf, die Chemische Düngerfabrik oder mehreren Bauunternehmen für die Rüstungsproduktion arbeiteten, den beiden Städten Rendsburg und Nortorf sowie einige Gemeinden, hatten vor allem Handwerk, Handel und Landwirtschaft dringenden Bedarf an Hilfskräften.[93] Die Einberufung von Söhnen und der wenigen Mitarbeiter zur Wehrmacht bildete ein existenzielles Problem für die kleinen Familienbetriebe. Beinahe auf jedem Bauernhof im Kreisgebiet waren ein oder mehrere „Fremdarbeiter" beschäftigt, darunter auch viele Frauen.[94] Nach einer Meldung der NSDAP-Gauleitung Schleswig-Holstein von Ende Juni 1942 an den „Generalbevollmächtigten für den Arbeitseinsatz" hatte das Arbeitsamt Rendsburg in seinem Bezirk seit Jahresbeginn insgesamt 2.112 ausländische Arbeitskräfte zugewiesen. Die aufgelistete Anzahl der Russen belief sich auf 619. Von ihnen waren 86 Prozent zur Carlshütte gekommen, um die kriegswichtige Produktion des Werks zu sichern.[95]

Schwierigkeiten

Heinrich Athenstaedt war ab Mitte Mai in Büdelsdorf, um seine Schwägerin Käte Ahlmann bei der Bewältigung der großen organisatorischen Aufgaben vereinbarungsgemäß als Ratgeber zur Seite zu stehen. Er traf zeitgleich mit einer der ersten Gruppen von Russen ein, „teilweise finstere Gestalten", bekam aber bald darauf bei einer Begutachtung an ihrem Einsatzort, sie waren in der Gießerei unter Betriebsleiter Hans Schlothfeldt beschäftigt, einen besseren Eindruck, wie er seiner Frau Luise nach Bad Godesberg berichtete: „Es sind ganz tüchtige Arbeiter darunter. Vorerst klagen sie noch über zu geringes Essen."[96] Das lag jedoch nicht in der Verantwortung der Carlshütte. Der Einsatz der „Ostarbeiter" in Deutschland war durch strikte Verordnungen von Staat und Partei bis in das letzte Detail reglementiert. Ein inzwischen überwiegend auf Rüstungsfertigung ausgerichteter Betrieb wie die Ahlmann-Carlshütte hatte sich, auch in Anbetracht der Größenordnung des Kontingents von Beschäftigten, genauestens an die Vorschriften zu halten.

Definiert waren sie durch die sogenannten „Ostarbeiter-Erlasse" des Reichssicherheitshauptamtes (RSHA), das der SS unterstehende Amt, von dem alle offiziellen und geheimen Polizei- und Sicherheitsorgane des Deutschen Reiches geleitet wurden.[97] Die „Allgemeinen Bestimmungen" vom 20. Februar 1942 gingen den Wehrmachtsdienststellen, Behörden und den „Betriebsführern" der einzelnen Firmen zu.[98] Als Anlass für die Maßnahmen gegenüber den „Ostarbeitern" stellte das RSHA sicherheitspolitische Gründe heraus, obwohl in gleicher Weise die NS-Rassenideologie entscheidend war. An der Spitze der nationalsozialistischen „Fremdarbeiter"-Hierarchie standen Staatsangehörige, die „germanischer Abstammung" zugeordnet wurden, wie Belgier, Holländer oder Dänen. Dann folgten in einer Zwischengruppe Serben, Kroaten, Tschechen und Slowaken, bis schließlich am unteren Ende Polen platziert waren. Die letzte Stelle der menschlichen NS-Wertskala nahmen Sowjetrussen ein.[99]

Die Diskriminierung dieser Menschen machte das nationalsozialistische Regime, wie zuvor schon die Brandmarkung der Juden durch den gelben Stern,[100] mit der Kennzeichnung durch ein an der Oberbekleidung aufgenähtes Stoffabzeichen mit einem „P" oder „OST" äußerlich deutlich.[101] Die aus anderen Ländern kommenden „Fremdarbeiter" trugen keine Markierung ihrer Herkunft. Insofern unauffällig, konnten sie sich verhältnismäßig frei im Umfeld ihrer Arbeitstelle bewegen und Heimfahrten wurden problemlos gewährt. Das gehörte zum Bestandteil der bei der Anwerbung angeschlossenen Arbeitsverträge.[102] Private Unterbringung für diesen Personenkreis war durchaus möglich, in Büdelsdorf für westliche „Fremdarbeiter" in der ersten Phase des verstärkten Ausländereinsatzes auf der Carlshütte sogar weitgehend die Regel, wie eine Aufstellung Bürgermeister Robert Drasdos für den Rendsburger Landrat von Anfang Juli 1942 belegte.[103] Das vorgesehene große Gemeinschaftslager war erst im Entstehen.

Bei den Verhandlungen über den Großauftrag „Weserflug" im Frühherbst 1941 hatte sich abgezeichnet, dass die Fertigung im vorgesehenen Ausmaß nur mit dem Einsatz ausländischer Arbeiter möglich sein würde. Um die verlangte gesonderte Unterbringung in einem Lager zu gewährleisten, stellte die Ahlmann-Carlshütte für diesen Zweck drei Hektar bisher landwirtschaftlich genutzter Fläche, angrenzend an die firmeneigenen Wohngrundstücke auf dem Kamp am Ostrand Büdelsdorfs zur Verfügung.[104] Dort wurde Ende 1941 mit der Errichtung einer Werksküche und eines Wohnheims für deutsche Arbeiterinnen begonnen, beides auch in Betrieb genommen, doch der Aufbau des geplanten Barackenlagers ging nicht voran.[105] Erstellt werden sollte es vom Reichsministerium für Bewaffnung und Munition, Abteilung Rüstungsausbau.[106] Auf diese Vereinbarung wies Käte Ahlmann als „Betriebsführer" nachdrücklich hin, als sie Anfang September 1942 beim zuständigen stellvertretenden Wehrkreisbeauftragten in Kiel, Oskar Kahle, eine Weiterführung der im Juli wieder aufgenommenen Arbeiten drängend anmahnte.[107]

Bis zu diesem Zeitpunkt waren schon Hunderte von „Ostarbeitern", darunter eine größere Anzahl Frauen, der Ahlmann-Carlshütte zugewiesen worden. Die provisorische Unterbringung der vielen Menschen gestaltete sich wegen der strikten Vorschriften des Reichssicherheitshauptamtes, deren Einhaltung durch den Betrieb die zuständige Gestapostelle Kiel kontrollierte,[108] unter den gegebenen Umständen schwierig. Die RSHA-Auflagen verlangten eine abgeschlossene und separate Unterkunft bei ständiger Bewachung.[109] Die ersten sechzig, damals noch als „Zivilrussen" bezeichneten Arbeiter aus der Sowjetunion, hatten problemlos in der schon lange als vorschriftsmäßiges Polenlager genutzten „Deutschen Wacht" in der Büdelsdorfer Löwenstraße untergebracht werden können. Inzwischen war der ehemalige Gasthof durch Kauf in den Besitz der Ahlmann-Carlshütte übergegangen.[110] Die Belegung dieses Hauses stieg später auf 150 Personen. Für den nächsten Schub von einhundert „Ostarbeitern" wurde eine weitere angemietete örtliche Gaststätte genutzt. Die neben dem Fabrikbereich liegende ehemalige Thormann'schen Sägerei diente den ab Juni eintreffenden neunzig russischen Frauen als Notquartier. Als der Zustrom weiter anhielt, griff die Ahlmann-Carlshütte auf eigene Kapazitäten zurück und richtete im Anbau des Warenmagazins ein Lager ein, mit einer Sonderabteilung für Verheiratete. Über 300 „Ostarbeiter" fanden nach ihrer Ankunft in diesem Raum vorläufige Unterkunft.[111]

Wenn die Firmenleitung auch den endlich einsetzenden Zustrom der dringend benötigten Arbeitskräfte mit gewisser Erleichterung aufnahm, ist noch im Nachhinein den spärlich erhalten gebliebenen Aufzeichnungen aus jener Zeit Enttäuschung und Befremden, Ärger und letztlich sogar Entsetzen darüber zu entnehmen, was der Betrieb vom Arbeitsamt als „Ostarbeiter"-Kontingent erhielt und in welchem Zustand die Menschen auf der Carlshütte eintrafen. Mit den ersten Transporten kamen überwiegend Jugendliche, „reine Kinder, anders kann man die 14- und 15-jährigen nicht bezeichnen", wie Käte Ahlmann in einem schroff gehaltenen Schreiben an den ihr durch den Leistungskampf der Betriebe persönlich gut bekannten DAF-Gauobmann Emil Bannemann feststellte.[112] Die Deutsche Arbeitsfront war insofern ihr Ansprechpartner, da die Parteiorganisation die „Betreuung" der „Fremdarbeiter" mit Ausnahme der in der Landwirtschaft eingesetzten Ausländer übernommen hatte. Die Zuständigkeiten des DAF-„Amtes für Arbeitseinsatz" umfassten Unterkunft, Verpflegung und Bekleidung, Arbeitsleitung, Gesundheitsfürsorge wie auch Freizeitgestaltung.[113]

In ihrem „Brandbrief" an Bannemann führte Käte Ahlmann vor allem Beschwerde über die verheerende Verfassung der zugewiesenen „Ostarbeiter". Aus dem Geschäftsbericht über das Jahr 1942, wenngleich sehr sachlich gehalten, sprachen die Fakten für sich.[114] Die meisten waren bei ihrer Ankunft in Büdelsdorf durch die Strapazen der tagelangen Reise, ohne auch nur die geringste Versorgung, total erschöpft, fast völlig entkräftet und litten in hohem Grad an Unterernährung. Viele von ihnen waren krank, zum Teil blieben sie wochenlang bettlägerig und mußten von Betriebsarzt Dr. Justus Schultz behandelt werden.[115] Annähernd 40 Prozent der ersten Transporte fielen wegen ihres schlechten Gesundheitszustandes, des jugendlichen Alters oder wegen der zarten Konstitution ganz für die vorgesehene Tätigkeit in den Werkstätten der Carlshütte aus und konnten nur unter Schwierigkeiten dem Arbeitsamt Rendsburg wieder zur Weitervermittlung zurück gegeben werden.

Allerdings waren damals entsprechende Klagen von allen deutschen Industriebetrieben an der Tagesordnung, die nur mit dem Einsatz einer größeren Anzahl von „Ostarbeitern" ihre Produktion in gefordertem Maß gewährleisten konnten.[116] Doch es brachte wohl kaum ein anderer „Betriebsführer" den doch etwas waghalsigen Mut wie Käte Ahlmann auf, einige der eintreffenden Russengruppen fotografieren zu lassen und die Aufnahmen als Beleg und Bekräftigung ihrer wiederholten Anmahnungen unter anderem an das Rüstungskommando in Kiel und an den Gauobmann der Deutschen Arbeitsfront zu schicken, als das Rendsburger Arbeitsamt seine Zuweisungspraxis gegenüber der Carlshütte ungerührt beibehielt. Laut ihrer späteren Schilderung bekam Käte Ahlmann wegen dieser Aktion von den Dienststellen einen scharfen Verweis und die strenge Order, Bilder wie Negative einzuziehen und zu vernichten.[117] Eine solche Dokumentation der von den NS-Staatsorganen verursachten Missstände war für die Mitverantwortlichen gänzlich unerwünscht.

Einsatz und Probleme

Immerhin erholte sich der größte Teil der „Ostarbeiter" nach einiger Zeit weitgehend von den Transportstrapazen. Entsprechend ihrer beruflichen Fähigkeiten, obwohl nur wenige die gewünschten gewerblichen Industriearbeiter waren, sondern aus der Landwirtschaft kamen, und nach Einschätzung ihrer körperlichen Tauglichkeit, kamen verschiedene Arbeitsplätze auf der Carlshütten Frage. Für die meisten Produktionsgänge in der Gießerei, beispielsweise bei der Granatenherstellung, war physische Kraft erforderlich, eher Feinarbeit und gewisses Fingerspitzengefühl dagegen für die Fertigung der „Stuka"-Tragflächen.[118] Nach diesen Kriterien fand die Auswahl statt, die Prokurist Herbert Günther, Beauftragter der Geschäftsleitung für die

Herbert Günther

Hans Schlothfeldt

ausländischen Arbeiter, und Gießereibetriebsleiter Hans Schlothfeldt zusammen vornahmen.[119] Beide Männer, an Lebensalter fast ein Vierteljahrhundert auseinander, bildeten für Käte Ahlmann, die als „Betriebsführer" in dieser schwierigen Phase für alles allein verantwortlich war, auf der Carlshütte die verlässlichsten und wichtigsten Stützen. Gerade zu Anfang gab es beim Einsatz der „Ostarbeiter" Probleme genug, die an Ort und Stelle schnell und effektiv gelöst werden mussten.

Käte Ahlmann kamen ihre persönlichen Kontakte zu Gute, wenn es etwa darum ging, die vom NS-Regime angeordneten Verpflegungsrationen für die „Zivilrussen" – der Satz betrug 2.070 Kalorien am Tag –[120] durch zusätzliche Beschaffung von Lebensmitteln zu heben. Beim nahen Ernährungsamt Rendsburg forderte sie im August 1942 als „Betriebsführer" ausdrücklich unter Hinweis auf die Notwendigkeit, dass sich der Gesundheitszustand der 650 Ausländer dadurch verbessern sollte, „sie sich im Sommer erholen können", Mengen von Gemüse an: „Drei Pfund pro Mann und Tag halten wir für unbedingt erforderlich."[121] Zusätzlich wurden unter der Hand Direktbestellungen bei bekannten Landwirten aufgegeben.[122] Für anmerkenswert, sogar in einem offiziellen Bericht an die Deutschen Arbeitsfront, hielt Käte Ahlmann, dass die Russen Salat und Mangold verschmähten und das Grün aus ihrem Essen entfernten.[123] Doch wichtige Grundnahrungsmittel blieben äußerst knapp, auch wenn auf Druck der deutschen Industrie, die insgesamt nur durch Zusatzverpflegung ausreichende Leistungen von „Ostarbeitern" erhalten konnte, Anfang Oktober 1942 der Kaloriensatz auf 2.238 pro Tag erhöht wurde. Das war etwa die Hälfte der Rationen, die den deutschen Arbeitern seit Kriegsbeginn zustanden.[124]

Ernste Schwierigkeiten bestanden für die Ahlmann-Carlshütte als verantwortlichem Betrieb auch im hygienischen Bereich. Alle „Ostarbeiter" waren auf den zusammen gepferchten Transporten nach Deutschland, ohne jegliche Möglichkeit der Säuberung, von Ungeziefer befallen worden. Die in den Durchgangslagern vorgenommenen Entlausungsaktionen, um eine Verbreitung des gefürchteten typhusähnlichen Fleckfiebers zu verhindern, hatten wegen der auch dort herrschenden drangvollen Enge wenig Erfolg. Ebenso konnte die in einem Werksgebäude der Carlshütte sofort eingerichtete Entwesungsanlage nur sehr begrenzte Abhilfe verschaffen, obwohl regelmäßig Durchschleusungen stattfanden. Es fehlte vor allem an den dringend benötigten Desinfektionsmitteln für die Lager, was die Firmenleitung beim Gewerbeaufsichtsamt in Kiel sehr monierte, unter gleichzeitiger Information des Gesundheitsamtes und der Deutschen Arbeitsfront. Als weiterer Missstand wurde angeprangert, dass Russen für die eigene Reinigung nur jeden zweiten Monat ein Stück Seife und ein Paket Waschmittel erhielten.[125]

Als unbedingte Notwendigkeit hob das Schreiben der Carlshütte vom August 1942 auch die möglichst schnelle Zuweisung der seit Monaten beantragten Arbeitskleidung hervor. Zumeist besaßen die Russen nur das an Bekleidung, die sie auf dem Körper hatten, als sie in ihrer Heimat von den Deutschen aufgegriffen worden waren. Sie mussten sie täglich tragen, weil keine Möglichkeit zum Wechseln bestand. An Schuhzeug fehlte es ebenfalls. Erst als der „Generalbevollmächtigte für den Arbeitseinsatz" Mitte September den Notstand in der Bekleidungsausstattung der „Ostarbeiter" erklärte und mitteilte, dass ein Teil der jährlich von NS-Organisationen durchgeführten Spinnstoff- und Alttextiliensammlung den dringendsten Bedarf decken sollte, auch Schuhe mit Holzsohlen oder aus Holz demnächst zur Verfügung ständen,[126] konnte die Ahlmann-Carlshütte Anfang Oktober in ganz begrenztem Umfang, „nur in den allernotwendigsten Fällen", Kleidung an Russen ausgeben.[127]

Ein weiteres Problemfeld in diesen ersten Monaten war, wie aus einer Zwischenbilanz der Abteilung „Eider", also der Tragflächenfertigung, hervorging, der Widerstand vieler „Ostarbeiter" gegen den von ihnen erzwungenen Arbeitseinsatz.[128] In dem Bericht wurden die anfangs häufig vorkommenden Versuche von Selbstverstümmelungen – Menschen rieben sich beispielsweise Kalk in die Augen – mit den traumatischen Erfahrungen des Transports in Verbindung gebracht. Später sei Derartiges nicht mehr vorgekommen. Doch vielleicht hatten sich dann die Verschleppten, tausende Kilometer von ihrer Heimat entfernt in einem fremden, feindlichen Land, bis auf weiteres in ihre vorerst unabänderlich erscheinende Zwangslage ergeben. Einige unter ihnen besaßen jedoch noch mentale und körperliche Kraft, ein Entkommen zumindest zu wagen, was sich offenbar verhältnismäßig leicht bewerkstelligen ließ.

Gemäß den Gestapo-Anordnungen hatten die Übergangslager der Carlshütte mit einer Umzäunung aus Stacheldraht versehen werden müssen. Trotz dieser Absicherung gab es, begünstigt durch die vereinzelten Unterkünfte sowie unzureichendes Wachpersonal, zahlreiche Fluchtversuche. Der leichte Drahtverhau wurde einfach herunter getreten.[129] Die Ahlmann-Carlshütte wandte sich vergeblich um Unterstützung an den Standortältesten der Wehrmacht in der benachbarten Garnisonsstadt Rendsburg. Nach dessen Bescheid durfte kein Einsatz von Soldaten bei „Zivilrussen" erfolgen.[130] Bürgermeister Drasdo, der die „unhaltbaren Zustände" in einem begleitenden Schreiben bekräftigt hatte, teilte Anfang Juli 1942 als Ortspolizeibehörde dem Rendsburger Landrat mit, dass 39 in Büdelsdorfer Lagern untergebrachte „Ostarbeiter" seit dem 22. Mai entwichen seien, von denen nur elf wieder aufgegriffen werden konnten. Sechs waren auf einem Güterzug bis nach Hamburg gekommen.[131] Meldungen über Fluchtversuche von Russen kamen in den nächsten Monaten noch häufig vor,[132] bis durch das abgesperrte Gemeinschaftslager ein Entkommen nahezu unmöglich wurde.

Die aufgegriffenen Flüchtigen – ab Frühherbst hatten sie sich die eher herein brechende Dunkelheit zu Nutze gemacht – kamen ebenso wie die Russen, die bei Felddiebstählen gefasst wurden, in eine kleine Arrestzelle, die im Magazin der Carlshütte auf Forderung der Büdelsdorfer Polizei eingerichtet worden war.[133] In den provisorischen Lagern war dafür, obwohl vom RSHA vorgeschrieben, kein Platz mehr vorhanden, doch die Firma hatte die Verpflichtung, eine entsprechende Einrichtung vorzuhalten. In der dann einsetzenden kälteren Jahreszeit fand die sogenannte Luftschleuse beim Emaillewerk, mit Verbindung zum betriebseigenen Luftschutzbunker, für diesen Zweck Verwendung, wo Zimmertemperatur herrschte. Die im Geschäftsbericht 1942 erwähnten „Erziehungsmaßnahmen" – während es inzwischen ein Verbot der körperlichen Züchtigungen von „Ostarbeitern" gab, waren „betriebliche Strafen" erlaubt –[134] erstreckten sich neben dem Entzug von Kaltverpflegung auch auf die Unterbringung in diesem Raum.[135] Die Handhabung des Arrests wurde später bei mehreren Entnazifizierungsverfahren von Betriebsangehörigen thematisiert, auch in der Sache Käte Ahlmann. Vorwürfe, die Menschen nicht ausreichend versorgt zu haben, erwiesen sich aber als haltlos, anderes konnte durch Zeugenaussagen entkräftet werden.[136]

Käte Ahlmann mit dem Büdelsdorfer Bürgermeister Robert Drasdo bei der Ehrung langjähriger Mitarbeiter beim „Hüttenfest" am 18. April 1942

Nahezu unausbleiblich war es, dass an den Arbeitsplätzen ebenfalls Schwierigkeiten auftraten. Da die der Carlshütte zugewiesenen Russen überwiegend aus der Landwirtschaft kamen, mussten sie in einem langwierigen Prozess erst in der Ausbildungswerkstatt von Fachkräften angeleitet werden, bis sie eine „leidliche Leistungsstufe" erreicht hatten, wie der schon erwähnte Bericht der Abteilung „Eider" ausführte.[137] Die „Ostarbeiterinnen" seien leichter für die Industriearbeit zu gewinnen und zeigten sich auch sonst williger, hieß es dort wörtlich. Doch gerade „der Russe" habe für immer wieder kehrende Arbeitsgänge, die Fertigung am Fließband, durchweg eine gute Eignung. Allerdings ließen sich, wie besonders betont, die Deutschen nur schwer zur Führung der neben ihnen eingesetzten „Ostarbeiter" bewegen. Dafür gab es mehrere Gründe.

Einmal bestanden natürlich auf beiden Seiten Verständigungsschwierigkeiten. Zwar waren mehrere Dolmetscher im Betrieb vorhanden, jedoch nicht immer zur Hand. Dann erfolgte die Lohnzahlung nach Akkordleistung. Den deutschen Facharbeitern lag natürlich nichts daran, das eigene Einkommen durch die zeitaufwendige Betreuung einer Hilfskraft zu verringern, die aber daraufhin unbeschäftigt und für die Produktion nutzlos war. Vorarbeiter und Kolonnenführer konnten von ihren vorgesetzten Betriebsleitern nur mit Mühe dazu bewogen werden, in ihren gemischten Gruppen von Deutschen und Russen für eine gerechtere Arbeitsverteilung zu sorgen.[138] Die Bezahlung war es von vornherein nicht. Die „Ostarbeiter" erhielten etwa 60 Prozent des Lohns, den ein Deutscher für eine vergleichbare Tätigkeit verdiente. Davon behielt der Arbeitgeber mehr als Zweidrittel für Unterkunft, Verpflegung und Krankenversicherung ein, dazu kamen Abzüge durch eine Sondersteuer in Form der „Ostarbeiterabgabe".[139]

Schließlich zeigte das von den Nationalsozialisten propagierte menschliche Wertsystem, das Russen als minderwertig abqualifizierte, seine Wirkung gerade bei der gemeinsamen Arbeit. Das war für die „Ostarbeiter" die einzige Gelegenheit, bei der sie in die Nähe von Deutschen kamen, die nicht zum Lagerpersonal gehörten. Die Russen lebten ansonsten in fast totaler Isolation von ihrer neuen Umwelt. Gemäß den rigorosen Vorschriften hatten sie in ihren abgesperrten Unterkünften zu bleiben und mussten dort auch die Freizeit verbringen. Zur Arbeitsstätte und zurück wurden sie in bewachten Kolonnen geführt.[140] Wie weit die soziale Diskriminierung ging, machte allein die Tatsache deutlich, dass Russen betriebsintern nicht ihre Namen trugen, sondern von Anfang an nur mit den fortlaufenden Nummern ihrer Aufnahme in das Arbeitsverhältnis benannt wurden. Selbst für Polen galt diese Regelung nicht.[141] Auch die Polizeiwache Büdelsdorf meldete dem Landratsamt Rendsburg das Fehlen von „Russe Nr. 258" oder die Suchaktion nach „Russe Nr. 131".[142]

Missverständnisse und Streitpunkte konnten an der Arbeitsstätte eskalieren, ebenso wie Ungeduld, Ärger und Bösartigkeit. Trotz des offiziellen Verbots dienten

Schläge und Prügelstrafen weitgehend überall, wo „Ostarbeiter" in der deutschen Industrie eingesetzt waren, als gebräuchliches Mittel der Disziplinierung.[143] Wenn bei Unlust, Arbeitsverweigerung oder Bagatellsachen „die Hand ausrutsche", sei dagegen nichts zu sagen, stellte der Büdelsdorfer Bürgermeister Drasdo nach einer Besprechung in dieser Sache mit der Geschäftsleitung der Carlshütte, dem NS-DAP-Ortsgruppenleiter und den Vertretern der Deutschen Arbeitsfront fest.[144] Käte Ahlmann hatte gegenüber den Parteifunktionären nachdrücklich die Auffassung vertreten, dass durch Einschaltung der Gestapo und der folgenden Einweisung in das „Arbeitserziehungslager Nordmark" am Russee bei Kiel dem Betrieb wichtige Kräfte entzogen und untauglich gemacht würden, betriebsinterne Strafen dagegen keine Gefährdung der kriegswichtigen Rüstungsproduktion bedeuteten. Die Gestapo Kiel habe diese Praxis ausdrücklich gebilligt.[145]

Der für einige Strafmaßnahmen zuständige DAF-Betriebsobmann Christian Harms, auch Führer eines der beiden „Stoßtrupps" des Werkschutzes der Carlshütte,[146] sagte 1948 vor dem Rendsburger Entnazifizierungsausschuß aus, dass „Zurechtweisungen" auch durch deutsche Arbeiter üblich gewesen seien. Sie hätten aber nicht zu körperlichen Schäden und zu keinem Arbeitsausfall geführt.[147] Im Widerspruch dazu steht ein bedrückendes zeithistorisches Dokument, der Bericht des Büdelsdorfer Polizeihauptwachtmeisters J.: „Am 31. 8. 1942 kam der Wachführer P. und meldete, daß der Russe Fedor G., geb. 1906, am 28. 8. auf der Carlshütte mißhandelt und an diesen Folgen am 29. 8. gestorben ist. G. war in der Formerei beschäftigt und nur widerwillig beim Einsatz. Um arbeitsunfähig zu werden, nahm er Tee mit Salz und verdorbene Abfälle zu sich und bekam davon geschwollene Füße, wurde jedoch vom Arzt für arbeitsfähig erklärt. Ihm wurden dann am 28. 8. in der Formerei vom deutschen Arbeiter M. mehrere Schläge auf den Kopf gegeben. G. ist kurz vor Arbeitsende beim Sandfahren hinter der Karre umgefallen. Er wurde von anderen Russen ins Lager gebracht und ist dort gestorben. Der Arzt hat als Todesursache Entkräftung festgestellt. Auf Anordnung der Gestapo Kiel wurde M. verwarnt und darauf hingewiesen, daß das Schlagen von Russen verboten sei."[148]

Fedor G. war der zweite Todesfall unter den auf der Carlshütte beschäftigten Russen.[149] Auf dem Büdelsdorfer Friedhof wurden bis kurz nach Kriegsende 27 verstorbene Ausländer beigesetzt, die auf dem Werk gearbeitet hatten.[150] Ende des Jahres 1944 gehörten nach Angaben des Geschäftsberichts insgesamt 1.352 nicht deutsche Arbeitskräfte zur „Gefolgschaft" der Ahlmann-Carlshütte.[151]

Die „Barackenstadt"

Nach monatelangen Verzögerungen konnten im Oktober 1942 als erstes die Abteilung der „Ostarbeiterinnen", die inzwischen auf 150 Frauen angewachsen war, von der ehemaligen Sägerei in das entstehende große Gemeinschaftslager am Ostrand Büdelsdorfs verlegt werden. Im November gab es dann an der Kampstraße auch genügend Unterkünfte für die bisher auf drei provisorische Quartiere verteilten über 400 Russen und bis zum Jahresende war der erste Bauabschnitt soweit abgeschlossen, dass der Platz ausreichte für fast 200 Polen, mehr als 100 Belgier und die 60 „Fremdarbeiter" anderer Nationalitäten. Der Geschäftsbericht 1942 sprach schon von einer „Barackenstadt", als Ende Dezember die ersten fünfzehn Gebäude standen.[152] Nach erheblichen Erweiterungen in den folgenden beiden Jahren, bedingt durch den wachsenden Bedarf an Arbeitskräften, entwickelte sich das Lager auf einer Fläche von insgesamt vier Hektar tatsächlich zur Größenordnung eines Dorfes.[153]

Schwierigkeiten hatte es vor allem bei der Lieferung der benötigten Baracken gegeben, die sich fortsetzen sollten. Der erhalten gebliebene Briefwechsel Käte Ahlmanns als „Betriebsführer" der Carlshütte mit den verschiedenen Dienststellen des für die Errichtung des Lagers zuständigen Rüstungsministeriums dokumentiert die ihr eigene Zielstrebigkeit und Beharrlichkeit ebenso wie ihre forsche Zivilcourage im Umgang auch mit höheren Militärbehörden. Mit Bezug auf die Anordnung zur erheblichen Ausweitung des kriegswichtigen Großauftrags von „Weserflug" für den Tragflächenbau sowie die vom OKH verlangte Steigerung des Ausstoßes an Granaten, die ab Anfang 1943 nach Schätzung des Rüstungskommandos Kiel eine annähernde Verdoppelung der bisherigen Arbeiterzahl erforderte,[154] stellte sie eine Flut von Anträgen auf Zuweisung von Baracken, Baumaterial und Ausstattung.

Das Lager der Carlshütte war aber nur eines unter vielen, die in Deutschland auf Anordnung Minister Speers errichtet wurden, um den immer größeren Zustrom von „Ostarbeitern" für die Rüstungsproduktion der Industrie aufzunehmen,[155] und wurde nur schleppend berücksichtigt. Doch ablehnende Bescheide, auch wenn sie direkt von höchster Stelle aus Berlin kamen, ließen Käte Ahlmann völlig unbeirrt ihre Bestrebungen konsequent weiter verfolgen: „Gegebenenfalls muß dann eben noch eine 3. Anforderung durchgepaukt werden", schrieb sie in einer Aktennotiz, als wieder nur eine Teilgenehmigung eintraf und der Baubevollmächtigte der Rüstungsinspektion X in Hamburg ihr für diesen Zweck als geeignetste Unterstützung erschien.[156] Ihr unausgesetzt hartnäckiges Drängen blieb dem Diplomingenieur in bester Erinnerung.[157]

Schließlich gelang es Käte Ahlmann, fast alles zu bekommen, was sie haben wollte, und sie war fest entschlossen, aus dieser neuen, zusätzlichen Aufgabe, die das Lager für sie darstellte, das Beste zu machen.[158] Der junge Prokurist Herbert Günther, der für den Ausländereinsatz auf der Carlshütte im Namen der Geschäftsleitung tätig war, fungierte auch bei allen Angelegenheiten, die das Gemeinschaftslager betrafen, als ihre „rechte Hand".[159] Tatsächlich aber unternahm Käte Ahlmann häufig persönlich Kontrollen an der Kampstraße, um sich über den Zustand von Baracken, Einrichtungen und Bewohnern ein eigenes Bild machen zu können. Ihre Aufmerksamkeit richtete sich vor allem auf die Einhaltung grundsätzlicher hygienischer Normen, schon um dem Ausbreiten ansteckender Krankheiten vorzubeugen.[160]

Nominell unterstand das „Arbeiterwohnlager Ost", wie die Benennung im behördlichen Schriftverkehr offiziell lautete, gemäß Verordnung der Betreuung durch die Deutsche Arbeitsfront, die auch zwischenzeitlich die Lagerleiter stellte.[161] In der Praxis jedoch traf die Betriebsführung der Ahlmann-Carlshütte, was aber für die „Fremdarbeiter"-Lager aller größeren Werke galt, die organisatorischen Entscheidungen und Maßnahmen selbst.[162] Ansonsten gab es bei Bedarf Informationen und Absprachen, die mit den Hauptansprechpartnern der regionalen DAF-Organisation, Kreisobmann Harm Ramaker wie mit Gauobmann Emil Bannemann, unkompliziert zu regeln waren. Alle Beteiligten kannten sich seit langem und kamen gut miteinander aus. Auf dieser Ebene ließen sich auch ohne große Umstände Probleme klären, die sich vor Ort ergaben.[163]

Nach der Erweiterung standen auf dem Areal vierzig genormte Massivbaracken, von denen die Hälfte als Unterkünfte dienten.[164] Bei den anderen handelte es sich um den Verwaltungstrakt für Lagerleitung und Wache, das Krankenrevier, eine Werkstatt mit Wäscherei und Nähstube sowie die Küche mit angeschlossenen, getrennten Aufenthaltsräumen für Männer und Frauen. Waschanlagen und Toiletten befanden sich außerhalb der Gebäude. Elektrisches Licht war vorhanden. Insgesamt konnten im großen Büdelsdorfer Gemeinschaftslager über 1.400 Menschen untergebracht werden, das war jedenfalls die offizielle, mit den Rüstungsdienststellen vereinbarte Belegungsquote,[165] letztlich wurden es dann wesentlich mehr.[166] Auf Grund des ver-

Richtfest im Barackenlager in der Kampstraße am 20. August 1943

hältnismäßig hohen Standards an zweckentsprechenden Einrichtungen – die Firma Ahlmann-Carlshütte erhielt die DAF-Auszeichnung für das beste Lager im Kreis Rendsburg –[167] fand eine größere Nutzung statt als ursprünglich vorgesehen.

So gab es auf der Krankenstation eine Entbindungsabteilung, die nicht nur den im Betrieb beschäftigten Frauen zur Verfügung stand, sondern zentral „Ostarbeiterinnen" und Polinnen aus dem Kreis Rendsburg und der weiteren Umgebung aufnahm, die dort auf den Bauernhöfen arbeiteten.[168] Herbert Günther ließ 1948 dem ehemaligen DAF-Gauobmann Emil Bannemann, der in Hamburg-Bergedorf in der Internierung auf sein Spruchgerichtsverfahren wartete, eine Liste der insgesamt 106 Frauen zukommen, die während gut eines Jahres, zwischen dem 4. Mai 1943 und dem 24. Mai 1944 im „Gemeinschaftslager Ost" ihre Kinder zur Welt gebracht hatten.[169] Wöchnerinnen und Säuglinge wurden anschließend vom Sanitätspersonal des Lagers versorgt, bis sie auf ihre landwirtschaftlichen Betriebe zurückkehren konnten. Die Anweisungen für diese Regelung hatte die Deutsche Arbeitsfront erlassen, wie auch für die Betreuung der Kleinkinder durch „Ostarbeiterinnen", wenn ihre Mütter wieder ihre Arbeit im Rüstungsbetrieb aufnahmen.[170] Im Lager wohnten die Frauen mit den bis zu sechzig Kindern in einer dafür eingerichteten Baracke für sich.[171]

Nach den Richtlinien der Deutschen Arbeitsfront, die ihr bei der Übertragung der Lagerbetreuung durch den „Generalbevollmächtigten für den Arbeitseinsatz" zur Auflage gemacht worden waren, hatte bei der Belegung eine vielfach getrennte Unterbringung zu erfolgen.[172] In einem Schreiben an die Rüstungsinspektion X in Hamburg – es ging um die Zuweisung zwei weiterer Baracken – wies Käte Ahlmann darauf hin, dass die DAF bei einem Lager von der Größenordnung des Büdelsdorfers natürlich auf der strikten Durchführung ihrer Anordnungen bestehe. Danach mussten „Arbeitskräfte verschiedenen Volkstums" räumlich gesondert untergebracht werden, Frauen waren von Männern zu trennen, Ledige von Ehepaaren und von Familien mit Kindern. Weil Polizeidienststellen aus politischen Gründen zwecks besserer Überwachung, damit meinte Käte Ahlmann die Gestapo, eine Zusammenfassung aller Ausländer in einem Lager forderten, seien die beiden kleinen Baracken für die dreißig Ehepaare, die auf der Carlshütte arbeiteten, dringend notwendig.[173] Die ursprüngliche Freigabe war auf Grund falscher Informationen eines entlassenen Lagerführers zwischenzeitlich gestoppt worden[174] und sollte durch den energischen „Brandbrief" wieder rückgängig gemacht werden.

In den größeren Barackentypen konnten jeweils bis zu 140 Menschen untergebracht werden. Die Einrichtung bestand aus Spinden für die persönlichen Sachen, Tischen und Schemeln sowie Betten mit Strohsäcken, einem Kopfpolster und Wolldecken.[175] Obwohl die Reinigung durch Waschbrunnen betriebseigener Herstellung weitgehend gewährleistet war, auch grundsätzlich auf Hygiene geachtet wurde, gab es unter diesen Umständen eine permanente Ungezieferplage, zumal der Mangel an ausreichender Bekleidung für die „Ostarbeiter" bis Kriegsende ein Problem blieb.[176] Abhilfe schuf die Carlshütte durch die Einrichtung einer leistungsfähigen Desinfektionsanlage, wie sie bis 1944 nur drei andere große Firmen in Schleswig-Holstein aufzuweisen hatten.[177] Die „Entlausungen" fanden ebenso regelmäßig statt wie gründliche Säuberungen in der Firmen-Badeanstalt im Gebäude „Glückauf", wenn auch die deutschen Arbeiter über diese Regelung Unzufriedenheit äußerten.[178]

Dagegen mußten sie nicht das Essen mit den Russen teilen, auch nicht mit den anderen „Fremdarbeitern", die nach unterschiedlichen Nahrungsmittelsätzen verpflegt wurden. Die Ahlmann-Carlshütte hatte sich der von der DAF propagierten „Werksküchenaktion" angeschlossen, „um Arbeitskraft und Leistungsfähigkeit der deutschen Gefolgschaft zu steigern",[179] und bot ab Oktober 1942 zusätzlich zur bisherigen Mittagsmahlzeit eine stärkende „Bunkersuppe" an,[180] nachher „Frühsuppe" genannt, die aber nach den registrierten Teilnehmerzahlen zu urteilen, wenig Anklang fand.[181] Eine scharfe Trennung erfolgte, wieder auf staatliche Anordnung, zwischen „Ostarbeitern" und Angehörigen anderer Nationalitäten, die das Essen aus einer Gemeinschaftsküche erhielten. Wie dort wurden auch in der sogenannten

Verpflegungs-Tabelle für Werk- und Lagerküche. Perioden-sätze vom 13.12 bis 9.1.44	Privat-verpflegte		Lager-verpflegte			Nicht-sowjetische Kriegsgefangene				Sowjetische Zivilarbeiter und Kriegsgefangene				pro Woche
	Normal-verbraucher	Lang- und Nachtarbeiter	Normal-verpflegte	Schwer-arbeiter	Schwerst-arbeiter	Normal-verbraucher	Lang- und Nachtarbeiter	Schwer-arbeiter	Schwerst-arbeiter	Normal-verbraucher	Lang- und Nachtarbeiter	Schwer-arbeiter	Schwerst-arbeiter	Werkküche Markenab-gabe
Fleisch g	1000	1800	1600	2400	3400	1000	1520	1920	2320	800	1200	1600	2000	150
Fett g														50
Margarine g	2000	280	275	350	675	875	930	1130	1330	520	600	800	1040	
Butter g	500	500	500	500	500									
Butterschmalz g	90	90	90	90	90									
Speiseöl g	50	50	50	50	50									
Schmalz g														
Schweine-Rohfett od. Speck				250	1000									
Roggenbrot g	5700	7500	9373	11673	15672	9700	11600	13400	16100	11000	11000	15000	17600	
Roggenmehl g	4275	6000	7030	8755	11755	7275	8700	10050	12075	8250	8250	11250	13200	
Weizenbrot g	4000	4000	4160	4160	4160									
Weizenmehl g	3000	3000	3120	3120	3120									50
Nährmittel g	375		945			375	375	375	375	375	375	375	375	50
Teigwaren g	175		245			175	175	175	175	175	175	175	175	
Nährm. auf Stärkegrdl. g	50		70			50	50	50	50	50	50	50	50	
Hülsenfrüchte g														
Roggengrütze g			840											
Marmelade u. Kunsth. g	700	700	700	700	700	700	700	700	700					
Zucker g	900	900	900	900	900	700	700	700	700	440	440	440	440	
Kaffee-Ersatz g	250	250	250	250	250	250	250	250	250	56	56	56	56	Tee-Ersatz
Suppen-Erzeugnisse g														
Kartoffeln g	12000	12000	14000	14000	14000	17000	17000	17000	17000	24000	24000	24000	24000	
Käse g	125	125	125	125	125	125	125	125	125					
Quark g	125	125	125	125	125	125	125	125	125					
Milch (entrahmte Frische) l			175	175	175									

Küchenplan für das Gemeinschaftslager der Carlshütte um die Jahreswende 1943/44. Gemäß NS-Anweisung erfolgt eine getrennte und unterschiedliche Verpflegung der Arbeiter, was die aufgeführten Kalorienzahlen erkennen lassen

„Russenküche" später gestaffelte Rationen nach der Schwere der Arbeit und der Leistung ausgegeben,[182] doch immer noch um Erhebliches geringer als die Zuteilung für die übrigen Lagerbewohner.[183]

Käte Ahlmann war nach wie vor bemüht, die Verpflegung mit Gemüse und Obst zu verbessern, zum Teil von ihrer eigenen Plantage im Ort, und kaufte laufend zusätzlich Lebensmittel. Sie kümmerte sich auch persönlich um die wöchentlichen Speisezettel der drei Küchen und stellte später eine junge Nichte als Aufseherin für diesen Bereich ein, um Missstände aufzuklären und zu beseitigen.[184] Trotz allem reichte die Nahrung nicht zur Sättigung. Nachdem im Herbst 1942 bereits der Ausgang für „Ostarbeiter" erlaubt worden war, und sie sich freier bewegen konnten, auch andere Repressalien nach und nach gelockert wurden,[185] darunter die Bewachung des Lagers,[186] kam es in der Umgebung wieder zu häufigen Felddiebstählen. Bei der Polizei Büdelsdorf liefen Anzeigen ein wegen der Plünderung von Kleingärten und der Beschädigung von Kartoffelmieten.[187] Andere Russen nutzen die zur Verfügung stehende Zeit, um bei Bauern, Handwerkern oder Privatleuten gegen Beköstigung zu arbeiten. Nach Mahnung der Polizei, diese „wilde Arbeit" zu unterbinden, ordnete Käte Ahlmann als „Betriebsführer" der Carlshütte an, dass dafür Erlaubnisscheine ausgestellt werden sollten. Örtliche umliegende Betriebe konnten „Fremdarbeiter" vom Büdelsdorfer Gemeinschaftslager für eine zeitweise Beschäftigung anfordern.[188]

Distanz und Lücken

Persönliche Angelegenheiten traten für Käte Ahlmann in diesen Jahren zwar nicht ganz zurück, doch zumindest in den Hintergrund. Mit aller der ihr zur Verfügung stehenden großen Energie hatte sie die völlig neuen Herausforderungen und Aufgaben in Angriff genommen, sie in einem Kraftakt sondergleichen in den Griff bekommen und nie die Übersicht bei Planung und Organisation verloren. Käte Ahlmann hatte sich gegenüber einer Phalanx einflußreicher Männer an den wichtigsten Schalthebeln nicht nur als Frau gleichwertig behauptet, sondern mit ihrer Effizienz und den erzielten Resultaten, gerade bei der Lösung schwieriger und heikler Probleme, großen Respekt und hohe Achtung dieses elitären Machtzirkels der deutschen NS-Kriegswirtschaft erworben. Konsequenz des Erfolgs war die Einbindung der Ahlmann-Carlshütte in weitere Projekte, mit denen Minister Albert Speer die Kapazitäten der Rüstungsproduktion erheblich ausweiten wollte.[189]

Der Schwager Heinrich Athenstaedt war nach wie vor ein enger und vertrauter Berater, wie die fragmentarische Korrespondenz aus diesen Jahren belegt. Der Firmensyndikus kam etwa jedes halbe Jahr von Bad Godesberg nach Büdelsdorf, um bei den Betriebsappellen Beistand zu sein für die belastend bleibenden öffentlichen Ansprachen.[190] Doch bis auf diese wenigen fragilen Momente brauchte Käte Ahlmann keine Stütze mehr. Nach den mit fast phänomenaler Bravour gemeisterten Problemen von Rüstungsproduktion und „Ostarbeiter"-Einsatz war der Abstand von der Inhaberin als souveränem „Betriebsführer" an der Spitze zu ihren Untergebenen, gleich in welcher Position oder Vertrauensstellung, auf eine größere Distanz gewachsen. Mehrere Konstellationen trugen dazu bei, dass Käte Ahlmann zunehmend eine Vereinzelung empfand, trotz der sie in ihrem Haus umgebenden, zum Teil nahe stehenden Menschen. Wie einst spürte sie in Büdelsdorf wieder die Beklemmungen, „isoliert, getrennt von wahrer Familie",[191] die sie als junge Ehefrau zurück nach Köln getrieben hatten, während ihr Mann Julius im Krieg war. Doch dieses Mal gab es, wie sie wohl wusste, keine Möglichkeit zum Ausweichen.

Zusätzlich zu den schweren Belastungen der komplexen Unternehmensführung, die andauernde höchste Anspannung ihrer Leistungsfähigkeit erforderte, hatte Käte Ahlmann privat einen sehr schmerzlichen Schicksalsschlag verkraften müssen. Ihre älteste Schwester Magdalene Wuppermann, nach einer Leberoperation lange leidend, war am 28. August 1942 im Alter von nur 56 Jahren auf ihrem Gut Faßbacher Hof in Leverkusen-Edelrath gestorben.[192] Mit ihr verlor Käte Ahlmann den ersten Menschen ihrer Generation, der ihr seit frühester Kindheit vertraut gewesen war: „Wie oft denkt man nachts an die arme Magdalene, ein Herzschlag wäre so viel gnädiger gewesen", schrieb sie voller Kummer über den Verlust an die gemeinsame Schwester Luise Athenstaedt.[193] Der engen Verbindung mit Magdalene, die immer auf Ausgleich und Harmonie innerhalb der Familie bedacht gewesen war, hatte auch der Zwist zwischen Käte und Dr. Carl Wuppermann nichts anhaben können, der nach langsamen Annäherungen nun endgültig bei Seite gelegt wurde.

Heinrich Athenstaedt, anschließend in Bad Tölz zur Kur, nahm das traurige Geschehen zum Anlass, den Schwestern Braun, stellvertretend an seine Frau Luise gerichtet, ein mäßigeres Lebenstempo anzuraten: „Denkt immer an Eure Großmutter Langguth, Eure Mutter und jetzt unsere liebe Magdalene, die mitten aus einem rastlos tätigen Leben von ihrem Familienglück scheiden und ihr irdisches Dasein vorzeitig beschließen musste! Schaltet in einen langsameren Gang! Schont Eure Nervenkraft!"[194] Wie angebracht seine Mahnungen waren, erfuhr der fürsorgliche Schwager einen Monat später. Käte Ahlmann, nach seinen Schilderungen „ungeheuer im Werk beschäftigt, Tag und Nacht im Kontor", erlitt in seinem Beisein während einer größeren gesellschaftlichen Zusammenkunft „mit Damen" in Rendsburg, an der neben Regierungspräsident Hamkens die örtliche Parteiprominenz teilnahm, einen Schwächeanfall, der sie zwei Tage ans Bett fesselte. Athenstaedt führte das Unwohlsein auf die Nachwirkungen des Betriebsappells zurück oder auf einen grippalen Infekt. Immerhin konnte sie, als am 22. Oktober 1942 der Brief abgefasst wurde, schon wieder Besuch empfangen.[195]

Es handelte sich um die Antrittsvisite ihres künftigen Schwiegersohnes, Dr. med. Max-Josef Halhuber. Dem „Tiroler Freund Marlenes", war schon im Vorfeld, zumindest in einem Punkt, entschiedene Ablehnung entgegen geschlagen.[196] Der junge 26-jährige Arzt aus Seefeld bei Innsbruck war strenggläubig katholisch, von Jesuiten erzogen.[197] Käte Ahlmann stammte aus einem überzeugt evangelischen Elternhaus, besaß eine bewusste Anbindung an die lange protestantische Tradition der

Marlene und Dr. Max-Josef Halhuber

Vorfahren an der Mosel, und auf Seiten der Ahlmanns hatten ihre Schwiegereltern ein Beispiel pietistischer Frömmigkeit gelebt. Wilhelmine Ahlmann war, wie immer kränkelnd, kürzlich am 3. Oktober 86 Jahre alt geworden. „Geschontes Leben", wie sich Heinrich Athenstaedt ausdrückte. Er nahm wegen des Konfessionsunterschiedes ebenfalls gegen die Pläne Marlenes Stellung, fügte jedoch hinzu: „Aber einen Onkel geht meines Erachtens das alles nichts an."[198] Trotzdem hatte sich Käte Ahlmann, wenn auch innerlich sehr widerstrebend, schon vor dem Besuch damit abgefunden, dass die Tochter diesen Mann heiraten würde und dachte sogar dynastisch voraus: „Ich werde ihm sagen, dass ich im Interesse der Nachfolge für die Hütte eine protestantische Erbenkelin erwarte."[199]

Immerhin musste ihr der Mut des Mannes zumindest Achtung abgenötigt haben, denn Dr. Max Halhuber kam allein zum Ahlmann-Stammsitz auf der Carlshütte. Marlene war in Bad Godesberg geblieben, wo sie im nahen Bonn Medizin studierte.[200] Die ablehnende Haltung ihrer Mutter, „doch sonst so großzügig", fand sie befremdend. Das änderte jedoch nichts an ihrer Entschlossenheit, „Maxl" zu heiraten. Außer der Animosität gegen den katholischen Glauben hatte noch der Einwand bestanden, dass Dr. Halhuber nicht aus der Wirtschaft kam, für das Familienunternehmen also keinen Zuwachs auf der Seite der Aktiva darstellte. Und dann lag für Käte Ahlmann Tirol, wohin ihre Tochter wollte, so unglaublich weit entfernt, „halb nach Afrika",[201] wie sie auch ihrem Besucher erklärte. Auf Dr. Max Halhuber wirkte die Mutter von Marlene bei dieser ersten Begegnung durchaus imponierend, fast majestätisch. Doch beide waren sich, wie er feststellte, von vornherein als Menschen fremd, obwohl die „Contenance" während des Gesprächs gewahrt blieb. Gerade daraufhin setzte sich Dr. Halhuber als Herausforderung zur Aufgabe, um das Vertrauen Käte Ahlmanns zu werben,[202] was für einen katholischen Österreicher allerdings eine sehr langwierige Sache war.

Während der vorklinischen Semester hatte Marlene ihrer Mutter die Tochter Roseli anvertraut. Das kleine Kind, blond wie damals seine Namensschwester, war das ganze Entzücken Käte Ahlmanns, ihr Liebstes überhaupt. Dieser Enkelin war sie zärtlich und behütend zugewandt.[203] Heinrich Athenstaedt bemerkte die Gefühlswärme, die anderen hermetisch verschlossen blieb, und berichtete seiner Frau Luise mit erfreutem Erstaunen, wie ungewohnt gelöst und fröhlich Käte zusammen mit der Kleinen sein konnte. Jede Lebensäußerung von Roseli fand große und bewundernde Aufmerksamkeit.[204] In deren ersten Erinnerungen an die Großmutter saß sie unter ihrem Schreibtisch, auf gleicher Höhe mit den Füßen auch der Besucher, und durfte mit dem Papierlocher spielen.[205] Die sehr enge, liebevolle Bindung an ihre älteste Enkelin Roseli war bis zum Ende von Käte Ahlmanns Leben für beide von großer Bedeutung.

Inzwischen gehörte noch ein neues Familienmitglied zum Büdelsdorfer Haushalt, die Nichte Lising Pagenstecher. Ihre Eltern, die einen Teil des Rittergut Haus Orr nahe bei Köln bewirtschafteten, hatten die Elfjährige nicht mehr bei sich behalten können. Der weite Schulweg von außerhalb in die Innenstadt zur Schule in der Antoniterstraße erwies sich durch die nun bereits tagsüber stattfindenden Bombenangriffe als zu gefährlich. Der Versuch einer Unterbringung bei Athenstaedts in Bad Godesberg scheiterte daran, dass sich der Rechtsanwalt durch den Kinderlärm, den sein gleichaltriger Sohn Hanno und Lising machten, gestört fühlte. Umso dankbarer war Linu Pagenstecher über das Angebot ihrer Schwester Käte, die jüngste Tochter auf Dauer bei sich aufzunehmen.[206] Lising sollte in Rendsburg zur Schule gehen und im Haus der Tante eine angemessene Erziehung erhalten. Aus dieser kriegsbedingten Lösung wurde, mit kurzen Unterbrechungen, dann ein Aufenthalt von insgesamt acht Jahren.[207]

Wesentlich länger noch blieb Edel Bohland, die sich schon im August 1918 in das Gästebuch des Heidbergs eingetragen hatte, noch bevor dort oben das Haus gebaut wurde.[208] Als engste Freundin Magdalene Wuppermanns aus deren Jahren in Berlin, als ihr Mann bei der Zentrale der Deutschen Bank tätig war, bestand seit langem ein naher Kontakt zu Käte Ahlmann, die ihr in allem unbedingt vertrauen konnte. Sie war damals bei der Reichstagswahl im März 1933 nach Flensburg mitgefahren, wo im Gegensatz zu Büdelsdorf die Möglichkeit zur geheim bleibenden Stimmabgabe bestand.[209] Als Halbjüdin und daher auf Grund nationalsozialistischer Gesetzgebung sogenannter „Mischling",[210] hatte Edel Bohland mit schweren, lebensbedrohenden Repressalien in Rahmen der sich ab 1942 verschärfenden Judenverfolgung zu rechnen.[211] Käte Ahlmann nahm sie als Hausdame auf und gewährte damit Schutz. Es kennzeichnet ihren Charakter, dass sie davon nie für eine Entlastung Gebrauch machte.

Zwar war es tatsächlich nicht die „wahre Familie", doch es kam wieder etwas Leben in das leer wirkende Haus. Für Käte Ahlmann hatte es einen tiefen Einschnitt bedeutet, als ihr Jüngster die Schule verließ und sich freiwillig zum Militärdienst meldete. Damit konnte er selbst die Waffengattung wählen. Entgegen dem Wunsch der Mutter, wie Vater und Bruder zur Artillerie zu gehen, „die sind weiter hinten", entschied sich Severin, auch wegen seiner Pferdeallergie, für die Panzerabwehr als junger, Aufstieg versprechender Spezialrichtung.[212] Käte Ahlmann verlängerte den Abschied von ihrem 18-jährigen Sohn dann bewusst, indem sie ihn nach Hamburg begleitete, wo seine „Löwenmähne" fallen sollte, mit ihm noch einmal gemeinsam aß und ihn schließlich am Zug nach Harburg verabschiedete.[213] Dort trat Severin Ahlmann tags darauf, am 15. Oktober 1942, bei den Panzerjägern ein, um eine einjährige Ausbildung zu absolvieren.[214]

Sein älterer Bruder Hans-Julius, inzwischen Leutnant und Ordonnanzoffizier beim Abteilungsstab, was den alten Frontkämpfer Heinrich Athenstaedt zu einem anerkennenden Kommentar veranlaßte,[215] stand zu der Zeit in Nordafrika. Während der Ende Oktober 1942 einsetzenden britischen Offensive wurde der 23-jährige bei El Alamein in Ägypten verwundet und verbrachte den Winter in Deutschland. Im März kam er

Hans-Julius Ahlmann in der Uniform des deutschen Afrikakorps

mit einer Marschbatterie schwerer Artillerie über Rom und Neapel nach Sizilien und flog Anfang April 1943 nach Tunis.[216] Die deutsch-italienische „Heersgruppe Afrika" war dort von alliierten Truppen inzwischen in einem Brückenkopf eingekesselt. Hitler hatte Generalfeldmarschall Rommel als Oberbefehlshaber schon im März ablösen lassen.[217] In den Endkämpfen bis zur Kapitulation am 13. Mai zeichnete sich Leutnant Ahlmann bei der Panzerabwehr aus und erhielt das Eiserne Kreuz 1. Klasse. Mit Absendedatum vom 18. Mai 1943 wurde auf vorgedruckter Karte seine Gefangennahme durch die Engländer gemeldet. Seine eigene kurze Mitteilung aus dem Lager vom 25. Mai, es ginge ihm gut, erreichte die Mutter in Büdelsdorf am 9. August.[218]

„Überschäumendes, unendliches Glück" war die Reaktion von Käte Ahlmann, aber ebenso der Geschwister auf die Nachricht, dass sich Hans-Julius wohlbehalten in Sicherheit befand. Vor allem die Mutter hatte im Laufe des andauernden Krieges zunehmend unter Ängsten gelitten, dass der älteste Sohn, der Erbe, nicht wiederkommen könnte.[219] Von dieser großen Sorge war sie nun befreit: „Alles lässt sich leichter tragen, gegebenenfalls auch der Bombentod. Man sieht irgendwie wieder in die Zukunft für unsere kleine Familie." Mit Heinrich Athenstaedt entwickelte sie sofort Pläne, wie Hans-Julius die Gefangenschaft für seine Weiterbildung nutzen sollte, „wichtig für Standfestigkeit und Befriedigung in dieser Lebenslage."[220] Doch darüber hätte sich die umsichtige Mutter keine Gedanken zu machen brauchen. Ihr Sohn, der inzwischen in einem Offizierslager der Amerikaner war und später nach Kansas in das „Camp Concordia" kam, hörte Vorträge über Bankwesen, Kunst und Psychologie, lernte Englisch und Mathematik, nahm an einem Massagekursus teil und nähte sich selbst eine Hose.[221] Außerdem meldete er sich freiwillig bei der Firma Heinz zur Arbeit, die im Reinigen der gewaltigen Kessel bestand, in denen das Tomatenketchup hergestellt wurde.[222]

Diesen Brief vom 15. Juni 1943 las Käte Ahlmann im August einer amüsierten Gartengesellschaft vor, unter der sich auch Dr. Max Halhuber befand.[223] Seine Werbung um die zukünftige Schwiegermutter zeigte Fortschritte. Bei der Gelegenheit hatte er seinen angehenden Schwager Severin kennen gelernt, der es in kurzer Zeit schon zum Unteroffizier gebracht hatte und kurz vor der Abstellung zum Einsatz an der Ostfront stand, was für die Mutter eine neue große Belastung bedeutete. „Er wolle so wacker sein und bleiben wie Großvater, Vater und Bruder" hoffte sie tapfer beim Abschied,[224] der sie ihre „Vereinsamung" wieder bewusster werden ließ. Dabei wurde das Haus zunehmend voller. Ausgebombte Verwandte aus Berlin suchten bei ihr Zuflucht, aus Köln kündigten sich die nächsten an und nach dem ersten verheerenden Bombenangriff auf Hamburg in der Nacht des 24./25. Juli 1943, dem das Inferno von drei weiteren folgte, hatte sich Käte Ahlmann auf die von den Behörden angeordnete Aufnahme von Obdachlosen vorbereitet.[225]

Als „beste Erholung in herrlicher Landschaft, so recht Wiener Wald", betrachtete sie Anfang Mai 1943 den einwöchigen Lehrgang für „Betriebsführer" auf der Reichsschule der Deutschen Arbeitsfront in Wien-Hadersdorf. Wie Käte Ahlmann ihrer Schwester Luise schrieb, genoss sie es, „ein Solitär meines Geschlechts" unter 25 Männern zu sein.[226] Außerdem taten ihr Abstand und Ruhe gut, die Küche gab sich, wie ihrem Sachverstand natürlich nicht entging, alle erdenkliche Mühe und die Vorträge von Professoren der Wiener Universität, in aufgelockerter Art gebracht, fand sie zum Teil recht interessant.[227] Zu Hause meinte sie bei Heinrich Athenstaedt alles in besten Händen zu wissen, die aber doch nicht die sichersten waren. „Von Käte keine Nachricht", das beunruhigte ihn bereits nach wenigen Tagen, obwohl der Rückkehrtermin genau fest stand.[228]

Projekte und Verluste

Inzwischen war die Ahlmann-Carlshütte in größere Projekte der deutschen Rüstungswirtschaft eingebunden worden, qualifiziert durch die Leistungsfähigkeit des Unternehmens in mehreren wichtigen Bereichen kriegswichtiger Produktion, zu der neben der rein waffentechnischen Fertigung schwerpunktmäßig Öfen gehörten, dann noch Stahlradiatoren und Heizkessel. Im Geschäftsbericht über das Jahr 1943 hieß es: „Am Aufbau der Industrie in den besetzten Ostgebieten beteiligten wir uns durch Übernahme der Patenschaft für die Eisengießerei Saporoshje/Ukraine. Nach Aufgabe dieses Gebietes wurde uns die Patenschaft für zwei Gießereibetriebe in Uman/Westukraine übertragen. Leider mussten unsere Arbeiten, die bereits weit fortgeschritten waren, infolge der militärischen Entwicklung abgebrochen werden. Es war uns eine Genugtuung, daß unsere Patenwerke durch ihre Arbeit noch einen wertvollen Beitrag zur Versorgung der Front leisten konnten."[229] Es handelte sich um die Herstellung von Öfen.[230]

Seit dem Herbst 1941 befand sich das wichtige russische Industriegebiet am großen Dnjeprbogen in der Südukraine, an Wirtschaftskapazität dem Ruhrrevier vergleichbar, unter deutscher Herrschaft.[231] Anfangs war das Ziel der Besatzungspolitik gewesen, alle Güter des eroberten Gebietes zur Versorgung des eigenen Landes zu nutzen und abzutransportieren. Die Ausbeutung leitete das Reichsministerium für die besetzten Ostgebiete unter Alfred Rosenberg, zusammen mit den Rüstungsinspektionen der Wehrmacht.[232]

Nachdem Adolf Hitler sein militärstrategisches Konzept im Frühjahr 1942 auf den Durchbruch zu den Ölvorkommen am Kaspischen Meer ausgeweitet hatte, kam den im Verlauf des Russlandfeldzuges zunehmend schwieriger durchzuführenden Nachschublieferungen vorrangige Bedeutung zu. Die Entfernung vom Kaukasus bis zur Grenze Deutschlands betrug mehr als 3.000 Kilometer.[233] Die Lösung des Problems bestand in der Schaffung eines Rüstungszentrums in der Ukraine, unter Nutzung und Wiederaufbau der dort vorhandenen Kapazitäten. Dabei sollte nach dem Willen Hitlers auch Privatinitiative greifen. Das ganze Projekt erklärte er zur „Ehrenaufgabe der deutschen Industrie".[234] Hitler übertrug Rüstungsminister Speer im Juni 1942 weitgehende Vollmachten mit seinem Erlass über den „Einsatz der Technik in den neu besetzten Ostgebieten".[235]

Im Laufe der folgenden Monate wurden die russischen Industriebtriebe mittels eines Systems von „Patenschaften" über die halbstaatliche Firma „Berg- und Hüttenwerkgesellschaft Ost" (BHO) als Gesamttreuhänder an deutsche Konzerne und Unternehmen verteilt,[236] von denen ausdrücklich das „Äußerste zur Erfüllung dieser Aufgabe" verlangt wurde.[237] Die übernommenen Patenfirmen waren mit den erforderlichen Einrichtungen auszustatten, eigene Werksangehörige für die Betriebsführung abzustellen und Arbeitskräfte vor Ort selbst zu beschaffen. Die Firmen gehörten weder rechtlich noch wirtschaftlich zu den Heimatunternehmen. Allerdings erhielten die „Paten" eine Anwartschaft auf eine spätere Eigentumsübertragung zugebilligt. Anfang 1943 war an „Patenschaften" nahezu alles vergeben und im ukrainischen Industrierevier alles vertreten, was in der deutschen Industrie Rang und Namen hatte.[238]

Während die Wirtschaft in der Ukraine tatsächlich in Gang kam, wegen der Zwangsverpflichtungen nach Deutschland aber ein empfindlicher Arbeitskräftemangel herrschte,[239] vollendete sich im Nordosten an der Wolga die Katastrophe von Stalingrad. Am 2. Februar 1943 kapitulierten die Reste der deutschen 6. Armee, 90.000 deutsche Soldaten kamen in Gefangenschaft. Die Sowjets feierten einen prestigeträchtigen Sieg, der die Wende des Krieges bedeutete. In Deutschland herrschte vier Tage offizielle Nationaltrauer.[240] Adolf Hitler, der den Ausbruch aus dem Kessel Stalingrad verboten hatte, kam im Februar und März 1943 zweimal nach Saporoshje, wo sich das Hauptquartier der Heeresgruppe Süd unter Generalfeldmarschall Erich von Manstein befand.[241] Von dort griff er selbst leitend in die Operationen ein, mit denen durch frische Truppen eine Stabilisierung der militärischen Lage erreicht wurde, die ein trügerisches Gefühl der Sicherheit verlieh. Als im Juni 1943 Rüstungsminister Albert Speer das Industrierevier am Dnjepr inspizierte, meldeten ihm die Wirtschaftsführer euphorisch hohe Produktionszahlen.[242]

Daran sollte sich die Carlshütte nun beteiligen. Mitte dieses Monats traten Käte Ahlmanns engste Vertraute unter den Betriebsangehörigen, Hans Schlothfeldt und Herbert Günther, die weite Reise in den Osten nach Saporoshje an, um sich an Ort und Stelle zu informieren. Die Ahlmann-Carlshütte hatte, um die erforderlichen Durchlassscheine für ihre Abgesandten von der Polizeibehörde zu erhalten, ein Schreiben des Reichsministeriums für die besetzten Ostgebiete vorlegen müssen. Darin wurde die Entsendung der namentlich genannten Herren in die Ukraine in Bezug gebracht mit den „geführten Verhandlungen zwecks Übernahme eines Betriebes in Saporoshje".[243] Der Fachmann Schlothfeldt besichtigte in der Industriegroßstadt am Dnjepr eine Gießerei, außerdem fanden Kontaktgespräche auf der Stadtkommandantur statt. Die Männer waren am 3. Juli wieder zurück in Büdelsdorf.[244] Käte Ahlmann und die von ihr über das Projekt informierte Tochter Marlene hatten gespannt auf das Ergebnis gewartet, „was in Saporoshje los ist, ob die Möglichkeit besteht anzufangen".[245] Schlothfeldts Bericht fiel zufriedenstellend aus.

Die Vereinbarung über eine „Patenschaft" kam kurz darauf zustande, denn schon vom 13. Juli 1943 datierte ein Antrag der Ahlmann-Carlshütte bei der Passabteilung des Rendsburger Landratsamtes mit entsprechender Begründung.[246] Als Bevollmächtigter für den Auftrag fungierte der 36-jährige Friedrich Sensen, Verkaufleiter für sanitäre Gegenstände. Der sieben Jahre ältere Fritz Engelke, der seit 1932 die Hauptbuchhaltung der Carlshütte leitete, sollte sich seinem Ressort nun in Saporoshje widmen.[247] Außer diesen Spitzenleuten wurden aus Büdelsdorf noch vier weitere Fachkräfte des Betriebes in die Ukraine geschickt, dazu Maschinen und Material. Die Ahlmann-Carlshütte war „Pate" geworden für die „Eisengießerei Nr. 8" in Saporoshje, gelegen an der nach Adolf-Hitler umbenannten Ausfallstraße zum großen Dnjepr-Staudamm. Bis dahin hatte das Werk Öfen hergestellt, Dunggabeln, Pfannen, Töpfe und Striegel.[248]

Sensen und Engelke bildeten Anfang August das Vorauskommando, die ausgewählten Mitarbeiter folgten vierzehn Tage später auf der gleichen Route: Berlin – Krakau – Lemberg (Lbiv) – Rowno – Dnjepopetrowsk – Saporoshje.[249] Zur Einrichtung der Anlage und der Aufnahme der vorgesehenen Produktion von Bunkeröfen, Herdgarnituren und Kleinguss, dazu die Einrichtung einer Reparaturwerkstatt, verblieben dann gerade sechs Wochen.[250] Am 13. September 1943 bereits erhielt Friedrich Sensen den Plan zur Sprengung der Gießerei, weil sich die sowjetischen Truppen der Stadt Saporoshje bedrohlich näherten.[251] Hitler hatte für den deutschen Rückzug die Strategie der „verbrannten Erde" angeordnet. Alles was bei der Räumung des Gebietes an beweglichen Gütern nicht mitgenommen werden konnte, sollte zerstört werden.[252] Am 24. September verließen die Büdelsdorfer Saporoshje, nachdem sie die Maschinen abgebaut und in Waggons verladen hatten. Ziel war die Stadt Uman in der südlichen Westukraine, wo in zwei kleinen Gießereien weiter gearbeitet werden sollte, doch auch dieser Einsatz erwies sich wegen des zügigen russischen Vormarsches nur von kurzer Dauer. Im Dezember war Friedrich Sensen wieder in Büdelsdorf.[253] Die Investition Saporoshje/Uman buchte die Ahlmann-Carlshütte unter „Betriebsunkosten" ab.[254]

Das Projekt „Litzmannstadt" stand unter keinem besseren Stern. Doch zumindest hatte es nicht vergleichbaren materiellen Aufwand und damit Verluste gegeben, wenn auch die Erwartungen hoch geschraubt und das Engagement viel stärker gewesen waren. Die ganze engere Familie nahm Anteil, einbezogen Marlene, die in Bad Godesberg für das unmittelbar bevorstehende Physikum paukte und ihrer Mutter zuversichtlich „Glückauf" wünschte.[255] Hans-Julius wurde über Kriegsgefangenenpost auf dem Laufenden gehalten. Käte Ahlmann wusste zwar, dass Entwicklungen überholt sein konnten, wenn die Nachrichten bei dem ältesten Sohn eintrafen, doch er sollte am Geschehen in der Heimat teilnehmen. Andeutungen und Verfremdungen, um die Briefzensur nicht aufmerksam zu machen, konnte Hans-Julius leicht entschlüsseln, zumal ihm die Mutter Hilfestellung gab. „Du erinnerst Dich meines Roten Kreuz Ordens II. Klasse von damals?[256] Jetzt habe ich es auch zu einem anderen II. Klasse gebracht. Eine kleine Dekoration. Na ja."[257] Das war der zurückhaltende Kommentar Käte Ahlmanns zur Verleihung des Kriegsverdienstkreuzes 2. Klasse durch Adolf Hitler an sie als „Betriebsführer". Die Urkunde trug das Datum vom 1. September 1943.[258]

Zumindest zeitliche Zusammenhänge, es handelte sich um die Monate August und September 1943, gab es zwischen dieser Auszeichnung, der „Patenschaft" der Ahlmann-Carlshütte in der Ukraine und dem Angebot zur Übernahme einer Eisengießerei durch das Rüstungsministerium. Der betreffende Schriftwechsel mit Behörden und Dienststellen blieb nicht erhalten, wenngleich Anhaltspunkte aktenkundig wurden. Aber Fragmente in der persönlichen Korrespondenz, zusätzlich zu schon erwähnten, lassen eine allerdings vage bleibende Konstruktion zu. Obgleich die Angelegenheit für die Ahlmann-Carlshütte schließlich negativ ausging, denn den Zuschlag erhielt eine andere Firma, bietet sie jedoch einen aufschlussreichen Einblick in die gängige Praxis deutscher Wirtschaftspolitik während des Zweiten Weltkriegs. Und dann verbindet sich mit dem Namen des Standortes eines der dunkelsten Kapitel der Zeitgeschichte.

Die Offerte aus Berlin, vermittelt durch die Rüstungsinspektion X in Hamburg,[259] traf Anfang August 1943 ein. Das Objekt war die Eisengießerei und Maschinenfabrik Stefan Weigt AG in „Litzmannstadt" (Łodz).[260] Die nach Warschau zweitgrößte polnische Stadt hatte sich seit dem 19. Jahrhundert zu einer Metropole der Textilindustrie entwickelt und galt als „Manchester des Ostens". Maschinenfabriken und Chemieanlagen ergänzten die Wirtschaftsstruktur. Am katholischen Bischofssitz Łodz betrug der Anteil der jüdischen Bevölkerung über ein Drittel, zehn Prozent der Einwohner waren Deutsche.[261] Nach der Eroberung Polens wurde Łodz im November 1939 in den neu gebildeten „Reichsgau Wartheland" eingegliedert und wenig später nach dem deutschen General und NSDAP-Politiker Karl Litzmann benannt.[262] Dessen Anteil an der Schlacht von Łodz im Dezember 1914 hatte die NS-Propaganda zum Nachteil des eigentlichen Siegers Generalfeldmarschall August von Mackensen verfälscht.[263]

Der NS-Gauleiter und Reichsstatthalter Arthur Greiser, nach Kriegsende hingerichtet, betrieb im Wartheland eine fanatische Terrorpolitik. Die in der nationalsozialistischen Ideologie verankerte „Germanisierung" der gewonnenen östlichen Gebiete setzte er um mit brutalen Massenaustreibungen von Polen und der Ansiedlung von Deutschen aus den besetzten osteuropäischen Ländern.[264] Schonungslos ging das NS-Regime gegen die Juden vor. Das im April 1940 im Norden von Łodz abgesperrte Ghetto war das größte auf polnischem Gebiet, dort lebten 157.000 jüdische Menschen auf engstem Raum. 1941 und 1942 wurden zusätzlich 38.500 Juden aus dem Westen nach Łodz deportiert und in das Ghetto gesperrt, dazu noch Sinti und Roma. Anfangs erfolgte der Einsatz der Bewohner als Zwangsarbeiter in der Industrie. Im Januar 1942 begannen dann die Transporte in die gaueigene Vernichtungsstätte „Kulmhof" (Chelmno). Die 1944 bei Auflösung des Ghettos noch lebenden 60.000 Menschen wurden nach Auschwitz gebracht.[265]

Käte Ahlmann kannte nur den Namen „Litzmannstadt", ehemals Łodz, und wusste ungefähr, wo die Stadt lag. Wahrscheinlich teilte ihr Hans Schlothfeldt auch nur seine Eindrücke von der Besichtigung der Eisengießerei Stefan Weigt mit, als er Mitte August 1943 von seiner zweiten weiten Reise nach Osten zurück kam. Dieses Mal hatte ihn der 36-jährige Buchhalter Paul Berndt als Prüfer begleitet.[266] Ihr gemeinsamer Bericht klang, wie Heinrich Athenstaedt von seiner Schwägerin erfuhr, recht befriedigend. Im Hinterkopf spielte sie mit dem Gedanken, dass vielleicht ein Sohn nach dem Krieg das Werk dort führen könnte.[267] Am 1. Oktober 1943 schien dann alles schon unter Dach und Fach: „Also Speer gab uns den Kaufzuschlag vorerst mündlich, und wir sollen nun bald denselben mit der Treuhandstelle Ost abschließen. Es ist ein rechter Treffer, weil sich viele darum rissen, falls es Speer nicht noch mal widerruft."[268] Ob Käte Ahlmann direkt mit dem Rüstungsminister sprach oder ihr nur seine Äußerung übermittelt wurde, muss dahin gestellt bleiben.

Die Haupttreuhandstelle Ost (HTO) war von Hermann Göring als „Beauftragter für den Vierjahresplan" nach der Annektierung Polens zur Verwaltung des beschlagnahmten staatlichen und privaten Eigentums bestimmt worden. Die Behörde sollte die Umverteilung der Besitzverhältnisse über Erfassung und Verteilung lenken, dabei hatten bei allen Maßnahmen die Interessen der Wehrwirtschaft im Vordergrund zu stehen. Die HTO bestimmte bei den Objekten von der Einsetzung kommissarischer Verwalter bis zur Preisgestaltung beim Verkauf den gesamten Ablauf und verfügte damit über eine wirtschaftspolitische Macht, auf die allerdings inzwischen die Leiter von Verwaltung und Rüstungswirtschaft zunehmend Teilansprüche erhoben.[269] Im Fall des Unternehmens Stefan Weigt hatten auch Reichsstatthalter Greiser mitzureden sowie der Leiter der zuständigen Rüstungsinspektion.[270]

Als Käte Ahlmann in Begleitung von Heinrich Athenstaedt, Johannes Wenke und Paul Berndt Anfang November 1943 auf die Reise ging – als Verpflegung Schinkenbrote, Äpfel und Bordeauxwein im Gepäck – hatte ihr juristischer Ratgeber ein ungutes Gefühl. „Ich glaube nicht recht an die Möglichkeit, dieses Werk zu kaufen, bin gespannt auf die Bedingungen", schrieb Athenstaedt seiner Frau.[271] Bei den ersten Verhandlungen mit der zuständigen Treuhandstelle schien aber nach anfänglichen Irritationen eine Einigung gefunden zu sein. Die Ahlmann-Carlshütte wurde, wie Heinrich Athenstaedt berichtete, an Ort und Stelle zum Betriebsführer des Werks eingesetzt und sollte in Absprache zunächst Munition herstellen. Anschließend fuhren Käte Ahlmann und Johannes Wenke nach „Litzmannstadt" (Łodz) zur Besichtigung der Fabrik.[272] Was dann im Einzelnen fehlschlug, wurde nicht überliefert. Dagegen blieb in den Akten der Haupttreuhandstelle Ost der Kaufvertrag über das Unternehmen Stefan Weigt AG in „Litzmannstadt" (Łodz) vom 13. Juli 1944 erhalten, das die Buderus'schen Eisenwerke in Wetzlar für 21.300 Reichsmark erwarben.[273]

Ihrer Tochter Marlene hatte Käte Ahlmann einen Kartengruß aus „Litzmannstadt" (Łodz) geschickt. Ein geplantes Treffen mit dem zukünftigen Schwiegersohn Dr. Max Halhuber, seit einem halben Jahr dort an einem Lazarett tätig, war nicht möglich gewesen, da der junge Oberarzt um diese Zeit Musterungen im Wartheland vornahm.[274] Obwohl die Tochter die Enttäuschung der Mutter über den Fehlschlag des Eisengießerei-Projekts bedauerte: „Du Arme, und soviel Arbeit davon", setzte sie, fast weise voraus schauend, den Zuspruch hinzu: „Einziger Trost: wer weiß, wozu es gut ist?"[275] Marlene schrieb diesen Brief aus Innsbruck, aus der Templstraße, wo sie bei der Schwester von Dr. Halhuber wohnte. Nach glänzend bestandenem Physikum in Bonn, in zwei Hauptfächern „sehr gut",[276] wollte sie in Innsbruck ihr Medizinstudium fortsetzen. Das kleine Töchterchen Roseli hatte sie bei sich und fühlte sich erleichtert, froh und stolz: „Dein glückliches ‚Candmedchen'".

Die Hochzeit fand am 12. Februar 1944 in Innsbruck statt. Käte Ahlmann war nicht dabei, sie wusste vorher nicht einmal den genauen Termin, der sich kurzfristig danach hatte richten müssen, wie Dr. Halhuber Urlaub bekam. Die Mutter hatte sich inzwischen mit der Bindung abgefunden, die neue Ehe auch akzeptiert, obwohl sie unter der großen, trennenden Entfernung zu ihrer Tochter und der Enkelin litt, eine Belastung, die für sie ihr Leben lang bestehen bleiben sollte.[277] Doch vor allem lag Käte Ahlmann daran, dass Marlene ihr Studium aufrecht erhielt. „Aber ob es ihr glückt?", schrieb sie zweifelnd an den kriegsgefangenen Sohn Hans-Julius in Amerika. Und dann kam die für eine sehr wohlhabende Unternehmerin, die eine einzige Tochter hatte, recht sonderbare, für Käte Ahlmann aber kennzeichnende Äußerung: „Sie möchte es gern zur Ärztin bringen, es wäre ja auch eine starke Lebenssicherheit, die ich begrüßen würde. Man ist dann wer und kann mitreden."[278]

Durch die Eheschließung erhielt Marlene die österreichische Staatsbürgerschaft,[279] was ihr, wie Dr. Halhuber später im Hinblick auf den sich damals bereits abzeichnenden Kriegsausgang meinte, gewissermaßen auch Schutz gewährte. Er bezog sich damit auf die nach seiner Auffassung heikle Position seiner Frau als Kommanditistin der Carlshütte, die als Deutsche eher in die Mitverantwortung für die Rüstungsproduktion hätte gezogen werden können.[280] Vorerst schien es jedoch, als würde er seine junge Ehefrau in Gefahr bringen. Marlene hatte während ihres Studiums ein sechswöchiges klinisches Praktikum zu machen, das sie ab März 1944 am Krankenhaus ihres Mannes in „Litzmannstadt" (Łodz) absolvieren konnte. Ihre Mutter gönnte ihr nach zwei Jahren angestrengten Lernens die anschließenden langen Flitterwochen,[281] die aber Anfang August ein abruptes Ende fanden. Marlene hatte Glück, bei der Massenflucht aus der Stadt vor den heran rückenden Russen in einem Urlauberzug mitfahren zu können. Schon Tage vorher, „im Angehör der Front", wie sie der Mutter unterwegs vom Bahnhof Leipzig schrieb, war das Krankenhaus zum Kriegslazarett für die frisch Verwundeten geworden. Die Schwester sorgte sich um den jüngsten Bruder, um den auch die Gedanken Käte Ahlmanns kreisten. „Bei den vielen Truppentransporten musste ich immer denken, ob unser Seppel wohlauf ist."[282]

Severin Ahlmann war schon vor Ende seiner Ausbildung bei den Harburger Panzerjägern zum Unteroffizier befördert worden und hatte dann während der dreimonatigen „Frontbewährung" bei der Infanterie vor Leningrad gelegen. Eine gefährliche Insekteninfektion, im Soldatenjargon „Wolchow-Pest" nach dem Abfluss des Ilmensees genannt, heilte er in einem Lazarett in Riga aus.[283] Beim Besuch der Waffenschule der Panzertruppen und einen anschließenden Lehrgang in Hamburg war der Zwanzigjährige schon Leutnant,[284] die Beförderung datierte vom 1. April 1944, wie die stolze Mutter dem Paten Heinrich Athenstaedt berichtete. Käte Ahlmann freute es besonders – schon die Ernennung zum Unteroffizier hatte sie mit der Bemerkung quittiert: „Das wird die Pauker ärgern!"[285] –, als Severin in Leutnantsuniform

Severin Ahlmann als Leutnant

auf dem Rendsburger Bahnhof höflich seinen ehemaligen Klassenlehrer begrüßte, der bei seinem Anblick etwas säuerlich reagierte: „Nach siebzehn Monaten Soldatentum Offizier!"[286]

Schweren Herzens musste Käte Ahlmann ihren Jüngsten Anfang August 1944 ziehen lassen, nach Danzig und dann nach Riga, „wenn er durchkommt". Marlene hatte ihre Flucht aus „Litzmannstadt" (Łodz) schon unter dem Geschützdonner der nahen Front unternommen. Die sowjetischen Truppen waren im Frühsommer 1944 mit ihrer bisher größten Offensive weit nach Westen vorgedrungen, standen bereits in Lettland und Litauen und näherten sich der deutschen Grenze in Ostpreußen. Severin musste also direkt in das heißeste Kampfgebiet. Vor allem Wehmut schwang im Brief Käte Ahlmanns an die Schwester Luise mit, der sie den empfindsamen, doch auch von praktischen Aspekten begleiteten Abschied von ihrem Sohn schilderte: „Er nahm ein Raabe-Buch mit, ‚Leute im Walde'. Ich packte mit ihm, aß mit ihm, ging spazieren und Kaffee trinken mit ihm. Ob man den Jungen wiedersieht? Nie werde ich vergessen, wie treu er dastand und winkte.

Aber er ging gern und sagte mutig, es sei ‚ganz ungefährlich'. Um 1/2 3 Uhr nachts briet ich Severin noch ein Hähnchen, der Kölner Tradition getreu."[287]

Die Großmutter Wilhelmine Ahlmann war „ganz herunter vor Sorgen" und bangte um ihren Lieblingsenkel: „Gott gebe, dass Seppel uns erhalten bleibt."[288] Im Vormonat Juli hatte Heinrich Athenstaedt bei einem seiner längeren Besuche die 89-jährige „selten frisch" vorgefunden. Sie wurde von einer Hausdame gepflegt und verbrachte ihre Tage, aus denen noch über zwei Jahre werden sollten, in ruhigem, stillen Gleichmaß, weitgehend unberührt von allen Geschehnissen, wie auch ihre äußere Erscheinung unverändert blieb.[289] Die uralte Dame war geistig noch recht klar, gratulierte Luise Athenstaedt mit „innigsten Grüßen" zum 56. Geburtstag am 13. September 1944, und klagte, dass sie soviel allein sei: „Dein lieber Mann fehlt mir sehr", und unterstrich das letzte Wort.[290] Zeit ihres langen Lebens hatte Wilhelmine Ahlmann den Umgang mit Männern für wesentlich angenehmer empfunden als den mit Frauen.

Bald darauf sollte sie Grund zu Freude und Zufriedenheit haben. Auf dringenden Wunsch von Käte Ahlmann kam die Familie Athenstaedt von Bad Godesberg nach Büdelsdorf und bezog die Wohnung über ihr. Einen Monat zuvor, anlässlich der bevorstehenden Silberhochzeit von Schwester und Schwager am 6. November 1944, hatte sie in einem langen Brief noch einmal die Feier vor 25 Jahren in der Kölner Von-Werth-Straße, gleichzeitig der 70. Geburtstag des Vaters Josef Braun, aus der Erinnerung herauf beschworen: „An die Trauung, an all das Treiben, an unseren schönen gelben Salon, in dem Ihr so festlich saßt, Jules' Trinkfreude, Marlenchen als kleine Köchin. [...] Wir haben viel Schweres neben guten Zeiten miteinander verlebt. Ich wäre auch im Kellerloch noch strahlend mit Euch. Möchten wir in einem schönen Familienfest, wenn die tiefen Schatten dieses Weltkriegs vorüber sein werden, die Silberne [Hochzeit] hervorholen, in Liebe vereint, wie all' die Jahre."[291]

Nur zwei Tage später griff Käte Ahlmann, wahrscheinlich erst durch das Schreiben zum gründlichen Nachdenken gebracht, wieder zum Füllfederhalter und kam ernsthaft zur Sache. Nach Durchsicht des Gesellschaftervertrages für die Ahlmann-Carlshütte war ihr klar geworden, dass die durch die Kriegsumstände verursachte räumliche Trennung und die besondere Gefährdung der beteiligten Familienmitglieder keine Berücksichtigung gefunden hatten. „Jeder Ausländer kann einen heute über den Haufen schießen", stellte sie nicht ohne berechtigte Annahme fest.[292] Wie einst mit ihrem Mann Julius erfuhr sie, nun ganz allein, eine zunehmend bedrohliche Umwelt. Seit längerem schon übte sich Käte Ahlmann regelmäßig im Gebrauch eines Revolvers,[293] zeigte dabei aber, nach der Einschätzung ihrer Nichte Lising Pagenstecher, gleichbleibend geringen Sachverstand.[294] Über den Symbolwert hinaus bot die Waffe daher keinen Schutz.

Für den Fall ihres plötzlichen Todes hatte Käte Ahlmann in Bezug auf die Familienfirma bisher keine Regelung getroffen, wer in dieser Kriegszeit ihr Nachfolger als persönlich haftender Gesellschafter sein sollte. Hans-Julius war in den USA in Kriegsgefangenschaft, Severin an der Front, es blieb eigentlich nur Marlene, die in Innsbruck nun mit dieser Eventualität rechnen mußte.[295] Doch zumindest gab es den Vertrag mit Heinrich Athenstaedt vom April 1938, nach dessen Bestimmungen er verpflichtet war, bis zur Bestellung eines Nachkommen der Eheleute Ahlmann vorübergehend die Geschäftsführung der Ahlmann-Carlshütte zu übernehmen.[296] Schließlich wäre es doch für Athenstaedts sehr sinnvoll, meinte Käte Ahlmann mit Hinweis auf die aktuelle Kriegssituation, die inzwischen vom Feind bedrohte Zone am Rhein noch rechtzeitig vor der Besetzung zu verlassen und zu ihr kommen, die sie Unterstützung notwendig brauchte.[297] Diese Argumente besaßen genug Überzeugungskraft. Athenstaedts vermieteten ihr Haus in Bad Godesberg und blieben sechzehn Monate lang in Büdelsdorf.[298]

Als sie den Brief an Athenstaedts verfasste, teils dringende Bitte, teils Mahnung an Pflichten, hatte Käte Ahlmann in ihrem Haus auf der Carlshütte den diesbezüglichen Vertrag nicht zur Hand. Er befand sich inzwischen in sicherer Verwahrung auf dem Heidberg, und zwar in einem Bunker, den sie 1943 tief in den sogenannten „Hartmannsweilerkopf" hatte hinein bauen lassen.[299] Die Benennung stammte von Julius Ahlmann, der sich dort an den Schauplatz der blutigen Kämpfe in den Vogesen erinnert fühlte, an denen er im Ersten Weltkrieg als Artillerieoffizier beteiligt gewesen war. Als Käte Ahlmann auf „höheren Befehl" an geschützter Stelle wichtige Firmenakten deponieren musste, war ihre Wahl auf diesen abgelegenen Platz gefallen. Im Jahr darauf ausgebaut, mit Heizung und Licht versehen, stand der Bunker im April 1944 voll mit großen Blechkästen.[300] In ihnen befanden sich nicht nur die geschäftlichen Unterlagen, sondern auch die wertvollsten persönlichen Gegenstände und Erinnerungsstücke der Familie Ahlmann, wie beispielsweise die beiden Weihnachtskrippen. Nach Kriegsende wurde der Gang zum Bunker eingeebnet.[301]

Gefährdungen und „Geschäftigkeit"

Ende November 1944, als die Familie Athenstaedt nach Büdelsdorf auf die Carlshütte zog, befand sich Deutschland bereits in einer bedrohlich ernsten Situation. Die Alliierten hatten die Grenzen überschritten. Im Westen waren die am 6. Juni in der Normandie gelandeten Amerikaner und Briten nach Überwindung anfänglichen Widerstands schnell vorwärts gedrungen, hatten am 25. August Paris eingenommen, wenig später Brüssel besetzt und waren am 21. Oktober in

Aachen als erster deutscher Stadt einmarschiert.[302] Käte Ahlmann hatte vergeblich versucht, ihre dort wohnende alte Pensionatsfreundin Thea, Mutter ihres engsten Mitarbeiters auf der Carlshütte, zur rechtzeitigen Flucht zu bewegen. Sie konnte dann nur feststellen, als jegliche Verbindung unterbrochen war: „Über Günthers ist traurigerweise der Vorhang gefallen. Bestenfalls, bei dem Beschuß, sind sie in einem Internierungslager."[303]

„Denkt an Goldap und Gumbinnen", hatte sie im selben Brief Athenstaedts gemahnt, die sie zum Kommen bewegen wollte. Nach dem Einbruch der sowjetischen Truppen in Ostpreußen am 16. Oktober 1944 war den Deutschen die Rückeroberung dieses Abschnitts gelungen. Die Soldaten entsetzten sich über die Gräuel, die an der Zivilbevölkerung verübt worden waren, wie alle, die von den schrecklichen Ereignissen ausführlich über Presse und Rundfunk erfuhren. Die NS-Propaganda verfolgte damit vor allem die Absicht, den Durchhaltewillen des Volkes zu festigen. Doch die Panik war größer. Endlose Trecks setzten sich nach Westen in Bewegung.[304] Käte Ahlmann machte sich Sorgen um die Gefahren, die ihren Verwandten auf ihren Gütern bei Rastenburg drohten. Tatsächlich gelang dann nur der Ehefrau und den drei kleinen Töchtern ihres angeheirateten Vetters Herbert Ahlmann die Flucht.[305]

Rechtzeitig in das sichere Schleswig-Holstein geholt worden war dagegen die Tochter des Ehepaares Hamkens, „ostpreußische Gutsbesitzersfrau", informierte Käte Ahlmann ihren fernen Sohn Hans-Julius.[306] Obwohl wegen Zwistigkeiten mit dem NS-Gauleiter und Reichskommissar Lohse seit Anfang 1944 als Regierungspräsident in den einstweiligen Ruhestand versetzt, blieb Wilhelm Hamkens Gaujägermeister und hatte somit mehr Zeit, sich der Jagd zu widmen.[307] Er und seine Frau Ella schauten häufig zu „Plauderstündchen" bei Rheinwein oder Mosel auf der Rückfahrt von Jagdeinladungen in Büdelsdorf vorbei und brachten als Gastgeschenk frisch erlegte Hasen mit. „Das wäre was für meinen Halullu!", regte Käte Ahlmann, sicher etwas unbedacht, die Geschmackssinne des jungen Mannes an, der sich in Kansas mit amerikanischer Kriegsgefangenenkost begnügen musste. Der Sohn konnte beim Lesen der Zeilen spüren, wie die Mutter diese „lebhaften Runden" in angeregter Unterhaltung genoss, rar gewordene Momente der Entspannung.

Hans-Julius hatte sicher in gleicher Weise vermocht, den Anklang von Freude und Genugtuung bei Käte Ahlmann nachzuempfinden, die ihm nur zu vertraute „Geschäftigkeit", mit der sie das neue Lehrlingsheim der Carlshütte einrichtete.[308] Nach Fertigstellung der Barackenbauten an der Kampstraße stand die seit 1940 als Lager dienende ehemalige Büdelsdorfer Gaststätte „Deutsche Wacht" leer. Dadurch ergab sich die Möglichkeit, einen lange bestehenden Plan zu verwirklichen, besonders weil die Zeitumstände das Projekt begünstigten. Wegen der vielen Ein-

Nach der Eröffnung des Gemeinschaftslagers wurde die „Deutsche Wacht" als Lehrlings-
wohnheim der Ahlmann-Carlshütte eingerichtet

berufungen von Facharbeitern war qualifizierter Nachwuchs zur dringenden Notwendigkeit geworden. In den Dörfern der weiteren Umgebung interessierten sich
viele geeignete Jungen für eine Ausbildung auf der Carlshütte, die mit der 1936 in
Betrieb genommenen Lehrwerkstatt weithin Vorreiter war, hatten aber bisher wegen mangelnder Unterkunft keinen Gebrauch davon machen können.[309]

Um die erforderliche Ausstattung für das Heim zu erhalten, beispielsweise
an Geschirr, nutzte Käte Ahlmann konsequent Status und Beziehungen. „Wir
sind Rüstungsbetrieb", war etwa als Hinweis der umfangreichen Bestellung bei
einer Porzellangroßhandlung beigefügt, samt der Bestätigung durch das Rüstungskommando Kiel.[310] Ansonsten richtete sie das Haus im gleichen ländlich-rustikalen
Stil ein wie schon das Julius-Ahlmann-Heim für die Ruheständler des Betriebes.[311]
In den Zimmern des Obergeschosses war Raum für dreißig Lehrlinge. Die Ausgestaltung des Saales, mit „guten Bildern" geschmückt, ließ Käte Ahlmanns Handschrift ebenso deutlich erkennen wie ein Musikraum. Die Regale im Büchereizim-
mer mussten noch gefüllt werden. Als „Betriebsführer" wies Käte Ahlmann bei der
Eröffnungsfeier Anfang April 1944 vor den geladenen Gästen, unter ihnen NS-
Kreisleiter und Landrat Julius Peters, ausdrücklich darauf hin, dass in dem mit der
Jugendorganisation verbundenen „HJ-Wohnheim" auch schleswig-holsteinische
Eigenart gepflegt werden sollte, wie es in der Tradition der Hütte läge. Allerdings
meldeten sich im ersten Jahr nur zehn Lehrlinge, wie im Jahresbericht 1944 be-
dauernd festgestellt wurde. Zudem beanspruchte, hieß es weiter, die NSDAP ab
November den Hauptteil des Erdgeschosses als Wehrertüchtigungslager.[312]

Etwas Aufhellung brachte in diesem sechsten Kriegsjahr Anfang September auch das wiederkehrende Fest für die „Hüttenkinder", veranstaltet unter Verantwortung und Leitung der Sozialen Betriebsarbeiterin Elisabeth Zander, die als gelernte Kindergärtnerin dafür ideal geeignet war. Teilnehmen am jährlichen Spielfest durften an die vierzig Fünf- bis Zehnjährige, deren auf der Carlshütte tätige Väter bei der Wehrmacht standen. Nach der Begrüßung durch Käte Ahlmann fand unter den Klängen der Hüttenkapelle ein Umzug statt, dann folgten verschiedene Spiele wie Kringelbeißen, Eierlaufen, Topfschlagen und Ringwerfen.[313] Zwar erhielt jedes Kind beim Abschied eine Tüte mit Naschwerk, doch ansonsten beherrschte die strikte Reglementierung der Lebensmittelzuteilung im NS-System selbst solche Anlässe. Die

Auch 1944, im sechsten Kriegsjahr, fand das traditionelle Kinderfest auf der Carlshütte statt

Frauen der Soldaten, die vermutlich nur mühsam ihre Familien ernähren konnten, mussten im Vorwege pro teilnehmendem Kind dreißig Gramm Kuchenmarken abgeben, zehn Gramm Fettmarken und einen Esslöffel voll Zucker.[314]

Selbst die eingezogenen Werksangehörigen der Ahlmann-Carlshütte hatten erst eine sogenannte „Zulassungsmarke" nach Büdelsdorf zu übermitteln, um vom Betrieb eines der an sie regelmäßig versandten Feldpostpäckchen geschickt zu bekommen.[315] Außerdem erhielten die Soldaten Zeitungen. Eigentlich reichte aber schon zwischendurch nur ein Gruß, um das Bewusstsein der Verbundenheit mit der angestammten Firma zu stärken. Den betroffenen Familien wurden, wie schon im Krieg zuvor, Beihilfen zu den staatlichen Unterstützungen gewährt. Dann war jedem Geschäftsbericht in der Kriegszeit eine schwarz umrandete Liste von gefallenen „Arbeitskameraden" unter dem Emblem des Eisernen Kreuzes vorangestellt, mit ehrenvoll würdigenden Worten des Gedenkens.[316] Von den insgesamt 700 im Zweiten Weltkrieg einberufenen Mitarbeitern der Ahlmann-Carlshütte fielen 155. Im Jahr 1952 galten 86 noch als vermisst.[317]

Bedrücktheit und Ängste

Über die immer stärker werdenden Belastungen, Schwierigkeiten und Gefahren schrieb Käte Ahlmann nichts an ihren ältesten Sohn, der in seinem US-Kriegs-gefangenencamp auf Nachrichten aus der Heimat wartete. Einmal musste sie die Postzensur bedenken, dann wollte sie Hans-Julius auf keinen Fall beunruhigen. Fast jede Nacht war nun Alarm, der die Menschen in die schützenden Keller trieb, doch zu-nehmend flogen feindliche Bomber auch am Tag über Büdelsdorf hinweg nach Osten, um die Angriffe auf das schwer zerstörte Kiel fortzusetzen. Weder die Luftabwehr noch die vom Boden aus schießende Flak vermochten gegen die Übermacht etwas auszurichten, beobachtete der ehemalige Artillerieoffizier Heinrich Athenstaedt.[318] Da auf der Carlshütte Luftschutzräume nur für die Zahl des Vorkriegsbestandes an Personal vorhanden waren, auf dem Werk aber inzwischen 500 Menschen mehr arbeiteten, wurden auf einer hoch gelegenen Koppel in das Erdreich Stollen getrie-ben, mit Beleuchtung und Bänken ausgestattet, um als Schutzräume zu dienen.[319] Die Ahlmann-Carlshütte lag in einem offiziell als bombengefährdet geltendem Ge-biet,[320] und der ständige Alarm beeinträchtigte Leben und Arbeit erheblich, aber der stets befürchtete Ernstfall trat nicht ein.

Inzwischen hatte Rüstungsminister Speer wegen der zunehmenden Luftraum-hoheit der westlichen Alliierten Weisung für die Verlegung kriegsentscheidender Pro-duktion in weniger bedrohte Gebiete Deutschlands gegeben.[321] Die Carlshütte sollte zumindest Teile der Tragflächenfertigung auslagern, und, im Zuge der propagierten Eigenverantwortung der deutschen Industrie, selbst ein geeignetes „Aufnahme-Objekt" suchen. Als Zielgebiet war Mecklenburg angegeben. Östlicher und nicht im direkten Einflugbereich der westlichen Feinde gelegen, schien das Land ver-meintlich sicher. Nach langwierigen Bemühungen – andere Firmen waren schneller gewesen – konnte die Ahlmann-Carlshütte im Dezember 1944 eine kleine Eisen-gießerei in Neustrelitz mit Vorkaufsrecht pachten.[322] Die von ihrer Mutter über die Neuerwerbung informierte Kommanditistin Marlene reagierte in Innsbruck skep-tisch, fast schon destruktiv: „Möchten sich diese Manipulationen als überflüssig ge-wesen herausstellen, und wir uns nie in Neustrelitz treffen! Wie groß ist das Städt-chen etwa?"[323]

Käte Ahlmann war bei der Ortsbesichtigung anlässlich des Vertragsabschlusses vom desolaten Zustand des alten Werks recht enttäuscht: „einfach verloddert",[324] nahm aber die neue Herausforderung wie gewohnt resolut in Angriff. Herrichtung und Ausstattung der mecklenburgischen „Dépandance" der Carlshütte kosteten viel Aufwand. Die Transportfrage war noch am leichtesten zu lösen. Maschinen, sonstiges Material und Baracken für die Unterbringung der aus Büdelsdorf mitgenommenen Belegschaft, darunter mehrere „Fremdarbeiter",[325] wurden, soweit es ging, mit Motorschiffen nach Neustrelitz gebracht.[326] 1943 hatte die Ahlmann-Carlshütte MS „Herbert" erworben und für ihre Zwecke umbauen lassen.[327] Wegen der Umschreibung im Schiffsregister waren übrigens die Staatsbürgerschaftsnachweise der vier Firmeninhaber – Käte Ahlmann und ihre drei Kinder – erforderlich gewesen, wozu dann auch, neben den Angaben über Vater und Großvater mit ihren jeweiligen Aufenthaltsorten, die Naturalisationsurkunde der Familie Johannes Ahlmann von 1898 beigebracht werden musste.[328]

Überhaupt wurde versucht, in Anknüpfung an die Tradition der Carlshütte, für Versorgung und Versand des Werks weitgehend auf den Wasserweg auszuweichen.[329] Die englische und amerikanische Luftoffensive richtete sich nun, neben verstärkten Angriffen auf Großstädte, um die deutsche Zivilbevölkerung endgültig zu demoralisieren, zunehmend gegen Eisenbahnknotenpunkte, wichtige Verschiebebahnhöfe und Brückenbauten.[330] Die Verkehrslage wurde immer schwieriger. Dabei erreichte die deutsche Kriegswirtschaft gerade in diesem Jahr 1944 ihren Höchststand.[331] Aus den Betrieben und den Arbeitskräften wurde alles an möglicher Leistung heraus geholt, „die letzten Reserven mobilisiert", für die Zwecke der Rüstungsproduktion.[332] „In einer Zeit, da alles auf dem Spiel steht", hieß es dazu in realistischer Einschätzung in einem Aufruf der Wirtschaftskammer Kiel von Mitte April 1944 an die „Betriebsführer" ihres Bezirks.[333] Im August begann die letzte große Mobilisierungskampagne unter Koordination des neuen „Generalbevollmächtigten für den totalen Kriegseinsatz", Joseph Goebbels. In enger Zusammenarbeit mit Albert Speer legte er neben anderen rigorosen Eingriffen nicht kriegswichtige Betriebe still, führte die 60-Stunden-Woche ein und ließ Freistellungen vom Militär aufheben.[334]

Auf der Ahlmann-Carlshütte wurde in dieser Phase, aber auch in anderen Rüstungsfirmen, etwa dem Lübecker Drägerwerk,[335] teilweise sogar 72 Stunden in der Woche gearbeitet, und zwar in drei Schichten.[336] Grund waren zusätzliche Aufträge des Oberkommandos der Wehrmacht an das Büdelsdorfer Unternehmen für die Herstellung von Sprenggranaten und Wurfgranaten. Im August 1944 wurde das neue Stahlwerk der Carlshütte, zwei weitere Bessemer-Birnen, in Betrieb genommen, das monatlich 60.000 Hüllen und Rohlinge für die Fertigverarbeitung in anderen Firmen lieferte.[337] Die Zahl der Arbeitskräfte hatte sich auf insgesamt 2.373 erhöht, davon waren 1.352 Ausländer, also 53 Prozent. Den größten Anteil unter den neuen Lagerinsassen bildeten 133 italienische Kriegsgefangene, die

Anfang September eintrafen.[338] Der ehemalige Bundesgenosse Deutschlands war nach dem Sturz Mussolinis für das NS-Regime zum „verräterischen Feind" geworden.

Ansonsten wurden wegen des Leistungsdrucks auf die Rüstungsbetriebe zunehmend die Beschränkungen für die „Ostarbeiter" gelockert, um sie zu mehr Einsatz zu motivieren. Die Kennzeichnungspflicht entfiel[339] und die Lebensmittelrationen wurden angehoben, lagen aber immer doch unter denen der Arbeiter aus westlichen Ländern.[340] Die bis dahin von den Nationalsozialisten geschürten Ressentiments bestanden jedoch in vollem Ausmaß weiter. Im Frühsommer 1944 hatte es den „Unwillen der Deutschen" erregt, als sie sich in der Büdelsdorfer Badeanstalt an der Eider auf einmal von Polen und „Ostarbeitern" umgeben sahen. Bürgermeister Drasdo entschied daraufhin, einen gesonderten Strandabschnitt an der Arme-Sünder-Bucht für ausländische Arbeiter einzurichten.[341]

An den unmittelbar nach Kriegsende aufgestellten Produktionsziffern der Ahlmann-Carlshütte an Rüstungsgütern war der Zeitpunkt des Zusammenbruchs der deutschen Kriegswirtschaft genau erkennbar. Die Alliierten nahmen von Westen und Osten Deutschland immer enger in ihren Zangengriff und es herrschte gravierender Treibstoffmangel. Die entscheidende Ursache bestand jedoch darin, dass die Westmächte im Spätherbst 1944 mit gezielten Bombardements den Abtransport der Kohle aus dem Ruhrgebiet so gut wie zum Erliegen bringen konnten. Der Schienenweg hatte schon länger keine Bedeutung mehr. Nun war auch die Binnenschifffahrt wegen zerstörter Schleusen und in das Fahrwasser gestürzter Trümmer von Überführungen nicht mehr möglich. Weit mehr als die anderen kriegsführenden Mächte war Deutschland von der Energieversorgung durch Kohle abhängig, der Basis für die gesamte Industrieproduktion.[342]

Auf der Carlshütte musste wegen Kohlen- und Koksmangel die eben erst erhöhte Arbeitszeit Ende November wieder reduziert werden[343] und Mitte Dezember lag der gesamte Betrieb für eine Woche ganz still.[344] Verursacht hatte den Produktionsstopp Gauleiter Hinrich Lohse, dem es gelungen war, sich im August 1944 aus Riga rechtzeitig vor den heran rückenden Russen in die Heimat abzusetzen.[345] Doch selbst in Schleswig-Holstein holten ihn die zeitbedingten Veränderungen der Machtverhältnisse ein. Minister Speer verwahrte sich aufgebracht und entschieden dagegen, dass Lohse den Gießereikoks der Carlshütte „zu Gunsten der Allgemeinheit" beschlagnahmt hatte. Durch den „Einbruch im Westen" wären gerade diesem Werk zusätzlich wichtigste Rüstungsaufgaben übertragen worden.[346] In einem ergänzenden Schreiben an das Landeswirtschaftsamt Kiel spezifizierte der Minister den Auftrag. Es ging um die Produktionssteigerung von 10,5 cm Sprenggranaten, von denen die Carlshütte im Oktober 1944 noch 11.300 Stück hergestellt hatte, im Dezember kam sie nur auf die Zahl von 8.700.[347]

Die fortfallende Anlieferung von Material durch das Auftrag gebende Unternehmen „Weserflug" ließ dann mit Ende Oktober das Großprojekts der Tragflächenfertigung für den „Stuka" auslaufen, das aber in der gesamten Jahresbilanz 1944 noch einen Produktionsanteil von 55 Prozent einnahm.[348] Bis dahin waren von Juni 1943 bis einschließlich Oktober 1944 genau 835 Satz gebaut worden, dazu kamen in den letzten Monaten noch 80 Satz Reparaturflächen. Es hatte zwar Planungen für andere Flugzeugtypen gegeben, einige Fertigungsmodelle waren sogar schon ausgeliefert worden, jedoch kam es nie über ein Vorstadium hinaus.[349] Immerhin stellte die Ahlmann-Carlshütte im Rahmen ihres zivilen Programms auch im vorletzten Kriegsjahr noch ihr bekanntestes Produkt her, zweckbestimmt in der Hauptsache für Lazarette und Krankenhäuser. Die Firma lag bei der Fabrikation von 16.000 Badewannen in Deutschland an erster Stelle, mit einer fast doppelten Stückzahl im Vergleich zum nächsten Konkurrenten Buderus.[350]

Mitmenschliches

„Das Wunder unseres tiefsten und ergreifendsten Familienfestes" hatte der junge Leutnant Hans-Julius Ahlmann 1942 am Schlachtfeld von El Alamein in Ägypten beschrieben, „da jetzt Wüste, Tod und Öde herrschen".[351] Seitdem waren zwei Jahre vergangen, und die Familie, deren glanzvolle und glückliche Weihnachtsfeiern sich der Soldat des Afrikakorps voller Sehnsucht nach heimatlicher Geborgenheit in Erinnerung gerufen hatte, war 1944 an diesem Tag weit voneinander entfernt und vereinzelt. Er selbst befand sich im sicheren Gewahrsam eines Kriegsgefangenenlagers in den USA, während sein Bruder Severin bei den heftigen Kämpfen in Kurland in vorderster Front stand, stets tödlicher Lebensgefahr ausgesetzt. In Seefeld bei Innsbruck hatte die Schwester Marlene zwar das Töchterchen Roseli bei sich und ihren Mann wusste sie als Stabsarzt im nahen Südtiroler Meran, aber ständige Luftangriffe auf die wichtigen Verkehrsverbindungen zum Brennerpass zwang die Bevölkerung in die tief in die Berge gehauenen Stollen. Außer diesen beängstigenden Nachrichten hatte die Tochter der um beide bangenden Mutter dennoch etwas beruhigende Normalität mitteilen können: dass sie nun, vier Tage vor dem Fest, endlich daran gehen müsse, Plätzchen zu backen.[352]

Käte Ahlmann hatte zwar an diesen Weihnachtstagen ihre drei Kinder und die ihr sehr fehlende geliebte Enkelin nicht um sich, jedoch gab der von ihr herbeigeholte Teil „wahrer Familie" zumindest Trost, wenn auch die Lücken schmerzten. Neben den drei Athenstaedts, Heinrich, Luise und der Sohn Hanno-Eckbrecht, gehörten die beiden Nichten Aline und Lising zum Kreis, die Töchter der Lieblingsschwester Käte Ahlmanns. Die Sorgen um Linu Pagenstecher und ihre restliche Familie auf dem gefährdeten linksrheinische Gebiet bei Köln bedrückten alle. Trotzdem herrschte Weihnachts- stimmung, Harmonie und sogar Glück.[353] Eine menschliche Geste voller Herzenswärme, die ihr nie vergessen und ihr mit unbedingter, lebenslan- ger Loyalität gedankt wurde,[354] erwies Käte Ahl- mann an diesem Fest Elisabeth Zander. In jeder Hinsicht völlig erschöpft, war die 43-jährige von den Beisetzungsfeierlichkeiten für ihren im Luft- kampf gefallenen Bruder zurück gekommen,[355] nach einer äußerst strapaziösen Bahnreise. Käte Ahlmann überließ in dieser Situation Elisabeth Zander nicht sich selbst, sondern nahm sie für diese Tage in ihr Haus und in ihre Familienge- meinschaft auf.[356]

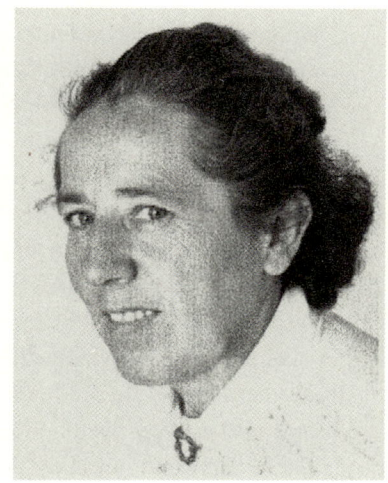

Elisabeth Zander

„Mitte Februar mussten wir schweren Herzens einsehen, daß dieser Krieg für uns nicht mehr gewonnen werden konnte", schrieb Elisabeth Zander in ihrem Bericht „Das letzte Kriegsjahr", datiert vom 10. August 1945. Diese Zeitzeugenschilderung ihrer Begleiterin in jenen Tagen, zumindest mit Wissen, wenn nicht vielmehr auf Wunsch verfasst, war für Käte Ahlmann noch 1961 eine maßgebliche authentische Dokumentation. Das betraf nicht nur den Ablauf der Ereignisse, sondern vor allem ihre eigene innere Verfassung und die ihrer vertrauten Freunde.[357] Sie schickte Zan- ders Bericht der Schwester Linu Pagenstecher, die ihn an ihre Töchter weiter geben sollte, die damals zu jung gewesen seien, um die Tragweite des Geschehens ermes- sen zu können.

In diesem sechzehn Jahre später verfassten Brief richtete sich ein bei Käte Ahlmann neu belebtes Gefühl der Bitterkeit gegen die gemeinsame Schwester: „Wir anderen schufteten und kämpften, was keine NSDAP-Entschuldigung sein soll, keineswegs. Nur Luise hatte Zeit und Spaß, ausländische Sender zu genießen". Darauf stand seit Kriegsausbruch Zuchthausstrafe.[358] Anscheinend war es Luise Athenstaedt mehr oder minder egal gewesen, dass sie im Haus Käte Ahlmanns auch die Schwester, zumal in deren exponierter Position als „Betriebsführer" einer Rüstungsfirma, mit ihrem Verhalten ernsthaft gefährdete. Das wurde weder vergeben noch vergessen. Unter diesen Umständen wuchs damals die sinnverwandte und verlässliche Elisa- beth Zander in die Rolle einer Vertrauten hinein.

Nachdem die Russen mit einer neuen Großoffensive schon im Februar 1945 bis zur Oder vorgedrungen waren, setzte sich Anfang März auch die Westfront wieder in Bewegung. Um nicht in die Hauptkampflinie zu geraten, flüchtete die Familie Pagenstecher von Haus Orr zum Faßbacher Hof des Schwagers Dr. Carl

Wuppermann bei Leverkusen-Schlebusch.[359] Käte Ahlmann hatte, in Gedanken an das Schicksal der Freunde Günther in Aachen, vehement zu diesem Unternehmen gedrängt,[360] das sich aber im Nachhinein als falsche Entscheidung erwies. Das Haus wurde während der Abwesenheit ausgeplündert – nicht von den amerikanischen Besatzern, sondern von deutschen Nachbarn – und die Pacht des Hofes nicht verlängert. Die Familie fand mit Mühe eine primitive Notunterkunft. Carl Pagenstecher verdingte sich als Lohndrescher. In gewisser Weise fühlte sich Käte Ahlmann wegen ihres Ratschlags für das Unglück verantwortlich und kaufte dem Ehepaar Pagenstecher später einen Marschhof in Süderdithmarschen.[361]

Großzügig und weitherzig erwies sich Käte Ahlmann in jenen Tagen auch gegenüber den bei ihr Zuflucht suchenden zahlreichen Verwandten. Eine der ersten Gruppen war die Familie des Neffen Hans-Joachim Wuppermann gewesen. Im März 1945 kam seine Frau Marta mit drei Kindern und einem Mädchen, die auf dem Heidberg in die Parterrewohnung zogen und, laut Nachtrag im Gästebuch, „für Jahre" blieben.[362] Anfang April erreichte die schon lang erwartete Cousine Magdalene Heidsieck aus Breslau mit fünf Kindern, darunter einem unterwegs zur Welt gekommenen Neugeborenen, doch noch Büdelsdorf. Mit den bereits Aufgenommenen war damit das große Haus bis unter das Dach besetzt. Selbst die wichtige „Apfelkammer", deren Bestand Käte Ahlmann sorgfältig und liebevoll hütete, musste geräumt werden, um dort ein provisorisches Wohnzimmer einzurichten.[363]

Von Marlene kamen inzwischen angstvolle Briefe, in denen sie wiederholt Bitten äußerte, die ihre Mutter aber überging, auch ihr Mann schickte ihr nicht das Gewünschte, sondern statt dessen Beruhigungsmittel. „Nur niemals in die Hand der Russen fallen", war die große Furcht der jungen Frau, „besonders, was das Kind angeht".[364] Bevor die Postverbindung Anfang April 1945 unterbrochen wurde, konnte Käte Ahlmann jedoch aufatmen, wenigstens was das Befinden ihrer Tochter und damit auch das ihrer Enkelin betraf. Die tiefsten Depressionen waren vorbei, in denen sie den Bruder Severin als „frühvollendet" gesehen hatte, dabei selbst erfüllt von „abgrundtiefer Trauer".[365] Doch inzwischen hatte Severin ihr aus Danzig geschrieben, Ostern stand vor der Tür und die vierjährige Roseli sagte Mörike-Verse auf. „Frühling lässt sein blaues Band ... Das hast Du doch gesungen? Ach, sich einmal wieder im schönen großen Musikzimmer an den Flügel setzen zu dürfen!"[366] Das war für lange Zeit die letzte Nachricht aus Tirol.

Endphase

Selbstverständliche Hilfsbereitschaft in Notsituationen verband sich in Käte Ahlmann, auch wenn sich ringsum ihre geordnete Welt auflöste, problemlos mit kühlem Kalkül im Hinblick auf zukünftigen Nutzen und Ertrag. Einerseits hatte sie sofort und freiwillig mit der Werksküche der Carlshütte die Beköstigung für die zahllosen Flüchtlinge übernommen, die in endlosen Trecks aus dem Osten heran fluteten.[367] Zum anderen erkannte die Unternehmerin den dadurch entstehenden Bedarf und ließ ab März 1945 die Herstellung von Kleinherden und sogenannten „Brennhexen" in größerem Umfang aufnehmen.[368] Parallel dazu lief noch bis Ende April die Fertigung von Hüllen und Rohlingen für Sprenggranaten im Auftrag des Oberkommandos des Heeres (OKH).[369] Bereits seit längerem war es zu Stockungen im vereinbarten Zahlungsmodus gekommen, und im April betrugen die Außenstände der Ahlmann-Carlshütte weit über eine Million Mark. Wie es dem späteren Prokuristen Fritz Engelke in einer abenteuerlichen Aktion gelang, die „Leere Kasse bei Kriegsende" fast wieder komplett aufzufüllen, fand 1952 als längerer Bericht Aufnahme in eine Ausgabe der Firmenzeitschrift „Glück Auf".[370]

Inzwischen herrschte bei der Leitung der Carlshütte kurz vor der sich nun deutlich abzeichnenden totalen Niederlage Deutschlands ernsthafte Besorgnis, wie sich die ausländischen Arbeiter verhalten würden.[371] Einer möglichen Bedrohung durch ihre zahlenmäßige Überlegenheit wurde durch „größere Aufmerksamkeit" begegnet, wie es im Jahresbericht hieß, um Ruhe und Ordnung zu wahren.[372] Seit Anfang des Jahres 1945 war die Bewaffnung des Werkschutzes auf Weisung der Staatspolizeistelle Kiel um fünfzig Handgranaten ergänzt worden, eine Sicherheitsmaßnahme, die aber für alle geschützten Rüstungsbetriebe galt.[373] SS-Oberscharführer Adolf Fratzscher, Leiter der Sicherheitsdienst (SD)-Außenstelle des Reichsführers SS in Rendsburg,[374] meldete Mitte April seinen Abschnittsvorgesetzten nach Kiel, dass trotz der „augenblicklich ernsten militärischen Lage" das Verhalten der Ausländer als gut bezeichnet werden könne, insofern sie weiterhin bemüht seien, ihre Arbeitgeber zufrieden zu stellen. Während die Willigkeit der „Ostarbeiter" nur von ausreichendem Essen abhänge, sei aber den Polen wegen ihrer Äußerungen: „in einigen Wochen wir Herren und ihr Arbeiter", nicht zu trauen. Sie müssten schärfer angefasst werden. Außerdem zeigten insbesondere Holländer und Franzosen ein „anmaßendes Benehmen".[375]

Der Krieg war in die Endphase eingetreten. Am 25. April 1945 hatten sich amerikanische und russische Truppen in Torgau an der Elbe getroffen. Fünf Tage später verübte Adolf Hitler im umkämpften Bunker der Berliner Reichskanzlei Selbstmord. Zu seinem Nachfolger als deutsches Staatsoberhaupt, als „Reichspräsidenten", hatte er testamentarisch Großadmiral Karl Dönitz bestimmt. Wegen des Vordringens der Briten zog Dönitz mit seiner „Geschäftsführenden Reichsregierung", zu der auch Albert Speer gehörte,[376] von Plön in die Marineschule Mürwik bei Flensburg. Seine Absicht war, vor der Kapitulation möglichst viele der nach Westen strömenden Flüchtlinge und der an der Ostfront eingesetzten Soldaten dem Zugriff der Sowjetarmee zu entziehen. Es galt daher, so lange es irgend ging, ein deutsches Herrschaftsgebiet zu halten. Aus diesem Grund gab Dönitz am 2. Mai den Befehl zur Verteidigung der Kanallinie in Schleswig-Holstein und damit auch der Stadt Rendsburg. Bedenken wegen der Zivilbevölkerung, dazu der 5.000 Verwundeten in den Behelfslazaretten, den 2.000 Luftwaffenhelferinnen in der Flak-Kaserne und den 3.000 Häftlingen im Zuchthaus schoben die Militärbefehlshaber zur Seite.[377]

Als Vorbereitung für den Ernstfall hatte es bereits Geheimsitzungen bei Landrat Julius Peters, Verteidigungskommissar für den Kreis Rendsburg, über den dann durchzuführenden, noch geltenden Zerstörungsbefehl Adolf Hitlers vom 19. März 1945 gegeben.[378] Entgegen Rüstungsminister Speers Ansicht, der sich in einer Denkschrift dafür ausgesprochen hatte, nicht die Lebensbasis des Volkes zu vernichten, meinte Hitler, die Deutschen hätten keine Existenzberechtigung mehr, wenn der Krieg verloren ginge.[379] Zerstört werden sollten durch Sprengungen nach der schon im Osten angewandten Taktik der „verbrannten Erde" militärische und technische Anlagen, Versorgungseinrichtungen und Industriebetriebe, alles, was den heran rückenden Feinden von Nutzen sein konnte. Obwohl es Speer schließlich gelang, die Durchführungsverordnungen an sein Ministerium zu ziehen und den sogenannten „Nero-Befehl" weitgehend zu unterlaufen, blieb die Anordnung Hitlers bestehen.[380]

Die in diese Zerstörungsplanung einbezogene Ahlmann-Carlshütte hatte im Vorfeld zwei Mitarbeiter zu einem Schulungskurs abstellen müssen, um die Sprengungen fachgerecht ausführen zu können.[381] Das war wohl der Moment, als das Familienunternehmen, ihr hart erkämpftes Lebenswerk, der Vernichtung preisgeben werden sollte, an dem Käte Ahlmann einen endgültigen Schlussstrich zog. „Die schmähliche Niederlage der Führung, dieses schamlose menschliche Versagen, wie viel Enttäuschung, wie viel Trauer um Unwiederbringliches, und zu all dem die Sorge um eine der letzten heilen Städte unseres nutzlos zertrümmerten Vaterlandes! Doch trotz allen Elends und allem Schweren, das wir kommen sahen, fühlten wir doch schon etwas befreit, in der Hoffnung, helfen zu können an dem friedlichen Aufbau des zukünftigen Deutschlands." Mit diesen Worten gab Elisabeth Zander Gespräche wieder, die Käte Ahlmann damals mit den eng befreundeten Rendsburger Ehepaaren Lehment und Lennartz geführt hatte.[382]

Die Inhaberin der Carlshütte war Mitte des Monats von Hans-Georg Schweppenhäuser, dem Direktor der gleichfalls vom Sprengungsbefehl betroffenen Zentrale der Schleswig-Holsteinischen Stromversorgung AG, aufgesucht worden. Er wollte ihre Einstellung dazu erfragen, und hörte die klare Antwort: „Wahnsinn!" Schweppenhäuser berichtete ihr dann von seinen Gesprächen mit hochgestellten Militärs, um eine Zerstörung Rendsburgs abzuwenden, auch von der Gruppe gleichgesinnter Bürger, die ihn bei diesen geheimen Aktivitäten unterstützten.

Käte Ahlmann freute sich über den Mut dieser Männer und bat ihren Besucher, sie weiter auf dem Laufenden zu halten, was er auch tat.[383] Wahrscheinlich erfuhr sie erst dann, dass zu dem Kreis Freunde von ihr gehörten, der Verleger Ferdinand Möller und Pastor Johannes Iversen.[384] Sie selbst hatte zu diesem Zeitpunkt noch Bedenken wegen des Verhaltens von Betriebsobmann Christian Harms, einem unverändert fanatischem NS-Anhänger. Immerhin konnte sie sein Vorhaben vereiteln, nach dem Tod Adolf Hitlers auf der Carlshütte halbmast flaggen zu lassen.[385]

Tatsächlich gelang es Schweppenhäuser über seine hochkarätigen Verbindungen, unterstützt von den gleich gelagerten Bemühungen des Landrats, dass Dönitz am 3. Mai den Sprengungsbefehl für Rendsburg aufhob. Eisenbahnhochbrücke und die Straßendrehbrücke blieben daher intakt, über die an diesen ersten Maitagen weiter lange Wehrmachtskolonnen und Flüchtlingstrecks nach Norden zogen.[386] Die Order zur Verteidigung der Stadt wurde allerdings aufrecht erhalten, wenngleich Meldungen über einen Waffenstillstand umliefen und die Engländer schon in Neumünster standen.[387] Schließlich hielten Landrat Peters und die militärischen Kommandeure die Gefahr eines britischen Großangriffs für so akut, dass die Einwohner Rendsburgs und Büdelsdorfs aufgerufen wurden, aus Sicherheitsgründen ihre Wohnungen vorübergehend zu verlassen.[388]

Käte Ahlmann ließ die bei ihr unter gekommenen Verwandten zum sechs Kilometer entfernten Heidberg bringen, sie selbst verbrachte zwei Nächte auf dem Dachboden ihres abseits am Weg zum Dorf Rickert gelegenen Bauernhauses, das sie gerade erworben hatte.[389] Dort hörte Käte Ahlmann am Spätabend des 4. Mai 1945 im Kofferradio die Meldung eines französischen Senders: „Capitulation".[390] Bei ihr war Elisabeth Zander, die über diesen Moment festhielt: „Freudige und schmerzliche Gefühle mischten sich miteinander, aber es folgte eine augenblickliche Entspannung. Die Erlösung von allem Grauenhaften der persönlichen Bedrohung war da, und – unser Rendsburg, die Carlshütte, waren damit heil aus dem ganzen Kriegsgeschehen hervorgegangen."[391]

Besatzung und Neubeginn

Im Ablauf der örtlichen Ereignisse entstand nun eine Pause, die mit dem Termin der bedingungslosen Gesamtkapitulation Deutschlands zusammenhing, die um Mitternacht vom 8. auf den 9. Mai 1945 in Kraft trat. Der Regierung Dönitz in Flensburg sollte die Autorität für diesen Schritt belassen werden, um die noch kämpfenden Soldaten zur Aufgabe zu bringen.[392] Zum anderen konnten bis dahin noch viele deutsche Truppen aus dem Ostfrontbereich die von Briten und Amerikanern besetzten Gebiete erreichen.[393] Am frühen Morgen des 7. Mai besetzte ein englischer

Panzer die Mitte der Rendsburger Straßendrehbrücke, hinter ihm an der Südzufahrt warteten Kampfverbände. Für den 8. Mai, 9 Uhr, wurde eine Delegation beordert, die zum festgesetzten Zeitpunkt mit Landrat Julius Peters an der Spitze die Kreisstadt den Engländern übergab.[394] Im Laufe des Vormittags rückten die britischen Truppenverbände in Rendsburg ein.

An diesem historischen Dienstag wartete Käte Ahlmann vergebens in ihrem Kontor. Sie war am 5. Mai auf die Nachricht von der Teilkapitulation für den Norden sogleich ins Werk geeilt und hatte Anweisung gegeben, die Arbeit wieder aufzunehmen. Die Tatsache, dass unter den katastrophenähnlichen Zeitumständen der Betrieb nur zweieinhalb Tage völlig ruhte,[395] war noch Jahre später Anlass zum großen Stolz für die Inhaberin der Ahlmann-Carlshütte. Die ersten Briten kamen schließlich am Himmelfahrstag, dem 10. Mai. Käte Ahlmann war mit der Nichte Lising Pagenstecher mit dem Rad zur Rendsburger St. Marienkirche gefahren und Heinrich Athenstaedt musste sie dort aus dem Gottesdienst holen. Es handelte sich gewissermaßen um eine Vorhut, die eine Reparaturwerkstätte einrichten wollte. Der schnell hinzu gezogene, fließend Englisch sprechende Friedrich Sensen übernahm das Dolmetschen.[396] Er sollte in der Folge bei den häufigen Verhandlungen mit Vertretern der britischen Besatzung von größtem Wert für die Carlshütte sein, zumal ihm eine Verbindlichkeit zu eigen war, die zu nutzbringenden Vermittlungen führte.[397]

Die unzerstörte Ahlmann-Carlshütte konnte unmittelbar nach Kriegsende die Produktion wieder aufnehmen

Am Abend dieses Himmelfahrtstages 1945 ereignete sich dann ein Wunder, jedenfalls wurde es von allen in dieser Weise empfunden. Ein junger Mann überbrachte Grüße von Leutnant Severin Ahlmann, der schon in Bad Oldesloe sei und in wenigen Tagen nach Hause käme. Sie hatten das Schlimmste befürchtet, ihn zumindest hinter den russischen Linien vermutet.[398] Mit dem EK I im Stiefelschaft[399] ging der fast 21-jährige nach der Entwaffnung durch die Amerikaner bei Schwerin in einem abenteuerlichen Fußmarsch den langen Weg nach Rendsburg, humpelnd nach einer Verwundung durch die „Stalinorgel". Das letzte Stück über die Obereider ruderte ihn ein alter Büdelsdorfer, der ihn von klein auf kannte: „Na, Seppel, trüch?"[400] Als er auf der Veranda des Elternhauses die glückliche Mutter in die Arme schloss, umgeben von sich mitfreuenden Verwandten und Freunden, erfüllte Käte Ahlmann tiefe Dankbarkeit. Noch ein halbes Jahr später sprach sie in einem Brief an Familie und Freunde von der „Gnade der wunderbaren Heimkehr". Inzwischen hatte sie auch wieder den Kontakt mit Marlene aufnehmen können und erwartete bald Hans-Julius. Ihre Beschämung vor dem Leid und den Tragödien anderer machte sie demütig: „Man ist bereit, an äußeren Dingen viel zu opfern und zu ertragen."[401]

Als Käte Ahlmann diese Worte schrieb, hatte sie als die für sie selbst wichtigste Einbuße schon die Räumung und Besetzung ihres Wohnhauses hinnehmen müssen. Die britische Militärregierung nahm das Recht des Siegers für sich in Anspruch und beschlagnahmte in Rendsburg Hotels und Gaststätten, repräsentative Gebäude, wie das Katasteramt am Paradeplatz und das alte Amtmannhaus in der Torstraße, sowie eine Vielzahl ansehnlicher Privathäuser. Die Bewohner durften nur Kleider und persönliche Gebrauchsgegenstände mitnehmen, das Inventar mußte an Ort und Stelle bleiben.[402] In Büdelsdorf erhielt Käte Ahlmann als Besitzerin den Räumungsbefehl für ihr eigenes Haus und das „Meisterhaus" in der Hollerstraße am 11. Juni 1945. Sie hatte zwei Tage Zeit zum Packen. Die bei dem großen Haus sehr umfangreiche Inventarliste, die Friedrich Sensen auf Englisch anfertigte, unterzeichnete am 13. Juni der übernehmende britische Offizier. Käte Ahlmann kam bei ihrer alten Schwiegermutter Wilhelmine im Nachbarhaus unter, für die anderen Bewohner fanden sich frei werdende Werkswohnungen. Das Haus „Julius Ahlmann Carlshütte I" wurde für genau ein Jahr zur englischen Offiziersmesse.[403]

Immerhin fühlte sich Käte Ahlmann im November 1945, bei der Abfassung des Familienbriefes, in ihrem neuen „Geschäftszimmer" einigermaßen sicher, traf sich mit Severin morgens zum Kaffee im Kontor und bearbeitete mit ihm die Post. „Er erlebt alles mit und lernt viel, und könnte dann auch seinen Bruder einführen", teilte sie zufrieden den Verwandten mit. Auf sich selbst sah sie keine großen Probleme zukommen: „Politisch gesehen stelle ich als Pg von '37 nichts Besonderes vor, das dürfte nichts ergeben, zumal ich als schwache Weibsperson doch sicher nicht in der Lage war, gegen den Stachel der Allgewaltigen zu löcken, ohne die Leitung der Carlshütte zu verlieren. Sonst ist es bei uns bis auf Extratouren des Betriebsobmannes, an denen ich den politischen Hoheitsträger nur beschränkt hindern konnte, nur nach Leistung und Persönlichkeit gegangen, wie seit jeher bei Jules und Papa Ahlmann."[404] Diese Einstellung erwies sich dann doch als zu optimistisch.

Der ehemalige DAF-Betriebsobmann Christian Harms befand sich inzwischen in englischer Internierung, in Gesellschaft einstiger NS-Größen in Partei und Verwaltung von kommunaler Ebene aufwärts, die unter „automatic arrest" gefallen waren.[405] Das betraf etwa Wilhelm Hamkens ebenso wie Landrat Julius Peters und die Rendsburger nationalsozialistische Führung mit den Bürgermeistern Franz Krabbes und Heinrich Röschmann an der Spitze. In gleicher Weise galt das für den Büdelsdorfer NS-Ortsgruppenleiter Otto Tams. DAF-Kreisobmann Harm Ramaker war als einer der ersten verhaftet worden. Als der englische Secret Service sich mehr in die örtlichen Verhältnisse eingearbeitet hatte, kamen weitere Belastete in das zentrale „Civil Internment Camp No. 1" in Neumünster-Gadeland, unter anderen der Ingenieur Hermann Blietz von der Carlshütte als SS-Angehöriger, der Betriebsarzt Dr. Justus Schultz als Kreisobmann des NS-Ärztebundes. Der Büdelsdorfer Bürgermeister Robert Drasdo war, wie die Hälfte seiner Kollegen im Kreis Rendsburg, des Amtes enthoben worden.[406]

Die anfängliche Weisung der Militärbehörden an die Firmenleitung der Ahlmann-Carlshütte, alle Funktionäre und Mitglieder der NSDAP zu entlassen, wurde nach einer Intervention von Käte Ahlmann in Begleitung der Prokuristen Günther und Thiemann am 22. Oktober 1945 dahin gehend modifiziert, dass im Interesse der Aufrechterhaltung des Betriebes die Order nur auf einen eingeschränkten Personenkreis Anwendung fand. Als politisch belastet und nicht mehr tragbar galten Parteimitglieder vor 1933, Angehörige von SS, von SA ab Dienstrang Truppführer und Politische Leiter.[407] Trotzdem ergab sich dadurch eine weitere, erhebliche Ausdünnung der Beschäftigtenzahl, die in diesem Zeitabschnitt auf 450 Personen sank. Im Mai 1945, nach der Kapitulation, waren es noch 893 gewesen. Zum Jahresbeginn hatte die „Gefolgschaftsstärke" der Ahlmann-Carlshütte 2.369 betragen.[408]

Rückführungen

Entgegen allen Befürchtungen – die als Küchenkontrolleurin eingesetzte Nichte war aus Vorsichtsgründen zu Verwandten nach Flensburg geschickt worden[409] – hatte es am und nach dem 8. Mai keine Komplikationen, geschweige denn Gewalttätigkeiten von Seiten der ausländischen Arbeiter gegeben. Die Organisationsstruktur hinsichtlich Unterbringung und Verpflegung durch Angehörige der Ahlmann-Carlshütte wurde vorerst aufrechterhalten.[410] Doch schon im ersten Monat der englischen Besatzung erfolgte eine umfangreiche Räumung des großen Barackenlagers an der Kampstraße und die Rückführung der sogenannten „Displaced persons" – in der Bedeutung etwa „Menschen am falschen Platz" – in ihre jeweilige Heimat begann. Verantwortlich dafür zeichnete zusammen mit den

Briten die UN-Hilfsorganisation UNRRA (United Nations Relief und Rehabilitation Administration).[411]

Bereits am 23. Mai 1945 hatten alle Russen das Gemeinschaftslager verlassen, nicht ohne drastische Spuren der Zerstörung an der Stätte ihres Zwangsaufenthaltes gesetzt zu haben.[412] Gemäß eines Abkommens zwischen den Westalliierten und der Sowjetunion erfolgte die Rückführung in schnellstmöglicher Zeit. Die „DP's" und Kriegsgefangenen aus dem Kreis Rendsburg wurden in Neumünster zusammengezogen –die gleiche Station wie auf ihrem Hintransport – und von dort aus mit dem Zug über Lübeck hinter die sowjetischen Linien gebracht. Die Repatriierung fand, wie von Moskau gefordert, notfalls unter Zwang statt. Viele Russen befürchteten, wie sich später heraus stellte zu Recht, bei der Heimkehr Sanktionen ausgesetzt zu werden, weil sie für den Feind gearbeitet hatten.[413] Nur einige wenige Russinnen konnten sich diesem Schicksal entziehen, indem sie heirateten und damit die Staatsbürgerschaft ihrer Männer erhielten. Das Standesamt Büdelsdorf verzeichnete damals mit 22 Trauungen an einem Tag einen Rekord an Eheschließungen.[414]

Sehr kurzfristig war der Termin, der am 26. Mai 1945 „sämtlichen Holländern, Belgiern, Franzosen, Tschechen, Jugoslawen und Kroaten" gesetzt wurde, als der noch amtierende Büdelsdorfer Bürgermeister und Amtvorsteher Drasdo den britischen Befehl weitergab, sich um 14 Uhr auf dem Rendsburger Paradeplatz zum Abtransport in die Heimat einzufinden. Insgesamt verließen an diesem Tag 147 ehemalige „Fremdarbeiter" Büdelsdorf. Sie wurden zunächst in einem Sammelzentrum in Lübeck zusammen gefasst, um von dort aus endgültig zurück geführt zu werden. Andere blieben vorerst an den Standorten ihrer Deportation, vor allem Polen, aber auch Letten und Esten, deren Länder inzwischen von der Sowjetunion besetzt worden waren.[415]

Bereits Mitte Mai 1945 hatte die britische Militärregierung in Kiel die Anweisung gegeben, die „DP's" nach Nationalitäten getrennt in Lagern unterzubringen. Im Zuge dieser Maßnahme wurde ab 1. Juni 1945 das große Barackenlager an der Kampstraße unter Verwaltung der UNRRA mit Polen belegt.[416] Käte Ahlmann, die seinerzeit ohne Einwände den bis dahin auf der Carlshütte tätigen „Fremdarbeitern" Geschirr, Gläser und silberne Bestecke für eine Siegesfeier zur Verfügung gestellt hatte,[417] sah sich nun durch Forderungen nach Entschädigung für erlittene Unbill unter Druck gesetzt. Gegen die Anwürfe eines polnischen Rechtsanwalts, auch gegen Denunziationen, konnte sie sich mit Unterstützung englischer Offiziere wehren.[418] Im Sommer 1946 wurden die verbliebenen Polen in die Rendsburger Wrangelkaserne verlegt und das Barackenlager an der Kampstraße der Ahlmann-Carlshütte für die Unterbringung ihrer deutschen Arbeitskräfte zurück gegeben. Als die UNRRA-Vertreterin ihr den Vorschlag machte, wieder Polen auf dem Werk einzustellen, die dort früher beschäftigt gewesen waren, lehnte Käte Ahlmann höflich aber bestimmt ab.[419]

Trotz aller widrigen äußeren Umstände begann das Jahr 1946 gut für die Büdelsdorfer Familie Ahlmann. Am 22. Januar wurde die zweite Enkeltochter Anna Katarina geboren,[420] von der Mutter, sprachlich inzwischen tirolerisch eingefärbt, zärtlich „Katreinle" genannt. Marlene sei recht glücklich und studiere weiter, teilte Käte Ahlmann ihrem Sohn Hans-Julius mit, den sie, wie auch der Bruder Severin, sehnlichst in Kürze aus Amerika zurück erwarteten.[421] Nachdem sich der 27-jährige im Mai bereits aus Ostende gemeldet hatte, blieb nach dem termingerechten Auszug der englischen Offiziere gerade noch Zeit für einen gründlichen Hausputz,[422] bis Hans-Julius Ahlmann nach drei langen Jahren Kriegsgefangenschaft zurück auf der Carlshütte war. Seine Mutter vergaß nie, wie ihr ältester Sohn bei der Heimkehr aus Hölderlins Gedicht „Die Heimat" zitierte: „Froh kehrt der Schiffer heim an den stillen Strom, von Inseln fernher, wenn er geerntet hat. ... Verehrte sichre Grenzen, der Mutter Haus und liebevolle Geschwister Umarmungen begrüß ich bald und ihr umschließt mich, daß, wie in Banden, das Herz mir heile, ihr Treugebliebenen!"[423]

Schon am 1. August 1945 hatte Käte Ahlmann den ältesten Sohn, Kommanditist und seit 1941 Prokurist, zum geschäftsführenden, persönlich haftenden Gesellschafter der Ahlmann-Carlshütte KG neben ihr bestellt.[424] „Als Mitinhaber hast Du 20 % des Unternehmens in Besitz. So sind wir beide, neben der Kleinigkeit 5,10 % Deiner Geschwister, ganz allein", teilte ihm die Mutter aber erst im Mai 1946 mit. Sie fügte hinzu: „wie gut, daß Du keine Belastung hast außer der Reiterei" – sie meinte damit seine Mitgliedschaft im SA-Reitersturm – „so ist die Lebensarbeit gesichert."[425] Hans-Julius erhielt im September 1946 die „Unbedenklichkeits-Bescheinigung" der britischen Militärregierung.[426] Dem Sohn und Mitinhaber Severin war noch im Monat seiner Rückkehr Prokura erteilt worden. Zu weiteren Handlungsbevollmächtigten der Firma bestimmte Käte Ahlmann Fritz Engelke und dann Ende 1946 Friedrich Sensen.[427] Ausgeschieden nach 34 Jahren auf der Carlshütte war inzwischen der technische Direktor Johannes Wenke, entlassen durch Anweisung der Engländer. Vor allem der britische „Kreis Resident Officer" von Rendsburg, Oberstleutnant Cedric A. Cornell, wandte sich gegen die Wiedereinstellung eines seit 1939 „kriegswichtigen NS-Wehrwirtschaftsführers".[428]

Während im April 1946 die „Entrüstung" des Werks, wie sich Käte Ahlmann ausdrückte, bis auf den Abtransport der Granaten abgeschlossen war,[429] lief die Fertigung auf Hochtouren. Die Ahlmann-Carlshütte war einer der wenigen nicht zerstörten oder beschädigten Industriebetriebe. Allerdings gab es weiterhin große Versorgungsschwierigkeiten bei Rohstoffen und Energieträgern. Nach wie vor bestand das Hauptproblem im Transport der Kohle, doch die Carlshütte konnte mit Genehmigung der Militärregierung Gegengeschäfte mit Händlern in Schleswig-Holstein machen, die noch Gießereikoks auf Halde liegen hatten.[430] Ansonsten fehlte es vor allem an Feinblechen, Stab- und Roheisen, die von dem unter britischer Aufsicht stehenden Landeswirtschaftsamt in Kiel zugeteilt wurden, das ebenso für Vergabe der Produktion zuständig war.[431] Der erste Großauftrag für das Büdelsdorfer Werk bestand in der Anfertigung von 15.000 verzinkten Latrineneimern, weitere umfangreiche Order für Mülleimer und Kessel für Gemeinschaftsverpflegung folgten.[432] Im Laufe des Jahres 1946 stieg dann die Nachfrage nach Verbrauchsgütern rapide an, besonders an Öfen aller Größenordnungen, Herden und Kesseln, Radiatoren und sanitären Artikeln, auch an Haus- und Küchengeräten. Der Anteil von Badewannen am Gesamtumsatz betrug schon wieder elf Prozent.[433]

Die Belegschaft der Carlshütte nahm in diesem ersten vollständigen Friedensjahr um das Doppelte auf über 1.800 Personen zu. Viele von ihnen waren Flüchtlinge und Heimatvertriebene, die noch immer aus den besetzten deutschen Ostgebieten nach Schleswig-Holstein strömten. Am 1. Mai 1946 gab es im Kreis Rendsburg mehr Flüchtlinge als Einheimische.[434] Büdelsdorf verzeichnete eine Zunahme von 3.000 Einwohnern gegenüber 1939 und erreichte einen Bevölkerungstand von über 9.000 Menschen. Gleichwohl lag die Unterbringungsquote nur bei etwas über 33 Prozent, während bei anderen Kommunen der Anteil durchweg 50 Prozent ausmachte.[435] Die vielen kleinen Arbeiterwohnungen der Gemeinde boten für die Belegung zu wenig Raum.[436] Häufig waren der Industrieort sowie die anliegende Stadt Rendsburg und die nahen Dörfer aber nur Durchgangsstationen. Der Jahresbericht 1946 der Ahlmann-Carlshütte berichtete von einer starken, zeitbedingten Fluktuation der Arbeitskräfte. Eben in ihre Tätigkeit eingewiesene Männer wanderten ab, wenn sie Nachricht von ihren Familienangehörigen bekamen, die durch die Kriegsereignisse in andere Besatzungszonen verschlagen worden waren.[437]

Nach langen Jahren hatte sich auch Otto Ahlmann aus England wieder in Büdelsdorf gemeldet, schon um der alten Mutter willen. Es ginge ihm in Shaldon gut, er habe sich nun im Alter von 67 Jahren von allen Geschäften zurück gezogen und erfreue sich mit Edith der Obstgärten am Hügel.[438] Obwohl er persönlich nichts mit der Angelegenheit zu tun hatte, bereitete der von ihr nie besonders geschätzte Schwager, älterer Bruder ihres vor fünfzehn Jahren verstorbenen Mannes Julius, Käte Ahlmann ausgerechnet nun hinderliche Schwierigkeiten. Da der britischer Staatsbürger Otto Ahlmann Onkel der drei Geschwister Marlene, Hans-Julius und Severin war, bestanden indirekte englische Interessen am Werk. Nach den Bestimmungen des alliierten Kontrollratsgesetz Nr. 52 erfolgte daher vom Frühjahr 1946 bis Anfang 1947 eine Vermögenssperre für die Ahlmann-Carlshütte, verbunden mit ständigen Kontrollen und einschränkenden Auflagen.[439] Die britische Militärregierung in Kiel setzte zuerst Käte Ahlmann als den im Gesetz vorgesehenen Treuhänder ein. Die Aufgabe übernahm nach einigen Monaten Heinrich Athenstaedt.[440]

Im März 1946 war der Schwager, der ihr sechzehn Monate auf der Carlshütte Beistand geleistet hatte, mit seiner Familie nach Bad Godesberg in das eigene Haus zurückgekehrt. Der 1933 seines Amtes enthobene Heidelberger Polizeipräsident erhielt vom Sonderhilfsausschuss des Landkreises Bonn die Anerkennung als „Geschädigter" des nationalsozialistischen Terrors. Außerdem trat er dem „Verein der Verfolgten des Nazi-Regimes" bei, der sich in allen vier deutschen Besatzungszonen bildete.[441] Wegen seiner Zulassung als Rechtsanwalt durch die britische Militärregierung des neuen Landes Nordrhein-Westfalen gab es daher keine Probleme.[442] Schließlich erteilte ihm das badische Staatsministerium als Wiedergutmachungsmaßnahme die Berechtigung, den Titel „Landrat a. D." zu führen, allerdings ohne entsprechende Änderung der Ruhegehaltsbezüge.[443] Natürlich wurde Heinrich Athenstaedt durch den Status als offiziell anerkanntes Opfer der Nationalsozialisten für Käte Ahlmann in dieser kritischen Zeit eine noch wertvollere Stütze. Der andere Schwager Dr. Carl Wuppermann, Direktor der Deutschen Bank in Düsseldorf, hatte zeitgleich mit dem Kriegsende das Pensionsalter von 65 Jahren erreicht und ging in den Ruhestand.[444]

Doch obwohl Käte Ahlmann nach wie vor den Austausch, wenn auch jetzt nur in brieflicher Form, mit Heinrich Athenstaedt in allen Belangen brauchte, die Firma und Familie betrafen, in den ihr wichtigsten Angelegenheiten hatte sie sich inzwischen auch von ihm emanzipiert, verwarf seinen Rat und beharrte auf ihrer Meinung. Als ihr Athenstaedt noch vor der endgültigen Heimkehr von Hans-Julius den Vorschlag machte, es sei an der Zeit, nun den Söhnen den Mehrheitsanteil der Kommanditgesellschaft zu übertragen, reagierte sie sehr heftig. „Ich kann mir nach meiner bisherigen Arbeit nicht meine Autorität nehmen lassen, die gerade jetzt wichtig wird. Ich halte es für sehr wichtig, die Majorität zu behalten, bis ich es für richtig halte, bis ich davon überzeugt bin, dass Einsicht, Einleben und allgemeine Erfahrung genügen. [...] Ich muß auf den mir als Gründer zustehenden Rechten am Familienunternehmen bestehen."[445] Immerhin förderte sie Vorhaben.

Mit Datum vom 10. Dezember 1946 meldete der 22-jährige Severin Ahlmann bei der Industrie- und Handelskammer zu Kiel die Gründung seiner Firma an unter der Bezeichnung „Severin Ahlmann – Betonindustrie". Sitz der Firma war Rendsburg, Holsteiner Straße 24, die Fertigungsräume befanden sich in Büdelsdorf, Hüttenweg. Hergestellt wurden mit zu diesem Zeitpunkt elf Arbeitskräften Zementdachsteine. Der junge Unternehmer beabsichtigte, wie es in dem Schreiben hieß, die Produktionspalette erheblich auszuweiten. Unter der Sparte Baumaterial waren vorgesehen Hohlblocksteine, Balken und Sparren sowie Treppenstufen. Bei den Erzeugnissen für den Tiefbau nannte er als vordringlich Rohre und Rammpfähle für den Wiederaufbau der zerstörten Städte. An Nichtbaustoffen sollten Betonkesselofenmäntel und Terrazzowaren wie Spültische und Waschanlagen gefertigt wer-

Von Anfang an gut motorisiert war die im Dezember 1946 gegründete Firma
„Severin Ahlmann-Betonindustrie"

den.[446] Die Ahlmann-Carlshütte bat das Landesbaukontrollamt, das über das „Per-
mit", verfügte, die Herstellungsgenehmigung auf die neue Firma zu übertragen,
die nun die Fertigung der Zementdachsteine übernommen habe. Seit 1945 sei
Herr Severin Ahlmann für diese Abteilung des Werks zuständig gewesen und habe
insbesondere die Entwicklungsarbeiten auf dem Gebiet maschineller Herstellung
vorangetrieben.[447]

Käte Ahlmann freute sich über die unternehmerischen Aktivitäten ihres jüngeren
Sohnes und große Zufriedenheit klang mit, als sie nach Bad Godesberg von der
Firmengründung berichtete und der „Befürwortung seiner Gedankengänge" durch
die Industrie- und Handelskammer Kiel. Mit Severin sei ein kurzfristiger Pacht-
vertrag für seine Fabrikationsräume gemacht worden und für ein Kontor am Hüttenweg, in dem früher die Soziale Betriebsarbeiterin Elisabeth Zander und der Betriebsobmann Christian Harms ihre Büroräume hatten. Im selben Brief äußerte sie ihr
Vorhaben, nach der bevorstehenden „Entsperrung" das Gelände westlich vom Werk,
ihr Wohnhaus eingeschlossen, bis hinunter zur Obereider aus der Carlshütte heraus-
zukaufen: „Mit dem Timm'schen Holzplatz wäre das ein schönes Ganzes".[448] Auf
dieses Thema zurück kommend, meinte Käte Ahlmann im folgenden Schreiben,
dass es wegen der hohen Steuern klug wäre, wenn Hans-Julius und Severin je ein
Stück von dem Land bekämen. Marlene würde vertraglich zufrieden gestellt.[449]

Diese Maßnahmen dienten der Absicherung der Familie, denn Käte Ahlmann hatte seit langem Befürchtungen wegen der sich nach ihrer Auffassung gefährlich abzeichnenden politischen Entwicklung. Im April 1946 sah sie für die Zukunft schwarz und empfand die radikalen Pläne und Parolen der SPD als erschreckend: „Tod den privatwirtschaftlichen, kapitalistischen Unternehmen, die auch Schuld am Krieg haben".[450] Die neu gegründeten Gewerkschaften traten mit Verlautbarungen an die Öffentlichkeit, die eine entschädigungslose Enteignung der „alten, reaktionären Kräfte" forderten, die von den Rüstungsaufträgen profitiert hätten und weiter die wirtschaftliche Macht besäßen. Projektiertes und dann tatsächlich in Angriff genommenes Ziel war die Verstaatlichung der schleswig-holsteinischen Schlüsselindustrien. Als treibende Kräfte wirkten dabei die Führer der IG Metall, der für die Ahlmann-Carlshütte zuständigen Gewerkschaft.[451] Ganz sicher sah Käte Ahlmann darin eine Bedrohung, fühlte sich in dieser Phase aber gewiss nicht, wie viele andere deutsche Unternehmer, als „gehetztes Wild".[452]

Der Former Karl Böge, seit 1920 auf der Carlshütte beschäftigt, hatte sich im Anschluss an die erste nach demokratischen Grundsätzen durchgeführte Wahl bei Käte Ahlmann mit den Worten gemeldet: „Ich habe die Ehre, mich Ihnen als den Betriebsratsvorsitzenden der Carlshütte vorzustellen."[453] Auf beiden Seiten herrschte anfangs starkes Misstrauen. Bei der ersten gemeinsamen Besprechung von Betriebsrat und Geschäftsleitung gab es ausgerechnet eine Auseinandersetzung wegen Elisabeth Zander und ihrer mutmaßlichen NSDAP-Mitgliedschaft, die aber nicht bestanden hatte. Ihr wurde jedoch die weitere Ausübung einer Fürsorgetätigkeit im Betrieb untersagt.[454] Ab Mitte 1946 hörte Käte Ahlmann über ihre Vertrauensleute in der Firma von abfälligen, sogar feindseligen Äußerungen gegen die Geschäftsleitung und registrierte zunehmend Denunziationen, deren Ziel in erster Linie der Prokurist Herbert Günther war wegen seines Verhaltens gegenüber den Zwangsarbeitern. Schon im Juli rechnete Käte Ahlmann mit seinem baldigen Ausscheiden.[455]

Für eine Annäherung zwischen den beiden Lagern sorgte eine Bedrohung von außen. Am 1. Oktober 1946 erhielt die Firmenleitung der Ahlmann-Carlshütte von der britischen Militärregierung in Kiel die Mitteilung, das Werk sei für die Demontage vorgesehen.[456] Erst kurz vorher hatten die Engländer im Betrieb schon wertvolle „Beute" gemacht. Auf der Potsdamer Konferenz vom Juli 1945 waren die drei Siegesmächte überein gekommen, ihre Reparationsforderungen aus ihren eigenen Zonen zu begleichen.[457] Die Vereinbarung betraf nicht nur Wirtschaftsgüter oder industrielle Anlagen, sondern auch deutsche Patente und Herstellungsverfahren.[458] Im August 1946 hatte eine englische Kommission im Werk die Einrichtungen inspiziert und umfassende Auskünfte über den Fabrikationsprozess sowie die Herausgabe der Emaille-Rezepturen verlangt, die anschließend in London veröffentlicht und allen Konkurrenten zugänglich gemacht wurden.[459] Vermutlich war auf Grund dieser Besichtigung die Carlshütte für die Demontage geeignet erschienen, die einerseits der „wirtschaftlichen Abrüstung" Deutschlands dienen, zum anderen einen Teil der Reparationsansprüche decken sollte.[460]

Sofort nach Bekanntgabe der Mitteilung wurde bei allen nur in Frage kommenden Dienststellen protestiert, Gutachten und Stellungnahmen erbeten und Eingaben gemacht. Die eindringlichste und bewegendste stammte vom Betriebsrat der Ahlmann-Carlshütte: „Mit tiefer Erschütterung haben wir die Mitteilung aufgenommen [...] Das Elend kann nur annähernd von uns übersehen werden! Wir sind etwa 1.600 Arbeiter und Angestellte. In erreichbarer Nähe gibt es gleichartige Industrie nicht. Wie viele Flüchtlinge haben durch gute und dauerhafte Arbeit in der Carlshütte eine neue Heimat gefunden! Auch etwa 200 hier verbliebene Ausländer haben bei der Carlshütte Arbeit gesucht und gefunden. Für alle gibt es aber bei der abzusehenden Entwicklung und einer Demontage der Carlshütte nur das eine Los arbeitslos zu werden, mit verheerenden Folgen, es mögen wohl zusammen 5.000 bis 6.000 Menschen sein, die unmittelbar betroffen werden. Wir appellieren deshalb dringend an die Besatzungsmächte, von der Absicht der uns unverständlichen Maßnahmen einer Demontage der Ahlmann-Carlshütte KG Rendsburg abzusehen."[461]

Als vom Zentralamt für Wirtschaft der britischen Zone in Minden Ende November 1946 die Mitteilung kam, dass eine Demontage nicht vor Ende 1948 oder sogar erst 1949 geplant sei, fand Käte Ahlmann die Nachricht „recht beruhigend" und meinte, in der Zwischenzeit könnte durch Anträge die Unentbehrlichkeit der Carlshütte für den Norden zweifellos eindeutig dargelegt werden.[462] Auf einem Firmenbogen, der an das Zentralamt in Minden ging, war ausdrücklich vermerkt worden, dass die Einrichtungen der Stahlgießerei, bestehend aus zwei Konverteranlagen, demontiert waren und auf dem Werksgelände zur Verfügung der Militärregierung lägen. Auf deren Veranlassung seien 21 ehemalige heereseigene Maschinen verschrottet worden. Trotzdem befand sich die Ahlmann-Carlshütte KG auf der Liste der für Reparationen vorgesehenen ehemaligen Rüstungsbetriebe vom 31. Dezember 1946[463] und wurde auch auf der gemeinsamen Demontageliste der britischen und amerikanischen Zone vom 16. Oktober 1947 noch als Stahlerzeuger für die Fertigung von Granaten geführt.[464] Insgesamt waren 48 Werke in Schleswig-Holstein zur Demontage bestimmt.[465]

Immerhin stand auf dieser neuen Liste, wie Minden auf eine weitere Eingabe versicherte, nur noch die Gießerei. Von der ursprünglich geplanten Volldemontage des Werks, angedacht wurde zwischenzeitlich auch, es im zerstörten Ruhrgebiet wieder aufzubauen,[466] war nicht mehr die Rede.[467] Schließlich ging es dann nur noch um die längst ausgebauten Anlagen für die Stahlerzeugung. Vor allem durch den Einsatz Hans-Julius Ahlmanns gelang es, die englischen Dienststellen und Behörden endgültig von der Sachlage zu überzeugen. Nachdem im August 1948 die Briten vier Konverter zu je zwei Tonnen Gewicht aus der Carlshütte abgeholt hatten, war damit die sich fast zwei Jahre hinziehende drohende Demontage für die Ahlmann-Carlshütte endlich abgeschlossen.[468]

Kämpfe

Noch im November 1946 war Käte Ahlmann ganz zuversichtlich gewesen, was ihr bevorstehendes Entnazifizierungsverfahren betraf. „Der Höhepunkt in eine gewisse Richtung scheint mir überschritten zu sein. In der Ruhe eines guten Gewissens abzuwarten erscheint die beste Weisheit", hatte sie an Heinrich Athenstaedt geschrieben, und dann hinzu gefügt: „Doch man übersieht die Gefahren der Zukunft ja nicht."[469] Sie wurde bald mit ihnen konfrontiert. Die Situation erschien ihr im Nachhinein „kriegsähnlich, immer mit einem gepackten Köfferchen auf den Abtransport zu warten, immer bedroht und nur durch vorgebliche Krankheit am Verreisen gehindert."[470] Der Chefarzt des Hamburger Heidberg-Krankenhauses hatte eine Bescheinigung ausgestellt, dass bei ihr eine Zeitlang strenge Bettruhe erforderlich sei, auch später noch äußerste Vorsicht.[471] Zum anberaumten Termin der ersten Sitzung des Rendsburger Entnazifizierungsausschusses in ihrer Sache stand Käte Ahlmann jedoch wieder auf. Ein schlechtes Vorzeichen bedeutete es, dass wenige Tage vorher Herbert Günther von den Engländern verhaftet worden war, direkt aus seinem Büro auf der Carlshütte.[472]

Bestellt war Käte Ahlmann am 31. März 1947 um 11.30 Uhr, vorher fanden noch Zeugenvernehmungen statt. Natürlich hatte sie sich lange darauf vorbereitet, sie wusste, dass im Mittelpunkt ihre Verantwortlichkeit als Leiterin der Ahlmann-Carlshütte stehen würde, was Einsatz und Behandlung der Zwangsarbeiter betraf. Zu jedem Bereich, von der Zuweisung, Arbeitsfähigkeit, Unterbringung und Verpflegung, um nur einiges zu nennen, hatte sie im Vorfeld umfangreiche Ausführungen eingereicht, Erläuterungen, die zur Klärung und auch zur Rechtfertigung dienen sollten. Sie konnte über sechzig Leumundszeugnisse vorweisen, die zu ihrer Entlastung beitrugen, die vor allem soziale und humanitäre Bemühungen belegten, auch dass sie stets Menschlichkeit bewiesen hatte, selbst wenn zeitbedingte Zwänge strikte Maßnahmen erforderten, die Anpassung notwendig machten. Andererseits lagen dem Ausschuss eine beträchtliche Anzahl von Beschuldigungen vor.[473]

Nach jedem der insgesamt fünf Termine fertigte Käte Ahlmann Gedächtnisprotokolle an, in denen sie außer dem Ablauf und dem Inhalt der Aussagen die jeweilige Stimmung festhielt: „liebenswürdig, nicht verbindlich, heftig, dramatisch". Die Anwürfe setzten ihr sehr zu, „furchtbar", wie ihre Tochter Marlene von der Mutter erfuhr.[474] Es schien, als hätte Käte Ahlmann, und das war wohl in der Tat der Fall, von vielen schlimmen Dingen, die damals in ihrem Verantwortungsbereich vor sich gingen, nichts gewusst. Ganz sicher war sie über das meiste informiert, was im Werk und im Lager mit den „Ostarbeitern" geschah, sah jedoch weg, wollte nichts hören von Misshandlungen durch den Betriebsobmann und blieb auch nach glaubwürdigen Aussagen bei der Ansicht, dass es nur wenige Fälle im Verlauf der Jahre gewesen seien. Für empörend hielt sie den Vorwurf, ausgehungerte Menschen durch Schwerstarbeit todkrank gemacht zu haben.[475]

Der Entnazifizierungsausschuss des Kreises Rendsburg stufte Käte Ahlmann am 12. Mai 1947 in die Kategorie III als belastet ein.[476] In der Entscheidung hieß es: „Da sie betonte Anhängerin des Führerprinzips war, dieses innerhalb ihres Betriebes auch restlos zur Geltung brachte, ist sie für gewisse völkerrechtliche Vorkommnisse ihres Betriebes wenn nicht strafrechtlich, so doch in gewissen Umfang politisch verantwortlich."[477] Die in Kategorie III eingereihten Personen unterlagen Beschränkungen der Bewegungsfreiheit, Sperrung von Vermögen und Konten sowie dem Ausschluss von allen Stellungen leitenden Charakters.[478] Nach Einschaltung eines auf solche Fälle spezialisierten Hamburger Rechtsanwalts, der sich direkt an die britische Militärregierung in Kiel wenden wollte, sah Käte Ahlmann jedoch schon zuversichtlicher nach vorn, nach wenigen Tagen gekräftigt durch „Sonne, Garten, Blüte" und spürte nachwachsende, neue Energie: „ohne Kampf werden wir nicht Opfer oder Amboß sein".[479]

In der Tat ging sie auch aus dieser militanten Kampagne erfolgreich hervor, wenn auch keine Unterlagen über Einzelheiten erhalten blieben. Es dauerte zwar noch bis zum Jahresende, sicher unter intensiven Bemühungen des erwähnten Anwalts und unter Nutzung eigener Kontakte, doch am

Der Arbeitspaß für Käte Ahlmann, ausgestellt am 22. Dezember 1947. Vom folgenden Tag datierte ihre Eingruppierung in die entlastende Kategorie IV bei der Entnazifizierung

23. Dezember 1947 erhielt Käte Ahlmann von der britischen Militärregierung als Revisionsinstanz den Einreihungsbescheid für die Kategorie IV als Mitläufer, ohne Berufs- oder Vermögensbeschränkung. Damit waren die Sanktionen aufgehoben.[480] Im Zuge der gesetzlichen periodischen Überprüfung wurde sie vom Rendsburger Entnazifizierungsausschuss am 4. April 1949 nach Kategorie V als entlastet umgestuft. Nach freiwilliger Vereinbarung gab es eine Zahlung von 5.000 DM für den Wiederaufbaufonds, außerdem trug Käte Ahlmann die Kosten des Hauptverfahrens in Höhe von 1.000 DM.[481]

Zu diesem Zeitpunkt lebte Heinrich Athenstaedt schon nicht mehr. Er war am 19. Januar 1949 in Bad Godesberg an seinem Herzleiden gestorben. Der Schwager hatte Käte Ahlmann seit 1931 zur Seite gestanden, doch zum Schluss verzichtete sie auf seinen Rat. Athenstaedt war damals im Mai 1947, nach dem Einreihungsbescheid in die Kategorie III der Ansicht gewesen, dass sie die Betriebsführung niederlegen und Hans-Julius das Steuer übergeben sollte. Eine Statthalterschaft für ihn sei nicht mehr unbedingt nötig. Käte Ahlmann dachte gar nicht daran. Wie bisher aus allen Prüfungen, schöpfte sie auch aus der überstandenen Entnazifizierung neue Kraft.

HERRSCHAFT 1947–1963

Erfahrungen

„Mit Sturm und Wogen in voller Rüstung kämpfend, tapfer und ausdauernd die Stellung auf der Carlshütte haltend": ein Porträt Käte Ahlmanns, wie es in bewundernden, nahezu glorifizierenden Worten ihr Schwager und Berater Heinrich Athenstaedt dem aus amerikanischer Kriegsgefangenschaft heimkehrenden Neffen Hans-Julius schilderte.[1] Das war im Juni 1946 gewesen. Seitdem hatte der älteste Sohn in unmittelbarer Nähe erlebt, welchen großen Problemen und schwierigen Herausforderungen seine Mutter ausgesetzt war und wie sie damit umging. Ihrem Charakter gemäß, trat Käte Ahlmann zentralen, existentiellen Bedrohungen mit resolutem Mut entgegen. Und gerade unter ausgesprochen widrigen Aspekten demonstrierte sie ihren Behauptungswillen mit betontem Selbstbewusstsein und gelassener Souveränität. Während der umwälzenden Verhältnisse in der unmittelbaren Nachkriegszeit zog die Außenwirkung dieser Haltung, von manchen als ungebrochene Arroganz gedeutet, allerdings zeitweise fatale Folgen nach sich. Doch was andere nachhaltig in weiteren Aktivitäten gedämpft haben würde, wirkte auf eine Käte Ahlmann als aktivierende Zündung, sich energisch frei zu kämpfen und als vitalisierender Ansporn, unbeirrt ihren Weg fortzusetzen, der nun hinauf in noch höhere Dimensionen führte, zu Leistungen, Erfolgen, Ansehen und Ehren, wie sie in diesem Maß kaum eine Frau erreichte.

Auf diesem Gipfel war der Abstand zu weit zurück liegendem unangenehmem Geschehen um so größer, auch weil wichtige Ereignisse und Entwicklungen sich dazwischen geschoben hatten. Auf jeden Fall schien es dem Interesse aller dienlicher, wenn überhaupt, nur sehr knappe und begrenzte Darstellungen aus jener Zeit zu geben, großzügig abgeklärt in einem milderen, versöhnlicheren Licht. Doch obwohl sie letztlich erfolgreich aus allen Kämpfen hervor ging, die Narben der Blessuren blieben spürbar und empfindlich. Käte Ahlmann vergaß nie dieses Jahr 1947 mit den Erfahrungen von Anfeindungen und Verletzungen, öffentlicher Zurschaustellung und persönlicher Demütigung, der monatelangen Ausschaltung durch die Entnazifizierung, der Belastung mit Ungewissheit und Sorge über die Zukunft ihrer Familie, alles überschattet noch dazu von allgemeiner Not und Hunger.[2]

Ministerpräsident Hermann Lüdemann
(SPD) wollte die Ahlmann-Carlshütte in
Staatseigentum überführen

Noch mehr Unsicherheit hatte wegen des Schicksals der den Ahlmanns gehörenden und ihren Namen tragenden Carlshütte bestanden. Das traditionsreichste Industrieunternehmen Schleswig-Holsteins, das 1947 seit genau 120 Jahren bestand, war bedroht durch die von der britischen Besatzungsmacht angeordnete Volldemontage des Betriebes. Außerdem herrschten inzwischen politische Verhältnisse, unter denen die von der Firmeninhaberin befürchtete Sozialisierung durchaus Realität werden konnte.[3] Kurz vor der ersten demokratischen Landtagswahl in Schleswig-Holstein, die am 20. April 1947 einen klaren Sieg der SPD brachte,[4] hatte der neue Ministerpräsident Hermann Lüdemann die Ahlmann-Carlshütte namentlich unter den Betrieben des Landes heraus gehoben, die schon aus Prestigegründen enteignet und in Staatseigentum überführt werden müssten.[5] Zusätzlichen Grund zu Befürchtungen gaben die Pläne Moskaus, seinen Machtbereich noch weiter nach Westen auszudehnen, womit auch Schleswig-Holstein im Zugriff läge.[6] Die von den Sowjets in kürzester Zeit vorgenommene kommunistische Umgestaltung Ostdeutschlands wirkte in dieser Hinsicht wie ein Menetekel.

In Anbetracht dieser Gefahrenkonstellation beschloss Käte Ahlmann, mit wohl überlegten, langfristigen Planungen eine unternehmerische Strategie durchzuführen, die mehrgleisig in verschiedenen, miteinander eng vernetzten Bereichen von Politik und Wirtschaft angelegt war. Einerseits kam es darauf an, Präsenz und Beharrungswillen am Standort des alten Familienbetriebes ebenso deutlich zu machen, wie die gemeinsame Zielsetzung mit den Einwohnern der Region. Da die Demontage des großen Industriewerks mit einem Verlust von annähernd zweitausend Arbeitsplätzen immense Auswirkungen nach sich ziehen würde, gab es daher vollen Rückhalt und Beistand für die Firmenleitung durch die Gewerkschaft. Andererseits drohte gerade aus dieser Richtung für den Familienbesitz als existentielle Gefahr die Enteignung, die aufgrund der neuen politischen Konstellationen umso akuter erschien. Es galt also, für den Ernstfall des Totalverlusts der

Carlshütte vorzusorgen und die wirtschaftliche Basis der Familie durch zusätzliche Kapazitäten zu erweitern. Das taktische Vorgehen unter Berücksichtigung aller Eventualitäten erforderte Umsicht und Klugheit, was sich auch im gezielten Einsatz von Mitteln darstellte, die zum ideellen Kapital der Büdelsdorfer Unternehmerfamilie gehörten.

Welches Geschick Käte Ahlmann in dieser Hinsicht besaß, bewies sie üblicherweise gerade in besonders kritischen Situationen. Auf dem Höhepunkt angespannter Ungewissheit über das Schicksal der Firma fand am 19. April 1947 der 120. Gründungstag der Carlshütte statt. Das Jubiläum wurde zu einer wirkungsvollen und in die Zukunft weisenden Demonstration ungebrochener Traditionspflege sowie der fort bestehenden festen Verbundenheit zwischen den Mitarbeitern des Betriebes und den Angehörigen der Familie Ahlmann. Die durch den Krieg eingeschränkten alten Rituale erfuhren eine neue Belebung, mit dem frühmorgendlichen Marsch der Hüttenkapelle um das Fabrikgelände, Platzkonzerten vor dem Kontor und bei der Kranzniederlegung am Denkmal des Werksgründers Marcus Hartwig Holler. Die Ansprache bei der Ehrung von insgesamt 37 Jubilaren hielt zum ersten Mal der Juniorchef Hans-Julius Ahlmann, „schön und würdig", wie seine Mutter stolz feststellte, die sich neben ihm auf eine repräsentative Funktion beschränkte.[7] Bewussten Symbolcharakter trug das Überreichen von Krokussträußchen durch die siebenjährige Roseli. Ihr früh verstorbener Großvater Julius Ahlmann hätte zu den Jubilaren gehört, die in diesem Frühjahr für 40-jährige Betriebstreue zur Carlshütte geehrt wurden.

Bei diesem überlegt zelebrierten „Hüttenfest" kam der Darstellung einer weiter führenden Generationsfolge nun schon im vierten Glied insofern noch besondere Bedeutung zu, als die hochbetagte Wilhelmine Ahlmann zwei Monate zuvor, am 2. Februar 1947, im Alter von 91 Jahren gestorben war.[8] Mit ihr hatte die Geschichte der Familie in Büdelsdorf begonnen, damals Ende des Jahres 1882, als der

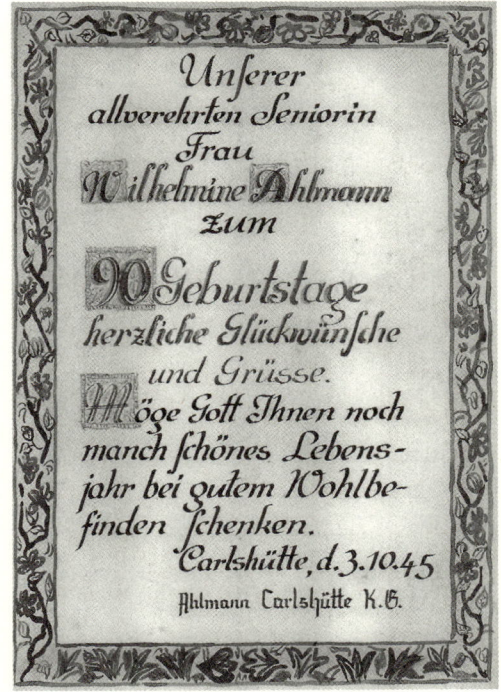

Handgeschriebener, kolorierter Glückwunsch der Belegschaft zum 90. Geburtstag von Wilhelmine Ahlmann

neue kaufmännische Direktor Johannes Ahlmann mit seiner jungen Frau und den zwei kleinen Söhnen Otto und Julius auf die Carlshütte gezogen war. Wenn sie auch öffentlich so gut wie nie in Erscheinung trat, prägte Wilhelmine Ahlmann durch die religiösen Grundsätze ihrer pietistischen Frömmigkeit die moralische Haltung und soziale Einstellung ihrer engsten Angehörigen, was dann wieder in deren Verhältnis zu den Mitarbeitern des Werks Ausdruck fand.

Nach dem Tod ihres Mannes im Jahr 1939 hatte ihr die Schwiegertochter Käte weiter die liebevolle Fürsorge und Pflege zukommen lassen, von der die stets Kränkelnde während ihrer über sechzig Ehejahre umgeben gewesen war. Obwohl die beiden grundverschiedenen Frauen den Umgang miteinander recht schwierig gefunden hatten, einfach weil jeder von ihnen das Verständnis für Temperament und Lebenseinstellung der anderen fehlte, gab es vor allem Berührungspunkte über gemeinsame Bezugspersonen in der Familie. Johannes Ahlmann hatte nicht nachgelassen, sich um Harmonie zu bemühen, doch erst die Enkelkinder Marlene, Hans-Julius und Severin erfuhren eine warme Zuwendung der emotional sehr zurückhaltenden alten Dame. Die große Freude ihrer letzten Lebensmonate war die Anwesenheit der Urenkelin Roseli.

Am Abend des Beerdigungstages verfasste Käte Ahlmann einen einfühlsamen Nachruf auf ihre Schwiegermutter für die Familienchronik und beschrieb ein „friedliches Frauentum", das Relikt einer längst vergangenen Epoche.[9] Dankbar und gerührt, wie im Vermerk auf der Rückseite festgehalten, bewahrte sie unter ihren persönlichen Papieren eine handschriftliche Karte der 90-jährigen aus dem Jahr 1946 auf. Die eng religiös gebundene Wilhelmine Ahlmann hatte ihr damals mit den Versen eines alten geistlichen Liedes Trost und Halt vermitteln wollen: „Sorge, Vater, sorge Du, sorg' für meine Sorgen! Sorge selbst für meine Ruh', heut' sowohl als morgen. Sorge für mich allezeit, sorge für das Meine. O Du Gott der Freundlichkeit, sorge Du alleine!"[10]

Not und Hunger

In diesem Frühjahr 1947 war die Sorgenlast, die Käte Ahlmann zu tragen hatte, noch schwerer geworden. Knapp einen Monat nach dem Firmenjubiläum erhielt sie den harten Einreihungsbescheid ihrer Entnazifizierung. Zumindest gab es einen positiven Gesichtspunkt, weil wegen einer der damit verbundenen Auflagen eine familieninterne Lösung praktikabel war. Da Käte Ahlmann die Betriebsleitung niederlegen musste, konnte ihr ältester Sohn Hans-Julius, wie sie persönlich haftender Gesellschafter, offiziell die Unternehmensführung übernehmen als der für diesen Fall vorgesehene Treuhänder.[11] Die für diese Funktion notwendige „Unbedenklichkeit" durch die englische Militärregierung lag seit langem vor.[12] Allerdings handelte es sich bei der Vertretungsregelung, die sieben Monate bis zur erfolgreichen Revision im Dezember bestand, lediglich um eine „Formalität", wie ausdrücklich in der fünf Jahre später erschienenen Jubiläumsschrift der Firma betont wurde.[13] Die Hauptgesellschafterin der Ahlmann-Carlshütte gab keine reale Macht aus ihren Händen, auf keinen Fall in einer Zeit, die eine Bündelung aller Kräfte notwendig machte, und erst recht nicht unter Umständen, die sie als persönlich diffamierend und demütigend erfuhr.

Immerhin fand keine Berichterstattung in der örtlichen Presse statt. Verleger Ferdinand Möller, der alte Freund der Familie Ahlmann, war ebenfalls von den politischen Veränderungen betroffen und durfte seit Kriegsende die Lokalzeitung nicht mehr herausgeben. Er druckte nun unter englischer Aufsicht Lebensmittelkarten und das „Amtliche Mitteilungsblatt für den Kreis Rendsburg", in dem auch die Termine der Entnazifizierungen mit Namensangabe angekündigt wurden.[14] Ohnehin hätte aber höchstens die Hälfte der Bevölkerung des Verbreitungsgebietes überhaupt ein Interesse an Verlauf und Ausgang des Verfahrens von Käte Ahlmann gehabt. Den vielen Flüchtlingen und gerade eingetroffenen Heimatvertriebenen aus dem Osten Deutschlands war die Inhaberin der Carlshütte in Büdelsdorf kein Begriff. Doch auch die Einheimischen, im Kreis Rendsburg inzwischen sogar in knapper Minderzahl,[15] beschäftigten eigene Sorgen und Probleme weitaus mehr.

Die zwangsweise Einquartierung fremder Menschen in ihre Häuser bedeutete erhebliche, nicht nur räumliche Einschränkungen, sondern auch wesentliche Beeinträchtigungen von Privatsphäre und Eigentum.[16] Da der vorhandene Wohnraum bei weitem nicht ausreichte, erfolgte die Unterbringung, vielfach auf lange Jahre, außerdem in Massenunterkünften. Allein der Kreis Rendsburg unterhielt in seinem Gebiet sechzehn große Lager mit über 11.000 Flüchtlingen.[17] In mehreren Baracken an der Kampstraße in Büdelsdorf, nun „Wohnheim der Carlshütte" genannt, waren nach der Wiederherrichtung neue Mitarbeiter des Werks und ihre Familien untergebracht. Nach beschleunigter Instandsetzung der vorhandenen Bauten und verbesserter Ausstattung mit Inventar und sanitären Anlagen konnte provisorischer Wohnraum für weitere 100 Menschen geschaffen werden, mit denen sich die Gesamtzahl im folgenden Jahr auf 530 erhöhen sollte.[18]

Das zweite große Problem war die Ernährung. Die deutsche Nachkriegsbevölkerung, von annähernder Zahl wie 1939, drängte sich nach dem Verlust der Ostgebiete auf einem um 25 Prozent kleinerem Territorium zusammen. Allein das Land Schleswig-Holstein hatte über eine Million Menschen zusätzlich aufgenommen, was einen Zuwachs um fast siebzig Prozent bedeutete.[19] Die Konzeption der Briten und der drei anderen Besatzungsmächte war darauf ausgerichtet, dass sich die Deutschen selbst versorgen sollten. Die Auswirkungen des Krieges mit den weit reichenden Zerstörungen führten jedoch zu Bedingungen, die eine Durchführung der Pläne verhinderten.[20] Ungewöhnlich extreme Witterung verschärfte die Ernährungsnotlage. Nachdem lang anhaltende, starke Kälte die Wintersaat ausgefroren hatte, missriet die Ernte wegen großer Trockenheit und fehlendem Dünger fast völlig. Die Kalorienmenge sank auf einen Wert von etwa 1.000 pro Kopf und Tag. Noch bis kurz vor Kriegsende war in Deutschland eine Versorgung mit 2.230 Kalorien aufrecht erhalten worden. Nun herrschte sogar im Agrarland Schleswig-Holstein eine Hungersnot, die in den Städten katastrophale Ausmaße annahm.[21]

Selbst Einwohner größerer Gemeinden wie Büdelsdorf, das in die anliegende ländliche und damit sich weitgehend selbst versorgende Region überging, hatten nicht ausreichend zu essen. Wie anderenorts wurde für die vielen unterernährten Kinder des Ortes eine Schulspeisung eingerichtet.[22] Im Haushalt Ahlmann mussten zwar Einschränkungen hingenommen und auf manches verzichtet werden, doch durch den weitläufigen Garten und die kleine Landwirtschaft war das Notwendigste an Vorräten vorhanden. Für Ergänzungen gab es genug Kontakte und Handelsartikel, so dass sich ein Besuch des florierenden Schwarzmarkts in der Nachbarstadt Rendsburg erübrigte.[23] Den meisten anderen blieben diese Möglichkeiten versagt. Die Arbeiter der Carlshütte waren durch den Nahrungsmangel so geschwächt, dass die tägliche Stundenzahl reduziert werden musste. Außerdem stand deswegen das Werk am Sonnabend und Sonntag still. Dabei verzeichnete das Unternehmen gerade in dieser Zeit eine überwältigende Nachfrage, die alle der vielen im Betrieb hergestellten Gebrauchsgüter einbezog.[24]

Bis in den April 1947 hinein hatte sowieso nur sporadisch gearbeitet werden können, weil der strenge Frost die Wasserwege unpassierbar machte.[25] Die Transportmöglichkeiten mit der Bahn oder auf der Straße waren völlig unzureichend, so dass es zu einer schweren Krise bei der Brennstoffversorgung kam. Nicht einmal lebenswichtige Betriebe, wie etwa in Rendsburg das Krankenhaus, erhielten noch Kohlenlieferungen.[26] Der private Bedarf stand an letzter Stelle der Dringlichkeit. Als Alternative wurde auf uralte Methoden eigener Herstellung von Heizmaterial zurück gegriffen. Alle Orte Schleswig-Holsteins, auf deren Gebiet sich Moore befanden, stellten sie den Einwohnern zur Gewinnung von Torf zur Verfügung. Auf den zugeteilten Parzellen waren die Soden selbst zu stechen, aufzuschichten und später getrocknet abzutransportieren. Bei größeren Aktionen, wie sie auch die Carlshütte über Jahre gemeinsam mit der Gemeindeverwaltung Büdelsdorf durchführte, kam die im Werk gefertigte, arbeitserleichternde Torfmaschine namens „Moorteufel" zum Einsatz.[27]

Nach der langen Zwangspause durch die Kälte lief der Fabrikationsprozess nur schwerfällig wieder an. Als endlich der dringend benötigte Gießereikoks eintraf, war Käte Ahlmann erleichtert: „Gestern 76 to angekommen, wieder Anlauf von zwei

Kupolöfen. So sind wir leidlich zufrieden", schrieb sie Heinrich Athenstaedt Mitte April 1947 nach Bad Godesberg.[28] Die Gesamtproduktion der Carlshütte stieg dann schnell, qualitativ verbessert durch neue Verfahren bei der Emaillierung von Öfen, Herden und Badewannen, nachdem die Engländer die alten Rezepturen beschlagnahmt und veröffentlicht hatten.[29] Doch nach wie vor bestehende Auftragslenkung, Zuteilung von Rohstoffen sowie Richtpreise wirkten hemmend auf einen in erheblich größerem Umfang möglichen Absatz.[30] Immerhin gab es seit dem 1. Januar 1947 Erleichterungen durch die Einrichtung der „Bizone", dem Zusammenschluss der amerikanischen und der britischen Besatzungszone als „Vereinigtes Wirtschaftsgebiet", an dessen zentraler Verwaltung in Minden deutsche Fachleute beteiligt waren, die nach und nach von den Alliierten mehr Befugnisse erhielten.[31]

Bindungen

Nur die Funktion eines beratenden Hilfsorgans ohne Vollmachten hatte dagegen der von der britischen Militärregierung für ihr besetztes Gebiet im Jahr 1946 gegründete „Zonenbeirat". Einer der sich in der Leitung abwechselnden Vorsitzenden war Theodor Steltzer.[32] Der von den Nationalsozialisten 1933 aus dem Amt entfernte Rendsburger Landrat war nach seiner Rückkehr an Ort und Stellung im November 1945 von der englischen Besatzungsmacht als Oberpräsident in Kiel eingesetzt worden.[33] Nach Auflösung der in der britischen Zone liegenden preußischen Provinzen und der Neugliederung in die Länder Nordrhein-Westfalen, Hannover (Niedersachsen) und Schleswig-Holstein mit Wirkung vom 23. August 1946 führte Steltzer die Bezeichnung „Ministerpräsident des Landes Schleswig-Holstein".[34] Seine Regierungen musste er auf Anweisung der Engländer jeweils unter Mitwirkung aller Parteien bilden, die in den beiden von den Briten berufenen Landtagen vertreten waren.[35]

Als eines der ersten Mitglieder der „Christlich-Demokratischen Union" überhaupt, hatte Theodor Steltzer im Dezember 1945 gemeinsam mit Freunden die CDU in Rendsburg gegründet, im folgenden Januar dort auch die Landespartei.[36] Zum engeren Kreis gehörten der Studienrat und spätere Bürgermeister Adolf Steckel, der Landwirt Detlef Struve und der an der St. Marienkirche wirkende Pastor Johannes Iversen, ein alter Freund der Familie Ahlmann.[37] Die weltanschaulichen Leitlinien der neuen Partei – Christentum, Demokratie und die Bewahrung von Werten – wirkten auf Bürgertum und Bauernschaft des Landes gleichermaßen anziehend.[38] Mit dem politischen Gedankengut der CDU konnte sich Käte Ahlmann ebenso identifizieren, wie sie einige ihrer Politiker als kompetente Persönlichkeiten schätzte und die Verbindungen mit ihnen pflegte. Sie selbst trat Anfang 1947 in

Mit Theodor Steltzer, dem ersten Ministerpräsident des Landes Schleswig-Holstein, verbanden Käte Ahlmann alte Kontakte und gemeinsame Ziele

die Partei ein. Ihre Bindung sei eine engere, erklärte Käte Ahlmann fast drei Jahre später einem benachbarten Unternehmer. Sie lasse der CDU als antimarxistischer Partei starke persönliche Unterstützung zukommen, um Schlimmeres zu verhindern.[39]

Bei Theodor Steltzer war ihr der Zeitsprung über die zwölf nationalsozialistischen Jahre gelungen und sie vermochte, zerrissene Fäden der engen Bekanntschaft wieder anzuknüpfen, die lange im gesellschaftlichen Zirkel der Kleinstadt Rendsburg bestanden hatte. Der Kieler Ministerpräsident widmete sich an führender Stelle auch dem weiteren Aufbau seiner Partei in Westdeutschland und traf dabei häufig mit Konrad Adenauer zusammen, der Vorsitzender der CDU in der britischen Zone war und zunehmend an politischem Einfluss gewann.[40] Ob sich aber der ehemalige Kölner Oberbürgermeister an den Senatspräsidenten Braun erinnerte, dessen Tochter ihm im März 1947 freundliche Empfehlungen übermitteln ließ,[41] bleibt jedoch dahin gestellt. Nur einen Monat später verlor die CDU die Landtagswahl in Schleswig-Holstein gegen eine eindeutig überlegene SPD.[42] Theodor Steltzer, der Spitzenkandidat seiner Partei gewesen war, zog sich kurz darauf aus der Landespolitik zurück.[43]

Käte Ahlmann, die vor der Wahl in einer Kassandra ähnlichen Zukunftsschau das „Ende der bürgerlichen Welt hier oben" befürchtet hatte: „siegt die SPD, so müssen wir weichen",[44] wurde von ihrem Ratgeber Heinrich Athenstaedt beruhigt. Der Schwager appellierte an ihren ausgeprägten Sinn für zweckorientiertes Denken und Handeln. Außerdem empfahl Athenstaedt, fortan politische Einseitigkeit zu vermeiden und griff auf eigene Erfahrungen aus der Weimarer Republik und mit ihrem Ende zurück, als er den regierenden Sozialdemokraten als Heidelberger Polizeipräsident gedient hatte und deswegen von den Nationalsozialisten aus dem Amt gejagt worden war: „Halte gute Beziehungen mit den maßgeblichen Parteien, gute Fühlung nach allen Seiten. In der Demokratie ist das eine nicht zu umgehende Notwendigkeit."[45] Der große Einfluss, den Käte Ahlmann später auf die Kommunalpolitik nahm, als sie am Ort alles „fest im Griff" hatte, so die Tochter Marlene,[46] belegte die effiziente Anwendung der empfohlenen Flexibilität. Büdelsdorf wählte mehrheitlich sozialdemokratisch.[47]

Ein zweiter Rat Heinrich Athenstaedts zeigte schon kurzfristig positive Auswirkungen und führte zu einer allmählichen Entspannung. Nach weiteren „Attacken" während des Sommers 1947, die in Zusammenhang mit ihrer Entnazifizierung standen, hatte sich Käte Ahlmann entschlossen, vorerst kein präsentes Ziel mehr zu bieten. Im September trat sie, ihr angeblich schweres Gallenleiden vorschützend, eine Kur in Bad Neuenahr an.[48] Der Schwager Athenstaedt nahm die Gelegenheit wahr, dort sein Herzleiden behandeln zu lassen. Abstand und Anwendungen taten ihre Wirkung, ebenso wie Gemeinsamkeit und Gespräche. „Dankbaren Gemüts" kehrte Käte Ahlmann Mitte Oktober nach Büdelsdorf zurück. Sie war noch ganz erfüllt von einem kurzen Zwischenaufenthalt in ihrer Geburtsstadt Köln, wo sie im „Excelsior Hotel Ernst" am Domplatz übernachtete, mit „herrlichster Sicht auf die Domsilhouette".[49] Dass im Festsaal dieses Traditionshauses vor über 33 Jahren, am 28. Mai 1914, die Feier ihrer Hochzeit mit Julius Ahlmann stattgefunden hatte, brauchte sie der Schwester Luise Athenstaedt nicht in Erinnerung zu rufen.

In Büdelsdorf traf Käte Ahlmann, wie sie nach Bad Godesberg berichtete, eine „sehr gute Situation im Werk" an. Zur Förderung von Stimmung und Arbeitsbereitschaft der Belegschaft trug bei, dass fast allen annähernd 800 Mitarbeitern[50] – „außer den 140 Bummelanten und Faulenzern" – von der Firmenleitung im Jubiläumsjahr ein Ofen oder ein Herd zum Geschenk gemacht worden war.[51] Frisch erholt und mit neuen Kräften nahm die inzwischen fast 57-jährige auf der Carlshütte wieder die Zügel in die Hand, sich selbst als „erfahrenes Alter" bezeichnend, das die beiden Söhne in ihrer Arbeitswut und „männlichen Einseitigkeit" etwas bremsen und vorsichtig lenken müsse. Für Käte Ahlmann war es „eigen und köstlich anmutend", Hans-Julius und Severin bei ihren Tätigkeiten zu beobachten, „jeder nach seinem Gesetz antretend auf neuen Wegen".[52]

Wenngleich als persönlich haftender Gesellschafter und als Gesamtprokurist verantwortlich in die Geschäftsführung der Carlshütte einbezogen,[53] was auch deutlich gemacht wurde durch die familiäre, untereinander ergänzende Bürogemeinschaft von

Severin Ahlmann mit seiner Frau Maria Luise im Büro seiner eigenen Firma in Büdelsdorf

Mutter und Söhnen,[54] widmeten sich beide jungen Männer eigenen unternehmerischen Aufgaben. Severin Ahlmanns unmittelbar anliegende neue „Betonindustrie" befand sich wegen des großen zeitbedingten Bedarfs in rapidem Wachstum, sowohl hinsichtlich der Produktion wie bei der Beschäftigtenzahl, die im Frühsommer 1948 bereits 200 betrug.[55] Sein älterer Bruder Hans-Julius war mittlerweile Inhaber der im Süden Holsteins am 9. September 1947 gegründeten Firma „Ahlmann-Keramik KG, Uetersen", die Kacheln produzierte, hauptsächlich für die Ofenfabrikation im Stammwerk.[56] Außerdem engagierte sich der 28-jährige Juniorchef der Ahlmann-Carlshütte in den gerade entstehenden industriellen Fachverbänden und Arbeitsgemeinschaften der „Bizone" und bekleidete dort mehrere führende Positionen, wie der Jahresbericht 1947 auflistete.[57]

Bei dessen Abfassung hatten sich die hoch gehenden Wogen und Widrigkeiten der zurück liegenden Monate bereits weitgehend geglättet. Käte Ahlmann fand sich nach dem Revisionsbescheid der britischen Militärregierung vom 23. Dezember 1947 zur Entnazifizierung, der ihr termingerecht als „Weihnachtsgeschenk" zugegangen war, von allen Einschränkungen und Auflagen entlastet.[58] Vor allem konnte sie wieder offiziell die Leitung der Carlshütte führen. Das neue Jahr brachte dann in diesem Bereich weitere positive Vorgänge, fast schon als Tendenz zu deuten, nämlich Freisprüche für die vor dem englischen Militärgericht in Rendsburg angeklagten Herbert Günther und Christian Harms. Die jeweiligen Anschuldigungen gegen den ehemaligen Prokuristen Günther, der Beauftragter für die ausländischen Arbeiter gewesen war, sowie gegen den nationalsozialistischen DAF-Betriebsobmann Harms erklärten die Richter nach den Zeugenanhörungen für nicht erwiesen.[59] Das bedeutete indirekt für Käte Ahlmann eine weitere Entlastung.[60] Gegen Harms allerdings wurde bei seiner Entnazifizierung mit der Eingruppierung in die Kategorie III (Belasteter) die im Maßnahmenkatalog vorgesehene Sanktion verfügt,[61] seinen Wohnsitz in Büdelsdorf aufzugeben und den Ort zu verlassen. Der deutsche Ausschuss sah in ihm einen „NS-Aktivisten", der die Gewaltherrschaft gefördert habe, an Grausamkeiten und Verfolgungen beteiligt gewesen sei.[62]

Kampf und Kontakte

Einen letzten Angriff in politisch aktuellem und brisantem Zusammenhang wehrte Käte Ahlmann schließlich Ende des Jahres 1948 erfolgreich ab. Der dem Kabinett Lüdemann angehörende SPD-Landesfinanzminister Dr. Richard Schenck,[63] auch Vorstandsmitglied des Anfang 1947 gegründeten Schleswig-Holsteinischen Heimatbundes (SHHB),[64] musste in aller Öffentlichkeit eine Klarstellung abgeben. Publikationsorgan für diesen Zweck war das landesweit verbreitete „Flensburger Tageblatt".[65] Danach habe er selbst nie den Namen Käte Ahlmann mit der Errichtung einer dänischen Schule in Büdelsdorf in Verbindung gebracht, geschweige denn eine Unterstützung ihrerseits auch nur angenommen, sondern lediglich festgestellt, dass der langjährige Mitarbeiter der Carlshütte, Hinrich Knuth, Bürgermeister der Gemeinde mit der Unterstützung des Südschleswigschen Wählerverbandes (SSW) geworden sei.[66] CDU (5) und SSW (4) verfügten nach den letzten Kommunalwahlen zusammen gegenüber der SPD über eine Stimme Mehrheit in der neuen Büdelsdorfer Gemeindevertretung.[67]

In diesen ersten Nachkriegsjahren erhielt der dänisch gelenkte SSW im nördlichen Landesteil Schleswig-Holsteins großen Zulauf. Das Ziel einer Abtrennung und der Verschiebung der Grenze an die Eider fand bei vielen einheimischen Deutschen schon deswegen Anklang, weil dann das schleswigsche Gebiet von Flüchtlingen geräumt werden sollte. Außerdem waren in einer Zeit des Hungerns Lebensmittelzuwendungen aus dem Nachbarland, die an die SSW-Mitglieder gingen – im Volksmund abfällig „Speckdänen" genannt – ein überzeugendes Anwerbungsmittel.[68] Der Schleswig-Holsteinische Heimatbund, eine Parteien übergreifende Organisation, setzte sich mit der historischen patriotischen Parole „Up ewig ungedeelt" an führender Stelle gegen die Separationsbestrebungen ein und stärkte mit gezielter Kulturarbeit die in der Landesgeschichte verankerte Zusammengehörigkeit der ehemaligen Herzogtümer. Außerdem wurde die deutsche Minderheit im dänischen Nordschleswig unterstützt.[69]

Auf dem Höhepunkt dieser nationalen Auseinandersetzung, und vielleicht auch eingedenk der Lage der Carlshütte am nördlichen, schleswigschen Ufer der Eider, maß Käte Ahlmann den angeblichen Aussagen Schencks, die er auf einer SPD-Versammlung in Büdelsdorf gemacht haben sollte, und vor allem ihrer Richtigstellung, größte Bedeutung zu. In ihrem Schreiben an den in dieser Phase sehr einflussreichen Landespolitiker[70] wies sie jeden Zweifel an ihrer Gesinnung vehement zurück. Ihre deutsche Haltung, betonte Käte Ahlmann mit Nachdruck, dürfte in weiten Kreisen des Landes Schleswig-Holstein wohl bekannt sein, ebenso wie die Tatsache, dass sie die deutsche Schule und Bücherei in Gravenstein fördere, dem Stammsitz der Familie Ahlmann in Nordschleswig.[71] Die Unternehmerin ließ den Schriftwechsel mit Minister Schenck, den sie unter ihrem Geschäftsnamen „Frau Julius Ahlmann" führte, in Kopien auch dem Rendsburger Landratsamt zukommen.[72] Der Adressat dort war Oberkreisdirektor Heinrich Repenning, der bald darauf in den Landesvorstand des Heimatbundes eintrat.[73]

In Bezug auf den Anlass des Disputs gab es insofern bei der nächsten Sitzung der Büdelsdorfer Gemeindevertretung eine klare Entscheidung, als die CDU-Fraktion den Antrag des SSW auf Errichtung einer dänischen Schule ablehnte, verbunden mit der Erklärung, dass jedes ihrer Mitglieder die deutsche Sache als seine eigene ansehe.[74] An der voran gegangenen internen Zusammenkunft, bei der auf Verlangen des CDU-Landesvorstandes eine grundsätzliche Stellungnahme formuliert werden sollte, hatte als Parteimitglied auch Friedrich Sensen, Prokurist der Carlshütte, teilgenommen.[75] Zusätzlich zur ausführlichen Information des Werksbetriebsrates über die Sitzung der Gemeindevertretung wurde der betreffende Pressebericht, erneut aus dem „Flensburger Tageblatt" – die Rendsburger Lokalzeitung durfte erst ab Herbst 1949 wieder erscheinen –[76] als Aushang der Firmenbelegschaft zur Kenntnis gebracht.[77]

Die Möglichkeit, das „Tageblatt" als Forum für die Darstellung der Ereignisse in Büdelsdorf und ihrer eigenen Position zu verwenden, hatte Käte Ahlmann der Fabrikant Christian C. Christiansen vermittelt.[78] Der Mitinhaber einer alt eingesessenen Flensburger Firma, Bürgermeister in der unmittelbaren Nachkriegszeit und anschließend Ratsherr, war eine einflussreiche, hoch geschätzte Persönlichkeit im Grenzraum und setzte sich entschieden in der deutschen Volkstumsarbeit ein. Der Schleswig-Holsteinische Heimatbund würdigte diese Verdienste mit der Verleihung der Lornsenkette. Christiansen hatte die Gründung des „Flensburger Tageblatts" unterstützt und wurde Mitherausgeber.[79] Mit Christian C. Christiansen, als souverän und eigenwillig geschildert, der in Politik, Wirtschaft und Kultur lenkend und ordnend eingriff, Ziele vorgab und Richtpunkt war, dabei schlicht und bodenständig blieb,[80] befand sich Käte Ahlmann in Kontakt zu einem ebenbürtigen Menschen.

Beide gehörten zum innersten Zirkel des Kreises, der in diesen Jahren um Herzog Friedrich zu Schleswig-Holstein-Sonderburg-Glücksburg auf seinem Gut Grünholz in der Landschaft Schwansen bestand und dessen Einfluss staatstragende Bedeutung zugemessen wurde.[81] Der Herzog konnte die Großgrundbesitzer nach seinem Beispiel dazu bewegen, freiwillig Landflächen für die Ansiedlung von Flüchtlingen abzugeben. Damit erübrigten sich die geplanten Enteignungsmaßnahmen der sozialdemokratischen Landesregierung.[82] Sein breit gefächertes Interesse galt Land- und Forstwirtschaft, Politik und Kultur sowie der Pflege von Heimat, Landschaft und der Entwicklung der Jugend, was 1949 zur Gründung des Landerziehungsheimes Stiftung Louisenlund führte.[83]

Herzog Friedrich war 1910 in die kaiserliche Marine eingetreten und damit „Crew-Kamerad" von Käte Ahlmanns Schwager Carl Pagenstecher.[84] Traditionsgemäß bestand daher zwischen den Männern eine bleibende Verbindung, auch wenn ihre Lebenswege ganz unterschiedlich verliefen. Ebenfalls zu den Mitgliedern dieses Kadettenjahrgangs zählten übrigens Großadmiral Karl Dönitz, Adolf Hitlers Nachfolger als Reichspräsident, und Pastor Martin Niemöller, der als führendes Mitglied der Bekennenden Kirche acht Jahre im Konzentrationslager verbracht hatte.[85] An Herzog Friedrich zu Schleswig-Holstein gingen bis zum Tod Käte Ahlmanns die internen Firmenzirkulare, die sie einem eng begrenzten Kreis von Verwandten und Vertrauten zukommen ließ.[86]

Gestaltungen

Der Wirkungsbereich und die groß dimensionierten Projekte der Büdelsdorfer Industriellen griffen früh weit über die Grenzen des Landes hinaus. Das Bemerkenswerteste war die Tatsache, dass die Unternehmerin damals eine Fülle von Vorhaben und Aufgaben, die auch räumlich auf unterschiedlichen Sektoren lagen, gleichzeitig in Gang setzte und alle überlegen steuerte. Immerhin näherte sich Käte Ahlmann schon ganz deutlich ihrem sechzigsten Lebensjahr, als sie zu diesen Höhenflügen ansetzte. Doch wie stets zog sie aus Herausforderungen Energie, je größer desto mehr, und konnte anscheinend mühelos ihre Kräfte entsprechend der Projektanzahl multiplizieren.

„Das Jahr 1948 ist wie für die deutsche Wirtschaft so auch für die Carlshütte von ganz besonderer Bedeutung. In diesen und in den folgenden Jahren reifte nach dem langsamen Wiederaufbau der für das Werk so bedeutungsvoll gewesenen Ausfuhr die Erkenntnis, dass die Struktur auf dem Weltmarkt sich völlig verändert hat und daß die Wettbewerbsstellung von Rendsburg als Standort auf lange Sicht gefährdet sein könnte. Daher sind von der Carlshütte verschiedene Entwicklungen in Angriff genommen und durchgeführt worden, die nach normalem Ermessen die Aufrechterhaltung der Beschäftigung und damit die Bedeutung des Werkes sicherstellen", hieß es in der vier Jahre später veröffentlichten Jubiläumsschrift zum 125-jährigen Bestehen der Carlshütte.[87] Diese Ausführungen beschrieben aber nur vage und verallgemeinernd eine zukunftsorientierte, pragmatische Firmenpolitik, die neue Konstellationen frühzeitig erkannte und Planungen wie Konzepte in einen großen Rahmen stellte.

In der Tat war der für das Unternehmen seit Jahrzehnten sehr wichtige Export seiner Produkte seit Kriegsende nahezu ganz unterbunden gewesen und dann von der britischen Besatzungsmacht durch ein äußerst umständliches Verfahren und eine Vielzahl von Formalitäten immens erschwert worden. Außerdem erteilten die Regierungen einiger Länder, beispielsweise Dänemark, noch keine Einfuhrgenehmigungen für Waren aus Deutschland, wenngleich in Büdelsdorf schon umfangreiche Bestellungen vorlagen.[88] Weiter waren Kontakte mit alten Geschäftspartnern wieder aufgenommen worden, allerdings bis dahin nur als Korrespondenz. Die erste Exportlizenz erhielt die Ahlmann-Carlshütte schließlich im Januar 1948. Es handelte sich um einen Auftrag über 400 Stück emaillierter Küchenausgüsse an eine Züricher Firma. Erteilt hatte die Genehmigung, unter Billigung der zuständigen britischen Dienststelle, der Joint Export-Import Agency (JEIA), das Außenhandelskontor des Ministeriums für Wirtschaft und Verkehr in Kiel.[89] Der Schriftwechsel über den Ausfuhrantrag für eine „Carola"-Badewanne in die Schweiz umfasste 18 Seiten. Unter diesen widrigen Umständen bedeutete die Lieferung von 350 Badewannen nach England und 100 nach Südafrika, beides im März 1948, schon ein erfreuliches Resultat.[90]

Obwohl wegen alliierter Hoheitsbefugnisse der Außenhandel noch länger behindert wurde, hatte sich inzwischen im Zeichen des verschärften „Kalten Krieges" die Deutschlandpolitik der Westmächte grundlegend verändert, vor allem die Einstellung der vorherrschenden USA. Ein demokratisch und wirtschaftlich gefestigter Staat im Herzen Europas konnte sicherndes Bollwerk gegen das weitere Vordringen der UdSSR sein. Als ein wirksames Instrument sollte der Marshall-Plan dienen, benannt nach dem amerikanischen Außenminister George C. Marshall, der 1947 ein Finanzierungsprogramm vorgeschlagen hatte, um die wirtschaftliche Krise in Europa zu überwinden und den Wiederaufbau in Deutschland zu beschleunigen. Über dieses anfängliche Ziel hinaus gingen die Absichten der Vereinigten Staaten nun dahin, die insgesamt sechzehn geförderten europäischen Länder in das neue kapitalistische Weltwirtschaftssystem zu integrieren, um sie gegen den Kommunismus zu stabilisieren.[91] Im Rahmen des „Marshall-Planes" oder „European Recovery Program (ERP)", mit einem Gesamtvolumen von 14 Milliarden Dollar, gingen zwischen 1948 und 1952 insgesamt 1,3 Milliarden Dollar nach Westdeutschland. Genau die Hälfte der ERP-Mittel kam Industrie und Handwerk zu Gute, gefolgt von Landwirtschaft und Ernährung mit 42 Prozent.[92]

Voraussetzung für den Fluss der Gelder aus dem Marshall-Plan war eine Reform der total zerrütteten deutschen Währung gewesen.[93] Mit der Gründung der Bank Deutscher Länder Anfang März 1948 durch die Westalliierten hatte sich die kurz bevorstehende Neuordnung angekündigt, die mit einer grundlegenden Umgestaltung der Wirtschaft kombiniert wurde. Da Verhandlungen mit der Sowjetunion über eine gemeinsame Währungsreform für Deutschland gescheitert waren, verfügten die Militärregierungen der drei westlichen Besatzungszonen per Gesetz die Umstellung von Reichsmark auf Deutsche Mark mit Wirkung zum 20. Juni 1948.[94]

Parallel dazu wurde zum selben Datum eine Wirtschaftsreform unter der Aufhebung der meisten Preiskontrollen und Bewirtschaftungsvorschriften eingeleitet. Von nun ab sollte der freie Wettbewerb Produktion wie Nachfrage steuern. Die angestrebte Wirtschaftsaktivität setzte schlagartig ein. Am Tag nach Verkündigung der Währungsreform gab es plötzlich wieder ein umfangreiches Warenangebot, das allerdings wegen der 60 DM-Kopfquote, von der 40 DM sofort, der Rest innerhalb der zwei folgenden Monate ausgezahlt wurde, nur eingeschränkt erschwinglich war.[95] Die Ahlmann-Carlshütte beispielsweise verkaufte unmittelbar nach der Umstellung daher vorwiegend kleinere Artikel, wie etwa preisgünstiges Kochgeschirr.[96]

Die Ausdehnung der Währungsreform auf Berlin nahm die UdSSR zum Anlass, Anfang Juli 1948 über den Westteil der Stadt die Blockade zu verhängen, die erst im Mai 1949 abgebrochen wurde. Während fast eines ganzen Jahres erfolgte die gesamte Versorgung der Millionenbevölkerung Westberlins mit alliierten Transportflugzeugen über die „Luftbrücke". In dieser Zeit wurden Berlin und seine Einwohner, die standhaft Mangel und Hunger aushielten, zu Symbolen für Freiheit und Demokratie, für die Behauptung gegenüber der Sowjetunion. Und im Bewusstsein der Deutschen wandelten sich die westlichen Besatzungsmächte zu Beschützern gegen die gefährliche Bedrohung aus dem Osten, die jederzeit zum offenen Krieg eskalieren konnte.[97]

Die Blockade Berlins beschleunigte den Prozess, der zur Gründung eines westdeutschen Staates führte. Am 1. Juni 1948 ermächtigten die Westmächte die Ministerpräsidenten der neuen elf Länder in ihren drei Besatzungszonen, eine verfassungsgebende Versammlung aus Abgeordneten der Parlamente einzuberufen. Der Parlamentarische Rat zur Ausarbeitung des Grundgesetzes trat am 1. September 1948 im Bonner Museum Alexander Koenig zur konstituierenden Sitzung zusammen. Acht Monate später fiel die Entscheidung, dass die kleine Universitätsstadt am Rhein der Metropole Frankfurt am Main als vorläufige Bundeshauptstadt vorgezogen werden sollte. Das Votum wurde vom Bundestag am 3. November 1949 bestätigt.[98]

Treibende Kraft bei der Ortswahl war der führende CDU-Politiker Konrad Adenauer gewesen, der Präsident des Parlamentarischen Rates war und seit dem 15. September 1949 erster Kanzler der am 23. Mai des Jahres gegründeten Bundesrepublik Deutschland,[99] die allerdings keine volle Souveränität besaß. Außenpolitik, Außenhandel und Devisenwirtschaft, Reparationen und die Kontrolle des Ruhrgebietes unterlagen noch bis 1955 der Hoheit der Westmächte.[100] Der Rheinländer Adenauer hatte die Ansicht durchgesetzt, Bonn in seiner bescheidenen Größe gewähre eher den beabsichtigten Charakter eines Provisoriums.[101] Nicht wenige Mutmaßungen gingen dahin, dass der damals 76-jährige gern in seinem idyllisch gelegenen Haus am Berghang in Rhöndorf wohnen bleiben wollte, nur wenige Kilometer stromab von Bonn auf der anderen Rheinseite gelegen.[102]

Neubeginn und Abschied

Wesentlich dichter an der eben kreierten Bundeshauptstadt, die sich schnell zum Zentrum politischen Geschehens entwickelte, lag Käte Ahlmanns neu erbautes An-

Käte Ahlmanns „Gartenhaus" in Bad Godesberg

wesen im Bad Godesberger Ortsteil Muffendorf. Im Juli 1949 bezog sie ihr recht ansehnliches „Gartenhaus" in der Deutschherrenstraße. Bei der Namensgebung stand Johann Wolfgang von Goethe symbolisch Pate. Der Eintrag auf dem Vorsatzblatt des Gästebuches war ein kalligrafisch gestalteter Zweizeiler: „Übermütig sieht's nicht aus, hohes Dach und niedres Haus". Mit diesem Vers hatte der Dichter 1828 sein kleines Weinberghäuschen im Park von Weimar beschrieben, das nach mehreren Umbauten zu einem zweistöckiges Anwesen wurde. Das Zitat war der ausgewiesenen Goethe-Kennerin Käte Ahlmann natürlich geläufig.[103]

Für die Benennung gab es aber noch einen weiteren Bezug, abgesehen davon, dass die Besitzerin selbst gelernte Gärtnerin war. Seit der unmittelbaren Nachkriegszeit hatten ihre von Orr entwurzelten Nichten Uta und Roswitha Pagenstecher auf dem großen Grundstück erfolgreich eine Gärtnerei betrieben. Beide verfügten über Fachkenntnisse, Uta besaß sogar den Meisterbrief.[104] Als Notunterkunft diente den jungen Frauen eine Baracke, die ihnen von der Tante im November 1945 von Büdelsdorfer mit einem Lastwagen der Carlshütte nach Muffendorf geschickt und von begleitenden Arbeitern aufgebaut worden war.[105] Die weitläufige Parzelle hatte Käte Ahlmann 1935 zusammen mit dem Landkauf für Athenstaedts erworben, denen einige Straßen weiter ein Haus gehörte.[106] Nach Auflösung der Gärtnerei wandten sich ihre Nichten anderen beruflichen Zielen zu. Uta Pagenstecher schlug eine Laufbahn ein, die sie in das Auswärtige Amt führte und mehrere Auslandseinsätze einschloss.[107]

Für den Entschluss zum Hausbau in Bad Godesberg spielte die räumliche Nähe zu den engen Verwandten jedoch nur eine untergeordnete Rolle, ebenso die Randlage zu Bonn. Der wesentliche Grund bestand in den durch die Blockade Berlins „uns bedrohenden alarmierenden politischen Möglichkeiten", die es angebracht erscheinen ließen, für die Familie ein sicheres Ausweichquartier zu schaffen.[108] Unter dem gleichen Gesichtspunkt aktueller Entwicklung gingen Überlegungen dahin, einen „kleinen Ableger" der Carlshütte zu schaffen, um nicht, wie Käte Ahlmann ihrer Schwester Luise Anfang September 1948 schrieb, „alles auf eine Karte zu setzen".[109] Auch könnte damit Marlenes Zukunft abgesichert werden. Noch sei alles nur angedacht, aber, und nun folgte eine der Lebensmaximen Käte Ahlmanns: „Man soll handeln, so lange man denken kann!" Gefühlsmäßig tendiere sie zu einer linksrheinischen Ansiedlung, während Hans-Julius mehr in Richtung Saarland plädiere. Frankreich hatte 1947 für das schon nach dem Ersten Weltkrieg beanspruchte Gebiet eine Autonomieregelung sowie eine Wirtschafts- und Währungsunion durchgesetzt, die dann zwölf Jahre bestand.[110]

Hans-Julius Ahlmann war um diese Zeit, zur Erleichterung und Freude der Mutter, zumindest in der Funktion als Berater schon wieder bei vollen Kräften. Der 28-jährige hatte im Mai 1948 auf der Rückfahrt von Flensburg in einer engen Kurve auf einer Ölspur die Gewalt über seinen Wagen verloren und schwerere Verletzungen davon getragen als zuerst vermutet. Käte Ahlmann erhielt die Nachricht vom Autounfall ihres ältesten Sohnes bei einem Kuraufenthalt in Bad Kissingen, den sie mit ihrer Schwester Linu Pagenstecher, der alten Freundin Thea Günther und ihrer Vertrauten Edel Bohland verbrachte. Dass Severin ihr bis Hannover entgegen fuhr, um sie abzuholen, empfand die Mutter ebenso tröstlich und beruhigend wie die Selbstverständlichkeit, mit der er den Tätigkeitsbereich seines Bruders in der Firma übernahm.[111] Nach drei Wochen im Schleswiger Krankenhaus konnte Käte Ahlmann den Sohn nach Hause holen, der noch bettlägerig war und eine lange Genesung benötigte.[112] Die Ärzte erwarteten seine volle Wiederherstellung nicht vor einem Jahr.[113] Während der Rekonvaleszenz in Königsstein im Taunus schrieb Hans-Julius Ahlmann eine längere Abhandlung, die in vielfachen Beziehungen und Beispielen auf eigenen Erfahrungen und Erkenntnissen aus Ausbildung und Berufsleben beruhte: „Geistige Arbeit". Das 280 Seiten umfassende Buch, das noch 1948 erschien, sollte vor allem Orientierungen und Methoden für eine effiziente Tätigkeit in der modernen Wirtschaft vermitteln.[114]

Käte Ahlmann teilte mit dem Patenonkel Heinrich Athenstaedt die Rührung über die Verlobung ihres 24-jährigen Sohnes Severin, die bei ihr ein Erinnerungsbild wach rief: „Ich sehe noch im Geist Hanno in der Büdelsdorfer Badeanstalt, verliebt über das Baby Seppel gebeugt, das er sich in halber Höhe auf ein Sprungbrett gelegt hatte. Nun ist das Baby verlobt, und ich verstehe gut Hannos Gefühle."[115] Ihre eigene Bewegtheit klang mit, als sie „unser seliges Pärchen" schilderte, das seine Wohnung mit kleiner Küche im Stockwerk über ihr einräumte, und „restlos genießt". Severin Ahlmann hatte am 17. Dezember 1948 Maria Luise Guthe geheiratet und verbrachte mit ihr das Weihnachtsfest im Familienkreis, der sie freundlich aufnahm. Die Ehe hatte aber nur wenige Jahre Bestand.[116] Käte Ahlmann briet am ersten Feiertag eigenhändig einen Hasen: „fast vergessener Geschmack". Im selben Brief wurde Luise Athenstaedt informiert, dass Herr Sensen in Richtung Alpen abgefahren sei, um Marlene etliche Dinge zu bringen. Die Tochter habe Baupläne, „und da möchte ich helfen können".[117] Im November 1947 war in Innsbruck Käte Ahlmanns erster Enkelsohn, Michael Halhuber, geboren worden. Die Familie erweiterte sich 1949 um Andrea und 1951 kam Markus zur Welt. Als Nachzüglerin erschien im August 1963 Aline.[118]

Schmerzlich war der Abschied von Heinrich Athenstaedt, dessen gesundheitlicher Zustand sich im Laufe des Jahres 1948 zunehmend verschlechtert hatte. Käte Ahlmann fuhr an sein Krankenlager in Bad Godesberg, so oft sie nur konnte, brachte Stärkungsmittel und Delikatessen mit und spürte bekümmert den kommenden Verlust. Über lange Jahre hatte ihr der Schwager als vertrauter Ratgeber sehr nahe gestanden, ihr seit dem Tod ihres Mannes Julius stets Beistand und Hilfestellung geleistet, wie Käte Ahlmann in eigene Worte fasste: „Gerade in großen Entschlüssen hat er mich ungeheuer unterstützt, wie ich es ihm nie genug zum Ausdruck gebracht, noch gedankt habe." Aber die wertvollste Stütze und eine große seelische Entlastung sei „Hanno" ihr um und nach Kriegsende gewesen, „für mich die fast unerträgliche Phase dieses körperlich wie geistig überbürdeten Daseins, von Sorgen fast erstickt."[119] Heinrich Athenstaedt starb an seinem schweren Herzleiden am 19. Januar 1949 im 67. Lebensjahr. Die Urne mit seinen sterblichen Überresten wurde auf der Familiengrabstätte Ahlmann in Büdelsdorf beigesetzt, im Jahr 1970 fand auch seine Frau Luise dort ihre letzte Ruhe.[120]

Käte Ahlmann bewahrte sein letztes Schreiben auf, einen Gruß zu ihrem 58. Geburtstag am 5. Dezember 1948 in schon sehr schlecht leserlicher Handschrift: „In Gedenken bei Dir auf der Hütte [...] Möge Eure friedliche Aufbauarbeit keinerlei Störung erfahren, sondern zum Wohl vieler sich weiter fortsetzen."[121] Mit Heinrich Athenstaedt ging der Mensch aus ihrem Leben, dem sie unbedingt vertraute, auf dessen Rat sie hörte, wenngleich sie ihm, zunehmend in den letzten Jahren, oftmals nicht mehr folgte. Obwohl der Schwager offiziell in einem Vertragsverhältnis an die Ahlmann-Carlshütte gebunden war, daraus auch ein regelmäßiges Gehalt erhielt, befand er sich doch auf gleicher Ebene mit der Inhaberin des Werks, hatte ihr bei der Übernahme des Unternehmens entscheidend mit Rat und Tat zur Seite gestanden, dann die Firmenpolitik im Interesse der Familie Ahlmann mitgestaltet, war auch manchmal unbequemer Mahner und unwillig akzeptiertes Korrektiv gewesen. Nun gab es keinen mehr in ihrem Umfeld, dem Käte Ahlmann eine gleichwertige Kompetenz zugestand. Der Tod Heinrich Athenstaedts bedeutete nicht nur Verlust, sondern auch Freiheit, nämlich die in allen Belangen selbständige, uneingeschränkte Herrschaft.

Ein weiteres Kapitel Familiengeschichte schloss im folgenden Jahr. Otto Frederik Ahlmann starb am 8. Juli 1950 in Shaldon an der Südküste Englands, wo er nach Kriegsende mit seiner Frau Edith zurück gezogen gelebt hatte, einen Monat vor seinem 71. Geburtstag.[122] Nach dem Tod der Mutter hatten sich die wenigen Fäden, die ihn noch mit seiner alten Heimat Büdelsdorf verbanden, fast völlig gelöst. Käte Ahlmanns Beziehung zu ihrem Schwager Otto, dem ein Jahr älteren Bruder ihres Mannes Julius, war jener von wachsamer Distanziertheit bestimmt gewesen. Dass er während des Ersten Weltkriegs die englische Staatsbürgerschaft angenommen hatte, blieb für sie unverzeihlich.

Ableger am Rhein

Bei der Entscheidung für den Standort des geplanten neuen Werks setzte, wie nicht anders zu erwarten, Käte Ahlmann ihre Vorstellungen durch, die praktische Aspekte bestimmt hatten. Ihre Wahl war auf die kleine Stadt Andernach am linken Rheinufer am Rande der Eifel gefallen, die eine optimale Verkehrslage mit Hafen und Eisenbahnanschluss bot. Die Firmenleitung der Carlshütte stellte als wichtigsten Gesichtspunkt für die Andernacher Gründung die Nähe zu den westdeutschen Absatzgebieten heraus, daneben die Bedeutung eines zentralen Stützpunktes in diesem Raum, nachdem die Werkslager in Köln, Düsseldorf und Mannheim durch Kriegseinwirkung vernichtet worden waren.[123] Ein wesentlicher Grund für den „Ableger" der Carlshütte bestand jedoch in der Absicherung der Familie Ahlmann für den Fall eskalierender Krisen des „Kalten Kriegs", was allerdings nur ganz intern thematisiert wurde.[124]

Wenn auch die Nähe von Leutesdorf, das Andernach gegenüber auf der rechten Rheinseite lag und wo Käte Ahlmann vierzig Jahre zuvor auf der Marienburg ihre Ausbildung zur Gärtnerin absolviert hatte, zumindest Erinnerungsbezüge herstellte, beruhte der Entschluss zur Niederlassung in Andernach allein auf sachlichen

Die Gründung Ahlmann in Andernach

Erwägungen und lokalen Gegebenheiten. Dazu gehörte auch die Bereitstellung eines Industriegeländes durch die Stadt. Die Eisengießerei und das Emaillierwerk der am 1. November 1948 gegründeten Firma „Ahlmann & Co." entstanden auf historischem Boden. Dort hatte sich von Anfang Mai bis September 1945 das berüchtigte deutsche Kriegsgefangenenlager Andernach mit bis zu 40.000 Menschen befunden, die unter erbärmlichsten Umständen hungernd in Erdlöchern hausten, provisorisch abgedeckt mit Pappe oder Blechen aus einer anliegenden Fabrik.[125]

Es handelte sich um das Walzwerk Rasselstein, bei dem sich der Kölner Industrielle Otto Wolff seit dem Ersten Weltkrieg finanziell stark engagiert hatte, und das 1951 ganz in den Besitz der Wolff-Gruppe überging.[126] Käte Ahlmanns Schwager Dr. Carl Wuppermann wirkte nach dem Tod seines Freundes Otto Wolff 1940 zwanzig Jahre als Testamentsvollstrecker und konnte sie auf das günstig zu erwerbende Grundstück in Andernach aufmerksam gemacht haben. Der gleichnamige Sohn des Firmengründers war später gemeinsam mit Wuppermann zu Gast im Bad Godesberger Gartenhaus.[127]

Ein weiterer Grund für die Ansiedlung in Andernach war die Absicht, mit einem Unternehmen in wirtschaftlicher und politischer Hinsicht nicht nur von der englischen Besatzungsmacht abhängig zu sein, wie das bei den inzwischen drei Firmen der Familie in Schleswig-Holstein der Fall war. Eigentlich hätte Käte Ahlmann gern, zur Absicherung für Eventualitäten, in allen westlichen Zonen Zweigbetriebe der Carlshütte errichtet.[128] Der neue Standort am Rhein gehörte zum französischen Besatzungsgebiet, zum 1946 durch Verfügung des Militärbefehlshabers General Pierre Koenig neu gebildeten Landes Rheinland-Pfalz.[129] Die CDU war aus den ersten freien Wahlen als mit Abstand stärkste Partei hervor gegangen und stellte mit Peter Altmeier einen Ministerpräsidenten, der über zwanzig Jahre im Amt bleiben sollte.[130] Doch die Franzosen zeigten sich nicht wesentlich entgegenkommender als die Briten in Schleswig-Holstein. Nachdem mit den deutschen Behörden bereits alles geklärt war, wartete Käte Ahlmann am Ende des Jahres 1948 nach über zwei Monaten noch vergeblich auf die Fabrikationsgenehmigung durch die französische Militärregierung, ohne die sie das Gelände nicht kaufen und mit der Errichtung des Werks beginnen konnte.[131]

Schließlich ging es mit dem Vorhaben dann doch recht zügig voran. Anfang Februar 1949 traf die endgültige Bewilligung der Franzosen von ihrem Sitz in Koblenz ein, die den Baubeginn Ende Mai 1949 ermöglichte. Bis zur Inbetriebnahme dauerte es dann nicht einmal ein Jahr. Bereits am 4. Januar 1950 wurde die Produktion aufgenommen.[132] Vor allem wegen des guten Absatzes von Badewannen – aber auch für andere sanitäre Artikel gab es eine lebhafte Nachfrage –, schrieb das Werk bald „gute Zahlen", wie Severin Ahlmann im Rückblick mit Genugtuung feststellte.[133] Gefördert worden war das Projekt durch ERP-Mittel, Zuweisungen aus dem Marshall-Plan, die 1949 in Höhe von 57 Millionen DM in die französische Besatzungszone flossen. Für die Stadt Andernach bedeutete die Niederlassung des neuen Industriebetriebes, der permanent steigende Beschäftigtenzahlen und laufende Vergrößerungen der Fabrikanlagen aufwies, ein Startsymbol für den wirtschaftlichen Aufschwung der ganzen Region.[134]

Gesellschaftliche Beziehungen, zumindest auf Unternehmerebene, wurden ebenfalls geknüpft. Am 12. Juni 1950 lud Käte Ahlmann die Inhaber und Leiter von Andernacher Firmen und den Syndikus der Handelskammer Koblenz in ihr fünfzig Kilometer rheinabwärts gelegenes Bad Godesberger Gartenhaus ein. Anwesend bei der Gesellschaft waren auch Prokurist Friedrich Sensen von der Carlshütte und der alte ehemalige Direktor Johannes Wenke. Die anderen der insgesamt 37 Gäste, die das Haus und das im Garten aufgebaute Zelt belebten, gehörten zur Familie, hauptsächlich vom Zweig Wuppermann. Sie bildeten sozusagen den harten Kern des Festes vom Vortag am selben Ort, als die Hausherrin ein Treffen der Nachkommen von Ferdinand Leopold Braun und seiner Frau Maria Theresia geb. Nakatenus mit noch etwas größerer Personenzahl veranstaltet hatte. Viele Verwandte sahen sich in der Deutschherrenstraße erst nach Jahrzehnten wieder. „Ein unendlich schöner und harmonischer Tag", trug Käte Ahlmann in ihr Gästebuch ein. An die Kölner Familientradition großzügiger Bewirtung hatte sie mit einem für die noch mageren Zeiten opulenten Mahl angeknüpft: Fleischbrühe, Fisch mit Kartoffeln und Butter, Kalbsrücken mit Spargelgemüse, Erbsen und Gurkensalat, Käsestangen und halbgefrorene Baisertorte als Dessert. Zum Menü wurden Mosel- und Rheinweine gereicht, Sekt und abschließend Mokka.[135]

Gründungen an der Eider

Gewissermaßen im gleichen Atemzug, mit dem sie am 15. Februar 1949 den Betriebsrat der Ahlmann-Carlshütte ausführlich über die inzwischen in Angriff genommene Errichtung des Zweigwerks in Andernach informierte und auf die dadurch erst möglich werdende Wettbewerbsfähigkeit im Rheingebiet und in Süddeutschland hinwies, gab Käte Ahlmann die am 31. Januar 1949 erfolgte Gründung der „Gemeinnützigen Wohnungsbaugesellschaft A GmbH" bekannt.[136] Der Zweck des Unternehmens, unter dessen neun Gründungsgesellschaftern Hans-Julius und Severin Ahlmann waren, bestand, wie es im Vertrag hieß, „im Bau und der Betreuung von Kleinwohnungen zur Behebung der allgemeinen Wohnungsnot mit dem besonderen Ziel, Heimatvertriebene in die Wohn- und Lebensgemeinschaft in Schleswig-Holstein einzugliedern".[137] In der langen Tradition des sozialen Werkswohnungsbaues förderte die Carlshütte finanziell und mit Sachleistungen das

Unternehmen, das von der Firma Betonwerk Severin Ahlmann ebenfalls nennenswerte Unterstützung erhielt.[138]

Auf der Februarsitzung von Geschäftsleitung und Betriebsrat waren schon Pläne und Zeichnungen für die erste Baumaßnahme vorgelegt worden, die im Rendsburger Stadtteil Rotenhof die Errichtung von 36 Wohnungen vorsah, mit zweieinhalb Zimmern, Küche, Bad und Nebenräumen sowie einem kleinen Garten. Der erste Abschnitt konnte bereits Anfang September 1949 gerichtet werden. Eine indirekte Ehrung der Initiatorin des Bauvorhabens bedeutete die Benennung der Siedlungshauptstraße nach ihrem verstorbenen Ehemann in „Julius-Ahlmann-Platz". Ein weiteres Großprojekt der kurz „Wohnungsbau A" genannten Gesellschaft folgte im nächsten Jahr. Unter Verwendung dafür bereit gestellter ERP-Mittel wurden beidseitig an der Elchstraße in Büdelsdorf Wohnungsblocks gebaut, um den Flüchtlingsfamilien eine angemessene Unterkunft zu verschaffen, die bis dahin in den Baracken an der Kampstraße lebten.[139] Im werkseigenen Lager, das unter der Bezeichnung „Wohnheim" geführt wurde, befanden sich Ende 1949 noch 532 Menschen, von denen 204 auf der Carlshütte arbeiteten.[140]

Dort hatte sich nach der Währungsreform im Juni 1948 anfangs ein lebhaftes Geschäft entfaltet, das bei Badewannen, Heizkesseln und Radiatoren zu einer Umsatzsteigerung bis über 100 Prozent führte. Gleichzeitig war eine merkliche Leistungssteigerung der Beschäftigten zu beobachten, was die Inhaberin mit Befriedigung vermerkte, und auf Grund der weiter steigenden Auftragslage mussten fast 200 neue Arbeitskräfte eingestellt werden. Die Gesamtzahl der Beschäftigten betrug zum Jahresende 1.812 Personen.[141] Bereits im ersten Quartal des Jahres 1949 machten sich aber Geldknappheit und Krediteinschränkungen empfindlich bemerkbar. Bestellungen gingen zurück und Aufträge wurden annulliert. Die starke Abwertung des englischen Pfunds verschlechterte dann entscheidend die Konkurrenzfähigkeit deutscher Waren. Die Ahlmann-Carlshütte sah sich zu umfangreichen Entlassungen und zur Einführung von Kurzarbeit gezwungen. Die Belegschaft verringerte sich um über 300 Beschäftigte.[142]

Insgesamt nahm die Arbeitslosigkeit in Schleswig-Holstein erschreckende Ausmaße an und erreichte Mitte 1949 einen Höchststand von 22,7 Prozent, während sie im Durchschnitt der neuen Bundesrepublik 8,7 Prozent betrug. Ein Fünftel seiner Steuereinnahmen musste das Land für die Fürsorge aufwenden.[143] Die Kieler Regierung verwies auf den unverhältnismäßig großen Flüchtlingszustrom, den die schleswig-holsteinische Wirtschaft nicht aufnehmen könne. Die hohe Arbeitslosigkeit stelle eine politische Gefahr dar.[144] Eine Umsiedlung großen Ausmaßes in strukturstärkere Gebiete, als vordringlichste Maßnahme genannt, hatte Ende des Jahres schon etwas Entlastung gebracht. Im Februar 1950 legte der Bund ein Arbeitsbeschaffungsprogramm in Höhe von 3,4 Milliarden DM vor, das mehrere

Förderungsmaßnahmen bündelte, wie unter anderem Wohnungsbau, Verbesserung der Verkehrsinfrastruktur, Schiffsbau sowie Ansiedlungen und Erweiterungen von Unternehmen. Wie im übrigen Deutschland kam die Kreditnachfrage auch in Schleswig-Holstein nur langsam in Gang.[145]

Am 25. Oktober 1950 wurde die „Ahlmann-Transport KG" in das Handelsregister des Amtsgerichtes Rendsburg eingetragen. Als Inhaber firmierte der Kaufmann Josef-Severin Ahlmann, Kaufmann Hans-Julius Ahlmann war Prokura erteilt. Das Ministerium für Arbeit, Wirtschaft und Verkehr nahm die neu gegründete Firma mit Wirkung vom 11. Januar 1951 in die Liste der schleswig-holsteinischen Abfertigungsspediteure auf.[146] Der Transport von Rohstoffen zum Betrieb und von Waren zum Verbraucher hatte wegen der weiten Entfernungen für die Carlshütte von jeher ein großes Problem bedeutet. Zusätzliche Aufgaben, die vornehmlich mit Verlagerung der Beförderung auf die Straße zusammen hingen und über den Rahmen einer Betriebsabteilung hinaus gingen, ließen die Gründung einer eigenen Firma für angebracht erscheinen. „Ahlmann-Transport" befasste sich neben der Abfertigung von Gütern auf dem Landweg, wobei die Bahn noch immer eine wichtige Funktion einnahm, auch mit der Befrachtung von Schiffen.[147]

Seit Beginn ihres Bestehens im Jahr 1827 hatte die Schifffahrt für die Carlshütte große Bedeutung gehabt, die unmittelbare Lage an der Obereider war Voraussetzung für die Standortwahl des Gründers Marcus Hartwig Holler gewesen. Später ermöglichte der Kanal zwischen Nord- und Ostsee den freieren Zugang zu den Weltmeeren. Als nach dem Ersten Weltkrieg Julius Ahlmann die Leitung des Unternehmen übernahm, schaffte er, um auf diesem Gebiet von Kosten unabhängiger zu sein, Motorsegler an, die den Namen des Werks in römischer Zahlenfolge trugen. 1948 war das Firmenschiff MS „Herbert", das nach Kriegsende still gelegen hatte, zum Küstenfahrzeug umgebaut worden, brachte Kies vom nahe gelegenen Borgstedt und befuhr dann die Strecke Büdelsdorf-Lübeck.[148] Nun weiteten sich die Dimensionen erheblich aus.

Im April 1951 erfolgte die Gründung einer selbständigen Reederei unter dem Namen „Translanta GmbH" mit Sitz in Rendsburg. Aus den Anfängen mit vier Küstenmo-

Die „Colonia" unter der Rendsburger Hochbrücke

torschiffen entwickelte sich in den Folgejahren mit mehreren größeren Neubauten, gefördert durch dafür vorgesehene Mittel aus dem Marshall-Plan,[149] schon eine veritable kleine Flotte. Die Schiffe liefen Mittelmeerhäfen an und bedienten zwei Linien, von Bremen und Lübeck nach Skandinavien, sowie von den Großen Seen in Kanada in die Karibik. Die Möglichkeit, auf den Frachtern in komfortabel ausgestatteten Kabinen und Aufenthaltsräumen angenehm in ferne Länder zu reisen, war in den fünfziger Jahren ein Inbegriff des Luxus.[150]

Nicht nur auf dem Wasser war der Blick nach Übersee gerichtet. Nach dem Fortfall der osteuropäischen Märkte, wohin vor und noch im Zweiten Weltkrieg ein erheblicher Anteil der Produkte gegangen war, mussten für die Carlshütte neue Absatzgebiete erschlossen werden. Hans-Julius Ahlmann, durch die als Kriegsgefangener in USA erworbenen Kenntnisse bestens vertraut mit Sprache und Mentalität, betreute selbst den Stand seines Werks auf der Deutschen Industrieausstellung im April 1949 in New York. Zu den guten Wünschen des Betriebsrats der Carlshütte, die den Juniorchef begleitet hatten, kam tatsächlich der erhoffte Erfolg mit neuen Geschäftsverbindungen, die sich vor allem nach Kanada entwickelten.[151] Die Rückkehr Severin Ahlmanns von seiner Nordamerikareise im Sommer 1951 gab dann Anlass, die Öffentlichkeit durch einen ausführlichen, mit genauem Lageplan versehenen Artikel in der Firmenzeitung über ein neues, den europäischen Kontinent übergreifendes Projekt zu informieren.[152]

Die kleine Stadt Grand' Mère ohne nähere Angaben auf der Landkarte zu finden, wäre tatsächlich etwas schwierig gewesen. Der Ort mit damals etwa 12.000 Einwohnern lag an einem Nebenfluss des St. Lorenz-Stroms, etwa gleichweit entfernt von den Großstädten Montreal und Quebec. Mit einem amerikanischen Partner wurde die „Adanac Foundry Industries Ltd" gegründet, eine Firma in Form der GmbH, die eine Gießerei betrieb. Das erste Wort des Namens erklärte sich beim Rückwärtslesen. Hans Schlothfeldt, langjähriger Gießereileiter der Carlshütte und engster Vertrauter Käte Ahlmanns im Betrieb, übernahm den Aufbau des Werks vor Ort. Die einzurichtenden Maschinen und Werkzeug wurden vom Firmenkai in Büdelsdorf zu ihrem kanadischen Bestimmungsziel verschifft.[153] Schlothfeldt verbrachte im Herbst 1951 und im Frühjahr 1952 jeweils lange Wochen in Grand' Mère. Dem erfahrenen technischen Fachmann zur Seite stand für den kaufmännischen und organisatorischen Teil Severin Ahlmann.[154] Einem guten Bekannten in Holstein berichtete Schlothfeldt von der freundlichen Aufnahme durch die Einheimischen, bedauerte aber Verständigungsschwierigkeiten. Während er auf Grund seiner Studienaufenthalte in USA und Großbritannien mit Englisch keine Probleme hatte, wurde zu seinem Leidwesen von den Bewohnern Grand' Mères fast nur Französisch gesprochen. Ihre Vorliebe für Austern blieb ihm ebenfalls fremd.[155]

Hans Schlothfeldt war im selben Jahr 1890 wie Käte Ahlmann geboren. 1905 hatte er unter ihrem Schwiegervater, Direktor Johannes Ahlmann, als Lehrling auf der Carlshütte angefangen und es 1919 schon zum Betriebsleiter und Oberingenieur gebracht. Mit dem Sohn und Nachfolger Julius Ahlmann, der seine fachlichen wie menschlichen Eigenschaften hoch schätzte, hatte ihn ein nahezu freundschaftliches Verhältnis verbunden, das sich in unbedingter Loyalität zur Witwe fortsetzte, als sie die Firmenleitung übernahm und das Werk durch die Untiefen des Krieges steuerte. Schlothfeldt fand als Persönlichkeit hohe Anerkennung in der deutschen Gießerei-Industrie und hatte zahlreiche Ehrenämter inne. Einen Namen machte er sich auch als engagierter Heimatforscher. Mit dem Jahreswechsel 1952/53 schied Schlothfeldt aus dem Betrieb aus, blieb aber noch lange in enger Beziehung zum Werk und zur Familie Ahlmann, regte auch die Einrichtung des Eisenkunstguß-Museums an.[156]

Für die gleichaltrige Käte Ahlmann schien ein Ruhestand jedoch in großer Ferne zu liegen, im Gegenteil, sie setzte vielmehr im Alter von sechzig Jahren an zu neuen Herausforderungen und Aufgaben mit zunehmend größeren Dimensionen. Sie hatte ihre beiden unternehmerisch fähigen Söhne zur Seite und die nachfolgende Generation von Führungskräften war von ihr längst positioniert worden.

Neue Konstellationen

Als welche Ausnahmeerscheinung Käte Ahlmann inzwischen nicht nur in Schleswig-Holstein, sondern ebenfalls auf Bundesebene galt, wurde am 27. Januar 1950 in Wiesbaden deutlich, als die Mitgliederversammlung der Arbeitsgemeinschaft Selbständiger Unternehmer (ASU) sie unter ihrem Geschäftsnamen „Frau Julius Ahlmann" in den Vorstand wählte.[157] Acht Jahre gehörte sie dem Gremium an und blieb für einen langen Zeitraum die einzige Frau, die eine Position in dieser Männerdomäne hielt, und während des Aufbaues sogar die Organisation ganz entscheidend und souverän mit geprägt hatte.[158] Käte Ahlmann, später ASU-Ehrenmitglied, hatte am 30. September 1949 zu den achtzig Gründern der Interessenvertretung gehört, einer wirtschaftspolitischen Lobby, die Prinzipien wie Selbständigkeit und Eigentum der mittelständischen Unternehmer verfocht und mit Nachdruck gegen die von den Gewerkschaften geforderte Mitbestimmung kämpfte. Die ASU war Bestandteil eines Netzwerks von Verbänden und darin eingebundener Personen, das in der jungen Bonner Republik maßgeblichen Einfluss auf die Gestaltung einschlägiger Gesetze nahm, auch auf Regierungsentscheidungen einwirkte.[159]

Direkt vor Ort in Schleswig-Holstein waren die Bemühungen, mit den Arbeitgeberverbänden und ihnen nahe stehenden Politikern das von den Sozialdemokraten eingebrachte schleswig-holsteinische Betriebsrätegesetz zu vereiteln, allerdings vergeblich gewesen. Hans-Julius Ahlmann, Mitgesellschafter der Carls-hütte und Vorsitzender des Arbeitgeberverbandes Rendsburg, hatte im November 1949 eine ausführliche Denkschrift gegen die „Aggressionen der Gewerkschaften" verfasst, die sich nach seiner Auffassung nun etablierter Institutionen wie der Kir-chen bedienten, um ihre Ziele zu propagieren, auch der linke Flügel der CDU sei auf diese Linie eingeschwenkt.[160] Im gleichen Tenor bezeichnete Käte Ahlmann ge-genüber einem Nortorfer Fabrikbesitzer diese Entwicklung in der Union als „katas-trophal", kündigte eine Überprüfung der Zuwendungen an die Partei an, vor allem aber ihre Absicht, mit dem CDU-Landesvorsitzenden Carl Schröter „kräftig Frak-tur zu reden". Sie meinte, damit mehr erreichen zu können, als mit einem „bloßen Austritt".[161] Immerhin wurde dann im Betriebsrätegesetz für das Land Schleswig-Holstein, das am 20. Juli 1950 in Kraft trat, das wirtschaftliche Mitbestimmungs-recht ausgeklammert, die Mitsprache beschränkte sich auf soziale und personelle Belange.[162]

Käte Ahlmann machte aus ihrer kritischen Einstellung gegenüber Schröter kei-nen Hehl, war auch über sein mehrmaliges Ausweichen verärgert, das er mit un-aufschiebbaren Reisen nach Bonn begründete, wo er ein Bundestagsmandat aus-übte.[163] Dabei war es dem CDU-Landesvorsitzenden unter Mitwirkung anderer Unionspolitiker gelungen, für die Landtagswahl am 9. Juli 1950 einen Block der bürgerlichen Parteien aus CDU, FDP und DP (Deutscher Partei) zu bilden, doch die gemeinsame Sitzanzahl reichte nicht zur Regierungsfähigkeit. Der grundlegende Wandel der Mehrheitsverhältnisse im Kieler Parlament wurde dann möglich durch die Koalition mit einer eben erst gegründeten Partei, dem BHE (Bund der Heimat-vertriebenen und Entrechteten), der bei der Abstimmung fast ein Viertel der abge-gebenen Stimmen erhielt.[164]

Für Eingeweihte überraschend, wie auch für ihn selbst, wurde am 5. September 1950 der Fabrikant Dr. Walter Bartram neuer CDU-Ministerpräsident. Die kurz vorher informierte Käte Ahlmann reagierte darauf mit Befremden: „Die Wahl ist komisch, und nicht unseren Opfern gemäß", stellte sie gegenüber ihrem Sohn Hans-Julius fest.[165] Neun Monate später gehörten ihre Irritationen der Vergan-genheit an. Bartram hatte sich den innerparteilichen Kontroversen mit Schröter nicht gewachsen gezeigt. Am Ende traten beide zurück.[166] Die Stabilität in der Kieler Koalitionsregierung wie in der CDU-Landespartei wurde wieder hergestellt mit dem Flensburger Landrat Friedrich Wilhelm Lübke, der in Personalunion die Ämter des Ministerpräsidenten und des CDU-Landesvorsitzenden übernahm. Der schleswig-holsteinische Landtag wählte den Hofbesitzer aus Augaard bei Oeversee im Kreis Flensburg, Bruder des späteren Bundespräsidenten Heinrich Lübke, am 25. Juni 1951 zum Regierungschef.[167]

Sein Nachfolger Kai-Uwe von Hassel aus Glücksburg war zur Zeit des Umbruchs an der Parteispitze stellvertretender CDU-Landesvorsitzender. In einem Chronikbeitrag beschrieb Hassel seine damalige Funktion als Sprecher einer gegen Schröter agierenden Gruppe.[168] Ihr gehörten demnach sein Mentor, der damalige Landrat Friedrich Wilhelm Lübke an,[169] Landtagsabgeordneter und Vorstandmitglied im schleswig-holsteinischen Bauernverband, dann der Flensburger Kreispräsident Peter Jensen, auch Präsident der Kieler Landwirtschaftskammer und Landtagsmitglied, sowie der Rendsburger Kreispräsident Detlef Struve, Vorsitzender des Bauernverbandes Schleswig-Holstein und Bundestagsabgeordneter, dessen Einfluss in Bonn weit über den agrarpolitischen Sektor hinaus reichte.[170] Den Namen des Flensburger Fabrikanten C. C. Christiansen nannte Hassel ebenfalls im Zusammenhang mit der Gruppierung. Er selbst hatte um diese Zeit längst Zugang zum Zirkel auf Gut Grünholz bei Herzog Friedrich zu Schleswig-Holstein gefunden, wo er auch Käte Ahlmann traf.[171]

Für die Unternehmerin stimmten die Proportionen ihrer „bürgerlichen Welt hier oben" wieder, über deren Verlust sie 1947 geklagt hatte. Die CDU sollte in Schleswig-Holstein über Jahrzehnte an der Regierungsmacht bleiben und konnte während dieser Spanne weitgehend auf allen Ebenen des staatlichen, politischen und wirtschaftlichen Lebens gestaltend und entscheidend eingreifen. Zwar traten durchaus Probleme auf, die sich aber meistens regulieren ließen, manchmal ganz unorthodox. So wurden gleich nach dem Wachwechsel in Kiel die Beanstandungen der SPD zur Bürgervorsteherwahl in Büdelsdorf vom April 1950 noch im Oktober zu den Akten gelegt.[172] Im nächsten Jahr bildeten Sozialdemokraten und BHE nach den Kommunalwahlen eine Fraktion, die eine Stimme Mehrheit gegenüber dem Wahlblock CDU/SSW hatte, und stellten mit Arthur Lechner (SPD) den Bürgervorsteher. Bemerkenswert ungewöhnlich verlief aber dann eine Entwicklung, die unter der bestimmenden Einwirkung Käte Ahlmanns stand,[173] und bei der ihre Persönlichkeit wie die Gewerbesteuer der Carlshütte wahrscheinlich gleichermaßen gewichtigen Einfluss hatten. Die örtlichen Organisationen aller Parteien verzichteten auf eigene Vorschläge für die Kommunalwahl am 24. April 1955 und bildeten die Gruppe „Gemeinwohl", um „zum Nutzen Büdelsdorfs verständnisvoll zusammen zu arbeiten".[174]

Doch wie sehr ihr auch an den, gemäß ihren Vorstellungen, wohl geordneten politischen Verhältnissen im Land Schleswig-Holstein lag, und sie daher eine Reihe von Mitarbeitern in die Kommunalparlamente schickte, Käte Ahlmanns eigentliches Tätigkeitsfeld war natürlich die Wirtschaft, mit dem Hauptaugenmerk auf den zunehmend an Bedeutung gewinnenden Verbänden. Ihnen wuchsen im Rahmen der Sozialen Marktwirtschaft Lenkungsaufgaben zu, die früher vor allem der nationalsozialistische Staat als hoheitliche Rechte wahrgenommen hatte.[175] Schlüsselcharakter besaß die Neuordnung des Arbeitsmarktes durch das Tarifvertragsgesetz vom

9. April 1949, in dem die Gewerkschaften und die Arbeitgeberverbände in einer Sozialpartnerschaft als autonome, allein entscheidende Institutionen für die Regelung von Löhnen und Arbeitsbedingungen festgelegt wurden. Als einer der großen Arbeitgeber im Land – die Belegschaft der Carlshütte war innerhalb eines zwölfmonatigen Zeitraums um 20 Prozent auf über 2.000 Mitarbeiter angewachsen –[177] war Käte Ahlmann auf Sicherung ihrer Mitsprache bedacht. Allerdings agierte sie im Hintergrund und platzierte in den Gremien der Verbände durchsetzungsfähige Führungskräfte ihres Betriebes.

Auf Grund ihrer Feststellung, dass sie bei Abwesenheit ihrer Söhne „hüttenmäßig in Kleinigkeiten fast erstickte", vor allem aber um Hans-Julius nach seinem Unfall zu schonen, „ihn vor dem frühzeitigen Verbrauch seiner Kräfte zu bewahren", hatte sie die Personalleitung der Firma neu besetzt. Ihren Ansprüchen gemäß, sollten es „wirklich Herren" sein. Wie desolat die Arbeitsmarktsituation im Herbst 1948 war, demonstrierte die Zahl von annähernd 1.800 Bewerbungen für die Stellen.[178] Die unter dem Datum vom 31. März 1951 eingetragenen Veränderungen im Hamburger Handelsregister – die Hansestadt an der Elbe war seit 1880 offizieller Sitz der Carlshütte – ließen dann die Einrichtung einer Führungsebene direkt unter den beiden persönlich haftenden Gesellschaftern Käte und Hans-Julius Ahlmann erkennen. Danach war, in dieser Reihenfolge, Josef-Severin Ahlmann, Friedrich Sensen und Fritz Engelke Einzelprokura erteilt worden, sie konnten also die Firma allein vertreten. Unter ihnen wiederum rangierten als Gesamtprokuristen Dr. Hans Georg Schütte, Alfred Lindner und Fritz Gagzow. Die Assistentin der Geschäftsleitung Elisabeth Zander wurde im April 1951 zur Handlungsbevollmächtigten ernannt, später noch zur Prokuristin.[179]

Die Aufwärtsentwicklung bei der Ahlmann-Carlshütte hielt an, in erster Linie wegen des nun in voller Stärke einsetzenden Wohnungsbauprogramms im Land. Die stark wachsende Produktion machte zusätzliche Einstellungen von Arbeitskräften notwendig, Nachfrage und Umsatz zeigten parallel dazu ebenfalls steigende Tendenz, wie die Firmenleitung an die Industrie- und Handelskammer in Kiel meldete.[180] Im obligatorischen Bericht über das letzte Quartal und für das Gesamtjahr 1950 wurde aber gleichzeitig auf die schwierige, noch der Bewirtschaftung unterliegende Rohstoffversorgung verwiesen, vor allem auf den Kohlenmangel. Nach eigener Feststellung der IHK Kiel benachteiligte die große Anlieferungsentfernung vom Ruhrgebiet die Wirtschaft Schleswig-Holstein gegenüber anderen Bundesgebieten und beeinträchtigte damit einen vergleichbaren Aufschwung.[181]

Nicht den höher gesteckten Erwartungen der Carlshütte entsprach der Export, der auch in die früher als Absatzmärkte bedeutenden skandinavischen Länder nur langsam wieder einsetzte. Die Lieferung von vier Waggons Badewannen nach Schweden wurde fast als historischer Erfolg vermerkt, ebenso der erste Nachkriegsauftrag für Gasherde nach Italien. Ein ermutigendes Signal des Beginns besserer Zeiten vermittelte die Meldung in derselben Ausgabe der Firmenzeitung über „Unser Zuhause in Hamburg". Die dort traditionell bestehende Agentur der Carlshütte hatte ihre alten Räume im Chilehaus wieder beziehen können.[182]

Wesentlicher Produktionszweig der Ahlmann-Carlshütte war die Herstellung von Badewannen, das Emaillieren erfolgte von Hand

Perspektiven

Der 60. Geburtstag Käte Ahlmanns am 5. Dezember 1950 war lediglich eine weitere Wegmarke ihres Lebens. Eigentlich besaß dieses Datum die Bedeutung einer Zäsur, nach der das Alter begann. In dieser Zeit galt das insbesondere für Frauen. Bereits im fünften Jahrzehnt gehörten sie zur Generation der Großmütter und hatten mit der Kindererziehung eine ihrer wichtigsten Lebensaufgaben geleistet. Da die wenigsten berufstätig waren, entfiel damit ein Hauptteil ihrer gesellschaftlichen Rolle, dazu kam der Verlust äußerer Ansehnlichkeit, unterstrichen meist durch dunkle, unvorteilhafte Kleidung. Altern war für die Frauen jener Jahre gleichbedeutend mit ihrem Rückzug aus dem Leben.[183] Käte Ahlmann verkörperte, wenigstens in ihrer geistigen Beweglichkeit und enormen Tätigkeit, das extreme Gegenbeispiel. Zwar wirkte sie gemessen, fast steif in ihrer Haltung, hatte wenig Sinn für modische Belange, doch das unterstrich noch die Ausstrahlungskraft ihrer starken Persönlichkeit.[184] Abgesehen von den immensen Aktivitäten, die sie jenseits der Sechzig noch meisterte, entsprach Käte Ahlmann auch sonst nicht dem klassischen Bild der alten Großmutter. Mit den heranwachsenden Enkelkindern pflegte sie schwimmen zu gehen.

Am Beginn dieses Lebensabschnitts, von Käte Ahlmann als „freudiger Tag" in den Annalen der Firmengeschichte festgehalten,[185] hatte es hoffnungsvolle Perspektiven gegeben, die zumindest eine allmähliche Verringerung der großen Arbeitsbelastung erwarten ließen, die sie nun bereits seit zwei Jahrzehnten mit der Geschäfts-

Juliane und Hans-Julius Ahlmann vor dem Standesamt

leitung der Carlshütte trug. Ihr ältester Sohn Hans-Julius stand in Begriff, eine der Mutter in jeder Hinsicht genehme eheliche Verbindung einzugehen. Die 24-jährige Juliane Grün stammte ebenfalls aus einer Industriellenfamilie, sogar von beiden Elternteilen her, und mit wesentlich längerer Beziehung als die Ahlmanns zum Eisen.

In der Region um die Stadt Dillenburg, Stammsitz des niederländischen Königshauses Nassau-Oranien, waren auf Grund des reichen Vorkommens von Eisenerzen bereits zu Anfang des 19. Jahrhunderts zahlreiche Betriebe des Hüttenwesens und der Metallverarbeitung entstanden.[186] Sowohl die Vorfahren väterlicherseits, viel früher noch die von der Seite der Mutter Marie, geborene Jung, hatten Erzbergwerke und Eisenhütten besessen. Dem Vater Carl Grün gehörte zusammen mit seinem Bruder die Majorität der Burger Eisenwerke, ein Branchenführer der deutschen Ofen- und Herdindustrie. Prominentester Verwandter der Braut war der Universalgelehrte, Schriftsteller und berühmte Augenarzt Johann Heinrich Jung-Stilling (1740-1817). In seiner Studienzeit Goethe und Herder freundschaftlich verbunden, galt er später als Patriarch der pietistischen Erweckungsbewegung.[187] Juliane Grün war in ähnlicher Atmosphäre und Umgebung aufgewachsen wie Hans-Julius Ahlmann, weshalb ihr die Carlshütte mit den rauchenden Fabrikschornsteinen, der „Hüttenatmung“, schon beim ersten Blick von der Rendsburger Hochbrücke als nah und vertraut erschien.[188] Auch sonst gab es viele Gemeinsamkeiten der beiden Familien. Darüber hinaus war die Mutter Marie Grün hochmusikalisch, eine hervorragende Pianistin. Mit ihrer Liebe und Wärme bildete sie „Wurzel und Mittelpunkt der Familie“.[189] Der einzige, an Jahren ältere Bruder Julianes kam nicht aus dem Krieg zurück, er galt seit 1944 in Bessarabien, einem Landstrich zwischen Rumänien und Ukraine, als vermisst. Seine 18-jährige Schwester wurde in dieser Zeit für einige Monate in den Blechbau einer Rüstungsfirma zwangsverpflichtet, als das NS-Regime die deutschen Frauen als letzte Reserve an Arbeitskräften mobilisierte und auch für sie die 60-Stunden-Woche bestimmte.[190] In der einsetzenden Normalität der Nachkriegsjahre entschied sich

Juliane Grün bei der Berufswahl für eine Ausbildung zur Krankengymnastin und hatte sie erfolgreich abgeschlossen, als sie ihrem zukünftigen Mann begegnete.

An Hans-Julius Ahlmann gefiel ihr vor allem seine Ausstrahlung: „Er war sehr intensiv in seiner Erscheinung, von großer Vitalität, sah gut aus, ging auf Menschen zu, konnte reden, besaß Führungsqualität und mehr Reife als andere. An ihm war etwas, da schließt man sich an."[191] Die Hochzeit fand am 20. Januar 1951 in Dillenburg statt.[192] Wegen der noch bestehenden Zwangsbewirtschaftung von Wohnraum zog das junge Paar in das Obergeschoss des alten Gründerhauses auf der Carlshütte, auf der gegenüber liegenden Seite von den Räumen Severins und seiner Frau. Die Mutter im unteren Trakt verhielt sich sehr taktvoll. Juliane Ahlmann erschien sie verständlicherweise zuerst fremd, wirkte auf sie autoritär. Doch nach kurzem Kennenlernen beeindruckte die junge Frau die unermüdliche Tätigkeit der älteren immens, ihre „große Kapazität des Tuns", und die „sorgende Ader" für andere. Besuch von Freundinnen und Verwandten gab es permanent, denen sich Käte Ahlmann zusätzlich zu ihren vielen anderen Obliegenheiten aufmerksam widmete. Ihre neue Schwiegertochter zog sie zur Mitarbeit im großen Garten und zum Einkochen heran, das dieser aber von Dillenburg her durchaus vertraut war.

Die Erklärung ihres Mannes Hans-Julius: „Du kannst hier oben nicht leben, wenn Du kein Plattdeutsch sprichst", führte dazu, dass seine Frau Sprachunterricht nahm, der die Beschäftigung mit der einschlägigen Literatur einschloss. Bald konnte sich Juliane Ahlmann mit den Mitarbeitern der Carlshütte ohne Schwierigkeiten verständigen, kam auch mit den Büdelsdorfern und den Menschen auf dem Land dadurch ebenfalls besser in Kontakt. Ihr Sprachlehrer war Jörn Brammer vom renommierten „Töpferhaus" am Bistensee, in das die Familie Ahlmann vom nahen Heidberg gern einkehrte. Brammer, zugleich Leiter der Niederdeutschen Bühne Rendsburg, wurde im Laufe der Jahre mehrfach engagiert, um Führungskräften der Carlshütte, die von außerhalb kamen oder von Haus aus kein Plattdeutsch konnten, die Sprache beizubringen. Im Durchschnitt dauerte die Schulung bis zur flüssigen Unterhaltung zwei Jahre. Den Unterricht bezahlte die Firma.[193]

Das junge Ehepaar Ahlmann fühlte sich sehr wohl und war glücklich miteinander, doch das Zusammensein begrenzten die Anforderungen des Geschäfts. Juliane Ahlmann akzeptierte das knappe Privatleben als Selbstverständlichkeit, schließlich kannte sie es aus Dillenburg nicht anders. Für den persönlich haftenden Gesellschafter der Ahlmann-Carlshütte mit ihren Zweigfirmen gab es natürlich keine festen Arbeitsstunden. Zusätzlich lagen auf Hans-Julius Ahlmann Verpflichtungen in verschiedenen Fachverbänden und Gremien, häufig mit langen Fahrten verbunden. Der 32-jährige war mittlerweile schon im fünften Jahr in der Unternehmensleitung tätig und hatte sich unter den kritischen Augen der Mutter bewährt, die zwar einige seiner Arbeitsmethoden „zu amerikanisch" fand und eine Überorganisation der ihr gewohnten Abläufe monierte,[194] ihm aber nun, wohl auch in Anbetracht seiner Statusveränderung durch die Heirat, mehr Aufgaben übertrug und eigene Verantwortung abzugeben begann.

Insofern besaß es Symbolwert als Anzeichen einer allmählichen Ablösung, vielleicht auch als Vorgeschmack auf die künftige Freiheit von geschäftlichen Pflichten, dass Käte Ahlmann in einem hellgrauen Borgward Isabella Cabriolet mit weinrotem Dach, einem für die damalige Zeit extravaganten Auto, in diesem Jahr 1951 von Büdelsdorf nach Rom fuhr. Begleitet wurde sie von der Schwägerin ihrer Tochter Marlene, der jungen Innsbrucker Bildhauerin Ilse Glaninger-Balzar. Dass auf einem Alpenpass der Hebel der Handbremse abbrach, konnte das Erlebnis der Italienreise nicht entscheidend beeinträchtigen.[195]

Nach ihrer Rückkehr wurden die Vorbereitungen für das Jubiläumsbuch zum Streitpunkt, das zum 125. Bestehen der Carlshütte am 19. April 1952 erscheinen sollte, unter schriftstellerischer Mithilfe des Kunsthistorikers Dr. Harry Schmidt, der damals die umfangreiche landeskundliche Bibliothek auf Gut Deutsch-Nienhof am Westensee betreute.[196] Das Werk sollte anknüpfen an das „Jahrhundertbuch" von 1927. Das Bestreben Käte Ahlmanns, die Geschichte der letzten Jahrzehnte aus einem sehr persönlichen Blickwinkel schildern zu lassen, stießen bei ihrem ältesten Sohn auf starken Widerspruch.

Der ehemalige Wehrmachtsoffizier Hans-Julius Ahlmann, der den Krieg in Nordafrika erlebt hatte und in der Gefangenschaft in USA mit Aufnahmen und Berichten vom grauenhaften Geschehen in den deutschen Konzentrationslagern konfrontiert worden war, besaß ein ganz anderes Weltbild als seine Mutter und empfand Ausführlichkeit und Stil der Beschreibung dieser Jahre als unangebracht.[197] Am Ende der beiderseits sehr emotional geführten Auseinandersetzungen behauptete jedoch Käte Ahlmann das Feld. Der Sohn zeigte sich als guter Verlierer. Zusammen mit seiner Frau las er die Korrekturabzüge. Ansonsten stand alles in diesen Monaten im Zeichen der Vorbereitungen für das Jubiläumsfest, das in einem großen Rahmen gefeiert werden sollte. Und bei Juliane und Hans-Julius Ahlmann hatte sich der erste Nachwuchs angekündigt, termingerecht zum großen Ereignis.

Die Tragödie

Dann geschah das Unfassbare. Bei einem Verkehrsunfall auf der Bremer Autobahn erlitt Hans-Julius Ahlmann tödliche Verletzungen und starb am 8. Januar 1952, einen Monat vor seinem 33. Geburtstag. Nicht einmal ein Jahr war seit der Hochzeit vergangen. Der jähe, unvermittelte Tod des jungen Unternehmers erschütterte die ganze Region, die tief betroffen einen großen eigenen Verlust empfand. Hans-Julius Ahlmann hatte für die Menschen im weiten Umfeld, die vom Krieg und der Folgezeit gezeichnet waren, die Verkörperung einer besseren Gegenwart und einer viel versprechenden Zukunft dargestellt, eine beispielhafte, herausragende Persönlichkeit gerade für Männer seiner Generation, die ihnen Orientierung gab und Wertmaßstäbe vermittelte.[198]

Immer wieder klang in den Trauerbekundungen und Würdigungen, die allesamt einen einzigartigen Hoffnungsträger beklagten, die Herzensbindung Hans-Julius Ahlmanns an die Carlshütte an, die für ihn seit Kindheit zur Lebensaufgabe bestimmt gewesen war, in Tradition der Familie und unter ihrem Wahlspruch „Treu und wahr". Bemerkenswert war die Hervorhebung der als liebevoll empfundenen Fürsorge des Juniorchefs gegenüber Mitarbeitern und ihren Angehörigen, gewürdigt als neuer Weg zur sozialer Gerechtigkeit. „Alltosaamen, de wi hier up de Hütt weern, he hett för uns sorgt", war der Dank auf Plattdeutsch, der Werkssprache der Carlshütte.[199]

Für die engere Familie bedeutete der Unfalltod Hans-Julius Ahlmanns einen katastrophalen Schicksalsschlag, eine unbegreifliche Tragödie, die vor Entsetzen erstarren ließ. Seine junge Ehefrau, die im April ein Kind erwartete, hatte im August zuvor bereits ihren Vater verloren.[200] Bezeichnenderweise schien sich Käte Ahlmann als erste aus dem Schockzustand zu lösen. Pflichten mussten erledigt werden, für die sie Verantwortung und Regelung übernahm. Drei Tage nach dem Unglück schrieb Käte Ahlmann an Johann Bielfeldt in Itzehoe, Propst des Kirchenkreises Münsterdorf und ehemals Garnisonspastor an der Rendsburger Christkirche, der die Trauerfeier halten sollte. Es ist ein sehr bewegendes Dokument. Der fast vier Seiten lange Brief, in dem sie eingangs Angaben über den Ablauf machte und Hinweise zu den gewünschten Bibelstellen und Liedern äußerte, entfaltete sich dann zu einer kaleidoskopartigen Schilderung persönlicher Erinnerungen und Empfindungen: „Charakteristisches meines ältesten Sohnes, ungeordnet, wie es mir einfällt, wie ich es in diesen schweren Tagen eben nur tun kann."[201] Propst Bielfeldt formte aus diesen Gedanken seine Predigt.

Die Niederschrift Käte Ahlmanns, die an die Stelle des üblichen Gesprächs mit dem bei der Beerdigung amtierenden Geistlichen trat, ist allein deswegen von einer gewissen Distanz bestimmt. Doch die Ausführungen insgesamt spiegeln eine seltene Gefasstheit wider, als habe sie den unvorstellbar harten Schicksalsschlag bereits als unabänderlich angenommen. Schmerz und Trauer, obwohl als Untertöne sehr spürbar, werden ebenso wenig artikuliert wie eine Klage oder ein Hadern. Durch all die bemühte Sachlichkeit dringt jedoch unschwer die tiefe Liebe der Mutter zu ihrem Sohn Hans-Julius, ihre Freude an seinen Gaben und Leistungen auf so vielen Gebieten, seiner Tatkraft und Tüchtigkeit, ihre Dankbarkeit für

Trauerfeier

im Werk Carlshütte
und auf dem Friedhof Büdelsdorf
am 12. Januar 1952

seine Unterstützung und Ermutigung in schwerer Zeit, ihr Stolz auf seine männliche Reife und nicht zuletzt der Respekt, den sie vor ihm hatte.

Dazwischen steigt ein Bild des kleinen Jungen aus ihrem Gedächtnis auf, das in seiner poetischer Zärtlichkeit anrührt: „Er war so eigenartig blond, dass mein Mann und ich oft darüber lächelten, dass er sofort nicht mehr zu erkennen war, wenn wir durch ein reifes Kornfeld gingen, sein blonder Schopf war dann wie fortgeweht." Das lag nun mehr als die zwanzig Jahre zurück, die seit dem Tod Julius Ahlmanns vergangen waren. Damals hatte der Zwölfjährige seine Mutter in einer Weise aufgerichtet, die sie nie vergaß: „Nach der Beisetzung seines Vaters saß ich am Morgen danach auf der Bettkante und weinte. Da sagte Hans-Julius zu mir: ‚Wir müssen darüber kommen und wir werden es auch.'" Käte Ahlmann gab den Wunsch ihrer Schwiegertochter an Propst Bielfeldt weiter, seine Trauerpredigt unter den Spruch zu stellen, den einst Pastor Iversen für Julius Ahlmann gewählt hatte, und der für die junge Frau sehr bedeutsam sei: „Er war ein brennend scheinend Licht, ihr aber durftet eine kleine Weile fröhlich sein in seinem Licht." (Joh. 5,35)

Die Trauerfeier für Hans-Julius Ahlmann fand am 12. Januar 1952, einem Sonnabend, auf der Carlshütte in einer großen Werkshalle statt, die längst nicht alle Teilnehmer fassen konnte. Viele verfolgten den Ablauf mittels einer Lautsprecherübertragung in der angrenzenden Halle. Vor dem von den Betriebsangehörigen auf eigenen Wunsch mit Blumen geschmückten Sarg sprachen nach dem Geistlichen Friedrich Sensen für die sechs Firmen der Familie Ahlmann und ihre Mitarbeiter, der Betriebsratsvorsitzende Karl Böge, die Bürgermeister von Büdelsdorf und Rendsburg, Arthur Wirth und Dr. Heinrich de Haan, der Rendsburger Landrat Otto Rohwer sowie Vertreter von Verbänden. Eingebettet in die Feier waren gemeinsame Choräle, begleitet vom Organisten Werner Sprung und dem Cellisten Professor Rudolf Metzmacher, einem Freund der Familie Ahlmann. Am Grab beschwor Dr. Carl Wuppermann die „beglückende, sonnige Jugendlichkeit des Freundessohns und Schwestersohns". Der Bruder Severin Ahlmann nahm mit dem Versprechen Abschied: „Lieber Hans-Julius, ich werde für Deine Familie und alle Menschen, die mit uns leben, auf meine Schultern nehmen, was zu tragen ich die Kraft habe."[202]

Propst Johann Bielfeldt hatte seine Trauerpredigt mit den etwas abgewandelten Worten eines geistlichen Liedes von Jochen Klepper beschlossen: „Der du die Zeit in Händen hast, Herr, nimm auch dieses Leides Last und wandle sie in Segen."[203] Es wurde eine Osterfreude. Fast genau drei Monate später, am Ostermontag, 14. April 1952, kam das erwartete Kind zur Welt, es war ein Junge: Hans-Julius Carl Michael Ahlmann.[204] Wie dieser posthum geborene Sohn das Weiterleben und das Fortbestehen der Familie verkörperte, so hatte das fünf Tage darauf stattfindende Jubiläum zum 125-jährigen Bestehen der Carlshütte den gleichen, dieses Mal bewusst eingesetzten Symbolcharakter. Das Fest, vielmehr die Folge von Feiern, wurde in dem ursprünglich vorgesehenen großen Rahmen veranstaltet. Die Schwester des verstorbenen Hans-Julius bezeichnete aus der Rückschau von fünfzig Jahren das damalige Auftreten der Familie Ahlmann in der auf sie gerichteten Öffentlichkeit, als eine „Demonstration in Schwarz".[205] Die Leitlinie dieser Haltung hatte Käte Ahlmann schon kurz nach dem Tod ihres Sohnes vorgegeben: „Wir glauben, im Sinn des Entschlafenen zu handeln. Er ließ sich durch die härtesten Lebensproben nicht beugen. So wollen auch wir, wie ehemals beim Tod seines Vaters, geloben, in diesem Geiste weiterzuarbeiten."[206]

„Der Geist der Carlshütte"

Im Vergleich zur Hundert-Jahr-Feier von 1927, die unter der Direktion Julius Ahlmanns beim Werk in Büdelsdorf stattgefunden hatte, war das 125. Jubiläum von einer ganz anderen Größenordnung. Einige Programmpunkte, die traditionell zum jährlichen Gründungstag der Carlshütte am 19. April gehörten, wie Kranzniederlegung am Denkmal von Marcus Hartwig Holler, Jubilarehrung und der Umzug der Hüttenkapelle, kamen natürlich vor. Ansonsten verwies allein die Tatsache, dass Schauplatz des eigentlichen Festaktes die weiträumige Nordmarkhalle in der angrenzenden Stadt Rendsburg war, auf die besondere Bedeutung des Ereignisses und des zu feiernden Betriebes, des ältesten Industrieunternehmens in Schleswig-Holstein. Den wesentlichen Unterschied gegenüber der bescheideneren Veranstaltung von 1927 ließ der Firmenname erkennen, der die seitdem veränderten Besitzverhältnisse deutlich machte: „Ahlmann-Carlshütte".

Welchen Stellenwert das Umfeld dem Wirken der Familienmitglieder zumaß, kam am Vortag des Jubiläums zum Ausdruck. Die Büdelsdorfer Gemeindevertretung hielt am Nachmittag eine Festsitzung mit zahlreichen Ehrengästen ab, unter

Mitwirkung des Rendsburger Collegium musicum und eines Sprechers der Landesbühne Schleswig-Holstein. Bürgermeister Wirth würdigte in seiner Ansprache den weit schauenden Gründer Holler, dessen Industriewerk Büdelsdorf geprägt habe. Vor allem hob er aber die Verdienste von Johannes und Julius Ahlmann heraus, deren Tatkraft und Zielstrebigkeit Wachstum und Blüte des Unternehmens und des Ortes zu verdanken sei. Ihre soziale Verantwortung nannte Wirth vorbildlich. An Käte Ahlmann gewandt, sagte der Bürgermeister: „Wo immer Ihr Name genannt wird, nennt man ihn mit wahrhaftiger Ehrerbietung und in stiller Ehrfurcht vor Ihrer Größe. Unter Ihrer Leitung ist das Werk größer und schöner geworden." Als sichtbares Zeichen der jahrzehntelangen Verbundenheit beschloss die Gemeindevertretung Büdelsdorf dann einstimmig, den Schulweg in „Ahlmannallee" umzubenennen, unter Anbringung der Namen und Lebensdaten von Johannes, Julius und Hans-Julius Ahlmann.[207]

Noch am gleichen Abend dieses 18. April 1952 zog die benachbarte Stadt Rendsburg nach. Die Ratsversammlung nahm die 125. Wiederkehr des Gründungstages der Carlshütte zum Anlass, der Verbindung zwischen Schleswiger Chaussee und Rotenhöfer Weg den Namen „Ahlmannstraße" zu geben. Bürgervorsteher Günther Sach und Bürgermeister Heinrich de Haan unterstrichen, dass die Benennung zugleich ein Dank sei für das vom Hause Ahlmann so oft bewiesene Verständnis für die Belange der Stadt. Im Übrigen sprächen auch die Einwohner Rendsburgs von „unserer Hütte".[208] Sechs Jahre später kam es an anderer Stelle in dieser Sache zu einer weiteren Ehrung. Der Stadtrat von Andernach beschloss am 25. September 1958, der Empfehlung des Kulturausschusses zu folgen, und die im Ausbau befindliche Straße am Industriegelände nach Hans-Julius Ahlmann zu benennen. Der tödlich verunglückte Juniorchef habe sich seinerzeit mit der Firmenansiedlung bleibende Verdienste um die Entwicklung Andernachs erworben.[209]

Doch zurück zu den Festlichkeiten von 1952. Die um einen Tag vorgezogene Feier in Büdelsdorf hatte noch einen beeindruckenden abschließenden Höhepunkt mit einem großen Umzug unter Fackelschein und mit bengalischem Feuer. Die Fenster der Häuser des Ortes erleuchteten brennende Kerzen. Durch die fahnengeschmückten Straßen, gesäumt von unzähligen Menschen, zogen Abordnungen aller Vereine, Organisationen und Schulen, begleitet von mehreren Musikkapellen. Auf mitgeführten elektrischen Transportkarren der Carlshütte wurden Stationen aus der Geschichte des Werks dargestellt. Vor dem Verwaltungsgebäude nahm Käte Ahlmann, umgeben von Familienangehörigen, Führungskräften und Gästen, nach Fanfarenklängen und Vorträgen des Gesangvereins Glückwünsche und Ehrungen entgegen. Mit dem gemeinsam gesungenen Schleswig-Holstein-Lied endete die imposante Kundgebung der mit der Carlshütte und der Familie Ahlmann seit langen Jahrzehnten eng verbundenen Büdelsdorfer Einwohner.[210]

Am eigentlichen Jubiläumstag – der 19. April fiel im Jahr 1952 auf einen Sonnabend – herrschte wunderschönes Frühlingswetter mit strahlendem Sonnenschein, ganz im Gegensatz zur nebeligen Stimmung bei der Grundsteinlegung vor 125 Jahren.[211] Die Rendsburger hatten ebenfalls ihre Straßen und Plätze geschmückt, insbesondere auf der Route, die der lange Festzug der annähernd 2.000 Mitarbeiter auf dem Weg von der Ahlmann-Carlshütte in Büdelsdorf zur Nordmarkhalle nahm. Die Betriebsangehörigen gingen in verschiedene Gruppen aufgeteilt, zusammen gestellt nach Tätigkeit und Status, wie etwa die Jubilare, die weiblichen Angestellten oder die Lehrlinge je einen Block bildeten. Bevor sich die imposante Kolonne zur Nachbarstadt in Bewegung setzte, war das große Werksgelände unter Vorantritt der Hüttenkapelle umrundet worden. An diesem Festtag galten den Mitarbeitern der Carlshütte die Würdigungen in gleicher Weise wie der Inhaberfamilie.

Die selten glückliche Verbundenheit und Gemeinschaft zwischen verantwortungsbewussten Unternehmertum und gleich gesinnter Arbeiterschaft, die Treue jedes Einzelnen zum Werk, vielfach seit mehreren Generationen, die den „Geist der Carlshütte" ausmachten, sei der entscheidende Faktor für den anhaltend großen wirtschaftlichen Erfolg des traditionsreichen Industriebetriebes. Severin Ahlmann, der an diesem Jubiläumstag als persönlich haftender Gesellschafter an die Stelle des Bruders Hans-Julius trat,[212] auch statt seiner, wie ursprünglich vorgesehen, die Hauptansprache übernahm, gab schon mit den ersten beiden Worten die Erklärung für diese besondere Beziehung: „Liebe Hüttenleute!"[213] Der neue Juniorchef der Ahlmann-Carlshütte, der in seinen Ausführungen einen weiten Bogen von der Gründung bis in die Gegenwart spannte, griff den Gedanken am Ende seiner langen Festrede noch einmal auf, indem er die seit jeher von den Leitern der Carlshütte geförderte Atmosphäre des Werks beschrieb, die sehr breite Streuung persönlicher Verantwortung, die jede Vermassung im Keim ersticke. Severin Ahlmann schloss mit einer Bitte an die Mitarbeiter und einem Denkspruch: „Lassen Sie uns den Weg weiter gemeinsam gehen, in guten wie in bösen Tagen. Lassen Sie uns zusammenstehen. ‚Schutz und Trutz vor allem Argen. Kraft und Mut zu allem Guten. Carlshütte Glückauf!'".

Fast ausnahmslos wörtlich wurde dieser Wunsch, den einst Marcus Hartwig Holler nach dem letzten Hammerschlag seiner Frau Marie am Ufer der Obereider angestimmt hatte, von den folgenden zwölf Festrednern an diesem Vormittag in der Nordmarkhalle wiederholt, auch von den sonst in Plattdeutsch vortragenden Betriebsangehörigen. Dr. Carl Wuppermann, der auf ein halbes Jahrhundert enger Verbundenheit mit der Familie Ahlmann und der Carlshütte zurück blickte, fügte noch lateinisch an: „ad multos annos". Viele Jahre einer erfolgreichen und glücklichen Zukunft wünschten alle Gratulanten, doch es fehlte auch nicht an einem mahnenden Vorbehalt. Die gemeinsame Verantwortung und das Einvernehmen

Festakt in der Rendsburger Nordmarkhalle zum 125-jährigen Jubiläum der Carlshütte, rechts vorn die Familie Ahlmann

miteinander, der Zusammenhalt in Familie, Werksleitung und Belegschaft, müssten weiterhin das Fundament bleiben, so wie Glaube, Liebe und Hoffnung stets die Eckpfeiler dieses Unternehmens gewesen seien, richtete der Kieler Ministerpräsident Friedrich Wilhelm Lübke nahezu prophetisch wirkende Worte an die Festversammlung. Zuvor hatte er die Carlshütte als „Edelstein" der Industrie des Landes gewürdigt. Den hohen Wert des Betriebes bestimme seine Bedeutung als großes, weltweit aktives Familienunternehmen.[214]

Nachdem die Feierstunde in der Nordmarkhalle, wie der Vorabend in Büdelsdorf, mit dem gemeinsam gesungenen Schleswig-Holstein-Lied ausgeklungen war, fand im Verwaltungsgebäude der Carlshütte ein Empfang statt, der mit einer Reihe von Bildern im über vierzigseitigen „Rückblick auf das 125-jährige Jubiläum der Ahlmann-Carlshütte KG." dokumentiert wurde, wie auch sämtliche Presseberichte. Neben ausführlichen Artikeln, die in der lokalen Zeitung und den regionalen Blättern sowie in mehreren Fachzeitschriften erschienen waren, hatten namhafte Organe der deutschen Publizistik längere Meldungen gebracht, eine Mitteilung auch der „Hafenkurier" in Rotterdam.[215] Das Jubiläumsbuch war dabei vielfach Vorlage gewesen. Die Festschrift in schwarzem Einband, als Reminiszenz an Hans-Julius Ahlmann, hatten übrigens alle Mitarbeiter der Ahlmann-Carlshütte anlässlich des 125-jährigen Bestehens überreicht bekommen, dazu ein Geldgeschenk und eine

Einladung. Während am Nachmittag des Jubiläumstages die offiziellen Gäste und Geschäftsfreunde zur Kaffeetafel in den „Conventgarten" am Kanal gebeten wurden, begannen um die gleiche Zeit für die zweitausendköpfige Belegschaft, vergrößert noch in der Anzahl um die Ehepartner, Feiern mit anschließendem Tanz auf den Sälen von sechs Gaststätten in Büdelsdorf, Rendsburg und Fockbek.[216]

Genau elf Tage lagen zwischen der Jubiläumsveranstaltung und Käte Ahlmanns Abreise am 1. Mai nach Nordamerika, zusammen mit ihrem Sohn Severin. Sie war knapp sechs Wochen dort und fand erst in ihrem Bad Godesberger Gartenhaus am 20. Juni etwas Zeit – am Vortag war sie im Andernacher Werk gewesen –, wenigstens die Namen der Städte zu notieren, die sie während ihres Aufenthaltes besucht hatte: Atlantic City, New York (mehrmals), Chicago, Milwaukee, Montreal und Grand' Mère. In der Deutschherrenstraße kam Käte Ahlmann wieder sehr schmerzhaft der Verlust des ältesten Sohnes zu Bewusstsein: „Hier im Gartenhaus unendlich unter dem schweren Eindruck, dass unser geliebter Hans-Julius nie mehr hier einkehren wird. Hoffen wir, dass sein kleiner Jung und seine Juliane oft hier sein werden", lautete ihre Eintragung im Gästebuch. Im Frühjahr 1953 erfüllte sich zum ersten Mal ihr Wunsch: „Bei Sonne, Pfirsich- und Aprikosenblüte Ostereier gesucht".[217] In welchem Maß Käte Ahlmann diesen Enkel als Hoffnungsträger betrachtete, hatte die Weihnachtsausgabe 1952 der Firmenzeitung deutlich gemacht. Das Titelblatt zeigte ein Bild des acht Monate alten Hans-Julius mit dem daneben stehenden Text: „Der jüngste Ahlmann wünscht Ihnen allen namens seiner Familie ein frohes Weihnachtsfest und ein gutes neues Jahr!"[218]

Natürlich lagen der Großmutter auch die anderen Enkelkinder am Herzen, die vier „Tiroler", wenn auch nicht in derselben dichten Nähe.[219] Roseli hatte sowieso eine Ausnahmestellung. Im Sommer 1953 nahm Käte Ahlmann das Gästebuch des Heidbergs wieder zur Hand, nachdem das Anwesen von der jahrelangen Nutzung durch Verwandte frei war. „Großmutter, komm her", war einer der Aussprüche, die sie in ihrem Bericht über den mehrwöchigen Aufenthalt von „Kathreinle", Michael, Andrea und Markus festhielt und spürbarer Genugtuung anfügte: „Alle Kinder hochzufrieden".[220] Außer dem weitläufigen Ge-

Juliane Ahlmann mit dem kleinen Hans-Julius

Viele unbeschwerte Stunden erlebten die Tiroler Enkel mit der Großmutter auf dem Heidberg. Ihre Mutter Marlene genoss die Auffrischung ihrer Kindheitserinnerungen

lände, das ideale Spielmöglichkeiten bot, und dem Baden in den nahe gelegenen Seen, waren die Enkel begeistert über die neuen Fahrräder, die ihnen die Großmutter gleich nach ihrer Ankunft gekauft hatte. Ihre Mutter Marlene schrieb beglückt darüber, dass die Kinder den Heidberg „so herrlich" erleben durften, wie sie seinerzeit mit den Geschwistern. Die jährlichen Sommeraufenthalte auf dem Heidberg, mit kurzen Abstechern zu Nord- und Ostsee, auch hinunter nach Büdelsdorf, blieben den Kindern unvergesslich.

Ins Schwärmen geriet auch Linu Pagenstecher, die als eine der ersten nach langen Jahren wieder in das „geliebte Haus" kam und bei strahlendem Sonnenschein ihren „Italienblick" auf den blauen Wittensee genoss. Fachmännisch beurteilte sie die Qualität des auf Hocken stehenden Getreides und machte sich wegen der Trockenheit Sorgen um die eigene Ernte auf dem „Alinenhof" im Süden Dithmarschens.[221] Der wieder frei zugängliche Heidberg wurde noch weit bis in den Herbst hinein von Familie und Freunden genutzt, auch die Tradition der abendlichen Gespräche am Kamin wieder aufgenommen, und ein anmerkungswertes Ereignis festgehalten: „Heide- und Waldgang mit unserem Lütten", trug die Großmutter Mitte September 1953 in das Gästebuch ein. Der kleine Hans-Julius konnte inzwischen laufen.

Entwicklungen

Die erwünschte Zeit und Muße, intensiver am Heranwachsen ihres Lieblings-
enkels teilzunehmen, gab es für Käte
Ahlmann jedoch nicht. Nachdem sie ihrem ältesten Sohn bereits einen großen
Teil Arbeit und Verantwortung überlassen hatte, erzwang die durch seinen Tod
gerissene Lücke, noch einmal ihre volle
Kraft in der Firmenleitung der Unternehmen einzusetzen. Sie stand mittlerweile im 62. Lebensjahr und hatte,
als wahrnehmbares Bedürfnis, den allmählichen Rückzug von den Geschäften schon eingeleitet. Nun musste sie
jeden Gedanken daran beiseite legen.
Erneut befand sich Käte Ahlmann, wie
schon vor zwanzig Jahren nach dem
Verlust ihres Mannes, an einem ent-

Severin Ahlmann bei der Ansprache
auf einem Schwenkschaufler

scheidenden Punkt ihres Lebens, an dem wieder ein unbegreiflicher Schicksalsschlag von ihr Verzicht erforderte, Härte gegen sich selbst und den ganzen Einsatz
ihres starken Willens und ihrer großen Leistungsfähigkeit.

Im Gegensatz zu damals besaß sie zwar ein immenses Erfahrungspotential in
allen Belangen, verfügte, wie kürzlich erst bewiesen, ungeschmälert über Durchsetzungskraft und Stehvermögen, doch sie war menschlich einsamer als früher, wegen ihrer heraus ragenden Position und Machtfülle selbst von den Geschwistern
distanziert. Die Tochter Marlene hatte mit der eigenen Familie ihren Lebensmittel-
punkt im weit entfernten Österreich. Nun gab es zwar den kleinen Hans-Julius und
Käte Ahlmann schätzte seine Mutter sehr, aber Nächster und Vertrautester war allein der Sohn Severin, zudem als neuer Komplementär ihr Partner in der Geschäftsleitung. Der 28-jährige konnte 1952 bereits sechs Jahre erfolgreiche unternehmerische Tätigkeit vorweisen, was nicht nur seine eigene florierende Betonfirma betraf.
Schon bis dahin hatte sie nur einen Bruchteil seiner Arbeitszeit beansprucht, die in
erster Linie der Carlshütte galt.[222]

Einzuführen brauchte sich Severin Ahlmann daher eigentlich nicht, tat es dann
aber in gewisser Weise doch, indem er der Carlshütte einen neuen, sehr lukrativen
Produktionszweig verschaffte. In Alleinregie, seine Mutter ließ ihm dabei völlig
freie Hand, gründete er die Schwenkschaufler-Abteilung und leitete die Fortent-

wicklung. Damit fand auch eine Wiederbelebung der lange im Abseits geruhten Betriebssparte Maschinenbau statt. Den 1952 konzipierten Schwenkschaufler von Ahlmann kennzeichnete der um 180 Grad drehbare Arm. Verschiedene Zusatzgeräte und Ausstattungen machten den wendigen Lader zu einer revolutionären Neuheit auf dem Baumaschinensektor. Auf der Hannover-Messe 1953 erstmalig der breiten Öffentlichkeit vorgestellt, gingen spontan noch vor Ort zahlreiche Aufträge ein und eine Menge von Anfragen. Im folgenden Herbst lief die Serienfertigung an. Der endgültige Durchbruch fand statt, als beim nächsten Messetermin, zuerst noch in kleinerem Rahmen, eine Vorführung der arbeitenden Maschinen gezeigt wurde. 1955 waren bereits über 350 Geräte verschiedener Typen in Deutschland eingesetzt.[223]

Die Fertigung von Schwenkschauflern verzeichnete in kürzester Zeit die höchste Zuwachsrate aller Produkte der Ahlmann-Carlshütte und beeinflusste maßgeblich, wie die Firma der Industrie- und Handelskammer Kiel berichtete, auch die große Steigerung des Exports in dieser Phase. Der Gesamtumsatz 1954 machte einen gewaltigen Sprung von 25 Prozent gegenüber dem Vorjahr. Die rapide Aufwärtsentwicklung zeigte sich auch an der Belegschaftszahl, die auf inzwischen 2.227 Mitarbeiter angewachsen war. In der Gemeinde Büdelsdorf erreichte die Arbeitslosenquote in diesem Jahr mit 2,5 Prozent einen absoluten Tiefststand. Drei Viertel aller Beschäftigten des Ortes waren auf der Carlshütte tätig, im Betonwerk Severin Ahlmann noch einmal 6,3 Prozent.[224]

Das stürmische Wachstum der westdeutschen Wirtschaft, das in dieser Zeit im Ausmaß eines „Wunders" stattfand, umfasste alle Industriebereiche. Die Carlshütte profitierte als Zulieferer von der gewaltigen Bautätigkeit, mit der dringend benötigter Wohnraum mit Hilfe staatlicher Förderung geschaffen wurde.[225] In das mit Flüchtlingen und Heimatvertriebenen überbelegte Schleswig-Holstein, als wirtschaftliches Notstandsgebiet in den Sanierungskatalog des Bundes aufgenommen, flossen inzwischen erhebliche Mittel. Zuwendungen gab es seit 1953 außerdem aus dem Topf der Zonenrandhilfe. Obwohl mitten im Land gelegen, war der Kreis Rendsburg unter den Empfängern.[226] Gerüchten zufolge hing diese Begünstigung mit den guten Kontakten des heimischen CDU-Bundestagsabgeordneten Detlef Struve zu Kanzler Adenauer zusammen. Bis 1955 wurden allein im Kreis Rendsburg 7.800 neue Wohnungen erstellt, 110.000 in ganz Schleswig-Holstein. Die Wohnungsbaugesellschaft A, die von Verwaltung und Technik der Ahlmann-Carlshütte betreut wurde, errichtete bis Ende 1955 in Büdelsdorf, Rendsburg und Fockbek insgesamt 291 Wohnungen, zunehmend als Einfamilienhäuser mit Einliegerwohnungen.[227]

Der neuen Zeit gemäß, und bis dahin zumindest in schleswig-holsteinischen Kleinstädten wie Rendsburg eine Rarität, wurden die modernen Wohnungen mit

Wannen versehen, teils zum Duschen, überwiegend aber mit Badewannen verschiedener Größen und Ausführungen. Im Jubiläumsjahr der Carlshütte hatte die jährliche Produktion die 100.000-Marke längst überschritten, gegen Ende der Dekade war die doppelte Zahl erreicht.[228] Große Umsätze erzielte das Werk auch bei Heiz- und Kochgeräten. Die Produktionsmenge an Herden, es gab die ganze Palette von Kohle, Gas und Strom im Angebot, erreichte 70.000 Stück im Jahr, während an Öfen sogar 90.000 Artikel hinaus

Geschirrspülmaschinen der Ahlmann-Carlshütte kamen über die Entwicklungsphase nicht hinaus

gingen. Der Absatz an Heizkesseln und Radiatoren lief ebenfalls hervorragend. Beim Kleinsiedlungsbau machte die Carlshütte mit einem Komplettangebot gute Geschäfte. Jedes Haus wurde mit Beton-Waschkessel, kombinierten Kohlen- und Gasherd sowie zwei oder drei Öfen ausgestattet, natürlich für Kohleheizung. Eine Badewanne war bei diesen Wohnungen allerdings nicht vorgesehen.[229] Für andere Produkte der Carlshütte, teilweise schon von Holler vor mehr als einem Jahrhundert in das Sortiment aufgenommen, wie gusseiserne Fenster, Seiten von Bänken, Roste und Viehtränken, gab es zwar immer noch Nachfrage, vieles wurde jedoch vor allem aus Traditionsgründen gefertigt.

Während das Werk mit den Schwenkschauflern in eine absolute Marktlücke stieß, waren einige Entwicklungen der Zeit weit voraus. Die Ideen sollten erst später von anderen aufgriffen werden und dann als bahnbrechend wirken. In Fachkreisen wurden sie seinerzeit als Sensation gewertet. Einmal handelte es sich um die Geschirrspülmaschine. Modelle waren auf der Carlshütte schon im Laufe des Jahres 1953 gebaut worden, erwiesen sich dann jedoch bei privaten Testversuchen als nicht ausgereift genug, um in Serienproduktion zu gehen.[230] Andererseits gab es damals dafür keinen sonderlichen Bedarf, als jeder besser gestellte Haushalt, der sich eine solche Anschaffung hätte leisten können, über ein oder zwei Mädchen verfügte. Die zweite Innovation war die Einbauküche, die auf der Kölner Frühjahrsmesse 1953 großes Aufsehen erregte.[231] In diesem Fall bestand wohl keine Bereitschaft, im notwendigen Umfang in Fertigungsanlagen zu investieren, zumal die Schwenkschaufler Priorität bekamen. Im Zeichen der Bauhochkonjunktur hatten aufwändig herzustellende haushaltstechnische Neuheiten keine Chance, realisiert zu werden. Als kühl

Friedrich Sensen

kalkulierende Unternehmerin zog Käte Ahlmann die Projekte zurück, sicherlich bedauernd, denn es waren ihre eigenen Pläne gewesen. Doch auf sie warteten genug Aufgaben.

Auf ihrer Nordamerikareise mit Severin, kurz nach dem Jubiläum der Carlshütte, hatte sie auch Station in Milwaukee und dem Werk in Grand' Mère gemacht, auf diesem Abschnitt war dann Friedrich Sensen zu ihr gestoßen.[232] Der langjährige, sehr fähige Mitarbeiter besaß das volle Vertrauen der Betriebsinhaberin, was seine 1951 verliehene Einzelprokura belegte. Sensen hatte nach seiner Lehre bei einer Schiffsmaklerfirma einige Zeit in England in dieser Branche gearbeitet und war von Anfang an treibende Kraft hinter dem Unternehmen Translanta gewesen.[233] Er blieb nun für ein Jahr in Kanada, um die Schifffahrtslinie von den Großen Seen in die Karibik einzurichten. Der in Chicago erscheinende „The Daily Calumet" berichtete am 26. Juni 1953 aus dem Hafen von Milwaukee über den Start zur ersten Reise der „Colonia", die im vierwöchigen Wechsel mit der „Ciandra" die Route befahren sollte.[234] Während seines Aufenthalts in Kanada wickelte Sensen gleichzeitig den Rückzug der Carlshütte aus der Firma Adanac ab. Anlass war, dass der seit jeher schwierige Geschäftspartner das Grundkapital erhöht hatte, so dass der Carlshütte nur ein Drittelanteil blieb.[235]

In dieser Phase vergrößerte Käte Ahlmann und ihr Sohn Severin regelmäßig ihre Flotte, begünstigt durch das Finanzierungsmodell, das § 7 d des Einkommensteuergesetzes („Bewertungsfreiheit für Schiffe") bot.[236] Zusätzlich konnten Mittel als Darlehen aus regionalen Förderprogrammen für Schleswig-Holstein, die Bonn zur Verfügung stellte, genutzt werden.[237] Die Namen der Schiffe unter der Ahlmann-Flagge begannen alle mit „C", wie die schon erwähnten Frachter. Daneben waren 1955 noch „Carrara", „Calla" und „Carola" im Einsatz,[238] letzteres benannt nach der hauseigenen Badewannenmarke und von Juliane Ahlmann mit einem darauf bezogenen, ihr vorgegeben Sinnspruch getauft. Sie war inzwischen in der Reederei Translanta tätig, was Einsatz zu unorthodoxen Zeiten erforderte, wenn beispielsweise „Ciandra" oder „Colonia" mit Apfelsinen von Spanien kommend, nachts im Hamburger Hafen festmachten.[239] Im Jahr 1956 fanden gleich zwei Stapelläufe statt. Im Juli taufte Ute Ahlmann vom Gut Sehestedt in Hamburg-Neuenfelde die „Catrin", und im September Käte Ahlmanns Nichte Lising Pagenstecher in

Husum die „Corona". Severin Ahlmann, der mit seinem sehr entwickelten Sinn für Design die Ausstattung der Schiffe in hoch gelobter Manier gestaltete, dankte bei der Übernahme der Hamburger Werft mit einem Toast für die gelungene Verbindung von Zweckmäßigkeit und Schönheit.[240]

Wie Prokurist Friedrich Sensen „alles filterte", was die Firmen Translanta, Ahlmann-Transport sowie Ahlmann &

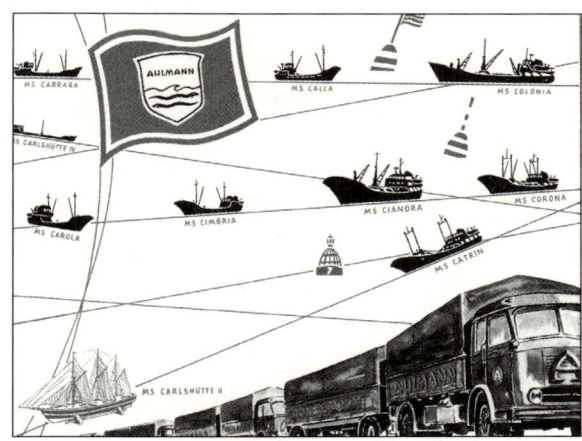

Die „C"-Flotte unter der Ahlmann-Reederei-Flagge

Co. betraf, und dann Käte Ahlmann und dem meistens dabei anwesenden Severin Ahlmann Vortrag hielt,[241] war er der Mann der Ahlmann-Carlshütte in zahlreichen Gremien der verschiedenen Wirtschaftsverbände im regionalen Bereich wie auf Bundesebene. Im Umgang mit Menschen versiert, liebenswürdig und diplomatisch, dabei ein fachlich sehr tüchtiger, wendiger Mann mit ausgezeichneten politischen Kontakten,[242] besaß Käte Ahlmann in dem 1906 geborenen Sensen eine äußerst wertvolle Stütze in der Firmenleitung. Ihm vertraute sie. In ähnlicher Weise verließ sich Käte Ahlmann unter ihren Führungskräften nur noch auf den Finanzfachmann Fritz Engelke, ebenfalls seit 1951 Einzelprokurist und von bewährter Loyalität gerade in Krisenzeiten, wie sie anlässlich seines 25-jährigen Hüttenjubiläums hervorheben ließ.[243] Engelke wurde allgemein respektiert, entbehrte jedoch fast jeder gängigen Verbindlichkeit.[244] Selbst gegenüber Käte Ahlmann scheute er sich nicht, sogar mit Nachdruck widersprüchliche Ansichten zu vertreten und darauf zu beharren, was sonst keiner wagte.[245]

Von großer Wichtigkeit war für die Inhaberin der Ahlmann-Carlshütte in dieser Zeit ihre Vorstandstätigkeit bei der Arbeitgemeinschaft Selbständiger Unternehmer (ASU). Wie Käte Ahlmann rückblickend feststellte, hatte sie erheblichen Nutzen aus den intensiven Beratungen und dem ständigen Erfahrungsaustausch mit „gewieften Unternehmern" gezogen, als es um die Gründungen der Tochterfirmen des Stammwerks ging und sie wertete diesen Austausch als wichtigen Faktor für das Gelingen.[246] Ihrerseits unterstützte und förderte sie im ASU-Vorstand, in dem ihr Wort entscheidendes Gewicht hatte,[247] den Gedanken zur Einrichtung von „Unternehmerschulen", die nicht nur Arbeitstechniken vermitteln, sondern ein breites Spektrum von wirtschaftlichen, politischen, kulturellen und psychologischen Belangen abdecken sollten. Als regelmäßiges Angebot fanden Informationstagungen, Aussprachen und Ausbildungskurse der Jungen Unternehmer in der ASU statt.[248]

Käte Ahlmanns jahrelange Erfahrungen im ASU-Vorstand in dieser Sache kamen im regionalen Bereich bei der 1954 erfolgten Gründung des „Studienkreises für Wirtschaft" zum Tragen, dessen Mitinitiatorin sie war.[249] Der als Verein konstruierte Zusammenschluss schleswig-holsteinischer Unternehmen verfolgte das Ziel, politische Stabilität zu stützen und die Bildung zu fördern. Die Inhaberin der Carlshütte regulierte von Anfang an eine effektive Nutzung des Studienkreises als Instrument zur Weiterbildung und machte ihren Mitarbeitern in aufstrebenden Positionen zur Auflage, an dem im „Töpferhaus" mit namhaften Fachreferenten stattfindenden Veranstaltungen teilzunehmen, wobei Marktwirtschaft nur eines von vielen Themen war.[250] Aus dem Jahr 1967 datiert ist eine Informationsschrift der „Studien- und Fördergesellschaft der Schleswig-Holsteinischen Wirtschaft", die aus dem Studienkreis hervorgegangen war. Unter den Vorstandsmitgliedern befanden sich Herzog Peter zu Schleswig-Holstein, Friedrich Sensen und Detlef Struve, im Beirat war Dr. Marlene Halhuber-Ahlmann vertreten.[251]

Unternehmerinnen

Im Hochzeitssaal des Kölner Domhotels fand am Dienstag, dem 30. November 1954, kurz vor der für 13 Uhr angesetzten Mittagspause, die Gründung der „Vereinigung von Unternehmerinnen e.V." (VvU) statt. Anschließend wählten die 31 stimmberechtigten Frauen Käte Ahlmann einmütig zur Präsidentin. Die Gründungsversammlung bestimmte dann vier weitere Vorstandsmitglieder, legte als Sitz des Vereins Hamburg fest und beschloss einen jährlichen Mitgliedsbeitrag von 50 DM.[252] Anwesend bei der Gründung war die Fabrikantin Yvonne Edmond Foinant, Inhaberin eines Stahlwerks in den Ardennen, die bereits 1946 in Paris den französischen Unternehmerinnenverband „Femmes Chefs d'Entreprises" (FCE) ins Leben gerufen hatte. Sie war auch hauptverantwortlich beteiligt am 1950 erfolgten Zusammenschluss mit belgischen und niederländischen Unternehmerinnen zur europäischen Dachorganisation, der 1953 auch Engländerinnen beitraten, und die schließlich durch kanadische Frauen überkontinentalen Charakter bekam und als „Femmes Chefs d'Entreprises Mondiales" (FCEM) richtungsweisend im Sinn der Völkerverständigung wirkte.[253]

Das war ein Hauptanliegen Yvonne Foinants. Sie hatte nicht hinnehmen wollen, dass ihre ersten Kontaktversuche im Jahr 1951, die über die Handelskammern von Paris und Remscheid liefen, dort mit dem Hinweis auf die traditionelle Feindschaft zwischen Franzosen und Deutschen, wenn auch nicht in dieser direkten

Form ausgedrückt, abgewehrt worden waren. Sie meinte aber, „le grain de mou-tard", das Senfkorn, gelegt zu haben. Ihre Überzeugung bestätigte sich 1954, als die Initiative nun von Deutschland ausging, und zwar vom Wirtschaftsverband Eisen-, Blech- und Metallwaren.[254]

Sein Vorsitzender war der einflussreiche Fritz Berg, neben zahlreichen Ämtern auch auf europäischer Ebene Präsident des Bundesverbandes der Industrie (BDI), der zentralen Organisation der deutschen Unternehmer. Er stand in einem besonderen Vertrauensverhältnis zu Konrad Adenauer. Wie der Bundeskanzler setzte sich Berg entschieden für die Westintegration Deutschlands ein und engagierte sich für die europäische Gemeinschaft.[255] Zu seiner vom Vater geerbten Firma in Altena im Sauerland, die Eisen- und Stahlprodukte herstellte, gehörten sieben Zweigfabriken, darunter eine in Kiel-Dietrichsdorf.[256] Kontakte zur benachbarten Carlshütte in Büdelsdorf und der Familie Ahlmann bestanden daher seit langem, nicht nur über den gemeinsamen Wirtschaftsverband. In ASU-Fragen hatte Käte Ahlmann mit dem BDI-Präsidenten schon frühzeitig in Verbindung gestanden und Vernetzungen genutzt.[257]

Sicherlich war die Inhaberin der Ahlmann-Carlshütte mit ihrer großen Erfahrung, über die sie inzwischen auch in der überregionalen Verbandstätigkeit verfügte, und ihrer Spezialisierung auf Weiterbildung die qualifizierteste von den fünf westdeutschen Unternehmerinnen, die Fritz Berg im Oktober 1954 zu einem Gespräch mit Yvonne Foinant nach Köln gebeten hatte. Dabei wurde beschlossen, möglichst bald die Gründung einer Vereinigung von Unternehmerinnen vorzunehmen. Die Federführung bekam Käte Ahlmann übertragen. Dem Wunsch des BDI-Präsidenten konnte sie sich schon im Interesse ihrer eigenen Firmen nicht verweigern.

Ihre Kompetenz erwies sich schon im Vorfeld, als sie Beratungen über das Vorhaben mit ihr persönlich gut bekannten Spitzenvertretern verschiedener Wirtschaftsverbände aufnahm, die alle Wohlwollen und freundliche Zustimmung signalisierten.[258] Die Resonanz bei den angesprochenen Unternehmerinnen fiel dagegen nicht sehr positiv aus. Wie im Gründungsprotokoll festgehalten, erschienen von den 73 eingeladenen Frauen nur 34. Käte Ahlmann selbst hatte aufgeboten, was ihr möglich war. Außer ihrer Schwiegertochter Juliane, die zur Schriftführerin des neugegründeten Vereins gewählt wurde, verzeichnete die Anwesenheitsliste deren Mutter Marie Grün und die Schwester Linu Pagenstecher. Käte Ahlmann trat noch unter ihrem Firmennamen „Frau Julius Ahlmann" auf. Als VvU-Präsidentin führte sie aber dann, in dieser Funktion als Person losgelöst von der Carlshütte, ihren eigenen Vornamen.[259]

Zur Notwendigkeit des Zusammenschlusses von Unternehmerinnen hatte Käte Ahlmann in ihrer Einladung erklärt, dass die große Vielzahl von Inhaberinnen mittlerer und kleiner Betriebe und ihre Wirksamkeit der Öffentlichkeit weitgehend unbekannt sei. Sie persönlich halte eine deutsche Gruppe für gut, einmal als weiteres Instrument zur Förderung der europäischen Einigung.[260] Zum anderen sei in jedem internationalen wirtschaftlichen Gremium die Arbeitnehmerin vertreten, die Arbeitgeberin dagegen nicht. Mit der Gründung einer Vereinigung von Unternehmerinnen solle keineswegs den Verbänden „ins Handwerk gepfuscht" werden, auch bestehe keine Absicht zu einem „Frauenrechtlertum".[261] Auf der Kölner Gründungsversammlung unterstrich Käte Ahlmann noch einmal die Zweckmäßigkeit eines Beirats, um Vorbehalte abzubauen und der neuen Organisation die notwendige Unterstützung zu sichern.[262] Wie dessen Besetzung zeigte, waren ihre Beziehungen zu den Spitzen der deutschen Wirtschaft tatsächlich eine gute Starthilfe: BDI-Präsident Fritz Berg, der ASU-Vorsitzende Alfred Flender, die Hauptgeschäftsführer der Bundesvereinigung Deutscher Arbeitgeberverbände und des Deutschen Industrieinstituts, Dr. Gerhard Erdmann und Dr. Fritz Hellwig, außerdem Dr. Hermann Ringel von der IHK Remscheid.[263]

Einen Ausspruch Käte Ahlmanns aus dem Jahr 1954 setzte ihre Nachfolgerin Dr. Lily Joens als Leitwort über ihren Beitrag in der Chronik zum zehnjährigen Bestehen der Vereinigung von Unternehmerinnen: „Ich habe mich dieser Sache angenommen, da ich fest glaube, dass in der Masse der mittleren und kleinen Unternehmerinnen eine Kraftreserve bürgerlicher Art liegt, die für die kommenden schweren Zeiten nicht ungesammelt bleiben darf."[264] Auf der Kölner Gründungssitzung hatte sie zwar gleich nach ihrer Wahl zur Präsidentin erklärt, sie könne das Amt nur unter der Bedingung annehmen, wenn es vorübergehend sei und sie höchstens vier Monate in Anspruch nehme, auch auf der ersten Vorstandssitzung bat sie noch um Ablösung,[265] doch dieser Vorsatz galt schon bald nicht mehr. Mit einer kurzen Unterbrechung führte Käte Ahlmann bis 1962, ein Jahr vor ihrem Tod, die Vereinigung von Unternehmerinnen. Es war eine Aufgabe und ein Kreis von Frauen, durch die sie ungeahnte Bereicherungen ihres Lebens erfuhr. Doch sie gab auch sehr viel.

Hildegard Roth, Gründungsmitglied im Kölner Domhotel, war typisch für eine große Gruppe, die sich in diesen Jahren von der Vereinigung von Unternehmerinnen angesprochen fühlte und dort in allen Belangen Unterstützung fand.[266] Da Mann wie Bruder im Krieg blieben und der Vater starb, musste die 28-jährige 1945 gezwungenermaßen und unvorbereitet die Geschäftsleitung des Familienbetriebes übernehmen, eines Betonwerks in Hamburg. Als sie die Einladung Käte Ahlmanns erhielt, führte Hildegard Roth die Firma schon Jahre mit gutem Erfolg, fühlte sich aber als Frau in der reinen Männerwelt ihres Fachverbandes isoliert und kam, wie sie berichtete, dort praktisch nie zu Wort. Die Organisationen der Wirtschaft hätten sie als Unternehmerin kaum zu Kenntnis genommen: „Die Türen blieben fest verschlossen!" Vor allem fehlte ihr der offene, ehrliche Erfahrungsaustausch mit

Frauen ihres eigenen Berufs in vergleichbarer Situation.[267] Hildegard Roth wurde auf der Gründungsversammlung zur Schatzmeisterin der VvU gewählt und hatte vierzehn Jahre dieses Amt inne. Die Anfangszeit, die Aufbauphase, blieb ihr in Erinnerung als sehr mühevolle Kleinarbeit, jedoch für sie selbst als erfolgreicher Lernprozess, verbunden mit vielen fröhlichen Stunden.

Den Auftakt erlebte Hildegard Roth am 5. Januar 1955 im Bad Godesberger Gartenhaus, wohin Käte Ahlmann zur ersten Vorstandssitzung eingeladen hatte. Sie war inzwischen zu einer „Femmes Chefs d'Entreprise Européenne"-Tagung in Brüssel gewesen, ihrem ersten Auslandskontakt als VvU-Präsidentin, und brachte vom dortigen Gedankenaustausch mit Yvonne Foinant in die Gesprächsrunde die feste Überzeugung ein, dass Unternehmerinnen nur als eigenständiger Verband ihre speziellen Interessen in den wirtschaftlichen Institutionen und bei der Gesetzgebung verwirklichen könnten. Gewicht vor Ort in Deutschland bekäme er mitentscheidend durch seine europäischen Verbindungen. Käte Ahlmann betonte die Bedeutung von Treffen und Austausch auf internationaler Ebene als ein Element der Völkerversöhnung und forderte ihre Vorstandsmitglieder nachdrücklich zur Teilnahme an dem im September stattfindenden Unternehmerinnen-Kongress in Amsterdam auf.

In Bad Godesberg legte der VvU-Vorstand die grundsätzlichen Richtlinien für die Anlaufarbeit der Vereinigung fest und steckte Planungen ab. Dazu gehörte in erster Linie eine intensive Mitgliederwerbung, um eine ausreichend breite Basis für eine wirksame Präsenz zu schaffen, und die baldige Einrichtung einer Geschäftsstelle. Käte Ahlmann hielt es für wesentlich, auf diese Weise die Selbständigkeit der neugegründeten Organisation nach außen darzustellen, die bei der Integration in eine Firma nicht zu Tage träte. Die Miete des im Oktober 1955 eingeweihten Büros in der Hamburger Mönckebergstraße übernahm erst einmal die Ahlmann-Carlshütte in Form eines Darlehens und stellte leihweise die Einrichtung zur Verfügung. Leiterin der Geschäftsstelle wurde Lising Pagenstecher, die ihre Tante in der folgenden Zeit bei der Aufbauarbeit für die Vereinigung von Unternehmerinnen wertvolle Unterstützung leistete.[268]

Schwierigkeiten hatte es mit der Eintragung in das Vereinsregister gegeben, die erst am 18. Juni 1955 erfolgte. Es kam dabei zu Verzögerungen, die der erste VvU-Jahresbericht als „Komik, fast Tragik-Komik" beschrieb.[269] Danach waren sich verschiedene deutsche Dienststellen nicht im Klaren darüber, ob eine Genehmigung der alliierten Besatzungsbehörden erforderlich war. Die Angelegenheit wurde, wie mit deutlicher Ironie formuliert, „erleichtert" durch die Souveränität der Bundesrepublik am 5. Mai 1955. Das Inkrafttreten der „Pariser Verträge" beendete den Besatzungsstatus Westdeutschlands.[270] Kurz darauf ließ das Bundeswirtschaftsministerium der Vereinigung von Unternehmerinnen den Bescheid zukommen, dass eine Zustimmung der Alliierten nunmehr nicht mehr notwendig sei, worauf auch das Amtsgericht Hamburg keine weiteren Bedenken mehr erhob.

Käte Ahlmann hatte in der Zwischenzeit nicht nur zu maßgeblichen Persönlichkeiten des Wirtschaftslebens in Sachen VvU Fühlung aufgenommen und Zusagen bekommen, wobei sie die geworbenen Herren auch mit der Bitte um Übernahme von Fachvorträgen an die Unternehmerinnenvereinigung band, sondern persönlich beim Frauenreferat des Bundesinnenministeriums vorgesprochen und große Bereitschaft zur Unterstützung vorgefunden.[271] Sichtbaren Ausdruck fand dieser Kontakt durch die Teilnahme der Ministerialrätin Dr. Dorothea Karstens als Gastreferentin an der ersten Jahreshauptversammlung der Vereinigung von Unternehmerinnen, die am 5. Dezember 1955 in Düsseldorf stattfand. Das Fundament hatte sich schon erheblich verbreitert. Mit den zwei neuen Mitgliedern, die im Verlauf der Veranstaltung beitraten, war die runde Zahl einhundert erreicht.[272]

Den Höhepunkt dieses ersten Jahres bildete für die Präsidentin Käte Ahlmann und die mit ihr reisende Abordnung deutscher Unternehmerinnen der europäische FCE-Kongress in Amsterdam, bei dem die niederländische Vereinigung gleichzeitig ihr fünfjähriges Bestehen beging und Gäste aus vier Ländern empfing. Die Tagung stand unter dem Thema „Die Frau und die europäische Integration". Vorträge und gegenseitiger Austausch, Empfänge und Besichtigungen wechselten einander

Käte Ahlmann (rechts) in einer Reihe mit Königin Juliane auf Schloss Soestdijk

ab, wobei die Deutschen dankbar die freundliche Aufnahme würdigten. Mit Herzenstakt sei sowohl von den Gastgeberinnen wie von den Unternehmerinnen aus Frankreich, Belgien und England alles Zurückliegende und Trennende vermieden worden, hieß es im Bericht der VvU-Delegation, die Frauen hätten sich für eine bessere Zukunft Europas die Hände gereicht. Die Aufnahme der deutschen Unternehmerinnen in die Dachorganisation setzte das offizielle Zeichen. Einzigartiger Glanzpunkt des Kongresses, und für die Teilnehmerin Hildegard Roth noch nach zwanzig Jahren ein unvergessliches Erlebnis, war der Empfang bei Königin Juliane auf Schloss Soestdijk, die sich viel Zeit für die Gespräche mit den Unternehmerinnen nahm.[274]

Allein wegen der großen politischen Bedeutung war es ein Vertrauensbeweis von hohen Graden und eine große Ehre, ebenso aber eine Demonstration von inzwischen gewachsener enger Verbundenheit und Freundschaft, dass Ende Mai 1957 der internationale Kongress der „Femmes Chefs d'Entreprises" in Deutschland stattfand, genauer, in Bad Godesberg. Nicht nur diese Standortwahl, neben der günstigen Lage zur benachbarten Bundeshauptstadt Bonn, stellte eine Reverenz an Käte Ahlmann dar, der damit Anerkennung, Dank und Respekt für Einsatz und Erfolg zuteil wurde. In nur zwei Jahren hatte sie es verstanden, der Vereinigung von Unternehmerinnen durch die Einrichtung erster Landesgruppen eine Struktur zu geben. Damit wurde auf regionaler Ebene eine auf die besonderen Bedürfnisse zugeschnittene Weiterbildung mit Fachvorträgen und Seminaren vermittelt.

Im Vordergrund standen betriebswirtschaftliche Fragen. Dann legte Käte Ahlmann, mutmaßlich auch im Hinblick auf ihre eigenen Schwierigkeiten, vor allem besonderen Wert auf eine fundierte Rhetorik-Schulung.[275] Parallel zu einer immer effektiveren Mitgliederwerbung war es gelungen, durch gezielte Öffentlichkeitsarbeit den VvU bekannt zu machen. Über die Vereinigung berichtete beispielsweise die renommierte „Zeit" bereits 1956 sehr ausführlich, der „Industriekurier" nahm den Bad Godesberger Kongress zum Anlass einer längeren Darstellung und die VvU-Präsidentin Käte Ahlmann selbst zeichnete unter ihrem Titel verantwortlich für einen grundlegenden Artikel, der im März 1956 in der Zeitschrift „Wirtschaft zwischen Nord- und Ostsee" erschien, Organ ihrer heimischen Industrie- und Handelskammern Kiel und Flensburg.[276]

In das Gästebuch des Bad Godesberger Gartenhauses erfolgte zwar kein Eintrag, doch laut offiziellem Programm fand „im Haus Ahlmann, Deutschherrenstraße 73", am Freitag, 24. Mai 1957 die Vorstandssitzung der „Femmes Chefs d'Entreprises Mondiales" statt. Schon im Vorfeld des Kongresses hatte Käte Ahlmann das Haus als Standort für die organisatorischen Planungen genutzt, für Zusammenkünfte mit Vorstand und Beirat des VvU sowie für persönliche Absprachen mit Vertretern der Bundesregierung.[277] Inzwischen bekam die Tagung der Unternehmerinnen im Zei-

Empfang bei Bundespräsident Theodor Heuss anlässlich der Tagung der „Femmes Chefs d'Entreprise Mondiales. Käte Ahlmann stellt ihre Kolleginnen vor. An der Tür Yvonne Foinant, die Gründerin der Vereinigung

chen der aktuellen Europapolitik noch mehr Gewicht. In Rom wurden am 5. März 1957 in einem feierlichen Akt die Verträge über die Europäische Wirtschaftsgemeinschaft (EWG) und die Europäische Atomgemeinschaft (Euratom) unterzeichnet. Damit war die Bundesrepublik zum voll integrierten Partner fünf westeuropäischer Staaten geworden, die ihre Sicherheitsbedenken gegenüber Westdeutschland weiter abgebaut hatten.[278]

Die Würdigung des FCEM-Kongresses durch das politische Bonn fiel entsprechend aus. Immerhin stellten 320 Unternehmerinnen aus sechs Ländern von zwei Kontinenten – im Rahmen der Arbeitstagung wurde Kanada in den Verband aufgenommen – ein exemplarisches Beispiel für gelungene Völkerverständigung und europäische Zusammenarbeit dar. Der Empfang am Mittwochabend durch Bundeswirtschaftsminister Ludwig Erhard in der prunkvollen Godesberger Redoute, als kurfürstliches Ballhaus Ende des 18. Jahrhunderts erbaut, war ein glänzender Auftakt.[279] Am nächsten Tag gab Bundespräsident Theodor Heuss in der Villa Hammerschmidt einer großen Delegation mit Yvonne Foinant und Käte Ahlmann an der Spitze die Ehre. Nur Bundeskanzler Adenauer, der sich mitten im Wahlkampf befand, konnte sich den Damen nicht an Ort und Stelle widmen. Gewissermaßen als Wiedergutmachung sandte er im Monat darauf zur VvU-Jahreshauptversammlung in Hamburg ein langes Telegramm mit Glückwünschen und Anerkennung für die deutschen Unternehmerinnen.[280]

„Frack oder Smoking" als Vorgabe auf der Einladung wies auf den festlichen Zuschnitt des Diners am Freitagabend in der Bad Godesberger Stadthalle hin. Für die Damen erübrigte sich damit der Hinweis auf große Abendtoilette. In einer Zeit, da nach gesellschaftlichem Kodex Frauen bei solchen Anlässen in Begleitung von Männern zu erscheinen hatten, waren diese Galaabende für viele unverheiratete oder verwitwete Unternehmerinnen die einzige Gelegenheit, festliche Kleidung mit dem passenden wertvollen Schmuck anzulegen. Unter den Ehrengästen des Festes befanden sich der französische Botschafter Maurice Couve de Murville sowie hochrangige Diplomaten der anderen beteiligten Länder, führende Vertreter aus Politik und Wirtschaft und erneut Ludwig Erhard. Käte Ahlmann hatte bei dieser Gelegenheit auch ihren Prokuristen Friedrich Sensen platziert.[281] Am darauf folgenden Morgen, Abfahrt 10 Uhr, wurden verschiedene Ausflüge in die nähere und weitere Umgebung angeboten, darunter Rheinfahrten mit Salonbooten. Den Ausklang des Kongresses bildete ein Kammermusikabend im Beethovensaal der Redoute.

Im inzwischen eingeführten Mitglieder-Rundbrief, der im Kopf das FCEM-Zeichen des „Caduceus" von Hermes trug, das Symbol des Götterboten und Schutzpatrons des Handels, erklärte Käte Ahlmann Ende Juni 1957 die Gründe ihres Rücktritts als VvU-Präsidentin: „Der gut gelungene Internationale Kongress der Femmes Chefs d'Entreprises Mondiales in Bad Godesberg, zu dem unsere VvU einlud, beendete in der Entwicklung unserer Vereinigung einen wichtigen Abschnitt: den des Aufbaus, des Bekanntwerdens in den Kreisen der deutschen Unternehmerschaft wie der breiteren Öffentlichkeit und den des Durchbruchs zu den Wirtschaftsinstitutionen, deren Meinung gehört wird. Ich widmete mich dieser Aufgabe, obwohl sie für mich eine ungewöhnliche Belastung darstellt, sowohl meinem Arbeitsgebiet gegenüber, als auch meiner Mitwirkung an anderer Stelle. Dies wird noch verstärkt durch die Verkehrsferne meines Wohnsitzes, die jede Reise in Deutschland zu einem mehrtägigen Unternehmen macht. Ich lege den Vorsitz nieder und scheide aus dem Vorstand aus. Sollten mein Rat und meine Vorschläge in der einen oder anderen Frage noch gewünscht werden, so werde ich immer zu haben sein."[282] Käte Ahlmanns Trennung vom VvU-Amt dauerte nur ein gutes Jahr. Im Oktober 1958 nahm sie auf der Jahreshauptversammlung in München die Wahl zur Präsidentin der Vereinigung von Unternehmerinnen an. Ihre Nachfolgerin hatte sich als nicht geeignet erwiesen.[283]

Käte Ahlmann in erhöhter Position vor Bundeswirtschaftsminister Ludwig Erhard

Belastungen hatte Käte Ahlmann auch ohne die Aufbauarbeit für die Vereinigung von Unternehmerinnen reichlich gehabt. Auf einem Sektor jedoch war ihr ein außerordentliches Erfolgserlebnis beschieden. Wenn ihrer Person schon vorher Achtung und Respekt zuteil geworden war, stieg ihr Ansehen und ihr Bekanntheitsgrad nun in einem Maß, der sie auf ihrem ureigensten Gebiet als Industrielle zur bundesweiten Prominenten und Leitfigur machte.[284] Während des bis dahin längsten Arbeitskampfes in der Geschichte der Bundesrepublik, der die Metallindustrie Schleswig-Holsteins für 114 Tage vom 24. Oktober 1956 bis zum 15. Februar 1957 still legte, lief die Ahlmann-Carlshütte in Büdelsdorf in vollem Betrieb. Bei einer werksinternen Abstimmung hatten nur 260 der insgesamt 1.827 gewerblichen Belegschaftsmitglieder für einen Streik gestimmt.[285]

Ursache der Konfrontation war die tarifpolitische Forderung der IG Metall nach Gleichbehandlung von Arbeitern mit Angestellten durch Lohnfortzahlung im Krankheitsfall, längere Urlaubszeit und ein Urlaubsgeld gewesen. Die Gewerkschaft hatte mit einem „Aktionsprogramm" eine Vorreiterrolle übernommen und bei den anstehenden Verhandlungen mit den schleswig-holsteinischen Arbeitgeberverbänden bereits eine Verringerung der Arbeitszeit von 48 auf 45 Stunden zum 1. Oktober 1956 erreichen können, was den freien Sonnabend bedeutete. Zu weiteren Zugeständnissen bestand jedoch keine Bereitschaft, da die Arbeitgeber die damit verbundene Belastung der Betriebe für nicht tragbar hielten. Die Metallgewerkschaft setzte daraufhin eine Urabstimmung für den 11. und 12. Oktober an, bei der sich 77,5 Prozent bereit erklärten, einem Streikaufruf zu folgen. Nachdem Schlichtungsversuche vergeblich blieben, legten am 24. Oktober 18.000 Arbeiter in fünfzehn Großbetrieben, überwiegend Werften, die Arbeit nieder. Der Streik dehnte sich bis Januar 1957 auf 38 Betriebe mit 34.068 Beschäftigten aus.[286] Die Industrie- und Handelskammern des Landes werteten ihn als Ereignis, das „in seiner ganzen Wucht bedrohlich die gesamte Wirtschaft Schleswig-Holsteins erschütterte", und schätzten den unmittelbaren volkswirtschaftlichen Schaden auf 30 Millionen Mark monatlich.[287]

Die Ahlmann-Carlshütte war zwar indirekt am Arbeitskampf beteiligt, da der Personalchef Dr. Hans Georg Schütte Vorsitzender des Arbeitgeberverbandes der Metallindustrie in den Kammerbezirken Kiel und Flensburg war und eine äußerst harte Linie verfocht,[288] doch auf die Entscheidung der Arbeiter des Betriebes gegen den Streik hatte er keinen Einfluss gehabt, das war allein Käte Ahlmanns Werk gewesen, die sich gewisser Unterstützungen sicher sein konnte. Ein wichtiger Faktor bestand in dem traditionell geringen Anteil gewerkschaftlich organisierter Mitarbeiter des Betriebes, und dann konnte die Unternehmensleiterin auf die Loyalität der Werkmeister bauen, mit denen sie eine firmeninterne Befragung vorbereitete und durchführte. Vor der Abstimmung war in einem Aufruf „Streik – Weshalb denn?" auf die Unzweckmäßigkeit des Kampfes hingewiesen worden, da derart einschneidende Regelungen nur auf Bundesebene getroffen werden könnten.[289] Anschließende Überlegungen der IG Metall, für die das Resultat ein harter Schlag war, die Gießerei als Schlüsselabteilung der Carlshütte zu bestreiken, um damit die ganze Produktion des Werks zum Erliegen zu bringen, führten zur Erkenntnis, dass die dort tätigen Arbeiter noch am wenigsten für ihre Ziele einzuspannen waren.[290]

Das Aufsehen erregende Ausbrechen der Belegschaft der Ahlmann-Carlshütte aus der sonst festgefügten schleswig-holsteinischen Streikfront, das dem Werk und seiner Inhaberin in Wirtschaftskreisen einen großen Nimbus verschaffte, ermöglichte aber in erster Linie eine persönliche Konstellation. Den seit Herbst 1945 als Betriebsratsvorsitzender amtierende Former Karl Böge, der noch bei ihrem Entnazifizierungsverfahren als Belastungszeuge aufgetreten war,[291] verband inzwischen mit Käte Ahlmann ein sehr gutes Einvernehmen, das durch die gemeinsame Abwehr der drohenden Demontage begründet worden war. Der Sozialdemokrat Böge sperrte sich gegen den Streik und wehrte den Einfluss der IG Metall auf die Arbeiter der Carlshütte durch überzeugende Argumentation ab.[292] Was ihn bewog, hatte er bei der Jubiläumsfeier auf Plattdeutsch gesagt: „So wi wi Ordnung in uns eegen Leben bringen möt, so mutt Ordnung in Betrieb sien, un Biespiels, wo wi uns no to richten hevvt, hevvt wi genog. Ick hevv vorhin all mol de Fruns andüt. As ganz besonders müch ik uns geehrte Frau Ahlmann erwähnen. Wenn wi uns dorno richten doht, denn glöv ik, sünd wi all up den richtigen Weg."[293]

Differenzen

Nicht alle in ihrem Umfeld richteten sich nach Käte Ahlmann und ihren Vorstellungen von Ordnung in Leben und Betrieb. Die bis dahin ungetrübte Zusammenarbeit der Mutter mit dem Sohn Severin fand im Sommer 1955 ein Ende. Was als abrupter Riss entstand, weitete sich zu einem Abgrund, der schließlich unüberbrückbar erschien. Erst kurz vor ihrem Tod unternahm Käte Ahlmann sehr vorsichtig Annäherungen, die den Sohn eine Wandlung spüren ließen, den Versuch eines Brückenschlags.[294] Zur Vollendung blieb ihr aber keine Zeit mehr.

Beim Auftakt der Ereignisse kam den Schwenkschauflern eine entscheidende Rolle zu. Nachdem die von Severin Ahlmann eingeführten und weiter entwickelten vielseitigen Baumaschinen bereits im Vorjahr Furore gemacht hatten, errichtete die Ahlmann-Carlshütte für die Hannover-Messe im April 1955 einen zweistöckigen Pavillon, in dessen Turm sich die Einsatzzentrale für die in einer Sandarena arbeitenden Geräte befand. Die Besucher konnten von Sitzgruppen aus per Telefon verschiedene Tätigkeiten über die Kommandostelle abrufen, die dann die Einsatzorder an die Fahrer weiter gab.[295] Die dafür gesuchte angenehme Stimme sah Severin Ahlmann in Person erst beim Abschlussessen der Messe. „Ich plante eine Europa-Autofahrt, um Vertretungen für die Lademaschinen der Carlshütte zu suchen. Die Sprachsicherheit von unserer Einsatzleiterin ließ sie mich um Mitfahrt fragen", schilderte er die erste Begegnung mit seiner späteren Frau.[296]

Sie war die ältere Tochter von Dr. Walter Jänicke, Inhaber des „Hannoverschen Courier" sowie federführendem Neubegründer und Vorsitzender des Bundes Deutscher Zeitungsverleger. Nach der Machtergreifung der Nationalsozialisten hatte sich Jänicke wegen seiner ablehnenden Haltung gegenüber ihrer Politik zwangsweise völlig aus der Öffentlichkeit zurück gezogen. In Berlin sammelte er einen kleinen Kreis Gleichgesinnter, von dem aus Kontakte zu Verschwörern des 20. Juli 1944 bestanden.[297] Im Zweiten Weltkrieg wurde Jänicke, Rittmeister aus der Kaiserzeit, vom Oberkommando der Wehrmacht, Abteilung Ausland, in Paris eingesetzt, wohin ihn seine Tochter Maria begleitete.

„Mit dunkelgrünen Farbfilmaugen, ganz female, schön – all' ihre Weiblichkeit war mir interessant", beschrieb Severin Ahlmann in seiner Autobiographie die Wirkung, die von der attraktiven Frau auf ihn ausging.[298] Mit ihrer auffallenden Erscheinung, exquisit modischer Kleidung, schlanker, guter Figur, Make up wie Parfüm und Schmuck im Alltagsgebrauch, machte Maria Jänicke vor dem Hintergrund des provinziellen, tristen Büdelsdorf Mitte der fünfziger Jahre den Eindruck einer Erscheinung aus einer anderen Welt und erregte lang erinnertes Aufsehen.[299] Zudem war sie eine ausnehmend intelligente und starke Persönlichkeit. Severin Ahlmann sprach von ihr als erstem Menschen, der seiner Mutter „das Wasser reichen konnte".[300]

Wenige Monate nach der Begegnung in Hannover führte Severin Ahlmann mit seiner Mutter im Juni 1955 eine Unterredung, um mit ihr über die Zukunft der Carlshütte zu sprechen. Allein dieses Ansinnen, dazu in einer später von ihm eingeräumten unglücklichen Wortwahl, dann seine Feststellung einer mangelhaften Koordination bei der Leitung der Nebenfirmen und schließlich der Hinweis auf ihre sehr wahrnehmbar nachlassenden Kräfte wirkte auf Käte Ahlmann empörend. Vor allem ging sie davon aus, dass ihr Sohn sie in diesem Moment nicht nur aus eigenem Antrieb ansprach, sondern Rückenstärkung durch seine neue Verbindung bekam, die sie von vornherein ablehnte.[301] Entscheidende Bedeutung für die folgende Entwicklung hatte aber wohl, dass Käte Ahlmann als drohende Gefahr befürchtete, an die jüngere, energievolle Frau die Macht über die Familienunternehmen zu verlieren.[302]

In die nun einsetzende Eskalation der Auseinandersetzungen zwischen Mutter und Sohn wurden engere und weitere Familienmitglieder einbezogen, die je nach eigener Interessenlage zu vermitteln suchten oder die Konfrontation noch schürten. Käte Ahlmann stützte sich nun intensiv auf ihren engeren Beraterkreis, konsultierte Anwälte und konferierte laufend mit den ihr loyal zur Seite stehenden eigenen Führungskräften. Bereits im Februar 1956 ließ sie die vier Jahre zuvor an ihren Sohn erteilte Generalvollmacht für ungültig erklären.[303] Im März verfasste Severin Ahlmann eine grundsätzliche Stellungnahme unter dem Titel „Wie ich es sehe", die er über einen Verteiler schickte, über deren Adressaten Käte Ahlmann nur mutmaßen konnte. Ihre Antwort vom April „Wie es wirklich ist" erreichte daher einerseits nicht alle Empfänger des vorherigen Schreibens, andere wurden dadurch erst auf das Geschehen auf der Ahlmann-Carlshütte aufmerksam gemacht.[304]

Anfang September 1956 stand endgültig Käte Ahlmanns Linie fest, wie aus einer Aktennotiz über eine Besprechung in Hamburg hervorging, an der auch die Prokuristen Engelke und Sensen teilnahmen. Nach Frau Ahlmanns Ansicht sei keine Zusammenarbeit mehr möglich, deshalb mache sie den Vorschlag der strikten Trennung. Severin Ahlmann sollte die Firma in Andernach im Tausch gegen seine Einlage in der Carlshütte erhalten, die bis dahin 12,7 Prozent betrug. Käte Ahlmann hielt 83,3 Prozent, Dr. Marlene Halhuber-Ahlmann und Hans-Julius Carl Michael Ahlmann besaßen je 2 Prozent.[305] Mit einem Ausrufungszeichen versehen war in der Aktennotiz der Vermerk, dass Käte Ahlmann konsequent erklärte, auf den Ausschluss ihres Sohnes Severin aus der Kommanditgesellschaft in einem Gerichtsverfahren zu klagen, falls ihren Vorstellungen nicht entsprochen würde.[306] Das wollte Severin Ahlmann vermeiden. Auf der Gesellschafterversammlung der Ahlmann-Carlshütte Kommanditgesellschaft am 17. Dezember 1956 erklärte er sein Einverständnis, sich bis zu der bevorstehenden Neuregelung der Geschäftsführung und Vertretung in der Ahlmann-Carlshütte KG zu enthalten.[307]

Eine völlige Neuordnung bewirkte dann der Rahmenvertrag, der vom 4. März 1957 datierte. Er wurde vor einem Hamburger Notar geschlossen zwischen, in diesem Fall „Frau Julius Ahlmann", Josef-Severin Ahlmann, Dr. Marlene Halhuber, Hans-Julius Carl Michael Ahlmann, gesetzlich vertreten durch seine Mutter, und Juliane Jebsen verw. Ahlmann,[308] deren Mitwirkung am Vertrag vom Vormundschaftsgericht bestimmt worden war. In der Präambel wurde festgestellt, dass die Eheleute Julius und Käte Ahlmann einig darüber gewesen seien, dem ältesten Sohn Hans-Julius die Beteiligung an der Carlshütte und ihre Führung zu übergeben, die beiden anderen Kinder ihre Anteile in Gestalt von weiteren Vermögenswerten erhalten sollten.

Wörtlich hieß es dann: „Die Tatsache, dass Hans-Julius Ahlmann einen Sohn hinterließ, der zu gegebener Zeit seine Nachfolge antreten kann, ermöglicht es im Sinn der ursprünglichen Zielsetzung, einem männlichen Vertreter seines Stammes dermaleinst [...] das Schwergewicht und die Führung in der Carlshütte zuzuweisen,

[...] Herr Josef-Severin Ahlmann [...] soll dagegen das Schwergewicht und die Führung in der Firma Ahlmann & Co, Andernach, erhalten. [...] Frau Julius Ahlmann beabsichtigt ferner, den wertmäßigen Drittelanteil von Dr. Marlene Halhuber [...] in Form der Zuweisung von Firmenbeteiligungen oder Vermögenswerten aufzufüllen." In den umfangreichen Anlagen des Rahmenvertrages wurde die Umstrukturierung des Unternehmens dann in allen Einzelheiten geregelt und notariell beglaubigt.

Im selben Monat noch ließ Käte Ahlmann die Aufteilung der Geschäftsführungen in den Ahlmann-Firmen einem größeren Kreis zugehen. Der Verteiler reichte von Familienmitgliedern über den gesamten VvU-Vorstand, der ASU-Leitung und den Herzog zu Schleswig-Holstein bis zum Rendsburger Verleger Möller. Zu den Empfängern gehörte auch „Mrs. Edith Ahlmann" in Shaldon, Ottos Witwe, zu der also weiter Kontakt aufrecht erhalten wurde.[309] Am 6. Dezember 1957 fand in München die Hochzeit von Severin und Maria Ahlmann statt, an der seine Schwester Marlene und der Schwager Max teilnahmen.[310] Eines bedauerte Severin Ahlmann zutiefst, dass er die Schwenkschaufler-Produktion nicht nach Andernach nehmen konnte. Doch zukunftsträchtige Perspektiven bot auch ein anderer Sektor. Mit Vereinbarung vom 30. Mai 1957 wurde Severin Ahlmann die ebenfalls von ihm begründete Kunststoff-Abteilung übertragen, inzwischen als „Almoplast GmbH" eine eigenständige Firma.[311]

Neuordnungen

Käte Ahlmann konnte nun wieder in ihren Firmen frei schalten und walten, wie sie wollte. Der kleine Hans-Julius, der neue designierte Erbe der Ahlmann-Carlshütte, wurde am 14. April 1957 fünf Jahre alt. Seine ursprünglich vorgesehene Stellung als Komplementär mit einem Anteil von zwölf Prozent musste auf Grund der Rechtsprechung des Bundesgerichtshofes dahingehend geändert werden, dass die neu gegründete Firma Hans-Julius Ahlmann Treuhand-Verwaltungs-Gesellschaft mbH als persönlich haftende Gesellschafterin in die Ahlmann-Carlshütte KG eintrat.[312] Im Hamburger Handelsregister wurde gleichzeitig die Einlageerhöhung der Kommanditistin verzeichnet, und zwar unter einem neuen Namen, Dr. Marlene Halhuber-Ahlmann. Auch für ihre vier Kinder aus dieser Ehe, Katarina, Michael, Andrea und Markus, war der Antrag auf entsprechende Änderung gestellt worden, die später für die 1963 geborene Aline ebenfalls erfolgte.[313] Im Zuge der dynastischen Neuordnung hielt Käte Ahlmann es für wichtig, dass auch die Tochter und ihre Enkel den Familiennamen trugen.

Konzentriert waren Interesse und Zuneigung jedoch auf den „Kronprinzen", dessen Geburt damals den strahlenden Glanzpunkt auf das 125-jährige Jubiläum der Ahlmann-Carlshütte gesetzt hatte.[314] Käte Ahlmann nahm schon deshalb ihre Schwiegertochter Juliane 1958 wieder mit offenen Armen auf, doch sie war ihr auch sonst sehr zugetan. Beide Frauen hatten in den vergangenen Jahren eine sehr rege Korrespondenz unterhalten, die für die ältere auch ein Ventil all ihrer Empörung, Befürchtungen und Anschuldigungen gewesen war, aber ebenfalls den Schmerz der Enttäuschung und des Verlusts spürbar werden ließ.[315]

Nach ihrer Wiederverheiratung mit Hans Jacob Jebsen, Mitinhaber einer alteingesessenen Apenrader Reederei, die seit 1895 ein erfolgreiches Handelshaus in Hongkong betrieb, das sich zu einem der bedeutendsten Wirtschaftsimperien in Asien entwickelte,[316] war sie Ende 1955 mit dem dreijährigen Hans-Julius in den Fernen Osten gegangen. Käte Ahlmann hatte ihrer Schwiegertochter nichts in den Weg gelegt, ihr im Gegenteil sogar empfohlen, nach dem frühen Tod ihres Mannes ein neues Leben aufzubauen. Das glückte jedoch nicht. Mit ihren beiden kleinen Söhnen – Hans Michael wurde am 15. November 1956 geboren – lebte Juliane Jebsen zuerst bei ihrer Mutter in Dillenburg und zog dann nach Büdelsdorf in das Direktorenhaus an der Alten Dorfstraße.[317]

Einen Teil ihrer engsten Familie ganz in der Nähe zu haben, am Aufwachsen von Hans-Julius teilnehmen zu können, bedeutete für Käte Ahlmann eine Quelle der Freude und Zufriedenheit. Und sie hatte einen Grund zum Glücklichsein. Ihre Tochter Marlene, selbst Ärztin und mit einem Herzspezialisten verheiratet, war seit längerem in Sorge um die Mutter, deren Gesundheit Anlass zu ernsten Bedenken gab, zumal sie nicht auf Beschwerden achtete, wenn Wichtiges Präsenz und Einsatz erforderten.

In dieser Hinsicht rücksichtslos gegen sich selbst, brach sie beispielsweise im Oktober 1956 eine Kur zur Behandlung akuter Kreislaufstörungen in Bad Wiessee ab, was den Internisten aufbrachte, da sich gerade die erste Besserung eingestellt hatte. Schriftlich mahnte er die Patientin zur weiteren Einnahme der verordneten Medikamente sowie zu salzarmer und fettbeschränkter Nahrung.[318] Die zunehmende Herzschwäche und der Umstand, dass Käte Ahlmann inzwischen ganz allein in dem großen Haus lebte, ließen es angebracht erscheinen, ihre älteste Enkelin Roseli nach Büdelsdorf zu schicken, um dort das Rendsburger Gymnasium bis zum Abitur zu besuchen.[319]

Die Großmutter war entzückt. Ihre 17-jährige Enkelin war es nicht minder, schon als sie bei ihrer Ankunft im Mai 1958 feststellte, dass im ersten Stock eine kleine Wohnung mit Namensschild an der Tür für sie bereit stand. Nach dem elitären Internat Salem am Bodensee bedeutete die Schule in der Kleinstadt mit ihrem ländlichen Einzugsbereich natürlich eine Umstellung, doch Roseli Oetker gewöhnte sich schnell ein und schloss Freundschaften. Alle durfte sie gerne mit nach Hause bringen. Die einzige Schwierigkeit für sie bestand im unterschiedlichen Lehrplan der

Schulsysteme. Im Land Schleswig-Holstein gab es in der Unterprima ein Vorabitur in Fächern, die im letzten Jahr abgegeben wurden, deren Noten aber im Abitur zählten. Um ein „Polster" für die Reifeprüfung zu haben, entschied sich das Mädchen für den sprachlichen Zweig, obwohl ihre Stärken auf naturwissenschaftlichem Gebiet lagen. Dass sie herausragend waren, gerade auf dem ureigensten Sektor der Familie Oetker, stellte im Vorabitur die außergewöhnliche Zensur „sehr gut plus" in Chemie unter Beweis.[320]

Als „liebevolle Erwartung" bezeichnete die Enkelin Roseli später die Haltung der Großmutter ihr gegenüber, wenn Käte Ahlmann sie unterstützte und aufbaute mit dem Zuspruch: „ Ich weiß, dass Du das kannst. Du schaffst das, Du bist doch meine Enkelin!" Bei aller Liebe, Leistung zählte. Ansonsten ver-

Ganz eng verbunden: Käte Ahlmann und ihre älteste Enkelin Roseli

hielt sich Käte Ahlmann gegenüber Roseli sehr großzügig. Sie durfte den Führerschein machen und fuhr dann an der Schule vor mit einer hellblauen Borgward Isabella, die weiße Ledersitze hatte. Großmutter und Enkelin verbrachten viel Zeit miteinander, sahen gemeinsam die Tagesschau im Fernsehen, tauschten sich über Bücher aus und führten ausführliche Wirtschaftsgespräche mit regelmäßiger Kontrolle der Aktienkurse. Ab April schwammen beide jeden Abend gemeinsam in der Obereider, gingen im Bademantel den Weg durch das Tor an der Wand der Fabrik entlang, in deren Efeu die Spatzen tschilpten. Als Roseli Oetker im Februar 1960 ihr Abitur ablegte, verdankte sie ein großes Maß der mit dieser Prüfung festgestellten Reife dem fast zweijährigen Zusammenleben mit ihrer Großmutter.

Planungen

Juliane Jebsen kam mit dem fünfjährigen Hans-Julius am 9. September 1957 nach Uetersen, um dort an der Feier des zehnjährige Bestehen der Firma Ahlmann-Keramik KG teilzunehmen, die ihr verstorbener Mann gegründet hatte, und deren Komplementärin sie war. Glückwünsche erhielten Mutter und Sohn nicht nur von Betriebsleiter Möller, sondern auch von Prokurist Friedrich Sensen. Bei der Keramik KG wurden seit Beginn der Fertigung vornehmlich Ofenkacheln für die Fabrikation der Carlshütte hergestellt.[321] Nun plante Käte Ahlmann dort in Uetersen eine weitere Anlage. Ganz in der Nähe der Keramik KG kaufte sie im Juni 1957 ein größeres Industriegelände, um ein Werk für Metallverarbeitung zu errichten und dazu in Verbindung mit der Carlshütte ein Programm zur Entwicklung und Produktion von Warmluftheizungen aufzubauen. Die Firma wurde am 1. April 1959 gegründet, blieb jedoch ohne Profil.[322]

Mit ihrem Erben Hans-Julius auf der Ahlmann-Carlshütte

Genau einen Monat später, mit Wirkung vom 1. Mai 1959, erwarb Käte Ahlmann die Eisengießerei Hermann Michaelsen in Hamburg-Altona. Das Unternehmen hatte die Rechtsform einer Kommanditgesellschaft mit ihr als persönlich haftender Gesellschafterin und ihrer Tochter Dr. Marlene Halhuber-Ahlmann als Kommanditistin. In zwei Gutachten war ihr vom Kauf abgeraten worden. Nach der technischen Expertise mussten innerhalb kürzester Zeit bis zu einer Million DM investiert werden, damit sich die veraltete Gießerei in Qualität und Leistung in Zukunft behaupten könne.[323] Misslich wirkte sich als weiterer negativer Einfluss die wirtschaftliche Krise im Schiffbau und der Handelsschifffahrt aus, da die Firma von den Aufträgen der Werften abhängig war.[324] Die Reederei Translanta war davon ebenfalls betroffen. Die Firma wurde für erloschen erklärt und das Vermögen einschließlich der Schulden übernahm im Dezember 1959 die Ahlmann-Carlshütte KG.[325]

Käte Ahlmanns Konzept ging dahin, jedem ihrer Enkel aus der Linie ihrer Tochter Marlene eine Firma zu überlassen, damit das Stammwerk, die Carlshütte, ohne weitere Erbansprüche an Hans-Julius übergehen konnte und er nicht zu ruinösen Ausgleichszahlungen gezwungen war.[326] Doch die Finanzierung ihrer missglückten Planungen ging zu Lasten des Stammwerks, das zwar in dieser Phase noch leistungsfähig genug war, doch bereits Einbußen hatte hinnehmen müssen. Der Auftragsbestand der Ahlmann-Carlshütte an Gießereierzeugnissen hatte 1958 gegenüber 1955 einen Rückgang von einem Drittel zu verzeichnen, wie es in einem Bericht an die Industrie- und Handelskammer Kiel hieß. Da das allgemein katastrophale Ofen- und Herdgeschäft sich ebenfalls auswirke, habe die Firma in letzter Zeit Entlassungen von 500 Arbeitskräften vorgenommen. 1959 ging es zwar auf Grund des verstärkten Wohnungsbaues wieder aufwärts, doch es gab Anpassungsschwierigkeiten an den Strukturwandel vom Kohleherd zum automatischen Heizgerät. Der Export war leicht steigend. Badewannen der Ahlmann-Carlshütte gingen in alle Länder der Erde, mit Ausnahme der Ostblockstaaten.[327]

Wenn sie auch die Vorhaben Uetersen und Michaelsen in autoritärer Form durchgesetzt hatte, konträr zu den Ratschlägen ihres erfahrenen Wirtschaftsprüfers und ihrer Führungsspitze in der Firma, auf anderem Gebiet wirkte sich Käte Ahlmanns zupackendes, pragmatisches Handeln positiv aus. Es gelang ihren energischen Bemühungen, in Zusammenarbeit mit Otto Ahlmann vom Gut Sehestedt und Theo Valentiner in Sonderburg, vorerst „das kleine Familienheiligtum" in Gravenstein im Besitz der Familienstiftung Dr. Wilhelm Ahlmann zu halten.[328] Sie hatte aus verschiedenen Gründen gegen den geplanten Verkauf protestiert, vor allem aus dem der Pietät. Im „Haus Steinburg" war ihr Mann Julius 1931 gestorben, ihr Schwiegervater Johannes Ahlmann hatte mit aller Liebe an dem Herkunftsort der Familie gehangen. Und dann hatten 1954 die Gemeinde und der Schleswig-Holsteinische Heimatbund Büdelsdorf die Patenschaft für die deutsche Minderheit in Gravenstein übernommen, wo im Jahr darauf ein „Deutsches Haus" eingeweiht wurde.[329] Erst 1976 gingen „Haus Steinburg" mit dem anliegenden Gelände in den Besitz der Kommune Gravenstein über, die ein Sport- und Kulturzentrum mit Bibliothek und den „Ahlmannparken" einrichtete.[330]

Glanz und Ehren

Die letzten Jahre Käte Ahlmanns gestalteten sich in einer Form, die in gewisser Weise einer Apotheose, einer Verklärung, gleich kam. Vor allem im Rahmen ihrer Präsidentschaft bei der Vereinigung von Unternehmerinnen und der Vorstandstätigkeit des Weltdachverbandes „Femmes Chefs d'Entreprises Mondiales" stand sie als führende Persönlichkeit zunehmend im starken Licht der Öffentlichkeit. Doch dieser Glanz bildete nur den Teil eines wahren Kaleidoskops von Anerkennungen, Würdigungen, Auszeichnungen und Ehrungen, die der Büdelsdorfer Unternehmerin von verschiedensten Seiten entgegen gebracht wurden. Für sie bezeichnend, nahm die Käte Ahlmann jener späteren Lebenszeit es gelassen, fast in Abgeklärtheit hin. „Ach Kind, man muss nur alt genug werden", ernüchterte sie die Enkelin Roseli, die voller Begeisterung auf die Verleihung des Großen Bundesverdienstkreuzes an ihre Großmutter reagiert hatte.[331]

Chronologisch begann die Reihe der Auszeichnungen mit der Ernennung zum Ehrenmitglied der Arbeitsgemeinschaft Selbständiger Unternehmer, aus deren Vorstand Käte Ahlmann 1958 nach achtjähriger Tätigkeit ausschied. „In der Geschichte des selbständigen Unternehmertums der Nachkriegszeit ist Käte Ahlmann nicht wegzudenken. Überall dort, wo sie eingriff, hat sie die Dinge mitgestaltet und ihren Namen eingeprägt", würdigte der ASU-Vorsitzende Adolf Groneweg die „edle, willensstarke Frau, erfüllt von ihrer unternehmerischen Aufgabe."[332] In die ihr vertrauten einflussreichen Kreise nahe des politischen Geschehens in Bonn blieb Käte Ahlmann indes auch weiterhin integriert. Von 1957 bis zu ihrem Tod gehörte Käte Ahlmann dem Kuratorium des Deutschen Industrieinstituts an, die bildungs- und gesellschaftspolitische „Stabsstelle" für Unternehmen und Wirtschaftsverbände.[333]

Sicherlich hatte es einen besonderen Reiz, dass der schleswig-holsteinische Ministerpräsident Kai-Uwe von Hassel, als Onkel des kleinen Hans-Michael Jebsen zur erweiterten Familie zählend, Käte Ahlmanns am 3. Oktober 1960 das Große Bundesverdienstkreuz des Verdienstordens der Bundesrepublik Deutschland überreichte. Sie war die erste Frau, die mit dieser hohen Ordensklasse ausgezeichnet wurde. Bundespräsident Heinrich Lübke würdigte mit dieser Verleihung die außerordentlichen Verdienste der Büdelsdorfer Unternehmerin um die wirtschaftliche Entwicklung des Landes Schleswig-Holstein und damit um die Gesamtwirtschaft der Bundesrepublik.[334] Die hohe Auszeichnung, begleitet von Glückwünschen aus nah und fern, war Anlass für eine umfassende überregionale Berichterstattung über Leben und Werk der „Grande Dame" der westdeutschen Unternehmerinnen, wie der Titel allgemein aufgegriffen wurde, den ihr die amerikanischen Zeitschrift „Fortune" zuerkannt hatte. „Bestechende Souveränität, ohne auf weiblichen Charme zu verzichten",

Der schleswig-holsteinische Ministerpräsident Kai-Uwe von Hassel zeichnet Käte Ahlmann mit dem Großen Bundesverdienstkreuz aus. Die Verleihung findet in ihrem eigenen Haus und in Anwesenheit ihrer engsten Familienangehörigen statt

zeichnete „Die Welt" anlässlich der Ordensverleihung ein eindrucksvolles Porträt Käte Ahlmanns.[335]

Auf die fällige nächste große Feier anlässlich ihres 70. Geburtstages am 5. Dezember 1960 verzichtete die Jubilarin und verbrachte die Tage mit Familienangehörigen und ihren alten Pensionatsfreundinnen in Venedig. Den Mitarbeitern ihres Werks hatte sie geschrieben: „Liebe Hüttenangehörige, ich möchte gern, dass Sie am 5. Dezember ein wenig an mich denken. Es werden Ihnen zu meinem Geburtstag Gutscheine ausgehändigt, damit Sie etwas mit mir feiern können." Zugleich teilte Käte Ahlmann mit, dass sie „aus Anlaß und zum Gedenken meines Altersjubiläums" hinter dem Hollerdenkmal ein Haus erstellen wollte für alles, was in den 130 Jahren seit dem Bestehen der Carlshütte dort angefertigt wurde, und was darüber hinaus die Leiter des Werks an Kunstguss und Schmiedeeisen zusammen getragen hatten.[336] Das Museumsgebäude, ein Atriumbau mit Innenhof, wurde in den folgenden beiden Jahren fertiggestellt. Die vollständige Ausstattung sah Käte Ahlmann allerdings nicht mehr. Die Einweihungsfeier des Eisenkunstgussmuseum der Ahlmann-Carlshütte KG fand an ihrem 73. Geburtstag statt, am 5. Dezember 1963, ein halbes Jahr nach ihrem Tod.[337]

Am 15. Januar 1961 erschien die „Büdelsdorfer Rundschau" mit einem halbseitigen Luftbild der Carlshütte als „Sonderdruck anlässlich der Verleihung der Ehrenbürgerschaft der Gemeinde Büdelsdorf an Frau Julius Ahlmann". Der Festakt fand als öffentliche Sitzung der Gemeindevertretung statt. Bürgervorsteher Arthur Lechner (SPD) überreichte nach einer sehr persönlichen Ansprache die ausführlich gefasste Ehrenurkunde „In Würdigung hoher Verdienste" mit einer Darstellung der Leistungen Käte Ahlmanns, die hervorhob: „In Anerkennung ihres Wirkens und der überragenden Bedeutung des Werkes für die Entwicklung unserer Heimatgemeinde blickt die Büdelsdorfer Bürgerschaft voll Stolz und Achtung auf Frau Julius Ahlmann. Dem Unternehmergeist und weltweiten Wirken der Inhaberin und Leiterin der Ahlmann-Carlshütte, die dem deutschen Volk und Vaterland weit über seine Grenzen hinaus zur Ehre gereichen, gebührt der Dank der Gemeinde Büdelsdorf. Zum Zeichen dessen ernennt ihre Bürgerschaft sie durch die Gemeindevertretung zur Ehrenbürgerin. Büdelsdorf, den 12. Januar 1961."[338]

In grünes Leder gebunden und dieses Mal auf ihren eigenen Namen ausgestellt war die Urkunde, die Käte Ahlmann am 22. März 1962 im Hamburger Hotel Atlantic, „unter begeisterter Zustimmung" von 200 deutschen Unternehmerinnen, anwesend auch die FCEM-Präsidentin Yvonne Edmond Foinant und Vertreterinnen von vier europäischen Sektionen, aus den Händen von Dr. Lily Joens erhielt, ihrer an diesem Tag gewählten Nachfolgerin. „In Würdigung ihrer hervorragenden Leistungen und außerordentlichen Verdienste für unsere Vereinigung und das Ansehen der unternehmerisch tätigen Frau in der Öffentlichkeit" wurde Käte Ahlmann die Ehrenpräsidentschaft verliehen.[339]

In der vorangegangenen Ansprache von Marianne Busch, die im Vorstand seit den Anfängen der Vereinigung von Unternehmerinnen Wegbegleiterin war, kamen Worte voller Herzlichkeit und Wärme zum Tragen, eine Wiedergabe dessen, das Käte Ahlmann den ihr freundschaftlich verbundenen Frauen gegeben hatte: „Ihre Liebe zur Natur, Ihre Freude an der Musik, Ihre Begeisterung für die Kunst und Literatur ganz allgemein, Ihr Interesse für alle menschlichen Probleme und Zusammenhänge, sind nicht allein das Rezept für Ihr von Erfolgen gekröntes Leben, sondern Ihre Persönlichkeit wurzelt auch in der Harmonie von Mut, Entschlossenheit, Tatkraft, Unternehmungsgeist, und vor allen Dingen menschlicher Güte und Aufgeschlossenheit gegenüber dem Nächsten."[340]

Nachdem Käte Ahlmann im Herbst 1958 das Amt als Präsidentin wieder übernommen hatte, war bei der Vereinigung von Unternehmerinnen wieder eine gewisse Stabilität eingekehrt, und die unterbrochene Aufwärtsentwicklung setzte erneut ein. In enger Zusammenarbeit mit Yvonne Foinant wurde vor allem die Öffentlichkeitsarbeit intensiviert und das Erscheinungsbild der Unternehmerin vom Klischee „teurer Pelzmäntel und mehrreihiger Perlenketten" befreit.[341] Und dann setzte sie einen viel beachteten Akzent der VvU-Arbeit mit ihrer Forderung an die deutschen Kultusminister, Frauen und Mädchen die Ausbildung zum Ingenieurberuf zu öffnen und über seine Möglichkeiten zu informieren. Viele technische Begabungen lägen aus Unkenntnis brach. Dabei sei der Mangel an Ingenieuren in Deutschland gravierend. Käte Ahlmann sprach mehrmals über dieses Thema, so beim FCEM-Kongress Anfang Juni 1961 in Bordeaux.[342]

Schwiegertochter Juliane strahlend beim Kongress der Unternehmerinnen 1961 in Bordeaux

Ihre Nachfolge bei der Vereinigung von Unternehmerinnen war wohl geordnet. Dr. Lily Joens, eine promovierten Historikerin, die nach dem Tod ihres Mannes eine Fabrik in Düsseldorf für wärmetechnische Messgeräte mit 900 Beschäftigten leitete und schon länger in Wirtschaftsgremien und sozialpolitischen Verbänden arbeitete, hatte nach Käte Ahlmanns Überzeugung die notwendigen

Führungsqualitäten. In ihr Amt als Stellvertreterin wählten die VvU-Mitglieder in Hamburg Dr. Marlene Halhuber-Ahlmann.[343] In mehreren Sprachen sicher und auch mit großem Interesse an der Arbeit der Unternehmerinnen, war die Tochter nicht nur der Mutter als deutscher Präsidentin bei den Kontakten mit den ausländischen Schwesterorganisationen sehr hilfreich gewesen, sondern hatte auch für sich selbst einen neuen Wirkungskreis gefunden. Außerdem erweiterte die Ärztin die Vortragsfolgen beim VvU thematisch um Zusammenhänge von Gesundheit und Ernährung.[344]

„Ein so erfülltes Leben ..."

Käte Ahlmann hatte sich während des ganzen Frühjahrs 1963 krank gefühlt. Ihre Tochter Marlene war zwischen Ostern und Pfingsten bei ihr und erlebte mit, wie sich in zwei- bis dreiwöchigen Abständen Fieberattacken wiederholten, die ihre Mutter ans Bett fesselten. Die 72-jährige war noch geschwächt von einer schweren Grippe im Winter, als sie durch eisige Temperaturen beim Hüttenfest am 19. April einen Rückfall bekam, der ihr schon angegriffenes Herz sehr belastete. Zwar war Käte Ahlmann, wenn sie sich etwas besser fühlte, immer wieder aufgestanden, hatte auf Kontor, Heidberg, Friedhof und Garten nach dem Rechten gesehen, doch sie stimmte schließlich einer längeren, Wochen dauernden Behandlung durch ihren Schwiegersohn Prof. Max Halhuber, einem anerkannten Herzspezialisten, in seiner Innsbrucker Klinik zu. Dr. Marlene Halhuber-Ahlmanns Eintrag in das Heidberg-Gästebuch, in dem sie diese letzte Zeit mit ihrer Mutter festhielt, schildert in sehr eindringlichen Worten, wie Käte Ahlmann, wie in einer Vorahnung, alles aufräumte und ordnete und dann sehr schwer von ihrem Haus Abschied nahm.[345]

Der Enkel Hans-Julius, inzwischen elf Jahr alt, sollte am Mittwoch nach Pfingsten die Großmutter mit dem Fahrer Schmidt nach Hamburg an den Zug bringen. Käte Ahlmann wollte unbedingt allein reisen. Vierzig Jahre später beschäftigte ihn dieser letzte Eindruck: „Ich erinnere mich an ein paar Bilder des Abschieds, wenn auch nicht wirklich lebendig. Aber wie muss Käte Ahlmann gefühlt haben, wohl vage das Ende vor Augen, sich von ihrem Enkel verabschiedend, ihrem Erben, ihrem Nachfolger, der dort auf dem Perron zurück blieb. Ganz dunkel ist mir, als hätte ich extra ein Taschentuch zum Winken mitbekommen und es auch so eingesetzt."[346] Das war am 5. Juni 1963.

In München wurde Käte Ahlmann abgeholt, berichtete die Tochter weiter, und bei großer Hitze nach Innsbruck in das Sanatorium der Barmherzigen Schwestern an der Kettenbrücke gebracht, an dem Professor Halhuber tätig war. „Dort kämpft Max mit dem so sehr geschwächten, auf keine Mittel mehr reagierenden Herzen.

Subjektiv erholt sich Mutter ein wenig, schluckt rührend Mittel um Mittel gegen den nicht einwandfrei zu lokalisierenden Entzündungsherd." Besucht und umsorgt wurde Käte Ahlmann auch von den Enkelkindern. Roseli, die an der Universität Innsbruck Volkswirtschaft studierte, hatte gerade ihren zukünftigen Mann kennen gelernt und wollte ihn der Großmutter gerne zeigen, doch diesen Wunsch erfüllte sie ihr nicht: „Ach nein, Kind, nicht, wenn ich im Bett liege."[347]

Am 12. Juni diktierte Käte Ahlmann ihrer Tochter Marlene einen Brief an die Schwester Linu Pagenstecher: „Der Garten unten etwa Stil Leutesdorf, von Mädchen des Hauses und Knaben des Klosters betreut, liegt sehr wohltätig vor meinen Augen, rechts der stürmische Inn. Hier behandelt Max vor allem das unruhige Herz, keine Sache von heute auf morgen. Marlene und die Kinder rührend. Seid bedankt für alle Freundlichkeiten und Güte in meiner Krankheitszeit. Sei herzlich umarmt." Am frühen Morgen des 15. Juni 1963, einem Sonnabend, es war sehr abgekühlt und auf den umliegenden Bergen lag Schnee, traf Professor Halhuber seine Schwiegermutter frisch und zuversichtlich an. Um 10.30 Uhr starb Käte Ahlmann.[348]

Die Trauerfeier fand am darauf folgenden Freitag, dem 21. Juni, um 14.45 Uhr in einer großen Werkshalle der Ahlmann-Carlshütte statt. Nach der Predigt von Propst Bielfeldt folgten Gedenkreden auf die Verstorbene, die ihr Leben und Werk würdigten. Für die Familie Ahlmann sprach der Schwager Dr. Carl Wuppermann. Er hatte seine spontanen Gefühle und Erinnerungen, die er bei der Todesnachricht aus Innsbruck empfand, für seine Nichte Marlene niedergeschrieben: „[...] dass Du in dieser Nacht nach Rendsburg gefahren bist und in das Haus hinein kommst und die Seele spürst, die ihm das Leben gab, und von der soviel Gütigkeit, Liebe und Fürsorge ausstrahlte. Ein so erfülltes Leben [...] Sie war 15 Jahre, als wir uns ken-

Der Trauerzug Käte Ahlmanns am 21. Juni 1963, voran die Hüttenkapelle

nen lernten. Ich erlebte sie in ihrem großen Glück und in ihrem vielen Leid. Alles erlebte sie mit weitem Herzen. Es konnte herb sein; was weich war in ihm, drückte sich im Tun für andere mehr als in Worten aus. Wenn aber der Abschiedsschmerz stiller geworden ist, wird er übertönt werden vom tiefen Dank für ihre Güte."[349]

Unter Vorantritt der Hüttenkapelle führte der Trauerzug hinter dem von zwei Pferden gezogene Wagen, auf dem der von der Reedereiflagge bedeckte Sarg lag, durch das Werk. Die 3.000 Mitarbeiter bildeten ein Ehrenspalier. Der elfjährige Hans-Julius Ahlmann trug das Kissen mit dem Großen Bundesverdienstkreuz. Der Weg ging dann auf der Bundesstraße an den Werkshallen entlang, am Julius-Ahlmann-Heim und den Hüttenhäusern bis zur Büdelsdorfer Gemeindegrenze. Anschließend wurde der Sarg mit den sterblichen Überresten Käte Ahlmanns zur Einäscherung nach Kiel gefahren. Eine Epoche war zu Ende gegangen.[350]

Käte Ahlmanns ist inzwischen eine Gestalt der Landesgeschichte. Ihre Bedeutung trat sichtbar hervor, als 1991 das Titelbild des Biographischen Lexikons für Schleswig-Holstein und Lauenburg das Porträt der Büdelsdorfer Unternehmerin zeigte.[1] Zudem wurde Käte Ahlmann unlängst in den illustren Kreis von 33 Persönlichkeiten eingereiht, denen während der drei Jahrhunderte auf „Schleswig-Holsteins Weg durch die Moderne" historische Bedeutung zugemessen wird. Diese Wertung stellt die Inhaberin der Ahlmann-Carlshütte in eine elitäre Gemeinschaft, auf eine Ebene mit deutschen Größen wie den Dichtern Friedrich Hebbel und Theodor Storm, den Nobelpreisträgern Theodor Mommsen, Max Planck, Thomas Mann und Willy Brandt. Doch während sie gebürtige Schleswig-Holsteiner waren, hatte Käte Ahlmann ihre Wurzeln an Rhein und Mosel. Im Land zwischen den Meeren fühlte sie sich lange fremd. Erst die Vierzigjährige beschloss, endgültig dort zu bleiben. In den folgenden drei Jahrzehnten wurde Käte Ahlmann zu einer der „ungewöhnlichsten Unternehmerpersönlichkeiten Schleswig-Holsteins".[2]

Dabei hatte ihr Leben anfangs einen durchaus normalen Verlauf genommen, wie es um die vorige Jahrhundertwende einer Tochter höheren Bürgertums vorgezeichnet war. Die standesgemäß passende Ehe mit einem Fabrikantensohn aus angesehener Familie, der ab 1919 die traditionsreiche „Holler'sche Carlshütte bei Rendsburg" leitete, führte die junge Kölnerin in den hohen Norden Deutschlands. Wenn die Großstädterin zwar die provinzielle Enge als bedrückend empfand und sie ihr häufig zu entkommen suchte, auch die zurückhaltende Mentalität der Menschen nicht ihrem Wesen entsprach, füllte sie aber mit Kompetenz die gesellschaftlichen Aufgaben einer Ehefrau in führender sozialer Stellung aus. Vier Kinder, darunter zwei Söhne als Gewähr für die Fortsetzung der dynastischen Folge auf der Carlshütte, komplettierten die mit Status und Vermögen angenehm ausgestatteten Lebensverhältnisse.

Für Käte Ahlmann galten jedoch ganz andere Dimensionen als die für Frauen ihres Standes üblichen. Über welche innere Stärke sie verfügte, erwies sich beim Tod der Tochter im Jahr 1924. Diese Substanz, die enorme Tragfähigkeit verlieh, ließ sie härteste Schicksalsschläge aushalten und setzte in ihr bemerkenswerte Kräfte frei. Als ihr Mann 1931 starb, erzwang sie den Eintritt in die Firmenleitung, um Platzhalterin für die Söhne zu sein. Im Unterschied zu Unternehmerwitwen in gleicher Situation beschränkte sich Käte Ahlmann aber keineswegs auf diese Funktion. Die Mehrheitsaktionärin nahm die Möglichkeit neuer Regelungen durch die nationalsozialistische Gesetzgebung wahr und brachte 1937 das große, traditionsreiche Eisenwerk in den Besitz der Familie. 1941 übernahm sie die uneingeschränkte Herrschaft über die entsprechend in Ahlmann-Carlshütte umbenannte Firma. In der Männerwelt des Zweiten Weltkriegs führte die Unternehmerin den Rüstungsbetrieb selbstbewusst, kompetent und pragmatisch orientiert durch bewegte Zeiten.

Nach Kriegsende verwirklichte Käte Ahlmann mit ihren Söhnen weitgreifende unternehmerische Projekte, beteiligte sich maßgeblich an der politischen und wirtschaftlichen Neugestaltung des

Landes Schleswig-Holstein und nahm großen Einfluss auf die kommunalen Entwicklungen in der umliegenden Region. Auf Bundesebene konnte sich die erfolgreiche Unternehmerin, meist die einzige Frau in den Verbandsgremien der Industrie, nicht nur behaupten, sondern Meinung und Anliegen mühelos durchsetzen. Sie nutzte Kontakte und Verpflichtungen ihr gegenüber, um wesentliche Vorhaben zu fördern und zu realisieren, nicht nur auf wirtschaftlichem Sektor, sondern in gleicher Weise in den Bereichen Bildung und Kultur.

Eine der wesentlichen Aufgaben ihres letzten Lebensjahrzehnts waren ab 1954 der Aufbau und die Etablierung der „Vereinigung von Unternehmerinnen". Als Gründerin und langjährige Präsidentin schuf Käte Ahlmann ein Frauennetzwerk, das intern auf Weiterbildung, Erfahrungsaustausch und Unterstützung ausgerichtet war und von außen bald als einflussreicher Interessenverband wahrgenommen wurde. Im Zuge der westeuropäischen Integration der Bundesrepublik hatten die deutschen Unternehmerinnen wegen ihrer engen Anbindung an die Dachorganisation „Femmes Chefs d'Entreprises Mondiales" eine wichtige Funktion. Durch gemeinsame Ziele und persönliche Kontakte konnten Vorbehalte abgebaut und Verständigung herbeigeführt werden, eine Konstellation, die in dieser Phase hohe politische Bedeutung besaß.

Für ihre Verdienste und ihr Lebenswerk erhielt Käte Ahlmann zahlreiche Ehren und Auszeichnungen. Als sie 1963 starb, war der von ihr als Erbe bestimmte Enkel erst elf Jahre alt. 1974 ging das Unternehmen in Konkurs. Das Werk bestand noch bis 1997, als der Gießereibetrieb 170 Jahre nach seiner Gründung endgültig aufgegeben wurde.[3] Damit fand ein langes und bedeutendes Kapitel schleswig-holsteinischer Industriegeschichte seinen Abschluss.

Zu diesem Zeitpunkt entfalteten sich auf dem Nachbargelände an der Obereider zunehmend Aktivitäten und Wachstum der ACO Severin Ahlmann, die bereits ein fünfzigjähriges Jubiläum hatte begehen können.[4] Ende 1946 als Betonwerk von Severin Ahlmann, dem jüngsten leitenden Mitinhaber der Ahlmann-Carlshütte, gegründet, hatte sich die Firma ab Mitte der siebziger Jahre zu einer internationalen Unternehmensgruppe entwickelt.

Das Unternehmen, das seit den achtziger Jahren von Hans-Julius Ahlmann geleitet wird, ist mit inzwischen gut 70 Gesellschaften auf 26 Fertigungsstandorten in zwölf Ländern vertreten. Zwei Drittel des Umsatzes von über 500 Millionen Euro im Jahr 2006 erzielte die ACO-Unternehmensgruppe im Ausland. Von den insgesamt 3400 Konzernmitarbeitern sind 1200 in Deutschland tätig, davon 300 am Hauptsitz in Büdelsdorf mit der Anschrift „Am Ahlmannkai".[5]

Dort am Ufer der Obereider, nahe einem Liegeplatz alter Segelschiffe, steht seit 1993 die sieben Meter hohe Skulptur des „Offa" von Peter Niemann. Das überdimensionale Schwert symbolisiert den aussichtslos erscheinenden, aber überraschend siegreichen Kampf des Angler Königssohns gegen zwei Holsteiner Fürsten auf einer Eiderinsel, von dem eine bekannte Sage berichtet.[6] „Der Schwertträger mahnt uns, nicht im Mittelmaß stecken zu bleiben, sondern sich der bietenden Chancen würdig zu erweisen", heißt es wie eine Parole zum Abschluss einer neuen ACO-Informationsschrift.[7]

Die Ankunft von „Offa" markierte den Beginn vielfältiger kultureller Aktivitäten. Das Ende der Carlshütte mit der Gelegenheit, das Werksgelände zu erwerben, schuf neue Möglichkeiten.

Es entwickelte sich eine abwechslungsreiche „Kulturlandschaft": Ein Skulpturenpark ist ent-standen, der neben den kulturellen Veranstaltungen in den ehemaligen Werkhallen und der Wagenremise zu den Anziehungspunkten von „Kunst in der Carlshütte" (KiC) gehört, einer ge-meinsamen Initiative der ACO Gruppe sowie der Städte Büdelsdorf und Rendsburg. Mehreren tausend Besuchern wird jährlich die Begegnung mit moderner Kunst, Theater, Ballett, Musik und Literatur vermittelt. Den Höhepunkt des Veranstaltungskalenders bildet im Sommer die international besetzte „Nord Art", die künstlerische Arbeiten auf hohem Niveau zeigt.

Gegenüber dem Zugang zu den Veranstaltungsorten von „Kunst in der Carlshütte", in Nach-barschaft zum Holler-Denkmal, liegt an der Glück-Auf-Allee das Eisenkunstguss-Museum Bü-delsdorf, das Käte Ahlmann anlässlich ihres 70. Geburtstages gestiftet hat. Es wird von der Stadt Büdelsdorf unterhalten und gehört heute zur Stiftung Schleswig-Holsteinische Landesmuseen Schloss Gottorf.

Fortgeführt von der Familie wird eine weitere Initiative Käte Ahlmanns. Ihre älteste Enkelin Rosely Schweizer – Beirat im Familienkonzern ihres Vaters, der Bielefelder Holdinggesellschaft Dr. August Oetker KG – ist Vizepräsidentin des Verbandes deutscher Unternehmerinnen, den ihre Großmutter von 1954 bis 1962 geleitet hatte. Der VdU hat seit Jahren eine konstante Zahl von 1500 Mitgliedern und bietet jährlich ein breites Spektrum von über 300 Veranstaltungen an. Der in Berlin ansässige Wirtschaftsverband, international unter dem Dach der Vereinigung „Femmes Chefs d`Entreprises Mondiales", betreibt effektiv die politische Interessenvertretung der Unternehmerinnen, gleichzeitig sorgt er für Austausch und Übermittlung von Erfahrung und Fachwissen.[8]

Diese Anliegen hatte die erste Präsidentin Käte Ahlmann damals mit Nachdruck verfolgt und es war nur folgerichtig in Würdigung ihrer Verdienste, dass eine Stiftung ihren Namen trägt, deren Zweck die Unterstützung junger Unternehmerinnen ist. Das Projekt wurde 2001 von achtzehn Unternehmerinnen gegründet, darunter Rosely Schweizer, gemeinsam mit der ACO Severin Ahlmann GmbH & Co. KG und der Dr. August Oetker KG, sowie der Unterstützung des Ver-bandes deutscher Unternehmerinnen. Erfahrene und erfolgreiche Frauen aus der Wirtschaft ste-hen dem Nachwuchs als Mentorinnen in den Phasen der Existenzsicherung und des Wachstums beratend zur Seite.[9]

Käte Ahlmann hinterließ drei Enkel und vier Enkelinnen, die alle auf ihre Art das Leben gestal-ten und meistern. Allen eigen ist ein fester Bezug zur lang verstorbenen Großmutter, die lebhafte Erinnerung an sie, die ihre Nachkommen in vieler Hinsicht geprägt und motiviert hat. Insofern ist allein deshalb die Inschrift am Grabstein der Familie Ahlmann auf dem Büdelsdorfer Fried-hof zutreffend, wenngleich wohl nicht in erster Linie an sie gerichtet: „Unser Geist ist ein Fort-wirkendes von Ewigkeit zu Ewigkeit". Die Wahl und der Anspruch dieser Worte Goethes, als Gedenken an diesem allen zugänglichen Ort, sind zu messen an Geschichte und Gegenwart. Sie erscheinen berechtigt.

Lebensstationen

Gravenstein

Büdelsdorf
Rendsburg

Hamburg

Berlin

Köln
Bonn
Bad Godesberg
Andernach Leutesdorf
Koblenz
Traben-Trarbach
Niederreidenbacher Hof
Heidelberg

Zürich

Innsbruck

Genf

Auszug aus der Stammtafel

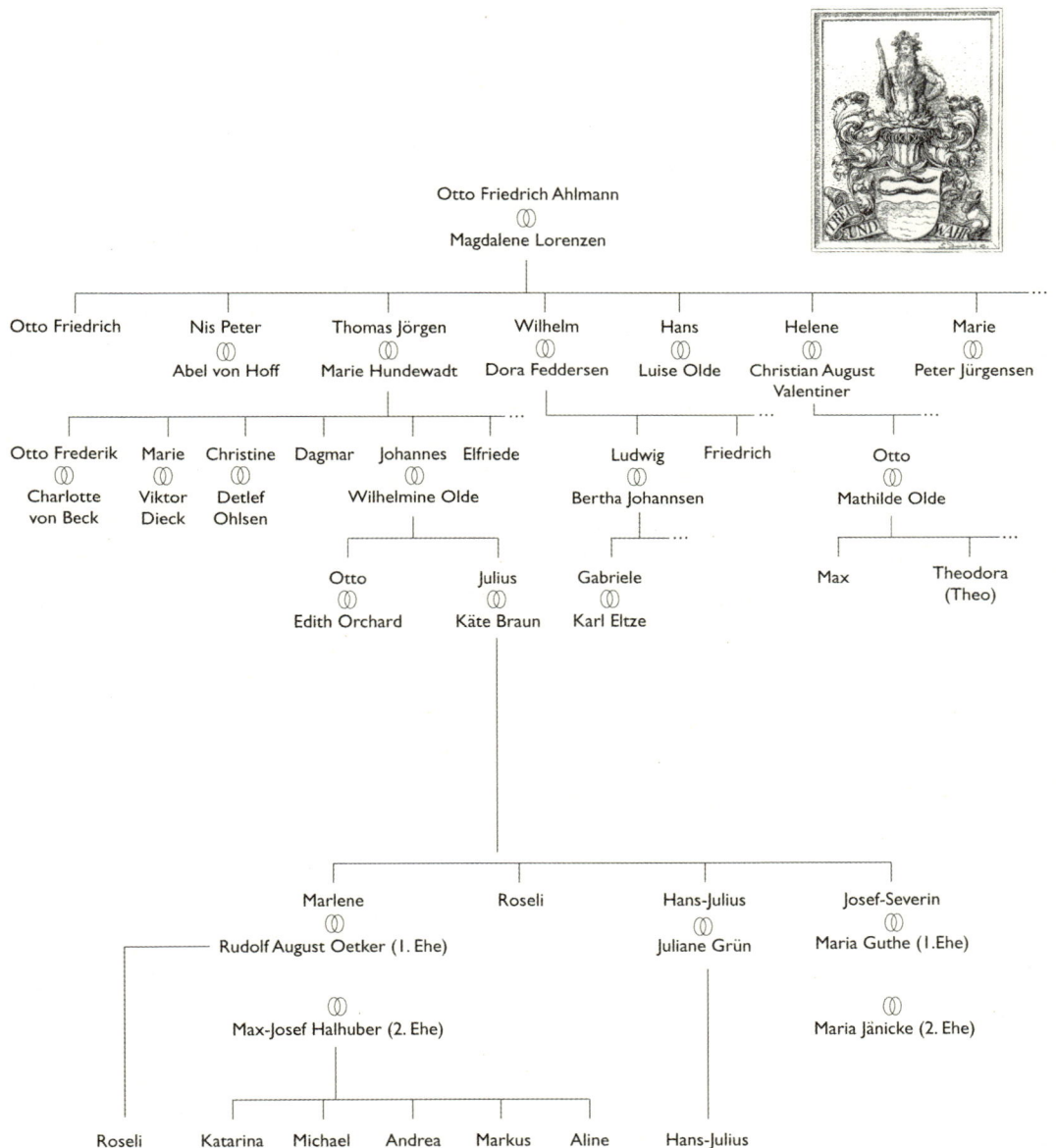

Otto Friedrich Ahlmann
⚭
Magdalene Lorenzen

...

| Otto Friedrich | Nis Peter ⚭ Abel von Hoff | Thomas Jörgen ⚭ Marie Hundewadt | Wilhelm ⚭ Dora Feddersen | Hans ⚭ Luise Olde | Helene ⚭ Christian August Valentiner | Marie ⚭ Peter Jürgensen |

...

Otto Frederik
⚭
Charlotte von Beck

Marie
⚭
Viktor Dieck

Christine
⚭
Detlef Ohlsen

Dagmar

Johannes
⚭
Wilhelmine Olde

Elfriede

Ludwig
⚭
Bertha Johannsen

Friedrich

Otto
⚭
Mathilde Olde

...

Otto
⚭
Edith Orchard

Julius
⚭
Käte Braun

Gabriele
⚭
Karl Eltze

...

Max

Theodora
(Theo)

...

Marlene
⚭
Rudolf August Oetker (1. Ehe)

Roseli

Hans-Julius
⚭
Juliane Grün

Josef-Severin
⚭
Maria Guthe (1. Ehe)

⚭
Max-Josef Halhuber (2. Ehe)

⚭
Maria Jänicke (2. Ehe)

Roseli   Katarina   Michael   Andrea   Markus   Aline

Hans-Julius

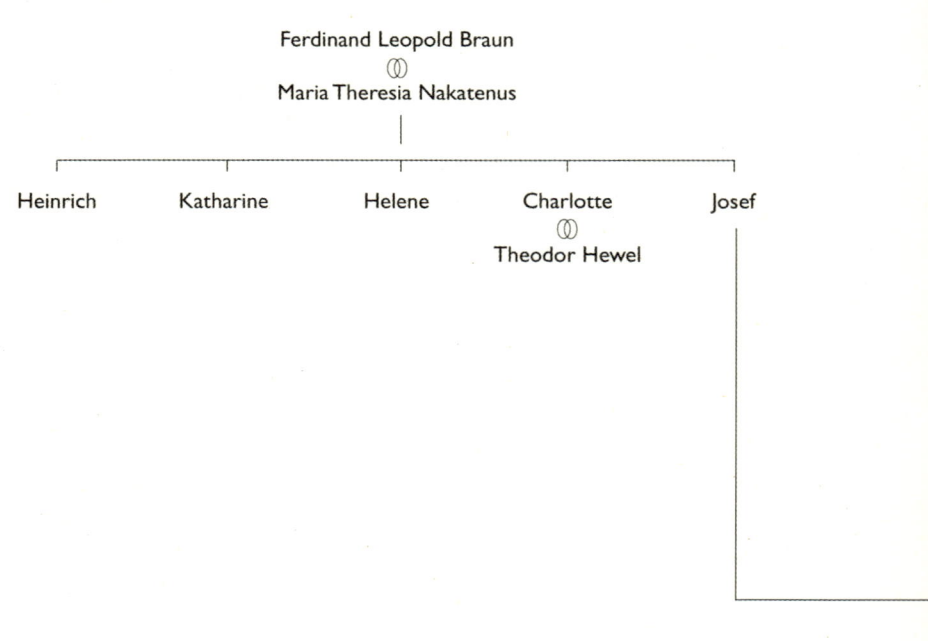

Ferdinand Leopold Braun
⟨⟨⟩⟩
Maria Theresia Nakatenus

Heinrich   Katharine   Helene   Charlotte   Josef

Theodor Hewel

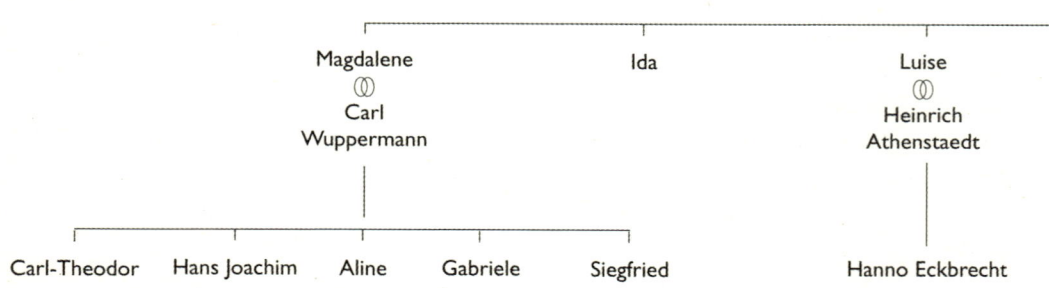

Magdalene   Ida   Luise
⟨⟨⟩⟩   ⟨⟨⟩⟩
Carl   Heinrich
Wuppermann   Athenstaedt

Carl-Theodor   Hans Joachim   Aline   Gabriele   Siegfried   Hanno Eckbrecht

Auszug aus der Stammtafel

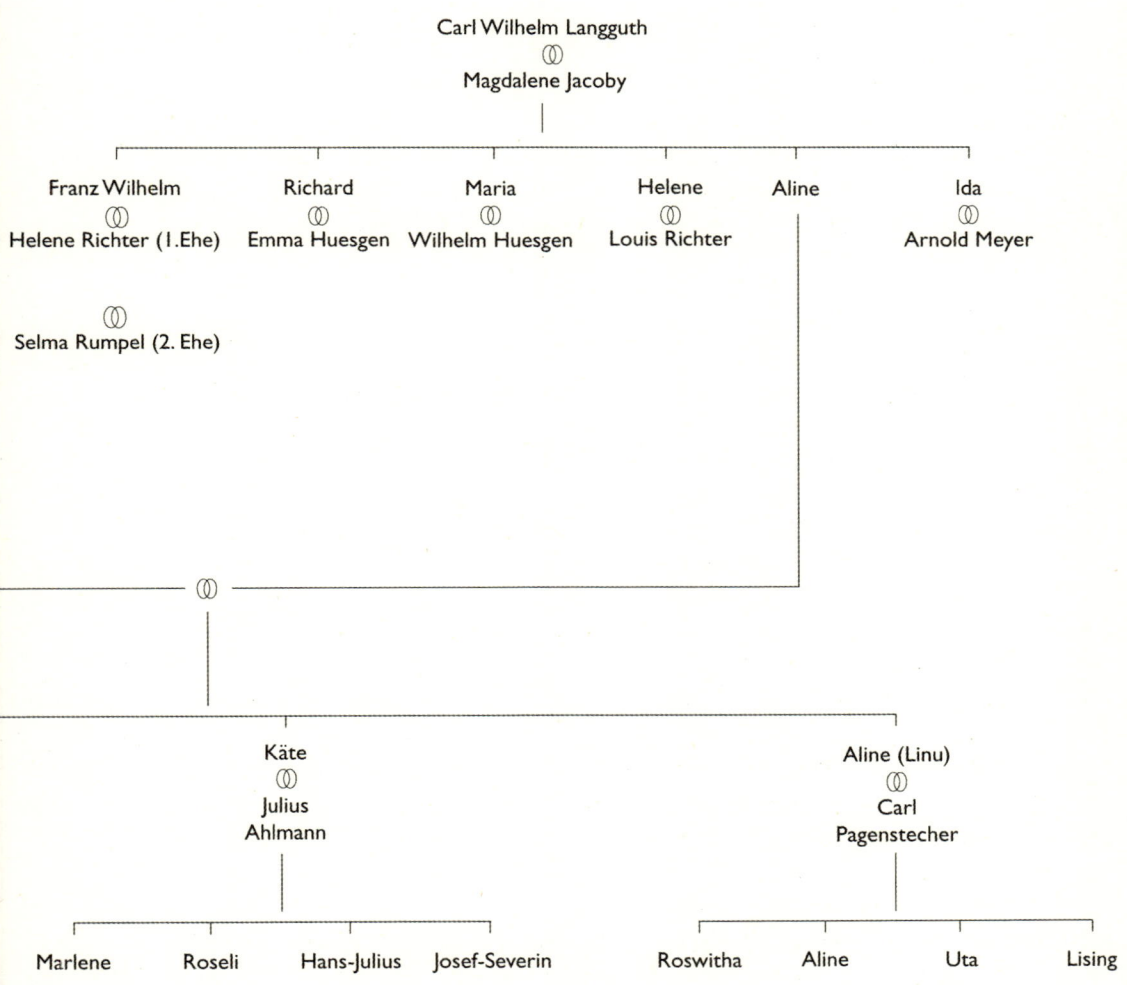

Carl Wilhelm Langguth
⊚
Magdalene Jacoby

Franz Wilhelm
⊚
Helene Richter (1.Ehe)

⊚
Selma Rumpel (2. Ehe)

Richard
⊚
Emma Huesgen

Maria
⊚
Wilhelm Huesgen

Helene
⊚
Louis Richter

Aline

Ida
⊚
Arnold Meyer

⊚

Käte
⊚
Julius
Ahlmann

Aline (Linu)
⊚
Carl
Pagenstecher

Marlene   Roseli   Hans-Julius   Josef-Severin

Roswitha   Aline   Uta   Lising

ABKÜRZUNGEN

Abt.	Abteilung
AfS	Archiv für Sozialgeschichte
Aufl.	Auflage
BA	Bundesarchiv
Best.	Bestand
Bd.	Band
BDC	Berlin Document Center
Bdl.	Bündel
Bl.	Blatt
Ders.	Derselbe
Dies.	Dieselbe
Diss.	Dissertation
ebd.	ebenda
GLA	Generallandesarchiv Karlsruhe
GStA	Geheimes Staatsarchiv
HA	Hausarchiv Ahlmann
HJR	Heimatkundliches Jahrbuch für den Kreis Rendsburg
hrsg.	herausgegeben
HStAD	Hauptstaatsarchiv Düsseldorf
KA	Käte Ahlmann
LAS	Schleswig-Holsteinisches Landesarchiv
o. A.	ohne Angaben
o. D.	ohne Datierung
o. O.	ohne Ortsangabe
Rep.	Repositur
RJ	Rendsburger Jahrbuch
Ms.	Manuskript
QFGSH	Quellen und Forschungen zur Geschichte Schleswig-Holsteins
StAH	Staatsarchiv Hamburg
StaHD	Stadtarchiv Heidelberg
StRD	Stadtarchiv Rendsburg
StAB	Stadtarchiv Büdelsdorf
SVKSH	Studien zur Volkskunde und Kulturgeschichte Schleswig-Holsteins
SWSSH	Studien zur Wirtschafts- und Sozialgeschichte Schleswig-Holsteins
Vgl.	vergleiche
ZSHG	Zeitschrift für Schleswig-Holsteinische Geschichte

ANMERKUNGEN

Anmerkungen zu Annäherung

1 Vermerk v. 2.5.1824: Johann Peter Eckermann, Gespräche mit Goethe in den letzten
   Jahren seines Lebens, Berlin 1922, S. 87.
2 Vgl. Judith Butler, Psyche der Macht. Das
   Subjekt der Unterwerfung, Frankfurt am
   Main 2001, S. 17.
3 Vgl. Franz-Josef Hannelen und Clemens Klünemann, Das Gewicht der Namen, Hamburg
   1993. – Wolfgang Laur, Der Name. Beiträge zur allgemeinen Namenskunde und ihrer
   Grundlegung: Beiträge zur Namenskunde
   Nr. 28, Heidelberg 1989, S. 157.
4 Geburtsurkunde Standesamt Köln 1, Jg.

1890, Nr. 6873.
5 1. Mose 2, 8.
6 Vgl. Helga Volkmann, Unterwegs nach Eden.
   Von Gärtnern und Gärten in der Literatur,
   Göttingen 2000, S. 11 f.
7 Die Karte mit diesem Spruch hatte Käte Ahlmann nach 1945 in ihrem Kontor angehef-
   tet (Handschriftliche Notiz von KA auf der
   Rückseite). – Aus dem XVII. Gesang, Des
   Priors Lehrsprüche: Friedrich Wilhelm Weber, Dreizehnlinden, 57. Aufl., Paderborn
   1893, S. 217.

Anmerkungen zu Kapitel 1: Käte Braun 1890-1913

1 Werner Schäfke, Köln. Zwei Jahrtausende
   Geschichte, Kunst und Kultur am Rhein,
   Köln 1998, S. 9 ff.
2 Gerhard Köbler, Historisches Lexikon der
   deutschen Länder. Die deutschen Territorien
   und reichsunmittelbaren Geschlechter vom
   Mittelalter bis zur Gegenwart, 5. Aufl., München 1995, S. 311.
3 Hans-Joachim Schoeps, Preussen. Geschichte
   eines Staates, Darmstadt 1981, S. 626.
4 Hiltrud Klier und Werner Schäfke, Die Kölner Ringe. Geschichte und Glanz einer Straße, Köln 1987, S. 14.
5 Die Stadt Cöln im ersten Jahrhundert unter
   Preußischer Herrschaft, hrsg. von der Stadt
   Cöln, 1. Bd., Teil 2, Cöln 1916, S. 250 f.
6 Klara von Eyll, Wirtschaftsgeschichte Kölns
   von Beginn der preußischen Zeit bis zur

Reichsgründung: Zwei Jahrtausende Kölner
   Wirtschaft, Bd. 2, hrsg. von Hermann Kellenbenz, Köln 1975, S. 177.
7 Max-Leo Schwering, St. Joseph in Köln-
   Braunsfeld 1915-1975. Die Geschichte einer
   Pfarrei, Köln 1975, S. 18.
8 Historisches Archiv der Stadt Köln, Best. 862
   „Efferen", Nr. 145, Bl. 11. Es handelt sich bei
   diesem Schriftstück um die Ersterwähnung
   von Braunsfeld.
9 Hans-Joachim Wuppermann, Brautbriefe
   1883. Geschichte einer Verlobung an der
   Mosel. Aus dem Leben eines rheinischen
   Richters, Düsseldorf 1987, S. 155.
10 Achim Krümmel, Wilhelm Nakatenus: Biographisch-Bibliographisches Kirchenlexikon,
   Bd. VI (1993), Sp. 445-446. – Vgl. Geistliche Lieder von Wilhelm Nakatenus, hrsg.

von Wilhelm Bremme, Köln 1903, S. 15.

11 Adressbuch für Cöln, Deutz und Mülheim am Rhein, sowie der Umgebung Cölns, 1841, S. 17, und 1865, S. 17.

12 Wirtschaftsgeschichte Kölns, S. 192.

13 Konrad Adenauer und Volker Gröbe, Lindenthal. Die Entwicklung eines Kölner Vororts, Köln 1987, S. 68.

14 Vortrag „Braunsfeld" von Dr. Max-Leo Schwering im Kölnischen Stadtmuseum v. 12.6.2002.

15 Anzeige im Stadt-Anzeiger der Kölnischen Zeitung v. 7.1.1892.

16 Schwering, St. Joseph, S. 53, S. 73.

17 Friedrich Zunkel, Kölner Unternehmer im Zeichen der Frühindustrialisierung – zur Unternehmertypologie: Kölner Unternehmer und die Frühindustrialisierung im Rheinland und in Westfalen (1835-1871), Ausstellungskatalog, hrsg. vom Rheinisch-Westfälischen Wirtschaftsarchiv zu Köln, Köln 1984, S. 7-16.

18 KA, Mein Vater Josef Braun, Ms. o. D., HA. – Aufzeichnungen von Linu Pagenstecher, geb. Braun, über ihre Familie an Mosel und Rhein, Ms., Hamburg 1968, HA, auch für die folgenden Ausführungen.

19 Vgl. Ahnenpaß des Hans-Julius Michael Ahlmann, S. 20, HA.

20 KA, Mein Vater, HA.

21 Hans-Peter Schwarz, Adenauer. Der Aufstieg 1876-1952, Stuttgart 1986, S. 77.

22 Konrad Hugo Jarausch, Deutsche Studenten 1800-1970, Frankfurt am Main 1984, S. 73.

23 Studiendaten aus der Personalakte Josef Braun, HStAD, Gerichte, Rep. 168, Nr. 35.

24 Lebenslauf Josef Braun, HStAD, Gerichte, Rep. 168, Nr. 35.

25 Wuppermann, S. 170 u. S. 291.

26 HStAD, Gerichte, Rep. 168, Nr. 34.

27 Preußisches Justizministerium v. 12.5.1877 u. v. 5.9.1877, HStAD, Gerichte, Rep. 168, Nr. 34.

28 KA, Mein Vater, HA.

29 Rechtspflege: Preußen. Zur Sozialgeschichte eines Staates, bearbeitet von Peter Brandt, Thomas Hofmann, Reiner Zilkenat, Berlin 1981, S. 195.

30 Bericht v. 13.7.1880, HStAD, Gerichte, Rep. 168, Nr. 34.

31 Bericht v. 13.7.1880, HStAD, Gerichte, Rep. 168, Nr. 34.

32 Richard Tilly, Vom Zollverein zum Industriestaat. Die wirtschaftlich-soziale Entwicklung Deutschlands 1834 bis 1914, München 1990, S. 52 f.

33 Susanne Pohler, Die evangelischen Kirchen in Traben-Trarbach und ihr Umfeld, Neuss 1997 (Rheinische Kunststätten 424), S. 4. – Vgl. Ines Wagemann, Jugendstil in Traben-Trarbach, Neuss 1988 (Rheinische Kunststätten 331), S. 3.

34 Erinnerungen an Carl Wilhelm Langguth haben die Enkel Carl Langguth, Helene Caspary, Käte Ahlmann, Luise Athenstaedt, Linu Pagenstecher und Magdalene Heidsieck aufgeschrieben.

35 Wuppermann, S. 154.

36 Köbler, S. 596.

37 Horst Rabe, Reich und Glaubensspaltung. Deutschland 1500-1600, München 1989 (Die neue Deutsche Geschichte Bd. 4), S. 300, 318. – Walter Bermich, Die Mosel, 2. Aufl., Köln 1976, S. 108.

38 Pohler, S. 3.

39 Das Leben des thüringischen Pfarrers Johannes Langguth von ihm selbst aufgezeichnet. Nach einer Handschrift aus dem Jahr 1665, hrsg. von Reinhard Buchwald, Leipzig 1907, S. 14.

40 Otto Th. Müller, Aus der Geschichte Traben-Trarbachs, Boppard 1962 (Veröffentlichungen der Arbeitsgemeinschaft für Landesgeschichte und Volkskunde im Regierungsbezirk Koblenz Bd. 3), S. 95 f.

41 Bermich, S. 112 f.

42 Helene Caspary, Carl Wilhelm Langguth, Ms. o. D., HA.

43 Caspary, Carl Wilhelm Langguth, HA.

44 Carl Langguth, Erinnerungen des Enkels, Manuskript o. A., HA.

45 Caspary, Carl Wilhelm Langguth, HA.

46 Luise Athenstaedt, Der Niederreidenbacher Hof, Privatdruck, o. A., HA. – Vgl. Alfred Merz, Weierbach. Beiträge zur Geschichte des Dorfes: Mitteilungen des Vereins für Heimat-

kunde im Landkreis Birkenfeld, Sonderheft 13 (1966), S. 170 f. – Uwe Annhäuser, Der Niederreidenbacher Hof: Heimatkalender des Landkreises Birkenfeld 1990, S. 126-130.

47 Klaus Eberhard Wild, Idar-Oberstein. Die Stadt der Edelsteine und des Schmucks, Idar-Oberstein 1991 (Museum Idar-Oberstein Bd. 8), S. 87 f.

48 Caspary, Carl Wilhelm Langguth, HA.

49 KA, Erinnerungen an Großvater Carl Wilhelm Langguth, Ms. v. 30.4.1951, HA.

50 § 184 des „Allgemeinen Landrechts für die preußischen Staaten" von 1794, Textausgabe hrsg. von H. Hattenhauer, Frankfurt am Main, 1970. – Vgl. Ute Frevert, Frauen-Geschichte. Zwischen Bürgerlicher Verbesserung und Neuer Weiblichkeit, Frankfurt am Main 1986, S. 45.

51 Carl Langguth, Erinnerungen des Enkels, HA.

52 Käte Ahlmann, Schilderung meiner herzenswarmen, klugen Mutter, Handschrift o. D., HA. – Magdalene Heidsieck, Erinnerungen an Carl Wilhelm Langguth und Magdalene Langguth in Traben, Ms. 1987/88, HA, auch für die folgenden Ausführungen.

53 Wuppermann, S. 155. – Carl Langguth, Erinnerungen des Enkels, HA.

54 Ingeborg Weber-Kellermann, Frauenleben im 19. Jahrhundert, München 1983, S. 119. – Vgl. Dagmar-Renate Eicke, „Teenager" zu Kaisers Zeiten. Die „höhere" Tochter in Gesellschaft, Anstands- und Mädchenbüchern zwischen 1860 und 1900, Marburg 1980 (Marburger Studien zur vergleichenden Ethnosoziologie Bd. 11), S. 22.

55 Mitteilung des Instituts für Stadtgeschichte Frankfurt am Main v. 16.1.2002.

56 Wagemann, S. 4 f.

57 Diese Formulierung wird gleichlautend in den Darstellungen von Käte Ahlmann, Linu Pagenstecher und Hans Joachim Wuppermann benutzt.

58 Meyers Konversationslexikon, Bd. 15, Leipzig 1888, S. 788 u. S. 804.

59 Wuppermann, S. 144.

60 Preußisches Justizministerium v. 5.2.1884, HStAD, Gerichte, Rep. 168, Nr. 34.

61 Gehalt Josef Braun, HStAD, Gerichte, Rep. 168, Nr. 34. – Vgl. Justitia Coloniensis. Landgericht und Amtsgericht Köln erzählen ihre Geschichte(n), hrsg. von Adolf Klein und Günter Rennen, Köln 1981, S. 102.

62 KA, Mutter, HA, auch für die folgenden Ausführungen.

63 Gesuch v. 12.2.1886, HStAD, Gerichte, Rep. 168, Nr. 34.

64 Gesuch um Genesungsurlaub v. 11.5.1886, HStAD, Gerichte, Rep. 168, Nr. 34. – Linu Pagenstecher, Aufzeichnungen über die Familie, HA.

65 Chronik zur Geschichte der Stadt Köln, hrsg. von Peter Fuchs, Bd. 2, 2. Aufl., Köln 1991, S. 155. – Vgl. Kölner Wirtschaft, S. 214.

66 Luise Athenstaedt, Mein Elternhaus, Ms. o. D., HA.

67 KA, Mutter, HA, auch für die folgenden Ausführungen.

68 HA.

69 Beurteilung v. 21.10.1894. – Preußisches Justizministerium v. 11.1.1895, beide: HStAD, Gerichte, Rep. 168, Nr. 34.

70 Handbuch über den Königlich Preußischen Hof und Staat für das Jahr 1896, Berlin 1896, S. 670. – Joachim Deeters, Die Vorfahren Konrad Adenauers: Konrad Adenauer. Oberbürgermeister von Köln. Festgabe der Stadt Köln zum 100. Geburtstag ihres Ehrenbürgers am 5. Januar 1976, hrsg. von Hugo Stehkämper, Köln 1976, S. 21. – Schwarz, S. 63.

71 KA an Theodor Steltzer v. 12.3.1947, HA.

72 Krankheitsmeldungen und Gesuche um Urlaub für Kuren in der Personalakte 1896-1900, HStAD, Gerichte, Rep. 168, Nr. 34.

73 KA, Mein Vater, HA.

74 Vgl. Kevin Lehmann, Geschwisterkonstellationen, München 1994, S. 82. – Lucille K. Forer und Henry Still, Erstes, zweites, drittes Kind ... Welche Bedeutung hat die Geschwisterfolge für Kinder, Eltern, Familie?, Reinbek bei Hamburg 1991, S. 62 f.

75 Linu Pagenstecher, Erinnerungen einer Fünfundsiebzigjährigen für Kinder und Enkel aufgezeichnet, Ms., Hamburg 1968, HA.

76 KA, Mutter, HA.

77 Barbara Becker-Jákli, „Fürchtet Gott, ehret den König". Evangelisches Leben im linksrheinischen Köln 1850-1918, Köln 1988 (Schriftenreihe des Vereins für Rheinische Kirchengeschichte Bd. 91), S. 19. – Rudolf Löhr, Evangelische in Köln, Köln 1976, S. 11. – Schäfke, S. 226.

78 Ludwig Voss, Die Schule der evangelischen Gemeinde in der Antoniterstraße (seit 1827): Geschichte der höheren Mädchenschule, Opladen 1952, S. 172 ff. – Mitteilung des Historischen Archivs der Stadt Köln v. 22.5.2002. – Elisabeth Toelpe, Geschichte des Lyzeums (Oberlyzeum i. E.) der evangelischen Kirchengemeinde Köln. Festschrift zum 100jährigen Bestehen der Anstalt 1827-1927, Köln 1927.

79 Historisches Archiv der Stadt Köln, Best. 550, Nr. 176.

80 Toelpe, S. 98.

81 KA, Mutter, HA.

82 KA, Mutter, HA, auch für die folgenden Ausführungen.

83 Toelpe, S. 96.

84 Linu Pagenstecher, Erinnerungen, HA, auch für die folgenden Ausführungen. – Vgl. Ingrid Otto, Bürgerliche Töchtererziehung in Spiegel illustrierter Zeitschriften von 1865 bis 1915, Hildesheim 1990 (Beiträge zur Historischen Bildungsforschung Bd. 8), S. 57 f.

85 Vgl. Bonnie S. Anderson und Judith P. Zinsser, Eine eigene Geschichte. Frauen in Europa. Vom Absolutismus bis zur Gegenwart, Bd. 2, Frankfurt am Main 1995, S. 202. – Eva Rieger, Die geistreichen aber verwahrlosten Weiber – Zur musikalischen Bildung von Mädchen und Frauen: Frauen in der Geschichte IV, hrsg. v. Ilse Brehmer, Juliane Jacobi-Dittrich, Elke Kleinau, Annette Kuhn, Düsseldorf 1983, S. 399.

86 Josef Braun an KA v. 14.2.1909, HA.

87 Linu Pagenstecher, Erinnerungen, HA.

88 Ella v. Guilleaume, Erinnerungen: Rheinische Geschichte – ganz privat, Eitorf 1968.

89 KA, Mutter, HA.

90 Vgl. Luise Athenstaedt, Das Hofgut Niederreidenbach, II. Teil, o. D.

91 Linu Pagenstecher, Erinnerungen, HA, auch

für die folgenden Ausführungen.

92 Vgl. Uwe Danker, Die Geschichte der Räuber und Gauner, Düsseldorf 2001, S. 9 ff.

93 Wagemann, S. 9.

94 Wagemann, S. 3.

95 Magdalene Heidsieck, Erinnerungen, HA. – KA, Mutter, HA.

96 Dr. Thomas Becker, Archiv der Rheinischen Friedrich-Wilhelms-Universität Bonn v. 26. 2002. – Chronik der Rheinischen Friedrich-Wilhelms-Universität zu Bonn für das Rechnungsjahr 1892/93, hrsg. vom zeitigen Rektor Theodor Saemisch, Jg. 18, Neue Folge Jg. 7, Bonn 1893, S. 7. – Selbstverfasster Lebenslauf Arnold Meyers v. 2.11.1904, Rektoratsarchiv der Universität Zürich.

97 KA, Großvater, HA.

98 Luise Athenstaedt, Erinnerungen der Enkelin, Ms. o. D., HA.

99 Carl Langguth, Erinnerungen des Enkels, HA.

100 KA, Großvater, HA.

101 Zum Gedächtnis an Herrn C. W. Langguth, Privatdruck, Bonn 1901.

102 Aline Braun an Tochter Luise v. 28.4.1901, HA.

103 Merz, S. 172. – KA, Jacoby, HA.

104 Preußisches Justizministerium v. 5.5.1904, HStAD, Gerichte, Rep. 168, Nr. 34. – Handbuch für den Königlich Preußischen Hof und Staat für das Jahr 1905, S. 750.

105 KA, Mein Vater, HA.

106 Hansjoachim Henning, Das westdeutsche Bürgertum in der Epoche der Hochindustrialisierung 1860-1914. Soziales Verhalten und soziale Strukturen, Teil 1: Das Bildungsbürgertum in den preußischen Westprovinzen, Wiesbaden 1972, S. 365.

107 Beurteilung für 1905 durch OLG-Präsident Adolf Ratjen, HStAD, Gerichte, Rep. 168, Nr. 34.

108 Arno J. Mayer, Adelsmacht und Bürgertum. Die Krise der europäischen Gesellschaft 1848-1914, München 1988, S. 101.

109 KA, Mein Vater, HA. – Vgl. Hans Fallada, Damals bei uns daheim, Reinbek 1969, S. 7 f.

110 Henning, S. 392. – John C. G. Röhl, Die höhere Beamtenschaft im wilhelminischen

Deutschland: Kaiser, Hof und Staat. Wilhelm II. und die deutsche Politik, München 1988, S. 156.

111 Aline Braun an KA v. 19.1.1908, HA.

112 Gottlob Schrenk, Professor D. Arnold Meyer: Ernst Gagliardi, Hans Nabholz, Jean Strohl, Die Universität Zürich 1833-1933 und ihre Vorläufer. Festschrift zur Jahrhundertfeier, hrsg. vom Erziehungsrat des Kantons Zürich, Zürich 1938, S. 829 f. – Walter Gut, Heinrich Weinel, Arnold Meyer zum Gedächtnis, in: Die Christliche Welt Nr. 5 v. 2.3.1936, S. 212-216. – Die Religion in Geschichte und Gegenwart. Handwörterbuch für Theologie und Religionswissenschaft, 2. Aufl., 3. Bd., Tübingen 1929, Sp. 2171.

113 Protokoll des Regierungsrates v. 14.7.1904, Akte Arnold Meyer im Rektoratsarchiv der Universität Zürich.

114 Johannes Wallmann, Kirchengeschichte Deutschlands seit der Reformation, 3. Aufl., Tübingen 1988, S. 237. – Schrenk, Professor Arnold Meyer.

115 Albert Rosenkranz, Kurze Geschichte der Evangelischen Kirche im Rheinland bis 1945, 2. Aufl., Breklum 1975, S. 183 f.

116 Auszüge aus den Protokollen des Erziehungsrates des Kantons Zürich v. 1905-1904, Rektoratsarchiv der Universität Zürich. – Magdalene Heidsieck, Erinnerungen an die Familie Braun, Ms. v. 1950, HA. – Aline Braun an Tochter Luise v. 18.2.1907, HA.

117 Rebekka Habermas, Rituale des Gefühls. Die Frömmigkeit des Protestantischen Bürgertums: Der bürgerliche Wertehimmel. Innenansichten des 19. Jahrhunderts, hrsg. von Manfred Hettling und Stefan-Ludwig Hoffmann, Göttingen 2000, S. 191.

118 Ulrich Krüger, Trauerpredigt für Käte Ahlmann geb. Braun v. 21.6.1963, Ms., HA.

119 Becker-Jákli, S. 69. – Klier und Schäfke, S. 44. – Kölner Statistisches Handbuch, S. 64 f.

120 Bernd Wildermuth, Carl Wilhelm Jatho: Biographisch-Bibliographisches Kirchenlexikon, Bd. II (1990), Sp. 1579-1580. – Lexikon für Theologie und Kirche, Bd. 5, Freiburg 1996, S. 762.

121 Siegfried Kuttner, Carl Wilhelm Jatho. Der

Prediger von Köln, Köln 1999, S. 31.

122 Schwarz, S. 29. – Wallmann, S. 263.

123 Josef Braun an Carl Wilhelm Jatho v. 28.12.1912. – Manfred Jacobs, Carl Wilhelm Jatho: Theologische Realenzyklopädie, hrsg. von Gerhard Müller, Bd. XVI, Berlin, New York 1987, S. 545-548.

124 Aline Braun an KA v. 25.12.1907, HA.

125 Jacobs, S. 547. – Kuttner, S. 33.

126 KA, Mutter, HA.

127 Carl Jatho, Persönliche Religion. Predigten, 2. Aufl., Köln 1906, S. 190-205.

128 Auszug aus dem Konfirmandenregister der Evangelischen Gemeinde Köln, Jg. 1906, Nr. 58, v. 26.4.2002.

129 Carl Jatho. Briefe, hrsg. von Carl Oskar Jatho, Jena 1914, S. 166.

130 Walter Nigg, Geschichte des religiösen Liberalismus. Entstehung – Blütezeit – Ausklang. Zürich und Leipzig 1937, S. 268-271. – Vgl. Becker-Jákli, S. 124. – Kuttner, S. 55. – Stadt-Anzeiger zur Kölnischen Zeitung v. 27.6.1911 und v. 28.6.1911. – Theodor Kaftan, Wo stehen wir? Eine kirchliche Zeitbetrachtung verfasst in Veranlassung des Falles Heydorn bzw. des Falles Jatho, Schleswig 1911.

131 Wilhelm Hüffmeier, Die Hof- und Domprediger als Theologen: Der Berliner Dom. Geschichte und Gegenwart der Oberpfarr- und Domkirche zu Berlin, Berlin 2001, S. 147.

132 Aline Braun an S. E. Dryander v. 31.1.1911, HA.

133 Jatho an seine Frau v. 19.11.1911, Carl Jatho. Briefe, S. 326.

134 Becker-Jákli, S. 127. – Kuttner, S. 59.

135 Elke Kleinau, Bildung und Geschlecht. Eine Sozialgeschichte des höheren Mädchenschulwesens in Deutschland vom Vormärz bis zum Dritten Reich, Weinheim 1997, S. 38. – Handbuch der deutschen Bildungsgeschichte, Bd. IV: Von der Reichsgründung bis zum Ende des Ersten Weltkriegs, hrsg. von Christa Berg, München 1991, S. 103. – Monika Simmel, Erziehung zum Weibe, Mädchenerziehung im 19. Jahrhundert, Frankfurt am Main 1980, S. 99. – Bildung und Kultur bürgerlicher Frauen 1850-1918.

Eine Quellendokumentation aus Anstandsbüchern und Lebenshilfen für Mädchen und
Frauen als Beitrag zur weiblichen Sozialisation, hrsg. von Günter Häntzschel, Tübingen
1986, S. 23 f.

136 Luise Athenstaedt, Magdalene Wuppermann:
Nachrichtenblätter des Familienverbandes
Wuppermann, Nr. 23, Oktober 1942, HA.

137 Wuppermann, S. 166. – Aline Braun an
Tochter Luise v. 18.2.1907, HA.

138 Personalakte Josef Braun, HStAD, Gerichte,
Rep. 168, Nr. 34. – Aline Braun an Tochter
Luise v. 26.10.1906 aus Heidelberg, HA.

139 Herrad-Ulrike Bussemer, Frauenemanzipation und Bildungsbürgertum. Sozialgeschichte
der Frauenbewegung in der Reichsgründungszeit, Weinheim und Basel 1985 (Ergebnisse
der Frauenforschung Bd. 7), S. 45 f. – Heide
Rosenbaum, Die Formen der Familie. Untersuchungen zum Zusammenhang von Familienverhältnissen, Sozialstruktur und sozialem
Wandel in der deutschen Gesellschaft des 19.
Jahrhunderts, 5. Aufl., Frankfurt am Main
1990, S. 325.

140 Gespräch mit Dr. Marlene Halhuber-Ahlmann v. 29.5.2001.

141 KA an Aline Braun v. 26.10.1906, HA.

142 Linu Pagenstecher, Familie, HA. – KA an
Schwester Luise v. Juni 1912 aus Zürich,
HA.

143 Jürgen Zimmerer, Sozialgeschichte der Mädchenbildung, Weinheim und Basel 1973, S.
60. – Susanne Zahn, Töchterleben, Frankfurt
am Main 1983 (Jugend und Medien Bd. 4),
S. 188. – Linda Mantovani Vögeli, Fremdbestimmt zur Eigenständigkeit. Mädchenbildung gestern und heute, Zürich 1994, S.
154.

144 Gotthold Kreyenberg, Mädchenerziehung
und Frauenleben im Aus- und Inlande, Berlin
1872, Nachdruck Paderborn 1990 (Quellen
und Schriften zur Geschichte der Frauenbil-
dung Bd. 6, hrsg. von Ruth Bleckwenn), S.
136.

145 Aline Braun an KA v. 7.5.1907, HA.

146 Josef Braun an Aline Braun v. 2.5.1907, HA.

147 Ursi Blosser und Franziska Gerster, Töchter
der guten Gesellschaft. Frauenrolle und Mäd-

chenerziehung im schweizerischen Großbürgertum um 1900, Zürich 1985, S. 186.

148 „Le Bosquet", Pension pour jeunes filles, befand sich 1907 unter der Adresse 28, chemin
Cottages, Mitteilung des Stadtarchivs Genf v.
24.9.2002.

149 KA an Aline Braun v. 2.5.1907, HA.

150 Siehe auch Linu Pagenstecher, Erinnerungen,
HA.

151 KA an Aline Braun v. 8.6.1907, HA.

152 Aline Braun an KA v. 3.9.1907, HA.

153 KA an Aline Braun v. 8.6.1907, HA.

154 Aline Braun an KA v. 14.11.1907, HA.

155 KA an Aline Braun v. 23.6.1907, HA.

156 Aline Braun an KA v. 22.8. u. 3.12.1907,
HA.

157 Aline Braun an KA v. 14.11.1907, HA. – Gespräch mit Rosely Schweizer v. 23.10.2001.

158 Aline Braun an KA v. 25.12.1907, HA, auch
für die folgenden Ausführungen.

159 Prof. Dr. Manfred Pohl, Historisches Institut
der Deutschen Bank v. 8.6.2001. – Walter
Dietz, Chronik der Familie Wuppermann,
Bd. 2, Leverkusen-Schlebusch 1965, S. 146.

160 Bescheinigung der Evangelischen Kirchengemeinde Köln, HA.

161 Aufzeichnungen von Johannes Ahlmann über
das Leben seines Sohnes Julius, HA.

162 Anke Schekahn, „Gesunde, kräftige Naturen". Die Etablierung des Gärtnerinnenberufs: Jungfern im Grünen. Frauen – Gärten
– Natur, Ariadne Nr. 39 (2001) , S. 30-35.

163 Anke Schekahn, Spurensuche. 1700-1933.
Frauen in der Disziplingeschichte der Frei-
raum- und Landschaftsplanung, Kassel 2000
(Arbeitsberichte des Fachbereichs Stadtpla-
nung/Landschaftsplanung Heft 144), S. 77-
84. – Marta Back, Die Frau in der Gärtnerei:
Das Frauenbuch, hrsg. von Eugenie von Soden, Bd. 1, Stuttgart 1913, S. 181-183, auch
für die folgenden Ausführungen. – Frevert, S.
119.

164 Schekahn, Spurensuche, S. 166. – Gespräch
mit Marie Schreyögg v. 14.6.2002.

165 Architekturen im Landkreis Neuwied, hrsg.
von Kreisverwaltung Neuwied und Sparkasse
Neuwied, Neuwied 2001, S. 92-97. – Werner Schönhofer, Leutesdorf am Rhein, Neuss

1983 (Rheinische Kunststätten Nr. 272), S. 15. – Gespräch mit Marie Schreyögg v. 14.6.2002.

166 Aline Braun an KA v. 24.9.1907, HA.

167 Marie Vorwerk an Aline Braun v. 3.3.1908, HA. – Back, S. 182.

168 Schekahn, Spurensuche, S. 72.

169 Aline Braun an KA v. 17.9.1907, HA

170 Entlassungs-Zeugnis aus der Gärtnerinnenschule Marienburg zu Leutesdorf a. Rhein v. 22.3.1910, HA. – Back, S. 182

171 Gespräch mit Marie Schreyögg v. 14.6.2002.

172 Schwester Luise an KA v. 14.2.1909, HA.

173 Josef Braun an KA v. 14.2.1909, HA.

174 Linu Pagenstecher an Hans Joachim Wuppermann v. 11.6.1979, HA.

175 Wuppermann, S. 228. – KA, Mutter, HA.

176 Aline Braun an KA v. 19.9.1909, HA.

177 Anlage Nr. 7 zum Entnazifizierungsfragebogen, LAS, Abt. 406.10, Nr. 1042.

178 Schekahn, Spurensuche, S. 97 f.

179 Entlassungs-Zeugnis aus der Gärtnerinnenschule Marienburg zu Leutesdorf a. Rhein v. 22.3.1910, HA.

180 Käte Ahlmann besuchte mit ihrem Sohn Hans-Julius im Januar 1923 die Marienburg in Leutesdorf, Brief an Julius Ahlmann v. 26.1.1923, HA. – Gespräch mit Marie Schreyögg v. 14.6.2002.

181 Vgl. Blosser und Gerster, S. 256 f.

182 Kölner Statistisches Handbuch, Sonderausgabe der Statistischen Mitteilungen der Stadt Köln aus Anlaß des 75jährigen Bestehens des Statistischen Amtes, Köln 1958, S. 64. – Schwarz, S. 34.

183 Linu Pagenstecher, Erinnerungen, HA.

184 Aline Braun an KA v. 31.3.1908, HA.

185 Personalakte Josef Braun, HStAD, Gerichte, Rep. 168, Nr. 34.

186 Personalakte Josef Braun, HStAD, Gerichte, Rep. 168, Nr. 34. – Kölner Stadtanzeiger v. 7.10.1911. – Justitia Coloniensis, S. 110.

187 Aline Braun an KA v. 2.7.1908, HA.

188 Aline Braun an KA v. 18.10.1909. – KA an Aline Braun v. Juni 1912, HA. – Gespräch mit Rosely Schweizer v. 23.10.2001.

189 Weber-Kellermann, S. 135 f.

190 KA an ihre Schwester Luise von Juni 1912, o. D., HA.

191 Die Tennisbegeisterung Luises wird häufig im Briefwechsel zwischen Aline Braun und ihrer Tochter Käte erwähnt.

192 Rieger, S. 402.

193 Blosser und Gerster, S. 180.

194 KA an Aline Braun v. 13.8.1911, HA. – Linu Pagenstecher, Erinnerungen, HA, auch für die folgenden Ausführungen.

195 Kurt Kluxen, Geschichte Englands. Von den Anfängen bis zur Gegenwart, 2. Aufl., Stuttgart 1976, S. 686.

196 Aline Braun an ihren Mann Josef v. 11.8.1911 aus Bansin, HA.

197 Linu Pagenstecher, Erinnerungen, HA. – Personalakte Josef Braun, HStAD, Gerichte, Rep. 168, Nr. 34.

198 Als persönliche Unterlagen im HA.

199 Karin Feuerstein-Praßer, Die deutschen Kaiserinnen: 1871-1918, Regensburg 1997, S. 213.

200 KA an Schwester Luise und an Aline Braun v. Juni 1912 aus Zürich, HA, auch für die folgenden Ausführungen.

201 Heidsieck, Familie Braun, HA.

202 KA, Mutter, HA.

203 Pagenstecher, Aufzeichnungen, HA. – Heidsieck, Familie Braun, HA. – Gerhard Eckert, Die Schweiz, Köln 1978, S. 278.

204 Aufzeichnungen über die letzten Tage der Mutter im HA. – Zum Tod von Aline Braun vgl. Linu Pagenstecher, Erinnerungen, HA, und KA, Mutter, HA.

205 Verfügung v. Aline und Josef Braun v. 17.1.1912, HA.

206 Norbert Fischer, Vom Gottesacker zum Krematorium. Eine Sozialgeschichte der Friedhöfe in Deutschland seit dem 18. Jahrhundert, Köln 1996, S. 98. – Martina Kaußen, Die Feuerbestattung. Geschichtlich-statistische Entwicklung forensischer Problematik und ihre Bedeutung für Gesundheitspflege und Sepulkralkultur, Diss., Köln 1989, S. 52. – Johannes Heldwein, Die Geschichte der Feuerbestattung und Deutsche Krematorien, Frankfurt am Main 1931, S. 54.

207 Josef Braun an Carl Wilhelm Jatho v. 28.12.1912, HA. – Jatho, Briefe, S. 371 f.

208 Fischer, S. 106. – Arnold Meyer, Gedächtnisrede für Aline Braun, geb. Langguth, gehalten in Mainz am 18. Dezember 1912, Köln
1913.

209 Martin Luther übersetzte „Krone". Der Neu-
testamentler A. Meyer folgte dem Sinn des
griechischen Wortes: (Sieges) Kranz, Zürcher
Bibel, Zürich 1942, S. 317.

210 Arnold Meyer an Josef Braun v. 29.12.1912,
HA.

211 KA, Mutter, HA.

212 Gespräch mit Dr. Lising Pagenstecher v.
24.7.2002. – Linu Pagenstecher, Erinnerungen.

213 KA an die Schwestern in Köln v. 2.10.1913,
HA.

214 Carl Wuppermann v. 9.9. und 9.10.1913,
HA.

215 Julius Ahlmann v. 13. und 16.10.1913, HA.

216 Magdalene Wuppermann an ihre Schwestern
in Köln v. 16.10.1913, HA.

217 Winfried Löschburg, Unter den Linden. Gesichter und Geschichten einer berühmten
Straße, Berlin 1972, S. 190. – Walter Kiaulehn, Berlin. Geschichte einer Weltstadt, Berlin und München 1958, S. 219.

218 Linu Pagenstecher, Familie, HA.

219 Julius Ahlmann an die Eltern v. 22.10.1913,
HA.

220 Gerhardt Heldt, Der Rosenkavalier. Darstellung. Deutung. Dokumentation: Die Oper.
Schriftenreihe über musikalische Bühnenwerke, hrsg. von Dietrich Stoverock und Thilo Cornelissen, Berlin 1981, S. 131. – Vgl.
Julius Kapp, Richard Strauss und die Berliner
Oper. Festschrift der Berliner Staatsoper zu
des Meisters 70. Geburtstag, Berlin 1934, S.
30 f.

221 Barbara Tuchmann, „Ein Heldenleben".
Deutschland 1890-1914: Der stolze Turm.
Ein Portrait der Welt vor dem Ersten Weltkrieg 1890-1914, München und Zürich
1969, S. 398.

222 KA v. 18.10.1913, HA.

223 Julius Ahlmann an KA aus Jüterbog v.
20.10.1913, HA.

224 KA an Julius Ahlmann v. 21.10.1913, HA.

225 Julius Ahlmann an Josef Braun v. 22.10.
1913. – Josef Braun an Julius Ahlmann v.
23.10.1913, HA.

226 Carl Wuppermann an Julius Ahlmann in Jüterbog v. 21.10.1913, HA.

227 Julius Ahlmann an die Eltern v. 22.10.1913,
HA.

228 KA an Josef Braun aus Berlin v. 21.10.1913,
HA.

229 Julius Ahlmann an die Eltern aus Köln v.
27.10.1913. – Josef Braun an Johannes Ahlmann v. 2.11.1913. – KA an Julius Ahlmann
v. 29.10.1913, alle HA.

Anmerkungen zu Kapitel 2: Julius Ahlmann 1880-1913

1   Untertan in Uniform. Militär und Militarismus im Kaiserreich 1871-1914. Quellen und Dokumente, hrsg. von Bernd Ulrich, Jakob Vogel, Benjamin Ziemann, Frankfurt am Main 2001, S. 128 f. – Carl Wuppermann an Dr. Harry Schmidt v. 24.2.1951.

2   Prokura für Julius Ahlmann v. 4.1.1909, Ernennung von Johannes Ahlmann v. 23.12. 1882, HRA 14, Bd. 1, Nr. 571, StAH.

3   Iven Kruse, Jahrhundertbuch der Holler'schen Carlshütte bei Rendsburg, insbesondere ein Lebensbild des Gründers Marcus Hartwig Holler, Rendsburg 1927, S. 58 f.

4   Peter Wulf, Marcus Hartwig Holler und die Anfänge der Carlshütte: Frühindustrialisierung in Schleswig-Holstein, anderen norddeutschen Ländern und Dänemark, hrsg. von Jürgen Brockstedt, Neumünster 1983 (SWSH Bd. 5), S. 227-274. – Edward Hoop, Geschichte der Stadt Rendsburg, Rendsburg 1989, S. 345-347. – Herbert Beelte, Marcus Hartwig Holler: Biographisches Lexikon für Schleswig-Holstein und Lübeck, Bd. 6, Neumünster 1982, S. 126-129. – August Holler, Das Holsteinische Geschlecht Holler. Sippe: Heiligenstädten – Rendsburg, Hamburg 1941. – C. F. M. Ketelsen, Zur Erinnerung an Marcus Hartwig Holler: Schleswig-Holsteinische Jahrbücher, redigiert von Wilhelm Biernatzki, Bd. 1, Kiel 1884, S. 120-134.

5   Kruse, S. 59.

6   Wulf, S. 236, 237. – Vgl. Hermann Mildenberger, Eisenkunstguß-Museum Büdelsdorf, Neumünster 1990 (Führer zu schleswig-holsteinischen Museen Bd. 8), S. 10.

7   Vgl. Wilhelm Liefland, Marcus Hartwig Holler und Landgraf Carl von Hessen: HJR 1968, S. 17-22.

8   Jürgen Brockstedt, Frühindustrialisierung in den Herzogtümern Schleswig und Holstein. Ein Überblick: Frühindustrialisierung in Schleswig-Holstein, anderen norddeutschen Ländern und Dänemark, hrsg. von Jürgen Brockstedt, Neumünster 1983 (SWSSH Bd. 5), S. 76 f.

9   Wilhelm Treue, Gesellschaft, Wirtschaft und Technik Deutschlands im 19. Jahrhundert, 10. Aufl., München 1994, S. 11.

10 Hoop, S. 344.

11 Reimer Witt, Carl von Hessen als Statthalter: Landgraf Carl von Hessen 1744-1836. Statthalter in den Herzogtümern Schleswig und Holstein, Ausstellungskatalog, Schleswig 1996 (Veröffentlichungen des Schleswig-Holsteinischen Landesarchivs Bd. 47), S. 78.

12 Jens Ahlers, Carl von Hessen – eine biographische Skizze: Ebd., S. 11.

13 Wulf, S. 242 f. – Vgl. Jens Ahlers, Gründung und Anfänge der Hollerschen Carlshütte: Landgraf Carl von Hessen: ebd., S. 130-135.

14 LAS, Abt. 104, Nr. 689.

15 Gerd Stotz, Der alte Eiderkanal – Schleswig-Holsteinischer Kanal, 4. Aufl., Heide 1989, S. 54. – Edward Hoop, Der Treidelverkehr und die Pferdehalterei in Büdelsdorf: Mitteilungen des Canal-Vereins Nr. 11/12 (1991), S. 1. – Wulf, S. 248 f.

16 Ahlers, Carlshütte, S. 131.

17 Kruse, S. 47.

18 Karl-Heinz Prien, Die Wirtschaftsstruktur der Stadt Rendsburg. Ein Beitrag zur regionalen Wirtschaftsforschung, Diss., Kiel 1938, S. 29 f. – Hoop, Rendsburg, S. 345. – Wulf, S. 266.

19 LAS, Abt. 406.10, Nr. 725. – Vgl. Kruse, S. 60.

20 Ahlers, Carl von Hessen, S. 14.

21 Beelte, S. 129. – Liefland, S. 19. – Kruse, S. 78.

22   Kruse, S. 63. – Wulf, S. 265.

23   Alfred Steininger, Die Stadt Rendsburg und ihr Einzugsbereich, Kiel 1962 (Schriften des Geographischen Instituts der Universität Kiel, Bd. 21, Heft 1), S. 90. – Vgl. Brockstedt, S. 41. – Prien, S. 32 f. – Ahlers, Carlshütte, S. 132. – Wulf, S. 260, auch für die folgenden Ausführungen.

24   Mildenberger, S. 11.

25   Wulf, S. 265 f.

26   Kruse, S. 132 f.

27   Wulf, S. 269.

28   Lothar Gall, Krupp. Der Aufstieg eines Industrieimperiums, Berlin 2000, S. 120. – Wulf, S. 270.

29   Kruse, S. 133-135. – Jens-Uwe Lemburg, Arbeit auf der Hütte. Zur wirtschaftlichen und sozialen Entwicklung Rendsburgs 1850-1914 unter besonderer Berücksichtigung der Arbeiterschaft der Carlshütte, Neumünster 1990 (SWSSH Bd. 18), S. 117.

30   Kruse, S. 137 f.

31   Werner Genschke, Hüttenkapelle ist 140 Jahre alt: HJR 1969, S. 74-77.

32   Kruse, S. 143.

33   Klaus Lorenzen-Schmidt, Zwischen Krise und Boom – Wirtschaftliche Entwicklung 1830-1864: Geschichte Schleswig-Holsteins. Von den Anfängen bis zur Gegenwart, hrsg. von Ulrich Lange, Neumünster 1996, S. 379.

34   Kruse, S. 135, S. 139.

35   Schleswig-Holsteinische Landeszeitung v. 3.1.1945, Nr. 2.

36   Kruse, S. 153.

37   Schriftleitung des Hamburger Fremdenblatts an Johannes Ahlmann v. 27.4.1925, LAS, Abt. 406.10, Nr. 950.

38   Prien, S. 32.

39   Tilly, S. 47.

40   Lorenzen-Schmidt, S. 385.

41   Kruse, S. 156. – Prien, S. 33.

42   Marcus Hartwig Holler v. 10.7.1847, LAS, Abt. 406.10, Nr. 623.

43   Handelsregister-Gesellschaftsregister, HRA 14, Bd. 1, Nr. 571, StAH.

44   Protokoll des Aufsichtsrats v. 15.10.1896, LAS, Abt. 406.10, Nr. 593.

45   Lemburg, S. 59.

46   Rendsburger Wochenblatt v. 21.4.1877, Nr. 32.

47   Kruse, S. 163 f. – Lemburg, S. 43. – Vgl. Kai Detlev Sievers, Sozialgeschichte Schleswig-Holsteins in der Kaiserzeit 1867-1914, Neumünster 1991 (Geschichte Schleswig-Holsteins, hrsg. von Olaf Klose, Bd. 8, Teil 2, Lieferung 1), S. 48. – Prien, S. 33. – Hoop, Rendsburg, S. 474.

48   Protokoll der Generalversammlung v. 13.5.1880, LAS, Abt. 406.10, Nr. 576.

49   Jahresbericht der Gewerbekammer für die Provinz Schleswig-Holstein für das Jahr 1887, Kiel 1888, S. 120.

50   Tilly, S. 83. – Treue, S. 234.

51   Wolfgang Ruppert, Zur Kulturgeschichte der Alltagsdinge, Frankfurt am Main 1993, S. 30. – Vgl. Kruse, S. 174, S. 181.

52   Kruse, 169 ff. – Prien, S. 34.

53   Protokoll des Aufsichtsrats v. 1.1.1883, LAS, Abt. 406.10, Nr. 593. – Eintragung in das Handelsregister v. 23.12.1882, HRA 14, Bd. 1, Nr. 571.

54   Nachruf auf Johannes Ahlmann: Schleswig-Holsteinische Landeszeitung v. 18.4.1939, Nr. 90.

55   Thomas Jörgen Ahlmanns und Ehefrau Marie Dorthea geb. Hundevadts Lebenslauf, erzählt von ihnen selbst, niedergeschrieben und erweitert von Otto und Johannes Ahlmann in 1920, Kiel 1920.

56   Vgl. Brockstedt, S. 43. – Wulf, S. 262. – Kruse, S. 127.

57   Kurzgeschichte der Carlshütte mit Betonung der neueren Zeit 1827-1940, S. 4.

58   Lebenslauf Thomas Jörgen Ahlmann, S. 6. – Olaf Klose, Dänemark, Stuttgart 1982 (Handbuch der historischen Stätten), S. 44. – Alexander Scharff und Manfred Jessen-Klingenberg, Geschichte Schleswig-Holsteins, 5. Aufl., Freiburg/Würzburg 1991, S. 73. – Otto Brandt und Wilhelm Klüver, Geschichte Schleswig-Holsteins, 7. Aufl., Kiel 1976, S. 250.

59   Schleswig-Holsteinisches Geschlechterbuch, hrsg. von Bernhard Koerner, Wilhelm Weidler, Helene Diederichsen, Bd. 1, Görlitz 1936, S. 1-26. – Ute Hayessen, Familie Ahlmann:

Biographisches Lexikon für Schleswig-Holstein und Lübeck, Bd. 9, Neumünster 1991, S. 13-15. – Peter Jessen Sönnichsen, Die Familie Ahlmann im Spiegel unserer Heimatgeschichte: Nordschleswig – Landschaft, Menschen, Kultur, hrsg. von Gerd Stotz und Günter Weidling für den Bund Deutscher Nordschleswiger, Husum 1995, S. 200-211.

60 Ute Hayessen, Otto Friedrich Ahlmann, ebd., S. 21-23.

61 Johannes Ahlmann, Allerlei aus Gravenstein, insbesondere ein Lebensbild unseres Stammvaters Otto Friedrich Ahlmann, 2. Aufl., o. O. 1934, S. 52 f., S. 38.

62 Klose, S. 56. – Jürgen Ostwald, Wilhelm Ahlmann 1817-1910. Ein Schleswig-Holsteiner aus Nordschleswig, Apenrade 1998 (Nordschleswiger Hefte 4), S. 27.

63 Uwe Möller, Die Familie Ahlmann und Gravenstein: Deutscher Volkskalender Nordschleswig 1978, S. 47-60. – Hayessen, S. 22. – Vgl. Ostwald, S. 28.

64 Gravenstein, S. 96.

65 Johannes Ahlmann, Otto Friedrich Ahlmann 1811-1873. Ein Gedenkblatt zur 100jährigen Wiederkehr seines Geburtstages, o. O. 1911.

66 Ludwig Fertig, Der Theologe als Hauslehrer: Das evangelische Pfarrhaus, hrsg. von Martin Greiffenhagen, Stuttgart 1984, S. 197.

67 Johannes Ahlmann, Verzeichnis der Nachkommen des Kaufmanns Otto Friedrich Ahlmann und seiner Ehefrau Magdalene, geb. Lorenzen, Gravenstein, Rendsburg 1938, S. 9-10.

68 Manfred Jessen-Klingenberg, Wilhelm Ahlmann. Ein liberaler Politiker und tätiger Mitbürger im Wechsel der Zeit: Nordschleswiger Hefte Bd. 4, Apenrade 1998, S. 8.

69 Georg Hoffmann, Wilhelm Ahlmann. Ein Gedenkblatt zu seinem 100. Geburtstag: 13. Juli 1917 (Die Heimat, 1917, Nr. 6) , S. 114.

70 Jessen-Klingenberg, S. 10.

71 Brandt, Klüver, S. 246.

72 Vgl. Gerd Stolz, Wilhelm Ahlmann und die schleswig-holsteinische Post 1848 bis 1852: Nordschleswiger Hefte Bd. 4, Apenrade 1998, S. 42-50.

73 Hoffmann, S. 116.

74 Scharff, Jessen-Klingenberg, S. 71.

75 Lebenslauf Thomas Jörgen Ahlmann, S. 6.

76 Vgl. Erik Housted, Fredericias Belejring i 1849, Kopenhagen 1974.

77 Anders Engelbrecht, 6. Juli-Fester i Fredericia 1849-1999, Fredericia 1999, S. 7. – Bildhauer H. W. Bissen schuf auch den 1862 auf dem Flensburger Alten Friedhof aufgestellten Idstedt-Löwen, der von vielen als herausforderndes Kriegerdenkmal verstanden wurde.

78 Lebenslauf Thomas Jörgen Ahlmann, S. 7.

79 Hayessen, S. 22.

80 Gravenstein, S. 105. – Möller, S. 55.

81 Lorenzen-Schmidt, S. 385. – Jessen-Klingenberg, S. 17. – Vgl. Hermann Hagenah, Wilhelm Ahlmann. Das Lebensbild eines Schleswig-Holsteiners, o. O., 1930, S. 291. – 100 Jahre Wilh. Ahlmann Kiel, Glückstadt 1952.

82 Hoffmann, S. 116. – Jessen-Klingenberg, S. 17.

83 Hans Schultz Hansen, Demokratie oder Nationalismus. Politische Geschichte Schleswig-Holsteins 1830-1918: Geschichte Schleswig-Holsteins, S. 450. – Vgl. Karl Ernst Laage, Theodor Storm. Leben und Werk, 3. Aufl., Husum 1983, S. 28 f.

84 Brandt, Klüver, S. 253. – Klose, S. 56.

85 Johannes Ahlmann, Otto Friedrich Ahlmann 1811-1873. Ein Gedenkblatt zur 100jährigen Wiederkehr seines Geburtstages, o. O. 1911.

86 Heinrich Lutz, Zwischen Habsburg und Preußen. Deutschland 1815-1866, Berlin 1985 (Die Deutschen und ihre Nation Bd. 2), S. 449.

87 Lebenslauf Thomas Jörgen Ahlmann, S. 8.

88 Theodor Fontane, Der Schleswig-Holsteinische Krieg im Jahre 1864, Berlin 1866 (Nachdruck 1978), S. 288. – Vgl. Klose, S. 44.

89 Fontane, S. 113, S. 183.

90 Gravenstein, S. 116.

91 Theodor Fontane, Im Paris des Nordens. Impressionen aus Dänemark, hrsg. von Gotthard Erler, Berlin 2002, S. 35.

92 Lebenslauf Thomas Jörgen Ahlmann, S. 9.

93 Scharff, Jessen-Klingenberg, S. 80. – Vgl. Hans-Joachim Schoeps, Der Weg ins deutsche Kaiserreich, Frankfurt am Main 1980, S. 91.

94 Hans Schultz Hansen, Die Nordschleswiger und die Revolution: ZSHG 123 1998, S. 135.

95 Gravenstein, S. 116.

96 Lebenslauf Thomas Jörgen Ahlmann, S. 9.

97 Jessen-Klingenberg, S. 21.

98 Frank Lubowitz, Wilhelm Ahlmann, Politiker und Abgeordneter im Preußischen Abgeordnetenhaus: Nordschleswiger Hefte 4, Apenrade 1998.

99 Hoffmann, S. 116-120.

100 Jessen-Klingenberg, S. 23.

101 Statut der Otto Ahlmann'schen Familien-Stiftung und der Kaufmann Otto Friedrich Ahlmann'schen milden Stiftung für Gravenstein. Errichtet zufolge Testament vom 15. März 1873 und Familienraths-Beschlusses vom December 1874, Kiel 1875.

102 Gravenstein, S. 122. – Vgl. Möller, S, 57.

103 Jürgen Ostwald, Der Ahlmann-Park in Gravenstein: Nordschleswiger Hefte 4, Apenrade 1998, S. 77-79.

104 Statut der Familien-Stiftung von Dr. Wilhelm Ahlmann, Kiel 1895. – Vgl. Michael Ahlmann-Eltze, 100 Jahre Familienstiftung von Dr. Wilhelm Ahlmann, Elmshorn 1995, S. 65 f.

105 Ahlmann-Eltze, S. 66.

106 Hans-Günther Andresen, Ahlmanns Häuser: Nordschleswiger Hefte 4, Apenrade 1998. – Möller, S. 59.

107 Johannes Ahlmann, Allerlei aus Gravenstein, insbesondere ein Lebensbild unseres Stammvaters Otto Friedrich Ahlmann, 2. Aufl., o. O. 1934.

108 Vgl. Ernst Joachim Fürsen, Der Hardesvogt im Herzogtum Schleswig unter besonderer Berücksichtigung des Zeitraums 1721-1867, Diss., Kiel 1973.

109 Lebenslauf Thomas Jörgen Ahlmann, S. 16.

110 Lebenslauf Thomas Jörgen Ahlmann, S. 17-20.

111 Ludwig Ahlmann, Gedenkschrift für Johannes Ahlmann, Kiel 1939, auch für die folgenden Ausführungen.

112 Johannes Ahlmann, Otto Friedrich Ahlmann 1811-1873. Ein Gedenkblatt zur 100jährigen Wiederkehr seines Geburtstages, o. O. 1911.

113 Gravenstein, S. 117-121.

114 Johannes Ahlmann, Lebenslauf, HA.

115 Allgemeines Lexikon der bildenden Künstler von der Antike bis zur Gegenwart, hrsg. von Ulrich Thieme und Felix Becker, Bd. 27/28, Leipzig 1933 u.1934, Nachdruck 1999, S. 590. – Vgl. Helene Nostitz, Aus dem alten Europa. Menschen und Städte, Frankfurt am Main 1993, S. 114.

116 Theodora Ahlmann-Valentiner, Familie Olde, Ms., Sonderburg 1951, HA.

117 Theodora Ahlmann-Valentiner, Familie Olde, Ms., Sonderburg 1951, HA.

118 Vgl. Johannes Ninck, Frei von Jedermann und aller Knecht. Lebenswerk und Persönlichkeit des Menschenfreundes Carl Ninck, Leipzig 1932. – Ferdinand Wilhelm Heinrich Koopmann, Carl Ninck. Für Feste und Freunde der Inneren Mission, Hft. 46, Berlin 1897. – Evangelisches Gemeindelexikon, hrsg. von Erich Geldbach, Helmut Burkhardt und Kurt Heimbucher, Wuppertal 1986, S. 384.

119 Johannes Ahlmann, Lebenslauf, HA.

120 Thomas Pfeiffer, Johannes Ahlmann: Biographisches Lexikon für Schleswig-Holstein und Lübeck Bd. 9, Neumünster 1991, S. 15-17.

121 Johannes Ahlmann, Lebenslauf Julius Ahlmann, Ms., Büdelsdorf 1932, HA.

122 Lebenslauf Thomas Jörgen Ahlmann, S. 10.

123 Johannes Ahlmann, Lebenslauf, HA.

124 Marianne Hedwig Broesicke, Der deutsche Großkaufmann in seiner Entwicklung, Diss., Würzburg 1941, S. 117-118. – Matthias Wegner, Hanseaten. Von stolzen Bürgern und schönen Legenden, Berlin 1999, S. 330 f. – Vgl. Antjekathrin Graßmann, Emil Possehl Der Lübecker Großkaufmann (1850-1919): Aspekte seiner Lebens- und Arbeitswelt vom Mittelalter bis zum 19. Jahrhundert, Lübeck 1993 (Begleitpublikation zur Ausstellung), S. 145-150.

125 Dieter Gosewinkel, Einbürgern und Ausschließen. Die Nationalisierung der Staatsangehörigen vom Deutschen Bund bis zur Bundesrepublik Deutschland, Göttingen 2001 (Kritische Studien zur Geschichtswissenschaft Bd. 150), S. 200-211. – Vgl. Schultz Hansen, S. 478-483.

126 Aufzeichnungen Johannes Ahlmann v. 1896, HA. – Vgl. Friedrich Kleyser, Ludwig Ahlmann: Biographisches Lexikon für Schleswig-Holstein und Lübeck Bd. 1, S. 25.

127 100 Jahre Wilh. Ahlmann Kiel, Glückstadt 1952, S. 47-48.

128 LAS, Abt. 309, Nr. 31975.

129 LAS, Abt. 309, Nr. 31973.

130 Gesuch Johannes Ahlmann v. 1896, LAS, Abt. 309, Nr. 31973.

131 LAS, Abt. 309, Nr. 32643.

132 Sven Thomas Olsen, Die Dänenpolitik im Deutschen Kaiserreich. Preußisch-deutsche Nationalitätenpolitik in der Region Nordschleswig/Sonderjylland, Diss., Hamburg 1999, S. 184 f. – Kai-Detlev Sievers, Die Köllerpolitik und ihr Echo in der deutschen Presse 1897-1901, Diss., Kiel 1961 (QFGSH Bd. 47).

133 Schultz Hansen, S. 480 f. – Gosewinkel, S. 207. – Vgl. Harm-Peer Zimmermann, „Der feste Wall gegen die rote Flut". Kriegervereine in Schleswig-Holstein 1864-1914, Neumünster 1989 (SVKSH Bd. 22), S. 384.

134 Lebenslauf Julius Ahlmann, HA.

135 Protokoll des Aufsichtsrats v. 1.1.1883, LAS, Abt. 406.10, Nr. 593.

136 Harry Schmidt, Julius Hans Ahlmann. Leben und Leistung, Ms., o. A., HA.

137 Aufzeichnungen Johannes Ahlmann v. 1896, HA.

138 125 Jahre Carlshütte, Rendsburg 1952, S. 20.

139 Hoop, Rendsburg, S. 470-472. – Vgl. Peter Franzen, 90 Jahre Kreisverein für das Museum in Rendsburg - Kreisverein für Heimatkunde und Geschichte: RJ 2002, S. 11-14.

140 Prien, S. 21.

141 Auszug aus dem Handelsregister-Gesellschaftschaftsregister des Landgerichts Hamburg, LAS, Abt. 406.10, Nr. 557. – Vgl. Kruse, S. 185.

142 Harry Schmidt, Charakteristik Johannes Ahlmanns: 125 Jahre Carlshütte, Rendsburg 1925, S. 34.

143 Johannes Ahlmann, Theodor Thormann. Ein Lebensbild, Rendsburg 1936.

144 Lebenslauf Julius Ahlmann, HA.

145 Traueranzeige Hartwig Peter Holler, LAS, Abt. 406.10, Nr. 625. – Vgl. Holler, S. 38.

146 Lebenslauf Julius Ahlmann, HA.

147 Tagebuch Johannes Ahlmann, HA. – Hermann Kiehl, Von der Gründung bis zum Ende des 1. Weltkriegs. Der Landkreis Rendsburg 1867 bis 1918: 100 Jahre Kreis Rendsburg. Ein Rückblick 1867 bis 1967, Rendsburg 1968, S. 25.

148 Thomas Otto Achelis, Die Bewohner des Hauses Königinstraße Nr. 1 in Rendsburg 1693-1945: HJR 1962, S. 60. – Fotografie einer Kinderspielgruppe mit Lorenz Brütt, Otto und Julius Ahlmann am Rendsburg Eiland aus dem Jahr 1884.

149 Handelsregister, HRA 14 Bd. 1, Nr. 571, StAH.

150 Edward Hoop, Die Wandlungen Büdelsdorfs. Zur Stadterhebung Büdelsdorfs zum Jahresbeginn 2000: RJ 2000, S. 15-23. – Die Gemeinde Büdelsdorf: Die Gemeinde-Sparkasse Büdelsdorf. Eine Chronik zum 75jährigen Bestehen 1920 bis 1995, hrsg. von der Gemeinde-Sparkasse Büdelsdorf, Leck 1995, S. 8-10. – Arno Hatard, Der Industrieort Büdelsdorf. Die Entwicklung einer Siedlung am Rande Rendsburgs, Büdelsdorf 1962.

151 LAS, Abt. 406.10, Nr. 967. – Vgl. Antje Kraus, Arbeiter der Carlshütte (Rendsburg) in der zweiten Hälfte des 19. Jahrhunderts: Arbeiter und Arbeiterbewegung in Schleswig-Holstein im 19. und 20. Jahrhundert, hrsg. von Rainer Paetau und Holger Rüdel, Neumünster 1987 (SWSSH Bd. 13), S. 143.

152 Prien, S. 24. – Hoop, Rendsburg, S. 474.

153 LAS, Abt. 460.10, Nr. 557.

154 LAS, Abt. 406.10, Nr. 1006. – Kruse, S. 179. – Vgl. Lemburg, S. 117.

155 Sievers, Sozialgeschichte, S. 109.

156 Antje Kraus, Wohnverhältnisse und Lebensbedingungen von Hütten- und Bergarbeiterfamilien in der zweiten Hälfte des 19. Jahrhunderts. Die Arbeitersiedlungen der Carlshütte in Büdelsdorf (Rendsburg) und der Zeche Rheinelbe/Alma in Ückendorf (Gelsenkirchen): Arbeiter im Industrialisierungsprozeß. Herkunft, Lage Verhalten, Stuttgart 1979, S. 167, S. 179. – Vgl. Lemburg, S. 123.

157 Hoop, Büdelsdorf, S. 19.

158 Walter Stamer, Verwaltungsbericht der Gemeinde Büdelsdorf (Kreis Rendsburg) 1914-1926, Rendsburg 1926, S. 74. – Vgl. Hatard, S. 47.

159 Hans Grützner, Chronik des Ev.-Luth. Kirchenkreises Rendsburg, Neumünster 1994, S. 42-43.

160 Kruse, S. 179. – Vgl. Lemburg, S. 194.

161 Kruse, S. 180.

162 Sievers, Sozialgeschichte, S. 50. – Vgl. Lemburg, S. 130.

163 Sievers, Sozialgeschichte, S. 131. – Lemburg, S. 154. – Jürgen Reulecke, Vom blauen Montag bis zum Arbeitsurlaub. Vorgeschichte und Entstehung des Erholungsurlaubs für Arbeiter vor dem Ersten Weltkrieg: AfS 16, 1976, S. 224.

164 Wilhelm Meyn v. 22.8.1903, LAS, Abt. 406.10, Nr. 1446.

165 Vgl. Gall, Krupp, S. 228.

166 Lemburg, S. 96, S. 132. – Sievers, Sozialgeschichte, S. 50; – Wolfgang Schivelbusch, Das Paradies, der Geschmack und die Vernunft. Eine Geschichte der Genußmittel, München 1980, S. 159 ff.

167 Kruse, S. 141 f.

168 Schmidt, S. 27 f.

169 Hubert Treiber und Heinz Steinert, Die Fabrikation des zuverlässigen Menschen. Über die „Wahlverwandtschaft" von Kloster- und Fabrikdisziplin, München 1980, S. 19.

170 Frans van der Veen, Sozialgeschichte der Arbeit, Bd. 3, 19. und 20. Jahrhundert, München 1972, S. 193 f. – Vgl. Lemburg, S. 158.

171 Weihnachtsgabe Johannes Ahlmann, HA.

172 Julie-Oldes Vermächtnis, StAB, B VII, Fach 23, Nr. 1 und 2.

173 Lebenslauf Johannes Ahlmann, HA. – Der Ahnenpaß des Hans-Julius Michael Ahlmann, HA.

174 Martin Schafe, Die Religion des Volkes. Kleine Kultur- und Sozialgeschichte des Pietismus, Gütersloh 1980, S. 148 f.

175 Ahlmann-Valentiner, HA.

176 Verzeichnis der Nachkommen, S. 34.

177 Jürgen Ostwald, Ahlmanns letzte Lebensjahre: Nordschleswiger Hefte, Bd. 4, Apenrade 1998, S. 83-88.

178 Tagebuch Johannes Ahlmann v. 9.9.1909, HA.

179 Volquart Pauls, Dr. Ludwig Ahlmann †, Neumünster 1943 (Sonderdruck aus ZSHG 70/71), S. 8.

180 Provinzial-Handbuch für Schleswig-Holstein, Kiel 1897, S. 88.

181 Schmidt, S. 31.

182 Tagebuch Johannes Ahlmann v. 9.12.1910, HA.

183 Lebenslauf Julius Ahlmann, HA.

184 Lebenslauf Johannes Ahlmann, HA.

185 Lebenslauf Julius Ahlmann, HA.

186 Frevert, S. 121. – Rosenbaum, S. 325.

187 Hoop, Rendsburg, S. 496 f.

188 Friedrich Schröder, Rendsburg als Festung, Neumünster 1939 (QFGSH Bd. 22), S. 325.

189 Karl Friedrichs, Der Neubau des Rendsburger Realgymnasiums im Jahre 1877: RJ 1967, S. 58-64. – Ders., Nachruf für ein Schulgebäude: RJ 1978, S. 15. – Vgl. Max Franzen, Carl Heinrich Remé, der Architekt des Rendsburger Gymnasiums: RJ 1967.

190 Hoop, Rendsburg, S. 499.

191 Hoop, Rendsburg, S. 499.

192 Vgl. Ahlmann-Valentiner, HA.

193 Auskunft Bürgermeister Drasdo zur Fährverbindung v. 3.6.1939, StAB, Nr. 1808.

194 Abgangszeugnis für Julius Ahlmann, Realgymnasium Rendsburg v. 30.3.1898, HA.

195 Vgl. Karl Müller, Nord-Ostsee-Kanal feiert seinen 75. Geburtstag: RJ 1970, S. 12-18.

196 Tagebuch Johannes Ahlmann v. Oktober 1895, HA.

197 Konfirmationsschein Christkirchengemeinde Rendsburg-Neuwerk, HA. – Grützner, S. 28.

198 Testament v. 18.4.1898, HA.

199 Lebenslauf Otto Ahlmann, HA.

200 Adreßbuch für Schleswig-Holstein, einschließlich Fürstenthum Lübeck und Herzogthum Lauenburg, Reinfeld 1897, S. 942.

201 Johannes Ahlmann, Geschichte der Holzhandelsfirma Joh. Paap & Co. Rendsburg, Heide 1937.

202 Ulrich Lange, Modernisierung des Alltags: Geschichte Schleswig-Holsteins, S. 350.

203 Willi Sick, Heide – ein halbes Jahrtausend Geschichte einer Stadt und einer Landschaft:

Heide. Vergangenheit und Gegenwart, Heide 1967, S. 25. – Zur Einwohnerzahl Rendsburgs: Steininger, S. 97.

204 Fritz Martini, Deutsche Literaturgeschichte von den Anfängen bis zur Gegenwart, 12. Aufl., Stuttgart 1963, S. 417.

205 Ulrich Pfeil, Vom Kaiserreich ins „Dritte Reich". Heide 1890-1933, Heide 1997, S. 12 f. – Lorenzen-Schmidt, S. 388.

206 Wehrordnung vom 22. November 1888, Neuabdruck, Berlin 1904, S. 14.

207 Taschen-Buch für Einjährig-Freiwillige 1891-92, hrsg. von Heinrich Wolff, Offenbach 1891, S. 123.

208 Herbert Rosinski, Die deutsche Armee. Eine Analyse, Düsseldorf 1970, S. 106. – Thomas Nipperdey, Deutsche Geschichte 1866-1918, Bd. 2, München 1992, S. 230.

209 Konrad Fuchs und Heribert Raab, Wörterbuch zur Geschichte, Bd. 2, 6. Aufl., München 1987, S. 477.

210 Untertan in Uniform, S. 57.

211 Brockhaus. Die Enzyklopädie, 20. Aufl., 17. Bd., Leipzig und Mannheim 1998, S. 419. – The New Encyclopaedia Britannica, 15. Aufl., 9. Bd., Chicago 1994, S. 646.

212 Auszüge aus den Berichten Johannes Ahlmanns zur „Familien-Chronik" der Ahlmann-Stiftungen, HA.

213 Felicitas Glade, Ernst Bamberger – Wilhelm Hamkens. Eine Freundschaft unter dem Nationalsozialismus in Mittelholstein, Norderstedt 2000, S. 48.

214 Julius Ahlmann an seine Eltern v. 27.10.1901, HA.

215 Anfrage von Julius Ahlmann an das Regiment wegen des Kopenhagener Aufenthalts v. 6.3.1902, HA. – Taschenbuch für Einjährig-Freiwillige, S. 125.

216 Meyers Großes Konversations-Lexikon, 6. Aufl., Bd. 11, Leipzig und Wien 1907, S. 207-208, auch für die folgenden Ausführungen.

217 Auszug aus der Regimentsgeschichte des Feldartillerie-Regiments Nr. 23: Festschrift zur Wiedersehensfeier in Koblenz Mai 1938, S. 29. – Mitteilung des Stadtarchivs Koblenz v. 24.5.2002.

218 Carl Wuppermann an Harry Schmidt v. 24.2.1951, HA.

219 Carl Wuppermann an Harry Schmidt v. 24.2.1951, HA.

220 Christian Walter Gässler, Offizier und Offizierkorps der Alten Armee in Deutschland als Voraussetzung einer Untersuchung über die Transformation der militärischen Hierarchie, Diss., Heidelberg 1930, S. 51.

221 Hartmut John, Das Reserveoffizierskorps im Deutschen Kaiserreich 1890-1914. Ein sozialgeschichtlicher Beitrag zur Untersuchung der gesellschaftlichen Militarisierung im Wilhelminischen Deutschland, Frankfurt am Main und New York 1981, S. 147, S. 255. – Untertan in Uniform, S. 132-138.

222 Rosinski, S. 106. – Vgl. Gerhard Hecker, Walter Rathenau und sein Verhältnis zum Militär: Deutsche jüdische Soldaten. Von der Epoche der Emanzipation bis zum Zeitalter der Weltkriege, hrsg. vom Militärgeschichtlichen Forschungsamt Potsdam, bearbeitet von Frank Nägler, Potsdam 1996, S. 148-149.

223 John, S. 147.

224 Manfred Messerschmidt, Die politische Geschichte der preußisch-deutschen Armee: Handbuch der deutschen Militärgeschichte 1648-1933, hrsg. vom Militärgeschichtlichen Forschungsamt, Bd. 2, München 1979, S. 102.

225 Zeugnis von Oberstleutnant und Regimentskommandeur Kosch v. 30.9.1903, HA.

226 Tagebuch Johannes Ahlmann, HA.

227 Alan Palmer, Gekrönte Vettern. Deutscher Adel auf Englands Thron, Düsseldorf 1989, S. 287 f.

228 Kruse, S. 185.

229 Julius Ahlmann 1880-1931: Schleswig-Holstein, Heft 11, November 1958, S. 301.

230 Ludwig Ahlmann, Nachruf Julius Ahlmann, Kiel 1931.

231 Dieter Ziegler, Das Zeitalter der Industrialisierung (1815-1914): Deutsche Wirtschaftsgeschichte. Ein Jahrtausend im Überblick, hrsg. von Michael North, München 2000, S. 281.

232 Aufsichtsratssitzung v. 27.11.1906, LAS, Abt. 406.10, Nr. 593. – Handelsregister HRB Bd. 2, Nr. 77, StAH.

233 Tagebuch Johannes Ahlmann v. 19.9.1907, HA.

234 Ebd. v. 31.12.1907.

235 Ludwig Ahlmann, Nachruf Julius Ahlmann.

236 Kruse, S. 184. – Vgl. Hatard, S. 47.

237 Julius Ahlmann an Eltern v. 22.4.1904, HA.

238 LAS, Abt. 406.10, Nr. 557.

239 Ludwig Ahlmann, Nachruf Julius Ahlmann.

240 Julius Ahlmann an Eltern v. 2.5.1909, HA.

241 Julius Ahlmann an Eltern v. 20.11.1910, HA.

242 Tagebuch Johannes Ahlmann v. 5.8.1908, HA.

243 Lebenslauf Julius Ahlmann, HA.

244 Tagebuch Johannes Ahlmann v. 21.6.1912, HA.

245 Tagebuch Johannes Ahlmann v. 3.8.1911, HA.

246 Sievers, Sozialgeschichte, S. 53. – Vgl. Lemburg, S. 160. – Treue, S. 199.

247 Tagebuch Johannes Ahlmann v. 7.7.1907 und 27.4.1909, HA.

248 Tagebuch Johannes Ahlmann v. 22.8.1911, HA. – Lemburg, S. 174.

249 Urkunde im Hausarchiv Ahlmann. – Karl-Gustav Studenitz, Orden und Ehrenzeichen, Freiburg 1981, S. 71.

250 Golo Mann, Deutsche Geschichte des 19. und 20. Jahrhunderts, Frankfurt am Main 1992, S. 534. – Vgl. LAS, Abt. 309, Nr. 10744, Bd. 16 (1910-1913, Arbeitseinstellungen, Streiks).

251 Tagebuch Johannes Ahlmann v. 26.8.1911, HA.

252 Lemburg, S. 176-178. – Tagebuch Johannes Ahlmann v. 21.10.1911, HA.

253 125 Jahre Carlshütte, S. 24.

254 Lebenslauf Julius Ahlmann, HA.

255 Lemburg, S. 179.

256 Tagebuch Johannes Ahlmann v. 4.2.1911, HA.

257 Lemburg, S. 180.

258 Tagebuch Johannes Ahlmann v. 9.3.1912, HA.

259 Lebenslauf Julius Ahlman, HA.

260 Kruse, S. 188.

261 Lebenslauf Julius Ahlmann, HA.

262 Tagebuch Johannes Ahlmann v. 26.11.1911, HA.

263 125 Jahre Carlshütte, S. 67.

264 John van der Kiste, Northern Crowns. The Kings of modern Scandinavia, Frome 1998, S. 59.

265 Tagebuch Johannes Ahlmann v. 14. und 16. 5.1912, HA.

266 Protokolle des Aufsichtsrates, LAS, Abt. 406.10, Nr. 593.

267 Tagebuch Johannes Ahlmann v. 14. und 18. 10.1912, HA.

268 Handelsregister HRB Bd. 2, Nr. 77, StAH. – Tagebuch Johannes Ahlmann v. 23.4. und 17.5.1913, HA.

269 Lebenslauf Julius Ahlmann, HA.

270 Tagebuch Johannes Ahlmann v. 9.9.1913, HA.

271 Julius Ahlmann an Eltern v. 10.10.1913, HA.

272 Lebenslauf Otto Ahlmann, HA.

Anmerkungen zu Kapitel 3: Siebzehn Ehejahre 1914-1931

1   Niall Ferguson, Der falsche Krieg. Der Erste Weltkrieg und das 20. Jahrhundert, München 2001, S. 193.

2   Julius Ahlmann an KA aus Sofia v. 1.12.1913, HA.

3   Magdalene Heidsieck, Erinnerungen, HA.

4   KA an Julius Ahlmann v. 14.11.1913, HA.

5   KA an Julius Ahlmann v. 24.2.1914, HA.

6   Verlobungsanzeigen im Hausarchiv Ahlmann. – Rangliste der Königlich Preußischen Armee und des XIII. (Königlich Württembergischen) Armeekorps für 1913, Berlin 1913, S. 749.

7   Lebenslauf Julius Ahlmann, HA.

8   KA an Julius Ahlmann v. 24.2.1914, HA.

9   KA an Julius Ahlmann v. 14.11.1913, HA.

10 Julius Ahlmann an KA v. 16.11.1913, HA.

11 Rosenbaum, S. 332.

12 Lebenslauf Julius Ahlmann, HA.

13 Johannes Ahlmann an Josef Braun v. 10.11. 1913, HA.

14 Rechnung Nordmeyer & Kortmann, Bielefeld v. 12.3.1914, HA.

15 Weber-Kellermann, S. 105. – Anderson und Zinsser, S. 185.

16 KA an Julius Ahlmann v. 19.4.1914, HA.

17 Kölner Stadtanzeiger v. 6.4.1914, HA. – 1906-1981. 75 Jahre Kölner Klub für Luftsport a. V., Köln 1981, S. 15-19.

18 KA an Julius Ahlmann v. 5. und 7.4.1914, HA.

19 KA an Julius Ahlmann v. 14.4.1914, HA.

20 KA an Julius Ahlmann v. 22. u. 23.5.1914, HA.

21 Linu Pagenstecher, Erinnerungen, HA.

22 Die folgenden Ausführungen beruhen auf dem von Johannes Ahlmann verfassten Lebenslauf Julius Ahlmanns. – Heft zur Vermählungsfeier des Herrn Julius Ahlmann mit Fräulein Käte Braun, HA.

23 Nachkommensverzeichnis 1995, S. 38.

24 Eheschließung v. 27.5.1914, Heiratsurkunde Standesamt Köln II, Reg. Nr. 1914/319.

25 Trauregister Christuskirche Köln. – Pfarrer Becker war seit 1912 der Nachfolger von Carl Jatho an der Christuskirche und gehörte ebenfalls der liberalen Glaubensrichtung an, Becker-Jákli, S. 131.

26 KA an Julius Ahlmann v. 15.5.1914, HA.

27 KA an Julius Ahlmann v. 24.4.1914, HA.

28 Abschrift des Gedichts im Brief von KA an Julius Ahlmann v. 16.5.1914, HA.

29 Barbara Beuys, Familienleben in Deutschland. Neue Bilder aus der deutschen Vergangenheit, Reinbek 1984, S. 439.

30 Heft zur Vermählungsfeier, HA, auch für die folgenden Ausführungen.

31 Albert Christian Sellner, Immerwährender Heiligenkalender, Frankfurt am Main 1993, S. 406.

32 Julius Ahlmann an die Eltern v. 5.6.1914, HA.

33 Luise Braun an Josef Braun v. 13.6.1914, HA.

34 Für die folgenden Ausführungen: Lebenslauf Julius Ahlmann, HA.

35 Barbara Tuchman, August 1914. Der Ausbruch des Ersten Weltkriegs, Bergisch-Gladbach 1981, S. 98.

36 Linu Pagenstecher, Erinnerungen, HA.

37 Gunther Mai, Das Ende des Kaiserreichs. Politik und Kriegsführung im Ersten Weltkrieg, 3. Aufl., München 1997, S. 23.

38 Brandt, Klüver, S. 298.

39 KA an Julius Ahlmann v. 10.8.1914, HA.

40 Hoop, Rendsburg, S. 513.

41 Rendsburger Tageblatt v. 2.8.1914, Nr. 179.

42 Johannes Ahlmann, Tagebuch, HA. – Ferguson, S. 218.

43 KA an Julius Ahlmann v. 4.8.1914, HA. – Tagebuch Johannes Ahlmann, HA.

44 Kruse, S. 191. – Protokoll des Aufsichtsrats v. 7.7.1914, LAS, Abt. 406.10, Nr. 593.

45 Tagebuch Johannes Ahlmann v. 17.8.1914, HA.

46 Johannes Ahlmann, Die Carlshütte im 1. Weltkrieg, LAS, Abt. 406.10, Nr. 1321.

47 Bericht v. 24.11.1914, LAS, Abt. 309, Nr. 17348.

48 Friedrich-Wilhelm Henning, Das industrialisierte Deutschland 1914 bis 1992, 9. Aufl., Paderborn 1997, S. 35.

49 KA an Julius Ahlmann v. 17.8.1914, HA.

50 Rendsburger Tageblatt v. 24.8.1914, Nr. 198.

51 Kruse, S. 192.

52 Hermann Kiehl, Von der Gründung bis zum Ende des 1. Weltkriegs. Der Landkreis Rendsburg 1867 bis 1918: 100 Jahre Kreis Rendsburg. Ein Rückblick 1867 bis 1967, Rendsburg 1968, S. 29.

53 Dr. Carl Wuppermann an Dr. Harry Schmidt v. 24.2.1951, HA.

54 Urkunde im Hausarchiv Ahlmann.

55 KA an Julius Ahlmann v. 26.10.1914, HA.

56 Rendsburger Tageblatt v. 27.10.1914, Nr. 253.

57 KA an Julius Ahlmann v. 28.10.1914, HA.

58 KA an Julius Ahlmann v. 30.10.1914, HA.

59 KA an Julius Ahlmann v. 5.8.1914, HA.

60 KA an Julius Ahlmann v. 7.8.1914, HA.

61 Lebenslauf Otto Ahlmann, HA.

62 KA an Julius Ahlmann v. 5.8., 15.8., 30.8., 1.9.1914, HA.

63 KA an Julius Ahlmann v. 21.8.1914, HA. – LAS, Abt. 320 Rendsburg, Bdl. 347, Nr. 12 a.

64 Rendsburger Tageblatt v. 3.9.1914, Nr. 207. – KA an Julius Ahlmann v. 28.8.1914, HA. – Johannes Ahlmann, Die Carlshütte im 1. Weltkrieg, LAS, Abt. 406.10, Nr. 1321.

65 KA an Julius Ahlmann v. 1.9.1914, HA.

66 Vgl. Löschburg, S. 223.

67 KA an Julius Ahlmann v. 4.9.1914, HA.

68 KA an Julius Ahlmann v. 14.9.1914, HA.

69 Mann, S. 598. – Mai, S. 67.

70 KA an Julius Ahlmann v. 15.9.1914, HA.

71 Georg Neuhaus, Die Entwicklung der Stadt Cöln von der Errichtung des Deutschen Reiches bis zum Weltkriege: Die Stadt Cöln im ersten Jahrhundert unter Preußischer Herrschaft, Bd. 1, Teil 2, Cöln 1916, S. 253. – Schwarz, S. 151.

72 Karin Feuerstein-Praßer, Die deutschen Kaiserinnen: 1871-1918, Regensburg 1997, S. 224. – Kriegsgeschehen und Frauenverbände: Frauen in der Kirche, hrsg. von Annette Kuhn, Düsseldorf 1985, S. 71 f.

73 KA an Julius Ahlmann v. 17.10.1914, HA.

74 Susanne Vieser und Beate Gabelt, Frauen in Fahrt. Ingenieurinnen, Designerinnen, Rennfahrerinnen machen Autogeschichte, Frankfurt am Main 1996, S. 8-10. – Barbara Haubner, Nervenkitzel und Freizeitvergnügen. Automobilismus in Deutschland 1866-1914, Göttingen 1998, S. 55.

75 KA an Julius Ahlmann v. 24.10.1914, HA., auch für die folgenden Ausführungen.

76 Greven's Adressbuch für Köln und Umgebung, insbesondere auch Mülheim am Rhein und Kalk nebst Stadt- und Theaterplan, Köln 1914, S. 456.

77 Urkunde im Hausarchiv Ahlmann.

78 Haubner, S. 60.

79 KA an Julius Ahlmann v. 30.10.1914, HA.

80 KA an Julius Ahlmann v. 1.12.1914, HA.

81 Tagebuch Johannes Ahlmann, HA.

82 KA an Julius Ahlmann v. 24.12.1914, HA.

83 Dr. Carl Wuppermann an Dr. Harry Schmidt v. 24.2.1951, HA.

84 Lebenslauf Julius Ahlmann, HA.

85 Rendsburger Tageblatt v. 10.8.1914, Nr. 186.

86 Tagebuch Johannes Ahlmann, HA.

87 KA an Julius Ahlmann v. 26.12.1914, HA.

88 KA an Julius Ahlmann v. 18.1.1915, HA.

89 KA an Julius Ahlmann v. 20.1.1915, HA.

90 Lebenslauf Julius Ahlmann, HA.

91 KA an Julius Ahlmann v. 2.2.1915, HA.

92 Astrid Möller, Ein Pressehaus im Wandel des Zeitgeschehens 1807-1982, Rendsburg 1982, S. 184.

93 Ferdinand Möller an Julius Ahlmann v. 15.3.1915, HA. – Vgl. Mann, S. 604. – Christian Graf Krockow, Die Deutschen in ihrem Jahrhundert 1890-1990, Reinbek bei Hamburg 1990, S. 114.

94 Tagebuch Johannes Ahlmann, HA.

95 Glückwünsche von KA im Brief an Julius Ahlmann v. 26.3.1915, HA.

96 Julius Ahlmann an Eltern v. 22.5.1915, HA.

97 Julius Ahlmann an Eltern v. 20.6.1915, HA.

98 KA an Julius Ahlmann v. 2.4.1915, HA.

99 KA an Julius Ahlmann v. 30.3.1915, HA.

100 Tagebuch Johannes Ahlmann, HA.

101 KA an Julius Ahlmann v. 23.6.1915, HA.

102 KA an Julius Ahlmann v. 17.8.1915, HA.

103 KA an Julius Ahlmann v. 2.12.1915, HA.

104 Standesamt Köln-Lindenthal, Geburtsurkunde Nr. 2585/1915.

105 Tagebuch Johannes Ahlmann v. 21.12.1915, HA.

106 Dr. Carl Wuppermann an Dr. Harry Schmidt v. 24.2.1951, HA.

107 Julius Ahlmann an Eltern v. 1.1.1916: Lebenslauf Julius Ahlmann, HA.

108 KA an Julius Ahlmann v. 13.2.1916, HA.

109 Tagebuch Johannes Ahlmann, HA.

110 KA an Julius Ahlmann v. 19.2.1916, HA.

111 Taufregister Kirchengemeinde Rendsburg-Neuwerk. – Tagebuch Johannes Ahlmann, HA.

112 Max Valentiner, Todesgefahr über uns. U 38 im Einsatz, überarbeitete Neuausgabe, München 2002, S. 142.

113 Personalakte Josef Braun, HStAD, Gerichte, Rep. 168, Nr. 35.

114 Linu Pagenstecher, Erinnerungen, HA.

115 Tagebuch Johannes Ahlmann v. 21.7.1916, HA.

116 Lebenslauf Julius Ahlmann, HA.

117 Kruse, S. 195.

118 Die Carlshütte im 1. Weltkrieg, LAS, Abt. 406.10, Nr. 1321. – Vgl. Gerold Ambrosius, Von Kriegswirtschaft zu Kriegswirtschaft (1914-1945): Deutsche Wirtschaftsgeschichte, S. 294. – Henning, S. 40.

119 Tagebuch Johannes Ahlmann v. 10.1.1916, HA. – KA an Julius Ahlmann v. 15.2.1916, HA.

120 Grundsätze für die Beschäftigung von Kriegsgefangenen v. 15.4.1915, LAS, Abt. 301, Nr. 1803.

121 Die Carlshütte im 1. Weltkrieg, LAS, Abt. 406.10, Nr. 1321.

122 Kruse, S. 195.

123 Friedrich-Wilhelm Henning, Landwirtschaft und ländliche Gesellschaft in Deutschland, Bd. 2; 1750-1986, 2. Aufl., Paderborn 1988, S. 183.

124 Möller, S. 199.

125 Tagebuch Johannes Ahlmann v. 30.3.1917, HA.

126 Henning, Das industrialisierte Deutschland, S. 38.

127 Mai, S. 113. – Vgl. Ferguson, S. 248.

128 Tagebuch Johannes Ahlmann, HA.

129 Linu Pagenstecher, Erinnerungen, HA.

130 Eberhard Kleinert, Konrad Adenauer als Beigeordneter der Stadt Köln (1906-1917): Konrad Adenauer. Oberbürgermeister von Köln. Festgabe der Stadt Köln zum 100. Geburtstag ihres Ehrenbürgers am 5. Januar 1976, hrsg. von Hugo Stehkämper, Köln 1976, S. 75. – Vgl. Schwarz, S. 153.

131 Linu Pagenstecher, Erinnerungen, HA.

132 Lebenslauf Julius Ahlmann, HA.

133 Julius an Eltern v. 4.12.1916: Lebenslauf Julius Ahlmann, HA.

134 Auszug aus der Regimentsgeschichte des Feldartillerie-Regiments Nr. 23, Koblenz 1938, S. 31.

135 Julius Ahlmann an Eltern v. 4.6.1917: Lebenslauf Julius Ahlmann, HA.

136 Polizeiliche Anmeldung in Berlin-Charlottenburg, Rankestraße v. 3.1.1917, HA.

137 Tagebuch Johannes Ahlmann, HA.

138 Gespräch mit Dr. Lising Pagenstecher v. 24.7.2002.

139 Linu Pagenstecher, Erinnerungen, HA.

140 Tagebuch Johannes Ahlmann, HA.

141 Gespräch mit Dr. Marlene Halhuber-Ahlmann v. 29.5.2001, mit Rosely Schweizer v. 23.10.2001. – Nach der früh verstorbenen Schwester ihrer Mutter Roseli benannt, änderte Frau Schweizer später den Namen in Rosely.

142 Lebenslauf Julius Ahlmann, HA.

143 Peter Wulf, Revolution, schwache Demokratie in der „Nordmark" – Schleswig-Holstein in der Zeit der Weimarer Republik: Geschichte Schleswig-Holsteins, S. 515. – Hans Mommsen, Aufstieg und Untergang der Re-

publik von Weimar 1918-1933, Berlin 1998, S. 35 f. – Mann, S. 648. – Mai, S. 169 f.

144 Hoop, Rendsburg, S. 516.– Kiehl, S. 29.

145 Tagebuch Johannes Ahlmann, HA. – Die Carlshütte im 1. Weltkrieg, LAS, Abt. 406.10, Nr. 1321.

146 Friedrich Ebert. Sein Leben, sein Werk, seine Zeit. Begleitband zur ständigen Ausstellung in der Reichspräsident Friedrich-Ebert-Gedenkstätte Heidelberg, hrsg. von Walter Mülhausen, Heidelberg 1999, S. 159.

147 Schwarz, S. 196. – Mann, S. 654.

148 KA, Mein Vater, HA.

149 Ambrosius, S. 301 f. – Mommsen, S. 62. – Rainer Paetau, Konfrontation oder Kooperation. Arbeiterbewegung und bürgerliche Gesellschaft im ländlichen Schleswig-Holstein und in der Industriestadt Kiel zwischen 1900 und 1925, Neumünster 1988 (SWSSH Bd. 14), S. 396.

150 Tagebuch Johannes Ahlmann v. 23.11.1918, HA.

151 Lebenslauf Julius Ahlmann, HA.

152 Mitgliederverzeichnis in den Vereinsmitteilungen von August 1919, HA.

153 Schreiben des Vorsitzenden J. Carius an die Geschäftsleitung der Ahlmann-Carlshütte v. 17.6.1970, LAS, Abt. 406.10, Nr. 1366.

154 Protokoll des Aufsichtsrates v. 14.12.1918, LAS, Abt. 406.10, Nr. 593.

155 Tagebuch Johannes Ahlmann, HA.

156 Vertrag zwischen Aufsichtsrat (Vorsitzender Jacob C. Lafrenz) und Julius Hans Ahlmann v. 28.12.1918, LAS, Abt. 406.10, Nr. 664.

157 Protokoll des Aufsichtsrats v. 15.5.1919, LAS, Abt. 406.10, Nr. 593.

158 Tagebuch Johannes Ahlmann v. 1.4.1919, HA.

159 Tagebuch Johannes Ahlmann, HA.

160 KA an Vater Josef Braun v. 6.5.1919, HA.

161 Harold Nicolson, Georg V., München 1954, S. 271. – Philip Ziegler, Mountbatten. The official biography, London 2001, S. 36. – Richard Hough, Mountbatten, Wien 1980, S. 12.

162 Lebenslauf Otto Ahlmann, HA.

163 Lebenslauf Otto Ahlmann, HA.

164 Edith Orchards Selbstbeschreibung für Johannes und Wilhelmine Ahlmann v. April

165 Tagebuch Johannes Ahlmann, HA.

166 Lebenslauf Otto Ahlmann, HA. – Tagebuch Johannes Ahlmann v. 10.8.1925, HA.

167 Kruse, S. 196. – Prien, S. 34.

168 Kurzgeschichte der Carlshütte mit Betonung der neueren Zeit 1827-1945, o. A., S. 27.

169 Kruse, S. 200.

170 Die Carlshütte im 1. Weltkrieg, LAS, Abt. 406.10, Nr. 1321.

171 Henning, Das industrialisierte Deutschland, S. 56.

172 Kruse, S. 199. – Prien, S. 35.

173 Protokoll des Aufsichtsrats v. 27.11.1919, LAS, Abt. 406.10, Nr. 593. – Zustimmung der Generalversammlung v. 20.1.1920: Handelsregister HRB Bd. 2, Nr. 77, StAH.

174 KA an Vater Josef Braun v. 6.5.1919, HA. – Vgl. Johannes Ahlmann, Theodor Thormann 1949-1919. Ein Lebensbild, Rendsburg 1936.

175 Nachruf zum Tod Adolf Sahr, Schleswig-Holsteinische Landeszeitung v. 4.4.1934, Nr. 78.

176 KA an Vater Josef Braun v. 6.5.1919, HA.

177 Tagebuch Johannes Ahlmann, HA.

178 Dieter Schuster, Zur Geschichte des 1. Mai in Deutschland, Düsseldorf 1991, S. 63.

179 KA an Vater Josef Braun v. 6.5.1919, HA.

180 Wulf, S. 518.

181 Tagebuch Johannes Ahlmann, HA.

182 KA an Vater Josef Braun v. 6.5.1919, HA.

183 Verwaltungsbericht der Gemeinde Büdelsdorf 1914-1926, Rendsburg 1926.

184 Rendsburger Tageblatt v. 20.1.1919, Nr. 16.

185 Kiehl, Landkreis Rendsburg 1867-1918, S. 29.

186 Verwaltungsbericht der Gemeinde Büdelsdorf 1914-1926, Rendsburg 1926. – Hansjörg Zimmermann, Die Einwohnerwehren. Selbstschutzorganisationen oder konterrevolutionäre Kampforgane?: ZSHG 128 (2003), S. 191. – Jochen Bracker, Einwohnerwehren in Schleswig-Holstein: ZSHG 99 (1974), S. 255-269.

187 LAS, Abt. 301, Nr. 2480.

188 Die ungeliebte Republik. Dokumente zur Innen- und Außenpolitik Weimars 1918-1933, hrsg. von Wolfgang Michalke und Gottfried

Niedhart, München 1980, S. 79.

189 KA an Vater Josef Braun v. 22.3.1920, HA.
– Wulf, S. 520. – Hoop, Rendsburg, S. 525.
– Zum Ersatz des Lohnausfalls: LAS, Abt.
309, Nr. 22855.

190 Tagebuch Johannes Ahlmann, HA.

191 Ambrosius, S. 307. – Henning, Das industrialisierte Deutschland, S. 55.

192 125 Jahre Carlshütte, S. 37.

193 „Bumms, büst buten! " = 3 b. Severin Ahlmann Autobiographie, Büdelsdorf 1999.
– Vgl. Die Zeit v. 11.9.1947, Nr. 37.

194 Geschäftsbericht für 1920, LAS, Abt. 406.10,
Nr. 1376.

195 KA an Vater Josef Braun v. 15.2.1921, HA.

196 Rendsburger Tageblatt v. 21.2.1921, Nr. 43.
– Wulf, S. 527.

197 KA an Vater Josef Braun v. 14.3.1921, HA.

198 Der Friedensvertrag von Versailles nebst
Schlußprotokoll und Rheinlandstatut sowie
Mantelnote und deutsche Ausführungsbestimmungen, Berlin 1925, S. 76.

199 Möller, Pressehaus, S. 202-208. – Wulf, S.
522.

200 Tagebuch Johannes Ahlmann v. 9.6.1920,
HA.

201 Friedensvertrag, S. 61 f.

202 Rendsburger Tageblatt v. 24.1.1921, Nr. 19.

203 Anzeige im Rendsburger Tageblatt v. 22.1.
1921, Nr. 18.

204 KA an Vater Josef Braun v. 14.3.1921, HA.

205 Jahrbuch des Roten Kreuzes in Schleswig-
Holstein 1922 der Vaterländischen Frauenvereine, Kiel 1922.

206 Handbuch für die Provinz Schleswig-Holstein 1925, Kiel 1925, S. 237.

207 Rendsburger Tageblatt v. 30.9.1921, Nr. 227.
– Tagebuch Johannes Ahlmann v. 29.9.1921,
HA.

208 KA an Vater Josef Braun v. 2.5.1920, HA.

209 Gespräch mit Dr. Marlene Halhuber-Ahlmann v. 1.6.2001.

210 Tagebuch Johannes Ahlmann, HA.

211 Heidberg-Buch (1918-1976), HA. - Tagebuch Johannes Ahlmann v. 25.8.1918, HA.

212 Lebenslauf Julius Ahlmann, HA. – Heidberg-
Buch v. 16.5.1920, HA.

213 Lebenslauf Julius Ahlmann, HA.

214 Gespräch mit Dr. Marlene Halhuber-Ahlmann v. 1.6.2001.

215 Einladung zum 21.6.1921, HA.

216 Heidbergbuch, HA. – Tagebuch Johannes
Ahlmann, HA.

217 Dr. Carl Wuppermann an Hanno Athenstaedt v. 6.8.1970, HA.

218 Linu Pagenstecher, Erinnerungen, HA.

219 Personalakte Heinrich Athenstaedt, BA Berlin, R 22/Pers., Nr. 50479.

220 KA an Julius Ahlmann v. 29.8.1919, HA.

221 Linu Pagenstecher, Erinnerungen, HA, auch
für die folgenden Ausführungen.

222 Der Friedensvertrag, S. 99.

223 Linu Pagenstecher, Erinnerungen, HA.

224 Gespräch mit Dr. Marlene Halhuber-Ahlmann v. 29.5.2001.

225 KA, Mein Vater, HA.

226 Tagebuch Johannes Ahlmann, HA.

227 Rendsburger Tageblatt v. 29.1.1922, Nr. 25.

228 Ansprache gehalten am Sarge des Herrn Senatspräsidenten a. D. Josef Braun am 28. Januar 1922 von Karl Becker, Pfarrer in Köln,
im Hause von Werthstraße 31, Köln 1922.

229 Linu Pagenstecher an Hans-Joachim Wuppermann v. 29.8.1979, HA., auch für die
folgenden Ausführungen.

230 Henning, Das industrialisierte Deutschland,
S. 65-66. – Ambrosius, S. 308.

231 Vertrag mit der Stadt Köln v. 1.11.1923, darin auch der datierte Bezug auf die Veräußerung durch die Erben F. Braun GmbH, HA.

232 Heinrich Athenstaedt an Käte und Julius
Ahlmann v. 25.2.1931, HA.

233 KA an Johannes Ahlmann v. 1.6.1927, HA.

234 KA, Mein Vater, HA.

235 Linu Pagenstecher an Hans-Joachim Wuppermann v. 29.8.1979, HA.

236 Gerald D. Feldmann, Die Deutsche Bank
vom Ersten Weltkrieg bis zur Weltwirtschaftskrise 1914-1933: Die Deutsche Bank 1870-
1995, München 1995, S. 309. – Nachruf auf
Dr. Carl Wuppermann: Unser TW Anker,
hrsg. von der Theodor Wuppermann GmbH,
Nr. 4, Leverkusen 1973. – Gedenkwort zum
fünfzigjährigen Bestehen der Firma Otto
Wolff, Mainz 1954, S. 148. – Rheinisch-
Westfälisches Wirtschaftsarchiv, Nachlass Dr.

Carl Wuppermann.

237 Lebenslauf Julius Ahlmann, HA. – Tagebuch Johannes Ahlmann, HA.

238 Johannes Ahlmann an KA v. 17.5.1922, HA.

239 Geschäftsbericht für 1922, LAS, 406.10, Nr. 1378. – Tagebuch Johannes Ahlmann, HA.– 125 Jahre Carlshütte, S. 38.

240 Julius Ahlmann an Eltern v. 14.8.1923, HA.

241 KA an Magdalene Wuppermann v. 3.8.1923, HA.

242 Lebenslauf Julius Ahlmann, HA.

243 Tagebuch Johannes Ahlmann v. 29.6.1923, HA.

244 Tagebuch Johannes Ahlmann v. 11.10.1923, HA.

245 Kurzgeschichte der Carlshütte, S. 28. – Hoop, Rendsburg, S. 557.

246 Kruse, S. 199.

247 Theodor Steltzer, Die Zeit der Weimarer Republik: Der Kreis Rendsburg in den Jahren 1918-1933: 100 Jahre Kreis Rendsburg. Ein Rückblick 1867 bis 1967, Rendsburg 1968, S. 48-49. – Hoop, Rendsburg, S. 557.

248 Kruse, S. 199. – Kurzgeschichte der Carlshütte, S. 28.

249 Hoop, Rendsburg, S. 557

250 Tagebuch Johannes Ahlmann v. 31.12.1923, HA.

251 Tagebuch Johannes Ahlmann, HA.

252 KA an Julius Ahlmann v. 9. und 14.2.1924, HA.

253 Tagebuch Johannes Ahlmann v. 1.3.1924, HA.

254 Glade, S. 105-107.

255 Gespräch mit Dr. Marlene Halhuber-Ahlmann v. 29.5.2001.

256 Geburtsanzeige Josef Ahlmann, HA.

257 Johannes Ahlmann an KA v. 9.6. und 12.6. 1924, HA.

258 Gespräch mit Dr. Marlene Halhuber-Ahlmann v. 1.6.2001.

259 Tagebuch Johannes Ahlmann, HA.

260 KA an Johannes Ahlmann v. 28.7.1924, HA.

261 KA an Johannes und Wilhelmine Ahlmann v. 15.10.1924, HA.

262 Gespräch mit Dr. Marlene Halhuber-Ahlmann v. 29.5.2001.

263 KA an Julius Ahlmann v. 23.10.1925, HA.

– Gespräche mit Dr. Marlene Halhuber-Ahlmann v. 31.5. und 1.6.2001. – Kostenaufstellung aus Krefeld v. 23.10.1924, HA.

264 Aufzeichnung über den Taufgottesdienst in Traben am 19.10.1924, HA. – Ida Meyer an KA v. 4.12.1924, HA.

265 Gespräch mit Dr. Marlene Halhuber-Ahlmann v. 31.5.2001.

266 KA an Luise Athenstaedt v. 27.11.1924, HA.

267 Luise Athenstaedt an Wilhelmine und Johannes Ahlmann v. 27.10.1924, HA.

268 Aufsichtsratsprotokolle v. 22.8. und 29.9.1924, LAS, Abt. 406.10, Nr. 315. – Klagekatalog Julius Ahlmanns gegen Rudolf Meyn v. 29.9.1924, HA.

269 Lebenslauf Julius Ahlmann, HA.

270 Dr. Carl Wuppermann an Julius Ahlmann v. 17.6.1921, HA.

271 Bescheinigungen über Aktienankäufe der Dresdner Bank Köln v. 28.1 und 1.3.1920, HA.

272 KA an Vater Josef Braun v. 15.1., 24.1. und 2.2.1920, HA.

273 Klagekatalog, HA.

274 LAS, Abt. 406.10, Nr. 315.

275 Tagebuch Johannes Ahlmann v. 4.1.1925, HA.

276 LAS, Abt. 406.10, Nr. 315.

277 Bericht von Jürgen Möller v. 29.10.1975, LAS, Abt. 406.10, Nr. 950.

278 Handbuch für die Provinz Schleswig-Holstein 1925, S. 202; 1927, S. 239; 1929, S. 203.

279 Für den Umzug berechnete die Firma Denker, Rendsburg, am 7.4.1926 einen Betrag von 1.739 Mark, HA.

280 Protokoll des Aufsichtsrats v. 9.4.1925, LAS, Abt. 406.10, Nr. 315.

281 DenkMal! Zeitschrift für Denkmalspflege in Schleswig-Holstein, Jg. 6 (1999), S. 96-97. – Vgl. Hans-Julius Ahlmann, Ein Haus mit Vergangenheit: ACO intern v. September 2002, S. 22.

282 Tagebuch Johannes Ahlmann v. 3.9.1925, HA.

283 Schleswig-Holstein. Monatshefte für Heimat und Volkstum, Heft 9/1957, S. 250.

284 Protokoll des Aufsichtsrates v. 8.5.1925, LAS Abt. 406.10 Nr. 315. – LAS, Abt. 301, Nr.

5493. – Handbuch für die Provinz Schleswig-Holstein 1925, S. 79. – Tagebuch Johannes Ahlmann, HA.

285 Heidelberger Neueste Nachrichten v. 5.3.1925, Nr. 54. – Biografie zum Nachlass Heinrich Athenstaedt, StaHD, NL Heinrich Athenstaedt.

286 Begleitband Friedrich Ebert, S. 347.

287 Klaus Kempter, Die Frauenfrage als Rechtsfrage: Camilla Jellinek (1860-1940): Frauengestalten. Soziales Engagement in Heidelberg, Heidelberg 1995 (Schriftenreihe des Stadtarchivs Heidelberg Bd. 5), S. 37-52. – Ders., Die Jellineks. Eine familienbiographische Studie deutschjüdischen Bildungsbürgertums, Düsseldorf 1998 (Schriften des Bundesarchivs 52), S. 198 f. – Beatrix Geisel, Camilla Jellinek, geb. Wertheimer: Demokratische Wege. Deutsche Lebensläufe aus fünf Jahrhunderten, hrsg. von Manfred Asendorf und Rolf Bockel, Stuttgart 1997, S. 305-307.

288 KA an Julius Ahlmann v. 3.4.1925, HA.

289 KA an Julius Ahlmann v. 4.4., 8.4.1925, HA.

290 Deutsches Schriftstellerlexikon. Von den Anfängen bis zur Gegenwart, Weimar 1962, S. 226.

291 KA an Julius Ahlmann v. 17.4.1925, HA.

292 KA an Julius Ahlmann v. 11.4., 5.5., 7. 5.1925, HA.

293 KA an Julius Ahlmann v. 13.4., 14.4., 18.4., 26.4., 1.5., 3.5. 1925, HA.

294 KA an Julius Ahlmann v. 26.4.1925, HA.

295 KA an Julius Ahlmann v. 7.4., 13.4., 18.4., 26.4.1925, HA.

296 Julius Ahlmann an KA v. 21.4.1925, HA.

297 Tagebuch Johannes Ahlmann, HA.

298 KA an Luise Athenstaedt v. November 1925, HA. – Tagebuch Johannes Ahlmann, HA.

299 Lebenslauf Otto Ahlmann, HA., auch für die folgenden Ausführungen.

300 Adressbuch der Direktoren und Aufsichtsräte, Bd. 1, Berlin 1930, S. 10.

301 Protokoll Aufsichtsratssitzungen v. 22.5. u. 10.11.1925, LAS, Abt. 406.11, Nr. 315.

302 Jahresbericht der Industrie- und Handelskammer zu Altona für das Jahr 1925, StAH.

303 Kurzgeschichte, S. 28. – 125 Jahre Carlshütte, S. 41. – Protokolle des Aufsichtsrats v. 30.3. u. 11.11.1926, LAS, Abt. 406.10, Nr. 315.

304 Tagebuch Johannes Ahlmann, HA.

305 Schleswig-Holsteinische Landeszeitung v. 21.4.1927, Nr. 92. – Tagebuch Johannes Ahlmann, HA.

306 125 Jahre Carlshütte, S. 61.

307 Aufstellung v. 11.8.1931, HA. – Erwerb des Grundstückes von Jürgen Brandt, LAS, Abt. 406.10, Nr. 1871.

308 Protokoll Aufsichtsratssitzung v. 9.4.1929 u. v. 10.3.1930, LAS, Abt. 406.10, Nr. 315.

309 Jahresberichte der Industrie- und Handelskammer zu Altona für 1927-1930, StAH. – Vgl. Ambrosius, Von Kriegswirtschaft, S. 316. – Hoop, Rendsburg, S. 559.

310 Julius Ahlmann an Dr. Carl Wuppermann v. 26.4.1929, HA.

311 Protokoll Aufsichtsrat, LAS, Abt. 406.10, Nr. 315. – 125 Jahre Carlshütte, S. 52. – LAS, Abt. 301, Nr. 5493.

312 Schleswig-Holsteinische Volkszeitung v. 21.1., 17., 19. u. 27.7.1925. – Handbuch für die Provinz Schleswig-Holstein 1925, S. 64, 193. – Nachruf Heinrich Jacobs, Schleswig-Holsteinische Landeszeitung v. 6.10.1931, Nr. 234.

313 Ergebnis der Kommunalwahl v. 4.5.1924, Schleswig-Holsteinische Landeszeitung v. 5. 5.1924, Nr. 106.

314 Schleswig-Holsteinische Landeszeitung v. 8. 12.1924, Nr. 328.

315 Der Vorgang in: LAS, Abt. 320 Rendsburg, Nr. 2890.

316 Verwaltungsbericht der Stadt Rendsburg 1924-1931/32, StRD D I 269.

317 Fotografie im Hausarchiv Ahlmann. – Rolf Schwarz, Das Friedrich-Ebert-Denkmal in Büdelsdorf: Vergessen + Verdrängt. Eine andere Heimatgeschichte, hrsg. von Kurt Hamer, Karl-Werner Schunck und Rolf Schwarz, Eckernförde 1984, S. 71-73.

318 Schleswig-Holsteinische Volkszeitung v. 27.7. 1926. – Nachruf Heinrich Jacobs, Schleswig-Holsteinische Landeszeitung v. 6.10.1931, Nr. 234.

319 Gespräch mit Dr. Horst-Carsten Groth v. 3.2.2003.

320 Julius Ahlmann an KA v. 26.4.1925, HA.

321 Gespräch mit Dr. Marlene Halhuber-Ahlmann v. 1.6.2002.

322 Schleswig-Holsteinische Landeszeitung v. 2.5.1926, Nr. 102 u. v. 4.5.1926, Nr. 103.

323 Schleswig-Holsteinische Landeszeitung v. 28.5.1927, Nr. 123.

324 KA an Johannes Ahlmann v. 1.6.1927, HA.

325 Programm der Veranstaltung in Hohenwestedt v. 19.2.1927, HA. – 125 Jahre Carlshütte, S. 54.

326 Bericht Traute Meyer-Kracht v. 18.9.1998.

327 KA an Johannes Ahlmann v. 11.7.1927, HA.

328 Gespräch mit Dr. Marlene Halhuber-Ahlmann v. 29.5.2001.

329 Einladungslisten KA 1925-1928, HA.

330 Einladung v. Juli 1928, HA. – KA an Johannes Ahlmann v. 20.8.1928, HA. – Einladungsliste KA, HA.

331 Tagebuch Johannes Ahlmann v. 1.1. u. 24.5. 1928, HA. – Speisekarte, HA

332 Gespräch mit Dr. Marlene Halhuber-Ahlmann v. 29.5.2001.

333 Schreiben Severin Ahlmann v. 20.1.2002. – Vgl. Autobiographie Severin Ahlmann.

334 Gespräche mit Dr. Marlene Halhuber-Ahlmann v. 29.5. u. 1.6.2001.

335 KA an Julius Ahlmann v. 13.12.1927, HA.

336 Kalendereintragung, HA.

337 Gespräch mit Dr. Marlene Halhuber-Ahlmann v. 31.5.2001.

338 Gespräch mit Dr. Marlene Halhuber-Ahlmann v. 29.5.2001.

339 125 Jahre Carlshütte, S. 64.

340 Tochter Marlene an KA v. 15.3.1945, HA. – Tagebuch Johannes Ahlmann, HA. – 125 Jahre Carlshütte, S. 53.

341 KA an Johannes Ahlmann v. 1.5.1931, HA.

342 Tagebuch Johannes Ahlmann, HA, auch für die folgenden Ausführungen.

343 Prof. Dr. Schittenhelm an KA v. 6.8.1931, HA. –Deutsche Biographische Enzyklopädie, hrsg. von Walter Killy und Rudolf Vierhaus, Bd. 8, München 1998, S. 333-334.

344 Heinrich Athenstaedt an KA v. 5./6.7.1931, HA.

345 Testament vor den Notaren Hans Harder Biermann-Ratjen u. Franz Josef Crasemann v. 30.6.1931, HA.

346 Hans-Arnim Weirich, Erben und Vererben. Handbuch des Erbrechts und der vorweggenommenen Vermögensnachfolge, 3. Aufl., Herne/Berlin 1991, S. 180.

347 Norddeutsche Zeitung v. 15.6.1931, Nr. 93.

348 Dr. Carl Wuppermann an die Reichsbankstelle Kiel v. 13.6.1931, HA. – Schleswig-Holsteinische Landeszeitung v. 22.6.1931, Nr. 143. – Büdelsdorfer Rundschau Juni 1931, Heft 6, 5. Jg.

349 KA an Luise Athenstaedt v. 28.8.1931, HA.

350 Aus der Predigt von Pastor Johannes Iversen, Trauerfeier für Julius Hans Ahlmann. Direktor der Carlshütte, Rendsburg 1931.

Anmerkungen zu Kapitel 4: Machtübernahme 1931-1941

1 Irmela Körner, Witwen: Biographien und Lebensentwürfe, Düsseldorf 1997, S. 32. – Vgl. Uta Schlegel-Holzmann, Kein Abend mehr zu zweit. Familienstand Witwe, Stuttgart 1992. – Witwen. Vom Leben nach dem Tod des Mannes, hrsg. von Hartmut Drießenbacher, Frankfurt am Main 1985. – Sybille von Rautter und Helga Ahlers, Witwe sein ist anders, München 1994.

2 KA an Dr. Carl Wuppermann v. 29.6.1931, HA.

3 Gespräch mit Dr. Marlene Halhuber-Ahlmann v. 31.5.2001.

4 KA an Dr. Carl Wuppermann v. 29.6.1931, HA.

5 Testament v. 30.6.1931, Amtsgericht Rendsburg, Nachlasssachen 6 IV 153-59/63.

6 Helmut Bartsch, Handbuch Erbrecht, 6. Aufl., Regensburg 1997, S. 134. – Familien- und Erbrecht: Recht, hrsg. von Joachim Hellmer, Frankfurt am Main 1966, S. 93. – Hans-Arnim Weirich, Erben und Vererben. Handbuch des Erbrechts und der vorweggenommenen Vermögensnachfolge, 3. Aufl., Herne/Berlin 1991.

7 Aufstellung des Aktienbesitzes durch KA v. 28.7.1931, HA.

8 KA an Dr. Carl Wuppermann v. 29.6.1931, HA.

9 Maschinengeschriebenes Manuskript im Hausarchiv Ahlmann, auch für die folgenden Ausführungen.

10 Dr. Carl Wuppermann an Heinrich Günther v. 9.9.1931, HA.

11 Gerald D. Feldman, Die Deutsche Bank vom Ersten Weltkrieg bis zur Weltwirtschaftskrise 1914-1933: Die Deutsche Bank 1870-1995, München 1995, S. 285. – Mommsen, Weimar, S. 473.

12 Dr. Carl Wuppermann an KA v. 1.9.1931, HA. – Tagebuch Johannes Ahlmann v. 31.8. 1931, HA.

13 Johannes Ahlmann an KA v. 2.6.1931, HA.

14 LAS, Abt. 406.10, Nr. 256.

15 Seit 1905 im Tagebuch Johannes Ahlmanns, HA, Eintragungen über das Geigenspiel mit Otto Adlung.

16 Dr. Carl Wuppermann an KA v. 1.9.1931, HA.

17 Jahresbericht der Industrie- und Handelskammer zu Altona für das Jahr 1931, StAH.

18 Bericht Julius Ahlmanns auf der Aufsichtsratssitzung v. 16.3.1931, LAS, Abt. 406.10, Nr. 315. – Tagebuch Johannes Ahlmann v. 7.8.1931, HA. – Dr. Carl Wuppermann an KA v. 1.9.1931, HA.

19 Mitglieder-Verzeichnis des Familien-Verbandes der Familie Wuppermann, Leverkusen-Schlebusch 1950, S. 3. – Gespräch mit Dieter Gollek in Leck v. 5.7.2001.

20 Dr. Carl Wuppermann an Heinrich Günther v. 9.9.1931, HA.

21 Heinrich Günther an Dr. Carl Wuppermann v. 11.9.1931, HA.

22 LAS, Abt. 406.10, Nr. 1386. – Aus der Ansprache Dr. Carl Wuppermanns, Trauerfeier für Julius Hans Ahlmann. Direktor der Carlshütte, Rendsburg 1931.

23 Protokoll der Aufsichtsratssitzung v. 14.9.1931, LAS, Abt. 406.10, Nr. 315.

24 Protokoll der Aufsichtsratssitzung v. 14.9.1931, LAS, Abt. 406.10, Nr. 315.

25 Vertrag v. 7.10.1931, HA.

26 Deutsche Bank, S. 285. – LAS, Abt. 406.11, Nr. 611. – BA Koblenz, Z 42 IV, Nr. 259.

27 Vertrag v. 30.9.1931, LAS, Abt. 406.10, Nr. 668. – Vgl. 125 Jahre Carlshütte, S. 70.

28 KA an Luise Athenstaedt v. 30.9.1931, HA.

29 Magdalene Wuppermann an Wilhelmine und Johannes Ahlmann v. 21.10.1931, HA.

30 Persönliche Religion. Predigten von Carl Jatho, Pfarrer in Köln, Köln 1906, S. 206-220.

31 Gespräch mit Dr. Marlene Halhuber-Ahlmann v. 31.5.2001, HA.

32 KA an Luise Athenstaedt v. 30.9.1931, HA.

33 Tagebuch Johannes Ahlmann, HA, auch für die folgenden Ausführungen.

34 Gespräch mit Dr. Marlene Halhuber-Ahlmann v. 31.5.2001.

35 Luise Athenstaedt an KA v. 16.9.1931, HA.

36 Heinrich Athenstaedt an KA v. 4.10.1931, HA.

37 Ministerialrat Dr. Jank, Karlsruhe, v. 31.8.1931, A 13, Würdigung in „Die badische Polizei", Karlsruhe 1931, B 112, Camilla Jellinek an Heinrich Athenstaedt v. 30.8.1931, A 28, alle StAHD, NL Heinrich Athenstaedt.

38 Heinrich Athenstaedt an KA v. 4.10.1931, HA, auch für die folgenden Ausführungen.

39 KA an Heinrich Athenstaedt v. 15.10.1931, HA.

40 Tagebuch Johannes Ahlmann v. 19.1., 29.1. und 1.2.1932, HA.

41 Heinrich Günther an Dr. Carl Wuppermann v. 11.9.1931, HA.

42 Heinrich Athenstaedt v. 3.12., Luise Athenstaedt v. 4.12.1931 an Dr. Carl Wuppermann, HA.

43 Ernennung von Hinrich Bosse zum Prokuristen v. 20.12.1931, StAH, HRB Bd. 2, Nr. 77.

44 KA an Heinrich und Luise Athenstaedt v. 1.2.1932. – Heinrich Athenstaedt an KA v. 29.2.1932, HA.

45 Luise Athenstaedt an KA v. 27.3.1932, HA.

46 LAS, Abt. 406.10, Nr. 1387. – Handbuch der Deutschen Aktiengesellschaften, 38. Aufl., Bd. 2, Berlin 1933, S. 1679.

47 KA an Johannes Ahlmann v. 22.4.1932, HA.

48 Besichtigung durch den Aufsichtsrat am 4.4. 1932, Tagebuch Johannes Ahlmann, HA. – Aufstellung KA über die Carlshütte v. 6.11. 1950, HA.

49 125 Jahre Carlshütte, S. 72.

50 Jahresbericht der Industrie- und Handelskammer zu Altona für das Jahr 1932, StAH. – Henning, Das industrialisierte Deutschland, S. 116.

51 Bericht Otto Adlung an Johannes Ahlmann v. 21.5.1932, HA.

52 Tagebuch Johannes Ahlmann v. 21.4.1932, HA.

53 Gespräch mit Dr. Marlene Halhuber-Ahlmann v. 1.6.2001.

54 Edith Ahlmann an KA v. 22.5.1932, HA.

55 KA an Johannes Ahlmann v. 16.7.1932, HA.

56 Gespräch mit Dr. Marlene Halhuber-Ahlmann v. 31.5.2001.

57 Johannes Ahlmann, Lebenslauf Otto Frederik Ahlmann, HA.

58 KA an Johannes Ahlmann v. 16.7.1932, HA.

59 Tagebuch Johannes Ahlmann v. 3.9.1932, HA.

60 KA an Johannes Ahlmann v. 7.9.1932, HA.

61 Anmerkung KA auf dem Briefumschlag mit den Schreiben der Tochter Marlene aus Zürich, HA.

62 Dr. Maximilian Bircher-Benner an KA v. 17.7.1931, HA. – Tagebuch Johannes Ahlmann, HA.

63 Großes Duden-Lexikon, Bd. 1, Mannheim 1964, S. 605.

64 Marlene Ahlmann an KA v. 15.10., 18.11. und 2.12.1932, HA.

65 KA an Johannes Ahlmann v. 22.10.1932, HA.

66 Tagebuch Johannes Ahlmann v. 25.12.1932, HA, auch für die folgenden Ausführungen.

67 Heinrich Athenstaedt an KA mit Bezug auf den am Vortag abgesandten Brief an Dr. Carl Wuppermann v. 23.2.1933, HA.

68 KA an Dr. Carl Wuppermann v. 16.2.1933, HA.

69 KA an Dr. Carl Wuppermann v. 18.2.1933, HA.

70 Aktennotiz Dr. Carl Wuppermann v. 14.9.1933, HA, auch für die folgenden Ausführungen.

71 Verzeichnis der Beamten der Carlshütte, LAS, Abt. 406.10, Nr. 256.

72 Protokoll Aufsichtsrat v. 26.9.1933, LAS, Abt. 406.10, Nr. 315. – Mitteilung der Actien-Gesellschaft der Holler'schen Carlshütte vom Oktober 1933, LAS, Abt. 406.10, Nr. 1264.

73 Büdelsdorfer Rundschau, Heft Nr. 3, März 1933. – Vgl. Hoop, Rendsburg, S. 577.

74 Schleswig-Holsteinische Landeszeitung v. 7.3.1933, Nr. 56.

75 Schleswig-Holsteinische Landeszeitung v. 6.3.1933, Nr. 55.

76 Tagebuch Johannes Ahlmann v. 2.3.1933, HA.

77 § 13 des Reichswahlgesetzes v. 27.4.1920, RGBl. I 1920, S. 627-635.

78 Angaben im Fragebogen v. 3.7.1946, LAS, Abt. 460.11, Nr. 363.

79 Angaben im Fragebogen v. 3.7.1946, LAS, Abt. 460.11, Nr. 363.

80 Julius Ahlmann an KA v. 26.4.1925, HA.

81 Preußische Gesetzessammlung, Jg. 1933, Nr. 6 (7.1.33), S. 21 f.

82 Schleswig-Holsteinische Landeszeitung v. 6.3.1933, Nr. 61.

83 Schleswig-Holsteinische Landeszeitung v. 13.3.1933, Nr. 67.

84 Kreisblatt des Kreises Rendsburg v. 4.3.1933, Jg. 65, Stück 10.

85 Glade, S. 90-93.

86 Angaben im Lebenslauf, LAS, Abt. 460, Nr. 406.

87 Schleswig-Holsteinische Landeszeitung v. 18.11.1929, Nr. 271. – Herbert Schütt, Büdelsdorf – auch 1933 noch eine SPD-Hochburg: Vergessen + Verdrängt, S. 135.

88 LAS, Abt. 406.11, Nr. 548.

89 Personalakte Reichsleitung Nr. 890, BA Koblenz, Z 42 IV, Nr. 1551.

90 Robert Drasdo v. 19.4.1948, LAS, Abt. 460, Nr. 406.

91 Landrat Hamkens an den Regierungspräsidenten in Schleswig v. 31.3.1938, LAS, Abt. 320 Rendsburg, Bdl. 347, Nr. 83.

92 Büdelsdorfer Rundschau, Heft Nr. 4, April 1933, auch für die folgenden Ausführungen. – Vgl. Uwe Danker, Machtergreifung und Selbstgleichschaltung in Büdelsdorf im Spiel der „Büdelsdorfer Rundschau" 1932-1933: Vergessen + Verdrängt, S. 137-144.

93 Runderlass v. 20.3.1933, LAS, Abt. 309, Nr. 22930. – LAS, Abt. 301, Nr. 4756. – Vgl. Ministerialblatt für die Preußische innere Verwaltung Nr. 17 v. 29.3.1933, S. 350.

– Hinrich Schlegel starb in einem Konzentrationslager, vgl. Irene Dittrich, Heimatgeschichtlicher Wegweiser zu Stätten des Widerstands und der Verfolgung 1933-1945. Bd. 7, Schleswig-Holstein I. Nördlicher Landesteil, hrsg. vom Studienkreis Deutscher Widerstand, Frankfurt-Bockenheim 1993, S. 157.

94 Büdelsdorfer Rundschau, Heft Nr. 4, April 1933.

95 StAB, Amtsverwaltung C I a, Fach 7, Nr. 6, Bd. 1.

96 Anweisung Landratsamt Rendsburg v. 28.2.1933, Stadtarchiv Nortorf 127.1. – Schleswig-Holsteinische Landeszeitung v. 1.3.1933, Nr. 51, v. 3.3.1933, Nr. 53, v. 4.3.1933, Nr. 54.

97 Enzyklopädie des Nationalsozialismus, hrsg. von Wolfgang Benz, Hermann Graml, Hermann Weiß, München 1997, S. 717.

98 Vgl. Glade, S. 102-104.

99 Ärzteblatt für Norddeutschland v. 30.11.1938, 1. Jg., Nr. 18.

100 Preußischer Minister des Innern an den Regierungspräsidenten in Schleswig v. 11.4.1933, LAS, Abt. 309, Nr. 37280.

101 GStA, Rep 77, 5469, Rep 90, 1053. – LAS, Abt. 301, Nr. 4868.

102 Schleswig-Holsteinische Landeszeitung v. 20.4.1933, Nr. 92.

103 Enzyklopädie des Nationalsozialismus, S. 28. – Vgl. Friedemann Bedürftig, Lexikon Drittes Reich, München 1997, S. 125.

104 Jörg Schadt, Verfolgung und Widerstand unter dem Nationalsozialismus in Baden. Die Lageberichte der Gestapo und des Generalstaatsanwalts Karlsruhe, Stuttgart 1976 (Veröffentlichungen des Stadtarchivs Mannheim Bd. 3), S. 28. – Heidelberger Tageblatt v. 10.3.1933, Nr. 59. – Fragebogen v. 23.3.1946, HstAD, NW 1049, Nr. 56125.

105 Antrag Heinrich Athenstaedt an den Sonderhilfs-Ausschuß für den Kreis Bonn v. 28.9.1946, Stadtarchiv und Stadthistorische Bibliothek Bonn, Wiedergutmachungsakte N 1985/619. – Luise Athenstaedt an Karl Jaspers v. 26.8.1968, StaHD, NL Heinrich Athenstaedt, A 15.

106 Volksgemeinschaft (Kampfblatt der Natio-

nalsozialisten) v. 22.2.1933. – Vgl. Friederike Reutter, Verfolgung und Widerstand der Arbeiterparteien in Heidelberg: Heidelberg unter dem Nationalsozialismus. Studien zu Verfolgung, Widerstand und Anpassung, hrsg. von Jörg Schadt und Michael Caroli, Heidelberg 1985, S. 485.

107 Frank Moraw, Die Nationalsozialistische Diktatur (1933-1945): Geschichte der Juden in Heidelberg, hrsg. von Peter Blum, Heidelberg 1996 (Buchreihe der Stadt Heidelberg Bd. 6), S. 465. – Alfred Weber an Luise Athenstaedt v. 7.2.1955, StaHD, NL Heinrich Athenstaedt, A 13.

108 Heidelberger Neueste Nachrichten – Heidelberger Anzeiger v. 10.3.1933.

109 Gustav Walther an Heinrich Athenstaedt v. 5.2.1946, StaHD, NL Heinrich Athenstaedt, A 12.

110 Tagebuch Johannes Ahlmann v. 14.3.1933, HA.

111 Ralf Georg Reuth, Goebbels. Eine Biographie, 2. Aufl., München 2000, Anm. 9/113, S. 667.

112 Heinrich an Luise Athenstaedt v. 21.3.1933, StaHD, NL Heinrich Athenstaedt, A 30.

113 Anlage zu 115/166, LAS, Abt. 460.11, Nr. 363. – Anlage zu J, HstAD, NW 1049, Nr. 56125.

114 Tagebuch Johannes Ahlmann v. 29.6.1933, HA.

115 Glade, S. 56 f.

116 Meldekarte Heidelberg, StaHD. – Meldekartei Bad Godesberg, Film G 36/1 und Film 36 F 18, Stadtarchiv und Stadthistorische Bibliothek Bonn.

117 Amtsvorsteher Drasdo v. 5.1.1934, StAB, Amtsverwaltung C I a, Fach 7, Nr. 6.

118 Luise an Heinrich Athenstaedt v. 5.4.1933, StaHD, NL Heinrich Athenstaedt, A 30.

119 Meldekarte Heidelberg, StaHD.

120 Peter Reichel, Der schöne Schein des Dritten Reiches. Faszination und Gewalt des Faschismus, Frankfurt am Main 1993, S. 150.

121 Mann, S. 820.

122 Das Ermächtigungsgesetz wurde am 24.3.1933 mit erforderlicher Zweidrittelmehrheit gegen die Stimmen der SPD-Fraktion beschlossen:

Enzyklopädie des Nationalsozialismus, S.449. – Heinrich an Luise Athenstaedt v. 21.3.1933, StaHD, NL Heinrich Athenstaedt, A 30. – Vgl. Moraw, Nationalsozialistische Diktatur, S. 469.

123 Luise Athenstaedt an Camilla Jellinek v. 22.7.1933, Nachlass Camilla Jellinek, BA Koblenz, N 1137, Nr. 12.

124 Heinrich Athenstaedt an seinen ehemaligen Untergebenen Josef Eiermann v. 20.9.1933, StaHD, NL Heinrich Athenstaedt, A 1. – Jacob Bader, Badische Biographien. Neue Folge, hrsg. von Bernd Ottnad, Bd. 1, Stuttgart 1982, S. 27.

125 GLA Karlsruhe, Best. 480/5829/1.

126 Auskunft Stadtarchiv Heidelberg v. 7.5.2001.

127 Mitteilung Dr. med. Lefmann v. 19.11.1948, GLA Karlsruhe, Best. 480/5829/1.

128 Bericht v. 1.5.1933 im Tagebuch Johannes Ahlmann, HA. – Friedrich Hammer, Verzeichnis der Pastorinnen und Pastoren der Schleswig-Holsteinischen Landeskirche 1864-1976, hrsg. vom Verein für Schleswig-Holsteinische Kirchengeschichte, Neumünster 1994, S. 371.

129 Schleswig-Holsteinische Landeszeitung v. 2.5.1993, Nr. 101. – Büdelsdorfer Rundschau, Heft Nr. 5, Mai 1933. – Enzyklopädie des Nationalsozialismus, S. 600.

130 RGBl. I 1933, S. 191.

131 Eberhard Heuel, Der umworbene Stand. Die ideologische Integration der Arbeiter im Nationalsozialismus 1933-1935, Frankfurt am Main 1989, S. 61 f.

132 Bericht über den 1. Mai 1933, Tagebuch Johannes Ahlmann, HA.

133 Tagebuch Johannes Ahlmann v. 12.11.1933, HA. – Elisabeth Haseloff, Chronik der evang.-luth. Kreuzkirchengemeinde zu Büdelsdorf, Kirchenkreisarchiv Rendsburg.

134 Schleswig-Holsteinische Landeszeitung v. 3.5.1933, Nr. 102. – Vgl. Rolf Schwarz, Das Friedrich-Ebert-Denkmal in Büdelsdorf: Vergessen + Verdrängt, S. 71-73.

135 Traute Meyer-Kracht, Geschichte des DRK Büdelsdorf. – Vgl. Danker, Machtergreifung und Selbstgleichschaltung, S. 142.

136 Gästebuch Heidberg. – Käte Ahlmanns Bei-

trag zur Familienchronik v. 16.5.1935, HA.

137 Bild vom Familientreffen am 8.6.1933 im Hausarchiv Ahlmann.

138 Johannes Ahlmann, Auszüge aus den Berichten zur Familienchronik der Ahlmann-Familie, HA.

139 125 Jahre Carlshütte, S. 73.

140 Aufsichtsratsprotokoll v. 26.9.1933, LAS, Abt. 406.10, Nr. 315.

141 Tagebuch Johannes Ahlmann v. 24.10.1933, HA.

142 125 Jahre Carlshütte, S. 73-74. – KA, Chronologie Carlshütte v. 6.11.1950, HA. – Jürgen Möller über die Entstehung der Lehrwerkstatt v. 1.4.1976, LAS Abt. 406.10 Nr. 1409.

143 Gesetz zur Ordnung der nationalen Arbeit v. 20.1.1934, RGBl. I 1934, S. 45-65. – Enzyklopädie Nationalsozialismus, S. 418. – Der Arbeiter in der Wirtschaft der Nordmark, Schleswig-Holsteinische Landeszeitung v. 26.4.1934, Nr. 97.

144 Verordnung Adolf Hitlers über die Deutsche Arbeitsfront v. 24.10.1934: Der Nationalsozialismus. Dokumente 1933-1945, hrsg. von Walter Hofer, Frankfurt am Main 1957, S. 87. – Schleswig-Holsteinische Landeszeitung v. 25.10.1934, Nr. 250.

145 Timothy W. Mason, Sozialpolitik im Dritten Reich. Arbeiterklasse und Volksgemeinschaft, Opladen 1977, S. 182 f. – Enzyklopädie Nationalsozialismus, S. 419. – Heuel, S. 421.

146 Schleswig-Holsteinische Landeszeitung v. 16.4.1934, Nr. 88.

147 Büdelsdorfer Rundschau, Heft Nr. 10, Mai 1934. – Veranstaltungen zum 1. Mai 1934, LAS, Abt. 406.10, Nr. 1194.

148 Gesprächsnotiz Direktor Bosse, Direktor Wenke v. 13.1.1934, LAS, Abt. 406.10, Nr. 1293.

149 LAS, Abt. 460.11, Nr. 110/1149.

150 Schreiben an Direktor Bosse v. 3.10.1934, LAS, Abt. 406.10, Nr. 1293.

151 Tagebuch Johannes Ahlmann v. 4.12.1934, HA. – Handbuch für die Provinz Schleswig-Holstein 1936, S. 70.

152 Schleswig-Holsteinische Landeszeitung v. 3.1.1935, Nr. 2.

153 Tagebuch Johannes Ahlmann v. 4.12.1934, HA.

154 Mason, S. 176. – Gunther Mai, Arbeiterschaft zwischen Sozialismus, Nationalismus und Nationalsozialismus. Wider gängige Stereotypen: Die Schatten der Vergangenheit: Impulse zur Historisierung des Nationalsozialismus, hrsg. von Uwe Backhaus u.a., Frankfurt am Main 1992, S. 206.

155 Meldekartei Bad Godesberg, Stadtarchiv und Stadthistorische Bibliothek Bonn v. 8.5.2001. – Heinrich Athenstaedt an KA v. 20.12.1935, HA. – Anlage 6 zum Fragebogen v. 3.7.1946, LAS, Abt. 460.11, Nr. 363.

156 BA Berlin, R 22/Pers. Nr. 50479.

157 KA an Landrat Wilhelm Hamkens v. 11.12.1934 (Durchschlag), HA. – Enzyklopädie des Nationalsozialismus, S. 426.

158 Preußischer Minister des Innern an Oberpräsidenten und Regierungspräsidenten v. 5.7.1934, LAS, Abt. 301, Nr. 5014. – Hoop, Rendsburg, S. 583 f.

159 Hinrich Bosse an Dr. Carl Wuppermann v. 15. 12.1934, HA.

160 Schleswig-Holsteinische Landeszeitung v. 18. 12.1934.

161 Heuel, S. 554 f.

162 Schleswig-Holsteinische Landeszeitung v. 3.1.1935, Nr. 2, auch für die folgenden Ausführungen.

163 Franz Rohwer an Johannes Ahlmann v. 18.1.1937, HA. – Adreßbuch Neumünster 1933, S. 203. – Verfahren in 1928 und 1931, LAS, Abt. 406.10, Nr. 1260.

164 Bericht über Moll & Rohwer v. 17.5.1935, LAS, Abt. 406.10, Nr. 931.

165 Tagebuch Johannes Ahlmann v. 9.4.1935, HA.

166 Oberbürgermeister Stahmer v. 15.6.1936, StAB, Gewerbesteuerausschuß, C IV, Fach 35.

167 40 Jahre Clausen & Bosse, Leck 1991, S. 15 f.

168 Ambrosius, Von Kriegswirtschaft, S. 329.

169 Werner Bührer, Wirtschaft: Enzyklopädie des Nationalsozialismus, S. 112 f. – Ambrosius, Von Kriegswirtschaft, S. 328. – Henning, Das industrialisierte Deutschland, S. 145 f.

170 Jahresbericht der Industrie- und Handels-

kammer zu Altona für das Jahr 1933, S. 109, StAH.

171 Bericht über Moll & Rohwer v. 17.5.1935, LAS, Abt. 406.10, Nr. 931.

172 Bericht Schlothfeldt v. 27.1.1935, HA.

173 Aufsichtsratssitzung v. 9.4.1935, LAS, Abt. 406.10, Nr. 315.

174 Der gesamte Vorgang in: LAS, Abt. 406.10, Nr. 931.

175 Ove Becker Clausen an Dr. Carl Wuppermann v. 18.2.1941, HA.

176 Verschiedene Eintragungen im Tagebuch von Johannes Ahlmann ab Sommer 1934.

177 Gespräch mit Dr. Marlene Halhuber-Ahlmann v. 31.5.2002.

178 Fragebogen v. 3.7.1946, LAS, Abt. 460.11, Nr. 363. – Vgl. Herwart Vorländer, Die NSV: Darstellungen und Dokumente einer nationalsozialistischen Organisation, Boppard 1988 (Schriften des Bundesarchivs Nr. 35).

179 Peter Longerich, Die braunen Bataillone. Geschichte der SA, München 1989, S. 93. – Heinz Höhne, Der Orden unter dem Totenkopf. Die Geschichte der SS, München 1984, S. 130. – Gustav Friedrich Meyer, Brauchtum der Jungmannschaften in Schleswig-Holstein. Beiträge zur Geschichte des germanischen Gemeinschaftslebens, Flensburg 1941, S. 159.

180 Beitrag KA zur Familienchronik v. 16.5.1935, HA. – Lebenslauf Hans-Julius Ahlmann, undatiert, nach Juli 1941, HA. – Heinrich Athenstaedt an seine Frau Luise v. 30.4.1934, HA. – Bedürftig, S. 263.

181 Peter Wulf, Zustimmung, Mitmachen, Verfolgung und Widerstand – Schleswig-Holstein in der Zeit des Nationalsozialismus: Geschichte Schleswig-Holsteins, S. 587.

182 Tagebuch Johannes Ahlmann v. 17.3.1935, HA.

183 Sebastian Haffner, Anmerkungen zu Hitler, 10. Aufl., München 1978, S. 40. – Klaus-Jörg Ruhl, Familienpolitik in Deutschland 1913-1963: Deutschland in Europa. Kontinuität und Bruch. Gedenkschrift für Andreas Hillgruber, hrsg. von Jost Düffler, Bernd Martin, Günter Wollstein, Frankfurt am Main 1990, S. 378.

184 Hatard, Büdelsdorf, S. 59. – Schleswig-Holsteinische Landeszeitung v. 12.4.1934, Nr. 85.

185 Schleswig-Holsteinische Landeszeitung v. 16. 4.1934, Nr. 88.

186 Tagebuch Johannes Ahlmann v. 11.3.1934, HA.

187 Severin Ahlmann war Deutscher Jugendmeister im Patrouillenlauf (heute Biathlon) und in der HJ Gau-Sachbearbeiter für Skisport, LAS, Abt. 460.11, Nr. 711. – Mitteilung Severin Ahlmann v. 21.12.2001. – Beitrag KA zur Familienchronik v. 16.5.1935, HA.

188 Autobiographie Severin Ahlmann, auch für die folgenden Ausführungen. – Tagebuch Johannes Ahlmann, HA.

189 Ambrosius, Von Kriegswirtschaft, S. 333. – Henning, Das industrialisierte Deutschland, S. 160.

190 Tagebuch Johannes Ahlmann v. 30.10.1934, HA.

191 Beitrag KA zur Familienchronik v. 16.5.1935, HA.

192 Gottlob Schrenk, Professor D. Arnold Meyer 1861-1934: Jahresberichte der Universität Zürich 1934/35, Zürich 1938, S. 829 f.

193 Todesanzeige Katharine Braun v. 7.2.1941, HA.

194 Wuppermann, S. 237.

195 Beitrag KA zur Familienchronik v. 16.5.1935, HA.

196 KA an Johannes Ahlmann v. 5.5.1935, HA. – James Pope-Hennessy, Queen Mary, London 2000, S. 555.

197 Beitrag KA zur Familienchronik für 1935, HA. – Gespräch mit Dr. Marlene Halhuber-Ahlmann v. 29.5.2001.

198 Verlobungsanzeige in der Schleswig-Holsteinischen Landeszeitung v. 30.11.1935, Nr. 280. – Wer leitet was? Die Männer der Wirtschaft und der einschlägigen Verwaltung, hrsg. von Paul C. W. Schmidt, Berlin 1942, S. 712.

199 Beitrag KA zur Familienchronik für 1935, HA. – Gespräch mit Dr. Marlene Halhuber-Ahlmann v. 29.5.2001.

200 Mitteilung Katarina Dennhardt v. 18.1.2004.

201 Tagebuch Johannes Ahlmann v. 26.12.1935,

HA., auch für die folgenden Ausführungen.

202 Gesprächsnotiz von KA nach Unterredung mit Hinrich Bosse v. 16.4.1936, weitergeleitet an Dr. Carl Wuppermann, HA.

203 Aus dem internen Bericht von KA über die Umwandlung v. 6.6.1938, HA.

204 RGBl. I 1934, S. 569 f. und 572. – Vgl. Dieter Swatek, Unternehmenskonzentration als Ergebnis und Mittel nationalsozialistischer Wirtschaftspolitik: Volkswirtschaftliche Schriften, Heft 181, Berlin 1972.

205 Für den gesamten Komplex: Interner Bericht von KA über die Umwandlung v. 6.6.1938, HA.

206 Anleihestockgesetz v. 4.12.1934, RGBl. I 1934, S. 1222.

207 Heinrich Günther v. 28.2.1934, Dr. Richard Crasemann v. 6.3.1934 an Dr. Carl Wuppermann, HA.

208 Aufsichtsratssitzung v. 19.2. u. v. 22.4.1936, LAS, Abt. 406.10, Nr. 315. – Zulassungsstelle an der Börse zu Hamburg v. 3.4.1936, HA.

209 Interner Bericht, HA.

210 RGBl. I 1937, S. 107. – Vgl. Frank Laux, Die Aktiengesellschaft als Objekt staatlicher Interessen: Mitteilungen der Walther Rathenau Gesellschaft, Nr. 13, September 2003, S. 5-19.

211 Karsten Schmidt, Gesellschaftsrecht, 4. Aufl., Köln 2002, S. 763.

212 Dr. Brühling , „Treuverkehr Hamburg", v. 4.2.1937, HA.

213 Interner Bericht, HA.

214 Antwort Dr. Carl Wuppermanns an KA v. 1.3.1937, HA.

215 LAS, Abt. 406.10, Nr. 315.

216 Dr. Joseph Heimann an KA v. 10.5.1937, HA.

217 RGBl. I 1936, S. 1003.

218 Wer leitet was?, S. 315 u. 991. – Walther Matthies, Vereinsbank in Hamburg. Biographien der Aufsichtsrats- und Vorstandsmitglieder seit der Gründung der Bank im Jahre 1856, Hamburg 1970, S. 287.

219 Vereinsbank in Hamburg und Bank für deutsche Industrie-Obligationen v. 8.5.1937, Abschrift, HA.

220 Interner Bericht, HA.

221 Dr. Carl Wuppernmann an den Aufsichtsrat der Carlshütte v. 8.5.1937, HA.

222 LAS, Abt. 406.10, Nr. 315.

223 HRB Bd. 2, Nr. 77, StAH.

224 HRA Bd. 183, Nr. 40976, StAH.

225 Großer Jahresbericht von 1937, LAS, Abt. 406.10, Nr. 284.

226 Tagebuch Johannes Ahlmann v. 8.5. u. 5.6.1937, HA.

227 Martina Voigt, Unternehmerinnen und Unternehmenserfolg. Geschlechtsspezifische Besonderheiten bei Gründung und Führung von Unternehmen, Wiesbaden 1994, S. 15 f. – Thomas Döbler, Frauen als Unternehmerinnen. Erfolgspotentiale weiblicher Selbständiger, Wiesbaden 1998, S. 55 f.

228 Heinrich Athenstaedt an KA v. 8.1.1932, HA.

229 Großer Jahresbericht von 1937, LAS, Abt. 406.10, Nr. 284. – 125 Jahre Carlshütte, S. 76.

230 Prien, S. 84. – Hatard, S. 57.

231 Frevert, Frauen-Geschichte, S. 209 f. – Frevert, Frauen: Enzyklopädie des Nationalsozialismus, S. 220-234. – Annemarie Tröger, Die Frau im wesensgemäßen Einsatz: Mutterkreuz und Arbeitsbuch. Zur Geschichte der Frauen in der Weimarer Republik und im Nationalsozialismus, hrsg. von der Frauengruppe Faschismusforschung, Frankfurt am Main 1981, S. 246-272. – Frauenhandlexikon, S. 203. – Anna Maria Sigmund, Die Frauen der Nazis, 4. Aufl., München 2000, S. 19.

232 Gespräch mit Severin Ahlmann v. 17.10.2002.

233 Eintritt in die DAF v. 10.7.1937, LAS, Abt. 460.11, Nr. 363. – Großer Jahresbericht von 1937, S. 114, LAS, Abt. 406.10, Nr. 284. – Enzyklopädie des Nationalsozialismus, S. 567.

234 Mitgliedskarte Käte Ahlmann, BA Berlin (ehem. BDC), NSDAP Gaukartei Schleswig-Holstein.

235 Dienststelle des Stellvertreters des Führers v. 9.2.1937, BA Berlin, NS 1, Nr. 428. – Vgl. Schleswig-Holsteinische Landeszeitung v. 26.5.1937, Nr. 119.

236 Anlage 1 zum Fragebogen v. 3.7.1946, LAS, Abt. 460.11, Nr. 363.

237 Dr. Elisabeth Haseloff, Chronik der evang.-luth. Kreuzkirchengemeinde zu Büdelsdorf, Kirchengemeinde Büdelsdorf, Kirchenkreisarchiv Rendsburg.

238 Genehmigung des Antrags durch das Landeskirchenamt v. 19.3.1940, HA. – Umgemeindungen 1941-1971, Kirchengemeinde St. Marien, Nr. 11, Kirchenkreisarchiv Rendsburg.

239 Ambrosius, Von Kriegswirtschaft, S. 342. – Vgl. Lothar Gall und Hans Heinrich Pohl, Unternehmen im Nationalsozialismus, München 1998. – Petra Bräutigam, Mittelständische Unternehmer im Nationalsozialismus, München 1997.

240 Einführung zum Großen Jahresbericht 1937, HA.

241 Ambrosius, Von Kriegswirtschaft, S. 33. – Alfred Kube, Hermann Göring – Zweiter Mann im „Dritten Reich: Die braune Elite. 22 biographische Skizzen, hrsg. von Ronald Smelser und Rainer Zitelmann, 2. Aufl., Darmstadt 1990, S. 73.

242 Dietrich Eichholtz, Ökonomie, Politik und Kriegsführung. Wirtschaftliche Kriegsplanungen und Rüstungsorganisationen bis zum Ende der „Blitzkriegs"phase: Krieg und Wirtschaft. Studien zur deutschen Wirtschaftsgeschichte 1939-1942, Berlin 1999, S. 12 f. – Fritz Blaich, Wirtschaft und Rüstung im „Dritten Reich", Düsseldorf 1987, S. 24. – Thomas Sarholz, Die Auswirkungen der Kontingentierung von Eisen und Stahl auf die Aufrüstung der Wehrmacht von 1936 bis 1939, Diss., Darmstadt 1983, S. 152.

243 Einführung zum Großen Jahresbericht 1937, HA. – Geschäftsbericht der Actien-Gesellschaft der Holler'schen Carlshütte für 1936, LAS, Abt. 406.10, Nr. 1391.

244 125 Jahre Carlshütte, S. 79.

245 Großer Jahresbericht von 1937, LAS, Abt. 406.10, Nr. 284.

246 Interner Bericht, HA. – Ove Becker Clausen an KA v. 29.6.1937, HA.

247 Jürgen Möller, Lehrwerkstatt, v. 14.4.1976, LAS, Abt. 406.10, Nr. 1409. – Direktor Hinrich Bosse an Aufsichtsratsvorsitzenden Dr. Carl Wuppermann v. 23.5.1936, HA.

248 Schleswig-Holsteinische Landeszeitung v. 28. 4.1937, Nr. 94.

249 Schleswig-Holsteinische Landeszeitung v. 30. 4.1938, Nr. 100.

250 Schleswig-Holsteinische Landeszeitung v 7.5. 1938, Nr. 106. – Tagebuch Johannes Ahlmann v. 4.5.1938, HA.

251 Beitrag KA zur Familienchronik 1937 und 1938, HA. – Tagebuch Johannes Ahlmann, HA.

252 Vertrag zwischen der Kommanditgesellschaft Holler'sche Carlshütte und Rechtsanwalt Heinrich Athenstaedt v. 2.4.1938, StaHD, NL Heinrich Athenstaedt, A 36.

253 Versorgungsakte Heinrich Athenstaedt, GLA Karlsruhe, Best. 527 Zug 1997-213, Nr. 6.

254 Heinrich Athenstaedt an Frau Luise v. 16.11. 1938, HA.

255 Schleswig-Holsteinische Landeszeitung v. 24. 11.1938, Nr. 275.

256 Glade, S. 156, auch für die folgenden Ausführungen.

257 Autobiographie Severin Ahlmann.

258 Gespräch mit Dr. Marlene Halhuber-Ahlmann v. 29.5.2001. – Gespräch mit Helmut Maschmann v. 26.9.1997.

259 Gespräch mit Katarina Dennhardt v. 30.5. 2001.

260 Mehrere Datierungen im Tagebuch Johannes Ahlmann, HA.

261 Glade, S. 143.

262 Gespräch mit Dr. Marlene Halhuber-Ahlmann v. 30.5.2001.

263 Tagebuch Johannes Ahlmann v. 31.3.1937, HA.

264 Lebenslauf Hans-Julius Ahlmann, HA.

265 Beitrag KA zur Familienchronik 1937 und 1938, HA. – Gespräch mit Dr. Marlene Halhuber-Ahlmann v. 29.5.2001.

266 Autobiographie Severin Ahlmann.

267 Tagebuch Johannes Ahlmann v. 17.7.1938, HA.

268 Beitrag KA zur Familienchronik 1937 und 1938, HA

269 Otto Ahlmann an seinen Vater v. 24.9.1938, HA.

270 Tagebuch Johannes Ahlmann, HA.

271 Verzeichnis der Nachkommen des Kaufmanns Otto Friedrich Ahlmann und seiner Ehefrau Magdalene, geb. Lorenzen, Gravenstein, zusammengestellt von Johannes Ahlmann, Carlshütte bei Rendsburg 1938.

272 Ludwig Ahlmann, Nachruf Johannes Ahlmann, HA, auch für die folgenden Ausführungen.

273 Ludwig Ahlmann, Nachruf Johannes Ahlmann, HA.

274 Einleitung zum Jahresbericht 1938, HA.

275 Großer Jahresbericht 1938, HA.

276 Reichsbetriebskartei, BA Berlin, R 3, 2007. – Helmut Grieser, Materialien zur Rüstungswirtschaft Schleswig-Holstein im Dritten Reich, Kiel 1987, S. 27.

277 Blaich, S. 44. – Eichholtz, Ökonomie, S. 50.

278 Planstudie v. 8.7.1932, BA-MA Freiburg, RW 19, Nr. 1636.

279 Aufstellung aus dem Jahr 1937, BA-MA Freiburg, RW 19, Nr. 1878.

280 Bericht KA v. 6.11.1950, HA.

281 Bericht für die Industrie- und Handelskammer Kiel v. 7.12.1938, HA.

282 125 Jahre Carlshütte, S. 82. – LAS, Abt. 460.11, Nr. 805.

283 LAS, Abt. 406.10, Nr. 932. – Vgl. Schleswig-Holsteinische Landeszeitung v. 1.6.1939, Nr. 125, v. 6.5.1940, Nr. 104, v. 6.5.1941, Nr. 104, v. 9.6.1941, Nr. 132.

284 Arbeiterverzeichnis der Carlshütte II, LAS, Abt. 406.10, Nr. 2573. – Aktennotiz Carlshütte v. 10.5.1939, LAS, Abt. 406.10, Nr. 1043. – Vermerk über Einsatz tschechischer Arbeitskräfte, BA Berlin, R 3901, Nr. 20223.

285 Amtsvorsteher Büdelsdorf an Staatspolizeistelle Kiel v. 13.6.1939, StAB Nr. 2135, auch für die folgenden Ausführungen.

286 Großer Jahresbericht für 1939, HA. – Vermerk Amtsvorsteher Drasdo v. 11.8.1939, StAB Nr. 2135. – Vgl. Ulrich Herbert, Fremdarbeiter. Politik und Praxis des „Ausländer-Einsatzes" in der Kriegswirtschaft des Dritten Reiches, Bonn 1999, S. 73.

287 Staatspolizeistelle Kiel an Amtsvorsteher Drasdo v. 9.3.1939, StAB Nr. 2038. – Aus-sage Andritzke vor dem Spruchgericht Bielefeld v. 13.5.1948, BA Koblenz, Z 42 IV, Nr. 1551.

288 Amtsvorsteher Drasdo an die Staatspolizeistelle Kiel v. 19.1.1939, StAB Nr. 2038.

289 KA an den Öffentlichen Kläger des Entnazifizierungsausschusses v. 5.7.1948, LAS, Abt. 460.11, Nr. 157/2274. – Vgl. Gerhard Paul, Staatlicher Terror und gesellschaftliche Verrohung. Die Gestapo in Schleswig-Holstein, Hamburg 1996 (IZRG-Schriftenreihe 1), S. 134.

290 125 Jahre Carlshütte, S. 83. – Eintragung Handelsregister v. 16.9.1939, HRA Bd. 183, Nr. 40976, StAH.

291 Gespräch mit Dr. Marlene Halhuber-Ahlmann v. 31.5.2001, auch für die folgenden Ausführungen.

292 Bettina Jung, August Oetker, Berlin 1999, S. 90. – Vgl. Rüdiger Jungbluth, Die Oetkers. Geschäfte und Geheimnisse der bekanntesten Wirtschaftsdynastie Deutschlands, Frankfurt am Main/New York 2004.

293 KA an Luise Athenstaedt v. 23.6.1939, HA.

294 Großer Jahresbericht für 1939, HA.

295 Gespräch mit Dr. Marlene Halhuber-Ahlmann v. 29.5.2001.

296 Gespräch mit Dr. Marlene Halhuber-Ahlmann v. 31.5.2001.

297 Aufstellung über die Erledigung der Bankschuld seit 1937 v. 9.4.1940, HA.

298 Einführung zum Großen Jahresbericht 1937, HA.

299 Beitrag KA zur Familienchronik 1937 und 1938, HA. – Lebenslauf Hans-Julius Ahlmann, HA.

300 Kriegstagebuch der Wehrwirtschaftsinspektion/Rüstungsinspektion X, Bd. 3, BA-MA Freiburg, RW 20-10.

301 125 Jahre Carlshütte, S. 85. – Großer Jahresbericht für 1939, HA.

302 Kriegstagebuch der Wehrwirtschaftsinspektion/Rüstungsinspektion X, Bd. 4, BA-MA Freiburg, RW 20-10.

303 Technischer Bericht: Großer Jahresbericht für 1940, LAS, Abt. 406.10, Nr. 287.

304 Henning, Das industrialisierte Deutschland, S. 176.

305 Kriegstagebuch des Rüstungskommandos Kiel v. 18.11.1939, BA-MA Freiburg, RW 21-32. – Dietrich Eichholtz, Geschichte der deutschen Kriegswirtschaft 1939-1945, Bd. 1, München 1999, S. 107.

306 Liste v. 28.5.1940, BA Berlin, R 39.01, Nr. 20234. – Bericht an die Preisüberwachungsstelle beim Regierungspräsidenten in Schleswig v. 10.9.1941, LAS, Abt. 691, Nr. 29648. – Rüstungsinspektion X v. 21.2.1941, BA-MA Freiburg, RW 20-10.

307 Amtsvorsteher Drasdo an das Arbeitsamt Rendsburg v. 30.8.1940, StAB Nr. 2135 Sonderakte.

308 Erlass des Oberkommandos der Wehrmacht v. 22.5.1940, BA-MA Freiburg, RW 19, Nr. 836. – Vgl. Herbert, S. 94. – Hanseatisches Wachinstitut Hamburg an Amtsvorsteher Drasdo als Ortspolizei v. 18.4.1940, StAB, Nr. 2135 Sonderakte.

309 125 Jahre Carlshütte, S. 89. – Technischer Bericht: Großer Jahresbericht für 1940, LAS, Abt. 406.10, Nr. 287.

310 Bericht Betriebsappell v. 9.9.1939, LAS, Abt. 406.10, Nr. 287. – Sabotageabwehr in der Wehrwirtschaft. Richtlinien für Abwehrbeauftragte geschützter Betriebe, aufgestellt vom Oberkommando der Wehrmacht, Mai 1940, LAS, Abt. 455, Nr. 3. – LAS, Abt. 460.11, Nr. 611.

311 Technischer Bericht: Großer Jahresbericht für 1940, LAS, Abt. 406.10, Nr. 287.

312 Antrag v. 23.12.1941, LAS, Abt. 320 Rendsburg, Bdl. 377, Nr. 155.

313 Lagebericht Rüstungskommando Kiel v. 2.10.1941, BA-MA Freiburg, RW 21-32. – 125 Jahre Carlshütte, S. 91.

314 Schreiben an das Gewerbeaufsichtsamt in Kiel v. 1.7.1940, LAS, Abt. 309, Nr. 34651.

315 Briefe KA an Heinrich Athenstaedt v. 4.3. bis 16.9.1941, HA.

316 KA an Heinrich Athenstaedt v. 6.4.1941, HA.

317 HRA Bd. 183 Nr. 40976, StAH. – Schreiben von Oktober 1941, HA.

318 Ludwig Ahlmann an KA v. 19.11.1941, HA.

Anmerkungen zu Kapitel 5: In bewegter Zeit 1941-1947

1 KA an Heinrich Athenstaedt v. 10.6. u. 16.9.1941, HA.

2 KA an Ove Becker Clausen v. 2.9.1941, HA.

3 KA an Heinrich Athenstaedt v. 23.2.1941, HA.

4 KA an Heinrich Athenstaedt v. 4.3.1941, HA.

5 Heinrich Athenstaedt an KA v. 12.2.1941, HA.

6 Lebenslauf Hans-Julius Ahlmann, HA.

7 KA an Heinrich Athenstaedt v. 5.6.1941, HA.

8 Heinrich Athenstaedt an KA v. 27.2.1941, HA.

9 KA an Heinrich Athenstaedt v. 4.3.1941, HA.

10 KA an Heinrich Athenstaedt v. 23.2.1941, HA.

11 Ove Becker Clausen an Dr. Carl Wuppermann v. 18.2.1941, HA.

12 Historisches Institut der Deutschen Bank v. 8.6.2001.

13 Briefwechsel über Clausen aus dem Jahr 1941, HA.

14 KA an Heinrich Athenstaedt v. 26.6.1941, HA.

15 KA an Heinrich Athenstaedt v. 3.7.1941, HA.

16 Mitgliederverzeichnis Familienverband der Familie Wuppermann, Leverkusen-Schlebusch 1951, S. 3-4. – KA an Heinrich Athenstaedt v. 4.3.1941, HA.

17 LAS, Abt. 460.11, Nr. 609.

18 KA an Heinrich Athenstaedt v. 10.6.1941, HA.

19 125 Jahre Carlshütte, S. 124. – Handelsregister HRA Bd. 183, Nr. 40976, StAH.

20 Angaben im Fragebogen v. 2.7.1946, LAS, Abt. 460.11, Nr. 143/1864.

21 KA an Luise Athenstaedt v. 31.10.1941, HA, auch für die folgenden Ausführungen.

22 Gespräch mit Dr. Horst Carsten Groth v. 3.2.2003.

23 KA an Heinrich Athenstaedt v. 10.6.1941, HA.

24 KA an Ove Becker Clausen v. 2.9.1941, HA.

25 Hansjörg Sendler an KA v. 8.12.1941, HA.

26 Gespräch mit Dr. Marlene Halhuber-Ahlmann v. 31.5.2001.

27 Gesetz gegen heimtückische Angriffe auf Staat und Partei und zum Schutz der Parteiuniformen v. 20.12.1934, RGBl I 1934, S. 332.

28 KA an Heinrich Athenstaedt v. 6.4. und 24.5.1941, HA.

29 Mann, S. 926. – Henning, Das industrialisierte Deutschland, S. 179.

30 Wulf, Zustimmung, S. 585.

31 KA an Heinrich Athenstaedt v. 10.4.1941, HA.

32 Hoop, Rendsburg, S. 605f. – Karl Müller, Bomben auf Rendsburg: HJR 1961, S. 5.

33 Kriegstagebuch Rüstungsinspektion X, BA-MA Freiburg, RW 20-10.

34 Kriegstagebuch Rüstungskommando Kiel, BA-MA Freiburg, RW 21-32.

35 Carlshütte an den Regierungspräsidenten in Schleswig v. 10.9.1941, LAS, Abt. 691, Nr. 29648. – Richtlinien über die Einschränkbarkeit von Eisen und Metall v. 22.9.1941, BA Berlin, R 3901, Nr. 20269.

36 Geschäftsbericht der Ahlmann-Carlshütte KG über das Jahr 1941, HA.

37 Bernhard R. Kroener, „Soldaten der Arbeit". Menschenpotential und Menschenmangel in Wehrmacht und Kriegswirtschaft: Krieg und Wirtschaft, S. 114.

38 Carlshütte an den Regierungspräsidenten in

Schleswig v. 10.9.1941, LAS, Abt. 691, Nr. 29648.

39 125 Jahre Carlshütte, S. 95.

40 Dietrich Eichholtz, Institutionen und Praxis der deutschen Wirtschaftspolitik im besetzten Europa: Die „Neuordnung" Europas. NS-Wirtschaftspolitik in den besetzten Gebieten, hrsg. von Richard J. Overy, Gerhard Otto, Johannes Houwink ten Cate, Berlin 1997, S. 50. – Ambrosius, Von Kriegswirtschaft, S. 344.

41 Die Bedeutung der Carlshütte im Rahmes ihres Erzeugungsprogramms, Dezember 1942, LAS, Abt. 406. 10, Nr. 1040.

42 Angaben zu Auslandsreisen: LAS, Abt. 460.11, Nr. 758. – LAS, Abt. 460.11, Nr. 235.

43 KA an Heinrich Athenstaedt v. 4.12.1941, HA.

44 Lagebericht Rüstungskommando Kiel v. 1.11.1941, BA-MA Freiburg, RW 21-32. – Geschäftsbericht der Ahlmann-Carlshütte KG über das Jahr 1941, HA.

45 KA an Heinrich Athenstaedt v. 24.5.1941, HA.

46 Lebenslauf Hans-Julius Ahlmann, HA. – KA an Heinrich Athenstaedt v. 5.8.1941, HA.

47 KA an Heinrich Athenstaedt v. 4.8.1941, HA.

48 Georg Thomas, Geschichte der deutschen Wehr- und Rüstungswirtschaft (1918-1943/44), Boppard 1966 (Schriften des Bundesarchivs Nr. 14), S. 266 f.

49 Norbert Müller, Die faschistische Okkupationspolitik in den zeitweilig besetzten Gebieten der Sowjetunion (1941-1944): Europa unter dem Hakenkreuz, hrsg. von Wolfgang Schumann, Berlin 1991, S. 599.

50 Roswitha Czollek, Faschismus und Okkupation. Wirtschaftspolitische Zielsetzung und Praxis des faschistischen deutschen Besatzungsregimes in den baltischen Sowjetrepubliken während des zweiten Weltkriegs, Berlin 1974, S. 80 f.

51 KA an Heinrich Athenstaedt v. 16.9.1941, HA.

52 KA an Heinrich Athenstaedt v. 24.5.1941, HA. - KA an Ove Becker Clausen v. 2.9.1941, HA. – Vgl. Werner Röhr, Zur Wirtschafts-

politik der deutschen Okkupanten in Polen 1939-1945: Krieg und Wirtschaft, S.237 f.

53 Vgl. 40 Jahre Clausen & Bosse, Leck 1991.

54 Wulf Pingel, Von Kiel nach Riga. Schleswig-Holsteiner in der deutschen Zivilverwaltung des Reichskommissariats Ostland: ZSHG 122 (1997), S. 439-466.

55 KA an Heinrich Athenstaedt v. 4.12.1941, HA.

56 Angabe über die Reise: LAS, Abt. 460.11, Nr. 609. – Heinrich Athenstaedt an KA v. 4.5.1942, HA.

57 KA an Heinrich Athenstaedt v. 28.12.1941, HA, auch für die folgenden Ausführungen.

58 Trauerpredigt Propst Ulrich Krüger v. 21.6.1963, HA.

59 KA an Heinrich Athenstaedt v. 24.10.1941, HA.

60 Friedrich Stahl, Heereseinteilung 1939, Bad Nauheim 1954, S. 101, 184. – Lagebericht Rüstungskommando Kiel v. 2.10.1941, BA-MA Freiburg, RW 21-32. – 125 Jahre Carlshütte, S. 93.

61 Manfred Griehl, Junkers Ju 87 „Stuka". Sturzkampfbomber, Schlachtflugzeug, Panzerjäger, Stuttgart 1998, S. 104. – Peter Kurze, Udo Stünkel, Andrea Ziesemer, Flughafen, Fliegerschule, Weserflug und Raketengesellschaft. Die Geschichte der Luftfahrt in Bremen, Bremen 1995, S. 53.

62 Geschichtlicher Entwicklung der „Weser" Flugzeuggesellschaft mit beschränkter Haftung, Bremen, BA Berlin, R 3, Nr. 3880.

63 Lutz Budraß, Flugzeugindustrie und Luftrüstung in Deutschland 1918-1945, Düsseldorf 1998, S. 523.

64 Griehl, S. 104. – Budraß, S. 839.

65 Geschäftsbericht der Ahlmann-Carlshütte KG über das Jahr 1942, LAS, Abt. 406.10, Nr. 289. – 125 Jahre Carlshütte, S. 94 f.

66 Bericht Carlshütte v. 25.6.1945, LAS, Abt. 406.10, Nr. 1045.

67 Rüstungskommando Kiel v. 8.8.1942, BA-MA Freiburg, RW 21-32.

68 Geschäftsbericht der Ahlmann-Carlshütte KG über das Jahr 1942, LAS, Abt. 406.10, Nr. 289.

69 Enzyklopädie des Nationalsozialismus, S. 475.

70 Joachim Fest, Speer. Eine Biographie, Frankfurt am Main 2001, S. 175 ff. – Vgl. Gitta Sereny, Albert Speer. Das Ringen mit der Wahrheit und das deutsche Trauma, München 1997, S. 319 f. – Jost Dülffer, Albert Speer – Management für Kultur und Wirtschaft: Die braune Elite, hrsg. von Ronald Smelser, 4. Aufl., Darmstadt 1999, S. 259-272.

71 Gregor Janssen, Das Ministerium Speer. Deutschlands Rüstung im Krieg, Berlin 1968, S. 56 f. – Ambrosius, Von Kriegswirtschaft, S. 346. – Henning, S. 177 f. – Vgl. Eichholtz, Ökonomie, S. 40.

72 Griehl, S. 105. – Vgl. Eichholtz, Ökonomie, S. 37. – Enzyklopädie des Nationalsozialismus, S. 682, 863.

73 Griehl, S. 105.

74 Luftfahrt in Bremen, S. 53.

75 Wochenbericht Rüstungskommando Kiel v. 13.-19.5.1942, BA-MA Freiburg, RW 21-32.

76 Geschäftsbericht der Ahlmann-Carlshütte KG über das Jahr 1942, LAS, Abt. 406.10, Nr. 289. – 125 Jahre Carlshütte, S. 98.

77 Bericht der Carlshütte an DAF-Gauobmann Emil Bannemann v. 12.8.1942, LAS, Abt. 406.10, Nr. 1467, auch für die folgende Ausführung. – Vgl. Blaich, S. 34.

78 Ulrich Herbert, „Fremdarbeiter". Politik und Praxis des „Ausländer-Einsatzes" in der Kriegswirtschaft des Dritten Reiches, Bonn 1999, S. 116. – Vgl. Friedrich Didier, Europa arbeitet in Deutschland. Sauckel mobilisiert die Leistungsreserven, Berlin 1943.

79 Dietrich Eichholtz, Geschichte der deutschen Kriegswirtschaft 1930-1945, Bd. 2 (1941-1943), Berlin 1985, S. 190.

80 Robert Bohn, Ausländische Zwangsarbeitende in der NS-Kriegswirtschaft. Einführung in die Thematik: „Ausländereinsatz in der Nordmark". Zwangsarbeitende in Schleswig-Holstein 1939-1945, hrsg. von Uwe Danker, Robert Bohn, Nils Köhler, Sebastian Lehmann, Bielefeld 2001 (IZRG Schriftenreihe Bd. 5), S. 10 f. – Vgl. Gerhard Hoch, Rolf Schwarz, Verschleppt zur Sklavenarbeit. Kriegsgefangene und Zwangsarbeiter in Schleswig-Holstein, Alveslohe und

Nützen 1985. – Irene Dittrich, Heimatgeschichtlicher Wegweiser zu Stätten des Widerstands und der Verfolgung 1933-1945. Schleswig-Holstein I. Nördlicher Landesteil, Köln/Frankfurt am Main 1993. – Christian Rathmer, „Ich erinnere mich nur an Tränen und Trauer...".Zwangsarbeit in Lübeck 1939-1945, Essen 1999. – Kroener, S. 118.

81 Dietrich Eichholtz, Unfreie Arbeit – Zwangsarbeit: Krieg und Wirtschaft, S. 141. – Janssen, S. 77.

82 Arbeiterverzeichnis der Carlshütte II, LAS, Abt. 406.10, Nr. 2573.

83 Kriegstagebuch Rüstungsinspektion X v. 16.1.1942, BA-MA Freiburg, RW 20-10. – Wochenbericht Rüstungskommando Kiel v. 14.-20.12.1941, BA-MA Freiburg, RW 21-32.

84 Herbert, S. 173. – Enzyklopädie des Nationalsozialismus, S. 813.

85 Arbeiterverzeichnis der Carlshütte II, LAS, Abt. 406.10, Nr. 2573. – Geschäftsbericht der Ahlmann-Carlshütte KG über das Jahr 1942, LAS, Abt. 406.10, Nr. 289.

86 Peter W. Becker, Fritz Sauckel – Generalbevollmächtigter für den Arbeitseinsatz: Die braune Elite, S. 236-245. – Fest, S. 202.

87 Herbert, S. 186.

88 Abschrift eines Aufrufs in einer Kiewer Zeitung, BA-MA Freiburg, RW 19, Nr. 2147.

89 Verordnung Alfred Rosenbergs, Reichsminister für die besetzten Ostgebiete, über die Arbeitspflicht der Zivilbevölkerung in den okkupierten Gebieten v. 19.12.1941: Sowjetunion-Europa unterm Hakenkreuz, S. 238.

90 Bohn, S. 20. – Herbert, S. 185. – Vgl. Walter Naasner, Neue Machtzentren in der deutschen Kriegswirtschaft 1942-1945: die Wirtschaftsorganisation der SS, das Amt des Generalbevollmächtigten für den Arbeitseinsatz und das Reichsministerium für Bewaffnung und Munition, Reichsministerium für Rüstung und Kriegsproduktion im nationalsozialistischen Herrschaftssystem, Boppard 1994 (Schriften des Bundesarchivs Nr. 45), S. 119.

91 Verzeichnis der Durchgangslager, BA-MA Freiburg, RW 19, Nr. 2146.

92 Nils Köhler, „Während des Krieges, weit im fremden Land". Die Perspektive der zwangsarbeitenden Polen und „Ostarbeiter" in Schleswig-Holstein: „Ausländereinsatz in der Nordmark", S. 177 f. – Vgl. Bohn, S. 25, auch für die folgenden Ausführungen.

93 Monika Sigmund, „Deutschland raubte mir meine Jugend, meine Liebe, meine Gesundheit...". Zwangsarbeit in Rendsburg 1939-1945, Rendsburg 2002 (Ausstellungskatalog), S. 17. – Vgl. Hoop, Rendsburg, S. 607.

94 Michael Derner, „Fremdarbeiter" im Kreis Rendsburg: „Ausländereinsatz in der Nordmark", S. 347-376.

95 Gauleitung Schleswig-Holstein an den Generalbevollmächtigten für den Arbeitseinsatz Gauleiter Sauckel v. 22.6.1942, BA Berlin, R 3901, Nr. 20259. – Arbeiterverzeichnis der Carlshütte II, LAS, Abt. 406.10, Nr. 2573. – Geschäftsbericht der Ahlmann-Carlshütte KG über das Jahr 1942, LAS, Abt. 406.10, Nr. 289.

96 Heinrich Athenstaedt an seine Frau Luise v. 18.5.1942, HA.

97 Hilde Kammer, Elisabet Bartsch, unter Mitarbeit von Manon Eppenstein-Baukhape, Nationalsozialismus. Begriffe aus der Zeit der Gewaltherrschaft 1933-1945, Reinbek 1992, S. 177. – Bedürftig, S. 288. – Enzyklopädie des Nationalsozialismus, S. 692 f.

98 Reichsführer SS und Chef der Deutschen Polizei v. 20. 2.1942, BA-MA Freiburg, RW 19, Nr. 2147, auch für die folgenden Ausführungen. – Vgl. Herbert, S. 181. – Köhler, S. 183 f.

99 Mark Spoerer, Zwangsarbeit unter dem Hakenkreuz. Ausländische Zivilarbeiter, Kriegsgefangene und Häftlinge im Deutschen Reich und im besetzten Europa 1939-1945, Stuttgart/München 2001, S. 91 f. – Enzyklopädie des Nationalsozialismus, S. 470 f.

100 Polizeiverordnung über die Kennzeichnung von Juden v. 1.9.1941, RGBl. 1941 I, S. 547.

101 Spoerer, S. 95. – Herbert, S. 180.

102 Blaich, S. 40.

103 Bürgermeister Drasdo an den Landrat in Rendsburg v. 8.7.1942, StAB, Nr. 2135 Sonderakte.

104 Erklärung des Bautechnikers Wilhelm Rolfs, LAS, Abt. 460.11, Nr. 616.

105 125 Jahre Carlshütte, S. 95 f.

106 Anordnung Rüstungsminister Albert Speers über die Aufstellung von Baracken für die Russentransporte für die deutsche Industrie v. 5.6.1942, BA-MA Freiburg, RW 19, Nr. 963.

107 KA an den Wehrkreisbeauftragten des Reichsministers für Bewaffnung und Munition, Außenstelle Schleswig-Holstein, v. 7.9.1942, HA. – Vgl. Akte Oskar Kahle, LAS, Abt. 460, Nr. 2880.

108 Abwehrplan der Ahlmann-Carlshütte KG Rendsburg, LAS, Abt. 406.10, Nr. 1053.

109 „Allgemeine Bestimmungen" v. 20.2.1942, BA-MA Freiburg, RW 19, Nr. 2147.

110 Kaufvertrag v. 14.2.1942, LAS, Abt. 406.10, Nr. 1271.

111 Ausführungen in „Allgemeines": Geschäftsbericht der Ahlmann-Carlshütte KG über das Jahr 1942, LAS, Abt. 406.10, Nr. 289.

112 KA an DAF-Gauobmann Emil Bannemann v. 12.8.1942, HA.– Vgl. Akte Emil Bannemann, LAS, Abt. 460, Nr. 391. – BA Koblenz, Z 42 III, Nr. 988.

113 Rüdiger Hachtmann, Die Deutsche Arbeitsfront im Zweiten Weltkrieg: Krieg und Wirtschaft, S. 98 f. – Spoerer, S. 95 f. – Herbert, S. 177. – Reinhard Giersch, Die Deutsche Arbeitsfront (DAF). Ein Instrument zur Sicherung der Herrschaft und zur Kriegsvorbereitung des faschistischen deutschen Imperialismus, Diss., Jena 1981, S. 191. – Vgl. Diemuth Majer, „Fremdvölkische" im Dritten Reich. Ein Beitrag zur nationalsozialistischen Rechtssprechung und Rechtspraxis in Verwaltung und Justiz unter besonderer Berücksichtigung der eingegliederten Ostgebiete und des Generalgouvernements, Boppard 1981.

114 KA an DAF-Gauobmann Emil Bannemann v. 12.8.1942, HA.– Geschäftsbericht der Ahlmann-Carlshütte KG über das Jahr 1942, LAS, Abt. 406.10, Nr. 289.

115 LAS, Abt. 460.11, Bd. 56 AR 22647. – Gewerbeaufsichtsamt Kiel an den Regierungspräsidenten in Schleswig v. 13.11.1942, LAS,

Abt. 309, Nr. 34655.

116 Spoerer, S. 124 f. – Herbert, S. 188 f. – Vgl. Bernhard Lorentz, Industrieelite und Wirtschaftspolitik 1928-1950. Heinrich Dräger und das Drägerwerk, Paderborn 2001, S. 258 f. – Werner Abelshauser, Rüstungsschmiede der Nation? Der Kruppkonzern im Dritten Reich und in der Nachkriegszeit 1933 bis 1951: Krupp im 20. Jahrhundert. Die Geschichte des Unternehmens vom Ersten Weltkrieg bis zur Gründung der Stiftung, hrsg. von Lothar Gall, Berlin 2002, S. 404 f. – Ambrosius, Von Kriegswirtschaft, S. 347.

117 Entwurf KA für die Anlage zum Fragebogen für die Entnazifizierung v. 8.4.1947, HA.

118 Eingabe KA zum Arbeitereinsatz der Ausländer der Carlshütte im Kriege v. 8.4.1947, LAS, Abt. 460.11, Nr. 363.

119 Hermann Blietz, ehemaliger Abteilungsleiter „Eider", an den Entnazifizierungsausschuß Rendsburg v. 27.1.1947, LAS, Abt. 460.11, Nr. 363. – Vgl. Angaben v. 29.4.1947, BA Koblenz, Z 42 IV, Nr. 2112.

120 Spoerer, S. 124.

121 KA an das Ernährungsamt Rendsburg v. 22.8.1942, LAS, Abt. 406.10, Nr. 1043.

122 Erklärungen u. a. von Karl Wilkens, Prinzenmoor, u. Thomas Stolley, Fockbek, v. 1947, LAS, Abt. 406.10, Nr. 1042.

123 KA an DAF-Gauobmann Emil Bannemann v. 12.8.1942, HA.

124 Erlaß v. 6.10.1942, BA Berlin, R 12 I, Nr. 354. – Vgl. Herbert, S. 199. – Naasner, S. 189.

125 Ahlmann-Carlshütte an das Gewerbeaufsichtsamt Kiel v. 26.8.1942, LAS, Abt. 320 Rendsburg, Bdl. 417, Nr. 167, auch für die folgenden Ausführungen.

126 Sammelrundschreiben Nr. 9/42 der Wirtschaftskammer Nordmark, Industrie-Abteilung, v. 5.11.1942, HA.

127 Werkrundschreiben v. 7.10.1942, HA.

128 Ahlmann-Carlshütte KG-Abteilung Eider, Der Einsatz ausländischer Arbeiter in den Rüstungsbetrieben, v. 29.1.1943, HA, auch für die weiteren Ausführungen.

129 Geschäftsbericht der Ahlmann-Carlshütte KG über das Jahr 1942, LAS, Abt. 406.10,

Nr. 289. – Aussage Heinrich Prehn v. August 1948, LAS, Abt. 406.10, Nr. 1046. – Schutzpolizei Büdelsdorf v. 24.6.1942, StAB, Nr. 2135 Sonderakte.

130 Briefwechsel Ahlmann-Carlshütte und Wehrmachts-Standortältester Rendsburg v. 17.6. u. 19.6.1942, StAB, Nr. 2135 Sonderakte.

131 Bürgermeister Drasdo an den Rendsburger Landrat v. 8.7.1942, StAB, Nr. 2135 Sonderakte.

132 Vgl. LAS, Abt. 320 Rendsburg, Bdl. 287, Nr. 30.

133 Bericht der Polizeiwache Büdelsdorf v. 23.7.1942, LAS, Abt. 320 Rendsburg, Bdl. 287, Nr. 30.

134 Herbert, S. 248. – Spoerer, S. 176.

135 Geschäftsbericht der Ahlmann-Carlshütte KG über das Jahr 1942, LAS, Abt. 406.10, Nr. 289. – KA an Bürgermeister Drasdo v. 12.7.1944 mit Bezug auf die Bestimmungen des „Gesetzes zur Ordnung der nationalen Arbeit" v. 14.4.1942, Arb. R. Samml. Bd. 44, S. 228. – „Bußen Ausländer", LAS, Abt. 406.10, Nr. 1041. – Aussage Heinrich Prehn v. August 1948, LAS, Abt. 406.10, Nr. 1046, u. LAS, Abt. 460.11, Nr. 363.

136 Entnazifizierungsverfahren Käte Ahlmann, LAS, Abt. 460.11, Nr. 364.

137 Ahlmann-Carlshütte KG-Abteilung Eider, HA, auch für die weiteren Ausführungen.

138 Ahlmann-Carlshütte KG-Abteilung Eider, HA.

139 Verordnung über die Einsatzbedingungen der Ostarbeiter v. 30.6.1942, RGBl. 1942 I, S. 419. – Blaich, S. 40. – Herbert, S. 201. – Spoerer, S. 158. – Vgl. Becker, S. 224. – Köhler, S. 184.

140 „Allgemeine Bestimmungen" v. 20.2.1942, BA-MA Freiburg, RW 19, Nr. 2147. – Abwehrplan der Ahlmann-Carlshütte KG v. 22.7.1943, LAS, Abt. 406.10, Nr. 1053.

141 Belege im Firmenarchiv, LAS, Abt. 406.10, u. a. Nr. 1041, Nr. 1002, und HA.

142 Polizeiwache Büdelsdorf v. 23.7.1942, LAS, Abt. 320 Rendsburg, Bdl. 287, Nr. 30.

143 Spoerer, S. 174. – Naasner, S. 158. – Rathmer, S. 111 f. – Koehler, S. 191.

144 Vermerk Bürgermeister Drasdos über die Besprechung v. 14.7.1944, StAb, Nr. 2135.

145 KA an Bürgermeister Drasdo v. 12.7.1944, HA. – Aktennotiz KA v. 17.7.1944, LAS, Abt. 460.11, Nr. 363. – Vgl. Detlef Korte, „Erziehung ins Massengrab". Die Geschichte des Arbeitserziehungslagers Nordmark Kiel Russee 1944-45, Kiel 1991.

146 Abwehrplan, LAS, Abt. 406.10, Nr. 1053.

147 Protokoll von Friedrich Sensen vom Entnazifizierungsverfahren Christian Harms v. 2.8.1948 im Rendsburger Kreishaus, HA. – Spoerer, S. 174.

148 Bericht Hauptwachtmeister Jessen v. 5.9.1942, StAB, Nr. 2135 Sonderakte. – Vgl. Rolf Schwarz, Verschleppt nach Büdelsdorf: Vergessen + Verdrängt, S. 228.

149 Amtsvorsteher Büdelsdorf an den Landrat in Rendsburg v. 31.8.1942, LAS, Abt. 320 Rendsburg, Bdl. 287, Nr. 30.

150 Aufstellung Friedhofswärter J. Winkelmann mit Angabe über die Anzahl der Arbeiter der Carlshütte, v. 30.3.1947, HA. – Vgl. Aufstellung des Kirchenbüros Rendsburg über Russische Militär- und Zivilgräber v. 25.3.1947, LAS, Abt. 320 Rendsburg, Bdl. 295, Nr. 28.

151 Geschäftsbericht der Carlshütte KG, Rendsburg, über das Jahr 1944, HA. – Kurzfassung an die Treuverkehr 1944, LAS, Abt. 406.10, Nr. 290.

152 Geschäftsbericht der Ahlmann-Carlshütte KG über das Jahr 1942, LAS, Abt. 406.10, Nr. 289. – Bericht Abteilung Eider v. 29.1.1943, HA.

153 125 Jahre Carlshütte, S. 96.

154 Kriegstagebuch des Rüstungskommandos Kiel v. 13.-19.12.1942, BA-MA Freiburg, RW 21-32.

155 Anordnung Minister Speer über den Bau von Baracken zur Unterbringung von Russentransporten für die deutsche Industrie v. 5.6.1942, BA-MA Freiburg, RW 19, Nr. 963. – Zuweisung von Baracken zur Unterbringung ausländischer Rüstungsarbeiter v. 19.2.1943, BA Berlin, R 3901, Nr. 20467. – Hachtmann, Die Deutsche Arbeitsfront, S. 99.

156 Aktennotiz KA v. 5.12.1942, HA.

157 Erklärung Walter Grundt v. 26.6.1947, HA.

158 Gespräch mit Dr. Marlene Halhuber-Ahlmann v. 1.6.2001.

159 Aussage Herbert Günther v. 30.4.1947, LAS, Abt. 460.11, Nr. 364, auch für die folgenden Ausführungen.

160 Entwurf KA zu „Positive Punkte über Ausländer-Behandlung" für den Entnazifizierungsfragebogen 1947, HA.

161 Verzeichnis Arbeitsamtsbereich Neumünster, BA Koblenz, Z 42 I, Nr. 255.

162 Hachtmann, S. 100. – Naasner, S. 145.

163 Zeugenaussage Emil Bannemann v. 31.3.1947, LAS, Abt. 460.11, Nr. 364. – Aussage Harm Ramaker v. 18.6.1947, BA Koblenz, Z 42 IV, Nr. 259. – Herbert Günther an Emil Bannemann v. 25.2.1948, BA Koblenz, Z 42 III, Nr. 988.

164 Ahlmann-Carlshütte an die Militärregierung Rendsburg v. 30.8.1946, LAS, Abt. 406.10, Nr. 1042.

165 KA an den Baubevollmächtigten der Rüstungsinspektion X v. 22.7.1944, HA.

166 Nils Köhler, Sebastian Lehmann, Lager, Ausländerunterkünfte und Kriegsgefangenenkommandos in Schleswig-Holstein 1939 bis 1945: „Ausländereinsatz in der Nordmark", S. 159.

167 Urkunde v. 1.10.1944, LAS, Abt. 406.10, Nr. 1467.

168 Anordnung des „Generalbevollmächtigten für den Arbeitseinsatz" v. 20.3.1943, BA Berlin, R 12 I, Nr. 330.

169 Herbert Günther an Emil Bannemann v. 25.2.1948, BA Koblenz, Z 42 III, Nr. 988.

170 Anweisung der Deutschen Arbeitsfront v. 22.1.1943, BA Berlin, NS 5, Nr. 264.

171 KA an den Landrat in Rendsburg v. 6.1.1945, StAB, Nr. 2135. – KA v. 27.5.1948, LAS, Abt. 460.11, Nr. 464.

172 Herbert, S. 206. – Eichholtz, Kriegswirtschaft, Bd. 2, S. 76.

173 KA an den Baubevollmächtigten der Rüstungsinspektion X v. 22.7.1944, HA.

174 Baubevollmächtigter der Rüstungsinspektion X an die Ahlmann-Carlshütte v. 14.7.1944, HA.

175 Anforderung der Ahlmann-Carlshütte an den Baubevollmächtigten der Rüstungsinspektion X v. 26.1.1943, HA. – Vgl. Rathmer, S. 55. – Spoerer, S. 118.

176 Aline Weiß v. 7.5.1947, LAS, Abt. 460.11, Nr. 363.

177 Bericht des Gewerbeaufsichtsamtes Kiel an den Regierungspräsidenten v. 26.2.1944, LAS, Abt. 309, Nr. 34655. – Amtsarzt Dr. Hanns Welling, Gesundheitsamt Rendsburg, an den Landrat v. 21.11.1944, LAS, Abt. 320 Rendsburg, Bdl. 418, Nr. 178.

178 Entlausungsplan v. 24.1.1943, LAS Abt. 460.11, Nr. 363. – Wochenpläne für Entlausungen und Badezeiten für „Ostarbeiter" im Hausarchiv Ahlmann. – Notiz KA v. 21.4.1947, HA. – 125 Jahre Carlshütte, S. 98.

179 Amt für Arbeitseinsatz der Deutschen Arbeitsfront v. 23.7.1942, BA Berlin, NS 5, Nr. 263.

180 Bekanntmachung v. 30.9.1942, HA.

181 Die Werksküche: Geschäftsbericht der Ahlmann-Carlshütte KG über das Jahr 1944, HA.

182 Werkrundschreiben Nr. 105 über Lebensmittel-Zusatzkarten für Lang-, Schwer- und Schwerstarbeiter v. 10.9.1943, HA. – Gewerbeaufsichtsamt Kiel über die Lebensmittelzulagen für ausländische Arbeiter v. 14.8.1944, LAS, Abt. 309, Nr. 34666.

183 Verpflegungstabellen für Werk- und Lagerküchen v. 1944-1945, HA.

184 Entwurf KA zu „Positive Punkte über Ausländer-Behandlung" für den Entnazifizierungsfragebogen 1947, HA. – Gespräch mit Aline Weiß v. 22.9.2003. – Aline Weiß, Erklärung v. 7.5.1947, LAS, Abt. 460.11, Nr. 363, auch für die folgenden Ausführungen.

185 Mitteilung des Reichsführer-SS und Chefs der Sicherheitspolizei v. 13.11.1942, BA Berlin, NS 5 I, Nr. 270. – Vgl. Herbert, S. 310 f. – Spoerer, S. 94 f.

186 Meldung der Polizei Büdelsdorf über die Aufhebung am 15.9.1942, StAB, Nr. 2135.

187 Anzeigen v. 29.5.1943, Nr. 2135, u. v. 7.7.1944, StAB, Nr. 2036 a.

188 Anweisung KA an alle Betriebsleiter und den Lagerführer v. 5.6.1944, HA. – Belege HA.

189 Dietrich Eichholtz, Geschichte der deutschen Kriegswirtschaft, Bd. 3, München 1999, S. 63. – Blaich, S. 46. – Fest, Speer, S. 207.

190 Heinrich Athenstaedt an KA v. 14.10.1942, HA.

191 KA an Heinrich Athenstaedt v. 26.10. 1943, HA.

192 Schrift zur Trauerfeier von Magdalene Wuppermann, geb. Braun, Düsseldorf 1942, HA. – Walter Dietz, Chronik der Familie Wuppermann, Bd. 2: Wuppermanns in Heimat und Welt, hrsg. vom Familienverband der Familie Wuppermann, Leverkusen-Schlebusch 1965, S. 146. – Linu Pagenstecher, Aufzeichnungen, HA.

193 KA an Luise Athenstaedt v. 14.10.1942, HA.

194 Heinrich Athenstaedt an seine Frau Luise v. 11.9.1942, HA.

195 Heinrich Athenstaedt v. 22.10.1942, HA.

196 Gespräch mit Dr. Marlene Halhuber-Ahlmann v. 29.5.2001.

197 Gespräch mit Prof. Dr. Max-Josef Halhuber v. 8.11.2002.

198 Heinrich Athenstaedt an KA v. 14.10.1942, HA.

199 KA an Luise Athenstaedt v. 14.10.1942, HA.

200 Gespräch mit Prof. Dr. Max-Josef Halhuber v. 8.11.2002.

201 Gespräche mit Dr. Marlene Halhuber-Ahlmann v. 29. u. 30.5.2001.

202 Gespräch mit Prof. Dr. Max-Josef Halhuber v. 8.11.2002.

203 Gespräch mit Dr. Lising Pagenstecher v. 24.7.2002.

204 Heinrich Athenstaedt an seine Frau Luise v. 30.4.1943, HA.

205 Gespräch mit Rosely Schweizer v. 23.10.2001.

206 Linu Pagenstecher, Erinnerungen einer Fünfundsiebzigjährigen, II. Teil, Hamburg 1974, HA.

207 Gespräch mit Dr. Lising Pagenstecher v. 25.7.2002.

208 Eintrag im Gästebuch des Heidbergs v. 25.8.1918, HA.

209 Fragebogen v. 3.7.1946, LAS, Abt. 460.11, Nr. 363.

210 Gespräch mit Uta Westphal v. 9.10.2002.

211 Vgl. Beate Meyer, „Jüdische Mischlinge". Rassenpolitik und Verfolgungserfahrung 1933-1945, Hamburg 1999, S. 96 f.

212 Autobiographie Severin Ahlmann.

213 KA an Luise Athenstaedt v. 14.10.1942, HA.

214 Angaben im Fragebogen v. 27.5.1947, LAS, Abt. 460.11, Nr. 711.

215 Heinrich Athenstaedt an KA v. 19.9.1942, HA.

216 KA an das Wehrmeldeamt Rendsburg wegen Auskunft über ihren Sohn Hans-Julius v. 31.5.1943, HA, auch für die folgenden Ausführungen.

217 Kurt Zentner, Illustrierte Geschichte des Dritten Reiches, Bd. 2, Köln 1981, S. 550.

218 Unterlagen HA.

219 Gespräch mit Dr. Marlene Halhuber-Ahlmann v. 30.5.2001.

220 KA an Heinrich Athenstaedt v. 17.8.1943, HA.

221 Hans-Julius Ahlmann an KA v. 25.6.1943, HA. – Zu den „Afrikanern" in den USA vgl. Dankwart Graf von Arnim, Als Brandenburg noch die Mark hieß, München 1995, S. 290.

222 Gespräch mit Juliane Lösch v. 17.6.2004.

223 Dr. Max Halhuber an Hans-Julius Ahlmann v. 24.10.1943, HA.

224 Severin Ahlmann rückte am 27.8.1943 zum Einsatz aus, KA an Luise Athenstaedt v. 31.8.1943, HA.

225 KA an Luise Athenstaedt v. 27.7.1943, HA.

226 KA an Luise Athenstaedt v. 11.5.1943, HA.

227 Aussage KA vor dem Rendsburger Entnazifizierungsausschuß v. 1.4.1947, LAS, Abt. 460.11, Nr. 364.

228 Heinrich Athenstaedt an seine Frau Luise v. 15.5.1943, HA.

229 Geschäftsbericht der Ahlmann-Carlshütte KG Rendsburg über das Jahr 1943, HA.

230 Friedrich Sensen, Aus den Tagen der Räumung von Saporoshje – Tagebuchnotizen, Aufzeichnungen v. 15.10.1943, LAS, Abt. 406.10, Nr. 1058.

231 Eichholtz, Geschichte Kriegswirtschaft, Bd. 2, S. 460. – Der Krieg gegen die Sowjetunion 1941-1945. Eine Dokumentation, hrsg. von Reinhard Rürup, 2. Aufl., Berlin 1991, S. 228.

232 Enzyklopädie des Nationalsozialismus, S. 684.

233 Eichholtz, Kriegswirtschaft, Bd. 2, S. 464. – Janssen, S. 152. – Blaich, S. 46.

234 Aus der Führerbesprechung v. 4.6.1942, BA Berlin, R 3, Nr. 1504.

235 Erlaß v. 9.6.1942, BA Berlin, R 3, Nr. 1313, R 6, Nr. 16, 22. – Mitteilung des Entwurfs an Reichskommissar Koch v. 22.4.1942, BA Berlin, R 94, Nr. 9.

236 Czollek, S. 81. – Eichholtz, Geschichte Kriegswirtschaft, Bd. 2, S. 412 ff.

237 Grundsätze für die Führung von Patenschaftsbetrieben der Berg- und Hüttenwerksgesellschaft Ost m.b.H. v. 3.11.1942, Dok. 139: Müller, Sowjetunion, S. 351. – Vgl. Abelshauser, Kruppkonzern, S. 372 f., auch für die folgenden Ausführungen.

238 Eichholtz, Geschichte Kriegswirtschaft, Bd. 2, S. 467. – Vgl. Abelshauser, Kruppkonzern, S. 373.

239 Lagebericht des Generalkommissars Dnjepopetrowsk v. 7.1.1943, BA Berlin, R 94, Nr. 17. – Vgl. Werner Deiters, Ein Wirtschaftskommando in der Ukraine: Deutsche Ukraine-Zeitung 27.9.1942, Nr. 213, BA Berlin, R 6, Nr. 70, 287. – Müller, Sowjetunion, S. 68. – Herbert, S. 297 f.

240 Zentner, Geschichte Drittes Reich, Bd. 2, S. 504.

241 Erich von Manstein, Verlorene Siege, Bonn 1955, S. 454, 467. – Vgl. Alexander Stahlberg, Die verdammte Pflicht. Erinnerungen 1932 bis 1945, 8. Aufl., Frankfurt am Main/Berlin, S. 283 f.

242 Eichholtz, Geschichte Kriegswirtschaft, Bd. 2, S. 471, 473. – Bericht über den Besuch Speers, auch am Staudamm von Saporoshje, BA Berlin, R 55, Nr. 1463.

243 Der Reichsminister für die besetzten Ostgebiete an die Firma Ahlmann-Carlshütte v. 7.6.1943, LAS, Abt. 320 Rendsburg, Bdl. 253, Nr. 9.

244 Angaben in den Fragebögen zu Auslandsreisen, LAS, Abt, 460.11, Nr. 235 u. Nr. 143/1864.

245 KA an ihre Tochter Marlene v. 23.6.1943, HA.

246 LAS, Abt. 320 Rendsburg, Bdl. 253, Nr. 8., auch für die folgenden Ausführungen.

247 LAS, Abt. 460.11, Nr. 799 u. Nr. 678.

248 Bericht des Wirtschaftsstabes Ost v. 18.5.1942, BA Berlin, R 6, Nr. 304.

249 Beantragung von Durchlassscheinen, LAS, Abt 320 Rendsburg, Bdl. 253, Nr. 8.

250 Angaben im Fragebogen, LAS, Abt. 460.11, Nr. 799.

251 Sensen, Saporoshje.

252 Rürup, Der Krieg gegen die Sowjetunion, S. 228. – Müller, S. 83. – Eichholtz, Geschichte Kriegswirtschaft, Bd. 2, S. 475.

253 Sensen, Saporoshje. – Angabe im Fragebogen, LAS, Abt. 460.11, Nr. 799.

254 Bericht der Ahlmann-Carlshütte KG über das Geschäftsjahr 1943, HA.

255 Tochter Marlene an KA v. 2.10.1943, HA.

256 KA hatte das DRK-Ehrenzeichen am 15.5.1925 verliehen bekommen, Urkunde HA..

257 KA an den Sohn Hans-Julius v. 14.10.1943, HA.

258 Urkunde HA.

259 Bescheinigung der Ahlmann-Carlshütte KG für Paul Berndt über die Fahrten nach Lodz v. 23.4.1947, LAS, Abt. 460.11, Nr. 594.

260 Heinrich Athenstaedt an seine Frau Luise v. 30.10.1943, HA.

261 Meyers Lexikon, 8. Aufl., Bd. 7, Leipzig 1939, S. 627. – Vgl. Georg W. Strobel, Lodz – eine Vielvölkerstadt Polens: Ewa Kobylaska u. a., Deutsche und Polen, München 1992, S. 278 ff.

262 Enzyklopädie des Holocaust. Die Verfolgung und Ermordung der europäischen Juden, hrsg. von Israel Gutman, Eberhard Jaeckel, Peter Longerich, Julius H. Schoeps Bd. 2, 2. Aufl., München-Zürich 1998, S. 892.

263 Theo Schwarzmüller, Zwischen Kaiser und „Führer". Generalfeldmarschall von Mackensen. Eine politische Biographie, München 2001, S. 321.

264 Wartheland: Enzyklopädie des Holocaust, Bd. 3, S. 1559-1562. – Enzyklopädie des Nationalsozialismus, S. 797. – Bedürftig, S. 142.

265 Frank Golczewski, Polen: Dimension des Völkermords. Die Zahl der jüdischen Opfer des Nationalsozialismus, hrsg. von Wolfgang Benz, München 1996, S. 439. – Heiko Haumann, Geschichte der Ostjuden, 4. Aufl., München 1998, S. 209. – Enzyklopädie des Holocaust, Bd. 1, S. 986.

266 Angaben über Auslandsreisen, LAS, Abt. 460.11, Nr. 235 u. Nr. 594.

267 KA an Heinrich Athenstaedt v. 17.8.1943, HA.

268 KA an Heinrich Athenstaedt v. 1.10.1943, HA.

269 Werner Röhr, Zur Wirtschaftspolitik der deutschen Okkupanten in Polen 1939-1945: Krieg und Wirtschaft, S. 233 f. – Vgl. Udo Milbradt, Bericht über die Treuhandstelle im Reichsgau Wartheland 1939-1945, BA Berlin, R 144, Nr. 777.

270 KA an das Ehepaar Athenstaedt v. 24.10.1943, HA.

271 Heinrich Athenstaedt an seine Frau Luise v. 3.11.1943, HA.

272 Heinrich Athenstaedt an seine Frau Luise v. 7.11.1943, HA. – Angaben über Auslandsreisen, LAS, Abt. 460.11, Nr. 464.

273 Angaben über den Verkauf des Unternehmens St. Weigt AG in „Litzmannstadt", BA Berlin, R 144, Nr. 310.

274 Tochter Marlene an KA v. 2.10.1943, HA. – Dr. Max Halhuber an Hans-Julius Ahlmann v. 24.10.1943, HA.

275 Tochter Marlene an KA v. 17.11.1943, HA, auch für die folgenden Ausführungen.

276 Tochter Marlene an KA v. 29.10.1943, HA.

277 Gespräch mit Dr. Marlene Halhuber-Ahlmann v. 31.5.2001.

278 KA an Hans-Julius Ahlmann v. 15.1.1944, HA.

279 Staatsbürgerschaftsnachweis v. 10.7.1948, LAS, Abt. 406.10, Nr. 1464.

280 Gespräch mit Prof. Dr. Max Halhuber v. 8.11.2002.

281 KA an Hans-Julius Ahlmann v. 10.2.1944, HA.

282 Tochter Marlene an KA v. 6.8.1944, HA.

283 Autobiographie Severin Ahlmann.

284 Angaben im Fragebogen, LAS, Abt. 460.11, Nr. 711.

285 KA an Heinrich Athenstaedt v. 17.8.1943, HA.

286 KA an Heinrich Athenstaedt v. 14.6.1944, HA. – Vgl. Kroener, „Soldaten der Arbeit", S. 121 f.

287 KA an Luise Athenstaedt v. 10.8.1944, HA.

288 Wilhelmine Ahlmann an Luise Athenstaedt v. 10.9.1944, HA.

289 Nachruf KA für Wilhelmine Ahlmann v. 6.2.1947, HA.

290 Wilhelmine Ahlmann an Luise Athenstaedt v. 10.9.1944, HA.

291 KA an das Ehepaar Athenstaedt v. 24.10.1944, HA.

292 KA an Heinrich Athenstaedt v. 26.10.1944, HA.

293 KA an Heinrich Athenstaedt v. 3.12.1943, HA.

294 Gespräch mit Dr. Lising Pagenstecher v. 10.1.2003.

295 Gespräch mit Dr. Marlene Halhuber-Ahlmann v. 30.5.2001.

296 § 2, Abs. 3 des Vertrages v. 2.4.1938, StHD, NL Heinrich Athenstaedt, A 36.

297 KA an Heinrich Athenstaedt v. 26.10.1944, HA.

298 Angaben im Fragebogen v. 22.3.1946, HStAD, NW 1049, Nr. 56125.

299 KA an das Ehepaar Athenstaedt v. 24.10.1943, HA.

300 Heinrich Athenstaedt an seine Frau Luise v. 28.4.1944, HA.

301 Eintragung KA im Heidberg-Gästebuch, HA.

302 Zentner, Geschichte des Dritten Reiches, S. 586.

303 KA an Heinrich Athenstaedt v. 23.9. u. 24.10.1944, HA.

304 Ruth Kibelka, Ostpreußens Schicksalsjahre 1944-1948, 2. Aufl., Berlin 2001, S. 78. – Vgl. Peter Mast, Kleine Geschichte West und Ostpreußens, 3. Aufl., Bonn 1997.

305 Gespräch mit Ingrid Choinowski v. 28.5.2001. – Verzeichnis der Nachkommen Otto Friedrich Ahlmanns, Ergänzung 1995, S. 64 f.

306 KA an Hans-Julius Ahlmann v. 12.11.1944, HA, auch für die folgenden Ausführungen.

307 Glade, S. 190 f.

308 KA an Hans-Julius Ahlmann v. 10.2.1944, HA.

309 Unsere Lehrlinge und ihr Heim auf der Carlshütte: Glück Auf v. 19.4.1952, HA.

310 Ahlmann-Carlshütte v. 21.12.1943, HA.

311 Schleswig-Holsteinische Landeszeitung v. 6.4.1944, auch für die folgenden Ausführungen.

312 Geschäftsbericht der Ahlmann-Carlshütte KG über das Jahr 1944, HA.

313 Bericht Aline Pagenstecher über das Kinderfest der Ahlmann-Carlshütte v. 2.9.1944, HA.

314 Einladung zum Kinderfest der Ahlmann-Carlshütte v. 26.8.1943, HA.

315 Ahlmann-Carlshütte v. 10.10.1943, HA.

316 Geschäftsberichte der Carlshütte 1939-1944, HA.

317 Namentliche Aufzählung der Gefallenen und Vermissten der beiden Weltkriege: 125 Jahre Carlshütte.

318 Heinrich Athenstaedt an seine Frau Luise v. 6.8.1944, HA.

319 125 Jahre Carlshütte, S. 101.

320 Geschäftsbericht der Ahlmann-Carlshütte KG über das Jahr 1944, HA.

321 Janssen, Das Ministerium Speer, S. 148 f.

322 125 Jahre Carlshütte, S. 102. – Geschäftsbericht 1944, HA.

323 Tochter Marlene an KA v. 15.1.1945, HA.

324 KA an Heinrich Athenstaedt v. 26.10.1944, HA.

325 Meldungen Gemeinschaftslager an die Büdelsdorfer Ortspolizeibehörde, StAB, Nr. 2130 c.

326 Geschäftsbericht 1944, HA.

327 Geschäftsbericht der Ahlmann-Carlshütte KG Rendsburg, über das Jahr 1943, LAS, Abt. 406.10, Nr. 290.

328 LAS, Abt. 611 Sta, Nr. 44067 aus 44050–44099.

329 Geschäftsbericht der Ahlmann-Carlshütte KG Rendsburg, über das Jahr 1944, HA.

330 Blaich, S. 52. – Kurt Pätzold, Der „Führer" und die Kriegswirtschaft: Krieg und Wirtschaft, S. 60 f.

331 Dietrich Eichholtz, Die deutsche Kriegswirtschaft 1944/45. Eine Bilanz: Krieg und Wirtschaft, S. 325-347.

332 Ambrosius, Von Kriegswirtschaft, S. 346. – Pätzold, S. 58.

333 Mitteilungen der Gauwirtschaftskammer Schleswig-Holstein in Lübeck und der Wirtschaftskammer Kiel, Jg. 1944, Folge 7 v. 15.4.1944, HA.

334 Ralf Georg Reuth, Goebbels. Eine Biogra-

phie, S. 561 ff. – Fest, Speer, S. 311.

335 Lorentz, S. 259.

336 Geschäftsbericht 1944, HA.

337 Kriegstagebuch Rüstungskommando Kiel v. 22.7.1944, BA-MA Freiburg, RW 21-32.. – 125 Jahre Carlshütte, S. 98.

338 Verzeichnis der Gefolgschaftsmitglieder III v. 1942-1967, LAS, Abt. 406.10, Nr. 2574.

339 Polizeiverordnung des Reichsministers des Innern v. 19.6.1944, RGBl. 1944 I, S. 147, BA Berlin, R 3901, Nr. 20467.

340 Herbert, S. 310 f. – Spoerer, S. 197.

341 Bürgermeister Drasdo an den Lagerführer v. 5.6.1944, StAB, Nr. 2135.

342 Eichholtz, Geschichte Kriegswirtschaft, Bd. 3, S. 65 f.

343 Werksrundschreiben Nr. 127 v. 11.11.1944, HA.

344 Geschäftsbericht 1944, HA.

345 Uwe Danker, „Wir subventionieren die Mörder der Demokratie". Das Tauziehen um die Altersversorgung von Gauleiter und Oberpräsident Hinrich Lohse in den Jahren 1951 bis 1958: ZSGH 120 (1995), S. 175.

346 Schreiben Albert Speer an Hinrich Lohse v. 5.12.1944, BA Berlin, R 3, Nr. 1589.

347 Rüstungsminister Speer an das Landeswirtschaftsamt Kiel v. 12.12.1944, ebd. Aufstellung der Produktionszahlen v. 25.6.1945, LAS, Abt. 406.10, Nr. 1045.

348 Jahresbericht 1945, LAS, Abt. 406.10, Nr. 291.

349 Aufstellung der Produktionszahlen v. 5.7.1945, LAS, Abt. 406.10, Nr. 1045.

350 Geschäftsbericht 1944, HA.

351 Hans-Julius Ahlmann, Weihnachten. Eine Erinnerung, El Alamein, Gibli v. 15.10.1942, HA.

352 Tochter Marlene an KA v. 20.12.1944, HA.

353 Elisabeth Zander, Das letzte Kriegsjahr, Ms. v. 10.8.1945, HA.

354 Gespräch mit Rosely Schweizer v. 23.10.2001.

355 Angaben im Fragebogen, LAS, Abt. 460.11, Nr. 805.

356 Zander, Das letzte Kriegsjahr, HA, auch für die folgenden Ausführungen.

357 KA an Linu Pagenstecher v. 4.7.1961, HA, auch für die folgenden Ausführungen.

358 Verordnung v. 1.9.1939, Enzyklopädie des Nationalsozialismus, S. 708. – Vgl. Paul, Staatlicher Terror, S. 188. – Uwe Danker, Der Schutz der „Volksgemeinschaft": Zur Arbeit des schleswig-holsteinischen Sondergerichts in statistischer Hinsicht sowie an den Beispielen Rundfunk- und Volksschädlingsverordnung: „Standgericht der inneren Front". Das Sondergericht Altona/Kiel 1932-1945, hrsg. von Robert Bohn und Uwe Danker, Hamburg 1998 (IZRG-Schriftenreihe Bd. 3), S. 38.87. – Joseph Wulf, Presse und Rundfunk im Dritten Reich, Gütersloh 1964, S. 383 f.

359 Linu Pagenstecher, Erinnerungen II, HA.

360 KA an Severin Ahlmann v. 10.3.1945, HA.

361 Gespräch mit Dr. Lising Pagenstecher v. 25.7.2002. – Grundstück Pagenstecher, LAS, Abt. 406.10, Nr. 1608.

362 Eintrag im Heidberg-Gästebuch v. 1944, HA.

363 Zander, Das letzte Kriegsjahr, HA.

364 Tochter Marlene an KA v. 12. u. 17.3.1945, HA.

365 Tochter Marlene an KA v. 26.1.1945, HA.

366 Tochter Marlene an KA v. 30.3.1945, HA.

367 KA an Kreisleiter und Landrat Peters v. 17.2.1945, HA.

368 Jahresbericht 1945, LAS, Abt. 406.10, Nr. 291.

369 Produktionszahlen v. 25.6.1945, LAS, Abt. 406.10, Nr. 1045.

370 Glück Auf! v. 19.4.1952, HA.

371 125 Jahre Carlshütte, S. 104.

372 Jahresbericht 1945, LAS, Abt. 406.10, Nr. 291.

373 Anforderungsliste der geschützten Firmen bei der Staatspolizeistelle Kiel v. 19.2.1945, LAS, Abt. 455, Nr. 11 u. Nr. 3.

374 Einziehungsbuch SS-Beiträge im SS-Abschnitt Kiel, LAS, Abt. 455, Nr. 6.

375 SD-Außenstelle Rendsburg an den SD-Abschnitt Kiel v. 11. u. 18.4.1945, LAS, Abt. 455, Nr. 21.

376 Fest, Speer, S. 373 f. – Sereny, S. 631 f.

377 Carsten Christiansen, Rendsburg und die Kapitulation. (Zusammengestellt im November 1948): HJR 1960, S. 19-22. – Hoop, Rendsburg, S. 609 f. – Karl-Wilhelm Jöhnk,

Bodo Scibbe, Rendsburg in dunklen Tagen, Rendsburg 1986, S. 28 ff. – Peters, S. 56-58. – Hans-Heinrich Beisenkötter, Das Kriegsende und der 8. Mai in Rendsburg: RJ 1995, S. 8-17. – Gerhard Paul, Radikalisierung und Zerfall. Anmerkungen zum Ende des Dritten Reiches in Schleswig-Holstein: ZSHG 121 (1996), S. 131.

378 Willi Dressen, Verbrannte-Erde-Befehl (Nero-Befehl): Enzyklopädie des Nationalsozialismus, S. 778.

379 Albert Speer, Erinnerungen, Frankfurt/Berlin 1969, S. 432. – Sereny, S. 562. – Fest, S. 338 f.

380 Dieter Eichholtz, Die deutsche Kriegwirtschaft 1944/45. Eine Bilanz: Krieg und Wirtschaft, S. 340.

381 Anlage 1 zum Fragebogen v. 3.7.1946, LAS, Abt. 460.11, Nr. 363.

382 Zander, Das letzte Kriegsjahr, HA.

383 Anlage 1 zum Fragebogen v. 3.7.1946, LAS, Abt. 460.11, Nr. 363.

384 Christiansen, S. 20.

385 Aussage KA im Entnazifizierungsverfahren gegen Christian Harms v. 2.8.1948, protokolliert v. Friedrich Sensen, HA. – Zander, Das letzte Kriegsjahr, HA.

386 Joachim Meyer-Quade, Die letzten 30 Tage des II. Weltkriegs in Schleswig-Holstein: Ende und Anfang im Mai 1945. Das Journal zur Wanderausstellung des Landes Schleswig-Holstein, Kiel 1995, S. 42.

387 Christiansen, S. 21.

388 Peters, S. 58.

389 „Altenteil"-Vertrag mit der Ahlmann-Carlshütte v. 9.4.1945, Anlage 5 zum Fragebogen v. v. 3.7.1946, LAS, Abt. 460.11, Nr. 363.

390 Eintrag KA im Heidberg-Gästebuch, HA.

391 Zander, Das letzte Kriegsjahr, HA.

392 Kurt Jürgensen, Die Briten in Schleswig-Holstein 1945-1949, Neumünster 1998, S. 13.

393 Kurt Jürgensen, Schleswig-Holstein nach dem Zweiten Weltkrieg. Kontinuität und Wandel: Geschichte S-H, S. 592. – Brandt, Klüver, S. 325.

394 Vermerk im CI-Fragebogen v. 30.6.1945, BA Koblenz, Z 42 III, Nr. 3726. – Jöhnk, Scibbe, S. 34 f. – Hoop, Rendsburg, S. 611. – Beisenkötter, S. 15

395 Kurzgeschichte der Carlshütte mit Betonung der neuesten Zeit, Rendsburg 1945, S. 32. – 125 Jahre Carlshütte, S. 105. – Jahresbericht 1945, LAS, Abt. 406.10, Nr. 291.

396 Bericht Luise Athenstaedt über den 10.5.1945, HA. – Angaben im Fragebogen v. 3.7.1946, LAS, Abt. 460.11, Nr. 799.

397 KA an Heinrich Athenstaedt, Brief undatiert v. Juli 1946, HA.

398 Bericht Luise Athenstaedt über den 10.5.1945, HA.

399 Verleihungsurkunde v. 5.3.1945, HA. – Angaben im Fragebogen über Auszeichnungen v. 27.5.1947, LAS, Abt. 460.11, Nr. 711.

400 Autobiographie Severin Ahlmann. – Mitteilungen Severin Ahlmann v. 20.1.2002.

401 Familienbrief für Mosel und für Freunde von Frau Julius Ahlmann v. 14.11.1945, (Abschrift), HA.

402 Karl Müller, Drei schwere Nachkriegsjahre: HJR 1959, S. 47-61. – Jöhnk, Scibbe, S. 39f. – Hoop, Rendsburg, S. 613 f.

403 „Summary of the inventory House Julius Ahlmann Carlshütte I" v. 13.6.1945, HA. – Zander, Das letzte Kriegsjahr, HA. – Jahresbericht 1945, LAS, Abt. 406.10, Nr. 291.

404 Familienbrief für Mosel und für Freunde von Frau Julius Ahlmann v. 14.11.1945, (Abschrift), HA.

405 Entnazifizierung, Politische Säuberung und Rehabilitation in den vier Besatzungszonen 1945-1948, hrsg. von Clemens Vollnhals, München 1991, S. 237.

406 Heiner Wember, Umerziehung im Lager. Internierung und Bestrafung von Nationalsozialisten in der britischen Besatzungszone Deutschlands, 2. Aufl., Essen 1992 (Düsseldorfer Schriften zur Neueren Landesgeschichte und zur Geschichte Nordrhein-Westfalens, Bd. 30), S. 25. – Glade, S. 196. – Uwe Danker, Internieren, entnazifizieren und umerziehen. Erste Vergangenheitsbewältigung nach 1945: Geschichtsumschlungen. Sozial- und kulturgeschichtliches Lesebuch Schleswig-Holstein 1848-1948, hrsg. von Gerhard Paul, Bonn 1996, S. 286-292. – Zu Harms: LAS, Abt. 460.11, Nr. 352. – Zu Hamkens: LAS, Abt. 460, Nr. 1, 83. – Zu Peters: BA Koblenz, Z 42 III, Nr. 3726. – Zu

Krabbes: BA Koblenz, Z 42 IV, Nr. 1307.
– Zu Röschmann: BA Koblenz, Z 42 IV, Nr. 134. – Zu Tams: BA Koblenz, Z42 IV, Nr. 1551. – Zu Ramaker: BA Koblenz, Z 42 IV, Nr. 259. – Zu Blietz: BA Koblenz, Z 42 IV, Nr. 2112. – Zu Schultz: LAS, Abt. 460. 11, Bd. 56, AR 22647. – Zu Drasdo: LAS, Abt. 460, Nr. 406. – Stand v. 10.11.1945, LAS, Abt. 320 Rendsburg, Bdl. 107, Nr. 15.

407 Aktennotiz KA über die Besprechung v. 22.10.1945, HA. – Vgl. Aufruf KA zu wahrheitsgetreuen Angaben v. 9.7.1945, LAS, Abt. 406.10, Nr. 1047.

408 Jahresbericht 1945, LAS, Abt. 406.10, Nr. 291.

409 Gespräche mit Dr. Lising Pagenstecher v. 26.7.2002 u. Uta Westphal v. 17.11.2002.

410 Ahlmann-Carlshütte an die Gemeinde Büdelsdorf v. 6.6.1945, StAB, Nr. 9091.

411 Herbert, S. 395 f. – Spoerer, S. 211 f. – Sigmund, S. 41. – 125 Jahre Carlshütte, S. 105.

412 Aktennotiz Gemeinschaftslager v. 23.5.1945, HA.

413 Hannes Harding, Heimatlos in Schleswig-Holstein. Das Schicksal der ehemaligen Fremdarbeiter und Kriegsgefangenen: Vergessene Opfer des Nationalsozialismus: „Ausländereinsatz in der Nordmark", S. 508 f.

414 Auskunft der Büdelsdorfer Standesbeamtin Annegret Schröder v. 21.2.2003. – Gespräch mit Gerhard Göttsche v. 9.5.2004.

415 Vermerke Amtsvorsteher Büdelsdorf v. 26., 29.5. u. 28.6. 1945, StAB, Nr. 2135, Nr. 2130 c.

416 Karsten Dölger, „Polenlager Jägerslust". Polnische „Displaced Persons" in Schleswig-Holstein 1945-1949, Neumünster 2000 (QuFGSH Bd. 110), S. 71. – Jahresbericht 1945, LAS, Abt. 406.10, Nr. 291. – Klaus Arzt, Verwaltungsbericht der Gemeinde Büdelsdorf (Kreis Rendsburg-Eckernförde) 1945-1985, o. J. (1986), S. 22.

417 Autobiographie Severin Ahlmann.

418 KA an die Landkreisverwaltung Rendsburg v. 28.1.1946, LAS, Abt. 320 Rendsburg, Bdl. 295, Nr. 29. – KA an den Rendsburger Landrat v. 26.7.1946, HA.

419 Aktennotiz über Besprechung mit Major Errington von der Militärregierung Rendsburg v. 17.8.1946, LAS, Abt. 406.10, Nr.1042. – Aktennotiz über Gespräch mit Miß Eitrem, UNRRA, v. 27.8.1946, HA. – Antrag an das Landeswirtschaftsamt v. 30.8.1946, LAS, Abt. 691, Nr. 5670.

420 Verzeichnis der Nachkommen, S. 45.

421 KA an Sohn Hans-Julius v. 9.4.1946, HA. – Severin Ahlmann an den Bruder v. 25.5.1946, HA.

422 KA an Heinrich Athenstaedt v. 2.6.1946, HA.

423 KA an Propst Johann Bielfeldt v. 11.1.1952, HA. – Friedrich Hölderlin, Die Heimat: Das deutsche Gedicht. Vom Mittelalter bis zum 20. Jahrhundert. Auswahl und Einleitung von Edgar Hederer, Frankfurt am Main und Hamburg 1957, S. 170-171.

424 Ahlmann-Carlshütte KG v. 1.8.1945, HA. – Eintragung in das Handelsregister v. 7.12.1946, HRA Bd. 183, Nr. 40976, StAH.

425 KA an den Sohn Hans-Julius v. 11.5.1946, HA.

426 Befürwortung v. 10.8.1946, Bescheid v. 25.9.1946, LAS, Abt. 460.11, Nr. 344.

427 Mitteilung Ahlmann-Carlshütte an die Gemeinde Büdelsdorf v. 28.5.1945, StAB, Sonderakte Nr. 1234. – HRA Bd. 183, Nr. 40976, StAH.

428 Verfügung der Entlassung v. 11.3.1946, Bewertung Cornells v. 1.10.1946, LAS, Abt. 460.11, Nr. 609. – Vgl. BA Berlin, R 3, Nr. 1030. – Entnazifizierung, S. 115.

429 KA an Heinrich Athenstaedt v. April 1946 (undatiert), HA.

430 Britische Genehmigung v. 24.10.1945, LAS, Abt. 691, Nr. 9569. – Vgl. LAS, Abt. 320 Rendsburg, Bdl. 309, Nr. 3 a. – Werner Plumpe, Politische Zäsur und funktionale Kontinuität: Industrielle Nachkriegsplanungen und der Übergang zur Friedenswirtschaft 1944-1946: Zeitschrift für Sozialgeschichte des 20. und 21. Jahrhunderts, Bd. 7 (1992), S. 11-37.

431 Ahlmann-Carlshütte an das Landeswirtschaftsamt Kiel v. 20.6.1945, LAS, Abt. 691, Nr. 5670. – Markus Hirschfeld, Die wirtschaftliche Entwicklung Schleswig-Holsteins in der unmittelbaren Nachkriegszeit, Kiel

1995, S. 25.

432 Auftrag des Landeswirtschaftsamtes Kiel v. 21.2.1946, LAS, Abt. 691, Nr. 5670. – Vgl. LAS, Abt. 406.10, Nr. 878.

433 Geschäftsbericht der Ahlmann-Carlshütte KG über das Jahr 1946, LAS, Abt. 406.10, Nr. 292.

434 Ein neuer Beginn: 1945-1967. Die ersten Nachkriegsjahre: 100 Jahre Kreis Rendsburg, S. 59. – Vgl. Hoop, Rendsburg, S. 616.

435 Arzt, S. 99 f.

436 Hatard, S. 60.

437 Geschäftsbericht 1946, LAS, Abt. 406.10, Nr. 292.

438 KA an den Sohn Hans-Julius v. 11.5.1946, HA.

439 KA an Heinrich Athenstaedt undatiert v. April 1946, HA. – Aktennotiz KA v. 3.5.1947, HA. – 125 Jahre Carlshütte, S. 113 f.

440 125 Jahre Carlshütte, S. 114.

441 Sonderhilfsausschuß des Landkreises Bonn v. 9.10.1946, Stadtarchiv Bonn, Wiedergutmachungsakte N 1985/619. – Eidesstattliche Versicherung Heinrich Athenstaedt v. November 1947, LAS, Abt. 460.11, Nr. 393. – Vgl. Elke Reuter und Detlef Hansel, Das kurze Leben der VVN von 1947 bis 1953. Die Geschichte der Vereinigung der Verfolgten des Naziregimes in der sowjetischen Besatzungszone und in der DDR, Berlin 1997.

442 Ermächtigung zur Ausübung der Rechtsanwaltspraxis v. 18.3.1947, StaHD, NL Heinrich Athenstaedt, A 40.

443 Präsident des Landesbezirks Baden v. 23.12.1948, GLA Karlsruhe, Best. 480, Nr. 5829/1.

444 Die Deutsche Bank 1870-1995, S. 924.

445 KA an Heinrich Athenstaedt v. 12.4.1946, HA.

446 Severin Ahlmann – Betonindustrie an die Industrie- und Handelskammer zu Kiel v. 10.12.1946, HA.

447 Ahlmann-Carlshütte an das Landesbaukontrollamt v. 11.12.1946, HA.

448 KA an Heinrich Athenstaedt v. 15.12.1946, HA.

449 KA an Heinrich Athenstaedt v. 14.1.1947, HA.

450 KA an Heinrich Athenstaedt v. April 1946

(undatiert), HA.

451 Friedrich Stamp, Arbeiter in Bewegung. Die Geschichte der Metallgewerkschaften in Schleswig-Holstein, Paderborn 1997 (Veröffentlichungen des Beirats für Geschichte Bd. 18), S. 170. – 1947-1948. Ein vorläufiger Bericht über ein Jahr sozialdemokratische Regierungspolitik in Schleswig-Holstein, Kiel 1949, S. 26. – Jürgensen, Schleswig-Holstein nach dem Zweiten Weltkrieg, S. 605.

452 Werner Plumpe, Vom Plan zum Markt. Wirtschaftsverwaltung und Unternehmerverbände in der britischen Zone, Düsseldorf 1987 (Düsseldorfer Schriften zur Neueren Landesgeschichte und zur Geschichte Nordrhein-Westfalens), S. 350.

453 125 Jahre Carlshütte, S. 110.

454 Besprechung v. 24.11.1945, LAS, Abt. 406.10, Nr. 985. – Auflage des Entnazifizierungsausschusses des Kreises Rendsburg v. 31.8.1946, LAS, 460.11, Nr. 805.

455 KA an Heinrich Athenstaedt v. Juli 1946 (undatiert), HA.

456 Eingabe der Ahlmann-Carlshütte v. 8.10. 1946, BA Koblenz, B 102, Nr. 3906, Heft 3. – Vgl. LAS, Abt. 691, Nr. 351. – Jahresbericht 1946, LAS, Abt. 406.10, Nr. 292.

457 Jörg Fisch, Reparationen nach dem Zweiten Weltkrieg, München 1992, S. 69 f.

458 Beschlagnahme von Zeichnungen, Patenten, Verfahren u. dergl. v. 15.12.1947, BA Koblenz Z 35, Nr. 318. – Wilhelm Treue, Die Demontagepolitik der Westmächte nach dem Zweiten Weltkrieg, Göttingen 1967, S. 43. – Gustav W. Harmssen, Am Abend der Demontage. 6 Jahre Reparationspolitik, Bremen 1951, S. 125. – Alan Kramer, Die britische Demontagepolitik am Beispiel Hamburgs 1945-1950, Hamburg 1991, S. 182.

459 Jahresbericht 1946, LAS, Abt. 406.10, Nr. 202. – 125 Jahre Carlshütte, S. 111.

460 W. Hasenack, Betriebsdemontagen als Reparationsform. Beweggründe und Zeitpunkt der Demontage-Aktion, Essen/Kettwig 1948, S. 44.

461 Betriebsrat der Ahlmann-Carlshütte v. 5.10. 1946, BA Koblenz, B 102, Nr. 3906, Heft 3.

462 Zentralamt für Wirtschaft in der britischen

Zone an Ahlmann-Carlshütte v. 6.11.1946, LAS, Abt. 691, Nr. 351. – KA an Heinrich Athenstaedt v. 11.11.1946, HA.

463 BA Koblenz, B 102, Nr. 3755, Heft 2.

464 BA Koblenz, B 102, Nr. 171465, Nr. 232, Heft 1, B 103, Nr. 451.

465 Hirschfeld, S. 32.

466 Präsident des Landesarbeitsamtes Schleswig-Holstein v. 22.10.1946, BA Koblenz, B 102, Nr. 3906, Heft 3.

467 Wirtschaftsamt Minden an Ahlmann-Carlshütte v. 16.10.1947, BA Koblenz, Z 8, Nr. 2695.

468 Stand der Demontage v. 18.10.1948, BA Koblenz, B 102, Nr. 3773, Heft 1. – Meldung v. 30.11.1948 u. v. 28.4.1949, BA Koblenz, Z 8, Nr. 2129.

469 KA an Heinrich Athenstaedt v. 11.11.1946, HA.

470 KA an Heinrich Athenstaedt v. 24.5.1947, HA.

471 Ärztliche Bescheinigung Prof. Dr. med. Becker v. 25.3.1947, HA.

472 KA an Heinrich Athenstaedt v. 26.3.1947, HA.

473 LAS, Abt. 460.11, Nr. 363.

474 Gespräch mit Dr. Marlene Halhuber-Ahlmann v. 31.5.2001.

475 KA an Heinrich Athenstaedt v. 10.4.1947, HA.

476 Jessica Jürgens, Entnazifizierungspraxis in Schleswig-Holstein. Eine Fallstudie für den Kreis Rendsburg 1946-1949: ZSHG 125 (2000), S. 145 ff.

477 LAS, Abt. 460.11, Nr. 364.

478 Carsten Müller-Boysen, Auf der Suche nach den „ardent Nazis". Die Anfänge der Entnazifizierung im Kreis Rendsburg: RJ 1996, S. 94 ff.

479 KA an Heinrich Athenstaedt v. 24.5.1947, HA.

480 LAS, Abt. 460.11, Nr. 364. – StAB, Nr. 9094 Sonderakte. – Müller-Boysen, S. 90.

481 Müller-Boyen, S. 90. – LAS, Abt. 320 Rendsburg, Bdl. 310, Nr. 23 c.

482 Heinrich Athenstaedt an KA v. 18.5.1947, HA.

483 Gespräch mit Dr. Marlene Halhuber-Ahlmann v. 31.5.2001.

1 Heinrich Athenstaedt an Hans-Julius Ahlmann v. 10.6.1946, HA.

2 KA an die Schwiegertochter Juliane v. 15.2.1956, HA.

3 Harm G. Schröter, Von der Teilung zur Wiedervereinigung 1945-2000: Deutsche Wirtschaftsgeschichte. Ein Jahrtausend im Überblick, hrsg. von Michael North, München 2000, S. 359. – Henning, Das industrialisierte Deutschland 1914 bis 1992, S. 205. – Werner Abelshauser, Wirtschaft in Westdeutschland 1945-1948. Rekonstruktion und Wachstumsbedingungen in der amerikanischen und britischen Zone, Stuttgart 1975 (Schriftenreihe der Vierteljahreshefte für Zeitgeschichte Nr. 30), S. 97. – Stamp, S. 170.

4 Kurt Jürgensen, Die Gründung des Landes Schleswig-Holstein in Zusammenhang mit der Länder-Neuordnung nach 1945: Die Anfänge des Landes Schleswig-Holstein, hrsg. vom Schleswig-Holsteinischen Heimatbund und Landesarchiv Schleswig-Holstein, Schleswig 1997, S. 33. – Ders., Schleswig-Holstein nach dem Zweiten Weltkrieg, S. 624. – Scharff, Jessen-Klingenberg, S. 103.

5 Abschrift aus der Ansprache Hermann Lüdemanns beim SPD-Landesparteitag am 9. März 1947 in Kiel, LAS, Abt. 406.10, Nr. 1060, u. HA.

6 Manfred Görtemaker, Geschichte der Bundesrepublik Deutschland. Von der Gründung bis zur Gegenwart, Frankfurt am Main 2004, S. 35.

7 KA an Heinrich Athenstaedt v. 19.4.1947, HA, auch für die folgenden Ausführungen.

8 Verzeichnis der Nachkommen des Kaufmanns Otto Friedrich Ahlmann, S. 44. – KA an Heinrich Athenstaedt v. 2.2.1947, HA.

9 Nachruf auf Wilhelmine Ahlmann, geborene Olde v. 6.2.1947, HA.

10 Karte im HA. – Geistliches Lied der Frühpietistin Ludämilie Elisabeth Gräfin Schwarzburg-Rudolstadt (1640-1672), Meyers Konversationslexikon, Bd. 10, Leipzig 1888, S. 957.

11 Müller-Boysen, S. 86.

12 Bescheid v. 25.9.1946, LAS, Abt. 460.11, Nr. 344.

13 125 Jahre Carlshütte, S. 114.

14 Astrid Möller, S. 271. – Vgl. Karl Müller, Drei schwere Nachkriegsjahre: HJR 1959, S. 54.

15 Flucht und Vertreibung. Aufnahme und Eingliederung, Schrift des Kreisverbandes der vertriebenen Deutschen Rendsburg-Eckernförde e. V., Rendsburg 1988/89, S. 160.

16 Uwe Carstens, Das Flüchtlingsproblem in Schleswig-Holstein: Die Anfänge des Landes Schleswig-Holstein, hrsg. vom Schleswig-Holsteinischen Heimatbund und Landesarchiv Schleswig-Holstein, Schleswig 1997, S. 92.

17 100 Jahre Kreis Rendsburg. Ein Rückblick 1867 bis 1967, Rendsburg 1968, S. 59.

18 Jahresbericht 1947 der Ahlmann-Carlshütte KG, LAS, Abt. 406.10., Nr. 293. – Jahresbericht 1948, LAS, Abt. 406.10, Nr. 294.

19 Jürgensen, Kontinuität und Wandel, S. 642. – Carstens, S. 88. – Gerd Hardach, Der Marshall-Plan. Auslandshilfe und Wiederaufbau in Westdeutschland 1948-1952, München 1994, S. 24.

20 Gabriele Stüber, Der Kampf gegen den Hunger 1945-1950. Die Ernährungslage in der britischen Zone Deutschlands, insbesondere in Schleswig-Holstein und Hamburg, Neumünster 1984 (SWSSH Bd. 6), S. 289 ff. –

Hans Dollinger, So entstand die Bundesrepublik: Das geglückte Provisorium, Recklinghausen 1990, S. 37.

21 Jürgensen, Die Briten in Schleswig-Holstein, S. 51. – Schröter, S. 360. – Hennings, S. 178, 191.

22 Verwaltungsbericht der Gemeinde Büdelsdorf 1945-1985, Büdelsdorf 1985, S. 25.

23 KA an Heinrich Athenstaedt v. 10.4.1947, HA. – Hoop, Rendsburg, S. 620.

24 125 Jahre Carlshütte, S. 114. – Jahresbericht 1947, LAS, Abt. 406.10, Nr. 293.

25 Jahresbericht 1947, LAS, Abt. 406.10, Nr. 293. – 125 Jahre Carlshütte, S. 115.

26 Schröter, S. 360. – Hoop, Rendsburg, S. 621. – Müller, Nachkriegsjahre, S. 59. – Vgl. Müller, Rendsburg. Wachstum und Wandlungen, Rendsburg 1961, S. 105-111.

27 Mitteilung auf der Besprechung des Betriebsrates v. 26.3.1947, LAS, Abt. 406.10, Nr. 985. – Arzt, S. 24. – 125 Jahre Carlshütte, S. 108. – Müller, Nachkriegsjahre, S. 51.

28 KA an Heinrich Athenstaedt v. 14.4.1947, HA.

29 125 Jahre Carlshütte, S. 111. – Jahresbericht 1947, LAS, Abt. 406.10, Nr. 293.

30 Anträge der Ahlmann-Carlshütte auf Fertigungsmaterial für Herde und Öfen an das Verwaltungsamt für Wirtschaft in Minden aus dem Jahr 1947, BA Koblenz, Z 8, Nr. 2682 u. Nr. 2684.

31 Walter Vogel, Westdeutschland 1945-1950. Der Aufbau von Verfassungs- und Verwaltungseinrichtungen über den Ländern der drei westlichen Besatzungszonen, Teil II. Einzelne Verwaltungszweige: Wirtschaft, Marshallplan, Statistik, Boppard 1964 (Schriften des Bundesarchivs Nr. 12), S. 8. – Hardach, S. 28. – Henning, S. 193.

32 Walter Vogel, Westdeutschland 1945-1950. Der Aufbau von Verfassungs- und Verwaltungseinrichtungen über den Ländern der drei westlichen Besatzungszonen, Teil I, Boppard 1956 (Schriften des Bundesarchivs Nr. 2), S. 19, 71.

33 Jürgensen, Kontinuität und Wandel, S. 610. – 100 Jahre Kreis Rendsburg, S. 60.

34 Jürgensen, Die Gründung S. 25.

35 Walter Dahms, Wahlen und Wähler in Schleswig-Holstein: Schleswig-Holstein. Eine politische Landeskunde hrsg. von der Landeszentrale für Politische Bildung Schleswig-Holstein, Kiel 1992 (Gegenwartsfragen 68), S. 45.

36 Helmuth Mosberg, 50 Jahre CDU Schleswig-Holstein 1946-1996, Kiel 1996, S. 38.

37 Jürgensen, Kontinuität und Wandel, S. 607. – 100 Jahre Kreis Rendsburg, S. 62. – Edward Hoop, Die Bürgermeister der Stadt Rendsburg 1714-1990, Kiel 1990, S. 43.

38 Peter Wulf, Überlieferung der nationalen Werte. Versuche zur Gründung einer „Konservativen Partei" in Schleswig-Holstein: ZSHG 127 (2002), S. 244.

39 KA an Max Ehlbeck v. 25.11.1949, HA.

40 Schwarz, S. 525.

41 KA an Ministerpräsident Theodor Steltzer v. 12.3.1947, HA, auch für die folgenden Ausführungen.

42 Jürgensen, Die Gründung, S. 33. – Scharff, Jessen-Klingenberg, S. 103.

43 Mosberg, S. 38.

44 KA an Heinrich Athenstaedt v. 10.4.1947, HA.

45 Heinrich Athenstaedt an KA v. 23.4.1947, LAS, Abt. 406.10, Nr. 1058.

46 Gespräch mit Dr. Marlene Halhuber-Ahlmann v. 31.5.2001.

47 Verwaltungsbericht Büdelsdorf, S. 13 f.

48 Heinrich Athenstaedt an KA v. 29.8.1947, HA.

49 KA an Heinrich u. Luise Athenstaedt v. 13.10.1947, HA, auch für die folgenden Ausführungen.

50 Lagebericht der Ahlmann-Carlshütte an die Industrie- und Handelskammer Kiel für das 4. Quartal 1947 v. 19.12.1947, IHK-Archiv Kiel.

51 Jahresbericht 1947, LAS, Abt. 406.10, Nr. 293.

52 KA an Heinrich Athenstaedt v. 2.12.1947, HA.

53 Eintragungen in das Handelsregister v. 7.12.1946 u, v. 29.11.1945, HRA Bd. 183, Nr. 40976, StAH.

54 Autobiographie Severin Ahlmann. – Ausführungen Severin Ahlmann v. 20.1.2002.

55 Severin Ahlmann an die Zweigstelle der In-
dustrie- und Handelskammer v. 5.5.1947,
HA. – Zahlenangaben über die Belegschaft in
der Autobiographie Severin Ahlmann.

56 LAS, Abt. 406.10, Nr. 1107. – 125 Jahre
Carlshütte, S. 119.

57 Jahresbericht der Ahlmann-Carlshütte 1947,
LAS, Abt. 406.10, Nr. 293.

58 LAS, Abt. 320 Rendsburg, Bdl. 310, Nr. 23 c.
– Vermerk über Einreihungsbescheid v.
23.12.1947, StAB, Nr. 9094 Sonderakte.

59 Protokoll Hans-Julius Ahlmann v. 3.2.1948
über den Prozess vor dem englischen Militärgericht in Rendsburg v. 23.1.1948, HA.
– LAS, Abt. 351, Nr. 1748-1749. – Mitteilung KA an den Betriebsrat v. 21.12.1948,
LAS, Abt. 406.10, Nr. 985.

60 KA an Heinrich und Luise Athenstaedt v.
24.1.1948.

61 Müller-Boysen, S. 94. – Entnazifizierung, S.
269.

62 Bescheid des Entnazifizierungshauptausschus-
ses Rendsburg v. 10.8.1948, LAS, Abt. 460.11,
Nr. 352. – Erläuterungen zum Entnazifizie-
rungsbescheid v. Christian Harms, StAB, Nr.
9094 Sonderakte. – Protokoll Friedrich Sensen v. 3.8.1948, LAS, Abt. 406.10, Nr. 1047
u. HA.

63 Ernennung v. 29.4.1947, LAS, Abt. 605, Nr.
1992. – Behördenführer für das Land Schleswig-Holstein, Lübeck 1948, S. 7. – Handbuch für Schleswig-Holstein 1949, Kiel
1949, S. 33.

64 20 Jahre Schleswig-Holsteinischer Heimatbund, hrsg. vom Schleswig-Holsteinischen
Heimatbund, Neumünster 1968, S. 143.

65 Bericht im Flensburger Tageblatt v. 1.12.1948,
auch für die folgenden Ausführungen.

66 Dr. Richard Schenck an KA v. 26.11.1948,
LAS, Abt. 406.10, Nr. 1057 u. HA.

67 Kommunalwahl v. 24.10.1948. Wahl des
Büdelsdorfer Bürgermeisters v. 5.11.1948:
Verwaltungsbericht Büdelsdorf, S. 12.

68 Scharff, Jessen-Klingenberg, S. 102. – Jürgensen, Kontinuität und Wandel..., S. 626.
– Hoop, Rendsburg, S. 634.

69 Brandt, Klüver, S. 337.

70 Dr. Richard Schenck schied mit dem Rück-

tritt des Kabinetts Lüdemann als Finanzmi-
nister aus. Entlassungsurkunde v. 29.8.1949,
LAS, Abt. 605, Nr. 1992. – Am 3.9.1949
wurde Schenck Vorsitzender des Schleswig-
Holsteinischen Heimatbundes: 20 Jahre Heimatbund, S. 142.

71 KA an Landesminister Schenck v. 26.11.
1948, LAS, Abt. 406.10, Nr. 1057 u. HA.

72 KA an den Rendsburger Oberkreisdirektor
Repenning v. 23.12.1948, LAS, Abt. 320
Rendsburg, Bdl. 310, Nr. 23c.

73 Vorstandstätigkeit Repennings von 1949 bis
1951: 20 Jahre Heimatbund, S. 143. – 100
Jahre Kreis Rendsburg, S. 61.

74 Flensburger Tageblatt v. 4.12.1948. – LAS,
Abt. 406.10, Nr. 1057.

75 Protokoll der CDU-Fraktionssitzung Büdelsdorf v. 12.11.1948, ACDP 01-405-001/6
(Nachlass Adolf Steckel) .

76 Möller, S. 373.

77 Mitteilung an den Betriebsrat v. 21.12.1948,
LAS, Abt. 406.10, Nr. 985.

78 KA an Christian C. Christiansen v. 2.12.1948,
Abt. 406.10, Nr. 1057.

79 Dr. Broder Schwensen, Stadtarchiv Flensburg, v. 27.11.2002. – Nachrufe im Flensburger Tageblatt v. 29.11.1960. – 20 Jahre
Heimatbund, S. 144.

80 Flensburger Tageblatt v. 23.11.1960.

81 Bestätigende Mitteilung Marie-Alix Her-
zogin zu Schleswig-Holstein v. 28.11.02.
– Gespräch mit Dr. Wolfgang de Haan v.
9.1.2003.

82 Henning von Rumohr, Schlösser und Herrenhäuser in Schleswig, Frankfurt am Main
1968, S. 250 f. – Schleswig-Holsteinische
Landeszeitung v. 13.2.1965, Nr. 37. - Jürgensen, Kontinuität und Wandel, S. 622.
– Scharff, Jessen-Klingenberg, S. 309.

83 Flensburger Tageblatt v. 12.2.1965, Nr. 36.
– Kieler Nachrichten v. 12.2.1965, Nr. 36.

84 Linu Pagenstecher, Erinnerungen, HA, S. 27.

85 Enzyklopädie des Nationalsozialismus, S. 830,
867. – Bedürftig, S. 81 f, 247.

86 Empfängerliste der Firmenzirkulare v. 16.9.
1963, LAS, Abt. 406.10, Nr. 570. – Kon-
dolenzschreiben Dr. Marlene Halhuber-Ahlmann an Herzog Peter zu Schleswig-Holstein

v. 20. 2. 1965, HA. – Dankessschreiben Herzog Peters v. Februar 1965, HA.

87 125 Jahre Carlshütte, S. 116.

88 Abelshauser, S. 161. – Jahresbericht der Ahlmann-Carlshütte 1947, LAS, Abt. 406.10, Nr. 293.

89 Exportlizenz v. 20.1.1948, LAS, Abt. 691, Nr. 11241. – Behördenführer für das Land Schleswig-Holstein, S. 25.

90 LAS, Abt. 691, Nr. 11235, Nr. 11270. – Bericht in den Kieler Nachrichten v. 9.3.1948, Nr. 29.

91 Hardach, S.10. – Schröter, S. 361.

92 Henning, S. 207. – Görtemaker, S. 39.

93 Görtemaker, S. 40. – Schröter, S. 362.

94 Schröter, S. 362. – Henning, S. 200. – Vogel, Westdeutschland 1945-1950, Bd. 2, S. 35.

95 Dollinger, S. 84. – Vgl. Markus Eckert, Industrialisierung und Endindustrialisierung in Schleswig-Holstein, Kiel 1992 (Kieler Geographische Schriften Bd. 83), S. 156.

96 Jahresbericht 1948 der Ahlmann-Carlshütte, LAS, Abt. 406.10, Nr. 294. – 125 Jahre Carlshütte, S. 116.

97 Görtemaker, S. 43.

98 Gunter Hofmann, Abschiede, Anfänge: Die Bundesrepublik, eine Anatomie, München 2004, S. 76. – Klaus Borchard, Vom Provisorium über die Bundeshauptstadt zur Bundesstadt, Bonn 1999, S.127.

99 Görtemaker, S. 99.

100 Wolfgang Benz, Die Gründung der Bundesrepublik. Von der Bizone zum souveränen Staat, 5. Aufl., München 1999, S. 145. – Schwarz, S. 672.

101 Mann, S. 990.

102 Schwarz, S. 583.

103 Gästebuch Gartenhaus, HA. – Johann Wolfgang Goethe, Gedenkausgabe der Werke, Briefe und Gespräche, hrsg. von Ernst Beutler, Bd. 1, Zürich 1949 (Artemis-Gedenkausgabe), S. 549 f. – Lessing, Goethe, Schiller, Heine. Biographische Darstellung. Verantwortlicher Redakteur: Ernst Stein, Berlin 1955, S. 87. – Georg Balzer, Goethe als Gartenfreund, 4. Aufl., München 1981, S. 46-47.

104 Gespräch mit Uta Westphal v. 9.11.2002.

105 Linu Pagenstecher, Erinnerungen Teil 2, HA, S. 34 ff.

106 Angaben im Fragebogen v. 30.6.1946, LAS, Abt. 460.11, Nr. 363.

107 Gespräch mit Uta Westphal v. 10.11.2002.

108 Linu Pagenstecher, Erinnerungen, 2. Teil, HA, S. 36.

109 KA an Luise Athenstaedt v.5.9.1948, auch für die folgenden Ausführungen.

110 Görtemaker, S. 287 f.

111 KA an die Geschwister v. 14.5.1948, HA.

112 Schleswiger Krankenanstalten v. 4.6.1948, HA.

113 KA an Luise Athenstaedt v. 5.6.1948, HA.

114 Hans-Julius Ahlmann, Geistige Arbeit, Königstein 1948. – KA an Propst Johann Bielfeld v. 11.1.1952, HA.

115 KA an Luise Athenstaedt v. 5.9.1948, HA.

116 Auskunft Standesamt Büdelsdorf v. 30.8.2004. – Bericht über den Familientag Ahlmann in Sehestedt am 8.6.1949, HA. – Autobiographie Severin Ahlmann.

117 KA an Luise Athenstaedt v. 29.12.1948, HA.

118 Nachkommensverzeichnis, S. 45 f.

119 KA an Luise Athenstaedt v. 5.9.1948, HA.

120 Todesanzeige Luise Athenstaedt, geb. Braun, gest. am 3.8.1970, HA.

121 Heinrich Athenstaedt an KA v. 2.12.1948, HA.

122 Nachkommensverzeichnis, S. 44.

123 125 Jahre Carlshütte, S. 117. – Mitteilung über die Betriebserrichtung in Andernach v. 14.2.1949, LAS, Abt. 406.10, Nr. 985.

124 KA an Luise Athenstaedt v. 5.9.1948, HA. – Gespräch mit H. O. Osterloh v. 25.5.2004.

125 Gespräch mit Severin Ahlmann v. 17.2.2002. – Franz-Josef Heyen, Nur sieben Jahrzehnte. Andernach seit dem Ende des 1. Weltkrieges: Andernach. Geschichte einer rheinischen Stadt, hrsg. von Franz-Josef Heyen, Andernach 1988, S. 303. – Vgl. Die deutschen Kriegsgefangenenlager in Andernach und Miesenheim 1945. Begleitheft zur Ausstellung „Gefangen in Andernach", Andernach 1991 (Andernacher Beiträge Nr. 8), S. 8.

126 Gedenkwort zum fünfzigjährigen Bestehen der Firma Otto Wolff, unter Mitwirkung von Freunden und Mitarbeitern, hrsg. von

den Inhabern, Mainz 1954, S. 66, 94, 135. – Heyen, S. 238 f.

127 Nachruf auf Dr. Carl Wuppermann, S. 18. – Otto Wolff, S. 145 ff. – Gästebuch Gartenhaus v. 12.6.1950, HA.

128 Gespräch mit Severin Ahlmann v. 17.2.2002.

129 Das Jahr 1946: Chronik des Landes Rheinland-Pfalz, hrsg. von der Landeszentrale für politische Bildung Rheinland-Pfalz und des SWR-Landesfunkhauses Mainz, 2. Aufl., Mainz 2001, S. 3.

130 Rheinland-Pfalz entsteht. Beiträge zu den Anfängen des Landes Rheinland-Pfalz in Koblenz 1945-1951, hrsg. von Franz-Josef Heyen, Boppard 1984, S. 185 f. – Hannes Ziegler, Politiker in Rheinland-Pfalz: Unsere Ministerpräsidenten, Annweiler 2002, S. 9, 39 f.

131 KA an Luise Athenstaedt v. 29.12.1948, HA.

132 Mitteilung Dr. Klaus Schäfer, Museumsleiter Andernach, v. 22.1.2003. – Ahlmann & Co Andernach, Glück Auf! Persönliche Mitteilungen der Familie Ahlmann, Ostern 1954, LAS, Abt. 406.10, Nr. 1968.

133 Gespräch mit Severin Ahlmann v. 17.2.2002.

134 Gerold Küffmann, Andernach: Tor zur Eifel. Eine kleine Wirtschaftsgeschichte: Andernach, S. 471. – Hardach, S. 273. – Mitteilung Dr. Schäfer v. 22.1.2003.

135 Gästebuch Gartenhaus v. 11.u.12.6.1950, HA. – Gedenkblatt zum Familientag der Nachkommen Braun v. 11.6.1950, HA.

136 Protokoll v. 15.2.1949, LAS, Abt. 406.10, Nr. 985.

137 Schleswig-Holsteinische Landeszeitung v. 1.2.1969.

138 125 Jahre Carlshütte, S. 118.

139 Verwaltungsbericht Büdelsdorf, S. 30. – Glück Auf! v. 19.4.1950, LAS, Abt. 406.10, Nr. 1968. – Schleswig-Holsteinische Landeszeitung v. 1.2.1969.

140 Jahresbericht der Ahlmann-Carlshütte 1949, LAS, Abt. 406,10, Nr. 295.

141 KA an Heinrich Athenstaedt v. 6.7.1948, HA. – Jahresbericht der Carlshütte 1948, LAS, Abt. 406,10, Nr. 294. – 125 Jahre Carlshütte, S. 116.

142 Jahresbericht der Ahlmann-Carlshütte 1949,

LAS, Abt. 406,10, Nr. 295. – Mitteilungen der Industrie- und Handelskammer zu Kiel, 4. Jg., Folge 10, 5.11.1949. – Schröter, S. 363 f. – Vgl. Christoph Buchheim, Von altem Geld zu neuem Geld. Währungsreformen im 20. Jahrhundert: Geschichte der deutschen Wirtschaft im 20. Jahrhundert, München 2001, S. 152. – Michael North, Das Geld und seine Geschichte. Vom Mittelalter bis zur Gegenwart, München 1994, S. 196.

143 Landesregierung Schleswig-Holstein, Hilfe für Schleswig-Holstein, Kiel 1949, S. 8 f. – Hirschfeld, S. 35.

144 Landesregierung Schleswig-Holstein an die Direktionskanzlei des Verwaltungsrates des Vereinigten Wirtschaftsgebietes v. 30.5.1949, BA Koblenz, Z 14, Nr. 83.

145 Hardach, S. 290 f. – Schröter, S. 363. – Kapitalinvestitionsplan des Vereinigten Wirtschaftsgebietes für das Haushaltsjahr 1950, BA Koblenz, B 146, Nr. 223c.

146 Bundesanzeiger v. 10.11.1950, Jg. 2, Nr. 218.

147 125 Jahre Carlshütte, S. 120.

148 125 Jahre Carlshütte, S. 40. – Jahresbericht der Ahlmann-Carlshütte 1948, LAS, Abt. 406. 10, Nr. 294.

149 Übersicht über Schiffsbaukredite für Reedereien in Schleswig-Holstein für das Haushaltsjahr 1949/50, BA Koblenz, B 146 Nr. 300.

150 Werbeprospekt der Reederei „Translanta GmbH" für den Passagierdienst, HA.

151 125 Jahre Carlshütte, S. 122. – Protokoll v. 15.2.1949, LAS, Abt. 406.10, Nr. 985.

152 Glück Auf! v. Anfang Juli 1951, LAS, Abt. 406.10, Nr. 1968, auch für die folgenden Ausführungen.

153 Gespräch mit Dr. Horst Carsten Groth v. 3.2.2003.

154 Gespräch mit Severin Ahlmann v. 17.10.2002.

155 Hans Schlothfeldt an Max Ehlbeck v. 1.11.1951, HA. – LAS, Abt. 460.11, Nr. 235.

156 Ernst Joachim Fürsen, Hans Schlothfeldt: Biographischen Lexikon für Schleswig-Holstein und Lübeck, Bd. 8, Neumünster 1987, S.22-23. – Schleswig-Holsteinische Tagespost

v. 8.1.1953, Nr. 6. – Gespräch mit Dr. Horst Carsten Groth v. 3.2.2003.

157 Protokoll der Mitgliederversammlung v. 27.1.1950, ASU-Archiv.

158 Wiederwahl v. 16.5.1953, v. 12.5.1956, ASU-Archiv. – Mitteilung der ASU-Bundesgeschäftsstelle v. 21.7.2004. – Gedenkrede des ASU-Vorsitzenden Adolf Groneweg v. 21.6.1963: Trauerfeier für Frau Julius Ahlmann, Carlshütte, am 21. Juni 1963, Rendsburg-Andernach, Sommer 1963, S. 21.

159 Werner Abelshauser, Wirtschaftsgeschichte der Bundesrepublik Deutschland (1945-1980), Frankfurt am Main 1983, S. 79 f. – Gert von Klass, Unternehmer in Licht und Schatten. Der Weg der deutschen Arbeitgeberverbände, Wiesbaden 1962, S. 94 f. – Schröter, S. 169.

160 Hans-Julius Ahlmann v. 15.11.1949, HA.

161 KA an Max Ehlbeck v. 25.11.1949, HA.

162 Stamp, S. 173.

163 Mosberg, S. 42. – KA an Max Ehlbeck v. 25.11.1949, HA.

164 Statistisches Landesamt Schleswig-Holstein (Hrsg.), Beiträge zur historischen Statistik Schleswig-Holsteins, Kiel 1967, S. 78. – Scharff, Jessen-Klingenberg, S. 108. – Jürgensen, Kontinuität und Wandel, S. 617. – Mosberg, S. 41. – Klaus Volquartz, Im Haus an der Förde. Schleswig-Holsteinischer Landtag, Rendsburg 1979, S. 63.

165 KA an Hans-Julius Ahlmann v. 28.8.1950, HA.

166 Klaus Albert, Walter Bartram: Biographisches Lexikon für Schleswig-Holstein und Lübeck, Bd. 8, Neumünster 1987, S. 31.

167 Wilfried Lagler, Friedrich Wilhelm Lübke: Biographisches Lexikon für Schleswig-Holstein und Lübeck, Bd. 7, Neumünster 1985, S. 127, 128, auch für die folgenden Ausführungen.

168 Mosberg, S. 58-60, auch für die folgenden Ausführungen.

169 Im Dienst für die Freiheit. Kai-Uwe von Hassel zum 70. Geburtstag, hrsg. von Uwe Barschel, bearbeitet von Walter Bernhardt, Neumünster 1983, S.12.

170 Thiesen, S. 52-55. – Zu Struve: Internationales Biographisches Archiv (Munzinger) 29/1987 v. 6.7.1987. – Hans Peter Stamp, Politiker aus echtem Schrot und Korn. Der ehemalige Kreisvorsitzende der CDU Rendsburg Detlef Struve wäre am 12. Mai 2003 100 Jahre alt geworden: Schleswig-Holstein Kurier, 2. Quartal 2003, S. 22-23.

171 Gespräch mit Dr. Wolfgang de Haan v. 9.1.2003.

172 Verwaltungsbericht Büdelsdorf, S. 13 f.

173 Gespräch mit Dr. Marlene Halhuber-Ahlmann v. 31.5.2001.

174 Verwaltungsbericht Büdelsdorf, S. 15.

175 Werner Abelshauser, Markt und Staat. Deutsche Wirtschaftspolitik im „langen" 20. Jahrhundert: Geschichte der deutschen Wirtschaft im 20. Jahrhundert, München 2001, S. 133. – Josua Werner, Die Wirtschaftsverbände in der Marktwirtschaft, Zürich 1957, S. 209. – Schröter, S. 370.

176 Werner Plumpe, Kapital und Arbeit. Konzept und Praxis der industriellen Beziehungen im 20. Jahrhundert: Geschichte der deutschen Wirtschaft im 20. Jahrhundert, München 2001, S. 184.

177 Industrieberichte der Ahlmann-Carlshütte v. 20.11. 1950 u. v. 20.11.1951, LAS, Abt. 691, Nr. 22040. – Firmenauskunft der Ahlmann-Carlshütte an die Industrie- und Handelskammer Koblenz v. 10.8.1951, IHK-Archiv Kiel.

178 KA an Luise Athenstaedt v. 29.2. u. 5.5.1948, HA.

179 LAS, Abt. 406.10, Nr. 567. – StAB, Sonderakte 1234.

180 Ahlmann-Carlshütte an die Industrie- und Handelskammer Kiel v. 19.1.1951, IHK-Archiv Kiel.

181 Jahresbericht der Industrie- und Handelskammer zu Kiel 1950, S.8, IHK-Archiv Kiel.

182 Glück Auf! v. August 1950, LAS, Abt. 406.10, Nr. 1968.

183 Vgl. Christine Woesler de Panafieu, Alter: Frauenhandlexikon, S. 18-21.

184 Gespräch mit Juliane Lösch v. 16.6.2004.

185 125 Jahre Carlshütte, S. 125.

186 Brockhaus Enzyklopädie, 19. Aufl., Bd. 5, Mannheim 1988, S. 507.

187 Vortrag Hans-Julius Ahlmann II anlässlich der Konfirmation seines Sohnes Johannes Heinrich Ahlmann am 1.5.1994, HA. – Evangelisches Gemeindelexikon, hrsg. von Erich Geldbach, Helmut Burkhardt, Kurt Heimbucher, Wuppertal 1986, S. 287 f. – Michael Buselmeier, Literarische Führungen durch Heidelberg, Heidelberg 1996, S. 47, 78.

188 Gespräche mit Juliane Lösch v. 2.5.2002 u. v. 16.6.2004, auch für die folgenden Ausführungen.

189 Vortrag Hans-Julius Ahlmann II, HA.

190 Dietrich Eichholtz, Unfreie Arbeit – Zwangsarbeit, S. 148 f.

191 Gespräch mit Juliane Lösch v. 2.5.2002, auch für die folgenden Ausführungen.

192 Nachkommensverzeichnis, S. 46. – 125 Jahre Carlshütte, S. 138.

193 Gespräch mit Dr. Wolfgang de Haan v. 9.1.2003.

194 KA an Luise Athenstaedt v. 29.2.1948, HA.

195 Gespräche mit Juliane Lösch v. 2.5.2002 u. v. 16.6.2004, auch für die folgenden Ausführungen.

196 Vgl. Erinnerung von Astrid Möller: Dr. Harry Schmidt, Drei Schlösser am Westensee, überarbeitet und ergänzt von Frauke Lühning, Rendsburg 1984, S. 6.

197 Gespräch mit Juliane Lösch v. 17.6.2004.

198 Gespräch mit Dr. Wolfgang de Haan v. 9.1.2003.

199 Ansprache des Betriebsratsvorsitzenden Karl Böge: Trauerfeier für Hans-Julius Ahlmann, Carlshütte, Rendsburg 1952.

200 Carl Grün starb am 27.8.1951, Mitteilung der Standesämter Dillenburg u. Büdelsdorf v. 31.8.2004.

201 KA an Propst Johann Bielfeldt v. 11.1.1951, HA, auch für die folgenden Ausführungen.

202 Trauerfeier für Hans-Julius Ahlmann, Carlshütte, Rendsburg 1952.

203 Vgl. Jochen Klepper, Kyrie. Geistliche Lieder, 19. Aufl., Bielefeld 1992, S. 43.

204 Nachkommensverzeichnis, S. 46.

205 Gespräch mit Dr. Marlene Halhuber-Ahlmann v. 31.5.2001.

206 Glück Auf! v. Januar 1952, LAS, Abt. 406.10, Nr. 1968.

207 Niederschrift über die Festsitzung der Gemeindevertretung Büdelsdorf am Freitag, den 18. April 1952, um 16 Uhr, im „Spitzkrug", Hollerstraße 6, LAS, Abt. 406.10, Nr. 1532. – Schleswig-Holsteinische Tagespost v. 19.4.1952, Nr. 92.

208 Urkunde v. 19.4.1952, LAS, Abt. 406.10, Nr. 2568. – Schleswig-Holsteinische Tagespost v. 21.4.1952, Nr. 93.

209 Auszug aus der Niederschrift über die öffentliche Sitzung des Stadtrates Andernach am 25.9.1958, Mitteilung der Stadtverwaltung Andernach v. 22.1.2003.

210 Schleswig-Holsteinische Tagespost v. 21.4.1952, Nr. 93.

211 Iven Kruse, Jahrhundertbuch der Holler'schen Carlshütte bei Rendsburg, Rendsburg 1927, S. 58.

212 Wirtschaft zwischen Nord- und Ostsee, Nr. 4, 1952. – Eintragung Handelsregister, HRA Bd. 183, Nr. 40976, StAH.

213 Festrede Severin Ahlmann: Rückblick auf das 125jährige Jubiläum der Ahlmann-Carlshütte KG, Rendsburg. 19. April 1952, Rendsburg 1952, S. 9 f., auch für die folgenden Ausführungen.

214 Ansprache Ministerpräsident Friedrich Wilhelm Lübke: Rückblick, S. 12.

215 Rückblick, S. 42.

216 Glück Auf! v. 19.4.1952, LAS, Abt. 406.10, Nr. 1968.

217 Gästebuch Gartenhaus, HA.

218 Glück Auf! v. Weihnachten 1952, LAS, Abt. 406.10, Nr. 1968.

219 Gespräch mit Katarina Dennhardt v. 31.5.2001.

220 Eintragung KA v. August 1953, Gästebuch Heidberg, HA.

221 Linu Pagenstecher v. 10.8.1953, Gästebuch Heidberg.

222 Gespräch mit Severin Ahlmann v. 20.1.2002.

223 Autobiographie Severin Ahlmann. – Gespräch mit Severin Ahlmann v. 3.3.2002. – Glück Auf! v. Oktober 1955, u. v. April 1967, LAS, Abt. 406.10, Nr. 1968. – Technischer Jahresbericht der Ahlmann-Carlshütte 1955, LAS, Abt. 406.10, Nr. 299. – Ahlmann. Kurzgeschichte eines vielseitigen Unternehmens,

verfasst von Karl-Heinz Freiwald unter Mitarbeit von Hans Baumann, Heinrich Blase, Walter Berg, Dr. Horst-Carsten Groth, Heinz Härtelt, Paul Hinz, Werner Jegsen, Olaf Katzmann, Erich Kotschmar, Albert Lawrenz, Jürgen Möller, Alfred Mursch, Heinrich E. Paul, Walter Radomsky, Hans Rahn, Bodo Seidlitz, Werner Söhrnsen, Werner Vollenbruch, Hans-Günther Woog, Rendsburg 1977, S. 10 f.

224 Bericht der Ahlmann-Carlshütte KG an die Industrie- und Handelskammer Kiel v. 4.1.1955, IHK-Archiv Kiel. – Industriebericht v. Dezember 1954, LAS, Abt. 691, Nr. 22040. – Hatard, S. 63.

225 Rainer Metz, Expansion und Kontraktion. Das Wachstum der deutschen Wirtschaft im 20. Jahrhundert: Geschichte der deutschen Wirtschaft..., S. 75. – Abelshauser, Wirtschaftsgeschichte, S. 94 f.

226 Sanierungsgebiete v. 8.5.1953 u. Denkschrift über Ostgrenzgebiete (Zonenrandgebiete) v. 2.5.1953 u. v. 18.5.1954, BA Koblenz, B 146, Nr. 1812. – Schröter, S. 367. – Hirschfeld, S. 36.

227 100 Jahre Kreis Rendsburg, S. 72. – Beiträge zur historischen Statistik Schleswig-Holsteins, S. 144. – Technischer Bericht 1955, LAS, Abt. 406.10, Nr. 300. – Glück Auf! v. Februar 1957, LAS, Abt. 406.10, Nr. 300.

228 Rückblick, S. 34. – Kurzgeschichte, S. 14f., auch für die folgenden Ausführungen.

229 Felicitas Glade, Hohenwestedt. Geschichte, Menschen, Ereignisse, Heiligenhafen 1994, S. 292.

230 Vermerke im Technischen Bericht 1953, LAS, Abt. 406.10, Nr. 297. – Bericht v. 21.1.1954, LAS, Abt. 406.10, Nr. 1432. – Gespräche mit Peter Franzen v. 17.7.2002, Dr. Wolfgang de Haan v. 9.1.2003, auch für die folgenden Ausführungen.

231 Bericht v. 21.1.1954 über Fertigungen 1953, LAS, Abt. 406.10, Nr. 1432. – Kurzgeschichte, S. 14, auch für die folgenden Ausführungen.

232 Eintragung KA v. 20.6.1952, Gästebuch Gartenhaus, HA.

233 Glück Auf! v. November 1956, LAS, Abt. 406.10, Nr. 1968.

234 LAS, Abt. 406.10, Nr. 1114.

235 Autobiographie Severin Ahlmann. – Gespräch mit Dr. Horst-Carsten Groth v. 3.2.2003.

236 Zweites Gesetz zur vorläufigen Neuordnung von Steuern. Vom 20. April 1949: Verordnungsblatt für die britische Zone 1949, S. 169. – Vgl. Gerold Ambrosius, Das Wirtschaftssystem: Die Geschichte der Bundesrepublik Deutschland, hrsg. von Wolfgang Benz, Bd. 2 Wirtschaft, Frankfurt am Main 1989, S. 52.

237 Jahresbericht der Industrie- und Handelskammer zu Kiel 1954, Kiel 1955, S. 12. – Verwendung der Mittel des regionalen Förderprogramms Schleswig-Holstein 1955, BA Koblenz, B 102, Nr. 13408 a. – Gespräch mit H. O. Osterloh v. 25.5.2004.

238 BA Koblenz, B 102, Nr. 13408 a.

239 Gespräch mit Juliane Lösch v. 18.6.2004, auch für die folgenden Ausführungen.

240 Glück Auf! v. November 1956, LAS, Abt. 406.10, Nr. 1968.

241 Gespräch mit Severin Ahlmann v. 3.3.2002.

242 Glück Auf! v. November 1956, LAS, Abt. 406.10, Nr. 1968. – Gespräche mit Severin Ahlmann v. 21.12.2001, Dr. Horst-Carsten Groth v. 3.2.2003 u. H. O. Osterloh v. 25.5.2004.

243 Glück Auf! v. September 1958, LAS, Abt. 406.10, Nr. 1968.

244 Gespräch mit Jochen Hahne v. 3.2.2003.

245 Gespräch mit H. O. Osterloh v. 25.5.2004.

246 KA an ihre Schwiegertochter Juliane v. 15.2.1956, HA.

247 Gedenkrede des ASU-Vorsitzenden Adolf Groneweg: Trauerfeier für Frau Julius Ahlmann, S. 21, HA.

248 Edwin Buchholz, Die Wirtschaftsverbände in der Wirtschaftsgesellschaft. Eine Analyse ihres Ordnungs- und Selbsthilfesystems als Beitrag zu einer Theorie der Wirtschaftsverbände, Tübingen 1969, S. 190 f. – Dieter Fertsch-Röver, 15 Jahre ASU: die aussprache 1964, o. A., S. 304.

249 Schleswig-Holsteinische Landeszeitung v. 4.10.1960.

250 Gespräch mit Jochen Hahne v. 3.2.2003.

251 Bildung, Politik, Tradition, Fortschritt, hrsg. von der Studien- und Fördergesellschaft der Schleswig-Holsteinischen Wirtschaft e. V., Rendsburg o. J., S. 11 f.

252 Protokoll der Gründungsversammlung v. 30.11.1954, VdU-Archiv. – Die Vereinigung von Unternehmerinnen wurde 1991 umbenannt in „Verband deutscher Unternehmerinnen": Spuren 1954-1994, hrsg. vom Verband deutscher Unternehmerinnen, Berlin 1994, S. 27.

253 Vgl. Chronik zum zehnjährigen Bestehen der Vereinigung von Unternehmerinnen e.V., o. O., 1964.

254 Geleitwort Yvonne Edmond Foinant zum Internationalen Kongreß der Femmes Chefs d'Entreprises v. 22.-26.5.1957 in Bad Godesberg, VdU-Archiv.

255 Internationales Biographisches Archiv (Munzinger) 14/1979 v. 26.3.1979.

256 Wer ist wer? Das deutsche Who is Who. XI. Ausgabe von Degeners Wer ist's, begründet von Herrmann A. L. Degener, hrsg. von Walter Habel, Berlin 1951, S. 361. – Schwarz, S. 651.

257 KA an Friedrich Sensen v. 14.4.1950, HA.

258 Geleitwort Yvonne Foinant, VdU-Archiv.

259 Gründungsprotokoll und Anwesenheitsliste v. 39.11.1954, VdU-Archiv., auch für die folgenden Ausführungen.

260 Vgl. Buchholz, S. 92.

261 Einladungsschreiben KA v. Anfang November 1954, VdU-Archiv.

262 Gründungsprotokoll v. 30.11.1954, VdU-Archiv.

263 Wahl auf der VvU-Mitgliederversammlung v. 5.3.1955, VdU-Archiv.

264 Chronik zum zehnjährigen Bestehen der Vereinigung von Unternehmerinnen e. V., o. O., 1964, VdU-Archiv.

265 Protokoll Vorstandssitzung v. 28.1.1955, VdU-Archiv.

266 Gespräch mit VdU-Geschäftsführerin Lisa Heermann v. 24.1.2002, mit ausführlichen Informationen über den gesamten Komplex. – Thomas Döbler, Frauen als Unternehmerinnen. Erfolgspotentiale weiblicher Selbständiger, Wiesbaden 1998, S. 56. – Daniel P. Reim, Rollenbilder und Lebensentwürfe von Unternehmerinnen – ein Vergleich der gesellschaftlichen Situation der Nachkriegszeit und der Gegenwart in der Bundesrepublik Deutschland, Hamburg 2000, S. 24. – Petra Frerichs, Heike Wiemert, „Ich gebe, damit Du gibst." Frauennetzwerke – strategisch, reziprok, exklusiv, Opladen 2002, S. 82. – Martina Voigt, Unternehmerinnen und Unternehmenserfolg. Geschlechtsspezifische Besonderheiten bei Gründung und Führung von Unternehmen, Wiesbaden 1994, S. 15. – Vgl. Hans Roesch, Das dritte Talent. Die Leistungen der Frau als Unternehmerin, gestern, heute, morgen, Berlin, Frankfurt am Main 1970.

267 Rückblick Hildegard Roth zum 20-jährigen Bestehen des VvU, VdU-Archiv., auch für die folgenden Ausführungen.

268 Protokoll VvU-Vorstandssitzungen v. 5.1. u. 4.7.1955, VdU-Archiv.

269 Jahresbericht 1955 der Vereinigung von Unternehmerinnen, VdU-Archiv.

270 Benz, S. 159. – Görtemaker, S. 328.

271 Jahresbericht 1955, VdU-Archiv.

272 Protokoll Jahreshauptversammlung v. 5.12.1955, VdU-Archiv.

273 Bericht über den FCE-Kongress in Amsterdam. – Spuren, S. 11, VdU-Archiv.

274 Rückblick Hildegard Roth, VdU-Archiv. – Käte Ahlmann gab im Fragebogen v. 2.7.1946 ihre Körpergröße mit 1,73 m an, LAS, Abt. 460.11, Nr. 363.

275 Spuren, S. 13. – Vorstandssitzung v. 26.9.1956, VdU-Archiv.

276 Die Zeit v. 23.2.1956. – Industriekurier v. 23.5.1957. – Wirtschaft zwischen Nord- und Ostsee, Jg. 7, Heft 3, v. März 1956, S. 57 f.

277 Eintragungen v. 10. u. 26.3.1957, Gästebuch Gartenhaus, HA.

278 Görtemaker, S. 355.

279 Informationsheft zum Internationalen Kongreß der Femmes Chefs d'Entreprise v. 22-26.5.1957 in Bad Godesberg. – Spuren, S. 11, VdU-Archiv.

280 Protokoll VvU Jahreshauptversammlung v. 1.8.1957, VdU-Archiv.

281 Liste der Ehrengäste: Kongreß-Informationsschrift, VdU-Archiv.

282 Mitglieder-Rundbrief der Vereinigung von Unternehmerinnen, 7/57 v. 28.6.1957, VdU-Archiv.

283 Protokoll Jahreshauptversammlung v. 16.10.1958, VdU-Archiv.

284 Gespräch mit Dr. Wolfgang de Haan v. 9.1.2003.

285 Stamp, S. 233. – Wilfried Kalk, Arbeiterbewegung in Rendsburg. Die Geschichte der IG Metall Verwaltungsstelle bis 1986, Kiel 1987, S. 75.

286 Stamp, S. 216-222.

287 Wirtschaft zwischen Nord- und Ostsee, Jg. 7, Heft 11 v. November 1956, S. 262 u. Jg. 8, Heft 2 v. Februar 1957, S. 27.

288 Provinzialhandbuch für Schleswig-Holstein 1955, Kiel 1955, S. 297. – Kalk, S. 74. – Vgl. Schleswig-Holsteinische Landeszeitung v. 18.5.1962

289 Unterlagen Ahlmann-Carlshütte, IHK-Archiv Kiel.

290 Stamp, S. 233.

291 LAS, Abt. 460.11, Nr. 363. – 125 Jahre Carlshütte, S. 110.

292 Kalk, S. 76.

293 Rückblick auf das 125jährige Jubiläum der Ahlmann-Carlshütte KG, S. 16.

294 Informationen Severin Ahlmann v. 3.3.2002. – Autobiographie Severin Ahlmann.

295 Glück Auf! v. Juni 1955, LAS, Abt. 406.10, Nr. 1968.

296 Information Severin Ahlmann v. 3.3.2002. – Autobiographie Severin Ahlmann.

297 Frankfurter Allgemeine Zeitung v. 7.5.1994, Nr. 106.

298 Frankfurter Allgemeine Zeitung v. 7.5.1994, Nr. 106.

299 Gespräche mit H. O. Osterloh v. 25.5.2004, mit Dr. Horst-Carsten Groth v. 3.2.2003.

300 Autobiographie Severin Ahlmann.

301 Information Severin Ahlmann v. 3.3.2002. – Severin Ahlmann, Wie ich es sehe, v. März 1956 HA. – KA, Wie es wirklich ist, v. 5.5.1956, HA.

302 Gespräch mit Prof. Dr. Max-Josef Halhuber v. 7.11.2002.

303 KA an ihre Tochter Marlene v. 23.2.1956, HA.

304 Dokument HA. – Autobiographie Severin Ahlmann.

305 KA, Wie es wirklich ist, v. 5.5.1956, HA.

306 Aktennotiz v. 4.9.1956, HA.

307 Niederschrift der Gesellschafterversammlung der Ahlmann-Carlshütte KG v. 17.12.1956, HA.

308 Notarielle Urkunden des Rahmenvertrags v. 4.3.1957, HA, auch für die folgenden Ausführungen.

309 LAS, Abt. 406.10, Nr. 569.

310 Mitteilung Standesamt Büdelsdorf v. 21.2.2003. – Information Severin Ahlmann v. 3.3.2002.

311 LAS, Abt. 406.11, Nr. 1273.

312 Verträge v. 9.4. u. 18.8.1958, HA. – HRA, Bd. 183, Nr. 40976, StAH, auch für die folgenden Ausführungen.

313 Vermerk Innenministerium des Landes Schleswig-Holstein v. 22.8.1967, LAS, Abt. 611, Nr. 946.

314 Rückblick 125 Jahre Ahlmann-Carlshütte, S. 36.

315 Korrespondenz KA mit ihrer Schwiegertochter Juliane, HA.

316 Ernst Hieke, Die Reederei M. Jebsen A.G. Apenrade, Hamburg 1953, S. 75. – Vgl. Adolf von Hänisch, Jebsen & Co. Hongkong. China-Handel im Wandel der Zeiten 1895-1945, Apenrade 1970.

317 Gespräche mit Juliane Lösch v. 16. u. 17.6.2004.

318 Dr. Paul Wiemer, Bad Wiessee, v. 8.10.1956, HA.

319 Gespräch mit Rosely Schweizer v. 23.10.2001, auch für die folgenden Ausführungen.

320 Reifezeugnis für Roseli Oetker v. 12.2.1960, HA.

321 Glück Auf! v. November 1957, LAS, Abt. 406.10, Nr. 1968.

322 LAS, Abt 406.10, Nr. 1266 u. 1272.

323 Dr. Ing. Walther Szubinski v. 7.4.1959, LAS, Abt. 406.10, Nr. 1115.

324 Gespräch mit H. O. Osterloh v. 25.5.2004.

325 Notarielle Beurkundung v. 11.12.1959, LAS, Abt. 406.10, Nr. 1267. – Mitteilung der Ahlmann-Carlshütte v. Januar 1960, LAS, Abt. 406.10, Nr. 1112.

326 Information Severin Ahlmann v. 20.1.2002.

327 Berichte der Ahlmann-Carlshütte an die Industrie- und Handelskammer zu Kiel v. 12.1.1959 u. v. 20.1.1960, IHK-Archiv Kiel.

328 Theo Valentiner an KA v. 18.1.1959. – KA an Severin Ahlmann als Mitglied des Verwaltungsrates der Stiftung v. 27.2.1959, HA. – Vgl. Ahlmann-Eltze, S. 89.

329 Verwaltungsbericht Büdelsdorf, S. 123. – Kieler Nachrichten v. 20.3.1955, Nr. 74.

330 Uwe Möller, S.47 – Ostwald, S. 79.

331 Gespräch mit Rosely Schweizer v. 23.10. 2002.

332 Gedenkrede Adolf Groneweg: Trauerfeier für Frau Julius Ahlmann, HA.

333 Fünfzehn Jahre Deutsches Industrieinstitut, hrsg. vom Deutschen Industrieinstitut, Köln 1966, S. 54. – Buchholz, S. 180.

334 Kieler Nachrichten v. 4.10.1960, Nr. 231. – Schleswig-Holsteinische Landeszeitung v. 4.10.1960.

335 Die Welt v. 6.10.1960. – Deutsche Zeitung mit Wirtschaftzeitung, Köln v. 20.10.1960.

336 KA in Glück Auf! v. 5.12.1960, LAS, Abt. 406.10, Nr. 1968.

337 Hans Schlothfeldt, Das Eisenkunstgussmuseum der Ahlmann-Carlshütte KG Rendsburg: HJR 1964, S. 76 f. – Schleswig-Holsteinische Landeszeitung v. 9.12.1963. – Mildenberger, S. 5.

338 Büdelsdorfer Rundschau v. 15.1.1961, Heft 1. – Verwaltungsbericht Büdelsdorf, S. 74-75.

339 VvU-Mitglieder-Rundbrief 3/62, VdU-Archiv.

340 VvU-Mitglieder-Rundbrief 3/62, VdU-Archiv.

341 Unternehmerinnen: Geschichte und Gegenwart selbständiger Erwerbstätigkeit von Frauen, hrsg. von Irene Bandhauer-Schöffnmann und Regine Bendl, Frankfurt am Main 2000, S. 89.

342 Schleswig-Holsteinische Landeszeitung v. 2.6.1961. – Hannoversche Allgemeine Zeitung v. 28.2.1959. – VvU-Mitglieder-Rundbrief 7/59 v. 16.7.1959, VdU-Archiv.

343 Protokoll VvU-Jahreshauptversammlung v. 22.5.1962, VdU-Archiv. – Spuren 1954-1994, S. 4.

344 Gespräch mit Dr. Marlene Halhuber-Ahlmann v. 30.5.2001.

345 Eintrag Dr. Marlene Halhuber v. 1963, Heidberg-Gästebuch, HA, auch für die weiteren Ausführungen.

346 Mitteilung Hans-Julius Ahlmann v. 15.9. 2003.

347 Gespräch mit Rosely Schweizer v. 23.10. 2001.

348 Todesbescheinigung v. 15.6.1963, HA.

349 Dr. Carl Wuppermann an Dr. Marlene Halhuber-Ahlmann v. 17.6.1963, HA.

350 Trauerfeier für Frau Julius Ahlmann, HA.

Anmerkungen zum Nachwort

1 Biographisches Lexikon für Schleswig-Holstein und Lübeck, Bd. 9, Neumünster 1991.

2 Sonderbeilage „Schleswig-Holsteins Weg durch die Moderne. 300 Jahre Geschichte, Land und Leute": Schleswig-Holsteinische Landeszeitung v. 19.4.2003 (Osterausgabe), Nr. 92.

3 Edward Hoop, Geschichte der Stadt Rendsburg, Bd. 2, Rendsburg 2000, S. 51.

4 Hans-Julius Ahlmann, Von der Carlshütte zu ACO: ACO intern. Zeitschrift für Mitarbeiter der ACO Gruppe, August 1996. – Ders., Die Carlshütte und ihre Nachfolger: Landgraf Carl von Hessen 1744-1836. Statthalter in den Herzogtümern Schleswig und Holstein, Ausstellungskatalog (Veröffentlichungen des Landesarchivs Bd. 47), Schleswig 1996, S. 144-146, auch für die folgenden Ausführungen.

5 Auskunft Hans-Julius Ahlmann vom 18.10. 2006

6 Sagen, Märchen und Lieder der Herzogthümer Schleswig Holstein und Lauenburg, hrsg. von Karl Müllenhoff, Kiel 1845, S. 4-5.

7 Informationsschrift ACO Gruppe, Rendsburg 2004, S. 31.

8 Die Unternehmerin, Sonderausgabe Nr. 2-3, 2004.

9 Die Unternehmerin Nr. 3, 2001.

QUELLEN

1. Archivalische Quellen

Bundesarchiv Berlin (BA Berlin)

R 3	Reichsministerium für Rüstung und Kriegsproduktion
R 6	Reichsministerium für die besetzten Ostgebiete
R 22	Reichsjustizministerium
R 3901	Reichsarbeitsministerium
R 55	Reichsministerium für Volksaufklärung und Propaganda
R 94	Reichskommissariat Ukraine
R 144	Haupttreuhandstelle Ost (HTO) und Treuhandstellen
NS 1	Reichsschatzmeister der NSDAP
NS 5	Deutsche Arbeitsfront
Ehemals BDC	NSDAP Gaukartei Schleswig-Holstein

Bundesarchiv Koblenz (BA Koblenz)

Z 8	Verwaltung für Wirtschaft des Vereinigten Wirtschaftsgebietes
Z 14	Der Berater für den Marshallplan beim Vorsitzenden des Verwaltungsrates des Vereinigten Wirtschaftsgebietes
Z 35	Deutsches Büro für Friedensfragen
Z 42 I	Generalinspekteur für die Spruchgerichte in der Britischen Zone
Z 42 III	Spruchgericht Bergedorf
Z 42 IV	Spruchgericht Bielefeld
B 102	Bundesministerium für Wirtschaft
B 103	Bundesamt für Wirtschaft und Handel
B 146	Bundesministerium für den Marshallplan
N 1137	Nachlass Camilla Jellinek

Bundesarchiv-Militärarchiv Freiburg (BA-MA Freiburg)

RW 19	Oberkommando der Wehrmacht – Wehrwirtschafts- und Rüstungsamt
RW 20-10	Wehrwirtschaftsinspektion / Rüstungsinspektion X
RW 21-32	Rüstungskommando Kiel

Geheimes Staatsarchiv Berlin-Dahlem (GStA)

Rep. 77	Landratsamt Rendsburg
Rep. 90	Staatsministerium

Landesarchiv Schleswig-Holstein Schleswig (LAS)

Abt. 301	Oberpräsident der Provinz Schleswig-Holstein

Abt. 309	Regierung zu Schleswig
Abt. 320 Rendsburg	Kreis Rendsburg
Abt. 406.10	Firmenarchiv Carlshütte
Abt. 455	Staatspolizeistelle für den Regierungsbezirk Schleswig
Abt. 460.11	Entnazifizierungsausschuss des Kreises Rendsburg
Abt. 605	Schleswig-Holsteinische Landeskanzlei/Staatskanzlei
Abt. 691	Wirtschaftsministerium

Staatsarchiv Hamburg (StAH)
    Handelsregister

Landesarchiv NRW Hauptstaatsarchiv Düsseldorf (HStAD)
| Rep. 168 | Gerichte |
| NW 1049 | Entnazifizierung |

Generallandesarchiv Karlsruhe (GLA Karlsruhe)
| Best. 480 | Landesamt für die Wiedergutmachung |
| Best. 527 | Landespolizeidirektion Karlsruhe |

Stadtarchiv Büdelsdorf (StAB)
    Vermächtnis Julie Olde
    Amtsverwaltung
    Gewerbesteuer
    Sonderakten

Stadtarchiv Rendsburg
| D 1 | Allgemeine Verwaltung |

Stadtarchiv Nortorf
| Nr. 127.1 | Vereins- und Versammlungsrecht |

Historisches Archiv der Stadt Köln
| Best. 862 | Efferen |
| Best. 550 | Schulaufsicht |

Stadtarchiv Heidelberg (StaHD)
    Nachlass Heinrich Athenstaedt
    Meldekarten

Stadtarchiv und Stadthistorische Bibliothek Bonn
    Wiedergutmachung
    Meldekartei Bad Godesberg

Stadtarchiv Genf

Archiv der Universität Zürich
    Rektoratsarchiv Personalakte Arnold Meyer

Rheinisch-Westfälisches Wirtschaftsarchiv Köln
    Nachlass Dr. Carl Wuppermann

Amtsgericht Rendsburg
    Nachlasssachen

Kirchenkreisarchiv Rendsburg
    Kirchengemeinde Büdelsdorf
    Umgemeindungen 1941-1971

Archiv der Evangelischen Gemeinde Köln
    Konfirmandenregister Jg. 1906
    Trauregister Christuskirche

Archiv der Industrie- und Handelskammer zu Kiel
    Berichte der Ahlmann-Carlshütte

Archiv des Verbandes deutscher Unternehmerinnen (VdU-Archiv)
    Gründungsprotokoll
    Protokolle Vorstandssitzungen, Jahresversammlungen 1955-1962
    Jahresberichte 1954-1961
    Abgabe Hildegard Roth

Archiv der Arbeitsgemeinschaft Selbständiger Unternehmer (ASU-Archiv)
    Protokolle Mitgliederversammlungen 1950-1956

Archiv für Christliche Demokratische Politik
    Nachlass Adolf Steckel

Standesamt Köln
    Urkunden Familie Josef Braun
    Trauregister

Hausarchiv Ahlmann Büdelsdorf (HA)
    Ahnenpass Hans-Julius Michael Ahlmann.
    Ahlmann, Hans-Julius: Weihnachten. Eine Erinnerung, Ms., El Alamein, Gibli v. 15.10.1942.
    Ahlmann, Hans-Julius II: Vortrag anlässlich der Konfirmation seines Sohnes Johannes Heinrich Ahlmann am 1.5.1994.
    Ahlmann, Johannes: Aufzeichnungen über das Lebens seines Sohnes Julius, Ms. v. 1932.
    Ders.: Aufzeichnungen über den Sohn Otto, Ms. v. 1933.
    Ders.: Lebenslauf, Ms. o. A.
    Ders.: Tagebuch 1892-1938.
    Ahlmann, Käte: Mein Vater Josef Braun, Ms. o. A.
    Dies.: Erinnerungen an Großvater Carl Wilhelm Langguth, Ms. v. 30.4.1951.
    Dies.: Gutsbesitzer Johann Peter Jacoby, Ms. o. A.
    Dies.: Korrespondenz 1907-1963.
    Dies.: Nachruf auf Wilhelmine Ahlmann, geborene Olde, Ms. v. 6.2.1947.
    Dies.: Schilderung meiner herzenswarmen, klugen Mutter, Handschrift o. A.

Dies.: Interner Bericht über die Umwandlung, Ms. v. 6.6.1938.

Ahlmann-Valentiner, Theodora: Familie Olde, Ms., Sonderburg 1951.

Athenstaedt, Luise: Mein Elternhaus, Ms. o. A.

Beiträge zur Chronik der Familienstiftungen Ahlmann.

Caspary, Helene: Carl Wilhelm Langguth, Ms. o. A.

Gästebuch Gartenhaus 1949-1962.

Gästebuch Heidberg 1918-1976.

Heft zur Vermählungsfeier des Herrn Julius Ahlmann mit Fräulein Käte Braun am 28.5.1914.

Heidsieck, Magdalene: Erinnerungen an Carl Wilhelm Langguth und Magdalene Langguth in Traben, Ms. 1987/88.

Dies.: Erinnerungen an die Familie Braun, Ms. v. 1950.

Krüger, Ulrich: Trauerpredigt für Käte Ahlmann geb. Braun v. 21.6.1963, Ms.

Langguth, Carl: Erinnerungen des Enkels, Ms. o. A.

Meyer-Kracht, Traute: Geschichte des DRK Büdelsdorf, Ms. o. A.

Orchard, Edith: Selbstbeschreibung für Johannes und Wilhelmine Ahlmann, Ms. v. April 1934.

Pagenstecher, Linu, geb. Braun: Aufzeichnungen über die Familie an Mosel und Rhein, Ms., Hamburg 1968.

Dies.: Erinnerungen einer Fünfundsiebzigjährigen für Kinder und Enkel aufgezeichnet, Ms., Hamburg 1974.

Schmidt, Harry: Julius Hans Ahlmann. Leben und Leistung, Ms., o. A.

Werksrundschreiben.

Zander, Elisabeth: Das letzte Kriegsjahr, Ms. v. 10.8.1945.

Severin Ahlmann, Morsum

Ahlmann, Severin: „Bumms, büst buten!" = 3 b. Autobiographie, Büdelsdorf 1999.

2. Gedruckte Quellen

125 Jahre Carlshütte, hrsg. von der Geschäftsleitung der Ahlmann-Carlshütte KG., unter Mitwirkung von Harry Schmidt und Wolfgang Kellner, Rendsburg 1952.

100 Jahre Wilh. Ahlmann Kiel, Glückstadt 1952.

40 Jahre Clausen & Bosse, Leck 1991.

20 Jahre Schleswig-Holsteinischer Heimatbund, hrsg. vom Schleswig-Holsteinischen Heimatbund, Neumünster 1968.

1906-1981. 75 Jahre Kölner Klub für Luftsport e. V., Köln 1981.

1947-1948. Ein vorläufiger Bericht über ein Jahr sozialdemokratische Regierungspolitik in Schleswig-Holstein, Kiel 1949.

Adreßbuch der Direktoren und Aufsichtsräte, Bd. 1, Berlin 1930.

Adreßbuch für Schleswig-Holstein, einschließlich Fürstenthum Lübeck und Herzogthum Lauenburg, Reinfeld 1897.

Adreßbuch Neumünster 1933.

Adreßbücher für Cöln, Deutz und Mülheim am Rhein, sowie der Umgebung Cölns, 1841 ff.

Ärzteblatt für Norddeutschland.

Ahlmann, Hans-Julius: Geistige Arbeit, Königstein 1948.

Ahlmann, Hans-Julius: II Ein Haus mit Vergangenheit: ACO intern v. September 2002.

Ahlmann, Johannes: Allerlei aus Gravenstein, insbesondere ein Lebensbild unseres Stammvaters Otto

Friedrich Ahlmann, 2. Aufl., o. O. 1934.

Ders.: Otto Friedrich Ahlmann 1811-1873. Ein Gedenkblatt zur 100jährigen Wiederkehr seines Geburtstages, o. O. 1911.

Ders.: Theodor Thormann. Ein Lebensbild, Rendsburg 1936.

Ders.: Geschichte der Holzhandelsfirma Joh. Paap & Co. Rendsburg, Heide 1937.

Ders.: Verzeichnis der Nachkommen des Kaufmanns Otto Friedrich Ahlmann und seiner Ehefrau Magdalene, geb. Lorenzen, Gravenstein, Rendsburg 1938.

Ahlmann, Ludwig: Gedenkschrift für Julius Ahlmann, Kiel 1931.

Ders.: Gedenkschrift für Johannes Ahlmann, Kiel 1939.

Thomas Jörgen Ahlmanns und Ehefrau Marie Dorthea geb. Hundevadts Lebenslauf, erzählt von ihnen selbst, niedergeschrieben und erweitert von Otto und Johannes Ahlmann in 1920, Kiel 1920.

Ahlmann. Kurzgeschichte eines vielseitigen Unternehmens, verfasst von Karl-Heinz Freiwald unter Mitarbeit von Hans Baumann, Heinrich Blase, Walter Berg, Dr. Horst-Carsten Groth, Heinz Härtelt, Paul Hinz, Werner Jegsen, Olaf Katzmann, Erich Kotschmar, Albert Lawrenz, Jürgen Möller, Alfred Mursch, Heinrich E. Paul, Walter Radomsky, Hans Rahn, Bodo Seidlitz, Werner Söhrnsen, Werner Vollenbruch, Hans-Günther Woog, Rendsburg 1977.

Ahlmann-Eltze, Michael: 100 Jahre Familienstiftung von Dr. Wilhelm Ahlmann, Elmshorn 1995.

„Allgemeinen Landrechts für die preußischen Staaten" von 1794, Textausgabe, hrsg. von H. Hattenhauer, Frankfurt am Main, 1970.

Arzt, Klaus: Verwaltungsbericht der Gemeinde Büdelsdorf (Kreis Rendsburg-Eckernförde) 1945-1985, o. J. (1986).

Athenstaedt, Luise: Der Niederreidenbacher Hof, Privatdruck, o. A.

Auszug aus der Regimentsgeschichte des Feldartillerie-Regiments Nr. 23: Festschrift zur Wiedersehensfeier in Koblenz Mai 1938.

Back, Marta: Die Frau in der Gärtnerei: Das Frauenbuch, hrsg. von Eugenie von Soden, Bd. 1, Stuttgart 1913.

Behördenführer für das Land Schleswig-Holstein, Lübeck 1948.

Beiträge zur historischen Statistik Schleswig-Holsteins, hrsg. vom Statistisches Landesamt Schleswig-Holstein, Kiel 1967.

Bildung und Kultur bürgerlicher Frauen 1850-1918. Eine Quellendokumentation aus Anstandsbüchern und Lebenshilfen für Mädchen und Frauen als Beitrag zur weiblichen Sozialisation, hrsg. von Günter Häntzschel, Tübingen 1986.

Bundesanzeiger v. 10.11.1950, Jg. 2, Nr. 218.

Chronik der Rheinischen Friedrich-Wilhelms-Universität zu Bonn für das Rechnungsjahr 1892/93, hrsg. vom zeitigen Rektor Theodor Saemisch, Jg. 18, Neue Folge Jg. 7, Bonn 1893.

Chronik zum zehnjährigen Bestehen der Vereinigung von Unternehmerinnen e.V., o. O., 1964.

Das Leben des thüringischen Pfarrers Johannes Langguth von ihm selbst aufgezeichnet. Nach einer Handschrift aus dem Jahr 1665, hrsg. von Reinhard Buchwald, Leipzig 1907.

Der Friedensvertrag von Versailles nebst Schlußprotokoll und Rheinlandstatut sowie Mantelnote und deutsche Ausführungsbestimmungen, Berlin 1925.

Der Nationalsozialismus. Dokumente 1933-1945, hrsg. von Walter Hofer, Frankfurt am Main 1957.

Didier, Friedrich: Europa arbeitet in Deutschland. Sauckel mobilisiert die Leistungsreserven, Berlin 1943.

Die Bevölkerung der Gemeinden in Schleswig-Holstein 1867-1970 (Historisches Gemeindeverzeichnis), Kiel 1972.

Die ungeliebte Republik. Dokumente zur Innen- und Außenpolitik Weimars 1918-1933, hrsg. von Wolfgang Michalke und Gottfried Niedhart, München 1980.

Eckermann, Johann Peter: Gespräche mit Goethe in den letzten Jahren seines Lebens, Berlin 1922.

Entnazifizierung, Politische Säuberung und Rehabilitation in den vier Besatzungszonen 1945-1948, hrsg. von Clemens Vollnhals, München 1991.

Fallada, Hans: Damals bei uns daheim, Reinbek bei Hamburg 1969.

Fontane, Theodor: Der Schleswig-Holsteinische Krieg im Jahre 1864, Berlin 1866 (Nachdruck 1978).

Ders.: Im Paris des Nordens. Impressionen aus Dänemark, hrsg. von Gotthard Erler, Berlin 2002.

Fünfzehn Jahre Deutsches Industrieinstitut, hrsg. vom Deutschen Industrieinstitut, Köln 1966.

Gedenkwort zum fünfzigjährigen Bestehen der Firma Otto Wolff, unter Mitwirkung von Freunden und Mitarbeitern, hrsg. von den Inhabern, Mainz 1954.

Geistliche Lieder von Wilhelm Nakatenus, hrsg. von Wilhelm Bremme, Köln 1903.

Glück Auf! Persönliche Mitteilungen der Familie Ahlmann, 1950-1971.

Goethe, Johann Wolfgang: Gedenkausgabe der Werke, Briefe und Gespräche, hrsg. von Ernst Beutler, Bd. 1, Zürich 1949 (Artemis-Gedenkausgabe).

Greven's Adressbuch für Köln und Umgebung, insbesondere auch Mülheim am Rhein und Kalk nebst Stadt- und Theaterplan, Köln 1914.

Guilleaume, Ella v.: Erinnerungen: Rheinische Geschichte – ganz privat, Eitorf 1968.

Handbuch der Deutschen Aktiengesellschaften, 38. Aufl., Bd. 2, Berlin 1933.

Handbuch für Schleswig-Holstein 1949, Kiel 1949.

Handbuch über den Königlich Preußischen Hof und Staat für das Jahr 1896 u. für das Jahr 1905.

Handbücher für die Provinz Schleswig-Holstein 1925, 1927, 1929, 1936.

Hilfe für Schleswig-Holstein, Landesregierung Schleswig-Holstein, Kiel 1949.

Informationsschrift zum Internationalen Kongreß der Femmes Chefs d'Entreprise v. 22.-26.5.1957 in Bad Godesberg.

Jahrbuch des Roten Kreuzes in Schleswig-Holstein 1922 der Vaterländischen Frauenvereine, Kiel 1922.

Jahresbericht der Gewerbekammer für die Provinz Schleswig-Holstein für das Jahr 1887, Kiel 1888.

Jahresberichte der Industrie- und Handelskammer zu Altona für 1925, 1927-1932.

Jahresberichte der Industrie- und Handelskammer zu Kiel 1949-1958.

Carl Jatho. Briefe, hrsg. von Carl Oskar Jatho, Jena 1914.

Kaftan, Theodor: Wo stehen wir? Eine kirchliche Zeitbetrachtung verfasst in Veranlassung des Falles Heydorn bzw. des Falles Jatho, Schleswig 1911.

Kölner Statistisches Handbuch. Sonderausgabe der Statistischen Mitteilungen der Stadt Köln aus Anlaß des 75-jährigen Bestehens des Statistischen Amtes, Köln 1958.

Koopmann, Ferdinand Wilhelm Heinrich: Carl Ninck, Für Feste und Freunde der Inneren Mission, Hft. 46, Berlin 1897.

Kreisblatt des Kreises Rendsburg.

Kreyenberg, Gotthold: Mädchenerziehung und Frauenleben im Aus- und Inlande, Berlin 1872, Nachdruck Paderborn 1990.

Kruse, Iven: Jahrhundertbuch der Holler'schen Carlshütte bei Rendsburg, insbesondere ein Lebensbild des Gründers Markus Hartwig Holler, Rendsburg 1927.

Kurzgeschichte der Carlshütte mit Betonung der neueren Zeit 1827-1945, Rendsburg 1945.

Meyer, Arnold: Gedächtnisrede für Aline Braun, geb. Langguth, gehalten in Mainz am 18. Dezember 1912, Köln 1913.

Meyers Konversationslexikon, Bd. 10 u. 15, Leipzig 1888.

Ministerialblatt für die Preußische innere Verwaltung.

Mitglieder-Rundbrief der Vereinigung von Unternehmerinnen (VvU), 1957-1963.

Mitglieder-Verzeichnis des Familien-Verbandes der Familie Wuppermann, Leverkusen-Schlebusch 1950.

Mitteilungen der Industrie- und Handelskammer zu Kiel, Kiel 1949.

Nachrichtenblätter des Familienverbandes Wuppermann, Nr. 23, Oktober 1942.

Pauls, Volquart: Dr. Ludwig Ahlmann †, Sonderdruck aus ZSHG 70/71, Neumünster 1943.

Persönliche Religion. Predigten von Carl Jatho, Pfarrer in Köln, 2. Aufl., Köln 1906.

Preußische Gesetzessammlung.

Provinzial-Handbuch für Schleswig-Holstein, Kiel 1897.

Rangliste der Königlich Preußischen Armee und des XIII. (Königlich Württembergischen) Armeekorps für 1913, Berlin 1913.

Reichsgesetzblatt.

Rückblick auf das 125jährige Jubiläum der Ahlmann-Carlshütte KG, Rendsburg. 19. April 1952, Rendsburg 1952.

Sabotageabwehr in der Wehrwirtschaft. Richtlinien für Abwehrbeauftragten geschützter Betriebe, aufgestellt vom Oberkommando der Wehrmacht, Mai 1940.

Schleswig-Holsteinische Monatshefte für Heimat und Volkstum, Heft 9/1957.

Schleswig-Holsteinisches Geschlechterbuch, hrsg. von Bernhard Koerner, Wilhelm Weidler, Helene Diederichsen, Bd. 1, Görlitz 1936, S. 1-26.

Schlothfeldt, Hans: Das Eisenkunstgußmuseum der Ahlmann-Carlshütte KG. Rendsburg: HJR 1964.

Schrenk, Gottlob: Professor D. Arnold Meyer 1861-1934: Jahresberichte der Universität Zürich 1934/35, Zürich 1938.

Spuren 1954-1994, hrsg. vom Verband deutscher Unternehmerinnen, Berlin 1994.

Stamer, Walter: Verwaltungsbericht der Gemeinde Büdelsdorf (Kreis Rendsburg) 1914-1926, Rendsburg 1926.

Statut der Familien-Stiftung von Dr. Wilhelm Ahlmann, Kiel 1895.

Statut der Otto Ahlmann'schen Familien-Stiftung und der Kaufmann Otto Friedrich Ahlmann'schen milden Stiftung für Gravenstein. Errichtet zufolge Testament vom 15. März 1873 und Familienraths-Beschlusses vom December 1874, Kiel 1875.

Taschen-Buch für Einjährig-Freiwillige 1891-92, hrsg. von Heinrich Wolff, Offenbach 1891.

Trauerfeier für Frau Julius Ahlmann, Rendsburg-Andernach, Sommer 1963.

Trauerfeier für Hans-Julius Ahlmann, Rendsburg 1952.

Trauerfeier für Julius Hans Ahlmann. Direktor der Carlshütte, Rendsburg 1931.

Trauerfeier von Magdalene Wuppermann, geb. Braun, Düsseldorf 1942.

Unser TW Anker, hrsg. von der Firma Theodor Wuppermann GmbH Leverkusen, Nr. 4/1973.

Untertan in Uniform. Militär und Militarismus im Kaiserreich 1871-1914. Quellen und Dokumente, hrsg. von Bernd Ulrich, Jakob Vogel, Benjamin Ziemann, Frankfurt am Main 2001.

Valentiner, Max: Todesgefahr über uns. U 38 im Einsatz, überarbeitete Neuausgabe, München 2002.

Verordnungsblatt für die britische Zone 1949.

Verwaltungsbericht der Gemeinde Büdelsdorf 1914-1926, Rendsburg 1926.

Verzeichnis der Nachkommen des Kaufmanns Otto Friedrich Ahlmann und seiner Ehefrau Magdalene geb. Lorenzen, Gravenstein, zusammengestellt von Johannes Ahlmann, Carlshütte bei Rendsburg im Jahre 1938, Ergänzungen 1979, überarbeitet und ergänzt 1995.

Weber, Friedrich Wilhelm: Dreizehnlinden, 57. Aufl., Paderborn 1893.

Wehrordnung vom 22. November 1888, Neuabdruck, Berlin 1904.

Wer leitet was? Die Männer der Wirtschaft und der einschlägigen Verwaltung, hrsg. von Paul C. W. Schmidt, Berlin 1942.

Wirtschaft zwischen Nord- und Ostsee. Mitteilungsblatt der Industrie- und Handelskammern zu Kiel und zu Flensburg, 1952-1957.

Zum Gedächtnis an Herrn C. W. Langguth, Privatdruck, Bonn 1901.

3. Zeitungen

Büdelsdorfer Rundschau
Deutsche Ukraine-Zeitung
Deutsche Zeitung mit Wirtschaftszeitung
Die Welt
Die Zeit
Flensburger Tageblatt
Hannoversche Allgemeine Zeitung
Heidelberger Anzeiger
Heidelberger Neueste Nachrichten
Heidelberger Tageblatt
Industriekurier
Kieler Nachrichten
Norddeutsche Zeitung
Rendsburger Tageblatt (1912-1924), Schleswig-Holsteinische Landeszeitung (1924-1945), Schleswig-Holsteinische Tagespost (1949-1957), Schleswig-Holsteinische Landeszeitung (ab 1957)
Schleswig-Holsteinische Volkszeitung
Stadt-Anzeiger der Kölnischen Zeitung

4. Auskünfte

Archiv der Rheinischen Friedrich-Wilhelms-Universität Bonn
Archiv der Sozialen Demokratie der Friedrich-Ebert-Stiftung
Bezirksregierung Köln
Bundesgeschäftsstelle Arbeitsgemeinschaft Selbständiger Unternehmer
Bundesvereinigung der Deutschen Arbeitgeberverbände
Gemeindeverwaltung Leutesdorf
Historisches Institut der Deutschen Bank
Institut für Stadtgeschichte Frankfurt am Main
Konrad-Adenauer-Stiftung
Stadtarchiv und Stadthistorische Bibliothek Bonn
Stadtarchiv Flensburg
Stadtarchiv Genf
Stadtarchiv Heidelberg
Stadtarchiv Kiel
Stadtarchiv Koblenz
Stadtarchiv Idar-Oberstein
Stadtarchiv/Museum Andernach
Standesamt Büdelsdorf
Standesamt Dillenburg
Vereinigung der Unternehmensverbände in Hamburg und Schleswig-Holstein

5. Darstellungen

Abelshauser, Werner: Wirtschaft in Westdeutschland 1945-1948. Rekonstruktion und Wachstumsbedingungen in der amerikanischen und britischen Zone, Stuttgart 1975 (Schriftenreihe der Vierteljahreshefte für Zeitgeschichte Nr. 30).

Ders.: Wirtschaftsgeschichte der Bundesrepublik Deutschland (1945-1980), Frankfurt am Main 1983.

Ders.: Markt und Staat. Deutsche Wirtschaftspolitik im „langen" 20. Jahrhundert: Geschichte der deutschen Wirtschaft im 20. Jahrhundert, hrsg. von Reinhard Spree, München 2001.

Ders.: Rüstungsschmiede der Nation? Der Kruppkonzern im Dritten Reich und in der Nachkriegszeit 1933 bis 1951: Krupp im 20. Jahrhundert. Die Geschichte des Unternehmens vom Ersten Weltkrieg bis zur Gründung der Stiftung, hrsg. von Lothar Gall, Berlin 2002.

Achelis, Thomas Otto: Die Bewohner des Hauses Königinstraße Nr. 1 in Rendsburg 1693-1945: HJR 1962.

Adenauer, Konrad, und Gröbe, Volker: Lindenthal. Die Entwicklung eines Kölner Vororts, Köln 1987.

Ahlers, Jens: Carl von Hessen – eine biographische Skizze: Landgraf Carl von Hessen 1744-1836. Statthalter in den Herzogtümern Schleswig und Holstein, Ausstellungskatalog, Schleswig 1996 (Veröffentlichungen des Schleswig-Holsteinischen Landesarchivs Bd. 47).

Ders.: Gründung und Anfänge der Hollerschen Carlshütte, ebd.

Albert, Klaus: Walter Bartram: Biographisches Lexikon für Schleswig-Holstein und Lübeck, Bd. 8, Neumünster 1987.

Allgemeines Lexikon der bildenden Künstler von der Antike bis zur Gegenwart, hrsg. von Ulrich Thieme und Felix Becker, Bd. 27/28, Leipzig 1933 u.1934, Nachdruck 1999.

Ambrosius, Gerold: Von Kriegswirtschaft zu Kriegswirtschaft (1914-1945): Deutsche Wirtschaftsgeschichte. Ein Jahrtausend im Überblick, hrsg. von Michael North, München 2000.

Ders.: Das Wirtschaftssystem: Die Geschichte der Bundesrepublik Deutschland, hrsg. von Wolfgang Benz, Bd. 2, Wirtschaft, Frankfurt am Main 1989.

Anderson, Bonnie S. und Zinsser, Judith P.: Eine eigene Geschichte. Frauen in Europa. Vom Absolutismus bis zur Gegenwart, Bd. 2, Frankfurt am Main 1995.

Andresen, Hans-Günther: Ahlmanns Häuser: Nordschleswiger Hefte 4, Apenrade 1998.

Annhäuser, Uwe: Der Niederreidenbacher Hof: Heimatkalender des Landkreises Birkenfeld 1990.

Architekturen im Landkreis Neuwied, hrsg. von Kreisverwaltung Neuwied und Sparkasse Neuwied, Neuwied 2001.

Arnim, Dankwart Graf von: Als Brandenburg noch die Mark hieß, München 1995.

Badische Biographien. Neue Folge, hrsg. von Bernd Ottnad, Bd. 1, Stuttgart 1982.

Balzer, Georg: Goethe als Gartenfreund, 4. Aufl., München 1981.

Bartsch, Helmut: Handbuch Erbrecht, 6. Aufl., Regensburg 1997.

Becker, Peter W.: Fritz Sauckel – Generalbevollmächtigter für den Arbeitseinsatz: Die braune Elite, hrsg. von Ronald Smelser, 4. Aufl., Darmstadt 1999.

Becker-Jákli, Barbara: „Fürchtet Gott, ehret den König". Evangelisches Leben im linksrheinischen Köln 1850-1918, Köln 1988 (Schriftenreihe des Vereins für Rheinische Kirchengeschichte Bd. 91).

Bedürftig, Friedemann: Lexikon Drittes Reich, München 1997.

Beelte, Herbert: Marcus Hartwig Holler: Biographisches Lexikon für Schleswig-Holstein und Lübeck, Bd. 6, Neumünster 1982.

Beisenkötter, Hans-Heinrich: Das Kriegsende und der 8. Mai in Rendsburg: RJ 1995.

Benz, Wolfgang: Die Gründung der Bundesrepublik. Von der Bizone zum souveränen Staat, 5. Aufl., München 1999.

Bermich, Walter: Die Mosel, 2. Aufl., Köln 1976.

Beuys, Barbara: Familienleben in Deutschland. Neue Bilder aus der deutschen Vergangenheit, Reinbek 1984.

Blaich, Fritz: Wirtschaft und Rüstung im „Dritten Reich", Düsseldorf 1987.

Blosser, Ursi und Gerster, Franziska: Töchter der guten Gesellschaft. Frauenrolle und Mädchenerziehung im schweizerischen Großbürgertum um 1900, Zürich 1985.

Bohn, Robert: Ausländische Zwangsarbeitende in der NS-Kriegswirtschaft. Einführung in die Thematik: „Ausländereinsatz in der Nordmark". Zwangsarbeitende in Schleswig-Holstein 1939-1945, hrsg. von Uwe Danker, Robert Bohn, Nils Köhler, Sebastian Lehmann, Bielefeld 2001 (IZRG Schriftenreihe Bd. 5).

Borchard, Klaus: Vom Provisorium über die Bundeshauptstadt zur Bundesstadt, Bonn 1999.

Bracker, Jochen: Einwohnerwehren in Schleswig-Holstein: ZSHG 99 (1974).

Bräutigam, Petra: Mittelständische Unternehmer im Nationalsozialismus, München 1997.

Brandt, Otto und Klüver, Wilhelm: Geschichte Schleswig-Holsteins, 7. Aufl., Kiel 1976.

Brockhaus. Die Enzyklopädie, 20. Aufl., 17. Bd., Leipzig und Mannheim 1998.

Brockstedt, Jürgen: Frühindustrialisierung in den Herzogtümern Schleswig und Holstein. Ein Überblick: Frühindustrialisierung in Schleswig-Holstein, anderen norddeutschen Ländern und Dänemark, hrsg. von Jürgen Brockstedt, Neumünster 1983 (SWSSH Bd. 5).

Broesicke, Marianne Hedwig: Der deutsche Großkaufmann in seiner Entwicklung, Diss., Würzburg 1941.

Buchheim, Christoph: Von altem Geld zu neuem Geld. Währungsreformen im 20. Jahrhundert: Geschichte der deutschen Wirtschaft im 20. Jahrhundert, München 2001.

Buchholz, Edwin: Die Wirtschaftsverbände in der Wirtschaftsgesellschaft. Eine Analyse ihres Ordnungs- und Selbsthilfesystems als Beitrag zu einer Theorie der Wirtschaftsverbände, Tübingen 1969.

Budraß, Lutz: Flugzeugindustrie und Luftrüstung in Deutschland 1918-1945, Düsseldorf 1998.

Buselmeier, Michael: Literarische Führungen durch Heidelberg, Heidelberg 1996.

Bussemer, Herrad-Ulrike: Frauenemanzipation und Bildungsbürgertum. Sozialgeschichte der Frauenbewegung in der Reichsgründungszeit, Weinheim und Basel 1985 (Ergebnisse der Frauenforschung Bd. 7).

Butler, Judith: Psyche der Macht. Das Subjekt der Unterwerfung, Frankfurt am Main 2001.

Carstens, Uwe: Das Flüchtlingsproblem in Schleswig-Holstein: Die Anfänge des Landes Schleswig-Holstein, hrsg. vom Schleswig-Holsteinischen Heimatbund und Landesarchiv Schleswig-Holstein, Schleswig 1997.

Christiansen, Carsten: Rendsburg und die Kapitulation. (Zusammengestellt im November 1948): HJR 1960.

Chronik des Landes Rheinland-Pfalz, hrsg. von der Landeszentrale für politische Bildung Rheinland-Pfalz und SWR-Landesfunkhaus Mainz, 2. Aufl., Mainz 2001.

Chronik zur Geschichte der Stadt Köln, hrsg. von Peter Fuchs, Bd. 2, 2. Aufl., Köln 1991.

Czollek, Roswitha: Faschismus und Okkupation. Wirtschaftspolitische Zielsetzung und Praxis des faschistischen deutschen Besatzungsregimes in den baltischen Sowjetrepubliken während des Zweiten Weltkriegs, Berlin 1974.

Dahms, Walter: Wahlen und Wähler in Schleswig-Holstein: Schleswig-Holstein. Eine politische Landeskunde hrsg. von der Landeszentrale für Politische Bildung Schleswig-Holstein, Kiel 1992 (Gegenwartsfragen 68).

Danker, Uwe: Machtergreifung und Selbstgleichschaltung in Büdelsdorf im Spiel der „Büdelsdorfer Rundschau" 1932-1933: Vergessen + Verdrängt. Eine andere Heimatgeschichte. Arbeiterbewegung und Nationalsozialismus in den Kreisen Rendsburg und Eckernförde, hrsg. von Kurt Hamer, Karl-Werner Schunck, Rolf Schwarz, Eckernförde 1984.

Ders.: „Wir subventionieren die Mörder der Demokratie". Das Tauziehen um die Altersversorgung von Gauleiter und Oberpräsident Hinrich Lohse in den Jahren 1951 bis 1958: ZSGH 120 (1995).

Ders.: Internieren, entnazifizieren und umerziehen. Erste Vergangenheitsbewältigung nach 1945: Geschichtsumschlungen. Sozial- und kulturgeschichtliches Lesebuch Schleswig-Holstein 1848-1948, hrsg. von Gerhard Paul, Bonn 1996.

Ders.: Der Schutz der „Volksgemeinschaft": Zur Arbeit des schleswig-holsteinischen Sondergerichts in statistischer Hinsicht sowie an den Beispielen Rundfunk- und Volksschädlingsverordnung: „Standgericht der inneren Front". Das Sondergericht Altona/Kiel 1932-1945, hrsg. von Robert Bohn und Uwe Danker, Hamburg 1998 (IZRG-Schriftenreihe Bd. 3).

Ders.: Die Geschichte der Räuber und Gauner, Düsseldorf 2001.

Das deutsche Gedicht. Vom Mittelalter bis zum 20. Jahrhundert. Auswahl und Einleitung von Edgar Hederer, Frankfurt am Main und Hamburg 1957.

Deeters, Joachim: Die Vorfahren Konrad Adenauers: Konrad Adenauer. Oberbürgermeister von Köln. Festgabe der Stadt Köln zum 100. Geburtstag ihres Ehrenbürgers am 5. Januar 1976, hrsg. von Hugo Stehkämper, Köln 1976.

DenkMal! Zeitschrift für Denkmalspflege in Schleswig-Holstein, Jg. 6 (1999).

Der Krieg gegen die Sowjetunion 1941-1945. Eine Dokumentation, hrsg. von Reinhard Rürup, 2. Aufl., Berlin 1991.

Derner, Michael: „Fremdarbeiter" im Kreis Rendsburg: „Ausländereinsatz in der Nordmark". Zwangsarbeitende in Schleswig-Holstein 1939-1945, hrsg. von Uwe Danker, Robert Bohn, Nils Köhler, Sebastian Lehmann, Bielefeld 2001 (IZRG Schriftenreihe Bd. 5).

Deutsche Biographische Enzyklopädie, hrsg. von Walter Killy und Rudolf Vierhaus, Bd. 8, München 1998.

Deutsches Schriftstellerlexikon. Von den Anfängen bis zur Gegenwart, Weimar 1962.

Die deutschen Kriegsgefangenenlager in Andernach und Miesenheim 1945. Begleitheft zur Ausstellung „Gefangen in Andernach", Andernach 1991 (Andernacher Beiträge Nr. 8).

Die Gemeinde-Sparkasse Büdelsdorf. Eine Chronik zum 75-jährigen Bestehen 1920 bis 1995, hrsg. von der Gemeinde-Sparkasse Büdelsdorf, Leck 1995.

Die Religion in Geschichte und Gegenwart. Handwörterbuch für Theologie und Religionswissenschaft, 2. Aufl., 3. Bd., Tübingen 1929.

Die Stadt Cöln im ersten Jahrhundert unter Preußischer Herrschaft, hrsg. von der Stadt Cöln, 1. Bd., Teil 2, Cöln 1916.

Dietz, Walter: Chronik der Familie Wuppermann, Bd. 2: Wuppermanns in Heimat und Welt, hrsg. vom Familienverband der Familie Wuppermann, Leverkusen-Schlebusch 1965.

Dittrich, Irene: Heimatgeschichtlicher Wegweiser zu Stätten des Widerstands und der Verfolgung 1933-1945, Bd. 7, Schleswig-Holstein I. Nördlicher Landesteil, hrsg. vom Studienkreis Deutscher Widerstand, Frankfurt-Bockenheim 1993.

Döbler, Thomas: Frauen als Unternehmerinnen. Erfolgspotentiale weiblicher Selbständiger, Wiesbaden 1998.

Dölger, Karsten: „Polenlager Jägerslust". Polnische „Displaced Persons" in Schleswig-Holstein 1945-1949, Neumünster 2000 (QuFGSH Bd. 110).

Dollinger, Hans: So entstand die Bundesrepublik: Das geglückte Provisorium, Recklinghausen 1990.

Dülffer, Jost: Albert Speer – Management für Kultur und Wirtschaft: Die braune Elite, hrsg. von Ronald Smelser, 4. Aufl., Darmstadt 1999.

Eichholtz, Dietrich: Institutionen und Praxis der deutschen Wirtschaftspolitik im besetzten Europa:

Die „Neuordnung" Europas. NS-Wirtschaftspolitik in den besetzten Gebieten, hrsg. von Richard J. Overy, Gerhard Otto, Johannes Houwink ten Cate, Berlin 1997.

Ders.: Ökonomie, Politik und Kriegsführung. Wirtschaftliche Kriegsplanungen und Rüstungsorganisationen bis zum Ende der „Blitzkriegs"phase: Krieg und Wirtschaft. Studien zur deutschen Wirtschaftsgeschichte 1939-1942, Berlin 1999.

Ders.: Unfreie Arbeit-Zwangsarbeit: Krieg und Wirtschaft, ebd.

Ders.: Die deutsche Kriegswirtschaft 1944/45. Eine Bilanz, ebd.

Ders.: Geschichte der deutschen Kriegswirtschaft 1939-1945, Bd. 1-3, Nachdruck, München 1999.

Enzyklopädie des Nationalsozialismus, hrsg. von Wolfgang Benz, Hermann Graml, Hermann Weiß, München 1997.

Familien- und Erbrecht: Recht, hrsg. von Joachim Hellmer, Frankfurt am Main 1966.

Feldmann, Gerald D.: Die Deutsche Bank vom Ersten Weltkrieg bis zur Weltwirtschaftskrise 1914-1933: Die Deutsche Bank 1870-1995, München 1995.

Fertsch-Röver, Dieter: 15 Jahre ASU: die aussprache 1964.

Friedrich Ebert. Sein Leben, sein Werk, seine Zeit. Begleitband zur ständigen Ausstellung in der Reichspräsident Friedrich-Ebert-Gedenkstätte Heidelberg, hrsg. von Walter Mülhausen, Heidelberg 1999.

Eckert, Gerhard: Die Schweiz, Köln 1978.

Eckert, Markus: Industrialisierung und Endindustrialisierung in Schleswig-Holstein, Kiel 1992 (Kieler Geographische Schriften Bd. 83).

Eicke, Dagmar-Renate: „Teenager" zu Kaisers Zeiten. Die „höhere" Tochter in Gesellschaft, Anstands- und Mädchenbüchern zwischen 1860 und 1900, Marburg 1980 (Marburger Studien zur vergleichenden Ethnosoziologie Bd. 11).

Engelbrecht, Anders: 6. Juli-Fester i Fredericia 1849-1999, Fredericia 1999.

Enzyklopädie des Holocaust, Die Verfolgung und Ermordung der europäischen Juden, hrsg. von Israel Gutman, Eberhard Jaeckel, Peter Longerich, Julius H. Schoeps, Bd. 2, 2. Aufl., München-Zürich 1998.

Evangelisches Gemeindelexikon, hrsg. von Erich Geldbach, Helmut Burkhardt und Kurt Heimbucher, Wuppertal 1986.

Eyll, Klara von: Wirtschaftsgeschichte Kölns von Beginn der preußischen Zeit bis zur Reichsgründung: Zwei Jahrtausende Kölner Wirtschaft, Bd. 2, hrsg. von Hermann Kellenbenz, Köln 1975.

Ferguson, Niall: Der falsche Krieg. Der Erste Weltkrieg und das 20. Jahrhundert, München 2001.

Fertig, Ludwig: Der Theologe als Hauslehrer: Das evangelische Pfarrhaus, hrsg. von Martin Greiffenhagen, Stuttgart 1984.

Fest, Joachim: Speer. Eine Biographie, Frankfurt am Main 2001.

Feuerstein-Praßer, Karin: Die deutschen Kaiserinnen: 1871-1918, Regensburg 1997.

Fisch, Jörg: Reparationen nach dem Zweiten Weltkrieg, München 1992.

Fischer, Norbert: Vom Gottesacker zum Krematorium. Eine Sozialgeschichte der Friedhöfe in Deutschland seit dem 18. Jahrhundert, Köln 1996.

Flucht und Vertreibung. Aufnahme und Eingliederung, Schrift des Kreisverbandes der vertriebenen Deutschen Rendsburg-Eckernförde e. V., Rendsburg 1988/89.

Forer, Lucille K. und Still, Henry: Erstes, zweites, drittes Kind ... Welche Bedeutung hat die Geschwisterfolge für Kinder, Eltern, Familie?, Reinbek bei Hamburg 1991.

Franzen, Max: Carl Heinrich Remé, der Architekt des Rendsburger Gymnasiums: HJR 1967.

Franzen, Peter: 90 Jahre Kreisverein für das Museum in Rendsburg-Kreisverein Rendsburg für Heimatkunde und Geschichte: RJ 2002.

Frerichs, Petra und Wiemert, Heike: „Ich gebe, damit Du gibst." Frauennetzwerke – strategisch, reziprok, exklusiv, Opladen 2002.

Frevert, Ute: Frauen-Geschichte. Zwischen Bürgerlicher Verbesserung und Neuer Weiblichkeit, 5. Aufl., Frankfurt am Main 1993.

Friedrichs, Karl: Der Neubau des Rendsburger Realgymnasiums im Jahre 1877: HJR 1967.

Ders.: Nachruf für ein Schulgebäude: RJ 1978.

Fürsen, Ernst Joachim: Der Hardesvogt im Herzogtum Schleswig unter besonderer Berücksichtigung des Zeitraums 1721-1867, Diss., Kiel 1973.

Ders.: Hans Schlothfeldt: Biographischen Lexikon für Schleswig-Holstein und Lübeck, Bd. 8, Neumünster 1987.

Fuchs, Konrad und Raab, Heribert: Wörterbuch zur Geschichte, Bd. 2, 6. Aufl., München 1987.

Gässler, Christian Walter: Offizier und Offizierkorps der Alten Armee in Deutschland als Voraussetzung einer Untersuchung über die Transformation der militärischen Hierarchie, Diss., Heidelberg 1930.

Gall, Lothar und Hans Heinrich Pohl: Unternehmen im Nationalsozialismus, München 1998.

Gall, Lothar: Krupp. Der Aufstieg eines Industrieimperiums, Berlin 2000.

Geisel, Beatrix: Camilla Jellinek, geb. Wertheimer: Demokratische Wege. Deutsche Lebensläufe aus fünf Jahrhunderten, hrsg. von Manfred Asendorf und Rolf Bockel, Stuttgart 1997.

Genschke, Werner: Hüttenkapelle ist 140 Jahre alt: HJR 1969.

Giersch, Reinhard: Die Deutsche Arbeitsfront (DAF). Ein Instrument zur Sicherung der Herrschaft und zur Kriegsvorbereitung des faschistischen deutschen Imperialismus, Diss., Jena 1981.

Glade, Felicitas: Hohenwestedt. Geschichte, Menschen, Ereignisse, Heiligenhafen 1994.

Dies.: Ernst Bamberger – Wilhelm Hamkens. Eine Freundschaft unter dem Nationalsozialismus in Mittelholstein, Norderstedt 2000.

Görtemaker, Manfred: Geschichte der Bundesrepublik Deutschland. Von der Gründung bis zur Gegenwart, Frankfurt am Main 2004.

Golczewski, Frank: Polen: Dimension des Völkermords. Die Zahl der jüdischen Opfer des Nationalsozialismus, hrsg. von Wolfgang Benz, München 1996.

Gosewinkel, Dieter: Einbürgern und Ausschließen. Die Nationalisierung der Staatsangehörigen vom Deutschen Bund bis zur Bundesrepublik Deutschland, Göttingen 2001 (Kritische Studien zur Geschichtswissenschaft Bd. 150).

Griehl, Manfred: Junkers Ju 87 „Stuka". Sturzkampfbomber, Schlachtflugzeug, Panzerjäger, Stuttgart 1998.

Grieser, Helmut: Materialien zur Rüstungswirtschaft Schleswig-Holsteins im Dritten Reich, Kiel 1987.

Grützner, Hans: Chronik des Ev.-Luth. Kirchenkreises Rendsburg, Neumünster 1994.

Habermas, Rebekka: Rituale des Gefühls. Die Frömmigkeit des Protestantischen Bürgertums: Der bürgerliche Wertehimmel. Innenansichten des 19. Jahrhunderts, hrsg. von Manfred Hettling und Stefan-Ludwig Hoffmann, Göttingen 2000.

Hachtmann, Rüdiger: Die Deutsche Arbeitsfront im Zweiten Weltkrieg: Krieg und Wirtschaft. Studien zur deutschen Wirtschaftsgeschichte 1939-1945, hrsg. von Dietrich Eichholtz, Berlin 1999 (Nationalsozialistische Besatzungspolitik in Europa 1939-1945 Bd. 9).

Hänisch, Adolf von: Jebsen & Co. Hongkong. China-Handel im Wandel der Zeiten 1895-1945, Apenrade 1970.

Haffner, Sebastian: Anmerkungen zu Hitler, 10. Aufl., München 1978.

Hagenah, Hermann: Wilhelm Ahlmann. Das Lebensbild eines Schleswig-Holsteiners, o. O., 1930.

Hammer, Friedrich: Verzeichnis der Pastorinnen und Pastoren der Schleswig-Holsteinischen Landeskirche 1864-1976, hrsg. vom Verein für Schleswig-Holsteinische Kirchengeschichte, Neumünster 1994.

Handbuch der deutschen Bildungsgeschichte, Bd. IV, Von der Reichsgründung bis zum Ende des

Ersten Weltkriegs, hrsg. von Christa Berg, München 1991.

Hannelen, Franz-Josef und Klünemann, Clemens: Das Gewicht der Namen, Hamburg 1993.

Hardach, Gerd: Der Marshall-Plan. Auslandshilfe und Wiederaufbau in Westdeutschland 1948-1952, München 1994.

Harding, Hannes: Heimatlos in Schleswig-Holstein. Das Schicksal der ehemaligen Fremdarbeiter und Kriegsgefangenen: Vergessene Opfer des Nationalsozialismus: „Ausländereinsatz in der Nordmark". Zwangsarbeitende in Schleswig-Holstein 1939-1945, hrsg. von Uwe Danker, Robert Bohn, Nils Köhler, Sebastian Lehmann, Bielefeld 2001 (IZRG Schriftenreihe Bd. 5).

Harmssen, Gustav W.: Am Abend der Demontage. 6 Jahre Reparationspolitik, Bremen 1951.

Hasenack, W.: Betriebsdemontagen als Reparationsform. Beweggründe und Zeitpunkt der Demontage-Aktion, Essen/Kettwig 1948.

Hatard, Arno: Der Industrieort Büdelsdorf. Die Entwicklung einer Siedlung am Rande Rendsburgs, Büdelsdorf 1962.

Haubner, Barbara: Nervenkitzel und Freizeitvergnügen. Automobilismus in Deutschland 1866-1914, Göttingen 1998.

Haumann, Heiko: Geschichte der Ostjuden, 4. Aufl., München 1998.

Hayessen, Ute: Familie Ahlmann: Biographisches Lexikon für Schleswig-Holstein und Lübeck, Bd. 9, Neumünster 1991.

Hecker, Gerhard: Walter Rathenau und sein Verhältnis zum Militär: Deutsche Jüdische Soldaten. Von der Epoche der Emanzipation bis zum Zeitalter der Weltkriege, hrsg. vom Militärgeschichtlichen Forschungsamt Potsdam, bearbeitet von Frank Nägler, Potsdam 1996.

Heldt, Gerhardt: Der Rosenkavalier. Darstellung. Deutung. Dokumentation: Die Oper. Schriftenreihe über musikalische Bühnenwerke, hrsg. von Dietrich Stoverock und Thilo Cornelissen, Berlin 1981.

Heldwein, Johannes: Die Geschichte der Feuerbestattung und Deutsche Krematorien, Frankfurt am Main 1931.

Henning, Friedrich-Wilhelm: Landwirtschaft und ländliche Gesellschaft in Deutschland, Bd. 2 1750-1986, 2. Aufl., Paderborn 1988.

Ders.: Das industrialisierte Deutschland 1914 bis 1992, 9. Aufl., Paderborn 1997.

Henning, Hansjoachim: Das westdeutsche Bürgertum in der Epoche der Hochindustrialisierung 1860-1914. Soziales Verhalten und soziale Strukturen, Teil 1: Das Bildungsbürgertum in den preußischen Westprovinzen, Wiesbaden 1972.

Herbert, Ulrich: Fremdarbeiter. Politik und Praxis des „Ausländer-Einsatzes" in der Kriegswirtschaft des Dritten Reiches, Bonn 1999.

Heuel, Eberhard: Der umworbene Stand. Die ideologische Integration der Arbeiter im Nationalsozialismus 1933-1935, Frankfurt am Main 1989.

Heyen, Franz-Josef: Nur sieben Jahrzehnte. Andernach seit dem Ende des 1. Weltkrieges: Andernach. Geschichte einer rheinischen Stadt, hrsg. von Franz-Josef Heyen, Andernach 1988.

Hieke, Ernst: Die Reederei M. Jebsen A.G. Apenrade, Hamburg 1953.

Hirschfeld, Markus: Die wirtschaftliche Entwicklung Schleswig-Holsteins in der unmittelbaren Nachkriegszeit, Kiel 1995.

Hoch, Gerhard und Schwarz, Rolf: Verschleppt zur Sklavenarbeit. Kriegsgefangene und Zwangsarbeiter in Schleswig-Holstein, Alveslohe und Nützen 1985.

Höhne, Heinz: Der Orden unter dem Totenkopf. Die Geschichte der SS, München 1984.

Hoffmann, Georg: Wilhelm Ahlmann. Ein Gedenkblatt zu seinem 100. Geburtstag: 13. Juli 1917: Die Heimat, 1917, Nr. 6.

Hofmann, Gunter: Abschiede, Anfänge: Die Bundesrepublik, eine Anatomie, München 2004.

Holler, August: Das Holsteinische Geschlecht Holler. Sippe: Heiligenstädten – Rendsburg, Hamburg 1941.

Hoop, Edward: Geschichte der Stadt Rendsburg, Rendsburg 1989.

Ders.: Die Bürgermeister der Stadt Rendsburg 1714-1990, Kiel 1990.

Ders.: Der Treidelverkehr und die Pferdehalterei in Büdelsdorf: Mitteilungen des Canal-Vereins Nr. 11/12 (1991).

Ders.: Die Wandlungen Büdelsdorfs. Zur Stadterhebung Büdelsdorfs zum Jahresbeginn 2000: RJ 2000.

Hough, Richard: Mountbatten, Wien 1980.

Housted, Erik: Fredericias Belejring i 1849, Kopenhagen 1974.

Hüffmeier, Wilhelm: Die Hof- und Domprediger als Theologen: Der Berliner Dom. Geschichte und Gegenwart der Oberpfarr- und Domkirche zu Berlin, Berlin 2001.

Im Dienst für die Freiheit. Kai-Uwe von Hassel zum 70. Geburtstag, hrsg. von Uwe Barschel, bearbeitet von Walter Bernhardt, Neumünster 1983.

Internationales Biographisches Archiv (Munzinger) 29/1987: Detlef Struve.

Janssen, Gregor: Das Ministerium Speer. Deutschlands Rüstung im Krieg, Berlin 1968.

Jarausch, Konrad Hugo: Deutsche Studenten 1800-1970, Frankfurt am Main 1984.

Jessen-Klingenberg, Manfred: Wilhelm Ahlmann. Ein liberaler Politiker und tätiger Mitbürger im Wechsel der Zeit: Nordschleswiger Hefte 4, Apenrade 1998.

Jöhnk, Karl-Wilhelm und Scibbe, Bodo: Rendsburg in dunklen Tagen, Rendsburg 1986.

John, Hartmut: Das Reserveoffizierskorps im Deutschen Kaiserreich 1890-1914. Ein sozialgeschichtlicher Beitrag zur Untersuchung der gesellschaftlichen Militarisierung im Wilhelminischen Deutschland, Frankfurt am Main und New York 1981.

Jürgens, Jessica: Entnazifizierungspraxis in Schleswig-Holstein. Eine Fallstudie für den Kreis Rendsburg 1946-1949: ZSHG 125 (2000).

Jürgensen, Kurt: Schleswig-Holstein nach dem Zweiten Weltkrieg. Kontinuität und Wandel: Geschichte Schleswig-Holsteins. Von den Anfängen bis zur Gegenwart, hrsg. von Ulrich Lange, Neumünster 1996.

Ders.: Die Gründung des Landes Schleswig-Holstein in Zusammenhang mit der Länder-Neuordnung nach 1945: Die Anfänge des Landes Schleswig-Holstein, hrsg. vom Schleswig-Holsteinischen Heimatbund und Landesarchiv Schleswig-Holstein, Schleswig 1997.

Ders.: Die Briten in Schleswig-Holstein 1945-1949, Neumünster 1998.

Jung, Bettina: August Oetker, Berlin 1999.

Jungbluth, Rüdiger: Die Oetkers. Geschäfte und Geheimnisse der bekanntesten Wirtschaftsdynastie Deutschlands, Frankfurt am Main/New York 2004.

Justitia Coloniensis. Landgericht und Amtsgericht Köln erzählen ihre Geschichte(n), hrsg. von Adolf Klein und Günter Rennen, Köln 1981.

Kalk, Wilfried: Arbeiterbewegung in Rendsburg. Die Geschichte der IG Metall Verwaltungsstelle bis 1986, Kiel 1987.

Kapp, Julius: Richard Strauss und die Berliner Oper. Festschrift der Berliner Staatsoper zu des Meisters 70. Geburtstag, Berlin 1934.

Kaußen, Martina: Die Feuerbestattung, Geschichtlich-statistische Entwicklung forensischer Problematik und ihre Bedeutung für Gesundheitspflege und Sepulkralkultur, Diss., Köln 1989.

Kempter, Klaus: Die Frauenfrage als Rechtsfrage: Camilla Jellinek (1860-1940): Frauengestalten. Soziales Engagement in Heidelberg, Heidelberg 1995 (Schriftenreihe des Stadtarchivs Heidelberg Bd. 5).

Ders.: Die Jellineks. Eine familienbiographische Studie deutschjüdischen Bildungsbürgertums, Düsseldorf 1998 (Schriften des Bundesarchivs Nr. 52).

Ketelsen, C. F. M.: Zur Erinnerung an Marcus Hartwig Holler: Schleswig-Holsteinische Jahrbücher, redigiert von Wilhelm Biernatzki, Bd. 1, Kiel 1884.

Kiaulehn, Walter: Berlin. Geschichte einer Weltstadt, Berlin und München 1958.

Kibelka, Ruth: Ostpreußens Schicksalsjahre 1944-1948, 2. Aufl., Berlin 2001.

Kiehl, Hermann: Von der Gründung bis zum Ende des 1. Weltkriegs. Der Landkreis Rendsburg 1867 bis 1918: 100 Jahre Kreis Rendsburg. Ein Rückblick 1867 bis 1967, Rendsburg 1968.

Kiste, John van der: Northern Crowns. The Kings of modern Scandinavia, Frome 1998.

Klass, Gert von: Unternehmer in Licht und Schatten. Der Weg der deutschen Arbeitgeberverbände, Wiesbaden 1962.

Kleiber, Lore: „Wo ihr seid, da soll die Sonne scheinen!" – Der Frauenarbeitsdienst am Ende der Weimarer Republik und im Nationalsozialismus: Mutterkreuz und Arbeitsbuch. Frauengruppe Faschismusforschung, Lektorat Ingeborg Mues, Zur Geschichte der Frauen in der Weimarer Republik und im Nationalsozialismus, Frankfurt am Main 1981.

Kleinau, Elke: Bildung und Geschlecht. Eine Sozialgeschichte des höheren Mädchenschulwesens in Deutschland vom Vormärz bis zum Dritten Reich, Weinheim 1997.

Kleinert, Eberhard: Konrad Adenauer als Beigeordneter der Stadt Köln (1906-1917): Konrad Adenauer. Oberbürgermeister von Köln. Festgabe der Stadt Köln zum 100. Geburtstag ihres Ehrenbürgers am 5. Januar 1976, hrsg. von Hugo Stehkämper, Köln 1976.

Klepper, Jochen: Kyrie. Geistliche Lieder, 19. Aufl., Bielefeld 1992.

Kleyser, Friedrich: Ludwig Ahlmann: Biographisches Lexikon für Schleswig-Holstein und Lübeck, Bd. 1, Neumünster 1970.

Klier, Hiltrud und Schäfke, Werner: Die Kölner Ringe. Geschichte und Glanz einer Straße, Köln 1987.

Klose, Olaf: Dänemark, Stuttgart 1982 (Handbuch der historischen Stätten).

Kluxen, Kurt: Geschichte Englands. Von den Anfängen bis zur Gegenwart, 2. Aufl., Stuttgart 1976.

Köbler, Gerhard: Historisches Lexikon der deutschen Länder. Die deutschen Territorien und reichsunmittelbaren Geschlechter vom Mittelalter bis zur Gegenwart, 5. Aufl., München 1995.

Köhler, Nils: „Während des Krieges, weit im fremden Land". Die Perspektive der zwangsarbeitenden Polen und „Ostarbeiter" in Schleswig-Holstein: „Ausländereinsatz in der Nordmark". Zwangsarbeitende in Schleswig-Holstein 1939-1945, hrsg. von Uwe Danker, Robert Bohn, Nils Köhler, Sebastian Lehmann, Bielefeld 2001 (IZRG Schriftenreihe Bd. 5).

Ders. und Lehmann, Sebastian: Lager, Ausländerunterkünfte und Kriegsgefangenenkommandos in Schleswig-Holstein 1939 bis 1945, ebd.

Körner, Irmela: Witwen: Biographien und Lebensentwürfe, Düsseldorf 1997.

Korte, Detlef: „Erziehung ins Massengrab". Die Geschichte des Arbeitserziehungslagers Nordmark Kiel Russee 1944-45, Kiel 1991.

Kramer, Alan: Die britische Demontagepolitik am Beispiel Hamburgs 1945-1950, Hamburg 1991.

Kraus, Antje: Arbeiter der Carlshütte (Rendsburg) in der zweiten Hälfte des 19. Jahrhunderts: Arbeiter und Arbeiterbewegung in Schleswig-Holstein im 19. und 20. Jahrhundert, hrsg. von Rainer Paetau und Holger Rüdel, Neumünster 1987 (SWSSH Bd. 13).

Dies.: Wohnverhältnisse und Lebensbedingungen von Hütten- und Bergarbeiterfamilien in der zweiten Hälfte des 19. Jahrhunderts. Die Arbeitersiedlungen der Carlshütte in Büdelsdorf (Rendsburg) und der Zeche Rheinelbe/Alma in Ückendorf (Gelsenkirchen): Arbeiter im Industrialisierungsprozeß. Herkunft, Lage, Verhalten, Stuttgart 1979.

Krockow, Christian Graf: Die Deutschen in ihrem Jahrhundert 1890-1990, Reinbek bei Hamburg 1990.

Kroener, Bernhard R.: „Soldaten der Arbeit". Menschenpotential und Menschenmangel in Wehrmacht und Kriegswirtschaft: Krieg und Wirtschaft: Studien zur deutschen Wirtschaftsgeschichte 1939-1945, hrsg. von Dietrich Eichholtz, Berlin 1999 (Nationalsozialistische Besatzungspolitik in Europa 1939-1945 Bd. 9).

Krümmel, Achim: Wilhelm Nakatenus: Biographisch-Bibliographisches Kirchenlexikon, Bd. VI (1993).

Kube, Alfred: Hermann Göring – Zweiter Mann im „Dritten Reich: Die braune Elite. 22 biographische Skizzen, hrsg. von Ronald Smelser und Rainer Zitelmann, 2. Aufl., Darmstadt 1990.

Küffmann, Gerold: Andernach: Tor zur Eifel. Eine kleine Wirtschaftsgeschichte: Andernach. Geschichte einer rheinischen Stadt, hrsg. von Franz-Josef Heyen, Andernach 1988.

Kurze, Peter, Stünkel, Udo, Ziesemer, Andrea: Flughafen, Fliegerschule, Weserflug und Raketengesellschaft. Die Geschichte der Luftfahrt in Bremen, Bremen 1995.

Kuttner, Siegfried: Carl Wilhelm Jatho. Der Prediger von Köln, Köln 1999.

Laage, Karl Ernst: Theodor Storm. Leben und Werk, 3. Aufl., Husum 1983.

Lagler, Wilfried: Friedrich Wilhelm Lübke: Biographisches Lexikon für Schleswig-Holstein und Lübeck, Bd. 7, Neumünster 1985.

Lange, Ulrich: Modernisierung des Alltags: Geschichte Schleswig-Holsteins. Von den Anfängen bis zur Gegenwart, hrsg. von Ulrich Lange, Neumünster 1996.

Laur, Wolfgang: Der Name. Beiträge zur allgemeinen Namenskunde und ihrer Grundlegung: Beiträge zur Namenskunde, Nr. 28, Heidelberg 1989.

Laux, Frank: Die Aktiengesellschaft als Objekt staatlicher Interessen: Mitteilungen der Walther Rathenau Gesellschaft, Nr. 13, September 2003.

Lehmann, Kevin: Geschwisterkonstellationen, München 1994.

Lemburg, Jens-Uwe: Arbeit auf der Hütte. Zur wirtschaftlichen und sozialen Entwicklung Rendsburgs 1850-1914 unter besonderer Berücksichtigung der Arbeiterschaft der Carlshütte, Neumünster 1990 (SWSSH Bd. 18).

Lessing, Goethe, Schiller, Heine. Biographische Darstellung. Verantwortlicher Redakteur: Ernst Stein, Berlin 1955.

Lexikon für Theologie und Kirche, Bd. 5, Freiburg 1996.

Liefland, Wilhelm: Marcus Hartwig Holler und Landgraf Carl von Hessen: HJR 1968.

Löhr, Rudolf: Evangelische in Köln, Köln 1976.

Löschburg, Winfried: Unter den Linden. Gesichter und Geschichten einer berühmten Straße, Berlin 1972.

Longerich, Peter: Die braunen Bataillone. Geschichte der SA, München 1989.

Lorentz, Bernhard: Industrieelite und Wirtschaftspolitik 1928-1950. Heinrich Dräger und das Drägerwerk, Paderborn 2001.

Lorenzen-Schmidt, Klaus-J.: Zwischen Krise und Boom. Wirtschaftliche Entwicklung 1830-1864: Geschichte Schleswig-Holsteins. Von den Anfängen bis zur Gegenwart, hrsg. von Ulrich Lange, Neumünster 1996.

Lubowitz, Frank: Wilhelm Ahlmann, Politiker und Abgeordneter im Preußischen Abgeordnetenhaus: Nordschleswiger Hefte 4, Apenrade 1998.

Lutz, Heinrich: Zwischen Habsburg und Preußen. Deutschland 1815-1866, Berlin 1985 (Die Deutschen und ihre Nation Bd. 2).

Mai, Gunther: Arbeiterschaft zwischen Sozialismus, Nationalismus und Nationalsozialismus. Wider gängige Stereotypen: Die Schatten der Vergangenheit: Impulse zur Historisierung des Nationalsozialismus, hrsg. von Uwe Backhaus u. a., Frankfurt am Main 1992.

Ders.: Das Ende des Kaiserreichs. Politik und Kriegsführung im Ersten Weltkrieg, 3. Aufl., München 1997.

Majer, Diemuth: „Fremdvölkische" im Dritten Reich. Ein Beitrag zur nationalsozialistischen Rechtsprechung und Rechtspraxis in Verwaltung und Justiz unter besonderer Berücksichtigung der eingegliederten Ostgebiete und des Generalgouvernements, Boppard 1981.

Mann, Golo: Deutsche Geschichte des 19. und 20. Jahrhunderts, Frankfurt am Main 1992.

Manstein, Erich von: Verlorene Siege, Bonn 1955.

Mantovani-Vögeli, Linda: Fremdbestimmt zur Eigenständigkeit. Mädchenbildung gestern und heute, Zürich 1994.

Martini, Fritz: Deutsche Literaturgeschichte von den Anfängen bis zur Gegenwart, 12. Aufl., Stuttgart 1963.

Mason, Timothy W.: Sozialpolitik im Dritten Reich. Arbeiterklasse und Volksgemeinschaft, Opladen 1977.

Mast, Peter: Kleine Geschichte West und Ostpreußens, 3. Aufl., Bonn 1997.

Matthies, Walther: Vereinsbank in Hamburg. Biographien der Aufsichtsrats- und Vorstandsmitglieder seit der Gründung der Bank im Jahre 1856, Hamburg 1970.

Mayer, Arno J.: Adelsmacht und Bürgertum. Die Krise der europäischen Gesellschaft 1848-1914, München 1988.

Merz, Alfred: Weierbach. Beiträge zur Geschichte des Dorfes: Mitteilungen des Vereins für Heimatkunde im Landkreis Birkenfeld, Sonderheft 13, 1966.

Messerschmidt, Manfred: Die politische Geschichte der preußisch-deutschen Armee: Handbuch der deutschen Militärgeschichte 1648-1933, hrsg. vom Militärgeschichtlichen Forschungsamt, Bd. 2, München 1979.

Metz, Rainer: Expansion und Kontraktion. Das Wachstum der deutschen Wirtschaft im 20. Jahrhundert: Geschichte der deutschen Wirtschaft, hrsg. von Reinhard Spree, München 2001.

Meyer, Beate: „Jüdische Mischlinge". Rassenpolitik und Verfolgungserfahrung 1933-1945, Hamburg 1999.

Meyer, Gustav Friedrich: Brauchtum der Jungmannschaften in Schleswig-Holstein. Beiträge zur Geschichte des germanischen Gemeinschaftslebens, Flensburg 1941.

Meyer-Quade, Joachim: Die letzten 30 Tage des II. Weltkriegs in Schleswig-Holstein: Ende und Anfang im Mai 1945. Das Journal zur Wanderausstellung des Landes Schleswig-Holstein, Kiel 1995.

Mildenberger, Hermann: Eisenkunstguß-Museum Büdelsdorf , Neumünster 1990 (Führer zu schleswig-holsteinischen Museen Bd. 8).

Möller, Astrid: Ein Pressehaus im Wandel des Zeitgeschehens 1807-1982, Rendsburg 1982.

Dies.: Erinnerungen: Schmidt, Harry, Drei Schlösser am Westensee, überarbeitet und ergänzt von Frauke Lühning, Rendsburg 1984.

Möller, Uwe: Die Familie Ahlmann und Gravenstein: Deutscher Volkskalender Nordschleswig 1978.

Mommsen, Hans: Aufstieg und Untergang der Republik von Weimar 1918-1933, Berlin 1998.

Moraw, Frank: Die Nationalsozialistische Diktatur 1933-1945: Geschichte der Juden in Heidelberg, hrsg. von Peter Blum, Heidelberg 1996 (Buchreihe der Stadt Heidelberg Bd. 6).

Mosberg, Helmuth: 50 Jahre CDU Schleswig-Holstein 1946-1996, Kiel 1996.

Müller, Karl: Drei schwere Nachkriegsjahre: HJR 1959.

Ders.: Bomben auf Rendsburg: HJR 1961.

Ders.: Nord-Ostsee-Kanal feiert seinen 75. Geburtstag: HJR 1970.

Müller, Norbert: Die faschistische Okkupationspolitik in den zeitweilig besetzten Gebieten der Sowjetunion (1941-1944): Europa unter dem Hakenkreuz, hrsg. von Wolfgang Schumann, Berlin 1991.

Müller, Otto Th.: Aus der Geschichte Traben-Trarbachs, Boppard 1962 (Veröffentlichungen der Arbeitsgemeinschaft für Landesgeschichte und Volkskunde im Regierungsbezirk Koblenz Bd. 3).

Müller, Rolf-Dieter: Hitlers Krieg im Osten 1941-1945: Ein Forschungsbericht, Darmstadt 2000.

Müller-Boysen, Carsten: Auf der Suche nach den „ardent Nazis". Die Anfänge der Entnazifizierung im Kreis Rendsburg: RJ 1996.

Naasner, Walter: Neue Machtzentren in der deutschen Kriegswirtschaft 1942-1945. Die Wirtschaftsorganisation der SS, das Amt des Generalbevollmächtigten für den Arbeitseinsatz und das Reichsministerium für Bewaffnung und Munition, Reichsministerium für Rüstung und Kriegsproduktion im nationalsozialistischen Herrschaftssystem, Boppard 1994 (Schriften des Bundesarchivs Nr. 45).

Neuhaus, Georg: Die Entwicklung der Stadt Cöln von der Errichtung des Deutschen Reiches bis zum Weltkriege: Die Stadt Cöln im ersten Jahrhundert unter Preußischer Herrschaft, Bd. 1, Teil 2, Cöln 1916.

Nicolson, Harold: Georg V., München 1954.

Nigg, Walter: Geschichte des religiösen Liberalismus. Entstehung – Blütezeit – Ausklang, Zürich und Leipzig 1937.

Ninck, Johannes: Frei von Jedermann und aller Knecht. Lebenswerk und Persönlichkeit des Menschenfreundes Carl Ninck, Leipzig 1932.

Nipperdey, Thomas: Deutsche Geschichte 1866-1918, Bd. 2, München 1992.

North, Michael: Das Geld und seine Geschichte. Vom Mittelalter bis zur Gegenwart, München 1994.

Nostitz, Helene: Aus dem alten Europa. Menschen und Städte, Frankfurt am Main 1993.

Olsen, Sven Thomas: Die Dänenpolitik im Deutschen Kaiserreich. Preußisch-deutsche Nationalitätenpolitik in der Region Nordschleswig/Sonderjylland, Diss., Hamburg 1999.

Ostwald, Jürgen: Wilhelm Ahlmann 1817-1910. Ein Schleswig-Holsteiner aus Nordschleswig: Nordschleswiger Hefte 4, Apenrade 1998.

Ders.: Der Ahlmann-Park in Gravenstein, ebd.

Otto, Ingrid: Bürgerliche Töchtererziehung in Spiegel illustrierter Zeitschriften von 1865 bis 1915, Hildesheim 1990 (Beiträge zur Historischen Bildungsforschung Bd. 8).

Paetau, Rainer: Konfrontation oder Kooperation. Arbeiterbewegung und bürgerliche Gesellschaft im ländlichen Schleswig-Holstein und in der Industriestadt Kiel zwischen 1900 und 1925, Neumünster 1988 (SWSSH Bd. 14).

Pätzold, Kurt: Der „Führer" und die Kriegwirtschaft: Krieg und Wirtschaft, Studien zur deutschen Wirtschaftsgeschichte 1939-1945, hrsg. von Dietrich Eichholtz, Berlin 1999 (Nationalsozialistische Besatzungspolitik in Europa 1939-1945 Bd. 9).

Palmer, Alan: Gekrönte Vettern. Deutscher Adel auf Englands Thron, Düsseldorf 1989.

Paul, Gerhard: Staatlicher Terror und gesellschaftliche Verrohung. Die Gestapo in Schleswig-Holstein, Hamburg 1996 (IZRG-Schriftenreihe 1).

Ders.: Radikalisierung und Zerfall. Anmerkungen zum Ende des Dritten Reiches in Schleswig-Holstein: ZSHG 121 (1996).

Peters, Julius: Die nationalsozialistische Zeit: Geschichte des Kreises Rendsburg 1933-1945: 100 Jahre Kreis Rendsburg. Ein Rückblick 1867 bis 1967, Rendsburg 1968.

Pfeiffer, Thomas: Johannes Ahlmann: Biographisches Lexikon für Schleswig-Holstein und Lübeck, Bd. 9, Neumünster 1991.

Pfeil, Ulrich: Vom Kaiserreich ins „Dritte Reich". Heide 1890-1933, Heide 1997.

Pingel, Wulf: Von Kiel nach Riga. Schleswig-Holsteiner in der deutschen Zivilverwaltung des Reichskommissariats Ostland: ZSHG 122 (1997).

Plumpe, Werner: Vom Plan zum Markt. Wirtschaftsverwaltung und Unternehmerverbände in der britischen Zone, Düsseldorf 1987 (Düsseldorfer Schriften zur Neueren Landsgeschichte und zur Geschichte Nordrhein-Westfalens).

Ders.: Politische Zäsur und funktionale Kontinuität: Industrielle Nachkriegsplanungen und der Übergang zur Friedenswirtschaft 1944-1946: Zeitschrift für Sozialgeschichte des 20. und 21. Jahrhunderts, Bd. 7 (1992).

Ders.: Kapital und Arbeit. Konzept und Praxis der industriellen Beziehungen im 20. Jahrhundert: Geschichte der deutschen Wirtschaft im 20. Jahrhundert, hrsg. von Reinhard Spree, München 2001.

Pohler, Susanne: Die evangelischen Kirchen in Traben-Trarbach und ihr Umfeld, Neuss 1997 (Rheinische Kunststätten Nr. 424).

Preußen. Zur Sozialgeschichte eines Staates, bearbeitet von Peter Brandt, Thomas Hofmann, Reiner Zilkenat, Berlin 1981.

Prien, Karl-Heinz: Die Wirtschaftsstruktur der Stadt Rendsburg. Ein Beitrag zur regionalen Wirtschaftsforschung, Diss., Kiel 1938.

Rabe, Horst: Reich und Glaubensspaltung. Deutschland 1500-1600, München 1989 (Die neue Deutsche Geschichte Bd. 4).

Rathmer, Christian: „Ich erinnere mich nur an Tränen und Trauer ...“ Zwangsarbeit in Lübeck 1939-1945, Essen 1999.

Rautter, Sybille von und Ahlers, Helga: Witwe sein ist anders, München 1994.

Reichel, Peter: Der schöne Schein des Dritten Reiches. Faszination und Gewalt des Faschismus, Frankfurt am Main 1993.

Reim, Daniel P.: Rollenbilder und Lebensentwürfe von Unternehmerinnen – ein Vergleich der gesellschaftlichen Situation der Nachkriegszeit und der Gegenwart in der Bundesrepublik Deutschland, Hamburg 2000.

Reuth, Ralf Georg: Goebbels. Eine Biographie, 2. Aufl., München 2000.

Reuter, Elke und Hansel, Detlef: Das kurze Leben der VVN von 1947 bis 1953. Die Geschichte der Vereinigung der Verfolgten des Naziregimes in der sowjetischen Besatzungszone und in der DDR, Berlin 1997.

Reutter, Friederike: Verfolgung und Widerstand der Arbeiterparteien in Heidelberg: Heidelberg unter dem Nationalsozialismus. Studien zu Verfolgung, Widerstand und Anpassung, hrsg. von Jörg Schadt und Michael Caroli, Heidelberg 1985.

Rheinland-Pfalz entsteht. Beiträge zu den Anfängen des Landes Rheinland-Pfalz in Koblenz 1945-1951, hrsg. von Franz-Josef Heyen, Boppard 1984.

Rieger, Eva: Die geistreichen aber verwahrlosten Weiber – Zur musikalischen Bildung von Mädchen und Frauen: Frauen in der Geschichte IV, hrsg. v. Ilse Brehmer, Juliane Jacobi-Dittrich, Elke Kleinau, Annette Kuhn, Düsseldorf 1983.

Röhl, John C. G.: Die höhere Beamtenschaft im wilhelminischen Deutschland: Kaiser, Hof und Staat. Wilhelm II. und die deutsche Politik, München 1988.

Röhr, Werner: Zur Wirtschaftspolitik der deutschen Okkupanten in Polen 1939-1945: Studien zur deutschen Wirtschaftsgeschichte 1939-1945, hrsg. von Dietrich Eichholtz, Berlin 1999 (Nationalsozialistische Besatzungspolitik in Europa 1939-1945 Bd. 9).

Roesch, Hans: Das dritte Talent. Die Leistungen der Frau als Unternehmerin, gestern, heute, morgen, Berlin, Frankfurt am Main 1970.

Rosenbaum, Heidi: Die Formen der Familie. Untersuchungen zum Zusammenhang von Familienverhältnissen, Sozialstruktur und sozialem Wandel in der deutschen Gesellschaft des 19. Jahrhunderts, 5. Aufl., Frankfurt am Main 1990.

Rosenkranz, Albert: Kurze Geschichte der Evangelischen Kirche im Rheinland bis 1945, 2. Aufl., Breklum 1975.

Rosinski, Herbert: Die deutsche Armee. Eine Analyse, Düsseldorf 1970.

Ruhl, Klaus-Jörg: Familienpolitik in Deutschland 1913-1963: Deutschland in Europa. Kontinuität und Bruch. Gedenkschrift für Andreas Hillgruber, hrsg. von Jost Dülffer, Bernd Martin, Günter Wollstein, Frankfurt am Main 1990.

Rumohr, Henning von: Schlösser und Herrenhäuser in Schleswig, Frankfurt am Main 1968.

Ruppert, Wolfgang: Zur Kulturgeschichte der Alltagsdinge, Frankfurt am Main 1993.

Sarholz, Thomas: Die Auswirkungen der Kontingentierung von Eisen und Stahl auf die Aufrüstung der Wehrmacht von 1936 bis 1939, Diss., Darmstadt 1983.

Schadt, Jörg: Verfolgung und Widerstand unter dem Nationalsozialismus in Baden. Die Lageberichte der Gestapo und des Generalstaatsanwalts Karlsruhe, Stuttgart 1976 (Veröffentlichungen des Stadtarchivs Mannheim Bd. 3).

Schäfke, Werner: Köln. Zwei Jahrtausende Geschichte, Kunst und Kultur am Rhein, Köln 1998.

Schafe, Martin: Die Religion des Volkes. Kleine Kultur- und Sozialgeschichte des Pietismus, Gütersloh 1980.

Scharff, Alexander und Jessen-Klingenberg, Manfred: Geschichte Schleswig-Holsteins, 5. Aufl., Freiburg/Würzburg 1991.

Schekahn, Anke: Spurensuche. 1700-1933. Frauen in der Disziplingeschichte der Freiraum- und Landschaftsplanung, Kassel 2000 (Arbeitsberichte des Fachbereichs Stadtplanung/Landschaftsplanung Heft 144).

Dies.: „Gesunde, kräftige Naturen“. Die Etablierung des Gärtnerinnenberufs: Jungfern im Grünen. Frauen – Gärten – Natur, Ariadne Nr. 39 (2001).

Schivelbusch, Wolfgang: Das Paradies, der Geschmack und die Vernunft. Eine Geschichte der Genußmittel, München 1980.

Schlegel-Holzmann, Uta: Kein Abend mehr zu zweit. Familienstand Witwe, Stuttgart 1992.

Schmidt, Karsten: Gesellschaftsrecht, 4. Aufl., Köln 2002.

Schönhofer, Werner: Leutesdorf am Rhein, Neuss 1983 (Rheinische Kunststätten Nr. 272).

Schoeps, Hans-Joachim: Der Weg ins deutsche Kaiserreich, Frankfurt am Main 1980.

Ders.: Preussen. Geschichte eines Staates, Darmstadt 1981.

Schrenk, Gottlob: Professor D. Arnold Meyer: Ernst Gagliardi, Hans Nabholz, Jean Strohl, Die Universität Zürich 1833-1933 und ihre Vorläufer. Festschrift zur Jahrhundertfeier, hrsg. vom Erziehungsrat des Kantons Zürich, Zürich 1938.

Schröder, Friedrich: Rendsburg als Festung, Neumünster 1939 (QFGSH Bd. 22).

Schröter, Harm G.: Von der Teilung zur Wiedervereinigung 1945-2000: Deutsche Wirtschaftsgeschichte. Ein Jahrtausend im Überblick, hrsg. von Michael North, München 2000.

Schütt, Herbert: Büdelsdorf – auch 1933 noch eine SPD-Hochburg: Vergessen + Verdrängt. Eine andere Heimatgeschichte. Arbeiterbewegung und Nationalsozialismus in den Kreisen Rendsburg und Eckernförde, hrsg. von Kurt Hamer, Karl-Werner Schunck, Rolf Schwarz, Eckernförde 1984.

Schultz Hansen, Hans: Demokratie oder Nationalismus. Politische Geschichte Schleswig-Holsteins 1830-1918: Geschichte Schleswig-Holsteins. Von den Anfängen bis zur Gegenwart, hrsg. von Ulrich Lange, Neumünster 1996.

Ders.: Die Nordschleswiger und die Revolution: ZSHG 123, Neumünster 1998.

Schuster, Dieter: Zur Geschichte des 1. Mai in Deutschland, Düsseldorf 1991.

Schwarz, Hans-Peter: Adenauer. Der Aufstieg 1876-1952, Stuttgart 1986.

Schwarz, Rolf: Das Friedrich-Ebert-Denkmal in Büdelsdorf: Vergessen + Verdrängt. Eine andere Heimatgeschichte, hrsg. von Kurt Hamer, Karl-Werner Schunck und Rolf Schwarz, Eckernförde 1984.

Ders.: Verschleppt nach Büdelsdorf, ebd.

Schwarzmüller, Theo: Zwischen Kaiser und „Führer“. Generalfeldmarschall von Mackensen. Eine politische Biographie, München 2001.

Schwering, Max-Leo: St. Joseph in Köln-Braunsfeld 1915-1975. Die Geschichte einer Pfarrei, Köln 1975.

Sellner, Albert Christian: Immerwährender Heiligenkalender, Frankfurt am Main 1993.

Sereny, Gitta: Albert Speer. Das Ringen mit der Wahrheit und das deutsche Trauma, München 1997.

Sick, Willi: Heide – ein halbes Jahrtausend Geschichte einer Stadt und einer Landschaft: Heide. Vergangenheit und Gegenwart, Heide 1967.

Sievers, Kai Detlev: Die Köllerpolitik und ihr Echo in der deutschen Presse 1897-1901, Kiel 1961 (QFGSH Bd. 47).

Ders.: Sozialgeschichte Schleswig-Holsteins in der Kaiserzeit 1867-1914, Neumünster 1991 (Geschichte Schleswig-Holsteins, hrsg. von Olaf Klose Bd. 8, Teil 2, Lieferung 1).

Sigmund, Anna Maria: Die Frauen der Nazis, 4. Aufl., München 2000.

Sigmund, Monika: „Deutschland raubte mir meine Jugend, meine Liebe, meine Gesundheit ...“ Zwangsarbeit in Rendsburg 1939-1945, Ausstellungskatalog, Rendsburg 2002.

Simmel, Monika: Erziehung zum Weibe, Mädchenerziehung im 19. Jahrhundert, Frankfurt am Main 1980.

Sönnichsen, Peter Jessen: Die Familie Ahlmann im Spiegel unserer Heimatgeschichte: Nordschleswig – Landschaft, Menschen, Kultur, hrsg. von Gerd Stotz und Günter Weidling für den Bund Deutscher Nordschleswiger, Husum 1995.

Speer, Albert: Erinnerungen, Frankfurt am Main/Berlin 1969.

Spoerer, Mark: Zwangsarbeit unter dem Hakenkreuz. Ausländische Zivilarbeiter, Kriegsgefangene und Häftlinge im Deutschen Reich und im besetzten Europa 1939-1945, Stuttgart/München 2001.

Stahl, Friedrich: Heereseinteilung 1939, Bad Nauheim 1954.

Stamp, Friedrich: Arbeiter in Bewegung. Die Geschichte der Metallgewerkschaften in Schleswig-Holstein, Paderborn 1997 (Veröffentlichungen des Beirats für Geschichte Bd. 18).

Stamp, Hans Peter: Politiker aus echtem Schrot und Korn. Der ehemalige Kreisvorsitzende der CDU Rendsburg Detlef Struve wäre am 12. Mai 2003 100 Jahre alt geworden: Schleswig-Holstein Kurier, 2. Quartal 2003.

Steininger, Alfred: Die Stadt Rendsburg und ihr Einzugsbereich, Kiel 1962 (Schriften des Geographischen Instituts der Universität Kiel Bd. 21, Heft 1).

Steltzer, Theodor: Die Zeit der Weimarer Republik: Der Kreis Rendsburg in den Jahren 1918-1933: 100 Jahre Kreis Rendsburg. Ein Rückblick 1867 bis 1967, Rendsburg 1968.

Stolz, Gerd: Wilhelm Ahlmann und die schleswig-holsteinische Post 1848 bis 1852: Nordschleswiger Hefte 4, Apenrade 1998.

Stotz, Gerd: Der alte Eiderkanal – Schleswig-Holsteinischer Kanal, 4. Aufl., Heide 1989.

Strobel, Georg W.: Lodz – eine Vielvölkerstadt Polens: Deutsche und Polen, hrsg. von Ewa Kobylaska u. a., München 1992.

Studenitz, Karl-Gustav: Orden und Ehrenzeichen, Freiburg 1981.

Stüber, Gabriele: Der Kampf gegen den Hunger 1945-1950. Die Ernährungslage in der britischen Zone Deutschlands, insbesondere in Schleswig-Holstein und Hamburg, Neumünster 1984 (SWSSH Bd. 6).

Swatek, Dieter: Unternehmenskonzentration als Ergebnis und Mittel nationalsozialistischer Wirtschaftspolitik: Volkswirtschaftliche Schriften, Heft 181, Berlin 1972.

The New Encyclopaedia Britannica, 15. Aufl., 9. Bd., Chicago 1994.

Thiessen, Erich: Es begann im Grünen Kreml. Agrarpolitik zwischen Rendsburg und Brüssel, Neumünster 1997.

Thomas, Georg: Geschichte der deutschen Wehr- und Rüstungswirtschaft (1918-1943/44), Boppard 1966 (Schriften des Bundesarchivs Nr. 14).

Tilly, Richard: Vom Zollverein zum Industriestaat. Die wirtschaftlich-soziale Entwicklung Deutschlands 1834 bis 1914, München 1990.

Toelpe, Elisabeth: Geschichte des Lyzeums (Oberlyzeum i. E.) der evangelischen Kirchengemeinde Köln. Festschrift zum 100jährigen Bestehen der Anstalt 1827-1927, Köln 1927.

Treiber, Hubert und Steinert, Heinz: Die Fabrikation des zuverlässigen Menschen. Über die „Wahlverwandtschaft“ von Kloster- und Fabrikdisziplin, München 1980.

Treue, Wilhelm: Die Demontagepolitik der Westmächte nach dem Zweiten Weltkrieg, Göttingen 1967.

Ders.: Gesellschaft, Wirtschaft und Technik Deutschlands im 19. Jahrhundert, 10. Aufl., München 1994.

Tröger, Annemarie: Die Frau im wesensgemäßen Einsatz: Mutterkreuz und Arbeitsbuch. Zur Geschichte der Frauen in der Weimarer Republik und im Nationalsozialismus, hrsg. von der Frauengruppe Faschismusforschung, Frankfurt am Main 1981.

Tuchmann, Barbara: „Ein Heldenleben". Deutschland 1890-1914: Der stolze Turm. Ein Portrait der Welt vor dem Ersten Weltkrieg 1890-1914, München und Zürich 1969.

Dies.: August 1914. Der Ausbruch des Ersten Weltkriegs, Bergisch-Gladbach 1981.

Unternehmerinnen: Geschichte und Gegenwart selbständiger Erwerbstätigkeit von Frauen, hrsg. von Irene Bandhauer-Schöffnmann und Regine Bendl, Frankfurt am Main 2000.

Vieser, Susanne und Gabelt, Beate: Frauen in Fahrt. Ingenieurinnen, Designerinnen, Rennfahrerinnen machen Autogeschichte, Frankfurt am Main 1996.

Veen, Frans van der: Sozialgeschichte der Arbeit, Bd. 3, 19. und 20. Jahrhundert, München 1972.

Vogel, Walter: Westdeutschland 1945-1950. Der Aufbau von Verfassungs- und Verwaltungseinrichtungen über den Ländern der drei westlichen Besatzungszonen, Teil I, Boppard 1956 (Schriften des Bundesarchivs Nr. 2).

Ders.: Westdeutschland 1945-1950. Der Aufbau von Verfassungs- und Verwaltungseinrichtungen über den Ländern der drei westlichen Besatzungszonen, Teil II. Einzelne Verwaltungszweige: Wirtschaft, Marshallplan, Statistik, Boppard 1964 (Schriften des Bundesarchivs Nr. 12).

Voigt, Martina: Unternehmerinnen und Unternehmenserfolg: Geschlechtsspezifische Besonderheiten bei Gründung und Führung von Unternehmen, Wiesbaden 1994.

Volkmann, Helga: Unterwegs nach Eden. Von Gärtnern und Gärten in der Literatur, Göttingen 2000.

Volquartz, Klaus: Im Haus an der Förde. Schleswig-Holsteinischer Landtag, Rendsburg 1979.

Vorländer, Herwart: Die NSV: Darstellungen und Dokumente einer nationalsozialistischen Organisation, Boppard 1988 (Schriften des Bundesarchivs Nr. 35).

Voss, Ludwig: Die Schule der evangelischen Gemeinde in der Antoniterstraße (seit 1827): Geschichte der höheren Mädchenschule, Opladen 1952.

Wagemann, Ines: Jugendstil in Traben-Trarbach, Neuss 1988 (Rheinische Kunststätten Nr. 331).

Wallmann, Johannes: Kirchengeschichte Deutschlands seit der Reformation, 3. Aufl., Tübingen 1988.

Weber-Kellermann, Ingeborg: Frauenleben im 19. Jahrhundert, München 1983.

Wegner, Matthias: Hanseaten. Von stolzen Bürgern und schönen Legenden, Berlin 1999.

Weirich, Hans-Arnim: Erben und Vererben. Handbuch des Erbrechts und der vorweggenommenen Vermögensnachfolge, 3. Aufl., Herne/Berlin 1991.

Wember, Heiner: Umerziehung im Lager. Internierung und Bestrafung von Nationalsozialisten in der britischen Besatzungszone Deutschlands, 2. Aufl., Essen 1992 (Düsseldorfer Schriften zur Neueren Landesgeschichte und zur Geschichte Nordrhein-Westfalens Bd. 30).

Werner, Josua: Die Wirtschaftsverbände in der Marktwirtschaft, Zürich 1957.

Wild, Klaus Eberhard: Idar-Oberstein. Die Stadt der Edelsteine und des Schmucks, Idar-Oberstein 1991 (Museum Idar-Oberstein Bd. 8).

Witt, Reimer: Carl von Hessen als Statthalter: Landgraf Carl von Hessen 1744-1836. Statthalter in den Herzogtümern Schleswig und Holstein, Ausstellungskatalog, Schleswig 1996 (Veröffentlichungen des Schleswig-Holsteinischen Landesarchivs Bd. 47).

Witwen. Vom Leben nach dem Tod des Mannes, hrsg. von Hartmut Drießenbacher, Frankfurt am Main 1985.

Woesler de Panafieu, Christine: „Alter": Frauenhandlexikon. Stichworte zur Selbstbestimmung, hrsg. von Johanna Beyer, Franziska Lamott, Birgit Meyer, München 1983.

Wulf, Joseph: Presse und Rundfunk im Dritten Reich, Gütersloh 1964.

Wulf, Peter: Marcus Hartwig Holler und die Anfänge der Carlshütte: Frühindustrialisierung in Schleswig-Holstein, anderen norddeutschen Ländern und Dänemark, hrsg. von Jürgen Brockstedt, Neumünster 1983 (SWSSH Bd. 5).

Ders.: Revolution, schwache Demokratie in der „Nordmark" – Schleswig-Holstein in der Zeit der Weimarer Republik: Geschichte Schleswig-Holsteins. Von den Anfängen bis zur Gegenwart, hrsg. von Ulrich Lange, Neumünster 1996.

Ders.: Zustimmung, Mitmachen, Verfolgung und Widerstand – Schleswig-Holstein in der Zeit des Nationalsozialismus, ebd.

Ders.: Überlieferung der nationalen Werte. Versuche zur Gründung einer „Konservativen Partei" in Schleswig-Holstein: ZSHG 127 (2002).

Wuppermann, Hans-Joachim: Brautbriefe 1883. Geschichte einer Verlobung an der Mosel. Aus dem Leben eines rheinischen Richters, Düsseldorf 1987.

Zahn, Susanne: Töchterleben, Frankfurt am Main 1983 (Jugend und Medien Bd. 4).

Zentner, Kurt: Illustrierte Geschichte des Dritten Reiches, Bd. 2, Köln 1981.

Ziegler, Dieter: Das Zeitalter der Industrialisierung (1815-1914): Deutsche Wirtschaftsgeschichte. Ein Jahrtausend im Überblick, hrsg. von Michael North, München 2000.

Ziegler, Hannes: Politiker in Rheinland-Pfalz: Unsere Ministerpräsidenten, Annweiler 2002.

Ziegler, Philip: Mountbatten. The official biography, London 2001.

Zimmerer, Jürgen: Sozialgeschichte der Mädchenbildung, Weinheim und Basel 1973.

Zimmermann, Hansjörg: Die Einwohnerwehren. Selbstschutzorganisationen oder konterrevolutionäre Kampforgane?: ZSHG 128 (2003).

Zimmermann, Harm-Peer: „Der feste Wall gegen die rote Flut". Kriegervereine in Schleswig-Holstein 1864-1914, Neumünster 1989 (SVKSH Bd. 22).

Zunkel, Friedrich: Kölner Unternehmer im Zeichen der Frühindustrialisierung – zur Unternehmertypologie: Kölner Unternehmer und die Frühindustrialisierung im Rheinland und in Westfalen (1835-1871), Ausstellungskatalog, hrsg. vom Rheinisch-Westfälischen Wirtschaftsarchiv zu Köln, Köln 1984.

Bildnachweis

1951-1991: 40 Jahre Clausen & Bosse 277. – Ahlmann, Iver 70, 76, 166 – Bildarchiv Preußischer Kulturbesitz/ Laut & Isenbeck 64. – Bundesarchiv 149 (Bild 146- 1974-054-18), 151 (Bild 146-1977-102-18), 285 (Bild 1011-642-4711-08). - Bundesarchiv Berlin 254 (ehemals BDC). - Hausarchiv Ahlmann 10, 14, 16, 17, 18, 20, 22, 26, 29, 32, 44, 49, 52, 54, 58, 69, 78, 80, 85, 88, 89, 91, 93, 97, 105, 106, 112, 116, 117, 123, 127, 129, 131, 132, 136, 137, 139, 144, 160, 162, 171, 177, 180, 185, 193, 194, 196, 200, 204, 205, 208, 214, 220, 242, 243, 244, 247, 263, 264, 270, 274, 276, 293, 296, 302, 307, 315, 337, 341, 345, 351, 358, 361, 365, 372, 376, 380, 381, 382, 386, 387, 392, 394, 395, 403, 405, 407, 409. - Historisches Archiv der Stadt Köln 39. - Predigten von Carl Jatho, Pfarrer in Köln, 6. Aufl., Köln 1911 40. – Privatbesitz 221, 225, 227. – Rheinisches Bildarchiv 13. - Schleswig-Holsteinisches Landesarchiv 120 (Abt. 406.10, Nr. 1582), 141 (Abt. 406.10, Nr. 2284), 191 (Abt. 406.10, Nr. 2285), 192 (Abt. 406.10, Nr. 2285), 344 (Abt. 2003.2, Nr. 1413), 350 (Abt. 2003.2, Nr. 1267), 371 (Abt. 406. 10, Nr. 1429), 383 (Abt. 406. 10, Nr. 2285), 385 (Abt. 406. 10, Nr. 1429), 294 (Abt. 406.10, Nr. 2284), 300 (Abt. 406.10, Nr. 2284), 319 (Abt. 406.10, Nr. 1451), 320 (Abt. 406.10, Nr. 1467), 325 (Abt. 406.10, Nr. 2285), 330 (Abt. 406.10, Nr. 2284), 232 (Abt. 406.10, Nr. 1024), 235 (Abt. 406.10, Nr. 1024), 256 (Abt. 406.10, Nr. 1429), 257 (Abt. 406.10, Nr. 604). – Schwab, Andrea 305. – Schweizer, Rosely 30, 218, 268, 273, 402. - Stadtarchiv Heide 109, 111. – Stadtarchiv Rendsburg 143.

REGISTER